유통
마케팅론

셀프업 11

유통관리사 준비를 위한

유통

마케팅론

기출
문제

| 서상원 지음

이담
Books

과거에는 경험 등을 자산으로 직장생활이 가능했지만 오늘날 인간의 욕구와 사회의 다양성은 일차적으로 전문지식을 바탕으로 한 전문인을 요구하고 있다. 전문지식을 갖춘 판단기준은 바로 자격증이다. 자격증은 곧 능력이라는 등식이 성립되고 있는 오늘날의 환경에서 우리들은 반드시 자신의 적성과 꿈이 일치하는 국가자격증을 소지해야 할 것이다.

오늘날 유통업체의 전문화, 대형화와 국내 유통시장 개방으로 유통전문가의 양성이 필수적이 되었다. 이 <유통관리사> 검정은 소비자와 생산자 간의 커뮤니케이션, 소비자 동향 파악 등 판매 현장에서 활약할 전문가의 능력을 평가하는 국가자격 시험이다.

유통관리사 자격시험과목은 보통 2급을 기준으로 유통물류일반관리, 상권분석, 유통마케팅, 유통정보의 총 네 과목으로 구성되어 있는데, 이 중 본 교재의 유통마케팅은 100문항 중 40문항으로 거의 반을 차지하고 있어 매우 중요한 과목이라 할 수 있다. 따라서 본 교재의 집필에 심혈을 기울였다. 최근 시험문제들의 난이도 상승에 맞추어 경영학에서의 마케팅 내용을 강화하였고, 부록에는 전문용어를 수록하는 등 시험 준비에 만전을 기하도록 노력하였다.

특히 저자의 유통업체 근무 경험을 바탕으로 실무지식을 이론과 함께 접목하여 보다 재미있게 구성하였다. 또한 취업이 목적이므로 부록에는 국내 유명 유통업체에 대한 취업전략 가이드도 수록하여 보다 흥미 있고 유통업체 취업에 대한 관심을 고조시키도록 하였다. 아무쪼록 열심히 학습하여 소기의 목적을 달성하기를 기원한다.

2009년 6월
저 자

전자상거래관리사 시험안내

종목소개	유통업체의 전문화, 대형화와 국내 유통시장 개방으로 판매ㆍ유통전문가의 양성이 필수적임. 〈유통관리사〉 검정은 소비자와 생산자 간의 커뮤니케이션, 소비자 동향 파악 등 판매 현장에서 활약할 전문가의 능력을 평가하는 국가자격 시험임.

응시자격	1급: – 유통분야에서 7년 이상의 실무경력이 있는 자 – 유통관리사 2급 자격을 취득한 후 5년 이상의 실무경력이 있는 자 – 중소기업진흥 및 제품구매촉진에 관한 법률 제31조 제1항의 규정에 의한 경영지도사 자격을 취득한 자로서 실무경력이 3년 이상인 자 2급, 3급: 제한 없음

	등급	시험방법	시험과목	출제형태	시험시간
시험과목	1급	필기시험	유통경영 물류경영 상권분석 유통마케팅 유통정보	객관식 200문항	200분
	2급	필기시험	유통물류일반관리 상권분석 유통마케팅 유통정보	객관식 100문항	100분
	3급	필기시험	유통상식 판매 및 고객관리	객관식 45문항	45분

합격결정기준	매 과목 100점 만점에 과목당 40점 이상, 평균 60점 이상

검정수수료	15,000원

접수방법	– 1급: 응시자격 관련 서류 접수로 인해 해당 상공회의소 방문 접수만 가능 – 2, 3급: 인터넷 접수(접수기간 중 해당 상공회의소 방문 접수 가능) – 가산 혜택자: 응시자격 관련 서류 접수로 인해 해당 상공회의소 방문 접수 또는 인터넷 접수 후 시험일날 시험본부에 직접 제출

가점혜택	1급: 유통산업분야의 법인에서 10년 이상 근무하거나 2급 자격을 취득하고 도ㆍ소매업을 영위하는 법인에서 5년 이상 근무한 자에 대해 5점 가산 2급: 유통산업분야에서 3년 이상 근무한 자로서 지식경제부가 지정한 연수기관에서 40시간 이상 수료 후 2년 이내 2급 시험에 응시한 자에 대해 10점 가산 3급: 유통산업분야에서 2년 이상 근무한 자로서 지식경제부가 지정한 연수기관에서 30시간 이상 수료 후 2년 이내 3급 시험에 응시한 자에 대해 10점 가산

* 과락은 가점 해당사항 없음

▷ 지식경제부 지정 유통연수기관
  — 서울, 부산, 대구 상공회의소
  — 한국생산성본부
  — 한국표준협회
  — 한국마케팅연구원
  — 한국유통연구소
  — 한국체인스토어협회
  — 한국프랜차이즈시스템학회

  ※ 통신강좌는 가점혜택을 받을 수 없음
  ※ 각 기관별 연수 시행 유무는 별도 확인

▷ 구비서류
  — 유통관리사 양성교육 수료증 사본 1부
  — 유통관리사 2급 자격증(1급 응시자 중 해당자에 한함)
  — 경력(재직)증명서(상공회의소 소정양식 별지 제1호서식) 1부

1. 필기시험 입실시간(시험시작시간)

  — 1급 : 09:00
  — 2급 : 09:00
  — 3급 : 11:10

2. 필기시험시간

시험시작시간

  — 1급
    1교시 09:15~11:15(120분)
    2교시 11:35~12:55(80분)
  — 2급 : 09:15~10:55(100분)
  — 3급 : 11:25~12:10(45분)

반드시 입실시간(시험시작시간)을 준수하여야 하며, 입실시간(시험시작시간) 이후에는 입실이 불가능함.

차 례

제 1 장

유통산업과 마케팅

제1절 유통과 마케팅

1. 유통산업의 개관

자본주의 체제는 공산주의와 같이 국가가 모든 재산을 소유하고 공동생산과 공동분배라는 획일적 경제체제가 아니라 개인이 토지나 재산 등을 소유하고 생산성을 바탕으로 이윤을 창출하는 자유경쟁체제를 말한다. 즉 제품 및 서비스가 생산되고 유통하는 과정은 기업의 이윤을 목적으로 한다. 따라서 유통전략을 비롯한 기업의 마케팅 전략이 필요하게 된다.

한편 90년대부터 본격화된 유통산업 시장은 그동안 정부 보호를 받아오던 국내 유통업체에게 많은 영향을 주는 외국 대형유통업체의 진출 기회를 높여주었다. 한국에 진출한 대부분의 외국유통업체들은 전 세계적 점포망을 가지고 있는 첨단 기술과 전략을 갖춘 다국적 기업들로서 한국유통업체 행태와 성과에 많은 영향을 미치고 있다. 또한 수도권의 국내 대형유통업체들의 대거 지방 출점이 가속화되면서 국내 유통경로상에서 유통기관 간의 수직 간, 수평 간 경쟁이 심화되는 가운데 업체 간, 업태 간 경쟁력 향상을 위한 강도 높은 구조조정이 요구되고 있다.

이에 각 기업들은 유통과정에의 비용감소 및 공격적인 마케팅 전략으로 소비자의 충성도를 높이기 위한 여러 가지 방안들을 강구하고 시도하고 있다.

2. 마케팅의 의의

유통이란 생산자와 소비자와의 연결과정에서 이미 생산된 상품이나 서비스를 소비자들이 구매하거나 사용하도록 하는 행위의 일체이다. 여기서 마케팅은 소비자들이 원하는 상품이나 서비스를 원하는 시간과 장소에 제공하는 활동으로 기업의 목적을 달성하기 위한 마지막 단계로 볼 수 있다.

제2절 한국의 유통산업의 역사

1. 화폐경제와 시장의 태동

유통은 물물교환이 뿌리이며, 이 물물교환은 화폐가 나타나면서 유통의 시작을 의미한다. 우리나라는 단군 조선시대부터 곡폐나 피폐 등 화폐를 사용하였으며, 기자 흥평왕 원년(B.C. 957년)에는 금속화폐인 자모전이 주조되어 통용되었다.

2. 우리나라의 시장발전 과정

1) 삼국시대 이전의 시장의 종류

(1) 가로시(街路市): 촌락과 촌락 사이의 인구 밀집지역에 형성된 일종의 촌락시
(2) 경계시(境界市): 삼국시대의 78개 소읍(小邑) 간에 형성된 시
(3) 성읍시(城邑市): 78개 읍의 중심지에 형성된 시
(4) 제전시(祭典市): 촌락 또는 읍민의 공동제례 때 제단 부근에 형성된 시

2) 고려시대

시장이 제 모습을 갖추고 기능하게 된 것은 국가체제가 제대로 정비된 고려시대라고 볼 수 있다. 고려시대는 국가체제가 정비되고 불교가 융성해지면서 농민과 상공인들 가운데 많은 수가 사원이나 귀족에 예속되었고 특히 불교가 융성해지면서 사원경제가 발달하여 사원이 확보하고 있던 토지나 노비의 수가 증대되었다. 이것을 토대로 자체적으로 각종 수공업품을 생산, 이를 판매하여 부를 축적하기도 하였다. 또한 곡물재배는 물론 소금의 생산과 판매, 술의 제조 등도 담당하였고 고리대금을 하기도 하였다고 한다. 성읍시나 가로시와 같은

두 가지의 향시가 있었다고 전해진다.

3) 조선시대

조선시대에는 상업의 제도화가 이루어지는 시기로서 시전, 육의전과 난전, 향시 등이 있었다. 조선 태조 때는 고려시대의 제도를 도입하여 경시서(京市署)를 설치하였으며, 1412년(태종 12)에 이르러서야 시전 행랑의 대대적 건설이 시작되어 종묘와 동대문 간에 2,500여 칸의 행랑건축이 완성되었다. 이것은 당시 시장발전의 큰 계기가 되었다. 그러나 여기에 둔 육의전(六矣廛)과 이들에게 부여한 난매자(亂賣者), 즉 사상(私商)을 단속하는 권리인 난전(亂廛)을 둘러싸고 육의전간 또는 육의전과 사상 간의 대립·갈등·월권 등이 격심해지자, 1762년(영조 28) '난전폐절목(亂廛弊節目)'을 발표하여 육의전의 특권행사를 축소하였다. 당시의 규모가 큰 시장으로는 경기도의 사평장·송파장·안성읍 내장·교하 공능장, 공충도의 은진강 경장·직산덕 평장, 전라도의 전주읍 내장, 남원읍 내장, 강원도의 평창 대화장, 황해도의 연산 비천장, 황주읍 내장, 봉산 은파장, 경상도의 창원마산 포장, 평안도의 막천 진두장, 함경도의 덕원 원산장 등이다.

4) 근대시장과 현대시장

1910년 일본은 '조선회사령(朝鮮會社令)'을 발표, 조선을 원료생산지화·상품판매시장화하기 위한 준비에 들어갔고, 1914년 '시장규칙(市場規則)'을 제정하였다. 이때부터 '신식시장'이라 하였으며, 이후 다양한 현대식 시장이 개설, 운영되었다. '시장규칙'은 광복 후에도 15년간 계속되다가 1961년 '시장법' 제정으로 폐지되었다. 재래시장(在來市場)은 1·6, 2·7, 3·8, 4·9, 5·10과 같이 매월 일정한 날짜를 정하여 5일 만에 개시되는 경우가 많았으므로 5일장(五日場)으로 불리었고 정기시의 성격을 가졌다. 오늘날 서울의 동대문 및 남대문시장 등은 정기시가 매일시(每日市)로 변화된 것이다.

제3절 상인정신의 전통

(출처: 지식경제부, '한국유통산업 발전사'에서)

1. 해상 장보고의 화신

장보고는 9세기 후반에 신라와 당나라, 일본과의 해상무역을 시작으로 아라비아, 페르시아와 같은 서아시아 지역과 교역을 활발하게 하였다. 사농공상 사상과 늦게 시작한 근대화의 역사를 가진 우리나라에서 개방화와 세계화의 선봉으로서 상인정신의 뿌리라 할 수 있다.

2. 개성상인의 유통혁신

개성상인들의 상인정신은 조선시대에 이르기까지 우리나라의 유통업계의 정신을 이어 온 경영정신이다. 그들의 경영마인드와 전략은 다음과 같다.
 (1) '사개치부법'으로 불리는 일종의 복식부기법의 개발
 (2) 양질의 인삼을 홍삼으로 가공하는 등의 틈새시장 전략과 경영마인드
 (3) 협동심과 단결력으로 인한 경영성과
 (4) 근검절약과 합리적인 의사결정

3. 상인의 대모 김만덕의 유통철학

만덕은 조선시대에 여성으로서 큰돈을 벌어 자선사업가로도 대성한 여성으로 18세기 후반 정조 때 제주도의 상업인이었다. 경영환경을 잘 파악하고 종업원이나 고객에 대한 합리적인 관리(오늘날의 CRM), 장기적 안목에 바탕을 둔 기업의 경영의사결정을 바탕으로 하였다.

(1) 하늘의 때(천시, 天時)를 이해하고 수용

(2) 인심 파악

(3) 최선을 다한 후 운세에 의존

4. 조선 최고 임상옥의 상도

장사꾼 집안에서 태어나 뛰어난 사업적 수완을 발휘하여 관직까지 올랐던 조선시대의 거상 임상옥은 장사철학, 기업 윤리 문제와 윤리 경영의 중요성을 강조하였다. 그의 주장은 '재물은 평등하기가 물과 같고, 사람은 바르기가 저울 같다(재상평여수 인중직사형 財上平如水 人中直似衡)'는 것으로 사업의 유지와 발전을 이룩하는 데 가장 중요한 덕목은 절제와 균형, 신뢰라고 하였다.

5. 보부상의 윤리경영

보부상은 사농공상이 지배했던 조선시대의 행상으로 사회의 냉대와 천시를 받은 상인 그룹이었다. 그들의 특성은 상부상조 정신, 강인한 단결력, 정직과 신용 및 근검절약을 중시했다. 그들에게서 엿보이는 상인정신은 이익을 많이 남기기 위해 남을 속이거나 상거래 질서를 어지럽히기보다는 근검절약으로 부를 축적했다는 것이다.

제4절 한국의 근대적 상인정신

상인에 대한 선입관이 매우 부정적이었으며, 사농공상(士農工商)이란 농사업의 다음으로 가장 천대받는 직업이었다. 그러나 상인들은 경영의 제1원칙을 신용으로 삼고 자기 직업에 최선을 다하면서 올바른 삶을 영위하려고 노력했다. 이는 행상집단인 보부상의 4대 강령에서 찾아볼 수 있다.

1. 물망언(勿妄言): 망언을 하지 말라
2. 물패행(勿悖行): 패행을 하지 말라
3. 물도적(勿盜賊): 도적질을 하지 말라
4. 물음란(勿淫亂): 음란한 행동을 하지 말라

제 2 장

점포운영

제1절 경영조직 이론

1. Taylor의 과학적 관리법

(1) 대두배경 및 의의

① 과학적 관리법은 직무 및 종업원에 대한 관리를 강조한 것으로서 20세기 초 능률적으로 물적·인적자원의 활용을 통해 생산성을 증진해보려는 노력에서 비롯된 최초의 관리이론이다. 합리적이고 체계적인 생산과 관리방식에 대한 경험이 부족했던 산업혁명 초반의 많은 제조공장들은 표준화된 작업절차의 설정의 부재, 직무간의 경계 모호 및 원자재의 흐름상의 문제점 등에서 비롯된 생산성의 저하를 극복하고자 대두되었다.

② 대표적인 과학적 관리법의 중심적인 인물로서 미국 경영학의 시조라고 일컬어지는 사람이 F. W. Taylor이며, 그의 경영이념을 일반적으로 테일러 시스템이라고 한다. 테일러의 경영이념은 고임금과 저노무비를 실현하는 데 있다[1]. 이 이념을 실현하기 위해 그가 제시한 것이 과업관리(task management)이다. 여기서 과업이란 작업자가 달성해야 할 하루의 생산량을 의미한다.

③ 과학적 관리법의 기본 아이디어는 관찰, 측정 및 분석을 통하여 신체적 과업들을 재설계함으로써 이들의 효율을 훨씬 더 증대시킬 수 있다는 데서 출발하며, 인간은 생산직무의 단위로 인식한다.

④ 테일러의 과학적 관리법은 그 후 간트, 길브레스와 같은 학자들에 의하여 계승되고, 포드 자동차 회사의 포드가 이를 계승·발전시켜 포드의 동시관리(Fordism)를 개발시켰다.

---

[1] 미드베일제강회사에 입사한 테일러는 기계공장 노동자로 출발하여 공장사무원·기계공·조장·십장·정비공장장·제도실장 등을 거쳐 주임기사 자리에 올라 미드베일 공장에 시간 동작 연구를 도입했다. 테일러의 이론은 본질적으로 개별 작업자를 주의 깊게 감독함과 동시에 조업 중 발생하는 시간과 동작의 낭비를 줄임으로써, 작업장이나 공장에서 생산의 효율성을 급격히 높일 수 있다고 본 것이다. 이러한 테일러의 경영체계는 노동자들의 항의와 분노를 일으켰지만, 생산성 향상 측면에서 테일러의 과학적 관리 이론이 유용한 것으로 인정받아 그는 1906년 테일러는 미국기계공학학회 회장으로 선출되었고 펜실베이니아대학교로부터 명예 과학박사학위를 받았다.

(2) Taylor의 과업관리 내용

① 동작연구 및 시간연구 : 생산 공정과정에서 요소단위를 과학적으로 연구·분석하여 생산성 향상에 기여하지 못하는 작업자의 불필요한 동작을 방지하기 위함이다.

② 생산과정의 표준화 : 생산성과 능률성을 증진시키기 위해 모든 공정과정 및 작업여건을 표준화 시킨다.

③ 적정한 일일 과업량 부여 : 표준화된 생산 공정에 따라 개개인에게 적정한 일일 작업량을 부여하되 최대의 달성을 강조한다.

④ 높은 경제적 유인제도 : 성공적인 과업수행과 과업실패의 경우는 다른 대우를 하게 된다. 성과에 따라 임금을 지불하는 차별적 성과급제와 미완수 경우에는 상응하는 손해를 감수하도록 하고 있다. 이러한 개념은 오늘날의 노사관계에서의 무노동 무임금제도에 영향을 주었다.

⑤ 최대 작업량 달성 : 과업량은 전문기술자가 해낼 수 있는 양으로 부여한다.

(3) Taylor의 4대 기본 관리원칙

① 공정한 작업량 결정 : 시간과 동작 연구를 통해 표준 작업량을 정해야 한다.

② 표준화된 기계·공구 사용 : 동일한 기계 및 공구 등을 똑같이 사용하게 함으로써 모든 사람이 똑같은 작업을 하도록 표준화된 작업 조건을 설정한다.

③ 차별적 성과급제 : 표준 작업량 이상인 사람에게는 높은 임률을 적용하고, 표준 작업량 이하인 사람에게는 낮은 임률 적용한다.

④ 조직 구조의 개선 : 직계식 조직, 분배식 조직에서 직능, 기능식 조직으로 개편 설계(직계식 조직은 조직에서 계층이 존재하고 업무는 분담하지 않으며, 직능 조직은 기획부와 생산부로 분리)

(1) 과학적 관리의 4가지 원칙

① 생산과정에서 시간연구·동작연구 등 생산자의 합리적 관리를 위한 과학의 발전을 추구한다.

② 상세히 분류한 업무요건과 특성에 따라 과학성에 기초하여 생산자를 선발한다.

③ 양질의 생산자 선발과 훈련은 비례하므로 생산자의 교육과 발전에 주력한다.

④ 관리자와 생산자의 책임분담과 상호협동은 관리대상이며, 노사관계 정립에 영향을 주는 내용으로써 능률성을 전제로 노사가 발전할 수 있다는 능률지상주의를 낳았다고 해석할 수 있다.

(2) 과학적 관리론의 관리원리

전문화의 원칙, 명령통일의 원칙, 권한과 책임의 원칙, 감독 폭의 원칙(통솔범위의 원칙), 권한위양의 원칙

(4) 과학적 관리론의 특징

① 기계적 능률관 : 능률성을 제일의 가치로 조직과 인간을 기계부품시 한다.

② 합리적 경제인관 : 생산자는 물질적 유인만을 동기부여의 요인으로 열심히 일을 하며, 그렇지 않으면 게으름을 피우는 존재로 인식하고 있다.

③ 능률지상주의 : 조직운영의 합리적 가치기준을 능률성에 두고 있다.

④ 조직관 : 공식적 조직만을 인정하며, 비공식 조직은 능률성과 생산성 증대에 별로 도움이 되지 않은 것으로 보고 인정하지 않는다.

⑤ X론적 인간관리 : 인간을 바라보는 관점은 본래 인간은 수동적(피동적)으로 인식하고 자신의 개인적 이익추구를 먼저 생각하기 때문에 민주적 관

리방식과 인간적인 관리방식은 조직을 관리하는데 효과가 없으므로 인간적인 면은 도외시한다는 관점이다(몰인간화).

⑥ 폐쇄적 관점 : 조직내부에 초점을 맞춘 이론으로서 조직은 환경과의 상호작용이나 환경의 영향 등은 무시된 관점을 말한다.

⑦ 생산자를 관리하는 측면만 연구하였으며, 관리자에 대한 관심은 전혀 없었다.

⑧ 과학적 생산향상 기법 중시 : 과학적인 방법을 통한 작업과정과 업무수행 실적을 표준화할 수 있으며 전문화·분업화를 중시한다.

(5) 과학적 관리론의 공헌

① 과학적 관리론은 미국의 공공부문에 적용되어 능률성 제고의 측면에서 정부조직운영에 지대한 영향을 주었으며, 그 당시 행정조사방법의 개념도입과 행정개혁운동의 원동력이 되었다.

② 고전이론을 과학적 관리로 전환, 기획과 작업으로 조직 구조 설계에서 기능식, 직능식 조직으로 혁신적인 개편(조직관리의 이론적 틀 제시), 차별적 성과급제 실시로 임금관리 개선(임금관리 분야의 이론적 틀 제시), 전문화, 표준화의 원리를 적용해 전문가에 의해 업무가 관리(생산관리의 이론적 틀 제시)되었다.

(6) 과학적 관리론의 한계 : 정교한 지식과 이론적 결여, 인간 없는 조직관리

① 능률지상주의 : 공익달성과 가치배분도 해야 하는 행정조직에 있어서는 한계가 있다. 즉, 공익에는 가치의 측면도 포함되기 때문에 능률성을 전제로 한다면 공익달성과 가치창출에 저해되는 개념으로 작용할 수 있기 때문이다. 그러므로 능률성은 낮아지더라도 행정은 공익을 추구해야 하며 가치의 배분도 해야 하기 때문이다.

② 기계적 능률관 : 생산성과 능률성을 높이기 위해 인간을 생산 공정 과정

에서 하나의 기계화·부속품화 하려는 인식은 인간의 가치와 존엄성의 문제를 심각하게 하고 있다. 즉, 인간은 조직의 종속변수에 불과한 것으로 인식하고 있다.

③ 합리적 경제인관 : 능률성에 영향을 미치는 요인으로 인간의 사회적·심리적인 요소는 인정하지 않는 합리적 경제인관으로 인식했다. 여기서 합리적 경제인관이란 인간은 평소 일하기를 싫어하고 조직의 목표보다는 개인적 이익을 우선시하는 보수에 많은 집착을 가진 존재라고 생각했다. 따라서 월급과 보수와 같은 외재적인 요인만을 만족시켜 주면 능률성은 향상될 것으로 보았다.

④ X론적 유형 관리 : 과학적 관리론에서는 인간은 피동적·합리적·이기적 인간으로 인식했기 때문에 사회심리적 측면을 고려하지 않고 인간을 통해 능률성을 확보하기 위하여 기계론 능률관을 바탕으로 관리해야 한다는 비민주적 관리기법을 중시하였다.

⑤ 폐쇄형 조직관 : 사회현상에서 존재하는 조직은 환경과의 상호작용을 하는 개방체제로서 완전한 폐쇄체제는 존재하지 않는다. 고전적 이론인 과학적 관리론은 조직내부요인에만 관심을 가진 이론으로 외부환경요소와의 상호작용은 전혀 고려하지 않은 폐쇄형 조직이론이라고 비판받고 있다.

⑥ 테일러는 생산자수준에서의 연구는 현실적으로 유효했으나, 이들을 관리하는 관리자에 대한 연구가 부족했다.

⑦ 공식조직만을 인정했으며, 비공식조직은 능률성과 생산성에는 저해요인으로 인식하여 X형 인간으로 관리하면 된다는 것이다.

2. Fayol의 고전적 관리론

(1) 개념

① 패욜의 경영관리이론은 고전적 관리론, 관리이론의 시조로 불리우는데, 기업전체 관리에 초점을 두고 있다. 즉 기업의 조직 내부활동을 분류하고,

각 활동에 대하여 계획, 조직화, 지휘, 통제라는 경영기법을 적용한 관리이론이다.

② 1916년 「산업 및 일반관리」라는 저서에서 관리 개념을 언급하고 경영과 관리의 구분을 명확히 하였다. 고전관리론은 오늘날의 관리과정학파의 시조로 알려져 있다.

(2) 경영활동의 분류

① 기술적 활동 : 제품 생산에 관련해 생산·제조·가공에 필요한 활동
② 영(상)업적 활동 : 영업활동, 즉 구매·판매·교환에 관련된 활동
③ 재무적 활동 : 자원의 조달과 운영 방법에 관한 활동
④ 보존 활동 : 인적·물적 자원을 보존하는 활동
⑤ 회계적 활동 : 금전 거래 기록 활동이다. 재산목록·대차대조표·손익계산서를 작성하는 활동
⑥ 관리적 활동 : 조직의 인적·물적 자원을 어떻게 투입통제시스템화 할 것인지를 결정하는 과정의 활동

(3) 14개 경영관리원칙(능률, 질서, 안정성과 공정성 등을 강조)

분업의 원칙, 권한과 책임, 규율, 명령통일(명령일원화), 지휘통일, 공동목표의 원칙, 합당한 보상의 원칙, 중앙집권화의 원칙(최종 책임경영자에 대한 권한 위임), 계층연쇄의 원칙, 질서의 원칙, 공정성의 원칙, 고용안정성의 원칙(직원의 신분보장), 이니셔티브의 원칙, 사기의 원칙

(4) 경영활동의 과정

계획 → 조직화(산출의 능률화) → 지휘(명령) 시스템 구축 → 조정(인적·물적 자원의 갈등 조정) → 통제(계획상의 통제) → 계획으로 순환

(5) 관리원칙에 대한 평가

페욜의 관리원칙은 테일러와는 달리 보편타당한 원리 탐색에 중점을 둠으로써 현대경영이론 발전에 기여하였다. 반면에 과학적 이론을 강조한 사이먼은 페욜의 원칙 중에 이율배반적이고 실제 효과를 보기 어려운 애매모호한 것들이 있다고 지적하였다. 또 모든 것은 과학적으로 규면되어야 과학이라고 보는 사이먼의 입장에서의 비판적 견해는 경영학이 하나의 과학으로 인정받으려면 통일된 개념을 전제로 해야 하는데 이 원칙들은 과학적 개념 설정이 미흡하며, 특히 이 원칙들이 실제 효과가 있다는 검증된 사실이 없다는 것이었다.

(6) 고전적 관리론의 문제점(비판대상)

① 관리 요소 및 원칙이 중복되고 과학적인 방법으로 이론적 근거를 제시하는데 불충분했다.
② 개인적인 경험과 제한된 관찰에 근거를 두고 조직행위에 대한 일반적인 이해보다는 경영자가 규범적으로 해야 되는 책임에 더 큰 관심을 두었다.

3. 포드시스템(Fordism, 동시관리)

(1) 개념 및 의의

① 미국의 자동차 왕 핸리 포드가 1903년 자동차 회사를 창설하고 실행한 경영관리방식으로써 관리시스템(생산요소)의 표준화를 추구하였는데, 제품의 단순화, 부품의 표준화, 작업의 전문화(단순화)의 3S운동을 전개하고 컨베이어시스템에 의한 이동조립방법을 채택하여 작업의 동시관리를 통해 생산능률의 극대화 추구하였다.
② 테일러 시스템의 단점을 보완한 것으로 진보된 과학적 관리법이라 할 수 있으며, 디트로이트공장에서 완성되었다고 하여 디트로이트 오토메이션

(Detroit automation), 대량생산의 획기적 계기가 되었다고 하여 대량생산 시스템(mass production system)이라고도 한다.

③ 생산의 표준화와 이동조립법(moving assembly line, 컨베이어 방식인 유동 조립식 생산공정체제)을 내용으로 하는 대량생산 시스템으로 제품의 표준화, 부품의 규격화(호환성), 작업의 전문화를 달성하기 위해 전용기계의 발명과 이용으로 원가절감에 성공하여 기록적인 매출의 성장률을 달성하였다. 즉 부품의 규격화 내지 호환성을 확보하기 위해서는 부품의 정도(精度)를 높여야 하는데, 특정의 작업을 가장 효율적으로 수행할 수 있도록 전문화한 기계를 뜻하는 전용기계의 개발과 이용이 양산 시스템에 있어서 대량생산이 가능해져 규모의 경제를 달성할 수 있었다.

④ 포드는 이윤을 추구하면서도 일반 대중의 생활수준의 향상을 추구(사회봉사적 측면 강조)를 경영이념으로 가지고 있다는 점이 테일러리즘과는 차이가 있다(백색사회주의자로 비판받음). 이러한 포드의 경영철학과 이념은 고객뿐만 아니라 직원들의 복지를 위한 노력들을 강조하고 있다. 오늘날의 작업의 능률성을 보장하는 컨베이어시스템의 원리적용과 기업이윤의 사회환원의 경영이념은 중요한 의의가 있는 것이다.

(2) 비 판

① 인간의 기계적 종속화 : 컨베이어 시스템 등 생산기계가 문제가 생기면 생산이 중단되고 인간은 아무 일도 못하게 된다.

② 동시작업 시스템의 문제 : 한 라인에서 작업이 중지되면 전 라인의 작업이 중지되어 생산에 큰 차질을 초래하게 된다.

③ 제품의 단순화, 표준화는 공급의 효율성은 있었지만 곧 소비자의 다양한 욕구를 충족시킬 수 없게 된다.

④ 노동 착취의 원인 제공 : 생산라인에서 인간은 쉬지도 못하고 떠날 수도 없는 생산과정에서 인간은 노동의 과부하를 가져올 수 있다.

※ 과학적 관리에 영향을 준 학자

① 칸 트 : 상여급제

② 길브레스 부처 : 작업시의 동작 및 시간 연구

③ 에머슨 : 능률개념을 도입하고 능률의 12개 원칙 발표

(3) 테일러 시스템과 포드시스템의 비교

구 분	Taylor System	Ford System
주창자	F. W. Taylor	H. Ford
명칭	과업관리(Task management)	동시관리(management by Synchronization)
경영이념	고임금, 저노무비	고임금, 저가격
원리 및 이념	[4대 원리] ① 1일 최고의 작업량 결정 ② 제조건의 표준화 ③ 성공에 대한 우대(물질로 통제) ④ 작업량 미달성 작업자의 책임(손해)	[4대 이념] ① 이윤동기의 영리주의 거부 ② 기업의 사회적 책임 ③ 경영의 자주성 강조 ④ 경영을 공동체로 간주
수단 및 조건	[과업관리 합리화를 위한 수단] ① 기획부제도[2] ② 직능별 제도 ③ 차별적 성과급제 ④ 작업지도표제도	[동시관리 합리화를 위한 수단] ① 생산의 표준화(3S원칙) ② 이동식 조립법(컨베이어 시스템) ③ 일급제 급여 ④ 대량소비시장이 존재
중점관리	개별공장의 관리기술의 합리화 작업자 중심 (작업자 개인의 능률을 중시)	연속생산의 능률 및 생산향상, 관리의 합리화 기계설비 중심 (전체작업의 능률을 중시)

---

2) 기업이나 공장은 경영자, 공장장 또는 직장이라는 사람이나 직위에 의해 관리되는 것이 아니라 하나의 부서에서 체계적으로 관리되어야 한다는 생각에서 설치된 것이 바로 기획부제도이다. 이 부서에서는 작업의 변경과 조건을 표준화하고 시간연구에 의하여 과업을 설정함과 동시에 과업을 수단으로 하는 생산의 모든 계획을 수립하게 된다.

4. 인간관계론

(1) 개념

인간관계론은 테일러의 과학적 관리론의 한계를 지적하면서 과학적 관리론을 전면 부정하지는 않았으며, 관점을 달리하여 인간의 내면적 심리 측면을 강조한 인간에 대한 관리이론이다. 하버드 Mayo교수는 호오손 공장 실험을 통해 조직구성원을 사회적 동물이라고 인식하고 인간과의 관계나 심리적 요인을 중점으로 관리하면 능률성과 생산성을 향상시킬 수 있다고 주장했다.

(2) 인간관계론의 내용 및 특징

① 사회적 능률관 : 과학적 관리론에서는 기계적 능률관을 강조했지만 인간 관계론에서는 인간은 합리적이고 경제적인 보상과 같은 측면을 우선시하기보다는 인간관계의 개선이나 인간의 사회심리학적, 감정적인 측면에 더욱 치중하여 관리해야 한다는 인식이다. 다시 말해서 능률성은 생산자의 사회심리적 요인의 충족여하에 따라 좌우된다고 본다. 인간은 사회적 동물로서 작업환경개선과 같은 직장에 대한 만족감 보다는 인간과의 원만한 관계로 인해 열심히 생산활동을 한다고 인식하는 관리기법의 이론이다. 예를 들어 공장의 작업자는 물질적인 측면보다는 관리자의 인간적인 대우나 요구를 잘 수용해서 관리해 주었을 때 작업자는 만족을 느끼고 더욱 열심히 일을 한다는 것이다.

② 비공식 집단의 중시 : 사회적 능률관을 실현하기 위한 수단으로 비공식 조직(각종 사적 모임)을 통해 구성원들이 더욱 사회심리학적 측면의 욕구를 충족하도록 인정한다. 그러나 비공식 조직만을 강조한 것이 아니라 공식 조직과 비공식 조직과의 조화도 필요하다.

③ 민주적 조직관리 : 작업자의 능률성 향상을 위해서는 조직 내 상하 또는 횡적인 의사전달의 원활과 민주적 관리를 강조하고 있다.

⑤ 인간의 피동성과 능률성 강조 : 인간관계론에서도 과학적 관리론과 마찬가지로 인간을 수동적으로 인식하며, 능률성을 강조하지만 인간을 보는 관점과 관리기법은 과학적 관리론과는 다르다. 인간관계론에서의 궁극적 목표는 경영과 행정에서의 능률성 향상이다.

⑥ 호오손 공장실험 : 호오손 공장에서 메이요 교수는 조명실험, 계전기조립실험, 면접실험, 뱅크선 작업실험에서 작업환경, 근무조건, 휴식, 임금 등 보다 관리자의 인간적인 대우나 구성원간의 친밀한 관계와 분위기 등과 같은 사회심리적 요인이 생산성 증진에 더욱 중요한 작용을 하였다는 것을 발견하였다.

⑦ 협동주의와 집단주의를 통해 생산성 향상을 추구하기 때문에 팀워크를 중시한다.

(3) 인간관계론의 공헌

① 조직론적 측면의 발전 : 과학적 관리론(고전적 인간관리이론)에서는 기계적 능률관을 강조하며, 조직을 목표달성을 위한 수단과 도구로 인식하는 조직관에서 인간관계론(신고전적 인간관리이론)에서는 인간중심적 문화를 중시하고 조직에서의 구성원에 대한 관심과 합리적인 관리를 강조하는 조직관의 개선을 가져왔다. 따라서 공식조직 중심에서 비공식 조직을 인정하는 조직의 합리화를 추구하였다.

② 인간에 대한 인식 변화 : 과학적 관리론의 합리적 경제인관(인간의 경제적인 욕구를 강조)에서 인간 관계와 같은 사회적 심리를 강조하는 사회적 능률관으로의 인간에 대한 인식의 변화를 가져와 민주적 요소가 조직과 인간에 가미되기 시작한 점은 높이 평가된다.

③ 관리방식의 변화(X에서 Y로의 변화) : 인간은 본래 피동적이고 게으름을 피우는 미성숙(아지리스의 미성숙 이론)하며, 조직의 이익보다는 개인적 이익을 먼저 추구하고, 생리적 욕구나 안정의 욕구 추구(메슬로우의 5단계 욕구이론의 1, 2단계)수준이므로 이에 맞는 관리를 해주면 된다는 X론

적 인간관리관점에서 사회심리적 측면이 만족되면 더욱 더 조직의 목표에 기여한다는 인식에서의 관리방식인 Y로의 변화다. 즉, 민주적 조직운영방식과 인간관리의 인식기초를 마련하였는데, 오늘날의 공무원의 인간적 요소를 중시하며, 사기를 높이는 제도로서 인사상담제도, 고충처리, 제안제도 등으로 발전되었다. 이는 조직에서의 원활한 의사전달의 강조와 민주적 리더십 등 인간중심적 조직관리와 맥을 같이 하고 있다.

④ 행태과학에 영향 : 인간관계론은 인간의 심리적 측면을 강조한다. 심리학적 측면이란 겉으로 나타나는 인간의 행태를 말하는 것으로서, 이를 객관화하고 연구하려는 후기 인간관계론(동기부여이론, 조직행태학)에 영향을 주었다. 또한 면접기법에 영향을 주었다.

(4) 인간관계론의 한계

① 물질지향적 · 합리적 · 경제적 요인 경시 : 인간은 물질지향적이며 경제적인 요인에 관심이 많은 것이 당연한 것임을 무시하고, 비경제적 · 인간적 요인을 너무 지나치게 강조했다. 실제 인간관계론에서는 작업조건 및 작업환경의 개선 등도 직무수행의 동기부여를 가져올 수 있다고 보았으나 보수와 같은 경제적인 면보다 더욱 우선시 했다는 점이 비판대상이 된다. 이러한 점을 과학적 관리론자들은 포드즘(고임금, 저가격)과 인간관계론자들을 백색사회주의라고 비판하였다.

② 합리적 · 공식적 · 제도적 측면 무시 : 인간적 요소에 너무 집착하여 합리적(객관성 강조)이고 공식적인 조직활동을 제한시켰으며, 공식과 비공식간의 개념차이를 모호하게 만들었다.

③ 폐쇄적 조직관 : 과학적 관리론과 마찬가지로 조직 내부에서 발생하는 현상(개인과 공식조직 간의 관계, 비공식 조직 중심)을 중심으로 한 관리기법을 고안해 낸 것이므로 외부환경과의 상호작용을 고려하지 않았다.

④ 직무중심의 동기부여 무시 : 사회심리적 욕구의 충족을 지나치게 강조한 나머지 직무자체를 통한 만족감 등은 간과하고 있다.

⑤ 생산자 중심의 연구 : 관리자보다는 생산자 중심의 연구에 국한되어 효율적 조직운영을 위한 합리적 대안을 제시하는 데는 한계가 있다. 과학적 관리론과 마찬가지로 관리자에 대한 연구와 분석은 없었다.

⑥ 자아실현추구 욕구의 과소평가 : 사회적 동물이라는 점을 강조하여 인간관계 개선 등과 같은 면에서는 공헌을 하였으나 인간은 조직을 통해 자아실현을 추구한다는 욕구를 과소평가 하였다. 다시 말해서 일체감, 소속감 등의 사회심리적 욕구의 충족이 직무수행과 직접적인 상관관계가 있다고는 볼 수 없다는 점이 문제시 될 수 있다.

⑦ 조직에 대한 이분법적 시각 : 인간을 합리적인 측면과 비합리적 측면으로, 조직을 공식조직과 비공식 조직으로 이분법적 시각에서 파악함으로써 이들 양자가 상호 조화된다는 현실적인 면을 인식하지 못했다.

(5) 과학적 관리론과 인간관계론의 유사점

① 능률성 및 생산성 강조 : 능률성과 생산성 향상을 위한 관리노력의 측면에서는 두 이론이 동일하다. 단지 인간을 바라보는 관점과 인식을 달리함으로써 인간과 조직관리방식이 다르다.

② 관리방법 : 양자 모두 과학성을 바탕으로 한 관리방식을 취하고 있다.

③ 인간에 대한 공통된 인식 : 두 이론 모두 인간에 대해 피동적·수동적인 면은 동시에 인정하고 있다.

④ 조직목표와 개인목표의 불일치성 수용 : 조직목표와 개인의 목표는 일치하지 않는다고 인정하고 있다. 즉, 인간은 조직의 목표보다는 개인의 목표달성과 이익을 우선으로 한다는 것이다. 단지 조직과 개인의 목표를 균형화 하려면 과학적 관리론은 저해요인을 제거해주면 가능하며, 인간관계론은 관리자가 의식적 노력으로 조화시켜야 한다고 보고 있다.

⑤ 보수적 및 정태적 사고·폐쇄관점 : 두 이론 모두가 환경의 영향을 고려하지 않은 보수적이고 정태적인 사고와 더불어 조직관은 폐쇄적이다.

⑥ 생산자 중심의 연구 : 양자 모두 생산자를 대상으로 연구하였으며, 관리자

에 대한 연구는 이루어지지 않았다.

⑦ 외재적 요인에 의한 욕구충족 : 조직구성원의 욕구충족과 동기부여의 요인을 내면적·주관적 가치기준에 두지 않고 모두 획일적으로 동일한 것으로 인식하고 경제적 측면과 집단성에 의한 유인과 같은 외재적 요인에 두고 있다.

(2) 차이점

기 준	과학적 관리론	인간관계론
대표학자	F. W. Taylor	E. Mayo 교수
실험근거	시간 및 동시동작 연구	호오손 공장의 실험
인간관	합리적 경제인관	사회심리적 인간관
능률관	기계적 능률관	사회적 능률관
조직관	합리적, 기계적, 공식적	비합리적, 비공식적, 집단중심 강조
추구이념	능률성	민주성
인간유형과 인간관리방식	권위적(X론적 인간관리)	민주적(Y론적 인간관리)
의사전달체계	하향적, 강제적	상향적, 하향적, 자발적
동기부여요인	경제적 요인(보수)	사회심리적 요인(안정감, 소속감)
연구방법	원리적 접근방법	경험적 접근방법
조직이론과정	고전적 조직이론	신고전적 조직이론
공통점(요약)	① 인간을 피동적이고 수동적으로 인식 ② 폐쇄적 조직관, 보수적, 정태적 관점 ③ 생산성과 능률성 강조 ④ 외재적 요인이 동기부여 발생 ⑤ 관리자 중심이 아닌 생산자(하급자) 중심 연구 ⑥ 인간을 조작 가능한 대상으로 인식 ⑦ 조직과 개인의 목표가 일치하지 않음을 지적하고 조화의 필요성 인식	

제2절 점포운영 일반

::점포조직

1. 조직(Organization)의 의의

(1) 조직의 개념

① 조직의 일반적 정의는 공동의 목적이나 목표를 달성하기 위해 일정한 경계를 가지고 협동하는 둘 이상의 집합체로 본다.
② 기업은 기업이 추구하는 목표달성을 위해 필요한 활동을 분류하고 배분하는 조직체이다.
③ 조직구성원의 책임과 상호관계를 규정하여 조직 목표달성의 효율성을 추구한다.

(2) 조직의 특성

① 목표지향성: 모든 조직은 지향하는 자체의 특정목표를 의도적으로 설정하고 있다.
② 인간의 집합체: 조직은 일정한 실체가 없기 때문에 조직은 목표추구를 위한 인간의 집합체로 봐야 한다.
③ 조직운영의 다양성 존재: 전문성과 지식을 바탕으로 업무의 분업이 이루어져야 하며, 목표달성이 효율적으로 이루어지도록 조정과 통제가 필요하다.
④ 공식구조의 필요성: 분업과 조정 및 통제를 기하고 특정한 역할과 책임에 관한 사항과 구성원들 간의 관계에 대한 공식적 구조를 갖추어야 한다.
⑤ 개방체제 및 계층성 존재: 조직은 외부와 구별되는 일정한 경계를 가지면서도 환경과의 끊임없는 상호작용으로 존립하는 개방체제이며, 일정한 계층구조로서 파악된다.

⑥ 조직은 체제로서의 생존을 위해 환경과의 관계하에서 적응기능, 목표달성 기능, 통합기능, 체제유지기능을 수행한다.

⑦ 합리성 추구: 조직은 목표달성의 과정과 수단에 합리성을 추구한다.

2. 조직구조의 변수

(1) 조직구조의 개념

① 조직은 인적·물적 자원, 에너지, 정보, 기술 등을 동원하여 목표달성을 위한 업무를 수행하는데, 이러한 물리적 요소 외에 조직행태와 성과에 영향을 주는 요소를 조직구조라 한다.

② 조직구조는 조직행태에 영향을 줌으로써, 조직의 효율성 및 효과성에 영향을 미치며 궁극적으로 조직의 생존성과 관련된다.

③ 조직구조란 조직의 구성 요소들 간의 상호의존 및 상호작용의 유형을 말한다. 이와 같이 구성원들에게 과업, 역할, 지위, 권력 등을 배분하고, 이들 간의 상호작용을 조직구조라 한다.

(2) 조직구조의 기본변수

① 복잡성

　㉠ 개념: 수평적·수직적 분화 및 장소적(공간적) 분산의 정도를 말한다. 수평적 분화는 업무 또는 부서 간의 횡적인 분화이며, 수직적 분화는 감독계층의 수를 말한다. 이러한 분화는 업무의 권태감을 해소하고 능률성을 확보하기 위한 조직설계 방법이다.

　㉡ 조직구조와 복잡성의 관계: 조직의 규모가 크면 복잡성이 증대되고 갈등과 조정통합의 노력이 증대된다. 행정농도는 조직의 규모와 복잡성의 정도와 비례한다.

② 집권성

　　㉠ 집권성은 조직 내부의 권력배분의 양태를 말하는 것으로서 의사결정과 정에서 최고결정자에 얼마나 많은 권한이 집중되어있느냐의 상태이며 하부층의 참여가 제한 또는 보장되지 않는다.

　　㉡ 조직구조와 집권성과의 관계: 조직규모가 확대되면 집권화보다는 분권화가 증대된다. 분권화는 인적문화(인간중심)의 강조와 하부층의 참여와 권한위임으로 대내 민주성 증진에 기여한다.

　　㉢ 집권화 요인

　　　　㉮ 부서 간 자원획득 경쟁의 심화

　　　　㉯ 환경변동이 심하고 유동적 또는 위기상황 시

　　　　㉰ 소규모 및 신설조직인 경우 초창기에는 강력한 리더십이 요구

　　　　㉱ 권위적 리더인 경우와 과학기술의 발달은 리더의 능력을 강화시키므로 집권화가 증대

　　　　㉲ 조직환경 변화에 따른 획일성·통일성 및 강력한 지도력이 요구될 때

　　　　㉳ 조직외의 일반인이 특정부문에 대한 관심이 증대되면 관리자도 관심을 보이면서 환경대응력 증진을 위해 집권화된다.

　　　　㉴ 예산의 절약 등 경제적인 합리성으로 조직운영이 필요할 때(오일급등 및 자원난 발생시 등)

③ 공식성

　　㉠ 개념: 공식성이란 작업이나 업무수행의 표준화 정도와 업무방식이 문서중심으로 이루어지는 정도를 말한다. 또한 공식화란 조직 내의 규칙, 절차, 지시 및 의사전달의 표준화 정도이다.

　　㉡ 공식성의 특징

　　　　㉮ 자율성과 재량성이 줄고 대안의 선택범위가 축소된다.

　　　　㉯ 규칙과 절차, 지식적 의사전달의 작용

　　　　㉰ 안정적, 예측가능성이 높은 환경과 일상기술을 사용하는 대규모 조직일수록 공식성은 높다.

  ㉣ 직무가 공식화되면 자율성과 재량성이 줄어들고 대안의 선택범위를 좁게 한다.

  ㉤ 공식성의 증대는 인적문화 중심의 조직운영과는 반비례한다.

  ㉥ 공식화 정도가 높을수록 구성원의 행태에 대한 예측가능성이 높다.

  ㉦ 공식화는 문서화 정도와 관련이 있으며, red tape과 같은 부정적 문제도 발생시킨다.

  ㉧ 공식화가 높을수록 구성원 간 분쟁이 감소된다.

3. 조직운영의 원칙

(1) 분업화(전문화)의 원칙

① 개념

 ㉠ 전문화(분업화)란 업무를 종류별·특성별로 나누어 놓고 한 사람은 동일한 업무를 반복하게 됨으로써 능률성과 효율성을 제고하기 위한 원리로 일명 분업이다.

 ㉡ 분업화는 반복 업무로 업무적 권태감을 수반할 수 있는 반면에 횡적, 수직적 분업화를 통해 무기력감을 극복할 수 있게 한다.

② 분류

 ㉠ 수평적 전문화와 수직적 전문화

  ㉮ 수평적 전문화(횡적분화): 조직의 편제를 횡적으로 분류한 것이다(직무확대).

  ㉯ 수직적 전문화(수직적 분화): 상급자와 하급자 또는 상급기관(중앙정부)과 하급기관(지방정부)으로 분류한 계층성을 말하며, 계층분화의 고정성으로 인한 비효율성을 막기 위해 직능 또는 권한을 하부에 분산시키는 것이다(허즈버그의 직무충실).

 ㉡ 업무의 전문화와 인간의 전문화

㉮ 업무의 전문화: 업무를 세분화하고 단순화시켜 기계적·반복적 업
　　　　무로 능률성을 추구한다.

　　　㉯ 인간의 전문화: 사람을 교육과 훈련을 통해 전문능력을 갖추도록
　　　　하는 것이다.

　　ⓒ 부문화

　　　㉮ 기능별: 각 조직의 기능별로 분업화하는 것으로 예를 들어 구매부,
　　　　제조부, 영업부 등으로 분리시키는 것이다. 기능별 부문화는 각
　　　　'부' 내에서는 조정과 협조가 용이하나 기능 간의 협조는 쉽지 않
　　　　다. 이러한 현상을 할거주의라 한다.

　　　㉯ 지역별: 기 활동의 범위가 광범위할 때 하부 조직을 지역별로 나누
　　　　어 활동하면 효율적일 것이다.

　　　㉰ 제품별: 취급 제품별로 분업화는 하는 것으로 식료품부, 잡화부, 의
　　　　류품부 등으로 세분화한다.

　　　㉱ 고객별: 대상 고객의 기호에 따라 어린이용품부, 숙녀, 가정주부,
　　　　신사용품 등으로 분업시키면 매점관리와 고객에 대한 정보파악이
　　　　용이해진다.

　③ 장점

　　ⓗ 능률성 향상과 업무의 질적 개선을 가져올 수 있다.

　　ⓛ 인간의 지식과 기술의 능력을 보완해 준다.

　　ⓒ 신규 전입자에 대한 교육훈련의 단축과 업무의 표준화를 기할 수 있다.

　④ 단점

　　ⓗ 동일한 업무의 반복으로 업무에 대한 흥미감소와 인간을 무기력하게
　　　만들 수 있다(오히려 지나친 전문화·분업화는 비능률적 요소도 내포).

　　ⓛ 전문화가 심화될수록 갈등이 발생한 경우 조정·통합이 어려워진다.

　　ⓒ 환경변화나 업무관계에 대한 예측능력을 저하시키고 다른 대안을 모색
　　　하는 데 신속하지 않으며 비효율적일 수 있다.

(2) 계층제의 원칙

① 개념

    ㉠ 계층제원리란 직무를 권한과 책임의 정도에 따라 상하로 계층화하고 상하 계층(계급, 계서) 간에 지휘·명령·복종관계로 조직을 운영하는 원리를 말한다.

    ㉡ 관료제조직은 피라미드형 수직적인 계층제를 이루고 있으며, 계층제는 계선조직을 중심으로 형성된다.

② 계층제의 특징

    ㉠ 조직 규모와의 관계: 조직의 규모와 계층수는 비례하고 대규모 조직일수록 계층제는 높고 업무는 정형화되고 일상반복적인 업무를 수행한다.

    ㉡ 조직 전문화와의 관계: 계층수가 확대되면 전문화와 업무의 다양성이 증대된다.

    ㉢ 통솔범위와의 관계: 통솔범위가 넓어지면 계층의 수는 적어지고, 통솔범위가 좁아지면 계층의 수는 많아진다.

    ㉣ 업무의 성격: 높은 계층일수록 비정형적·비일상적 업무, 낮은 계층일수록 정형적·일상적·반복적 업무를 수행하는 것이 일반적이다.

③ 순기능

    ㉠ 조직의 질서와 통일성의 확보가 이루어지며 지휘·명령, 상하 커뮤니케이션의 공식적 통로 역할을 한다.

    ㉡ 조직목표의 설정과 업무배분, 감독, 조정, 통제의 통로이다.

    ㉢ 능률성과 책임성의 한계를 규정하며 승진의 경로가 되어 구성원의 동기부여·사기를 증진시킨다.

④ 역기능

    ㉠ 계층수가 높을수록 의사전달의 왜곡과 조직분위기가 경직되기 쉽다.

    ㉡ 상부층의 집권화가 초래하고 이에 구성원은 자율성보다는 의존성향으로 무사안일주의와 형식주의, 눈치 보기 등 관료의 병리현상을 초래하기 쉽다.

ⓒ 계층성의 심화로 인한 전문화는 조직 간의 할거주의를 초래할 수 있다.

(3) 관리범위(통솔범위)의 원칙

① 개념
  ㉠ 통솔범위란 한 사람의 상관이 효율적으로 직접 통솔할 수 있는 부하의 수를 말한다.
  ㉡ 상관의 부하관리는 일정한 범위와 한계가 있어야만 효율성이 확보되므로 이에 대한 원리를 말한다.
② 통솔범위와 조직의 계층성
  ㉠ 통솔범위와 계층성과는 반비례한다. 즉 계층성의 심화된 조직일수록 위임이 많이 이루어져 통솔범위는 좁아진다.
  ㉡ 대기업과 가내수공업을 비교할 때 가내수공업 사장은 직접 생산자를 통제하므로 통솔범위는 넓지만 계층이 높은 대기업의 회장은 수많은 직원을 직접 관리할 수 없으므로 이사급 정도만 감독하고 위임으로 인해 통솔범위는 좁아진다고 볼 수 있다.
③ 통솔범위의 결정요인
  ㉠ 시간적 요인: 신설된 조직보다 기존의 조직 또는 안정된 조직일수록 통솔범위는 넓어진다(시간적 측면이 아닌 일반적으로는 신설조직은 집권화와 함께 통솔범위를 넓게 가지려 하는 성향).
  ㉡ 공간적 요인: 부하가 공간적으로 분산된 것보다는 밀집되어 있을 때 범위가 넓어진다.
  ㉢ 업무적 요인: 업무의 성격이 단순·반복적·정형적·저난도 기술·비전문성일 때 통솔범위는 넓어진다.
  ㉣ 인적(구성원) 요인: 관리자와 부하의 능력, 인간관계, 사기가 높을수록 통솔범위는 확대된다.
  ㉤ 기타 요인: 참모의 역할이 증대되거나 정보시스템과 같은 관리기술의 발달은 통솔범위를 넓혀준다.

(4) 명령통일(명령일원화)의 원칙

① 명령통일의 원리란 한 사람의 상관으로부터만 명령을 받고 보고가 이루어져야 한다는 것이다.
② 명령통일의 원리는 조직 내의 위계질서와 업무의 일관성, 신속성이 확보된다.
③ 계선 내의 지휘 및 책임소재를 명확히 할 수 있는 원리이다.
④ 한 상관에 대한 지나친 충성심의 강요와 복종체계는 할거주의나 타 부서 또는 참모 간의 관계에서 조정 및 통제의 어려움이 발생할 수 있다.

(5) 통합과 조정의 원칙

① 개념
　㉠ 조정이란 조직의 목표를 달성하기 위하여 하위 조직들이 행동통일과 조화를 이루는 것이며, 조화를 이루도록 하는 원리가 조정의 원리이다. 즉 조정은 조직의 전체목표를 달성하기 위한 조직 내 부서 간, 계층 간 협력과 통합(연결)의 질을 의미한다(수직적 조정기제와 수평적 조정기제).
　㉡ 전통적 관료제는 절차와 규칙을 중요시하지만 현대조직에서는 조정과 통합을 중시한다.
　㉢ 현대행정의 전문화의 심화로 중요성이 증대되었고 조직의 제 원리는 조직의 공동목표를 달성하기 위한 수단적 원리인데 Mooney는 조정의 원리를 조직의 원리 중에서 '제1의 원리'라고 주장하였다.
② 조정의 저해요인
　㉠ 행정조직의 대규모성과 전문화 성향: 행정조직의 규모가 확대되고 업무의 다원화, 전문화는 그만큼 복잡성을 수반함으로써 조정을 어렵게 한다.
　㉡ 할거주의(sectionalism): 전문화는 할거주의를 낳는데, 할거주의란 자신

의 업무나 소속기관을 우선시하고 다른 기관에 대하여 배타적 입장을 취함으로써 조정과 협력이 어려워지는 현상이다.

ⓒ 그 밖에 목표·이해관계의 대립, 관리자의 능력 및 의욕결여, 계선과 참모 간의 갈등, 정치적·사회적 영향, 인지·태도의 차이 및 비쇄신성, 의사전달체계의 미흡, 권한 및 책임의 불명확, 이해관계의 차이 등이다.

③ 조정의 방법

ⓐ 권한 및 책임, 목표의 명확화: 각 구성원의 권한 및 책임한계와 목표를 명확히 설정해 주어 갈등·대립을 사전에 방지한다.

ⓑ 계층(계급적 통제)과 조정기구, 회의 및 위원회를 통한 조정이 있다.

ⓒ 사전계획 및 사후환류에 의한 조정: 사전에 수립된 계획에 의한 조정이며, 결과에 따른 새로운 정보의 전달에 의한 조정을 말한다.

ⓓ 절차의 정형화와 규칙제정: 정형화된 절차는 조정을 가능케 할 수 있으며, 규칙을 통해서도 조정이 가능하다.

ⓔ 그밖에 의사전달체계의 개선, 공감을 주는 아이디어의 제시방법, 인사조치, 교육훈련 및 설득, 비공식조직의 활용 등이다.

④ 조정 기제

ⓐ 수직적 조정(연결)기제: 수직적 연결은 조직의 상하 간 활동을 조정하는 연결 장치이다. 수직적 연결 장치로서 계층제, 규칙과 계획, 계층직위의 추가, 수직정보시스템이 있다(Daft).

㉮ 계층제: 수직연결 장치의 기초는 계층제, 명령체계이다.

㉯ 규칙과 계획: 반복적인 문제와 의사결정에 대해서는 규칙과 절차를 마련하여 상위계층과 직접적인 의사소통 없이도 부하들이 대응할 수 있게 해 준다. 규칙은 조직구성원들이 의사소통 없이도 업무가 조정될 수 있도록 표준정보자료를 제공한다. 계획은 조직구성원들에게 좀 더 장기적인 표준정보를 제공해 준다.

㉰ 계층직위의 추가: 처리할 문제와 의사결정이 많아지면 관리자에게

업무부담을 주므로 수직적 계층에 참모 등 직위를 추가함으로써 통솔범위를 줄이고 의사소통과 통제를 가능하게 한다.

    ㉘ 수직정보 시스템: 상관에 대한 정기보고서, 문서화된 정보 등을 통한 정보의 효율적 이동으로 상하 간 수직적 의사소통을 강화한다.

  ⓛ 수평적 조정(연결)기제: 조직부서 간 수평적인 조정과 의사소통의 양을 말한다. 환경이 급변하고 기술이 유동적이며 조직목표가 혁신과 유동성을 강조할 때 수평적 조정장치는 특히 중시된다.

    ㉮ 정보시스템: 부서 간 정보를 공유할 수 있는 통합정보시스템이 필요하다.

    ㉯ 직접 접촉: 한 단계 높은 수평연결 장치로서 연락책 등을 활용한 부서 간 의사소통 및 조정을 추구한다.

    ㉰ 임시작업단: 여러 부서 간의 연결은 임시작업단과 같은 복잡한 장치가 필요하다. 각 부서대표로 구성된 임시위원회로서 일시적 문제에 대한 부서 간 직접조정에 효과적이다.

    ㉱ 프로젝트 매니저: 좀 더 강력한 수평연결 장치로서 수평적 조정을 담당할 정규직위를 두는 방식이다. 사업관리자, 산출물관리자, 브랜드관리자라고도 부른다. 이 조정자는 특별한 인간관계 기술이 요구되고 조정을 위한 전문지식과 설득력이 요구된다.

    ㉲ 프로젝트 팀: 가장 강력한 수평적 연결장치로서 사업팀은 영구적인 사업단으로 관련 부서 간의 장기간 강력한 협동을 요할 때 적합한 장치이다

4. 기본조직유형

(1) 직계식(Line) 조직

군대조직으로 조직을 편성하는 조직유형으로 명령계통이 명확하고 수직적 조

정과 통제가 용이하나 명령계통이 복잡해지면 의사전달의 왜곡과 신속한 의사결정이 이루어지지 못하는 가장 전통적인 조직의 형태를 말한다.

(2) 기능 조직

관리자는 각 요소마다 소유하고 있는 전문적 기능에 따라 관리하는 방식이다. 조직의 편성을 수행하는 역할(기능)을 중심으로 구성하고 전문성을 바탕으로 분업화시킨 조직편성의 방식이다. 따라서 역할 간의 갈등이 나타나는 할거주의를 초래할 수 있으므로 라인조직보다 일사불란한 운영을 기할 수는 없는 단점이 있다.

(3) 라인과 스태프(Line—Staff)조직

조직의 업무범위가 확대되고 복잡해짐에 따라 전문성을 가진 기관이 필요하게 되었다. 즉 라인상의 부족한 능력을 보좌하는 스태프 조직이 나타나는데, 참모조직이라 한다. 이 참모집단은 전문성을 바탕으로 최고 의사결정자의 합리적 결정을 위해 필요한 조직으로 성립되었다. 또한 라인상의 갈등을 조정해 주는 역할과 라인의 독단적이고 비전문적인 업무를 통제해 주는 교차기능조직으로 작용한다. 교차기능조직의 예로는 경리, 인사, 법무 등이다.

5. 현대 기업조직의 변화—동태화

동태화(動態化)란 다양하고 급변하는 시장경제환경변화에 조직이 신축성·기동성·대응성 있게 적응하는 조직의 변화추구이다. 오늘날의 급변하고 다양한 시장 환경변화에 대해 기존의 기업조직의 운영방식과 조직형태 및 분위기로서는 대응할 수 없기 때문에 새로운 조직형태를 모색하고 있는 추세이다.

(1) 동태화(Adhocracy)의 개념

① Adhocracy란 관료제의 경직성, 대응성 부족, 변화에의 무감각 등의 현상을 탈피하여 환경변화에 적응하고 신속하게 대응하는 체제로서의 임시적, 동태적, 유기적 조직을 총칭하는 개념이다(A. Toffler가 '미래의 충격'에서 최초 사용).

② 후기현대 조직, 후기 관료제 또는 탈관료제라고도 한다.

(2) 동태화 유형

Project Team, Task Force, Matrix 조직, Network조직, 학습 조직, 팀조직, 위원회, 담당관제, Link—Pin, 대학형태의 구조, 계제 및 과제의 폐지, 하이퍼텍스트조직 아메바조직 등이 있다.

(3) 특성

① 조직구조의 탈계층적·횡적 분화   ② 소규모 조직과 분권화
③ 낮은 수준의 공식성   ④ 고도의 유기적·연성 구조
⑤ 고도의 전문성을 바탕으로 한 직무수행 ⑥ 상황적응적 임시조직
⑦ 기능중심이 아닌 업무 및 문제해결중심 구조

6. 새로운 조직의 형태

(1) Project Team

① 개념: 특정한 목표를 달성하기 위해 조직 내에 일시적으로 인적·물적 자원을 결합한 조직형태를 말한다. 주로 기업 내에서 기존의 라인조직으로는 신상품 개발로 시장에서의 점유력을 높이거나 생존을 위한 조직운영 전략을 모색할 수 없으므로 나타났다.

② 특성: 임시성, 잠정성의 조직, 팀장과 팀원의 구성으로 간소화, 특정 목표 달성 수행 후 해체, 고도의 횡적 구조, 신규 또는 혁신을 위한 조직형태, 팀장의 추진력과 리더십이 강조된다.

(2) Task Force

① 개념: 군에 적용된 용어로서 기동군을 말한다. 특정한 작전 수행 또는 목적달성을 위해 임시로 편성한 형태의 대규모 조직에서 분리 재편성된 임시 또는 잠정적 조직이다.
② 특성: 임시성과 잠정적으로 편성되나 프로젝트 팀보다는 장기간 편성되며 구조도 PT보다는 계층적 구조, 목적 달성 후 해체되고 구성원은 원래 조직으로 복귀된다.

(3) 사업별 조직(사업부제조직)

① 개념: 조직의 생산물(산출물)을 기준으로 편성하는 유형으로 편성기준은 제품, 고객, 지역, 과정 등이다.
② 특징: 중간관리층이 핵심권력을 소유하고 전략적 사업단위로 독립적 회계와 자율성이 높다. 따라서 조직 내의 갈등조정은 용이하나 조직 간의 갈등조정에는 어려움이 존재한다.

(4) 매트릭스 조직

① 개념 및 의의
  ㉠ 기업환경이 복잡해지면서, 기능부서의 기술적 전문성이 요구되는 동시에 사업부서의 신속한 대응성의 필요가 증대되면서 등장한 조직형태이다
  ㉡ 과거의 기능중심적 구조와 현대의 업무중심 구조(프로젝트팀)의 이중적 구조를 말하며, 하나의 조직 내에서의 수직적 및 수평적 권한의 결

합을 특징으로 한다.

ⓒ 명령지휘계통의 이원화 구조: 매트릭스 조직 내의 상관과 파견 전 원
래 소속 조직의 상관의 통제를 동시에 받는다(대사관 조직).

ⓔ 미국 항공우주국에서 시작되어 기업, 은행, 병원, 대학, 정부기관에 도
입되었고, 특히 기업에서는 본사와 지사의 개념이 정착되었다.

② 등장배경

㉠ 환경변화에 대응하기 위해 기능별 조직구조와 프로젝트 조직구조의 결
합을 보완하기 위해서 등장하였는데, 종적으로는 기능별 조직구성원으
로, 횡적으로는 프로젝트 조직의 일원이 되게 함으로써 조직에 중복적
으로 소속하게 한다.

㉡ 기능구조는 전문가의 집합으로 전문성을 살릴 수 있으나 조정이 어렵
고, 사업구조는 전문가의 조정은 용이하나 비용이 중복된다는 문제가
있어 양자의 장점을 채택한 조직구조이다.

ⓒ 전문 인력의 증가, 구성원의 능력발전, 행정조직의 대규모화 등으로
등장하였다.

③ 적용상의 유용성 조건(남진우)

㉠ 생산라인 간에 부족한 자원을 공유해야 할 압력이 존재하는 경우이다.
보통 중간규모의 조직에서 많지 않은 수의 생산라인을 갖고 있는 경
우, 생산라인 간의 인력과 자원의 공유와 신축적 운영을 필요로 한다.

㉡ 두 개 이상의 핵심적 산출물에 대해 기술적 품질성과 수시적 제품 개
발의 압력이 있을 경우이다. 이중의 압력은 기능부서의 장점과 사업부
서의 장점이 필요하고, 두 권한 체계 간의 권력균형이 요구된다.

ⓒ 조직의 환경영역이 복잡하고 불확실한 경우이다. 빈번한 외부변화와
부서 간 상호의존성의 증가는 조직의 수평적 및 수직적인 방향으로
정보처리와 조정의 필요가 커진다.

④ 장점

㉠ 신축성과 적응성이 요구되는 불안정하고 급변하는 조직환경에 효과적

인 구조이다.

ⓛ 잦은 대면과 회의를 통해 예상치 못한 문제를 파악하고, 새로운 해결책을 찾는 데 기여할 수 있는 조직구조이다.

ⓒ 구성원들을 부서 간에 공유함으로써 조직은 자원의 효율성을 제고할 수 있다.

ⓡ 개인들은 다양한 경험을 통해 전문기술을 개발과 더불어 더 넓은 시야와 목표관을 갖게 할 수 있는 기회를 가진다.

ⓜ 조직구성원의 자아실현 및 심리적 만족감 등 직무 동기부여에 기능적으로 작용한다.

ⓗ 한시적 또는 특수사업의 추진에 용이하고 효과적이며, 새로운 아이디어의 개발과 인적자원을 신축적으로 활용할 수 있다.

⑤ 단점

ⓖ 이중권한 체계가 개인에 미치는 혼란, 갈등, 긴장, 좌절의 가능성이 높다.

ⓛ 기능부서와 사업부서 간의 갈등의 가능성이 높다.

ⓒ 갈등해결에 요구되는 시간과 노력의 낭비가 불가피하다.

ⓡ 조직의 원리인 명령통일의 원리에 위배된다.

ⓜ 기능적·사업적 권한 체계의 적절한 균형을 찾는 것이 중요한 문제로 대두된다.

ⓗ 매트릭스구조의 상관은 부하에 대해 완전한 통제력을 갖지 못하며, 구성원의 소속 상관들과의 대면, 협력, 갈등을 조정할 수 있는 관리 능력이 요구된다.

7. 네트워크 조직

(1) 개념 및 내용

① 급변하는 환경에 대응하여 수직적 통합과 수평적·공간적으로 조직 경계를 초월하여 조직의 통합기능을 갖춘 동태화 조직이다.

② 조직의 기능을 핵심역량 위주로 합리화하고 여타 기능(보조기능)은 외부조직과 계약관계를 통해 그들로 하여금 수행하는 조직이다.

③ 네트워크 조직구조는 생산과 서비스, 제품포장, 유통 등의 기능을 분산하여 타 조직에 맡기는 형태를 취한다(각종 신용카드 배달 및 택배회사 등과 백화점의 영업기능은 백화점에서 나머지 주차 및 시설기능은 용역회사가 맡는다).

④ 계층적 통합과 공간적 통합을 추구하며, 조직전체의 구조가 비계서적이고 중심 주변형 또는 군집형이다.

⑤ 조직과 환경의 교호작용은 다원적, 분산적이다.

(2) 등장배경

① 환경변화: 세계경제의 국제화, 시장에서 경쟁기업들의 빠른 진입과 퇴장, 신상품 교체기간의 조기성, 신기술의 급속한 변화, 네트워크 사회 현상, 고객의 수준 높은 서비스의 요구 등으로 동태화적인 새로운 조직의 필요성으로 등장하였다.

② 정보통신기술의 발달: 유기적 조직유형의 하나로 정보통신기술의 확산으로 나타났다. 인터넷 등 정보통신기술의 발달은 네트워크 사회의 심화를 가져왔다.

③ 업무적 특성: 오늘날 업무는 전문화보다는 조직의 경계를 초월한 상호작용을 바탕으로 한 네트워크 조직을 필요로 한다.

(3) 장점

① 조직구조의 간소화와 수평성: 네트워크 조직구조는 전 지구적으로 최고의 품질과 최저 비용의 자원들을 활용할 수 있으면서도 조직구조의 간소화와 경직구조를 탈피할 수 있다(거래비용의 최소화 및 조직관리의 효율성).

② 자원활용의 효율성: 조직이 필요로 하는 자원을 보유하지 않고도 필요시 언제든지 동원할 수 있다.

(4) 단점

① 조직의 응집력 부족: 네트워크 구조하의 조직은 계약관계로 이루어지고 구속력이 없으므로 조직의 정체성이 약해 응집력 있는 조직 문화를 갖기 어렵다.

② 계약관계의 외부조직 통제곤란으로 대리손실 발생이 예상된다.

③ 조정 및 감시비용의 증가발생과 제품의 안정공급과 품질관리가 미흡하다.

④ 사전적 통제보다는 사후적 통제가 이루어지기 쉽고, 책임을 묻기에 한계가 있다.

⑤ 계약기관을 쉽게 바꿀 수 있어 생산활동의 지속성·안정성을 저해한다.

8. 학습조직

(1) 개념

① 학습조직이란 지식을 창출·공유·활용하여 조직의 발전과 문제해결능력을 향상시키기 위해 지속적으로 학습이 이루어지는 조직을 말한다.

② 모든 구성원들이 조직의 문제에 참여하면서 지속적으로 문제해결적 실험을 반복하여 시행착오를 거듭하면서 조직의 문제해결능력의 향상을 도모한다.

③ 지식정보화 사회의 대두와 더불어 조직의 동태화의 방안으로 성립되었다.

④ 지식관리는 학습조직화를 목적으로 하며, 학습조직화는 참여정부의 개혁 수단이기도 하다.

(2) Senge의 학습조직의 5가지 기반

① 개인적 숙련(Personal Mastery): 전문적 소양을 통한 자기완성을 추구
② 시스템적 사고와 세계관: 구성원의 일체감과 사명을 공유한다. 즉 전체를 볼 줄 아는 총체적 사고로 부분들 사이의 인과관계, 역동적인 관계를 이해하면 능력이 획기적으로 향상된다.
③ 비전 공유: 유동적 과정과 지식의 공유로 조직이 추구하는 목표와 방향, 가치와 사명에 대하여 모든 조직 구성원 간의 공감대 형성이 필요하다. 이를 위해 조직구성원의 의견을 수렴하고 조율할 수 있는 참여적 문화형성이 중요하다.
④ 팀 학습: 조직관리 기준은 정책결정과정에서 환류장치를 활성화하기 위한 의사소통을 강조한다. 공동체의 역량 확대를 위한 지식, 관점, 의견의 상호교환이 필요하다.
⑤ 정신적 모델(Mental Model): 사물에 대한 종합적 인식이 강조된다. 선입견 배제, 준거 틀 및 마인드 세트의 성찰, 사고의 전환이 필요하다.

(3) 학습조직의 내용 및 특성

① 조직구조의 재설계: 수평적 조직구조로의 개편으로 환경에 대한 신축성 제고를 위해 네트워크 조직과 가상조직을 취하며 자기 진화적 조직화를 지향한다.
② 시행착오의 인정과 시행착오로부터 새로운 노하우를 배우고 공유할 수 있는 조직문화를 강조한다.
③ 지식의 창출·공유·활용을 골자로 한 지식관리시스템의 구축과 관리를 필요로 한다.

④ 학습조직은 원자론적 사고가 아닌 공동체, 즉 시스템적 사고가 지배하는 특성을 띠므로 리더의 능력과 노력이 중요하며 공통적인 비전을 창조하는 학습형 리더십이 강조된다.

⑤ 정책결정과정에서 환류장치를 활성화하기 위한 의사소통을 강조한다.

⑥ 전문적 소양을 통한 자기완성과 일체감과 사명의 공유, 시스템적 사고와 유동적 과정을 학습조직의 기반으로 한다.

9. 팀 조직

(1) 개념 및 대두배경

① 개념: 조직의 동태화 유형의 하나로 상호보완적인 기능을 가진 소수의 구성원들이 조직의 목표 달성을 위해 상호책임을 공유하고 수용하는 수평적 조직형태이다.

② 대두배경

　㉠ 팀제는 신속한 환경 대응(시장변화에의 적응성 증진)에 대한 필요성에서 기업을 중심으로 신상품 개발에 주력하기 위한 새로운 조직형태이다.

　㉡ 공공조직의 측면에서는 역동적 행정환경 변화에 따른 대응성 부족, 병리현상, 경직성 등 기존의 관료제의 한계를 보완하기 위해 정부조직에 도입되었다.

(2) 특징

① 조직적 차원

　㉠ 핵심임무 중심의 조직구조: 기술개발팀, 업무혁신팀, 민원처리팀 등 행정환경 변화와 요구에 신속하게 대처할 수 있는 조직형태(팀원 ─ 팀장 ─ 부서장)

　㉡ 조직의 공동목표와 사명감 강조: 팀제는 계층성과 부서(과 수준의 부

서통합) 간의 경계가 무너지고 개인들은 조직 전체의 관점에서 조직의 공동목표를 달성하기 위해 팀장을 중심으로 책임감과 사명감이 강조된다.

ⓒ 의사소통의 원활화와 문제해결의 방식변화: 계층적, 경직적 조직구조가 수평적으로 변화했으므로 팀원과 팀원, 팀장과 팀원 간의 대화가 원활하여 문제해결 중심의 조직운영방식이 이루어진다.

ⓓ 팀워크 중심의 자발적 참여와 결과지향적 산출을 강조한다.

② 구성원의 개인적 차원

ⓐ 동기부여 증진: 팀원에게 문제 및 목표에 대한 참여와 자율성을 부여함으로써 동기부여를 높일 수 있다.

ⓑ 학습과 훈련기회의 제공: 과거의 개인별로 정해진 업무중심에서 팀 전체의 다양하고 종합적인 업무내용에 공동으로 참여하고 해결해야하므로 팀원들이 다양한 업무에 대해 학습 및 훈련할 기회가 많아진다.

(3) 장점

① 조직 및 인력의 효율적 운영 가능: 팀제의 조직은 개인별로 특수한 상호보완적 기능을 통합하여 문제해결에 활용하고 소규모의 조직과 인력으로 운영함으로써 인력의 신축적, 탄력적 운용에 효과적이다.

② 돌발과제에 대한 의사결정의 신속화로 대응력 증진: 전통적 관료제의 계층적 구조가 부서장—팀장—팀원으로 축소되기 때문에 의사결정과정이 신속하게 이루어져 각종 민원처리 등 다양한 행정수요의 변화에 대응력이 높아진다.

③ 협조와 조정 증진: 팀이라는 하나의 조직체 내에서는 목표에 대한 인식을 같이 함으로써 구성원의 주인의식과 참여의식의 고취로 할거주의와 같은 과거 관료제의 병리현상이 줄어든다.

④ 업무중심의 편제지향: 팀제는 조직의 환경대응과 생산성 증가를 목적으로 하기 때문에 기능중심적이 아닌 업무중심적 구조이다.

10. 기타 동태화 유형

(1) 과제폐지

지나치게 세분화된 과제를 폐지 또는 통합을 시도하여 기능별 조직에서 주로 나타나는 할거주의 극복, 신속한 의사결정, 하급자의 동기부여에 기여한다.

(2) 연결핀(Link Pin)

다양한 부서 간 조정이 용이하도록 연결기능을 강화하는 개념이다(R. Likert).

(3) 대학구조

대학과 연구소, 전문학위를 가진 집단으로서 민주적 운영방식이 강조되는 형태이다.

(4) 위원회

기존의 대규모성의 관료조직은 환경에 대한 대응성과 신속성이 낮으므로 각종 전문위원회를 통해 문제를 전문적이고 신속하게 처리하여 행정의 대응성을 높이기 위한 동태화의 일종이다.

(5) 담당관제

최고 결정자의 합리적 결정을 위해 전문적인 기술을 바탕으로 정보 분석, 제공, 조언 등의 기능을 수행하는 조직으로서 막료기관이다.

(6) 하이퍼텍스트 조직

① 개념: 학습자로 하여금 정보를 쉽고 융통성 있게 접근할 수 있도록 하는

방법 중의 하나가 하이퍼텍스트(hypertext)의 원리이다. 하이퍼텍스트는 컴퓨터를 통하여 저장된 정보를 학습자가 자신의 필요나 관심, 또는 인지 스타일에 따라 자유롭게 검색하도록 도와주는 비순차적인 텍스트의 전개 원리이다(학습조직의 원리).

② 구성: 하이퍼텍스트조직은 프로젝트팀층, 지식기반층, 비즈니스 시스템층의 3개의 계층으로 구성되며, 이 세 단계의 과정을 순환한다.

    ㉠ 프로젝트팀층: 그들이 갖고 있는 지식(암묵지)을 형식지화시켜서 지식기반층으로 옮긴다(지식창조, 예 프로젝트팀).

    ㉡ 지식기반층(지식베이스층): 형식지화된 지식을 축적해 놓았다가 비즈니스 시스템층에서 필요한 지식을 적절하게 골라내 비즈니스시스템층으로 넘긴다(지식축적 및 저장, 예: 지식관리정보시스템).

    ㉢ 비즈니스 시스템층: 지식기반층으로부터 받은 지식을 활용하여 부가가치를 창출한다(지식활용, 예: 관료제).

(7) 가상조직

① 개념: 정보화 사회 도래와 함께 발단된 조직형태로 네트워크로 연결된 망으로 업무가 이루어지고 하나의 핵심조직을 중심으로 다른 조직과 네트워크 구조로 편성된다.

② 특성: 급변하는 상황에 신속하게 대처할 수 있는 조직으로 네트워크상의 조직들은 정보와 자원이 공유되며, 임시적, 비공식적 관계로 경계의 가변성과 참여자의 자율성이 높아 조직의 유동성이 높다. 참여자들 간의 신뢰를 바탕으로 이루어져야 하며, 기술개발이나 시장접근에 필요한 비용과 시간이 절약된다.

제3절 인사관리 일반

::인사관리 제도

1. 인사관리의 의의

(1) 개념

기업의 목표를 달성하기 위한 인적자원을 확보(채용)하고 기업에 임용되어 능력발전의 도모와 사기를 증진시켜 나가는 조직의 일련의 효율적인 인적재원에 대한 제반관리활동을 말한다.

(2) 특징 및 중요성

① 개방체제적 환경적응성: 다양하고 급변하는 시장환경과 고객수요에 적응해야 하는 개방체제이다.
② 인적 자원관리를 위한 적극적인 조직 활동: 적극적인 인재모집과 조직구성원의 능력 개발 및 생활개선을 위한 적극적인 노력을 해야 한다.
③ 인사행정의 전문성: 인사행정업무 자체가 과학적 지식과 기술을 바탕으로 하는 전문분야이다. 또한 다양한 환경의 변화와 규모, 기능의 확대는 인사행정업무의 전문성을 요구하고 있다.
④ 과학기술의 발달과 영향: 과학기술의 발달은 행정영역의 질적 확대와 맞물리면서 행정조직의 인사관리운영 전반에 걸쳐 많은 영향을 주었다. 특히 컴퓨터의 도입은 업무뿐만 아니라 조직구조 및 구성원의 행태변화를 유도했다.

(3) 3대 변수

① 채용(임용): 유능한 인재의 모집과 합리적인 시험, 임용 및 장기적인 인력 수급계획을 모두 포함한다.

② 능력발전: 조직의 목표를 효율적으로 달성하기 위한 교육훈련, 근무성적평정, 승진, 전보, 전직 등의 제도를 통한 공무원의 능력발전을 필요로 한다.

③ 사기: 조직에 잘 적응하고 목표달성을 적극적으로 수행할 수 있도록 구성원의 정신적인 측면의 활성화를 기하기 위한 것으로써 합리적 인사관리, 적정한 보수 등이 이에 속한다.

(4) 선발관리

① 의의

    ㉠ 오늘날 급변하는 기업 환경에 능동적으로 대처하기 위해서는 유능한 인재의 확보가 필수적이라 할 수 있다. 기업에 있어서 양질의 종업원 확보 여부가 기업의 성패를 좌우하게 되므로 선발관리는 인사관리 중에서 가장 중요한 분야 중 하나이다.

    ㉡ 여기에서 선발이란 모집활동을 통해 획득한 지원자를 대상으로 미래에 수행할 직무에 가장 적합한 지원자를 선별하는 과정을 말한다.

② 선발절차

선발절차는 기업의 사정에 따라 차이가 있겠지만 대체로 ㉠ 지원서 접수 및 검토, ㉡ 선발시험, ㉢ 면접, ㉣ 신체검사, ㉤ 경력조회, ㉥ 채용의 결정과 선발 순으로 이루어진다.

③ 지원서 검토 방법

    ㉠ 임상적 평가: 임상적인 평가는 잘 훈련된 면접원에 의해서 지원서가 임상적으로 연구되어 잠정적인 결론을 내린 최종 결정은 인터뷰, 시험 등에 의하는 평가방법이다.

    ㉡ 통계적 평가: 통계적 평가방법에서는 각 지원서 항목마다 수년 동안의

통계적 결과에 따라 가중치가 부여되어 있다. 선발할 때 이러한 가중
지원 항목법을 사용하려면 각 직업별로 다른 가중치를 부여한 지원서
를 마련하여야 한다. 즉 각 질문마다 점수가 부여되며, 지원자들은 여
기를 통과하기 위해서 한계치 또는 합격점을 받아야 하는 것이다.

2. 인적 자원관리(HRM)

(1) 개념

① 인적 자원관리는(Human Resource Management) 조직 구성원들을 조직의
   소중한 자원으로 인식하여 그들의 잠재능력을 최대로 발휘할 수 있도록
   조직의 분위기를 최적으로 조성하고 이를 효율적으로 활용함으로써 개인
   목표를 만족시킬 뿐만 아니라 조직목표를 아울러 달성하고자 하는 일련
   의 활동과 이에 관련된 학문이라고 할 수 있다.
② 인적 자원관리는 오랫동안 인사관리로 불리어 왔기 때문에 인적 자원관리
   와 인사관리 간의 개념적인 차이가 널리 인식되고 있지 않다. 그렇다보니
   인적 자원관리와 인사관리는 거의 똑 같은 개념으로 흔히 인식되고 있다.
③ 그러나 현대조직에서는 인사관리개념에 비하여 인적자원의 중요성과 특히
   인적자원의 개발을 더 강조하고 있고, 인적자원의 전략적인 중요성과 일
   반관리자의 인적자원기능(human resource function)을 한층 더 강조하고 있
   으며, 무엇보다도 조직의 성과요인으로 경쟁적 비교우위의 결정요인으로
   강조하고 있다는 점에서 중요한 차이점이 있다.

(2) 인사관리와 인적 자원관리의 차이점

① 전통적 www인사관리(Personnel Administration or Personnel Management)
   는 인사기록, 급여, 복리후생 등 일상적인 인사 관련 서비스와 행정적 업
   무에 치중하였고 인사부서가 조직에 공헌하는 가치가 무엇이고 이에 대한

책임도 불분명한 상태에서 인사부서의 효율성은 인사 관련업무의 비용을 얼마나 절약하느냐에 의해 평가되었다.

② 인적 자원관리는 조직의 성과에 기여하고 경쟁력을 향상시키는 전략적 기능으로서 인식되고 있고, 여기에는 전문적인 지식과 기법, Skill & Competence가 존재하고 이러한 것이 인적자원 전문가에 의하여 발휘되고 있다. 또한 인적자원 전문가는 조직의 전략경영과정에 적극적으로 참여하고 성과달성에 있어서도 실무관리자들과 동반자적 역할을 수행하며 조직성과에 대하여 공동의 책임을 진다.

3. 인사관리의 내용

(1) 임용

① 개념

　㉠ 협의의 개념: 특정의 직위에 보직시키는 행위로서 조직의 결원을 보충하는 것을 임용이라 한다. 결원보충의 의미로 볼 때, 임용은 외부충원(외부임용)과 내부충원(내부임용)으로 설명할 수 있다.

　㉡ 광의의 개념: 위의 협의의 개념인 충원의 의미와 신분의 발생, 소멸시키는 모든 인사상의 변동행위를 말한다. 따라서 신규 채용을 비롯하여 승진, 전보, 겸임, 전직, 파견, 강임, 휴직, 직위해제, 정직, 복직, 면직, 해임 및 파면을 모두 임용으로 규정하고 있다.

② 임용의 종류

　㉠ 외부임용

　　㉮ 공개경쟁채용: 실적주의에 근거한 대부분의 직책에의 임용을 말하는 것으로서 모든 사람들에게 지원기회를 동등하게 주고 시험을 통한 채용방식이다. 공개경쟁채용의 목적을 달성하기 위해 절차의 표준화가 요구된다.

㉯ 특별채용: 신규 채용에 포함되며 별도의 선발절차를 거치는 제도로
서 공개경쟁채용의 문제점 보완과 필요한 인력확보에 주안점을 두
는 임용제도이다.

ㄴ 내부임용

㉮ 수직적 인사이동

ⓐ 승진: 상위직급으로 올라가는 상향적 인사이동이다.

ⓑ 강임: 하위직급으로 내려가는 하향적 인사이동이다.

㉯ 수평적 인사이동

ⓐ 전직: 등급은 같지만 직렬이 다른 직위로 전환하는 인사이동을
말한다.

ⓑ 전보: 직무의 내용과 직급이 동일한 직책으로 자리를 이동하는
것이다.

ⓒ 겸임(겸직): 한 사람에게 두 직책을 부여하는 것을 말한다.

ⓓ 파견: 소속기관의 변동 없이 임시 기간 동안(3개월~6개월 이내)
다른 기관이나 부서에서 직무를 수행하고 기간이 끝나면 원래
소속으로 복귀하는 것을 말한다. 주로 공석이 발생했을 때 후임
직원이 채워질 때까지나 업무지원을 위해 해당 부서장의 요청
으로 이루어진다.

ⓔ 직무대행: 결원이 발생했을 때(주로 상위직)나 휴가 등으로 인해
발생한 공석의 직무수행을 대신하는 것을 말한다.

㉰ 기타 인사변동

ⓐ 휴직: 개인 사정으로 인해 일정 기간 동안 직무수행을 정지하는
제도이다.

ⓑ 정직: 징계의 종류에 속하는 것으로 과오로 인해 일시적으로 직
무와 직책에 대한 권한을 중지시키는 것이다(1월에서 3월까지).

ⓒ 면직: 현 직책에서 물러나게 하는 것으로서 더 이상 직책을 부
여하지 않는 것이다. 즉 보직을 주지 않는 것을 말한다. 사망했

거나 개인사정, 과오 등으로 인사권자는 법이 정한 절차에 따라 해당 직원을 면직시킬 수 있다.

ⓓ 해임: 징계의 일종으로서 면직과 같이 직책에서 물러나게 하는 것인데, 주로 개인 과오로 인한 문책이다.

ⓔ 직위해제: 각종 비위나 책임을 져야 할 상황으로 문제가 발생된 경우 징계가 이루어지기 전의 선 조치로서 일단 직위에서 권한을 박탈시키고, 추후 징계위원회를 통해 해임과 파면 등 여러 징계조치를 취하게 된다.

ⓕ 파면: 비위사실 등으로 인해 공무원의 신분을 박탈하는 것이다.

ⓖ 복직: 면직, 해임, 직위해제, 파면 등의 조치에서 다시 직책을 부여받는 것을 말한다.

(2) 직무조사(collecting of information—직무기술서 작성)

특정 직무를 담당하는 종업원이 수행해야 할 활동과 그에 대해 회사가 기대하는 계량화된 성과목표를 기재한 문서로 분류대상 직위의 업무에 대한 내용을 수집하고 분류작업에 맞게 작성하는 작업을 말한다. 이 조사에서는 객관적으로 실제하고 있는 업무의 내용, 책임도, 곤란성, 직무자격요건 등에 관한 모든 자료를 확보해야 한다. 직무조사가 제대로 이루어지지 않으면 다음 단계인 직무분석과 평가에 영향을 주게 된다. 직무조사에서는 대상 직원이 제공한 직무정보 외에 법령, 규칙을 기본으로 조직의 내규(조직편성표 및 기능), 업무보고서, 예산내역 및 보수기준표 등을 보조 자료로 활용한다. 직무조사의 방법에는 최초분석법으로 설문지법, 면접법, 관찰법, 체험법, 대상자 기록법(업무일지 작성법)이 있으며, 비교확인법, 그룹토의 기법 등이 있다.

(3) 직무분석(job analysis)

직무분석이란 가장 중요한 단계로서 직무기술서와 직무조사과정에서 획득한 직무에 관한 정보를 분석하고 평가하여 대상 직위의 직무를 종류별·수준별로 분류하는 것이다. 직무분석은 종류별 분류는 곤란도나 책임도에 의한 분류가 아니며, 업무의 성격별로 분류하는 종적분류이다.

(4) 직무평가(job evaluation)

① 직무평가란 기업 내에서 각각의 직무가 차지하는 상대적 가치(the relative worth of jobs)를 결정하는 것이며 각각의 직무가 지니는 책임도, 중요성, 업무수행상의 곤란도, 복잡도, 위험도 등을 비교, 평가하여 이들에 대한 상대적인 서열을 매기는 기법이다. 즉 직무평가는 각 직무의 성과책임과 그 직무를 수행하는 데 요구되는 지식과 기술, 사고의 환경, 최종성과 등을 평가요소로 하여 직무 값(job size)과 직무등급(job grade)을 산정하는 것이다. 따라서 직무평가는, 동일한 가치를 가진 직무에 대하여는 동일한 임금을 적용하고 더욱 높은 가치가 인정되는 직무에 대하여는 더욱 많은 임금을 책정하는 직무급제도의 기초가 된다. 이러한 직무평가는 직무분석의 결과로 작성된 직무기술서와 직무명세서를 기초로 하여 이루어진다.

② 직무평가는 경영조직에 있어서의 각 직무의 상대적 가치를 결정하기 위한 한 방법이므로 어디까지나 직무 그 자체의 가치를 판단하는 것이지 결코 직무상의 개개의 인간을 평가하는 것이 아니다. 즉 직무평가는 구체적인 개개의 인간과는 일단 분리된 각 직무가 요구하는 지식, 숙련, 노력, 책임, 직무조건 등을 평가요소로 하여 각 직무의 상대적 가치를 체계적으로 평가하는 것이다.

③ 직무평가는 조직 내에서의 상대적인 중요도를 평가하므로 동종의 직무라 해도 어느 조직에 속하였는가에 따라 직무평가 결과인 직무 값이 다를 수도 있다. 또한 직무 값은 직무의 내용으로 결정되므로 직위명이나 필요자격이 중요한 것은 아니다. 직무평가의 방법은 비계량적인 서열법, 분류법과 계량적 방법인 점수법, 요소비교법 등이 있다.

　㉠ 비계량적 평가방법

㉮ 서열법: 직무수준을 타 직책과 비교하고 각 직위의 직무를 종합적으로 평가하여 수준이 낮은 단계에서부터 높은 단계까지 서열을 결정하는 방법이다. 비계량적인 방법으로 평가자의 주관성이 개입되지만 평가비용과 시간이 적게 드는 장점이 있다.

㉯ 분류법: 서열법과는 반대로 평가대상 직위의 직무수행 기술과 지식, 직무의 곤란성과 중요성 등의 기준으로 사전에 등급 기준표를 작성해 놓고 분류대상 직위를 기준표와 비교하여 배치해 나가는 방법이다. 그 기준은 데이터가 아닌 직무기술서와 평가자의 판단으로 이루어지므로 비계량적인 방법이다.

ⓛ 계량적 평가방법

㉮ 점수법: 분류대상 직위의 직무를 각 평가요소별로 점수를 부여하고 분류법과 같이 미리 정해진 점수화된 등급 기준표에 따라 배치시키는 방법이다. 평가요소를 선정하고 배점을 하는 데는 전문성과 과학성을 필요로 하며 시간이 많이 든다. 또한 점수화는 계량적이기는 하지만 배점기준은 주관적인 기준이다.

㉯ 요소비교법: 기준직위의 직무를 설정하고, 이를 몇 개의 요소별로 평가한 후 분류대상 직위의 직무도 같은 요소로 나누어 계량적으로 평가한다. 그리고 기준 직위와 평가하려는 직위의 각 요소를 비교하여 평점을 부여함으로써 그 직위의 상대적 가치를 결정하는 것이다.

※ 상대평가—분류법과 요소비교법
절대평가—서열법과 점수법

4. 직무설계

(1) 개념

직무설계(job design)란 과업들을 하나의 직무로 조직화하는 과정으로 직무의 내용, 기능, 관계를 결정하는 중요한 문제이다. 직무가 제대로 설계되어야 직무 간의 적합성을 통하여 조직의 전략적 목표를 달성할 수 있다.

(2) 직무설계의 중요성

종업원의 동기유발→직무와 사람 간의 조화필요/직무재설계 중요

(3) 직무설계의 변천

① 전통적 직무설계(직무전문화)
　　㉠ 직무전문화의 의의: 아담 스미스의 분업의 원리에 따라 작업을 가능한 단순화, 전문화시켜 노동의 효율성을 증대하는 직무설계를 말한다.
　　㉡ 효과: 기술능력 배양, 시간적 효율성 추구
　　㉢ 한계: 직무수행자의 불만족, 몰개성화, 인간소외 초래
② 행동과학적 직무설계
　　㉠ 직무순환(job rotation)
　　　　㉮ 개념: 종업원들에게 직무전문화의 결과인 단일 과업만을 수행토록 하는 것이 아니라 다양한 경험을 위해 다른 직무를 순환하여 수행하는 것을 말한다.
　　　　㉯ 효과: 전체과업 흐름이해, 인간소외 극복, 다양한 직무경험
　　　　㉰ 한계: 새로운 직무교육 및 훈련시간비용 발생, 직무태도에 영향을 별로 주지 못한다.
　　㉡ 직무확대(job enlargement)
　　　　㉮ 의의: 다양성과 재량권을 높이기 위해 전문화된 단일 과업을 수평

적으로 확대하는 것으로 직무를 이루는 과업의 수를 늘리는 것을 말한다.

    ㉯ 효과 : 종업원의 직무의 질 증진

    ㉰ 한계: 종업원의 작업량 가중, 종업원 감축수단

  ⓒ 직무충실화(job enrichment)

    ㉮ 의의: 단순히 직무의 경험이나 수를 늘리는 것이 아니라 과업을 수직적으로 확대하여 권한과 책임을 부여함으로써 직무내용을 풍부하게 하는 것을 말한다.

    ㉯ 주요내용: Herzberg는 직무충실화의 요소로 직접적인 피드백, 고객과의 관계, 학습기능, 작업일정수립의 기회제공, 전문적 능력의 배양, 자원의 통제, 상사와 부하 간의 직접적인 커뮤니케이션, 직무에 대한 개인적 책임의 확대를 제시하였다.

    ㉰ 평가: 직무내용에 자율성, 도전의식 가미, 종업원의 개인차 미고려, 시간과 비용증가

  ⓔ 직무특성이론(job characteristic theory): Hackman/Oldman Model

    ㉮ 의의: Hackman과 Oldman에 의하여 제기된 것으로 종업원들은 직무특성 5가지 요소와 개별 종업원의 성장욕구강도에 의해 이직, 결근율이 낮아지고, 동기부여가 되며 업무성과를 향상시킬 수 있다는 이론이다.

    ㉯ 주요내용: 종업원은 직무가 다양하고 종업원들이 그 직무를 중요하게 자각할수록, 조직의 과업흐름과 일체감을 자각할수록, 직무수행에 대한 자율성과 피드백을 받을수록 직무에 의미를 부여하고 책임감을 느끼기 때문에 조직성과에 긍정적인 영향을 미친다.

    ㉰ 평가: 종업원의 개인차 고려, 실무적인 직무설계 제시

③ 사회기술 시스템적 직무설계

  ㉠ 의의: 직무설계에서 인간과 직무의 사회적 맥락에서의 사회, 기술적 관점의 조화를 강조한 이론이다.

ⓛ 주요내용: 직무조건→합리적 직무내용, 학습기회, 의사결정의 자율성, 재량성, 사회적 지원과 안정, 직무결과에 대한 믿음

ⓒ 평가: 외부환경 고려, 사회역할 제시, 자율적 작업집단 도입근거

5. 근무성적평정(인사고과)

(1) 개념

근무성적평정이란 공무원의 업무실적·직무수행능력·근무태도·발전성 등을 체계적·객관적·합리적으로 평가하여 개인의 능력발전을 도모하고 승진 및 전보 등의 인사관리자료로 활용하는 제도이다. 기업에서는 인사고과라는 말이 일반적이다.

(2) 목적

① 인사관리의 객관적 자료 제공: 근무성적평정의 결과는 승진, 전보, 상벌 등의 인사조치가 이루어질 때 객관적 기준과 자료로 활용되며, 공무원의 동기부여 및 통제의 수단이 된다. 또한 연봉결정과 성과급제도 시행의 기초자료로 활용할 수 있다.

② 기업발전 및 개인의 능력발전 도모: 개인의 장·단점과 특성을 파악하는 수단이 되므로 능력발전의 계기가 되며, 결과는 직무수행에 영향을 미치므로 조직발전에 기여한다.

③ 시험타당도 측정기준의 수단: 근무성적평정의 결과와 시험의 타당도는 상관관계를 가지고 있으므로 시험성적이 높은 사람이 근무성적평정 결과가 좋게 나오면 시험의 타당성은 높다고 보고 있다. 따라서 근무성적평정을 시험제도의 개선을 위한 환류로 활용할 수 있다.

④ 교육훈련 수요파악의 기준을 제시: 피평정자의 장점과 단점을 보완하기 위한 교육훈련수요와 내용을 결정하는 기준제시에 도움을 준다. 즉 평정결

과에 따라 어떤 교육훈련 내용이 필요하고 적절한지를 판단할 수가 있다.

(3) 인사고과의 유형

① 평정방법에 의한 분류

　㉠ 도표식 평정척도법(graphic rating scale)

　　㉮ 개념: 여러 평정요소를 정해 놓고 각 평정요소마다 각각 등급을 표시하는 방법이다. 요소의 합계를 결과로 개인의 최종 등급을 결정한다.

　　㉯ 장·단점: 가장 보편적인 평정방법으로서 평정표 작성이 용이하고 쉬운 반면에 ㉮ 평정요소 설정시 합리적인 기준이 없이 일반적인 기준으로 이루어져 있고, 설정하기가 어렵다. ㉯ 5가지(탁월, 우수, 보통, 미흡, 불량)의 등급기준이 평정자가 선택하는 데 판단하기 모호한 기준이므로 평정자마다 차이가 발생할 수 있다. ㉰ 평정요소들이 동시에 같은 평정표상에 있으므로 평정시 오류인 연쇄효과가 발생하기 쉽다.

　㉡ 강제배분법(forced distribution)

　　㉮ 개념: 엄밀히 근무성적평정의 유형은 아니며, 평정방법 중 하나의 원칙이라 할 수 있다. 평정결과가 한쪽으로 집중되는 것을 막기 위해 평정분포를 일정한 비율로 정해 놓은 것을 말하며, 정상분포로써 평정자는 이 비율을 적용하여 평정하여야 한다(우리나라는 수, 우, 양, 가에 각각 2:4:3:1로 배분).

　　㉯ 장·단점: 평정시 관대화나 과소평가로 인한 어느 한쪽으로의 집중화를 막을 수 있으나 강제분포를 해야 하므로 우수한 평정대상자도 강제로 낮은 등급을 받아야 하는 경우가 발생한다. 그리고 평정대상자가 많은 경우에는 기관 간의 불균형을 제거할 수 있고, 평정의 객관성과 신뢰성을 어느 정도 확보할 수 있으나 평정대상자가 적거나 소수의 전문직으로 이루어진 집단의 경우에는 오히려 불합

리하다. 또한 역산식 평정(강제배분 후 역으로 등급에 해당하는 점수 부여)의 가능성이 있다.

ⓒ 사실기록법

㉮ 개념: 작업량과 같은 객관적인 사실을 기초로 평가하는 방법이다.

㉯ 유형

ⓐ 산출기록법: 문서기안 건수 등 일정한 시간 동안 문서의 생산량을 기록하여 평가하는 방법이다. 단순한 양만을 평가하기 때문에 작업의 질과 개인의 능력 및 특성 등을 평가하기 어려운 단점이 있다.

ⓑ 주기적 검사법: 일정 기간의 업무량을 분석하여 평정기간 전체의 업무실적을 추정 평가한다.

ⓒ 근태기록법: 공무원의 평소 근태기록으로 평정하는 방법이다. 근태는 지각, 결근 일수 등만을 말하므로 작업의 양과 질 그리고 개인태도 등을 평가 할 수 없다.

ⓓ 가감점수법: 직무수행이 우수한 경우에는 가점을 주고 과오를 범한 경우에는 감점을 주어 합산하는 평정방법이다. 객관적인 평정으로 보일 수도 있으나 평정자에 대한 대상자가 형식에 치우친 인위적인 업무를 하기 쉬워 질적인 업무를 기대하기 어렵다.

ⓓ 강제선택법: 평정요소를 2개 내지는 4~5개 정도로 정해 놓고 평정대상자의 특성에 가까운 항목에 강제적으로 선택하여 표시하도록 하는 방법이다. 평정대상자에 대해 유리하거나 불리한 항목의 기준이 없으므로 평정자의 사적 감정을 배제할 수 있으며, 강제선택적 체크리스트 방법이라고도 한다.

ⓜ 서열법: 특정 집단 내의 평정대상자 간의 근무성적을 비교해서 서열을 정하는 방법이며, 전체적인 순위(종합적 순위법)와 요소별 순위(분석적 순위법)를 정할 수 있다. 특정 집단 내에서의 순위결정은 가능하나 조직 전체집단에서의 순위결정과 비교는 곤란한 방법이다.

ⓑ 쌍쌍비교법과 대인비교법: 서열을 정하기 위한 방법으로써 쌍쌍비교법은 두 사람씩 짝을 지우고 평정을 반복하는 방법으로서 두 사람 간의 비교가 가능하므로 객관적 평정을 할 수 있지만 평정 대상자의 수가 많으면 평정하기가 용이하지 않다. 대인비교법은 지도력 또는 관리능력, 전문지식, 책임성과 도덕성, 협조성 등을 평가요소로 선정하고 평정요소마다 상, 중, 하로 등급을 정한 후 각 등급에 적합한 대상인물을 선정하여 평정 대상자와 비교하여 평가하는 방법이다.

ⓢ 목표관리평정법: 목표관리(MBO)기법을 적용한 것으로서 부하와 상급자 간의 합의된 목표를 정하고 일정 기간(보통 1년) 후에 목표달성도를 평가받는 방법이다(현재는 공무원의 직무성과계약제로 발전).

ⓞ 중요사건 기록법: 이 방법은 피평정자가 자신의 업무실적을 판단해 주는 행사나 중요 사건을 기록하거나 또는 중요 사건에 대한 것들을 설명해 놓으면 평정자가 해당 사건에 표시하는 방법이다. 객관적인 사실에 기초하므로 합리적이지만 사건 기록의 기준이 모호하며, 시간 등의 문제로 번거로운 단점이 있다.

ⓩ 체크리스트 평정법(사실표지법): 평정표(체크리스트)에 나열된 평정요소에 따라 긍정 또는 부정의 두 가지만으로 체크하는 방법이다. 점수화 등은 후에 인사담당자들이 다른 피평정자의 평가표를 모아서 실시한다.

ⓒ 행태기준 평정척도법: 도표식과 중요사건 평정척도법의 장점을 혼합한 형태로서 직무와 관련된 주요 업무분야를 선정하여 가장 잘한 업무행태부터 못한 업무행태까지 몇 개의 등급으로 나누어 도표로 만들어 놓는다. 그리고 그 등급마다 중요 행태를 구체적으로 기술하여 점수를 할당하고, 이에 따라 피평정자와 관련된 업무행태결과를 비교·평정하는 방법이다. 장점으로는 평정자의 객관성에 의한 오류방지와 피평정자가 평정기준이 되는 과업분야를 직접 선정함으로써 평정에 대한 참여와 관심을 높일 수 있다. 그러나 직무에 따른 평가양식이 별도로 필

요하며, 행태기준 선정상의 시간과 노력이 많이 든다.

ㅋ 행태관찰 척도법: 행태기준 평정척도법과 도표식 평정방법을 통합한 형태로서 피평정자의 행태에 관한 구체적인 사건 및 사례를 중심으로 평정하는 방법이다. 연쇄효과에 의한 평정의 오류가 발생할 수 있지만 평정자의 주관성을 배제시킬 수 있다.

ㅌ 서술법: 평정자가 피평정자의 업무실적과 직무행태 및 개인의 특성 등을 직접 서술식 문장으로 작성하는 방법으로서 대상자에 대한 정확하고 구체적인 서술이 가능하다. 하지만 주관적인 서술이 되므로 평정의 차이가 심하고 다른 평정 대상자와의 객관적인 비교가 곤란하다.

② 평정자를 기준으로 한 분류

ㄱ 자기평정법: 피평정자 스스로가 직접 자신의 업무와 근무태도 등을 평가하는 방법으로서 주관적인 단점도 있지만 자신의 문제점을 찾아내고 개선할 수 있는 기회를 가져와 능력발전에 기여한다. 현재 군에서는 평정기간 중의 업무실적을 자신이 설명하도록 하고, 이를 통해 평정자가 자신의 판단과 업무실적을 참고해서 평정점수를 부여하고 있다.

ㄴ 동료평정법: 동료들 간 서로 평정하는 집단 평정방법으로 동료들 간에는 상급자가 모르는 부분까지 평가할 수 있기 때문에 상급자의 제한된 평가시야를 넓혀줄 수 있다. 그러나 개인 간의 친분 등과 같은 요인으로 객관성이 결여될 수 있는 단점도 있다.

ㄷ 감독자평정법: 일반적인 상급자에 의한 평가로서 직속 감독자급인 상관이 하는 평정방법이다.

ㄹ 부하평정법: 보통 상급자는 부하에 대해 명령하는 입장으로서 상급자에 의한 평정은 조직의 경직성을 가져오지만 부하가 상급자를 평정함으로써 권위적인 지배구조를 개선시킬 수 있다. 하지만 부하의 눈치를 보는 사례와 하극상의 문제를 야기할 수 있으므로 계급에 의해 운영되는 조직에서는 바람직하지 않다.

③ 다면평가제

    ㉠ 개념

        ㉮ 다면평가란 말 그대로 얼굴이 많다는 의미로 피평정자 하나에 평정하는 사람이 여러 사람이라는 것이다. 다면 평가자의 구성은 전후, 좌우, 상하 또는 민원인 등의 외부사람도 포함된다.

        ㉯ 상급자 동료, 부하, 민원인 등을 말한다. 360도 전방위평가라고도 하며, 기업에서 시작되어 공공부문으로 확산되었다. 특히 군에서는 근무평정과는 별도로 진급 직전에 실시하여 진급에 반영하고 있다.

    ㉡ 대두배경

        ㉮ 기존의 근무평정의 한계: 연공서열 중심, 역산제평정, 평가결과의 비공개 등

        ㉯ 목표관리제와 성과급 등의 적용과의 연계를 목적

    ㉢ 목적

        ㉮ 종합성·객관성·공정성·신뢰성·수용성·신중성 확보: 보통 평정자는 1차 평정자(직속 상급자), 2차 확인자(차상급 또는 기관장)로 구성되어 있어 2차 평정자는 계급의 차이로 피평정자에 대해 잘 모르는 경우가 있다. 또한 평정자에 대해 좋은 이미지를 주면 좋은 평가를 받을 수 있지만 여러 명의 객관적인 대상들이 평정함으로써 평정에 대해 많은 효과를 확보할 수 있다.

        ㉯ 능력발전에 기여: 평가대상자의 자기계발을 촉진하는 계기와 개인의 모습을 정확히 반영할 수 있어서 능력발전에 도움이 되며, 평가결과에 대한 반발을 최소화시키게 된다.

        ㉰ 분권적 평가: 두 사람만이 하는 도표식 평정법의 집권성 평가의 모순점을 개선하는 분권적 평가를 할 수 있다.

        ㉱ 고객참여 활성화: 다면평가 시 외부 민원인과 업무에 관련된 고객(시민)을 포함함으로써 공공부문에 대한 고객의 관심과 참여를 유도할 수 있다.

ⓡ 단점

ⓐ 평가자의 한계: 평가의 개인적 친분을 기준으로 나쁜 관계를 가진 상대에 대해서는 객관적인 평가를 하지 않고, 평정자들의 담합과 모략행위가 발생할 수 있다.

ⓑ 포퓰리즘(populism)의 발생: 포퓰리즘이란 원래 용어로 해석하면 대중주의인데, 대중에 대한 인기 영합주의를 말한다. 즉 근무평정에 대한 포퓰리즘은 평정 대상자가 업무와 근무태도 및 인간성을 평가받으려 하지 않고 주위의 인기를 얻어 좋은 평가를 받으려는 것을 말한다. 즉 대인관계에 치우친 업무행태를 보이기 쉽다.

ⓒ 평가시행에 따른 사전준비, 홍보 등 여러 측면의 비용 발생

ⓓ 평가결과 공개의 한계: 기존의 평가결과는 비공개였지만 다면평정 결과의 공개는 구성원 간 불신과 갈등을 조장할 수 있다.

ⓔ 평가기준의 다양성의 한계

(4) 인사고과상의 오류

① 연쇄효과(halo effect): 후광효과라고도 하며, 평정자의 판단이 같은 방향으로 연쇄적으로 나타나는 현상으로 하나의 평정요소가 결정되면 다른 요소에도 영향을 미치는 효과를 말한다. 피평정자를 판단하기에 관련이 적은 평정요소로 구성되어 있거나 유사한 평정요소가 연결되어 배열되어 있을 때 나타나는 경우가 많다.

② 집중화 경향(central tendency): 평정등급상의 중간에 몰리는 현상으로서 평정자가 피평정자의 정보를 잘 모르는 경우 또는 부하들의 눈치를 고려해서 중간 정도의 적당한 등급으로 평정하는 것을 말한다.

③ 관대화 경향(tendency of leniency): 평정자가 피평정자의 능력과 수준보다 높은 평가를 하여 평정결과가 우수한 등급에 몰리는 결과를 말한다. 부하들을 잘 모르거나 정서상 낮은 평가를 하는 것을 꺼려하기 때문이다.

④ 엄격화 경향(tendency of strictness): 관대화 경향의 반대현상으로서 실제피

평자를 실제보다 낮게 판단하여 낮은 평가 등급으로 평가하는 것을 말한다.

⑤ 규칙적 오류(systematic error): 일관적 오류 또는 조직적 오류라고도 하며, 다른 평정자의 성향에 따라 다른 평정자들보다 늘 낮은 점수를 주거나 반대로 항상 높은 점수를 주는 오류를 말한다. 따라서 이러한 현상을 막기 위해서는 강제배분법이 적용되어야 한다.

⑥ 총계적 오차 또는 오류(total error): 일관성 없는 평정자의 판단과 평정기준으로 관대화 또는 엄격화 경향이 일정하지 않고 불규칙하게 나타나는 오류로서 총체적 오류라고도 한다.

⑦ 논리적 오류(logical error): 연쇄효과와 유사한 오류처럼 평정자의 의식에 평정요소 간의 논리적 연관관계가 있다고 생각함으로써 발생하는 평정자의 논리적 판단오류를 말한다.

⑧ 선입견과 고정관념에 의한 오류(상동적 오류, 유형화의 오류): 피평정자에 대한 선입관이나 평정자의 고정관념이 평정시 적용되어 합리적이고 객관적인 평정을 하지 못한 데서 발생하는 오류이다(성별, 출신지역, 학교, 소문과 자신의 가치관).

⑨ 시간적 오류(recency error): 평정자가 평정기간 동안의 업무실적 등에 대해서 평가하지 않고 기억나는 최근의 피평정자의 실적과 행태에 대해 평가함으로써 발생하는 오류를 말한다. 따라서 평정시기에 임박해서 열심히 일하여 이미지를 좋게 하면 높은 평정을 받게 되는 문제점이 현실에서 많이 나타난다. 근접행태의 강조에 의한 오류 내지는 근접오류라고도 한다.

⑩ 유사성 및 대비오류: 피평정자의 속성이나 다른 요소들이 평정자의 스타일과 유사하면 높은 평정을 하게 되는 것이 유사성 오류이며, 실제 피평정자의 속성과는 반대로 평정하는 경향의 오류를 대비오류라고 한다.

⑪ 역산제평가: 역산제평가는 먼저 평가등급을 정해 놓고 등급에 맞는 점수를 부여하는 것을 말한다. 이는 평가 자체로부터 오는 업무 부담을 덜고 신속하게 평가하려는 평가자의 실책이다.

(5) 인적자원의 평가

① 인적자원의 평가는 인적자원프로그램이 어떻게 시행되었는가를 평가하고 이에 따른 피드백을 주기 위함이다. 대체적으로 4 단계의 평가단계가 존재하며 다양한 평가모델을 근거로 평가를 한다. 상황평가, 투입평가, 과정평가, 성과평가 등 네 가지를 기준으로 평가가 되는데, 이 평가방법은 가치에 대해 소홀했다는 점에서 비판을 받고 있다.

② 다양한 평가모델들을 근거로 평가도구를 설계한다. 이렇게 설계된 평가도구들은 평가를 하는 데 있어서 도움을 준다. 평가를 할 때에는 윤리성과 교육훈련의 경제성도 포함되어야 한다.

③ 소매업종에서의 평가방법

    ㉠ 성과 기록법: 객관적, 공식적, 일반화된 평가법으로서 판매직원의 성과를 총판매액, 판매건수, 고객불만 건수, 반품된 상품의 양, 금액, 근무이탈, 지각, 결근, 시간당 순판매액 등을 점수화하여 평가하는 방법이다.

    ㉡ 목표관리법: 기업의 목표관리기법에서 나온 객관적, 비공식적 평가수단으로 전문 쇼퍼를 임시로 고용하여 쇼핑하는 과정에서 판매직원에 대해 평가항목에 의한 평가 후 보고서를 제출하도록 하는 방법으로 쇼핑보고서법이라고도 부른다.

    ㉢ 직관법: 주관적, 비공식적 평가방법에 해당되며, 감독자의 주관에 의한 평가를 통해 판매직원의 성과를 평가하는데, 주관과 감정이 개입될 수 있으므로 평가의 신뢰성과 공정성에 한계가 있는 기법이다.

〈핵심정리〉 목표관리제(MBO)

(1) 목표관리제도(Management By Objectives)의 개념

목표관리제도란 회사가 ! 일정 기간 동안 직원에게 목표를 설정하게 하고 그 목표를 지원하여 실적을 평가한 후 개인의 연봉, 인센티브, 승진, 교육 등에 활용하는 제도이다.

(2) 목표관리제도의 목적

① 기업은 목표를 수립하고 그 목표를 달성해야 기업이 쇠퇴하지 않고 계속 적으로 발전한다.

② 목표관리 프로세스를 거쳐 회사의 업무를 체계적이고 객관적으로 수행하는 훈련과정을 <통해> 조직내부의 커뮤니케이션이 활성화 되면서 사람이 육성되고 동기부여를 제공해준다.

(3) 목표관리제도의 목표

① 전략 실현 측면 : 조직의 목표와 개인의 목표를 철저히 연쇄시키며, 회사 전체 목표 및 경영방침의 침투가능

② 동기부여 측면 : 종업원 스스로 목표설정에 주체적으로 참여, 목표달성에의 조직몰입 유발

③ 커뮤니케이션 측면 : 상사, 부하 또는 동료 사이의 대화를 촉진, 목표달성을 위한 공감대 및 일체감 형성

④ 보상 및 처우결정 : 성과에 상응하는 공정한 처우실현 및 보상체계의 확립

(4) 목표관리제도의 내용

① Y론적 인간형에 이론적 기반을 두고 직원들의 참여강조로 조직운영에 있어서의 민주성을 높일 수 있다. 그러므로 구성원의 자발적 참여와 협동심이 요구된다.

② 자율적인 통제가능성의 증대와 자원의 효율적 운영, 목표의 효과성을 제고시킨다.

③ 조직의 집중성과 효과성 제고, 성장이론의 편견 존재, 결과지향적인 단기적 목표관리기법이다.

④ 목표달성이 최고 이념이며, 업적평가의 객관적 기준과 책임한계를 밝혀준다.

⑤ 자기실현적 인간관, 분권화 및 참여강조로 구성원의 사기증진, 관료제의 경직성을 제거해 줄 수 있다.

⑥ 조직을 개방적 유기체제(협조)로 이해하고 상호이해증진, 조직의 민주화, 인간화를 통해 조직발전에 기여한다.

⑦ 목표의 달성도(효과성)의 제고와 조직 내 갈등 및 대립을 감소시킨다.

⑧ 참여에 의한 목표설정, 상위목표와 하위목표와의 연계, 조직과 개인의 목표 통합, 결과지향적, 계량적 목표를 중시한다.

⑨ 목표관리는 상하 간 평가가 이루어지는 일종의 다면평가를 원용한 제도이다.

⑩ 주먹구구식 관리가 아니라 비능률적 관리행위를 배격하며, 책임보다는 성과와 능률을 중시한다.

⑪ 최고 관리층의 통제보다 내부통제를 중시하는 내부 중심적 관리기법이다.

⑫ 목표관리제의 기본구성요소는 평가와 환류, 구성원의 참여, 목표의 설정이다.

⑬ 수평적 의사소통체계보다 수직적 의사소통체계를 개선하는 데 더욱 유리하다.

⑭ 부하직원들의 과업수행에 대한 방향 및 기준을 제시함으로써 행정의 통일성을 확보하는 데 도움을 준다.

(5) 목표관리제도의 한계-동양제과의 실예

① 일년 동안 할 일 두 세 시간에 결정

② 과정관리의 부족

③ 주요 부분의 하위직급자가 간접부서의 상위 직급자보다 직급이 높아지는 현상 (직능등급 ≠ 성과등급)

④ 목표수정이 제대로 이루어지지 않음

⑤ 고 인건비 초래

⑥ 인사관리에 추! 가시간과 비용 발생

(6) 목표관리제도의 보완제도 - BSC

① 개념 : BSC는 Top-Down방식으로 기업전체를 평가하는 제도이다. 이는 조직
의 미션을 근거로 하여 비전과 전략을 수립하고 이들 전략목표를 달성하기
위한 성과목표(핵심성공요인)들을 도출한 다음 각각의 성과목표들이 잘 수
행되고 있는지를 측정하기 위한 성과지표들을 도출하게 된다.

② 성과지표 : 재무관점, 고객관점, 내부프로세스관점, 학습과 성장관점

③ 조직(기업) 전체의 성과평가제도로서 기존의 성과를 계량적인 결과 평가 보
다는 조직내의 비전과 전략으로부터 도출된 성과지표에 따라 성과를 평가
하므로 종합적인 관점에서 성과를 평가하여 전략을 도출할 수 있다.

④ 조직에게 전략적 방향을 알려 주며 변화에 대한 동기를 부여한다.

⑤ 중장기 경영계획 수립, 예산편성, 조직구조 개편 및 결과 모니터링 등의
의사결정에 기초를 형성 하고 정보를 제공한다.

---

6. 능력개발(경력개발)

(1) 의의

경력이란 어떤 사람의 일생동안 일과 관련된 경험으로서, 이력서에 나타난
직무들의 집합을 말한다. 또한 경력개발은 개인의 경력목표를 설정하고 이를
달성하기 위한 경력계획을 수립하여 조직의 욕구와 개인의 욕구가 합치될 수
있도록 각 개인의 경력을 개발하는 활동이다. 즉 조직의 목표달성을 위해 개인
의 입사로부터 퇴직에 이르는 전 과정을 구성원 개인의 적성, 희망, 능력 등을
고려하여 조직의 목표와 개인의 목표가 조화될 수 있도록 조직 내에서 개인의
직무경력을 효과적으로 개발, 관리하는 활동을 말한다.

(2) 경력개발의 필요성과 그 대안

환경변화와 경쟁의 심화에 대응하기 위해서는 기업경영을 세계화, 전문화, 내실화, 다각화해야 할 필요가 있다. 이에 대한 대안으로 제시되고 있는 경력개발의 필요성을 구체적으로 살펴보면 다음과 같다

① 필요성

    ㉠ 환경변화와 경쟁의 심화

    ㉡ 세계화, 전문화의 지향

    ㉢ 직무환경의 변화

    ㉣ 조직 간 이동의 점증

    ㉤ 유휴인력의 증가

    ㉥ 개인목표자료제시 부족

    ㉦ 급변하는 조직에 대한 불안감

    ㉧ 여성인력의 증가

② 대안 및 방향

    ㉠ 세계화, 전문화, 내실화, 다각화

    ㉡ 전문인력의 양성

    ㉢ 전략적 인재육성

    ㉣ 조직원 중심의 경력계획

    ㉤ 내부인력의 효율적인 활용

    ㉥ 개인 및 조직 비전의 가시화

    ㉦ 조직원 중심의 경력계획

    ㉧ 여성인력 개발 및 활용

(3) 경력개발의 목적

① 경력개발이란 개인에게는 보람 있고 신바람 나는 직장생활을 보장하도록 적성과 희망에 맞는 일을 하도록 유도하고 직무에서 능력을 발휘하게 하여 적재적소의 원칙을 지키게 하는 것이다. 조직 측면에서는 사람을 통한 생산성 제고의 목표를 위해 경영자원을 효율적으로 활용하게 한다는 것이다. 결국 경력 관리 제도를 통하여 개인의 능력 개발과 조직의 유효성 확보를 동시에 달성하여 조직과 개인의 균형 있는 목표를 달성하고자 하는 것이다.

② 경력개발은 조직에 필요한 인력을 확보함과 동시에 개인의 성취동기를 유발하여 개인과 조직의 목표달성을 극대화하고자 하는 데 목적이 있다. 이는 개인에게 명확한 목표를 제시하고, 직무에 대한 성취 욕구를 충족시켜, 개인의 능력발휘와 역량파악에 도움을 주고 현업에 대한 의미를 부여하여 개인의 성취동기를 유발하게 한다. 조직에서는 개인의 자질향상과 우수인력의 이직방지를 통해 장기적으로 인재를 육성하고 적재적소 배치가 가능하며 직책수행에 필요한 경력을 이수할 수 있다.

(4) 경력개발의 단계

① 경력욕구의 평가 단계: 직원 개인의 특별한 경력을 인정해 주고 그에 맞는 적절한 욕구충족을 채워준다.

② 경력기회의 개발: 상위 직무로 상승할 수 있도록 다양한 경로를 개발해 줌으로써 모든 직원에게 그 기회가 균등하게 배분되도록 한다.

③ 욕구와 기회의 연계: 직원 자신이 경력욕구를 평가하고 회사 내에 다양한 경력경로를 파악하여 더욱 발전을 도모할 수 있도록 제도적 장치가 마련되어야 한다.

④ 경력 사다리의 설계: 회사 내 직원들이 승진하는 일정한 과정과 시스템이 구축되어 있는 데, 이를 경력 사다리라 하며 합리적 운영이 필요하며 기

업의 자원의 한계 때문에 직원이 모두 만족스러운 사다리의 길이와 폭을 넓혀줄 수 없다는 현실적인 한계가 있다.

(5) 개발관리의 의의

① 개발관리란 기업의 채용활동을 통하여 확보된 종업원에 대하여 경영활동에 필요한 지식 및 기능과 태도를 습득시키고 행동을 변화시켜 가는 인재의 육성 및 개발과정으로서 기업의 목표달성과 개인의 발전에 기여하는 관리활동의 체계라 할 수 있다.

② 이와 같은 개발관리의 용어는 일반적으로 교육훈련관리 또는 교육훈련개발관리, 인재개발관리, 경력개발관리 등으로 다양하게 사용되고 있다. 여기서 교육이란 종업원에 대하여 일반적인 지식과 교양, 태도 등을 습득시키는 과정으로서 장기적인 학습능력의 향상에 주요 목적을 두고 있는 반면, 훈련은 특정의 직무수행에 필요한 전문지식이나 실천적 기능을 습득·숙달시키는 과정으로서 단기적 기능의 향상에 중점을 두고 있는 개념으로 사용되고 있는 등 교육과 훈련은 다소 상이한 의미를 나타내고 있다.

③ 개발은 교육과 훈련의 통합적 실시에 의한 종업원의 총합적 능력 개발과정으로서 종업원의 미래지향적 잠재능력 개발 및 자기계발 활동을 중시하는 인적자원개발 또는 인재개발의 개념으로 흔히 사용되고 있다. 이러한 종업원의 교육훈련 및 능력 개발활동은 기업 인사전략의 중심과제로서 오늘날 기업규모의 확대와 경영활동의 복잡화, 전문화, 다양화 추세에 따라 그 필요성이 크게 증대되고 있는 추세에 있다. 특히 최근 산업사회의 고도화 및 전문화, 경제활동의 국제화, 고도정보화사회의 진전, 과학기술의 급속한 발전, 노동시장의 변화 등 기업의 내외적 환경의 급속한 변화에 효과적으로 적응할 수 있는 유능한 인재의 확보 및 육성개발은 기업의 경영활동에 있어 매우 중요한 전략과제이다.

④ 최근 기업의 신기술, 신제품개발 및 새로운 사업 분야에서의 진출은 물론

새로운 시장의 개척 및 확대 등의 주요 과제를 적극적으로 추진할 수 있는 유능한 인재의 확보 및 육성개발과 유효활용은 기업의 경영전략과 인사전략의 핵심과제라 할 수 있다.

7. 승진관리

(1) 의의

승진이란 하위직급에서 상위직급으로 수직적으로 이동하는 것을 말한다. 전직·전보는 수평적 이동이며, 승급은 보수의 증가만이 있을 뿐 승진과는 다르다. 승진을 통해 공무원의 능력을 발전시키고 사기를 높일 수 있으며, 유능한 공무원을 장기적으로 재직시킬 수 있는 제도적 장치이다. 오늘날 현실적으로 공무원의 사기증진을 위한 방안은 합리적인 보수체계와 승진만이 가능하다. 특히 승진은 직업에 대한 자부심을 높여 조직에 충성하는 가장 주요한 요인이다.

(2) 승진의 기준 – 경력과 실적

승진의 기준은 일반적으로 경력과 근무성적평정, 교육성적, 개인 업무행태, 특성 등 다양한 요소들로 이루어져 있으며, 이밖에 많은 주관적인 요소들이 작용하고 있다.

① 경력(career)
  ㉠ 개념: 근무연수, 학력, 교육훈련 실적, 상벌, 직무의 경험 등 객관적인 내용을 말하며, 이를 승진 심사 자료로 활용한다.
  ㉡ 장·단점: 객관성 확보, 조직의 안정성에 기여하는 장점이 있지만 업무 질의 저하와 소속장의 인사권한의 제한으로 리더십의 한계가 나타날 수 있다.
② 경력평정의 원칙(승진을 위한 평정의 관점 및 기준)
  ㉠ 근시성의 원칙: 오래된 과거보다는 최근의 경력을 중심으로 평가하는

것이다.

ⓛ 습숙성의 원칙: 업무의 숙련도가 높은 상위 직급의 경력을 위주로 평가해야 한다는 것이다.

ⓒ 친근성의 원칙: 승진 당시 직책의 업무와 관련된 과거의 경력에 좀 더 중심을 둔 평가의 원칙을 말한다.

ⓔ 발전성의 원칙: 개인의 학력, 교육훈련 여부 등을 고려하여 장래 발전 가능성을 평가하여 승진을 고려한다는 것이다.

③ 실적

ⓖ 개념: 승진 시험성적, 근무성적평정, 승진 심사위원회의 결정, 인사권자의 주관적 판단 등으로 결정된다.

ⓛ 장·단점: 승진 시험성적은 객관성의 장점과 개인의 업무행태 및 특성이 반영되지 않거나 기관장의 영향력이 미치지 못하는 단점을 가지고 있으며, 위원회의 결정과 인사권자의 판단 등은 주관적이므로 정실이 작용할 소지가 높은 단점과 개인의 능력과 특성을 구분해 주는 장점이 있다.

④ 승진의 일반원칙

ⓖ 승진 심사시에 경력과 실적의 양자를 모두 고려하는 제도를 운영하고 있으나, 실적을 우선으로 고려하는 것이 조직의 결속력 증진과 개혁 차원에서는 도움이 된다.

ⓛ 하위직일수록 경력을 우선으로 하고 고위직은 실적을 중요시하고 있다.

ⓒ 현실적인 문제는 인간집단이므로 정실의 개입이 많이 작용하고 있으므로 조직의 결속력과 사기증진을 위해 경력과 실적의 적절한 조화로 양자의 단점을 보완하기 위한 제도적 노력을 끊임없이 추구하고 있는 실정이다(다면평가제도의 강화).

8. 직원 사기관리

(1) 개념

사기(moral)란 조직목표의 달성을 위한 조직구성원의 자발적·적극적인 근무 의욕으로서 주로 무형적인 것을 말한다. 즉 사기는 구성원 개인의 사기뿐만 아니라 조직 전체의 정신력과 같은 보이지 않는 힘으로 말할 수 있다.

(2) 특성

① 개인적 특성: 사기는 직무와 작업(근무)환경에 대한 개인의 주관적인 내면의 인식상태로서 개인적 특성을 가지고 있다.

② 집단적 특성: 사기는 조직구성원이 조직목표를 달성하기 위하여 상호 협동하는 정신자세로서 조직과 연관되었을 때만 의미가 있기 때문에 집단적인 특성이 있다.

③ 사회적 특성: 사기는 긍정적인 측면만을 다루어야 한다는 전제가 있어야 한다. 즉 사기가 사회적 가치 추구나 바람직한 방향으로의 역할로 작용하였을 때 비로소 존재의미가 있기 때문에 이러한 측면에서 사회적 특성을 가지고 있다.

④ 관리적 특성: 조직구성원의 사기를 잘 관리하느냐는 조직의 리더십과 밀접한 관계를 가지고 있다.

⑤ 인간욕구적 특성: 조직구성원은 조직생활에서 사기를 중요시한다. 조직인간으로서의 기본욕구 충족은 조직으로부터 오는 정신적인 만족과 자부심으로부터 기인하므로 사기는 인간욕구와 관련이 깊다.

⑥ 조직적·시대적 특성: 사기는 조직이 가지고 있는 체제적 특성 또는 시대에 따라 사기의 성격도 변모해 왔다. 사회주의와 다원적 민주사회의 조직에서의 사기의 특성이 다를 수 있으며, 시대적 측면에서 전통적 조직이론(고전적 조직이론과 신고전적 조직이론)에서는 주로 경제적 요인 또는 외

재적 요인을 중시해 왔으나, 현대 조직이론에서는 조직과 개인의 목표의 조화를 통한 자아 실현관 또는 복잡인관으로 변모해 왔다.

(3) 효용성

① 조직의 목표달성에 기여 ② 조직에 대한 충성심 유도 ③ 조직 목표의 가치 인정과 조직문화에의 동화 ④ 규범과 명령 등에 대한 자발적 복종심 배양 ⑤ 조직에 대한 긍지로 자발적이고 창의적 노력 경주 ⑥ 개혁 지향적 성향 등

(4) 사기증진 방안

① 1차적 욕구 충족: 생리적·안전욕구에 이은 경제적 요인을 말한다. 즉 보수·연금·직업보장을 통한 안정감과 휴가와 같은 신체적 욕구충족 등이 사기증진의 방안이 된다.
② 2차적 욕구 충족: 사회적·존경·자아실현욕구로서 주로 사회 심리적·정신적인 측면이 강조되고 있다. 조직에서의 타인으로부터의 존재가치의 인식과 귀속감 및 일체감, 개인능력발전 도모와 자아실현 충족 등이 사기증진의 방안이 된다.
③ 우리나라의 사기증진 방안: 보수 및 연금제도, 인사상담 및 고충처리제도, 제안제도, 합리적 노사관계 구축 및 활성화, 신분보장, 정년제도 등이 있다.

(5) 직원사기 증진을 위한 근무일정 조정 제도

① 유연 시간 근무제도: 직원이 근무시간을 스스로 원하는 시간대에 선택할 수 있도록 하는 근무 시스템이다.
② 업무공유제: 하나의 업무를 여러 사람이 공동으로 책임지는 제도이다. 이는 한 사람에게 과중한 업무부담이 되지 않도록 한다는 것이다.
③ 직무권한 위임제: 직원들이 자신들의 업무에 대한 자율성과 독립성, 즉 책

임의식과 주인의식하에 직무를 수행할 수 있도록 해줌으로서 생산성을 높이고 개개인의 만족도를 극대화하려는 전략이다.

④ 집중근무제: 1일 근무 시간을 더 하는 대신 휴일을 추가적으로 부여하는 제도이다.

⑤ 한시적 근무시간제: 직원이 원하는 일정 시간 동안 근무시간을 줄이는 제도이다.

(6) 사기측정 방법

① 사기측정의 개념

사기측정은 사기조사라고도 하는데, 조직구성원의 사기실태와 조직의 사기에 관해 정보를 수집·분석하여 조직의 목표달성에 기여하도록 하기 위함과 좁은 의미로는 사기증진을 위한 자료수집이라 볼 수 있다.

② 사기측정의 방법

㉠ 행태(태도)조사: 조직생활에서의 직무와 근무조건, 보수체계, 관리자의 관리방법, 대인관계, 직장 내에서의 개인적 불만과 만족감 등에 대한 주관적인 생각을 조사하는 것이다. 이에 대한 방법으로는 일상관찰, 면접과 질문서를 통한 조사, 그리고 개인의 선호도 검사인 사회측정법과 비공개 여론조사방식인 투사법 등이 있다.

㉡ 근무관계 기록법: 이 방법은 각종 근무에 관한 기록들을 통해 조직의 사기를 측정하는 방법이다. 그 분석대상은 생산고, 이직률, 출퇴근 현황, 사고율, 근무교대 및 근무 질서상태 등이 된다.

9. 교육훈련

(1) 의의

① 개념: 교육훈련이란 조직발전과 직원 개인의 잠재력 발전이라는 두 가지

목표달성을 위해 직무수행상 필요한 지식과 기술을 습득시키고, 직원으로서 갖추어야 할 가치관 및 태도, 자세 등의 변화를 추구하는 활동을 의미하며, 인사고과 및 승진제도 등과 함께 직원 능력발전의 수단으로 관리된다.

② 교육기관 및 실시: 교육훈련은 내부교육과 위탁교육제도와 같은 외부 전문기관에서도 많이 이루어지고 있다.

③ 필요성: 시장 및 경제환경의 변화, 즉 전문화, 기능의 확대와 환경변동 대응능력의 요구증대, 새로운 기술의 도입, 직무에 필요한 인력의 양성과 활용의 필요성 증대 등으로 개인의 능력발전과 조직발전을 도모하기 위한 교육훈련의 중요성이 인식되고 있다.

(2) 교육훈련의 목적

① 직무에 필요한 지식과 기술 및 태도 등의 변화와 발전을 통해 개인 및 조직의 발전을 도모한다.

② 위탁교육 등의 제도는 개인능력발전을 추구하므로 사기증진 및 근무의욕을 증진시키고 조직에 대한 구성원의 충성심과 자부심의 동기부여를 가져와 조직의 안정성을 가져온다.

③ 교육훈련은 인적자원의 개발과 활용이므로 조직의 생산성과 능률성 향상에 이바지한다.

④ 잘 교육된 인력은 인력의 신축성과 원활한 인사관리에 도움을 주며 개인 경력발전과 직결된다.

(3) 교육훈련의 종류

① 신규 채용자 교육훈련(기초교육훈련 또는 적응교육훈련)
신규 채용된 직원이 직책을 담당하기 전에 받는 기초적인 소양교육과 담당할 직무에 대한 성격, 지식, 내용, 태도 등으로서 전반적이고 일반적인 교육과 안내의 성격을 가지고 있다.

② 재적응훈련

신규가 아닌 승진, 복직, 보직변경 등과 같은 경력자의 신상변동으로 발생한 내부 채용의 경우에 실시하는 훈련이다.

③ 고유업무 담당자 교육훈련

일반 교육기관과 민간기업의 훈련이 아니라 경찰, 소방, 세무 등과 같은 정부의 전문직종의 교육훈련은 장기적인 기간을 두고 경찰학교나 소방학교에서 실시하고 있다.

④ 재직자 교육훈련(보수교육)

재직자에게 변화된 새로운 지식·기술이나 새로운 규칙·법령의 내용을 습득시키고 직무환경의 변화를 주어 재직자의 근무태도와 의욕 등을 재충전시키기 위해 정기적으로 또는 수시로 실시되는 훈련을 말한다.

⑤ 감독자 교육훈련

감독자급인 계장, 과장급에 대한 관리능력과 책임성을 높이기 위한 교육훈련으로서 직무와 책임문제, 합리적인 인간관계 모색, 인사행정 및 사무관리, 부하훈련 등 감독자의 기술적인 면을 다루고 있다.

⑥ 관리자훈련(관리능력향상훈련, 고급관리자훈련)

최고 및 중간관리자를 중심으로 관리층의 조직관리능력과 정책결정능력 등의 높은 수준의 능력배양을 목적으로 하고 있다. 특히 이 교육훈련은 일정분야의 직무능력 배양을 목적으로 하지 않으며, 조직과 인간 등 전반적인 관리능력의 향상을 추구한다.

(4) 교육훈련 수요조사

① 개념

조직이 원하는 기준에 미달된 직원의 능력을 파악하여 필요한 교육훈련의 내용과 수요를 결정하기 위한 판단과정의 활동이다.

② 수요조사의 효용성

수요조사는 교육훈련의 내용을 결정하고 피교육자의 선발기준과 교육훈련

방법을 결정해 주는 역할을 한다.

③ 수요분석차원의 구분

　㉠ 기업차원: 회사의 기본 목표 및 사업계획과 영업과정의 환경요인에 대한 분석을 기초로 교육훈련 수요를 결정하는 분석수준이다.

　㉡ 직무차원: 직무내용과 이에 대한 지식과 기술 및 태도 등을 분석하는 것이다.

　㉢ 개인차원: 조직, 직무, 업무실적, 직무수행능력, 태도 등 다양한 요소를 개인적 차원의 최저 수준에서 교육훈련의 수요를 분석하려 한다(개인 직무분석과 근무성적평정에 기초).

④ 수요조사의 단계

　㉠ 교육훈련 조사의 목표설정 ㉡ 대상 자료의 결정 ㉢ 자료수집 방법의 결정과 수집활동 ㉣ 자료 분석 ㉤ 분석에 기초한 교육훈련의 우선순위 결정 ㉥ 교육훈련 실시를 위한 보고서 작성

(5) 교육훈련의 종류

① 강의(lecture)

한 사람의 교육자가 다수의 피교육자를 대상으로 일방적으로 정보와 지식을 전달하는 방식으로서 일시에 많은 교육을 실시할 수 있는 장점이 있으나 교육효과에 있어서는 강사와 강의법에 따라 다르게 나타날 수 있다.

② 회의(conference)

최고책임자를 중심으로 관련자들이 모여 어떤 문제나 사안에 대한 해결책이나 대안을 찾는 방식이다. 조직 및 회의성격과 주재하는 사람에 따라 진행방식이 다르나 대부분 집권화 방식이 나타나기 쉽다.

③ 토론

여러 사람이 한 자리에 모여서 한 사람의 사회자를 중심으로 정해진 의제를 참석자들이 토론에 참가하도록 하고 최종 결론을 사회자가 내리는 방식을 말한다. 장점은 아이디어와 정보교환에 유용하며 지도력과 협조정신

을 키울 수 있고 실무에 널리 사용된다.

㉠ 패널(panel)과 심포지엄(symposium): 토론의 참가자들이 정해진 주제에 대하여 토론하는 방식으로서 패널은 하나의 주제에 대해 토론하는 방식이며, 심포지엄은 각각 다른 주제에 대해 발표하고 공동으로 토론하는 방식이다. 장점으로는 많은 수를 대상으로 할 수 있으며, 다방면의 지식과 견해를 종합할 수 있고 주요 쟁점파악이 용이하다.

㉡ 포럼(forum): 주제발표자가 먼저 주제를 발표하고 토론을 한 후 다수의 참여자의 질의응답 및 토론의 기회가 주어지는 방식이다.

㉢ 분임토의(syndicate): 영국의 행정간부대학에서 개발·활용된 분임연구 또는 신디케이트라 한다. 보통 전체 집단을 몇 개의 소집단으로 구분하여 각각 토론한 후 그 내용들을 발표하고 최종 발표내용물로 종합함으로써 서로 정보를 공유하는 집단적 연구와 교육훈련을 목적으로 하는 방식이다.

④ 모의훈련

모의연습(훈련), 시뮬레이션(simulation)이라고도 하며, 업무수행과 관련한 가상 상황을 설정해 놓고 사전에 현실과 같은 상황에서와 같이 경험해 봄으로써 실제상의 대처능력 향상에 큰 역할을 한다.

⑤ 역할 연기(role playing)

연기자들이 다수의 피교육자 앞에서 실제처럼 연기를 하고 사회자들이 각각 자기의 상황과 비교하고 공감대를 형성하면서 교육의 효과를 기대한다. 또한 실제상황처럼 보여주므로 문제에 대한 이해가 빠르고 대인관계에 대한 통찰력과 기술을 습득시켜 준다. 그러나 인위적인 연출로 어색한 분위기가 조성되어 효과를 떨어뜨리는 단점도 있다. 공공서비스의 공급자인 공무원이 수혜자인 시민의 입장을 가장 잘 이해할 수 있도록 하기 위한 효과적인 방법 중의 하나이다.

⑥ 감수성 훈련(sensitivity)

조직발전(OD)기법에 활용되는 훈련의 일종으로서 직장을 떠나 주로 연수원에서 이루어지며, 실험실훈련, T─Group훈련이라고도 한다. 전체를 10명 내지 15명 정도의 그룹으로 나누어 그룹 내 또는 전체에서 서로 자유롭게 접촉하면서 개인의 감수성을 바탕으로 상대방을 이해하고 조직을 다시 한 번 생각하는 기회를 갖게 되며, 궁극적으로는 인간행태를 변화시키는 훈련방식이다. 주제나 절차가 정해져 있지 않은 점이 특징이며, 훈련의 주된 목적은 집단의식 고취와 대인관계의 향상을 도모하고, 기본적인 인식은 인간은 개인주의적 성향을 가졌다는 데서 출발한다.

⑦ 현장교육(OJT)

ㄱ 개념: 일명 직장훈련, 현장훈련을 말하며, OJT(on the job training)로 불리고 있다. 실제직장에서 업무를 수행하면서 상급자로부터 직접 업무와 경험을 지도받는 방식이다. 현실적인 훈련방법으로 널리 활용되고 있다.

ㄴ 장점 및 특징: 연수원 운영으로 인한 예산낭비를 방지할 수 있으며, 주입식 교육의 한계를 극복할 수 있다. 또한 공석발생이 방지되므로 임무수행에 차질이 발생하지 않으며, 교육과 실무가 동시에 이루어지므로 노하우를 습득할 수 있다.

⑧ 브레인스토밍: 회사의 문제를 해결하기 위한 새로운 아이디어를 창출하려는 일종의 회의방식이다. 문제에 관련 있는 직원들이 모여서 무차별적 토론을 통한 아이디어를 발굴하여 회사에 직면한 문제를 해결하려는 방식이다. 미래를 예측하는 기법 중의 하나이다.

⑨ 청년중역제도: 일반 직원에게 경영 전반에 관한 의견이나 제안을 자유롭게 제시하도록 하여 그에 대한 정보를 실제경영에 적용하는 복수 경영제도라고도 한다.

⑩ **TWI방식**: 10명의 소집단을 이루어 특별훈련을 받은 지도자가 그들을 교육, 훈련시키는 것이다.

⑪ 기타 전보 또는 순환보직을 통한 교육훈련과 실무수습, 시청각교육, 프로그램 학습방법, 극기 훈련, 임시대행방법, 견학 및 시찰 등이 있다.

(6) 훈련에 대한 저항과 극복

① 저항요인

　㉠ 교육훈련은 불편하거나 업무의 지속성을 저해하는 것으로 인식하여 본인이나 소속부서장의 저항을 초래하고 있다.

　㉡ 개인의 훈련성과에 대한 계량화의 곤란으로 교육훈련에 대한 지속적인 시행이 어렵다.

② 극복방안

　㉠ 교육훈련 실시에 대한 제도적인 장치와 강력한 상부의 감독이 필요하다.

　㉡ 교육훈련의 성과의 계량화 방안 모색과 훈련의 성적을 승진, 전보 등 인사관리에 적극적으로 반영한다.

　㉢ 합리적인 사전 훈련계획수립과 철저한 운영에 대한 제도적 장치가 절실하다.

　㉣ 교육훈련 이수자의 의견을 적극 반영하여 지속적인 제도적 보완을 강화한다.

10. 제안제도

(1) 의의

① 개념

　제안제도란 직원으로 하여금 직무수행을 통해서 각종 개선방안 등을 절차에 따라 건의하는 사기앙양의 한 방법이다.

② 효용성

　민주적 회사운영 확보, 개선 도모, 하의상달

③ 역사적 배경

　㉠ 인간관계론이 이론적 배경이 되었다.

　㉡ 1880년 스코틀랜드의 조선기술자인 W. Denny가 투서를 목적으로 시

작하여 종업원들의 의견을 경영에 반영시킨 것이 계기가 되었다.

ⓒ 우리나라에서는 제안규정이 제정(1973년)됨으로써 시작되었다.

(2) 제안대상

① 에너지 절약 등 예산과 경비절감의 방안   ② 능률 향상 방안

③ 전반적인 행정관리개선 사항   ④ 고객 관련 개선 사항

(3) 제안의 종류

자유제안, 지정제안, 추천제안 등

(4) 제안제도의 장·단점

① 장점

사기증진을 전제로 ㉠ 행정업무 개선(능률성 확보)과 예산절약 ㉡ 직원의 창의력 및 직무의욕 고취 ㉢ 하의상달 촉진 ㉣ 참여의식·일체감·소속감 도모 ㉤ 대내 민주성 확보

② 단점

제안채택은 각종 특혜 및 보상이 주어지므로 ㉠ 경쟁유발로 인한 갈등 초래 가능성 ㉡ 가시적인 예산절감 및 기술적인 면에 집중 ㉢ 제안심사의 공정성과 객관성 시비 발생 ㉣ 친분관계 및 소속 감독자의 부하 제안에 대한 영향력 발휘 가능성

제4절 조직 관리

::의사전달

1. 의의

(1) 개념

① 의사전달은 정보의 상호교류 과정으로서 전달자와 피전달자 간의 생각, 의견 등을 교환하는 것을 말한다.

② 의사전달은 개인 간의 비공식적인 의사전달이 있으며, 조직 내에서의 공식적 의사전달과 비공식적 의사전달로 구분된다.

(2) 유형

① 공식적 의사전달: 공문서, 명령, 지시, 각종 보고 등을 말하며, 기타 공식적 통로와 수단에 의해 전달된다.

　　㉠ 하향식 의사전달: 명령, 지시, 훈령, 규칙 등

　　㉡ 상향식 의사전달: 문서보고, 내부결제, 제안제도, 직원의견조사 등

　　㉢ 수평적 의사전달: 계층제에 있어서 동일한 수준에 있는 개인 또는 집단 간에 행해지는 의사소통으로써 회람, 회의 등이다.

　　㉣ 대각적 의사전달: 동일한 계층과 상하관계가 없는 타 부서와 구성원 간의 의사전달을 말하며, 특히 계선과 막료 간의 의사전달을 말한다.

② 비공식적 의사전달에는 소문과 풍문 등으로 주로 비공식 조직에 의해 조장되며, 때로는 공식적 권위를 파괴하기도 한다.

2. 의사전달의 기능

(1) 조정수단

조직의 목표달성을 위해서는 정보의 교환이 이루어져야 하고, 문제점에 대해 조정이 가능하다. 이를 위해서는 의사전달이 활성화되어야 하는데, 의사전달은 조직 내의 막힌 흐름을 조정해 주는 기능을 한다.

(2) 합리적 의사결정 수단

원활한 의사전달은 의사결정과정에서 내용적·절차적 합리성의 추구가 가능하다.

(3) 구성원의 사기증진

조직 내에서의 원활한 의사전달, 즉 일방이 아닌 쌍방향과 상향식 의사전달이 보장되면 구성원의 사기가 앙양되어 대내 민주성이 증진된다.

(4) 통솔기능

동물과는 구별되게 인간은 언어, 문자와 같은 수단으로 의사전달이 가능하므로 조직을 통솔할 수 있다. 즉 리더십을 통한 조직운영이 가능해진다.

3. 의사전달망의 유형

(1) 원형: 구성원들 간에 계급과 서열이 명확하지 않은 조직에서의 의사전달 형태이며, 중심인물이 없는 자유방임형 상태에서 나타난다.
(2) Y형: 의사의 흐름과정에서 중심인물은 없지만 그런대로 의사의 흐름을 리드하는 리더가 존재하며, 계선과 참모의 구분이 없는 조직에서 흔히 볼

수 있는 유형이다.

(3) 바퀴형: 구성원 사이에 중심인물이 존재하고, 그를 중심으로 유도되며 정보수집과 문제해결이 신속함이 장점이다.

(4) 직선형: 연쇄형 및 쇠사슬형이라고도 하며, 구성원들 간의 의사전달이 연결되어 있지 않은 유형으로서 수직형과 횡형이 있다.

(5) 상호연결형: 전체 경로형이라고도 하며, 구성원 사이에 정보교환이 원활하며, 바람직한 유형에 해당된다.

4. 의사전달의 원칙

일관성, 명료성, 적시성, 적정성, 분배성, 적응성, 관심과 수용성의 원칙

5. 의사전달의 장애요인

① 구성원의 가치관과 준거기준의 차이
② 지위 및 지리적인 격차
③ 적절치 못한 언어와 문자사용
④ 지나치게 많은 양의 정보 등
⑤ 전달자의 은폐, 의식적 비밀유지, 불신과 편견
⑥ 인간관계의 부족과 표현능력의 한계
⑦ 조직의 집권성, 경직성, 할거주의, 의사전달 채널의 한계, 필요 이상의 한 개인에게만 정보가 집중되는 현상 등

::갈등관리

1. 의의

갈등이란 조직 내의 의사결정과정 또는 조직활동에서 발생하는 구성원 간의 의견차이 또는 조직과 인간 사이에서 나타나는 불일치 현상을 말한다.

2. 갈등의 형태

(1) 개인적 갈등: 개인의 심리적 갈등으로서 조직목표와 개인목표와의 불일치 또는 구성원 간의 의견 차이, 조직문화에의 부적응 등으로 나타나는 내면적 또는 심리적 혼란현상을 말한다.

(2) 대인적 갈등: 구성원 간의 부조화 현상으로 나타난다.

(3) 문화적 갈등: 이질적인 문화 사이에서 발생하는 충돌현상을 말한다. 특히 문화지체 발생, 문화수용 강요시는 저항 등을 초래한다.

(4) 역할 갈등: 상황이 두 가지의 역할을 하도록 만들었을 때 어느 한 가지 기능을 선택해야만 하는 경우에 발생한다.

(5) 의사결정 갈등: 목표달성의 대안 선택기준이 애매하여 합리적 의사결정이 이루어지지 못하는 경우에 발생한다.

3. 갈등의 유형

(1) 개인적 갈등(Miller & Dollard)

① 접근 - 접근 갈등: 개인에게 두 가지 원하는 대안 중에서 반드시 하나만을 선택해야만 하는 경우(예 휴가와 성과금)

② 접근 ─ 회피 갈등: 하나는 원하는 대안, 나머지 하나는 원하지 않는 대안이 제시되고, 그중 하나를 선택해야만 하는 경우로서 바라는 대안을 선택할 경우에는 거기에 따른 불이익이 상존하는 문제가 있다(예) 승진하는 대신 격오지로의 발령).

③ 회피 ─ 회피 갈등: 두 가지 바람직하지 않은 대안이 제시된 상태에서 하나를 반드시 선택해야만 하는 경우(예) 좌천이냐 징계냐의 선택문제)

(2) 복수 의사 주체 간의 갈등

조직이나 집단의 복수 주체 간에 나타나는 갈등으로서 조직 간 갈등과 조직 내 갈등이 있다.

(3) 조직구조적 갈등(Pondy)

① 협상적 갈등: 부족한 자원의 경쟁에서 발생하는 갈등
② 관료제적 갈등: 계층제적 구조에서 발생하는 상하 간의 갈등
③ 체제적 갈등: 상하관계가 아닌 계층제의 횡적 구조계층에서 발생하는 갈등
④ 마찰적 갈등: 갈등으로 인한 결과가 조직구조 변화와는 무관한 갈등
⑤ 전략적 갈등: 갈등으로 인한 결과가 조직구조의 변화를 초래하는 갈등

4. 갈등의 원인

(1) 개인적 갈등의 원인

① 비수락성: 정책결정자가 대안선택 후의 결과를 파악하고 있지만 만족하지 못하여 수락하기 어려울 때의 갈등
② 비비교성: 정책결정자가 대안선택 후의 결과를 알고 있지만 최선의 대안을 결정하기 위한 기준이 없어 비교하지 못할 때의 갈등

③ 불확실성: 대안선택으로 인한 결과에 대한 예측이 불가능할 때의 갈등

(2) 복수 의사 주체 간의 갈등 원인

① 목표와 이해관계의 차이　　② 목표에 대한 인지와 태도의 차이
③ 의사소통의 한계　　　　　④ 공동참여 결정 사안(자원배분)
⑤ 지위와 권한(통솔)의 부조화

5. 갈등 해결 전략

(1) Simon과 March의 전략

① 문제해결: 기본적인 목표에 대한 합의는 이루었으나 수단에 대한 의견의 불일치가 발생할 경우에 객관적 자료와 정보수집을 통해 문제를 해결하게 된다.
② 설득: 전략적인 상위목표가 정해진 상태에서 전술적인 하위목표 간의 의견불일치를 제거하는 방법이다.
③ 협상: 갈등 당사자 간의 직접적 해결방법으로서 이해관계의 양보와 획득이 동시에 이루어지는 조정의 일종이다.
④ 정략: 갈등 당사자 외에 제3자의 지지와 같은 개입을 통한 문제해결 방식이다(언론, 시민단체의 도움).

(2) Thomas의 전략

① 회피: 갈등상황을 직접 해결하는 방식이 아니라 벗어나려는 전략으로서 가치의 상실 또는 목적달성이 불가능하다고 판단될 때 나타나는 행동양식이다.
② 수용: 개인적 오류를 인식하였거나 조정, 화합 등으로 상대방의 의견을 받

아들이는 것이다.

③ 타협: 극단적인 갈등을 피하고 그럭저럭 만족한 수준에서 협상하는 것을 말한다.

④ 협력: 각자 자신의 이익이 예상될 때 목표를 위한 제휴방식으로서 연합이 이에 해당된다.

⑤ 강제: 타협은 힘의 균형상태에서 가능하지만 강제는 영향력의 불균형 상태에서 자신의 의견을 관철시키기 위한 힘의 행사이다.

6. 갈등의 기능

(1) 역기능

① 구성원들의 심리적 불안 조성으로 결속력 약화
② 조직목표 달성과 갈등 해소 방안 모색과의 전치
③ 구성원 간, 조직 간 반목과 배타감정 초래
④ 통제기능의 저하와 사기 저하

(2) 순기능

① 조직의 활성화 계기 마련으로 조직발전에 기여
② 갈등 해결을 위한 노력 등은 조직의 학습화로 문제해결능력 신장 도모
③ 갈등해결은 조직의 결속력 강화의 새로운 계기로 작용
④ 조직의 리더의 조직관리 능력 배양 기회 제공

제5절 부하, 후배의 지도 및 육성

::리더십

1. 의의

① 리더십이란 조직의 목표를 효율적으로 달성하기 위한 관리능력 등을 포함한 제반 조직운영에 관한 개념을 포함하며, 현실 지향적인 관리자의 개념과는 구별된다.

② 1930년대 인간관계론과 60년대 후기인간관계론(동기부여이론)의 영향을 받아 리더십 이론의 중요성이 관심을 갖게 되었다.

③ 리더십은 권위를 바탕으로 자발적인 복종과 비공식 관계하에서도 작용하지만 헤드십은 계층제 구조에서 권력을 바탕으로 공식적 관계를 중심으로 명령과 복종 사이의 관계에서 작용된다.

2. 특성

① 목표 및 미래지향적 관심과 비전을 제시할 수 있는 안목과 능력 소유

② 리더와 추종자 간의 상호관계 중심

③ 환경을 중시하며, 구성원을 이끄는 능력과 조직 내외적 상황의 관리 능력

④ 조직의 일체성 강조, 동기부여 적극 활용, 권위와 상징의 지배수단 소유

⑤ 평소보다 위기상황일 때에 리더는 선악 구별 기준이 명확한 이원적 세계관을 지니며, 타인의 의사나 충고를 무시하는 성향을 보임

⑥ 리더는 공식, 비공식 조직 어떤 조직이나 모두 존재

⑦ 리더의 유형은 비고정성이며, 상황에 따라 가변성과 신축성을 보임

3. 리더십의 역할

① 진단적 기능(diagnostic function): 리더는 집단을 위하여 상황을 규정·진단한다.

② 처방적 기능(prescriptive function): 리더는 규정된 상황을 해결하기 위하여 집단이 취해야 할 행동을 처방해 주거나 집단을 대표하여 취할 수 있는 행동을 제시하는 기능을 갖는다. 그들은 집단의 목적에 이바지할 수 있는 방식으로 문제가 해결되도록, 행동계획을 고안해내야 한다.

③ 동원기능(mobilizing function): 리더는 그들이 주도하는 집단에 대한 상황 규정과 그들이 처방한 행동계획에 대하여 집단의 전폭적인 지지 또는 유력한 지지를 획득해야 한다.

리더십 대체물 접근법

1. 의의

Kerr와 Jermier는 리더십 대체물 접근법을 주장하였는데, 리더십을 필요 없게 만들거나 리더십의 중요성을 감소시키는 기능을 하는 상황적 요인으로 대체물과 중화물을 제시하였다.

2. 대체물과 중화물

(1) 대체물: 리더 존재 자체를 약화시키는 요인으로서 부하 및 조직의 특성, 과업과 같은 상황요인이다.

(2) 중화물: 리더가 취한 행동의 효과를 감소 내지는 희석시키는 상황요인을 말하며, 구성원의 응집력이 너무 강하거나 리더가 구성원들에게 적절한 보상을 주지 못하고 리더가 좌지우지 못하는 조직의 보상체계를 중화물이라 한다.

4. 리더십 이론의 발전 과정

(1) 특성론 또는 자질론(1940~1950년대)

리더에 대한 초기 연구로서 리더의 특성 또는 자질을 중심으로 연구하고 구분하였다(단일적 자질론—자질의 고정성 개념, 성좌적 자질론—상황에 따라 자질의 가변성 강조).

(2) 행동론(1950~1960년대)

리더의 자질보다는 행동유형에 관심을 둔 연구관점으로서 오하이오 주립대학과 미시간 대학의 연구에서 활발히 진행되었다.

① Blake와 Morton의 행동유형(관리격자이론): 과업(생산)과 구성원(인간관계)을 기준으로 한 리더십 유형으로서 조직발전(전술)을 참조

② R. Likert의 관리체제이론(Ⅰ~Ⅳ): 전술

(3) 상황론(1960~1970년대)

리더의 자질과 행동에 맞춘 이론이 아니라 당시의 상황에 따라 적용되는 리더십이 다르다는 입장이다. 즉 상황에 적절한 리더십 유형이 조직의 효과성을 증진시킨다는 관점의 이론이다.

① Fiedler의 상황이론(상황적응모형)
  ㉠ 개념
    ㉮ 리더십의 효과성을 높이기 위해 조직에서의 세 가지 상황(리더와 부하와의 관계, 과업상황 또는 업무구조, 리더의 지위와 권력)에 따라 리더의 행태를 달리 적용해야 한다고 보는 이론이다.
    ㉯ LPC(Least Preferred Co—worker, 가장 좋아하지 않는 동료에 대한 척도)에 의해 인간관계 지향적 리더십과 과업지향적 리더십으로 구분하여 상황변수에 따른 적용을 강조
  ㉡ 유형
    ㉮ 인간관계 지향적 리더십: 리더가 처해있는 상황이 유리하지도 불리하지도 않은 경우에 효과적
    ㉯ 과업지향적 리더십: 상황이 매우 유리하거나 불리할 경우에 효과적
    ㉢ 특성: 자기 맘에 들지 않는 동료를 부정적으로 보는 리더는 LPC 점수가 낮은 과업지향적 리더십의 형태이며, 반대로 관대하게 평가하는 리더는 점수가 높은 인간관계 지향적 리더십의 유형이라 할

수 있다.

ⓐ 상황변수: 상하관계, 업무배분구조의 명확성, 지위와 권위의 수용여부, 직위와 권력의 일치 여부 등

② Hersey와 Blanchard의 상황이론: 3차원 리더십

㉠ 개념: 리더의 효과성을 상황과 연계시켜 주장하면서 부하의 업무성숙도에 따라 적용되는 리더십을 다르게 보고 과업중심형과 인간중심형 리더십으로 분류하였다.

㉡ 유형

㉮ 과업중심형: 부하의 성숙도가 낮은 경우(목표, 역할 등의 지시형태)

㉯ 인간중심형: 부하의 성숙도가 중간정도 또는 그 이상일 경우로서 중간정도일 경우에는 배려와 지원으로 부하의 능력을 극대화하도록 유도하는 유형

㉢ 유형의 세분화(과업중심형: ㉮와 ㉯, 인간중심형: ㉰와 ㉱)

㉮ 지시형 리더십: 능력도 없고 의지도 없는 경우

㉯ 제시형 리더십: 능력은 없고 의지는 있는 경우

㉰ 참여형 리더십: 능력은 있지만 의지가 없는 경우

㉱ 위임형 리더십: 능력과 의지가 있는 경우

③ Reddin의 3차원 리더십: 크게 과업지향형과 인간관계형의 구분하에 네 가지의 유형으로 세분하고 상황에 따라 리더의 형태가 다르게 나타난다고 보았다.

㉠ 헌신형: 과업지향형

㉡ 관계형: 인간관계형

㉢ 분리형: 과업과 인간관계를 모두 고려하지 않은 유형

㉣ 통합형: 과업과 인간관계를 모두 고려하는 중간형태의 유형

④ R. House와 Evans의 통로·목표유형

㉠ 개념: 부하의 목표달성에 이르는 진로(통로, 수단)의 다양성과 상대적 유용성에 따라 리더의 효과성이 다르게 결과한다고 보았다. 즉 통로란

부하의 목표(보상)를 달성해 줄 수 있는 경로(리더의 행위)로서 리더가 이것들을 부하에게 명확하게 제시해 주어야 리더의 효과성이 증진되는 것이다(보상에 대한 약속, 신뢰).

   ⓒ 유형

      ㉮ 지시적 리더십: 부하의 모호한 역할상황과 능력 부족, 낮은 공식성의 조직 등에 적용되는 유형으로서 조직의 활동계획 설정, 조정, 통제 등을 직접 리더가 수행한다.

      ㉯ 지원적 리더십: 직무의 권태감 등의 해소와 목표달성에 대한 자신감을 불러일으키는 리더형태이다.

      ㉰ 성취지향적 리더십: 부하의 목표달성 의지는 높지만 비정형적 과업수행시 자신감을 갖도록 성공에 대한 확신을 부여하고 일종의 선동방식을 활용하는 유형이다.

      ㉱ 참여적 리더십: 비정형적 과업을 수행하는 경우에 부하들의 참여를 통해 과업과 역할에 대한 재구조와 확인, 문제점 발굴 등을 통해 성과를 제고시키는 유형이다.

  ⑤ Vroom—Jago의 상황이론

   ㉠ 개념: 다양하게 경합되어 있는 상황의 경우 상황에 따라 적합한 의사결정방식을 적용하여 조직의 성과를 높일 수 있다는 이론이다.

   ⓒ 리더의 양태

      ㉮ 자신의 정보로 단독적인 결정

      ㉯ 부하의 정보로 단독적 결정

      ㉰ 문제를 공유하고 부하의 개별적 정보로 단독적 결정

      ㉱ 문제를 공유하고 부하와 집단적 정보로 단독적 결정

      ㉲ 문제를 공유하고 부하와 집단적 정보로 집단적 결정

5. 일반적 유형의 리더십 비교

유형 변 수	민주적	전통적	자유방임적	카리스마적
리더와 성원 간의 관계	우호적	수동적	무관심	복종 강조
집단의 특성	강한 응집력, 안정적	구성원의 이동성, 공격적	개인적, 냉담적	추종력·응집력 강함.
리더 부재시 성원의 태도	변화 작음.	안도감과 부적응	불만족	불안정

6. 최근의 리더십 이론

(1) 변혁적 리더십(전환적 리더십, Transformational Leadership)

① 개념: 변화지향적이며, 조직의 생존과 환경적응을 중시하는 개방적 리더십
으로서 탈 관료제와 불안정한 상황변화에서 적실성이 높으며, 조직의 개
혁을 추구하는 리더십의 특성을 가지고 있다.

② 내용

　　㉠ 조직구성원들의 높은 실적과 관여를 유인하는 장치를 강조

　　㉡ 임무에 대한 미래의 비전을 제시하여 자신감을 불어넣는다.

　　㉢ 도덕적, 모범적 행동으로 존경과 신뢰를 얻는다.

　　㉣ 개인의 다양성과 창의성을 존중하고 지원한다.

　　㉤ 조직과 개인의 공생적 관계를 형성한다.

　　㉥ 구성원들 사이의 신뢰를 구축한다.

③ 특성: 리더는 비전을 제시하고 상징적 행동과 유인, 지적 자극, 인격적 대
우, 부하의 자율성 인정과 동시에 헌신을 요구, 조직구성원의 공공선 지향
유도, 현상타파적 등

(2) 거래적(교환적 리더십, Transactional Leadership)

① 개념: 리더와 부하 간의 거래, 교환관계를 중심으로 조직이 운영되는 리더

의 유형이다. 즉 부하와 리더와의 관계가 리더는 복종과 추종에 대한 대가로 승진이나 물질적 보상 등을 제공하고, 반대로 부하는 리더로 인정하고 복종함으로써 대가를 원하는 관계로 리더십이 형성된다.

② 특성: 변혁적 리더십과는 대별되는 형태로서 안정과 능률지향적이고 기술구조나 기계적 관료제에 나타날 수 있으며, 안정적 환경에서 볼 수 있는 리더의 유형이다.

■ 변혁적 리더십과 거래적 리더십의 비교

변혁적 리더십(전환적 리더십)	거래적 리더십(교환적 리더십)
• 리더가 영감을 소유하고 비전을 제시 • 추종자에 대해 지적인 자극을 유도하고 고무시킴. • 조직에 대한 도덕성의 강조로 자발적 참여유도 • 조직관: Y론적 관리 • 조직발전(OD)과 발전행정론적 리더십 • 리더십의 특징: 카리스마, 리더의 솔선수범, 공동가치 추구, 조직문화 중시, 권한위임과 창의성 중시, 개인적 배려와 구성원의 능력 개발 기회제공, 조직목표를 위한 지적 고무와 자극, 변화지향적 리더십	• 리더와 추종자는 거래를 통한 관계 • 리더는 추종자(지지자)의 지지의 대가로 추종자의 요구를 수용하고 신속한 보상으로 대처 • 규율을 중시하며, 룰을 통한 리더와 구성원 간의 교환관계로 조직이 유지 • 리더십의 특징: 명령과 보상유지, 안정지향적 리더십(자유방임적 리더십은 아님)

: : 조직과 인간관

1. 샤인(Schein)의 인간관

샤인은 인간관이 각 시대의 철학적 관점을 반영시키고 있다고 보면서 인간관을 네 가지로 분류하고 있다. 각 인간관과 그에 따른 적절한 관리전략을 접합시키면 다음과 같다.

(1) 합리적 경제인관(X론적 인간관)

① 인간은 개인 이익의 극대화를 추구하는 합리적 · 타산적 · 경제적인 존재이므로 관리자는 공식적 통제와 감독, 작업에 대한 경제적 유인 등을 통

해 능률성을 추구하는 관리전략이 필요하다.

② 과학적 관리법을 비롯하여 공식조직을 강조하는 대부분의 고전적 조직이론의 인간관이다.

(2) 사회인관(Y론적 인간관)

① 인간은 합리적·경제적·타율적 존재이면서도 사회·심리적 욕구를 지닌 사회적 존재라고 보고 관리전략은 직원의 사회심리적 욕구에 대한 관심과 충족을 통해 능률성을 강조하는 방법이 합리적이다.

② 인간관계론을 비롯하여 비공식조직을 인정하는 신고전적 조직이론에서의 인간관이다.

(3) 자기실현인관

① 인간은 조직생활에서 자신의 능력과 특성을 최대한 발휘하여 개인의 발전을 도모하는 한편 조직에도 순기능적 역할을 하는 자기 실현욕구를 가지고 있으며, 조직과정에서도 자율적으로 자기 규제를 할 수 있다고 본다.

② 관리자의 관리전략은 동기부여에 힘쓰고 구성원의 직무에 대하여 긍지와 자부심을 가지고 보람을 느낄 수 있도록 조정자로서의 역할이 강조된다.

③ 현대조직에서 나타나는 인간형으로 볼 수 있다.

(4) 복잡인관

① 현대조직에서 나타날 수 있는 인간형으로서 인간은 다양한 욕구와 잠재력을 지닌 복잡한 존재이며, 자유를 추구하고 구속을 탈피하려는 속성을 가진 형으로 보고 있다(예 X세대).

② 복잡인관의 욕망과 동기는 상황에 따라 유동적인 특성을 지니고 있고 직원들의 욕구와 동기가 서로 다르기 때문에 융통성 있는 관리전략을 취해야 한다.

③ 직원의 다양한 욕구와 개인차 등 능력을 감지할 수 있는 감수성과 진단능력을 가지고 유연한 감독과 통제를 필요로 한다.

④ 인간은 조직생활을 통하여 새로운 욕구를 계속 터득해가므로 구성원들의 개인적 차이를 존중하고 이를 발견하는 진단과정이 필요하다.

2. R. Presthus의 성격유형론

(1) 상승형

조직의 상위계층에서 나타나는 유형으로서 조직에 대한 일체감이 높고 조직의 정당성·합리성을 위해 노력하며, 출세와 권력지향적이고 직무만족도와 자신감이 강하다.

(2) 무관심형

대체로 하위직에 많이 나타나는데, 이들은 조직에 대한 일체감, 조직목표에 대한 낮은 관심과 더불어 출세나 권력지향적 위치에 있지 않으므로 소외감·좌절감을 느낀다.

(3) 애매형

연구직·참모직에서 찾아볼 수 있는 성격유형으로서 독립적으로 행동하기를 좋아하며, 내성적·창의적·이상주의적 성격을 가지고 있다. 또한 권위주의적 조직운영에 늘 비판적이며, 대인관계를 중심으로 조직생활을 영위하지 않는다.

3. A. Downs의 성격유형론

다운스는 행정관료의 목표달성 유형별로 같이 분류하고 있다.

(1) 출세형

권력·위신·신망·수입을 매우 중요시하고 이를 목표로 삼고 노력하는 형이다.

(2) 현상유지형(보존형)

현재 상태에서의 신분, 직위상 기득권이나 이익유지와 보존을 목표로 한다.

(3) 열중형

특정 정책이나 사업수행에 전념하고 정력적·낙천적 성격을 가진 사람의 형이다.

(4) 창도가형

열성형에 비하여 비교적 광범위한 기능을 소유하고 조직목표 달성을 중시하고, 현상타파적인 성향을 가진다.

(5) 경세가형

사회전체의 복지를 중요시하고 국가정책에 영향을 미치는 거시적인 안목의 형이다.

4. McClelland의 성격유형론

(1) 개념

맥클리랜드는 성취동기가 강한 사람들의 행위의 특징을 정리하였는데, 개인의 동기는 개인이 사회·문화적 환경과 상호작용하는 과정에서 발생된다고 보고 외부환경과의 상호작용에서 학습이 이루어져 개인의 동기가 다양화될 수 있다고 본다.

(2) 동기 유형

① 성취동기: 조직 내에서 자기성취, 자기발전 등 자아실현욕구를 추구하는 동기를 말한다.
② 권력동기: 존경욕구와 정치적 욕구와 관련되는 동기이다.
③ 소속동기: 소속감에서 주는 만족감으로서 사회적 욕구와 관련되는 동기이다.

(3) 성취동기가 강한 성격의 특성

① 문제해결에 대한 개인적 책임감이 강하다.
② 목표설정을 현실적인 수준에서 설정하고 도전을 지속하는 가운데 목표수준을 높여 나간다.
③ 자기활동에 대한 계산된 구체적인 환류를 바라고 있다.
④ 불필요한 대인관계보다는 목표지향적 관계를 선호한다.
⑤ 개인적 목표성취의욕만큼 다른 사람의 목표도 중시하면서 손해를 입히려 하지 않는다.
⑥ 성취동기가 너무 강한 면이 다른 사람에게 때론 오해를 불러일으킬 수도 있지만 설명보다는 행동으로 보이는 특성을 가지고 있다.
⑦ 실패는 성공의 밑거름으로 인식하고 또 다른 도전을 즐기면서 목표수준의 향상이 이루어진다.

5. Ramos의 성격유형론

라모스는 프레스더스의 조직인의 성격유형에 괄호인을 추가하여 설명하고 있는데, 괄호인은 쇄신적, 비판적 이상형으로서 환경조건을 괄호 안에 넣고 객관적으로 비판할 수 있는 능력을 가진 사람을 말한다.

6. C. Cotton의 권력균형화 유형론

(1) 독립인형

상급자나 조직에 대하여 가능한 한 개입을 하지 않으면서 조직과의 연관을 피하려는 유형이다.

(2) 외부관심형

조직구성원이 자신의 욕구충족을 조직 외부에서 추구하려는 속성을 가진 유형이다.

(3) 조직인형

자신을 중심으로 조직을 이끌어 가려는 성향을 가진 상급자층이 해당된다.

(4) 동료형

같은 속성을 가진 계층이나 부류의 사람들과 어울리면서 소규모의 비공식 집단을 구성하면서 상관이나 조직의 간섭을 배제하는 유형이다.

::동기부여이론

1. 의의

(1) 개념

① 동기부여란 조직구성원의 동기를 유발시켜 직무수행 증진을 도모하여 조직의 효과성을 높이는 것이다.

② 후기 인간관계론은 동기부여이론이라고도 하며, 인간에 대한 조직행태학에 관한 이론으로서 조직구성원을 효율적으로 관리하여 조직의 목표달성에 기여하고자 인간의 욕구를 연구하며, 메이요 교수의 인간관계론을 더욱 발전시킨 후기 인간관계론을 말한다.

③ 후기 인간관계론은 후에 리더십, 의사전달, 인사행정에서의 인사상담제도, 고충처리 및 제안제도 등을 낳게 하였으며, 욕구이론과 과정이론으로 구분 발전되었다.

(2) 동기부여이론의 유형

① 내용이론(욕구이론): 동기를 유발하는 요인을 욕구라고 보고, 욕구의 내용과 요인이 무엇인가를 찾아내고 설명하고자 하는 이론이다.

② 과정이론(기대이론): 어떤 과정들을 통해서 동기가 유발되는 과정을 설명하려는 이론으로써 동기유발의 변수(개인의 기대치, 수준 등)들이 상호작용하여 직무행동으로 연결되는 과정을 설명하려는 입장이다.

Check Point

내용이론과 과정이론의 비교
1. 내용이론: 욕구충족 →동기유발(생산성 향상)
2. 과정이론: 욕구충족 →개인의 기대치, 수준 충족 →동기유발(생산성 향상)

2. 욕구이론(내용이론)

(1) Maslow의 욕구 5단계 이론

① 개념

    ㉠ 매슬로우는 인간의 욕구는 다섯 계층으로 우선순위를 이루고 있고, 하위욕구의 만족은 동기부여가 발생하여 다음 상위욕구로 진전된다는 만족—진행접근법의 입장이다.

    ㉡ 어떤 욕구가 충족되면 그 욕구의 강도는 약해지며, 충족된 욕구는 일단 동기유발의 요인으로서 상실되며, 욕구의 충족은 물론 억제도 동기부여의 원인이 된다고 한다.

    ㉢ 인간은 무엇인가를 필요로 하는 결핍의 존재이므로 충족되지 못한 어떤 욕구들을 충족시키기 위해서 동기가 유발된다. 그리고 일단 충족된 욕구는 더 이상 동기로서의 기능을 갖지 않으며, 충족되지 않은 욕구만이 행동을 일으킨다.

    ㉣ 각 단계별 욕구는 완전히(100%) 만족이 되었을 때 상위욕구로 동기부여를 유발하는 것이 아니라 어느 정도 만족한 상태에 도달하면 다음 단계의 욕구로 이동한다.

② 이론적 배경

    ㉠ 인본주의 심리학을 성립시킨 매슬로우는 동기(Motivation)를 이해하는 데, 유용하다고 판명된 인간의 욕구 위계에 대한 이론을 발전시켰다.

    ㉡ 매슬로우는 그의 저서인 「동기와 인성(Motivation and Personality)」과 「우정신학적 관리(Eupsychian Management)」를 각각 주장함으로써 인간의 동기를 이해하는 데 긴요한 인간의 욕구 계층을 주요내용으로 하는 이론을 제시하였다.

    ㉢ 매슬로우의 이론은 오늘날 조직관리 실무자들에게 널리 이해되어 왔으며, 1943년 처음 소개된 이후 1950년대 후반까지는 임상심리학의 영역에 속해 있었으나, 작업과정에서 동기의 역할을 중요시하면서 1960년대

초부터 조직 내 인간행동 연구의 이론적 모형으로 활용되었다.

③ 욕구 5단계론

    ㉠ 생리적 욕구: 최하위층에 있는 가장 먼저 추구하는 욕구로서 의식주·휴식에 대한 욕구, 성적 욕구 등 기초적인 욕구를 말한다.

    ㉡ 안전욕구: 신체적인 위험·위협에 대한 안정추구와 경제적인 측면과 질서안정에 대한 요구를 말한다.

    ㉢ 사회적 욕구: 애정욕구로서 조직 내에서의 대인관계, 집단에 대한 소속감 등의 욕구를 말한다.

    ㉣ 존경욕구: 존경에 대한 욕구는 사람이 스스로 자긍심을 가지고 싶어하고, 다른 사람들이 자기를 존중해 주기 바라는 욕구이며, 지위·명예·위신·인정 등에 대한 욕구 등을 포함한다.

    ㉤ 자아실현욕구: 자아성취·자기발전·창의성과 관련되는 욕구이다.

④ 욕구단계설이 경영학이나 조직행동론에 갖는 의미

    ㉠ 경영자들로 하여금 인간의 욕구에 대한 체계적인 인식을 최초로 갖게 해 주었다는 점

    ㉡ 종업원의 하위욕구를 어느 정도 충족시켜 준 후에도 동기부여효과를 지속적으로 얻기 위해서는 상위욕구를 충족시켜 줄 수 있는 조직분위기 조성의 중요성을 일깨워 주었다는 점

⑤ 매슬로우의 욕구 5단계 이론의 한계

    ㉠ 욕구의 5단계는 계층별로 명확히 구분 및 분리되어 있는 것이 아니고 중복되면서 나타날 수 있다.

    ㉡ 욕구는 하위단계의 순서대로 나타나거나 진행되는 것이 아니라 개인별 또는 상황별로 다르게 나타나는 상황을 무시하고 있다. 즉 사람의 능력, 상황 또는 지적 수준의 차이에 따라 반드시 생리적 욕구부터 추구할 수는 없을 것이다.

    ㉢ 욕구충족이 동기부여를 가져온다는 것은 맞는 관점이지만 반면에 욕구 불충족의 상황에서 인간은 불만을 충족시키기 위해 새로운 대안을 모

색하고 개발하는 노력을 할 수도 있다는 점을 간과했다.

ⓒ 사회 구성원인 인간은 매슬로우가 말하는 욕구 이외에도 사회규범이나 제도 등에 의해서 지배받고 행동한다는 것이다.

ⓜ 각 계층의 욕구가 하나씩 나타나지 않고 동시 또는 복합적으로 나타날 수도 있다.

ⓗ 생리적 욕구와 같은 본능적 욕구는 한번 완전히 충족된다고 해서 욕구 불만이 다시 나타나지 않는다고 본 점 등이 한계로 지적된다.

(2) Alderfer의 ERG 이론

① 알더퍼는 매슬로우의 5단계 욕구를 비판하면서 3단계로 통합하여 재분류 하고, 욕구충족이 좌절되면 퇴행을 한다고 보았다. 그리고 두 가지 이상의 욕구가 동시에 나타난다고 주장한다.

② 욕구 내용: E(existence, 존재욕구), R(relatedness, 관계욕구), G(growth, 성장 욕구)

(3) D. Mcgregor의 X, Y이론

맥그리거는 인간의 유형을 X와 Y형으로 분류하고 각각의 특성을 설명하고 있다.

① X형: 저차원적 욕구 지향

　ⓐ 특성

　　ⓐ 생리적 욕구와 안정욕구를 우선 추구

　　ⓑ 인간은 물질적 보상에 집착하는 수준으로서 합리적·경제적·이기 적·자기중심적 존재

　　ⓒ 피동적·타성적 인간의 특성: 천성적으로 일을 싫어함

　　ⓓ 타인에 대한 의존성과 책임회피의 성향

　　ⓔ 현재 상태 유지, 보수적, 변화에 대한 저항과 부적응 능력

ⓛ 관리전략

　　　　㉮ 생리적 욕구 및 안전욕구의 우선 충족

　　　　㉯ 물질적 보상체계의 마련 및 강화

　　　　㉰ 조직의 강제적 규범과 엄격한 통제 및 감독체제, 권위적 리더십

　　　　㉱ 보상과 제재의 조화

　　　　㉲ 공식조직과 계층제 중심으로 행동범위 제한

② Y형: 고차원적 욕구 지향

　　　ⓖ 특성

　　　　㉮ 하위욕구보다 상위욕구를 우선 추구: 사회・심리적 욕구 및 자기실
　　　　　현 욕구

　　　　㉯ 조직목표와 개인적 목표의 조화 추구

　　　　㉰ 창조적・진취적・미래지향적

　　　　㉱ 조직의 목표달성을 중시하고 조직규범을 준수

　　　　㉲ 자율성과 자기규제능력 소유

　　　ⓛ 관리전략

　　　　㉮ 조직 내에서 추구하는 자아실현욕구 등과 조직의 목표와의 조화・
　　　　　통합으로 유도

　　　　㉯ 민주적 리더십으로 관리

　　　　㉰ 분권화와 권한위임체제

　　　　㉱ 비공식조직의 인정과 활용

③ X형 인간이론과 관리전략의 비판

　　　ⓖ 인간은 상위 욕구충족에 대한 관심이 내재적으로 존재하고 있는데, 이
　　　　를 경시하고 있다.

　　　ⓛ 인간은 생래적으로 동물과는 달리 성장・발전하려는 욕구가 있는 존
　　　　재이다.

　　　ⓒ 지나친 인간의 존재가치에 대한 경시는 인간을 더욱 피동적으로 만든
　　　　다. 관리자는 이러한 수동적 특성을 능동적으로 변화시킬 책임이 있다.

② 매슬로우의 이론에 대한 비판과 마찬가지로 하위욕구는 일단 충족되면 동기부여가 되지 않고, 상위 욕구가 충족되어야 동기부여가 발현된다는 점을 인식하지 않았으며, 이러한 관리전략으로는 상위욕구로의 동기부여가 어려워진다.

　④ Y형 인간이론과 관리전략의 비판

　　　㉠ 전체적으로 인간의 유형을 양분화시켰다.

　　　㉡ 인간은 상황에 따라 욕구와 이에 따른 행위가 달라질 수 있으므로 Y형과 X형의 관리전략이 정확히 인간유형에 따라 양분화되기 어려우며, 때로는 Y형의 인간에게도 강력한 통제가 더 효과적일 수 도 있다 (위기시나 신생조직의 경우).

(4) Z이론

　① Lundstedt의 Z이론: 인간모형은 타인의 간섭·감독·통제를 싫어하며 구속을 탈피하려는 속성을 가진 복잡한 인간유형으로서 자유방임적 관리전략이 필요하다.

　② Lawless의 Z이론: 복잡한 인간을 전제로 구체적인 상황에 따라 관리방식이 변동되어야 한다고 보고, 상대적·신축적·상황 적응적 관리를 주장하였다.

　③ Ouchi의 Z이론: 가족경영방식

　　　㉠ 의의: 일본계 미국 학자인 오우치는 1970년대 미국에 있는 일본의 자회사에서 미국의 문화를 바탕으로 한 관리방식보다 일본식 관리방식이 더 생산성이 더 높다는 것을 발견해냈다.

　　　㉡ 선호하는 관리방식

　　　　㉮ 종신고용제　　　　㉯ 순환근무·장기적 승진제도

　　　　㉰ 비전문적 경력통로　　㉱ 내적 통제와 개인적 책임 강조

　　　　㉲ 공동체 인식, 참여와 집단적 의사결정　㉳ 연공서열 중심관리

　④ Schein의 Z이론(복잡인관): 현대적 인간의 유형은 복잡하고 다양한 욕구체

계와 고도의 변이성을 지닌 존재이므로 상황에 따fms 다양한 관리전략의
필요성을 주장하였다.

⑤ Bennis의 Z이론: 유기적 조직에서 나타나는 탐구형 인간으로서 재량과 창
의성을 부여해 주어야 하며, 비정형적 프로그램 적용이 효과적인 유형이다.

(5) F. Herzberg의 욕구충족요인 이원론

① 의의: 허즈버그는 매슬로우의 이론을 수정하면서 인간을 상호 독립된 두
가지의 상이한 요구체계로 파악하는 이분법적 동기요인으로 구분하였는
데, 욕구차원을 불만과 만족으로 구분하고, 두 차원의 요인은 서로 다르
다는 욕구충족요인이원론을 제시하였다.

② 욕구차원

  ㉠ 불만요인(위생요인): 조직의 정책·목표, 규정, 감독, 근무조건 및 기
    술, 지위, 안전, 보수, 감독자와의 대인관계 등

  ㉡ 만족요인(동기요인): 직무에 대한 성취감, 직무자체(직무내용), 보람, 타
    인 인정, 책임의식, 승진(발전 및 성장) 등

③ 특성

  ㉠ 불만요인(위생요인)은 X론적 욕구 수준의 내용이며, 충족되지 않으면
    구성원들이 불만족을 느끼지만 충족되더라도 직무수행 동기를 유발시
    키지 않는다.

  ㉡ 직무조건 및 환경이 개선되면 불만을 축소시켜 사고 등을 방지하게 되
    며, 불만이 제거되면 지속 유지되는 것이 아니라 근무태도의 단기적
    동기부여만 가져올 뿐이다.

  ㉢ 만족요인(동기부여요인)은 Y론적 차원의 욕구수준으로서 만족의 반대
    는 불만족이 아니라 만족이 아닌 상태로서 동기요인과 위생요인은 상
    호 독립되어 있는 별개로 인식했다.

  ㉣ 만족요인은 동기유발요인으로서 직무자체에 관련되며, 근무의욕을 일
    으키는 요인으로서 근무의욕, 소속감, 성취감 같은 내재적인 조건에

의해 이루어진다.

　ⓜ 인간의 욕구는 불만과 감정에 대하여 별개로 작용한다.

(6) C. Argyris의 미성숙─성숙이론

① 의의

　ㄱ 아지리스는 인간유형을 미성숙(X론적 유형)과 성숙한 인간(Y론적 유형)으로 분리하고 관리전략을 달리 해야 한다고 보았다.

　ㄴ 맥그리거의 이론적 가설에 입각한 관리방식의 정당성으로 현대 미국의 대다수 사람들이 미성숙한 인간으로 취급당하고 있다고 보고, 이러한 상황을 설명하기 위해 조직의 가치 체계를 관료적 피라미드형 가치체계와 인간중심주의적 민주적 가치체계로 분류 비교하였다.

　ㄷ 관료적 피라미드형 가치체계와 인간중심주의적 민주적 가치체계

　　㉮ 관료적 피라미드형 가치체계에서는 자연스럽고 자유로운 감정의 표현이 허용되지 않기 때문에 구성원 사이의 인간관계는 불신을 낳게 되고 결과적으로 조직의 대인 능력이 저하된다는 것이다. 공식조직 내에서 중요한 인간관계란 집단목표 달성에 관련된 것이고, 인간관계의 유효성은 행동이 합리적이고 이론적인 경우의 의사소통에서 증대되기보다는, 감정적인 행동에 의해 증대된다는 것이다. 또한 인간관계는 합리적인 행동과 목표달성을 강조하는 적합한 상벌을 세밀하게 규정한 지시와 권한 및 통제에 의해서 가장 효과적으로 영향을 받는다는 것이다.

　　㉯ 인간중심주의적 민주적 가치체계가 형성된 조직에서는 신뢰가 구축되어 구성원 간 대응능력이나 집단 간의 협동 등이 증가하여 조직효과 증진에 기여한다는 것이다.

　　㉰ 아지리스는 산업조직을 통해 조직의 관리방법이 개인의 행동과 성장에 어떤 영향을 미치는가를 연구하였는데, 종업원들 사이에 무관심과 관리노력이 부족함을 발견하였으며, 그 결과 그들은 미성숙한

행동을 하게 된다고 주장하였다. 따라서 조직과 개인의 목표와 조화를 통해 목표달성의 효과성을 증진시키기 위해서는 개인의 퍼스 낼리티를 성숙, 실현시킬 수 있는 방향에서 조직구조와 관리 방법이 확립되어야 한다는 것이다.

② 특성

㉠ C. Argyris는 인간의 인격과 성격은 미성숙 상태로부터 성숙 상태로 변화하며, 조직의 구성원을 성숙한 인간으로 발전하도록 관리하여야 한다고 보고 있다.

㉡ 인격의 성숙상태는 인간의 기본적 욕구로서 모든 개인은 조직 속에서 그러한 상태에 도달하고자 노력하며, 유지하고자 한다는 것이다.

㉢ 반면에 그는 전통적인 조직의 구성방법과 운영원리는 구성원의 욕구실현을 위한 노력과는 상충된 원리로서, 조직과 개인의 괴리현상을 가져온다는 것이다. 그리고 구성원을 성숙상태로 발전하도록 하는 것이 아니라 미성숙 상태에 머물도록 구속한다는 것이다.

㉣ 아지리스는 구성원의 미성숙 상태에 머무르지 않도록 직무확대·참여·구성원 중심적 리더십과 현실을 고려한 리더십이 효과적이라고 보고 있다.

㉤ 성공의 경험이 축적됨에 따라 생기는 심리적 에너지가 중요하다고 강조하였으며, 개인이 조직을 통해 자아를 실현하는 동시에 조직은 개인을 통해 자아를 실현하는 과정으로 보고, 개인과 조직이 상호작용하는 것으로 인식하였다.

③ 유형의 특성

㉠ 미성숙 인간(X형): 피동적, 의존적, 단순한 행동, 변덕, 단기적 목표 추구, 자아의식의 결여

㉡ 성숙 인간(Y형): 능동적, 독자적, 다양한 행동, 일관적 행동, 장기적 목표 추구, 평등성 강조, 지위상승 욕구, 강한 자아의식과 자율적 통제능력 구비

④ 아지리스의 악순환 이론

    ㉠ 아지리스는 조직의 활성화를 위해서는 인간의 에너지를 증진시키는 것이 가장 중요하다고 주장하였는데, 그러한 영향을 주는 요인으로 조직에 투입되는 에너지로 보고, 물리적·기계적 에너지, 생리적 에너지, 심리적 에너지로 구분하였다.

    ㉡ 조직과 개인은 목표추구 과정에서 상호작용을 하는데, 이러한 상호작용과정을 악순환과정으로 파악하였다.

    ㉢ 악순환의 과정: 심리적 에너지를 증가시키는 것을 저해하는 조직관리방식(합리성의 강조, 공식적 기준에 의한 관리, 지시·처벌·통제중심적 관리)은 개인이 조직에 부담감과 부적응, 좌절감·실패감과 같은 심리적 갈등과 불안을 가져와 조직의 분위기 침체로 이어지고, 이는 또 다시 구성원에게 심리적 부담을 주는 악순환을 가져온다.

    ㉣ 동태적인 관리체제를 강조하며, 조직목표와 개인목표 간의 딜레마가 존재하고, 동기부여는 개인의 심리적 성공감에서 나오는 에너지에 의해 좌우된다.

(7) Likert의 관리체제론

① 체제 Ⅰ(착취적 권위형): 관리자는 부하를 신뢰하지 않으며, 의사결정과정 등에서 참여를 배제한다.

② 체제 Ⅱ(온정적 권위형): 관리자는 부하에 대하여 배려하는 유형이지만 하향적 의사전달을 선호한다.

③ 체제 Ⅲ(협의적 민주형): 관리자는 부하에 대한 어느 정도 신뢰를 바탕으로 의사전달은 쌍방향으로 이루어지고 참여를 권장한다.

④ 체제 Ⅳ(참여적 민주형): 관리자와 부하의 관계는 신뢰를 구축하고 있는 상향적 의사전달의 폭이 더 넓으며, 참여는 공식화되어 있다.

(8) Mcclelland의 욕구론

조직 내에서 인간은 성취, 권력, 관계욕구를 획득하려고 노력한다는 관점의 이론이다.

(9) Hackman & Oldham의 직무특성이론

① 의의: 직무특성이 직무수행자의 성장욕구 수준에 부합될 때 긍정적 동기가 유발된다. 개인의 성장욕구 수준이 직무특성과 심리상태, 심리상태와 성과 간의 관계를 결정하는 변수로 작용한다는 것이다. 즉 직무 내용과 자신의 적성여부와 비교하고 자신의 발전을 예상해 보게 된다.
② 직무의 특성 요소: 기술적 다양성, 정체성, 직무의 중요성 수준, 직무수행의 자율성, 환류
③ 최고조의 동기부여 발생 조건: 환류와 자율성이 인정되는 가운데 개인의 성장욕구가 강할 때

(10) Marray의 명시욕구이론

① 의의: 자신이 그 일에 성공하고 싶은 욕구의 강도에 따라 동기부여가 나타난다. 성장과정에서 자연적으로 학습과 경험에서 얻어진 욕구이며, 그 욕구는 방향(욕구충족의 대상)과 강도(욕구의 중요성)로 구성되며 욕구발현은 적당한 환경의 조성이 필요하다.
② 내용: 매슬로우의 인간의 행동을 유발하는 욕구연구 면에서는 유사하나 순차적으로 욕구가 진행되는 것이 아니라 복수의 명시적인 욕구가 동시에 인간의 행동 유발에 영향을 준다고 보았다.

(11) McCoby의 이원론

① 의의: 외적 및 내적요인으로 분류하고 이 두 요인이 모두 긍정적으로 작용할 때 강한 동기부여가 발생한다고 보았다.

② 요인의 유형

　　㉠ 외적 요인 : 승진, 보수, 안전 등과 같은 유인체계

　　㉡ 내적 요인: 자아완성, 추구하고 싶은 임무, 보람 있고 가치 여부 문제 등

❒ 욕구이론의 X, Y론적 구분

맥그리거 (X·Y론)	매슬로우 (욕구 5단계론)	알더퍼 (ERG이론)	허즈버그 (욕구이원론)	아지리스 (성숙·미성숙)	리커트 (관리체제론)	리피트 (리더십모형)
X론	생리적 욕구 안전욕구	생존욕구	불만요인 (대인관계)	미성숙인	체제 I 체제 II	권위형
Y론	사회적 욕구 존경욕구 자아실현욕구	관계욕구 성장욕구	만족요인	성숙인	체제 III 체제 IV	민주형

3. 과정이론(기대이론)

(1) 의의

① 과정이론이자 기대이론은 내용이론과는 달리 동기부여가 발생하는 과정적 측면을 중시하였다.

② 구성원 개인의 동기부여의 강도를 성과에 대한 기대와 성과의 유의성에 의해 설명하려는 이론이다.

③ 욕구충족과 직무수행의 관계가 직접적으로 연결되는 것이 아니라 만족과 동기유발 사이에는 개인의 주관적인 평가과정, 즉 다른 기대치가 존재한다는 입장이다.

(2) V. Vroom의 기대이론

① 동기유발에 대한 과정이론으로서 내용이론과 같이 만족과 동기부여가 직접 연결되지 않는다고 보았다. 즉 만족과 동기부여 사이에 개인적·주관적인 기대치가 다르며, 그 기대치가 충족되었을 때 생산성의 동기유발로 연결된다고 본다.

② 개인의 동기는 수단성, 기대감, 유의성에 의해 결정되며, 개인은 노력에 대한 성과가 있고, 그 성과에 따라 상여금, 임금인상, 승진과 같은 보상을 조직으로부터 부여받아 만족을 얻게 되어 더 높은 수준의 노력을 발휘하도록 동기가 유발된다.

　ㄱ 기대감(Expectancy): 노력에 따른 성과의 기대를 예상하는 주관적인 기대치를 말한다. 즉 자신이 노력한 일정한 수준의 성과를 달성한다는 기대이다.

　ㄴ 수단성(Instrumentality): 성과가 만족할 만한 수준의 보상을 가져다 줄 것이라고 믿는 정도로서 주관적 확률 판단을 말한다.

　ㄷ 유의성(Valence): 유인가라고도 하며, 어느 한 개인이 원하는 특정한 보상에 대한 선호의 강도이다. 즉 보상에 대한 주관적 가치판단이다.

③ 근무성과에 미치는 요소로서 직원의 노력과 능력, 기타 환경적 요인 등을 들고 있다. 따라서 자신의 노력만큼 높은 근무성적을 낼 수 있다고 생각할 때, 그 근무성적이 자신의 승진에 주요 요인으로 작용된다고 인식할 때, 승진이 매력적인 것으로 간주되는 경우에 동기부여가 된다.

④ 이론에 대한 평가

　ㄱ 긍정적 측면: 동기부여가 일어나는 과정을 설명하였으며, 개인과 조직목표 사이의 관련성을 명확히 하였다. 매우 단순한 접근법을 취한 동기부여의 내용이론과는 달리 동기부여가 발생하는 복잡한 상황을 설명해 줄 수 있다.

　ㄴ 부정적 측면: 구성원의 동기유발에 대한 구체적인 제안을 제시하지 못하고 있으며, 개인에 대한 동기유발의 과정만을 취급하고 집단에 대한 동기유발 측면은 다루지 않았다(집단의 동일화나 단결심).

(3) Adams의 형평성 이론

① 개념

　ㄱ 공정이론이라고도 하며, 타인과 비교하여 공정하게 대우 받았느냐, 불공정하게 대우를 받았느냐의 문제가 동기부여에 영향을 준다는 이론이다.

ⓛ 즉 직무에 대한 공헌도와 보상을 다른 사람의 그것과 주관적으로 비교·평가하여 그 평가결과에 따라 동기부여의 행동이 나타난다고 본다.

② 주요내용

ⓖ 업무에서 공정하게 대우를 받으려고 하는 욕망이 개인으로 하여금 동기를 유발시킨다고 가정한다.

ⓛ 조직에서 공정한 보상의 중요성을 인식시켜 준다는 점에서 의의가 크다.

ⓒ 불공정성을 해소시키고 형평성을 추구하기 위한 행동에는 투입과 산출에 대한 본인의 지각을 바꾸는 것과 준거인물을 바꾸는 것 등이 있다.

ⓡ 다른 사람과 비교하여 공평한 대우를 받았을 경우에는 만족을 느껴 동기부여가 발현되지 않는다. 반대로 불공정한 대우를 받게 되면 자극을 받아 이를 시정하기 위해 무엇인가를 하려는 동기가 유발되게 된다고 가정하고 있다.

ⓜ 따라서 관리자는 조직의 효과성 증진을 위해 대우의 차이를 통해 구성원들이 동기부여를 갖도록 경쟁심을 유발시키는 전략도 필요하다.

ⓗ 사람들은 그들의 노력에 대한 소득의 비율을 타인과의 그것과 비교·평가를 통해 그 결과에 따라 그들이 공평한 대우를 받고 있는지의 여부에 대하여 신념을 형성한다.

ⓢ 기대이론과 비교해 볼 때, 인간의 심리적·내면적인 인식과 지각과정을 통해서 동기유발이 나타난다는 측면에서는 공통점이 있지만 직무수행 수준의 선택 측면에서 소득과 보상이 최대로 기대되는 직무수행수준을 선택한다는 것이 기대이론이라면, 개인별 내적 준거기준에 비추어 공평한 직무수행수준을 택한다는 것이 형평이론이다.

(4) Skinner의 순치이론

① 개념: 순치이론(馴致理論)은 외적 자극이나 제재에 의해 학습과 행동이 유발된다고 보고, 그 과정을 설명하는 이론으로서 행태주의자들의 동기이론, 학습이론, 보강 또는 강화이론, 조건적 행동이론이라고도 한다.

② 내용

　㉠ 순치, 시행착오적 학습이란 평소 개인행동의 결과로 인하여 축적되어 온 경험 및 학습으로 인한 행동의 가능성 또는 빈도를 말하며, 행동을 유발케 하는 강화물은 사람에 따라 차이가 있다.

　㉡ 그 과정에서는 보강 또는 강화·처벌 등의 유인기제(誘因機制)가 작용한다고 주장한다.

　㉢ 순치이론의 이론적 구조는 첫 번째 행동에 선행하는 환경적 자극, 즉 그러한 행동이 나오도록 유발시키는 외부요건, 두 번째 자극에 반응하는 행동, 세 번째 행동의 결과에 대한 유인기제로 처벌 또는 강화가 수반되는 세 단계로 구성되어 있으며, 이들의 연속적 관계를 설명하고 있다.

　㉣ 따라서 구성원을 조직이 바라는 방향으로 바람직한 행동이 반복되도록 학습시켜야 하며, 반대로는 바람직하지 못한 행동이 나타나지 않도록 하는 유인기제활용의 전략을 연구하는 이론이다.

　㉤ 업무성과에 따른 인센티브 지급시 그 간격이나 비율 스케줄의 중요성을 강조한다(예, 월급 및 상여금).

③ 유인기제의 종류

　㉠ 보강(Reinforcement) 또는 강화: 강화로서 바람직한 행동이 반복될 빈도수를 높이는 유인기제(수단)를 말하며, 선행자극(경험 등)과 행동의 연계는 보강을 적용하고, 반대일 경우는 처벌로 처방한다. 강화의 유형은 적극적 강화와 소극적 강화가 있다.

　　㉮ 적극적 강화: 반복행동을 원하는 상황을 부여하는 것(보상)

　　㉯ 소극적 강화: 반복행동을 원하지 않는 상황을 제거해 주는 것(불편을 느끼는 상황 또는 조건을 제거)

　㉡ 처벌(Punishment): 강화의 반대로서 바람직하지 못한 행동이 반복되지 않도록 만드는 유인기제이다(아동에 대한 회초리, 시범 케이스적 처벌 등).

　㉢ 중단(Extinction): 유인기제의 적용을 더 이상 하지 않는 것을 말하며, 자극의 중립이라고도 한다.

(5) Porter와 Lawler의 업적·만족이론

① 포터와 롤러는 욕구이론의 개념구조에 대해 비판하면서 반대로 직무수행의 성취수준이 직무만족의 요인이 될 수 있다고 주장하였다.

② 인간이 원하는 것을 얻으려는 노력에 의하여 결과가 업적으로 나타나며, 개인의 만족은 업적에 의하여 결정된다고 전제하고 있다.

③ 성취하고자 하는 노력의 정도는 업적과 보상에 대해 인식하고 있는 개인적 가치와 잠재적 보상에 대한 기대에 따라 다르게 행동하게 된다고 보고 있다.

④ 주관적 기대감에 의해 동기유발이 발생하는데, 그 과정은 노력 →성과 → 보상 →만족으로 이어진다.

(6) Georgopoulos의 통로·목표이론

① 지오고폴로스는 개인의 심리적 차원에서 작용하는 요인을 밝혀냈다. 즉 개인적 목표에 이르는 통로로서 생산성이 갖는 수단성 내지 효용성에 대한 작업자의 인식 또는 지각을 중시하고 있다.

② 작업자들은 공통적으로 일정한 목표를 가지고 있으며, 목표성취를 통해 욕구를 충족시키려 노력하고, 인간의 행동은 합리성과 이익 지향적·이해관계·목표지향적 의사결정의 결과물이라는 가정에서 목표달성의 과정을 통로개념으로 설명하고 있다.

(7) Atkinson의 기대이론

개인의 동기는 두 가지 교환작용에 의해 결정되는데, 실행에 따른 성취동기(적극적 동기)와 미실행을 통한 회피동기(소극적 동기)로 이루어진다. 즉 성공가능성에 대한 성취동기로 실행이 이루어지지만 실패에 대한 두려움으로 실행을 회피하려고 한다는 것이다.

(8) Locke & Latham의 목표설정이론

목표설정 자체가 인간들의 인지에 영향을 주고 동기를 유발시킨다고 본다. 즉 인간의 행동은 의식적인 목표와 성취의도에 따라 결정된다고 보기 때문에 목표와 방향을 명확히 할수록 도전의식이 강해지므로 성취동기가 강해진다는 것이다.

(9) E. Berne의 의사거래분석

인간의 내면에는 성숙한 면(어른 수준)과 미성숙한 면(아이 수준)의 두 심리가 동시에 존재하고 있으며, 이러한 자아의 심리가 자극을 받으면 행동으로 연결된다고 보고 있다. 그러므로 관리자는 어느 심리를 자극해야 목표달성에 유용한가를 판단해야 한다.

<내용이론과 과정이론의 구분>

구 분	해당 이론	
내용이론(욕구이론)	① Maslow의 욕구위계이론(욕구5단계) ③ Herzberg의 동기위생요인(욕구충족이원론) ⑤ Argyris의 성숙 미성숙이론 ⑦ Z이론 ⑨ Hackman과 Oldham의 직무특성이론 ⑪ McCoby의 이원론	② Alderfer의 ERG ④ McGregor의 XY론 ⑥ Mcclelland의 욕구론 ⑧ Likert의 관리체제이론 ⑩ Murray의 명시욕구이론
과정이론(기대이론)	① Vroom의 기대이론 ③ Skinner의 강화(순치, 학습)이론 ⑤ Georgopoulus의 통로목표이론 ⑦ Locke & Latham의 목표설정이론	② Adams의 형평성(공평성)이론 ④ Porter와 Lawler의 업적만족이론 ⑥ Atkinson의 기대이론 ⑧ Berne의 의사거래분석

제6절 기업 및 점포경영

::경영효율과 판매사무관리

1. 판매사무의 관리

(1) 개념

판매사무란 판매에 관한 계획·실행·평가를 수행하는 과정이다. 즉 판매계획, 판매활동의 수행·통제, 판매실적의 평가 등이 판매사무이다. 판매사무관리는 판매에 관한 모든 사항을 처리하기 위하여 조직·인사·재무의 관점에서 계획·실행·통제를 하는 행위를 말하며, 판매사무와 관련된 각종 자료나 정보는 유형·무형의 형태로 존재하는데, 기업실무에서는 주로 장표 등의 유형적인 기록을 처리하는 작업이 대부분을 차지한다.

(2) 목적

판매사무관리의 목적은 판매와 관련된 관리업무를 효율적으로 수행하여 경제적 목적(이윤 등)을 극대화하는 데 있다. 효율적인 판매사무관리로 조직의 수익모델을 달성하고 이를 지속시키기 위해서는 목표달성요인과 저해요인을 정확하게 파악하고 적절한 대책을 취해야 한다.

(3) 판매사무의 특징

① 판매사무는 각 단계마다 양상이 다양하게 나타나기 때문에 표준화하기 어렵다(특히 소매업). 그러므로 기능면으로 판매계획(정보수집사무, 조사분석사무, 예측사무, 목표책정사무), 실사통제, 평가에 관한 사무로 나누어

추진해야 한다.

② 다양성 때문에 현황파악을 위한 자료의 수집, 분석, 검토 작업이 필수적으로 요구되며, 정보처리체계가 구축되어야 한다.

③ 판매사무를 기능적으로 분류하면 판매계획, 판매활동의 집행, 판매활동의 통제 및 판매실적평가 등으로 분류할 수 있다.

(4) 판매사무 관리체계의 구축

판매사무의 관리체계란 최적의 판매사무관리를 말하는데, 판매사무의 본질, 사무의 양, 판매사무관리를 담당하는 인적 자원의 현황, 업무처리의 방법 등을 파악하여 최적의 판매를 추구할 수 있는 대안을 선택하는 데 있어 관리체계를 구축하는 것이 필요하다. 이때 현황파악을 위해서는 단순한 판매사무만이 아니라 판매와 조직 내의 모든 시스템을 대상으로 조사·분석하고 적합한 체계를 구축해야 한다.

(5) 판매사무의 처리

① 판매사무규정과 판매사무매뉴얼의 정의
　　㉠ 판매사무규정

　　사무규정이란 사무 처리에 관한 절차와 순서를 규정한 것이다(SOP, 표준운영절차). 따라서 판매사무규정이란 판매사무에 관하여 업무를 처리하는 절차와 순서 등을 명문화시킨 것이다(내규라고도 한다).

　　㉡ 판매사무매뉴얼

　　사무매뉴얼은 업무에 관한 처리 내용을 정리한 안내서이므로 사무 처리 규정보다 구체적이고 부분적으로 명시되어 있다. 따라서 이들은 사무를 효율적으로 처리하기 위한 목적을 가지고 있으나 지나치게 의존하면 상황변화에 신축성을 저해시켜 오히려 문제 처리에 애로를 발생시킬 수 있다(형식주의).

② 판매사무의 관리방식

판매사무를 관리하는 방식은 크게 집중처리방식과 분산처리 방식으로 분류되며, 판매 현장의 상황에 맞는 방식을 택해야 하며, 양자의 장·단점을 결합한 형태가 잘 적용되고 있다.

㉠ 집중처리

㉮ 개념

판매업무의 전반적인 사항을 일괄 처리하는 방식이다. 특히 영업범위가 큰 조직에서는 판매 사무의 전담조직이 이를 담당하고 영업범위가 협소한 조직에서는 1인 또는 소수의 전문가가 판매사무의 전반을 처리한다.

㉯ 장점

ⓐ 능률성: 전문화된 개인이나 조직이 담당하기 때문에 상대적으로 적은 인원으로 업무를 처리할 수 있어서 능률적이다.

ⓑ 전문화: 판매를 전문적으로 처리함으로써 판매사무 처리의 기술을 계속 향상시킬 수 있다.

ⓒ 정보의 집중성: 판매사무에 관한 정보의 집중으로 종합적 판단과 의사결정에 용이하다.

ⓓ 사무기계 활용의 용이성과 사무기계 수의 축소, 기계의 유효시간 단축 가능

ⓔ 업무전념 가능: 판매업무처리만 집중적으로 하기 때문에 타부서의 간섭과 구속이 적으므로 본래의 업무에 전념할 수 있다.

㉡ 분산처리

㉮ 개념

판매사무의 처리를 기능별로 세분화하여 분담 처리하는 방식이다.

㉯ 장점

ⓐ 신속성: 총괄적으로 판매조직에서 처리하는 것이 아니라 일선현장에서 업무 담당자가 사무 처리를 하므로 신속하다.

ⓑ 정보활용면: 현장에서 획득된 정보가 즉각 활용될 수 있다.

ⓒ 책임성: 일선 사무 처리자의 책임성을 강화시킬 수 있다.

ⓓ 비밀유지: 단독적으로 처리되므로 업무와 관련된 정보의 비밀이 잘 유지된다.

ⓔ 전문화 추구: 각 섹터별 전문화를 추구할 수 있다.

(6) 장표의 기능별 종류

① 판매계획에 관한 장표

㉠ 부문별(점별, 층별, 상품별) 판매 계획표

㉡ 손익계획표

㉢ 차익계획표

㉣ 판매촉진계획표

㉤ 판매행사예정표

㉥ 거래처 대장(거래처조사표, 거래처카드)

② 판매실시 및 통제에 관한 장표

㉠ 판매활동: 매출전표(금전등록기, 납품서, 서비스 보증표, 보증서), 주문접수표, 수리접수표, 지방발송접수표, 크레디트판매전표, 할부판매전표 9할부판매계약서), 외상매출원장(외상매출금청구서, 외상매출금잔고일람표), 판매대장(과세품판매대장), 매출할인전표(매출환입전표), 매가수정대장

㉡ 현금출납에 관한 장표: 입금전표(금전등록기, 현금매출전표, 외상판매입금전표, 영수증), 출금전표, 소액현금출납장

㉢ 상품수불: 상품입하전표, 출고 및 매입발주전표, 매입반품전표, 재고조사집계표

③ 판매통제 및 평가에 관한 장표

㉠ 판매 및 영업일보

㉡ 부문별 판매 및 손익관리표

    ⓒ 판매할당성표(점별, 층별, 상품별)

    ⓔ 종업원 근무상황보고서

(7) 판매사무의 시스템

① 일괄장표발행제도(one writhing system)

    ㉠ 개념

    ㉡ 장·단점

    1회의 기입으로 다른 종류의 전표가 복사되어 동시 작성되는 제도로
    서 미리 설계된 전표의 복사과정에 의해 기표, 전기 등의 사무작업을
    생략할 수 있도록 한 방식이다.

장　　점	단　　점
전표작성의 작업량을 줄일 수 있다. 전기에 따른 사무작업을 생략할 수 있다. 전표작성, 전기시의 오류를 방지할 수 있다. 사무의 정체가 되지 않는다. 내부 견제제도에 활용되어 부정을 예방할 수 있다.	각장으로 된 전표이기 때문에 파일링을 하는데 손이 많이 간다. 전표이기에 일람성(一覽性)이 결여되고 분실되기 쉽다. 오기된 경우 전체 전표에 영향을 미친다. 장부에 비해 경시되는 경향이 있다

② 파일링시스템

    ㉠ 개념: 조직의 유지, 발전에 필요한 문서나 장표를 분류하고 정리해서
    필요시 즉시 활용할 수 있도록 철하거나 보존하는 방식을 말한다.

    ㉡ 원칙: 명확한 분류, 신속하고 용이한 출납, 보존의 확실성, 조직단위의
    관리, 경제적 관리. ③ 문서의 분류원칙

    ㉠ 종합성의 원칙: 문서나 장표의 분류는 세분화하는 것이 목적이 아니라
    종류별로 간편하게 취급할 수 있도록 묶기 위한 것이다.

    ㉡ 점진성의 원칙: 세분화는 순차적으로 대분류, 중분류, 소분류를 한다.

    ㉢ 일관성의 원칙: 분류의 목적에 따라 분류기준을 일관성 있고 명확하게
    해야 한다.

    ㉣ 상호 배제성: 분류의 세분항목은 명료하고 애매한 면이 없도록 정의되

어야 하며 세분항목에 중복과 분류되지 못하는 경우가 발생해서는 안된다.

ⓜ 병렬의 원칙 : 분류의 결과 유사한 것이나 관계가 있는 것들은 근접한 곳에 병렬 분류시킨다.

2. 판매사무의 과정

(1) 판매사무의 계획

① 매출계획과 관리

ⓐ 미래 매출 분석기법

㉮ 경향치 분석(시계열 분석)

경향치 분석은 시계열 분석법을 말하는데 각종 매출과 관련된 과거의 데이터를 분석하여 경향을 파악한 후에 그 추이에 따라 미래 상황이 전개되리라고 예측하고 판매계획을 수립하는 것이다. 시계열 분석법은 과거와 같은 시장조건이라는 전제하에 판매조직의 경쟁상대나 제품이 출시되는 매장의 확대와 같은 상황이 변할 경우 변화 후 1년 정도 경향이 지속될 때만 경향을 따라 움직인다고 판단할 수 있다. 시계열분석의 종류로는 연간이동합계법, 목표법(그래프), 최소자승법 등이 있다.

㉯ 시장조사(관련조사 분석): 관련조사 분석은 일반적인 시장조사로써 입지나 경쟁조직의 사항을 분석하는 것이다.

㉰ 상관관련 분석(ABC분석):상관관련 분석은 상품구성 문제를 중심으로 분석한 것이다.

ⓑ 매출목표 설정

㉮ 매출 예측치에 노력률을 곱하여 매출목표로 설정한다. 즉 도출한 판매예측량에 노력률을 곱한다. 노력률의 수치는 구체적인 판매조

직이나 판매부문에 따라 다르나 일반적으로 3~10%로 본다.

    ⑭ 과거 판매효율을 기준으로 매출액을 산정하고 이것을 토대로 매출목표를 설정한다.

    ⑭ 유효수요와 시장점유율에서 매출목표를 도출하는 방법이다.

    ⑭ 손익분기점을 구하고 손익분기점을 기준으로 필요한 순이익을 발생시키는 매출액을 가산하여 매출목표로 삼는다. 손익분기점은 이익이 0이 될 때의 매출액이며 필요경비에 이익액을 더하면 목표매출액이 된다.

② 이익계획과 관리

    ㉠ 개념: 판매조직의 이익계획은 주어진 조직과 시장여건하에 판매조직이 추구하는 이익계획과 이익목표가 부합되도록 계획을 세우는 것이다. 판매조직의 이익계획은 사용총자본이익률, 손익분기점 등을 이용하여 이익목표를 설정하여, 손익예산에 의한 목표매출액, 목표총이익률에서 총이익액을 계획하고 제반 영업경비를 고려하는데, 경비예산 등은 총이익액에 목표이익을 공제하여 작성한다. 즉 이익목표를 세워 예상수익에서 계획수익을 공제하고 남은 것을 허용비용으로 보며 수익에서 경비를 뺀 것이 이익이 된다(허용비용=계획수익—계획이익).

    ㉡ 영업경비의 종류

        ㉮ 판매비: 직접적인 판매와 매입에 대한 비용

        ㉯ 인건비: 급료, 교육비 등

        ㉰ 영업비: 영업에 필요한 경비

        ㉱ 설비비: 설비에 관한 경비

        ㉲ 일반관리비: 기타 관리상 경비

(2) 판매사무의 집행

① 판매활동사무의 목적

    ㉠ 이익증대: 매출액 증대 또는 총이익 증대업무

ⓛ 거래의 합리화: 판매량의 확대, 1회 배송량의 증대, 지불조건 등을 통한 경제성 추구

ⓒ 로스율의 방지

 ㉮ 로스의 정의: 로스(loss)란 경영상의 여러 형태의 손실로서 회계학상 정확히 산출할 수 없는 경우가 많다.

 ㉯ 로스의 종류: 로스는 주로 관리상의 문제로 발생하는데 분야에 따라서 근로 로스는 작업 또는 시간의 낭비, 팀워크의 비효율성 등으로 발생하며, 자본·자금에 관한 로스는 과잉설비, 설비·기구류의 관리 불량, 소모기구의 낭비, 상품관리의 불비 등으로 인해 발생한다. 상품로스는 상품의 매입·재고·판매과정에서 발생하게 된다.

 ㉰ 상품로스의 발생원인

② 상품적재·하차·적송과정 등의 취급상에서 발생

③ 판매 작업과정에서 실수로 인해 발생

④ 상품의 보관 및 진열과정에서 발생

⑤ 상품의 자연감소로 인한 발생

⑥ 상품의 도난·파손에 의한 발생

⑦ 금전등록기의 과소입금이나 과다지불에 의해 발생

⑧ 단위환산의 오류로 인해 발생

⑨ 에누리 기록의 누락으로 인해 발생

⑩ 매입검수의 실수로 인해 발생

(3) 기업의 재무회계와 관리회계

① 재무회계: 재무회계(financial accounting)는 일반회계(general accounting)라고도 하는데, 기업의 경영성적 및 재정상태를 기록·분류·요약에 의해 회계보고서를 작성하여, 외부의 이해관계자(채권자, 투자자, 관공서 등)에게 경제실체의 재무활동에 필요한 회계정보를 제공하기 위한 목적으로 기업의 재무상태와 경영성과를 보고하기 위한 재무제표작성 중심의 회계이다.

② 관리회계: 관리회계(managerial accounting)는 기업 내부의 경영자가 경영의 사결정, 특히 경영계획의 수립과 경영통제 및 경영합리화를 위한 능률향상 등을 위하여 필요한 회계정보를 제공하는 내부보고(internal reporting) 목적의 회계로서 손익분기점이나 경영분석비율 등을 계산, 분석, 활용한다.

(4) 매출관리

① 매출액: 일정 회계기간의 매출총액을 말한다.
② 매출원가
　㉠ 매출원가의 결정: 매출원가는 매출이 발생한 판매시점 또는 회계기간 말에 결정되는데, 수익을 결정하는 데 중요한 요소이다. 매출이 발생했을 때 매출원가를 결정하기 위해서는 기업은 각 재고항목의 원가에 대한 상세한 기록이 유지되는 계속기록법(perpetual inventory system)을 사용해야만 한다. 그러나 판매원가가 회계기간 말에만 결정되는 경우에는 실지 재고조사법(periodic inventory system)을 사용한다.
　㉡ 매출원가를 계산하는 방법
　　㉮ 계속기록법: 계속기록법(perpetual inventory system)은 재고자산을 실지 재고를 조사하는 것이 아니라 그때마다 기록된 장부기록을 근거로 기말의 재고자산을 결정하는 방법으로 매출원가계산의 기초자료가 된다.
　　㉯ 실지 재고조사법: 실지 재고조사법(periodic inventory system)은 기말에 실제로 재고조사를 실시하여 보유하고 있는 재고량을 조사하는 방법이다. 이 방법에서는 장부상의 수량결정방법인 계획기록법과 달리 정기적으로(연말 또는 매월 말) 재고조사를 하여 그 결과를 기초로 수량을 결정하고 매출원가에 반영한다.
③ 재고자산
　㉠ 재고자산 수량결정방법: 재고조사방법이란 재고수량을 조사하는 방법으로 재고조사방법 또는 재고시스템(inventory system)이라고도 부르며,

재고자산의 수량결정방법으로는 실지 재고조사법과 계속기록법이 있다. 기업에 따라서는 두 방법 중 어느 한 방법만을 사용하기도 하나 각 방법의 결점 때문에 두 방법을 모두 사용하는 경우가 많다.

㉮ 실지 재고조사법: 실지 재고조사법(periodic inventory system)은 기말에 보유하고 있는 재고량을 실제로 조사하는 방법으로 실사법이라고도 한다. 이 방법에서는 장부상의 수량결정방법인 계속기록법과 달리 정기적으로(연말 또는 매월 말) 재고조사를 하여 그 결과를 기초로 수량을 결정한다.

㉯ 계속기록법: 계속기록법(perpetual inventory system)은 재고자산을 장부상 계속 기록 하여 가는 것으로, 재고자산을 실지 재고조사하는 것이 아니라 장부상의 계속적인 기록으로 기말의 재고자산수량을 결정하는 방법이다. 재고자산을 장부상 계속 기록하여 기말의 재고자산을 결정하므로 장부재고조사법이라고도 한다.

㉰ 혼합법: 실제현장에서는 계속기록법과 실지 재고조사법을 혼합하여 적용하고 있다.

㉡ 재고자산의 원가배분방법

㉮ 개별법: 개별법(specific identification method)은 재고자산을 상품별로 구분하여 매입가격별로 판매된 것과 재고로 남은 것을 비교하여 재고자산 가격을 결정하는 방법이다. 매입 시마다 상품에 매입가격표를 붙여 매입상품별로 매입가격을 알 수 있도록 함으로써 판매시 판매상품의 매입원가가 얼마인가를 확인할 수 있도록 하는 방법이다.

㉯ 선입선출법: 선입선출법(first—in first—out method: fifo)은 먼저 매입된 것은 먼저 불출하는 것을 원칙으로 계산하는 방법으로 매입순법이라고도 한다. 실제의 상품물량흐름에 따라 재고자산의 가격을 결정한다.

㉰ 후입선출법: 후입선출법(last—in first—out method: Lifo)은 나중에 매

입된 것을 먼저 불출하는 것으로 가정하여 계산하는 방법으로 매입
역법이라고도 한다. 선입선출법과 반대로 재고자산의 단가가 결정
되고 이에 따라 기말재고액과 매출원가도 결정된다.

㉣ 총평균법: 총평균법(weighted average method)은 가중평균법의 하나
로써 재고자산의 기초 이월액도 포함하여 취득원가합계를 수납수
량합계로 나누어서 총 평균한 단위가격을 가지고 평가하는 방법이
다. 즉 일정기간의 매입합계액을 매입량으로 나누어 평균단가를 구
하고 이 평균단가를 적용하여 기말재고액과 매출원가를 계산하는
방법이다.

㉤ 이동평균법: 이동평균법(moving average method)은 입고할 때마다
새로운 평균원가를 산출하여 판매원가를 결정하는 방법으로 재고
자산의 매입 시마다 새로 평균단가를 계산하는 방법이다.

㉥ 단순평균법: 수량을 고려하지 않고 취득단가만을 평가해서 기말재
고자산을 평가하는 방법이다.

::POS, Point of Sale 시스템

1. 개념

POS 시스템이란 판매시점관리라고 하는데, 소매상의 판매기록, 발주, 매입,
고객관련 자료 등 소매업자의 경영활동에 관한 각종 정보를 판매시점에서 파악
하여, 컴퓨터시스템을 활용하여 관리하는 종합적인 소매정보시스템을 의미한다.
즉 유통업자를 위한 시스템이 아니라 판매자인 대형할인점, 백화점, 편의점 및
슈퍼마켓에서 카운터에 설치된 컴퓨터 시스템에 물품을 통과시킬 때마다 판매
가격의 합계, 판매자료 등의 정보가 수집되어 매출액, 재고상태 등의 영업정보
를 획득할 수 있다.

2. 구성기기

POS 시스템은 POS 단말기에 상품정보를 오류 없이 신속하게 입력하기 위한 식별방법인 바코드시스템과 컴퓨터 및 컴퓨터 주변장치로 구성되어 있다(스캐너, 포스터미널, 스토어 콘트롤러, 프린터 등)

3. 시스템 발전 과정

(1) POS 레지스터(금전등록기) 단계: POS 시스템을 기기로 인식하고, 처리 및 접속의 신속성과 다기능성에 착안한 개념설정단계이다. 이 시기에는 레지스터(금전등록기 등) 기능에 자동판매기능을 덧붙여서 인건비의 절감을 추구하고 사무를 능률화·고도화하는 단계이다.

(2) 점포관리단계: 점포운영과정에서 발생하는 각종 정보를 전산시스템 전체를 관할·통제하는 대형 컴퓨터에 입력하는 기능에 착안하는 개념설정단계이다. 판매조직 내에서 발생하는 모든 정보를 각종 단말기를 통해 컴퓨터에 입력하게 되면 판매조직의 운영·관리는 신속·정확해진다.

(3) 운영관리단계: 전략적 의사결정정보와 POS 시스템이 결합된 보다 발전된 개념설정단계이다. 마케팅과 머천다이징의 기본이 되는 정보획득, 크레디트 관리 및 그 전략적 활용이란 관점에서 판매조직의 정보를 집중시켜 일괄처리함으로써 판매조직 내에 축적된 정보를 의사결정 정보로 변환시킨다.

4. POS 시스템의 기능

POS 시스템은 단품관리, 판매시점에서의 정보입력, 집중관리라는 특징을 가지며, 이로 인해 치밀성·신속성·정확성·종합성을 갖춘 정보체계 구축을 가능하게 하여 영업판단에 필요한 정보분석 능력을 증진시킨다. POS 데이터는 점포데이터와 패널데이터로 구분되는데, 점포데이터는 특정 점포에서 수집되는 데이터이며, 패널데이터는 각 가정 단위로 수집되는 데이터를 말한다.

(1) 단품관리: 단품관리란 매장에 진열된 개개의 상품에 대해서 판매와 관련된 여러 정보, 즉 판매되었는지 여부·재고동향 등을 파악하는 관리시스템을 말한다. 이 시스템을 구축하기 위해서는 개별상품마다 고유한 식별이 필요한데 이를 위해 개별상품에 대해 일정한 규약에 따라 코드화 (cording)하는 기술이 사용된다. 코드에 따라 가격이 결정되고 이를 시스템에 저장한다.

(2) 자동판독: 주로 상품의 포장용기에 표시되어 있는 심벌이나 문자를 스캐너를 이용해 자동 판독하는 방식이다. 판매시점에서 POS 터미널에서 상품에 표시된 심벌이나 문자를 스캐너로 읽게 되면 광학적인 장치에 의해 상품의 정보를 즉시 판독하게 되고 고객에게는 영수증이 발행되고, 동시에 매장에는 그 제품과 관련된 각종 정보와 자료가 모아진다. 개별상품에 대한 정보를 수자화한 13자리 또는 8자리로 구성된 바코드를 기반으로 한다.

(3) 판매시점에서의 정보입력: POS 시스템이 구축된 경우에는 정보가 일괄처리 방식에 따라 처리되므로 개별상품의 정보가 판독되어 레지스터를 통과함과 동시에 판매시점에서 그 상품의 정보가 입력된다. 과거에는 레지스터에 축적된 정보를 불러내어 일단위·주단위·월단위로 수작업 처리를 하였으나 POS 시스템에서는 판매시점에서 즉시 처리방식(reat time processing)에 의해서 처리되므로 사후처리가 없다.

(4) 정보의 집중관리: POS 시스템의 터미널에서 수집된 제품에 대한 각종 정보(단품별 자료·고객정보·가격·매출정보 등)는 정보시스템의 중앙컴퓨터에 전송되어 타부문의 판매조직 정보와 함께 집중 처리되고, 분석 자료는 전략적 의사결정을 위한 정보로 활용된다.

(5) POS시스템 발급보고서: 상품정보, 발주정보, 매입정보, 재고정보, 고객정보, 판매정보 등.

5. POS 시스템의 장점

(1) 판매 현장에서의 시스템 효과: 매장에서 판매처리 시간의 단축으로 고객 대기시간의 절약, 계산대의 오등록 방지, 계산대의 축소, 종업원 관리 등 이 가능해진다.

(2) 판매정보 활용: POS 시스템을 이용하여 판매활동 상황을 실시간으로 파악하는 것이 가능하기 때문에 판매활동에 신속하고 정확한 결정을 가능케 한다.

(3) 점포운영관리 측면의 효과: 가격표 부착 및 교체작업이 용이하기 때문에 인건비 절약의 효과와 전표발행비용의 감소, 인력절감 및 직원훈련의 불필요 등의 장점으로 점포운영의 합리화를 기할 수 있다.

(4) 판매관리 측면의 효과: 인기상품 및 비인기상품의 파악이 용이하여 인기상품의 품절예방 및 재고파악이 가능하여 상품과 자산회전율을 향상시킬 수 있다. 신상품의 도입의 성과나 홍보 및 광고효과를 신속하게 파악할 수 있으며, 수요의 가격탄력성 즉 가격변동에 따른 판매량의 변화와 소비자들의 가격에 대한 민감도를 신속하게 파악할 수 있게 해 준다.

(5) 사회전체의 경제성: 이 시스템의 정보를 이용하여 제조업자들은 합리적인 생산계획 수립이 가능해져 불필요한 재고관리비용, 운송비용 등을 감소시켜 사회 전체적으로 경제적 효과를 추구할 수 있게 된다.

6. POS 시스템의 효과

POS 시스템의 직접적 효과	POS 시스템의 간접적 효과
생산성 향상	품절 방지
계산원의 오류 방지	상품회전율 향상
사무작업의 간소화	신상품에 대한 원활한 평가
상품명이 명기된 영수증 발급	판촉 등 영업정책에 대한 평가
부정 방지	고객선호도 파악 및 재발주 정보 파악

1. EOS(Electronic ordering system)

(1) EOS의 개념

EOS(자동발주시스템)은 매장에서의 재고관리를 지원하기 위한 시스템이다.
매장 내에서 특정 상품의 재고량을 즉시로 파악할 수 있는 시스템이 장착되어 있고,
판매에 따라 재고량이 줄게 되어 재고량이 재주문점에 도달하게 되면 컴퓨터에
의해 자동발주가 이루어지는 시스템

(2) EOS의 이점

소매업의 이점	도매업의 이점
수주작업의 합리화 상품관리 정밀도의 향상 사무 처리 생산성의 향상	수주작업의 효율화 물류체계의 효율화 단골거래처에 대한 서비스체계의 향상

(3) EOS의 유형

① 체인점의 네트워크 시스템: 체인점의 각 점포로부터 넘어온 발주데이터를 본부의 컴퓨터에서 종합 처리하여 각 발주처(거래처)의 컴퓨터에 데이터를 보내는 체제이다.

② 도매업자, 제조업자가 개별적으로 소매점에 단말기를 대여하는 시스템: 도매업자나 제조업자가 독자적으로 EOS 시스템을 개발하여, 주로 중소소매점에 발주단말기를 대여한 후, 소매점에서 발주데이터를 입력하면 전화회선을 통하여 도매업자 또는 제조업자의 수주관리시스템으로 그 데이터가 들어가서 처리되는 형태이다.

③ 공동이용형(지역유통 VAN): 공동의 채널(거래관계)을 갖는 복수의 중소소매점과 복수의 도매업자가 공동으로 하나의 EOS 스위칭 시스템(VAN)을 이용하여 처리하는 형태로서, 복수 소매점의 발주데이터를 VAN회사의 컴퓨터가 받아서 각 도매점에 분배하는 체제를 갖는다.

2. EDI(Electronic Data Interchange)

(1) 의의

① 개념: 정보전달에 있어 인간의 개입 없이 전자적으로 컴퓨터와 컴퓨터 간에 이루어

지는 경우가 EDI(Electronic Data Interchange)이다.

② EDI의 목적: 정보를 받는 이가 추가적인 작업 없이 바로 받아들여서 사용할 수 있게 하는 것이다. 컴퓨터와 컴퓨터 간의 정보전달이 이루어져야 하므로 EDI를 수행하기 위해서는 컴퓨터 언어의 호환성이 요구된다.

(2) EDI의 유형

① 독점적 EDI시스템: 독점적 시스템은 1대 다 시스템이다. 독점적 시스템의 소유자가 강력한 통제력을 가지고 있다.

② VAN 시스템: VAN은 다대다(多對多) 시스템이다. VAN하에서는 모든 정보전달이 제3자 기업을 통과하게끔 되어 있다.

::영업 손익분석 및 경영분석

1. 당기순이익의 계산

(1) 매출총이익＝순매출액—매출원가

(2) 영업이익＝매출총이익—판매비 및 일반관리비

(3) 경상이익＝영업이익＋영업외이익—영업외비용

(4) 법인세 차감 전 당기순익＝경상이익＋특별이익—특별손실

(5) 당기순이익＝법인세 차감 전 당기순이익—법인세

2. 판매대금의 계산

(1) 매입원가

매입원가란 최초 매입가격에 매입에 소요된 제 비용을 합한 것으로 상품을 매입할 때에 지출된 여러 가지의 비용을 포함하여 원가를 산출하고 이것을 근거로 매가를 정한다.

(2) 매가

매가란 판매 예정가를 말하는데 매입원가에 영업비와 같은 일반관리비와 희망이익을 합한 금액으로 정가라고도 한다.

(3) 점차액과 점차율

점차액은 매가와 매입원가의 차이로서 상품을 판매하여 얻고자 하는 단순 기대 이익액을 말한다. 그리고 점차율은 점차액을 백분율로 표시한 것으로 마진율이라고도 한다.

(4) 매출액

매출액은 일정 회계기간의 매출금액을 합한 금액이다.

(5) 매출이익

매출이익이란 일정기간 동안 판매에 의해 얻어진 이익액으로 매출매가에서 매출원가(상품원가의 합계)를 뺀 금액이다. 점차액은 상품을 판매하여 얻고자 하는 단순 기대 이익액이고 매출 이익은 판매과정에서 발생한 인상, 인하, 폐기로스 등이 감안된 실질적인 판매 이익액이므로 차이가 있다.

(6) 매가 인상과 매가 인하

판매 예정가가 결정된 상태에서 시장변동과 같은 여러 여건에 따라 세일행사 등으로 변동된 가격으로 기존 가격보다 높으면 매가 인상, 낮으면 매가 인하라고 한다.

3. 손익분기점 분석

(1) 개념

① 개점·창업을 행하는 예비 창업자가 반드시 분석해 보아야 할 것이 손익분기점 매출액으로, 예상 매출액과의 비교를 통하여 투자의 타당성 및 채산성 여부를 판단하게 된다. 먼저, 손익분기점(Break Even Point)이란 총매출과 그것을 위해 지출된 총비용이 일치되는 매출액을 의미한다. 즉 일정기간의 매출액이 그 기간에 지출된 비용과 같아서 이익도 손실도 발생하지 않는 지점을 가리킨다. 손익분기점분석은 비용과 매출량, 순이익의 관계를 분석하는 것으로 비용—매출액—수익분석이라고도 한다.

② 손익분기점이란 총수익에서 총비용을 뺀 차액이 이익으로 손실과 이익의 분기점이 되는 매출액을 말한다. 즉 총비용이 총수익보다 많으면 결손이며 같을 때에는 이익과 결손이 발생하지 않는 경우이다. 이때를 손익분기점이라 한다.

③ 손익분기점이란 일정기간의 매출액과 그 매출액을 실현하기 위해서 지출된 총비용이 일치하는 시점의 매출액을 말한다. 손익분기점 분석을 위해서는 총비용을 매출액의 변동에 관계없이 일정하게 발생하는 고정비(FC)와 매출액의 변동에 비례하여 발생하는 변동비(VC)로 구분하여야 한다. 그러나 현실적으로는 모든 비용항목들이 반드시 매출액에 비례하여 발생하거나 또는 일정하게 발생하는 것이 아니므로 월별 손익계산서를 토대로 고정비와 변동비를 적정하게 분류하여야 한다.

(2) 손익 발생원인

① 고정비: 수익의 증감에 관계없이 고정적으로 지출되는 비용으로 인건비, 운영경비 등을 말한다. 고정비는 수익과는 무관하게 매년 증가한다.

② 변동비: 수익의 증감에 따라 증가 또는 감소하는 비용으로 반드시 비례하지는 않는 비용이다. 체증 또는 체감되는 비용도 있다.

변동비(VC)	고정비(FC)
재료비, 외주가공비, 포장비, 운반비,	감가상각비, 보험료, 임차료, 수선, 유지비
판매수수료, 직접노무비, 소모품비 등	고정적 급여, 연구개발비, 지급이자, 복리후생비 등

(3) 손익분기점 분석의 필요성 인식

손익분기점 분석은 프랜차이즈 기업 경영에 있어서 수입내용을 분석하고 또 손실을 발생시키지 않기 위한 최저 한계 매출액을 알 수 있어 상당히 편리하고 간단한 분석 방법이다. 특히 한계이익, 변동비율 등을 활용하여 목표이익을 확보하기 위한 매출액 산정, 신규지점 개설의 타당성 판정, 새로운 메뉴의 개발 및 신제품의 개발 등에도 유용하게 쓰인다.

(4) 분석비율에 대한 용어 정의

① 경영자본 대 영업이익률: 판매조직의 경영활동에 투입된 영업용 자산액인 경영자본이 얼마만큼의 이익을 창출했는가의 비율이다. 경영자본은 총자본에서 경영 이외의 자본인 투기 자본, 장기 대출금 등을 제외한 자본이다.

② 경영자본의 회전율: 경영자본이란 경영활동에 쓰이는 자본으로 경영자본의 회전율이 높다는 것은 기업의 활동성이 높다는 의미와 같다. 경영자본에 비하여 매출액이 크다면 회전율은 좋다고 평가될 수 있으며, 매출액이 경영자본보다 크다면 회전율 또한 좋다는 것이다.

③ 매출액 대 영업 이익률: 영업이익은 기업의 영업활동으로 인한 이익을 말하는 것이므로 영업활동 성과의 판단 지표라고 할 수 있다. 즉 영업외 손익을 제외한 순수한 이익만을 매출액과 대비한 영업의 효율성을 표시한 것이다. 따라서 매출액과 영업이익과의 비율이므로 비율이 높을수록 수익성이 높게 평가된다.

④ 유동비율: 유동자산이란 1년 이내에 현금으로 회수할 수 있는 자산을 말하며, 유동부채는 1년 이내에 지불해야 할 부채이다. 유동자산에 대한 유동부채의 비율로서 이것이 높을수록 기업의 지불능력과 자금운영의 안정

성이 높은 것이다.

⑤ 상품회전율: 매출액에 대한 평균상품 재고액의 비율로서 기업의 판매능력이다. 즉 일정한 기간에 상품이 몇 번 회전하였는가를 나타내는 지수이다. 매상 원가를 평균적 재고량으로 나누어 구하는데, 회전율이 높을수록 판매능력이 크므로 바람직하지만 낮으면 재고품이 많음을 나타내 판매능력이 저조함을 표시해 준다.

⑥ 매출액 대 총이익률: 매출액에 대한 매출 총이익의 비율을 나타낸 것으로 소매업에서는 조리익률, 차익률이라고도 한다. 이 비율은 수익성을 판단하는 지표이므로 매우 중요하다.

⑦ 판매·관리비 비율: 매출에 소요된 판매·관리비와 매출액을 비교한 것으로 매출액과 반비례할 때 수익성이 놓아진다.

⑧ 매출액 대 인건비 비율: 매출액에서 인건비가 차지하는 비중을 나타내는 지표로서 노무관리비 및 인건비 결정에 기준이 된다.

(5) 손익분기점 계산방법(박주현)

① 매출량의 손익분기점

총수익과 총비용이 일치하는 점에서 생산량과 판매량이고, 총비용은 고정비와 변동비로 구분할 수 있다는 가정하에 분석한다.

$$
총수익(TR) = 총비용(TC) \\
= 고정비(FC) + 변동비(VC)
$$

위 식에서 총수익(TR)은 판매량(Q)에 단위당 가격을 곱하여 구하고, 변동비(VC)는 판매량에 단위당 변동비(V)를 곱하여 산출한다.

$$
P \cdot Q = FC + (V \cdot Q) \qquad Q = \frac{F}{P-V}
$$

② 매출액의 손익분기점

총수익과 총비용이 일치하는 점에서의 판매액이고, 총비용은 고정비와 변동비로 구분할 수 있다는 가정하에 분석한다.

$$\text{판매액}(\delta) = F + V \cdot C$$
$$= F + \nu \frac{V \cdot C}{S} \quad \delta = \frac{F}{1 - (VC/S)}$$

③ 목표이익과 손익분기점

목표이익을 고려한 손익분기점 매출량(δt) = $\dfrac{\text{고정비} + \text{목표이익}}{\text{단위당공헌이익}}$

목표이익을 고려한 손익분기점 매출액(Qt) = $\dfrac{\text{고정비} + \text{목표이익}}{\text{공헌이익율}}$

(6) 손익분기점 분석의 목적 및 한계점

① 손익분기점 분석의 목적

손익분기점 분석은 손익분기점 생산량(또는 매출액)뿐만 아니라 가능한 생산수준에서의 영업이익을 계산 가능하도록 해주며 다음과 같은 목적과 용도로 사용할 수 있다.

㉠ 생산방법의 결정: 고정비와 변동비의 구성이 다른 여러 가지 생산방법 하에서 어떠한 비용구조를 갖는 생산방법이 손익분기점을 가장 많이 낮출 수 있는가에 관한 의사결정에 이용된다.

㉡ 가격결정 정책: 신제품의 판매시 목표이익을 실현할 수 있는 가격을 어떻게 결정할 것인가에 관한 의사결정과 시장침투가 주목적인 경우 변동비를 조금 상회하면서고정비의 일부를 회수할 수 있는 가격결정시 중요한 분석도구로 활용할 수 있다.

㉢ 자금조달결정: 매출액 중 고정이익의 비중이 높을 경우에는 고정금융비용을 부담하는 추가적인 재무레버리지의 이용은 제약을 받게 된다.

② 손익분기점 분석의 한계점

　㉠ 영업비용의 구성항목을 고정비와 변동비로만 구분하였으나, 고정비 가운데 변동비의 성격을 갖는 비용과 변동비 중에서 고정비의 성격을 갖는 준변동비, 준고정비가 존재하게 되며, 이때 고정비 및 변동비의 정확한 배부가 어렵다.

　㉡ 손익분기 분석은 기업이 한 제품을 생산할 때에는 유용한 정보를 제공하여 주나, 기업이 다품종의 제품을 생산하는 경우에는 각각의 생산활동에 대한 비용자료를 정확히 산출하기가 어렵고 공동으로 발생하는 비용의 배분문제가 생길 수 있다.

　㉢ 손익분기 분석에 필요한 단위당 판매가격, 단위당 변동비, 고정비가 각 생산 수준에서 알려져 있는 것으로 전제하고 있으나, 이러한 요소들이 변화할 수 있는 불확실성 상황하에서는 이들 요소의 정확한 추정이 손익분기분석의 유용성을 결정한다. 국내 경제발전의 큰 원동력이 되고 있는 프랜차이즈 산업. 국가 경쟁력 강화를 위한 글로벌 프랜차이즈 산업으로 거듭나기 위한 하나의 시스템적인 방법으로 손익분기점에 대한 철저한 분석과 활용이 요구되고 있다.

제7절 점포 구성

::점포 레이아웃 관리

1. 매장의 의의 및 조건

(1) 의의

매장이란 단순히 상품 및 가치를 전시하는 곳이 아니라 판매자와 고객이 직접 접촉하여 상품을 판매하는 곳이다. 또한 판매자가 수익을 창출하고 고객정보를 수집, 고객정보를 기초로 상품흐름이나 고객의 소비흐름의 추이를 파악할 수 있는 곳이다.

(2) 조건

매장은 판매자만을 위한 공간이 아니므로 고객위주의 상품진열과 쇼핑의 즐거움을 제공할 수 있어야 한다.

2. 매장 레이아웃

(1) 레이아웃(layout)의 의의

① 레이아웃이란 매장의 레이아웃을 말하며, 판매를 높이고 점포의 경제성을 고려, 고객의 쇼핑에 편리하도록 하기 위해 매장의 효율적 구성과 상품진열, 고객동선, 작업 동작 등을 고려한 배치작업을 말한다.
② 레이아웃은 시설물, 상품, 판매 및 비판매 부문, 통로공간을 효과적으로 배치하고 고객에게 상품노출이 최대로 이루어지도록 하여 구매욕구를 높

이도록 환경과 편리성을 제공하도록 점포 콘셉트를 반영하는 배치가 이루어져야 한다.

③ 고객이 매장에서 오래 머물러 구매로 이어지도록 고객의 동선을 길게 하는 등의 고객동선 개발과 이에 따른 매장배치를 위한 기술이다. 따라서 고객심리파악도 중요하다.

〈참고〉 일반적인 고객의 쇼핑심리 및 행동

① 직진 또는 좌측 보행하려는 본능
② 좁은 통로보다는 넓은 통로를 사용하거나 단조로운 통로는 기피하는 현상
③ 벽면을 따라 걸으려는 본능
④ 호기심으로 인한 탐구본능
⑤ 목적지를 향해 최단거리 동선을 추구하는 본능
⑥ 상품을 부담 없이 보고, 만지고 선택하려는 본능
⑦ 왼쪽보다는 오른쪽의 상품을 먼저 보고 시선이 집중되는 현상

(2) 점포 레이아웃의 기본원칙과 전제조건

① 고객이 점포에 머무르는 시간이 길도록 고객동선을 극대화 한다.
② 적절한 동선 유지: 동선은 고객 동선, 종업원 동선, 상품 동선으로 분류되며, 각각의 동선은 서로 교차되어서는 안 된다. 즉 종업원의 동선은 가급적 보행거리가 짧도록 하고 고객의 시야를 차단해서는 안 된다.
③ 매출증대를 위해 많은 고객들이 점포로 유입되도록 하고 점포유지에 경제성이 높아야 한다(적은 근무인원, 작업경비의 절감, 상품 또는 모든 설비의 경제성).
④ 전제조건은 부문별로 상품을 적정으로 할당하고 배치하고 전체적인 레이아웃을 결정하며, 각 매장에 할당된 공간규모를 결정한다.

⑤ 착안점은 동선길이, 접근율, 인식률, 구입율, 구입 개수, 상품단가 등이다.

(3) 레이아웃의 유형

① 격자형(grid layout)

　㉠ 점포공간의 효율성을 높이는 형태로 설비나 고객통로를 반복적인 사각형으로 구성하고 상품의 배치는 직선 병렬형으로 정렬한다.

　㉡ 매장 내에 기둥이 많고 기둥 간격이 좁은 상황에서는 통로 폭도 동일하기 때문에 설비비용 절감에 유리한 형태로 건물 전체 필요 면적을 최소화시킬 수 있으며, 슈퍼마켓과 식료품점에 주로 적용된다.

② 자유형(free form layout)

　㉠ 고객이 자유롭게 통행하도록 하여 고객의 편의성을 중시하는 레이아웃으로 규모가 작은 전문품 매장과 대형 점포 내에 여러 종류의 매장이 들어와 있는 점포에서 주로 활용되는 형태이다.

　㉡ 직선 통로를 없애고 고객이 우회하여 이동할 수 있도록 하여 상품이 고객에게 최대한 노출되도록 하고, 매장 규모와 형태가 서로 구별되는 특징을 가지고 있으며, 의도적으로 통로를 굽히지 않고 원형, 팔각형, 타원형, U자형 패턴으로 배치한다.

　㉢ 비품과 통로를 비대칭적으로 배치하며, 고객에 대한 판매원들의 직접 대인판매에 있어서 중요한 역할을 한다.

③ 경주로형(loop)

점포 내부를 경주로처럼 굴곡 통로로 배치하는 레이아웃으로 융통성, 노출성, 편리성, 개별적인 매장 특성의 구별을 추구하고, 고객이 편리하게 매장을 돌아볼 수 있도록 매장이 주통로 쪽으로 향하여 연결된다.

④ 복합형

복합형은 앞의 세 가지 레이아웃을 통합한 형으로 백화점과 같은 대형점에서 층마다 다른 특색의 레이아웃을 적용할 때에 주로 사용된다.

3. 조닝과 페이싱

(1) 조닝

조닝은 레이아웃이 완성되면 각 코너별 상품구성을 계획하고 진열면적을 배분하여 레이아웃 도면상에 상품배치 존(지역) 구분을 표시하는 것을 말한다.

(2) 페이싱

① 페이싱이란 페이스(보여 지는 것)의 수량을 뜻하는 것으로 고객입장에서 앞에서 볼 때 하나의 단품을 옆으로 늘어놓은 개수를 말하며, 페이표는 단품별 진열도면으로 진열량과는 다르다.

② 페이스표를 표준 진열도라고도 하며, 페이스표는 계절별, 매장 규모별로 상이하게 구성된다.

4. 진열

(1) 진열의 의의

① 진열이란 매장에서 상품을 판매하기 위해 고객을 대상으로 판매자의 표현과 주장이 가미된 정리를 말한다.

② 상품 진열의 원칙: 레이아웃 →죠닝 →페이싱

③ ABC 재고분석을 통해 인기 있는 상품을 중심으로 진열 품목을 구성한다.

〈참고〉 ABC 재고관리

자료분석을 통해 관리대상을 중요도 또는 인기 있는 상품을 ABC 순서로 세 그룹으로 나누어 관리하는 방식이다. 즉 중요도에 따라 차별적으로 관리하는 재고관리방식에는 소위 80—20법칙을 사용하는 것으로 모집단 특성의 80%가 구성원에 의해서 결정된다는 것이다. 즉 매출액의 80%는 일반적으로 전체 고객의 20%로부터 발생한다는 것을 나타낼 수도 있다. 일반적으로 A등급은 전체 가치의 80%를 차지하는 품목, B등급은 다음 15%, C등급은 나머지 5%를 차지하는 품목들을 나타낸다. 등급에 따라 A등급에 대해서는 지속적인 예측치 검토와 평가, 엄격한 정확성에 입각한 재고수준 점검, 온라인 방식의 재고 측정, 재주문 수량 및 안전재고 산출에 대한 빈번한 검토, 리드타임의 감축 혹은 극소화를 위한 보충 확인 및 독촉 등 가장 높은 관심을 기울인다. B등급의 경우는 A등급과 유사하나 엄격성과 주기에 있어서 보다 완화된 방식을 취하며, C등급에 있어서는 주기적 혹은 간헐적으로 관심을 기울인다. C등급에 대한 기본적인 방침은 단순히 보유하는 것에 의의를 둔다. 따라서 주문량은 크나 주문횟수는 적은 것이 일반적이다. 기본적인 ABC기법의 원리는 상대적으로 중요성이 낮은 품목에 대하여 적은 관심을 쏟음으로써 얻은 노력을 가치가 높은 품목을 효과적으로 통제하는데 사용하게 만들 수 있어야 한다.

(2) 매장의 효과성을 증진시키기 위한 진열의 원칙

① 보기 쉽고 선택, 구매하기 용이하도록 하며, 매장 진열계획을 세울 때는 점내에서 소비자들의 동선계획을 확립할 필요가 있다. 자연스럽고 편하게 매장을 돌아볼 수 있도록 배려하지 않는다면, 구매 이전의 탐색과 비교라는 소비자의 기초적인 구매과정을 생략한 것이며, 이것은 소비자의 구매활동 중 중요한 요소들을 등한시 했다고 할 수 있으며 따라서 효과적인 진열이라고 할 수 없다. 적절한 동선계획, 통로계획이 수립된 이후에 이에 따라 제품을 진열하게 된다.

② 영업방법과 주력상품의 구분이 되어야 한다.

주력상품의 선택은 업종의 특성과 관련이 깊은데, 단품을 취급하는 곳이라면 가격대에 따른 분류, 소비자들의 소득수준에 따른 분류를 아울러 해주어야 하며, 다품목을 취급하는 업종은 각각의 상품별로 관련성을 최대한 배려하여 진열해 주어야 한다. 이를 scene매장이라고 하는데, 관련 상품을 모아서 진열하여 대량구매를 유도하는 방법이다.

③ 전체적으로 균형과 특성을 고려하여 한다.

상품은 저마다 개성을 가지고 있고, 이러한 개성을 살린 진열은 필수이다. 능률과 효율을 고려하지 않은 매장진열은 가까운 시일 내에 다시 한 번 매장진열을 재정비해야 하는 수고를 초래한다. 내 손에 익은 매장과 소비자 고객의 손에 익숙한 매장을 아울러 고려하는 지혜가 반드시 요구된다.

④ AIDCA원칙 적용: 광고계에서 이용하는 것으로 주목(Attention), 흥미(Interest), 욕망(Desire), 확신(Conviction), 행동(Action)

(3) 진열방법

① 정형진열: 상품화된 많은 상품의 특성을 고려하여 계속적으로 이용하도록 하는 일반적인 진열형식을 말한다. 경사 평면진열, 종별 분류 진열, 품종 코너 진열 등이 있다.

② 변형진열: 매장에 활기를 주고 고객유도를 위해 쇼 케이스의 일부를 변형시키는 형식이다. 오픈 쇼 케이스의 변형 진열방식과 관련 상품에 의한 악센트 진열 등이 있다.

(4) 진열의 효과를 높이는 방법

① POP광고 실시: 고객이 구매를 선호하는 시점에 광고를 하는 방법이다 (Point of Purchase).

② 색채 활용: 진열의 효과를 높이도록 점포의 콘셉트에 맞거나 구매욕구의 색채를 선정하여 판매량을 늘리는 것을 목적으로 한다.

③ 조명 활용: 조명은 상품진열 효과에 큰 영향을 주므로 조명을 잘 활용하여 매출을 늘릴 수 있는 요소이다.

〈보충정리〉 판매증진을 위한 효과적인 조명의 종류와 방법

1. 악센트 라이트: 조명기구 그 자체를 장식적으로 활용하는 방법이다. 천장에서부터 내려뜨리는 펜던트 또는 벽면에 부착하는 브래킷 조명으로 명도는 밝지 않아도 좋지만, 점포의 무드나 상품과의 조화가 필요하다.
2. 브래킷(bracket): 벽에 붙이는 조명 기구.
   벽 부착 등(Bracket)—일반적으로 브래킷으로 불리는 벽 부착형 조명으로 천장과 벽에 반사되어 공간에 퍼지는 빛은 다른 조명에 비해 한결 은은하고 부드럽다.
3. 펜던트형 조명: 천장이나 보 등에 줄을 이용해 매다는 조명 기구.

(5) 실제 매장관리

① 점포 매장관리 흐름도
   ㉠ 판매계획 단계: 매출목표 및 구체적인 판매계획 수립
   ㉡ 발주관리 단계: 매장에 진열하기 위한 상품 주문
   ㉢ 작업관리 단계: 입고 상품을 판매할 수 있도록 상품화하는 단계
   ㉣ 매장 및 판매관리 단계: 작업 완료된 상품의 진열 및 판매
   ㉤ 재고관리 단계: 적정한 재고가 유지되도록 관리
   ㉥ 이익관리 단계: 판매량의 증가와 매출이익을 관리
② 매장에서의 작업내용: 월간 영업계획서 작성, 발주작업, 작업관리, 진열작업, 매장관리, 매출관리, 인하 및 폐기 관리 등

::점포공간 및 환경관리

1. 상품진열의 일반

(1) 진열과 점포구성

① 매장시설공사와 실내인테리어 및 내부 장식은 투자계획에 따라 예상 투자비가 초과하지 않는 범위 내에서 추진한다.

② 점포의 외관 디자인은 고객이 노력하지 않고도 쉽게 발견할 수 있도록 구성한다.

③ 내부 디자인은 고객의 구매욕구를 높이기 위해 점포 내의 분위기를 즐겁게 설계한다.

④ 점포의 바깥조명은 고객을 흡인하고 인도하며 영업시간 외에도 점포의 존재를 인식할 수 있도록 구성한다. 또한 조명과 함께 음악, 향기 등은 점포분위기 결정에 주요한 요소이다.

⑤ 점포이미지와 상품진열과의 조화 및 일관성을 유지한다.

⑥ 소비자들의 점포선택을 위한 중요요인으로 입지의 편리성, 주차시설, 점포 내부 구성 및 일목요연한 상품배치를 들 수 있는데, 점포 내부적으로 일목요연하게 고객이 쉽고 편리하게 구매할 수 있는 진열이 제일 중요하다.

(2) 진열 방법

수직진열, 수평진열, 섬진열, 돌출진열, 박스진열, 변화진열, 관련진열, 칼라진열, 기타진열

(3) 진열시 고려사항

① 수평진열보다 수직진열 원칙을 고수하라(규격식품)

② 상품의 맥과 흐름을 파악하라

  ㉠ 팔아야 할 상품의 선정 및 진열방법 연구(진열페이스)

  ㉡ 상품의 특성 및 고객선호도 파악

③ 진열전개방법의 연구 및 판매방법의 개선

④ 신상품, 광고상품, 인기상품 등 구분

③ 계절감각에 맞는 상품진열계획 연구(최소 2개월 전)

④ 임팩트한 진열전개(볼륨감, 충동구매욕구, 단일제품의 집중판매)

⑤ POP부착의 생활화(수작업, 컴퓨터 병행)

⑥ 안내방송과 병행하여 진열 및 판매효과 극대화를 도모

⑦ 품절을 다른 상품으로 메우면 않됨

⑧ 신속한 보충진열 작업 실시(자료참조)

⑨ 앤드매대는 소량품목 대량진열, 부피가 큰 것은 하단으로 배치

⑩ 상품 진열대에 공간이 보여서는 안 된다(상품선택 공간 제외).

⑪ 학연, 지연, 혈연, 판촉사원 파견여부에 대한 진열배제

2. 상품 진열의 일반원칙

(1) 생산성이 좋은 진열: 상품브랜드와 가격이 눈에 잘 띄도록 한다. 회전율이 낮은 상품과 고가품은 최소한의 양만 진열한다.

(2) 볼륨감과 느낌이 좋은 진열: 상품의 수량과 색상을 다양하게 진열한다.

(3) 집기 쉽고 고르기 쉬운 진열: 이동공간을 넓히고, 매장 바닥으로부터 60 —170㎝의 높이 공간. 효과적 진열범위인 골든 페이스(85—125㎝) 이용

(4) 보기 쉽고 구매하기 좋은 진열: 너무 높거나 낮은 곳은 피하고 관련 상품은 함께 진열한다.

(5) 소매점의 점두에는 잘 팔리는 상품을 진열하고, 백화점과 할인점의 점두에는 소비유도와 매출증대를 위하여 충동구매 상품을 배치한다.

3. 상품진열의 방법

(1) 효과적인 진열 방법

① 고객이 원하는 상품을 쉽게 찾을 수 있도록 진열
② 고객동선은 길게 하여 그 동선에 따라 한눈에 상품들이 쉽게 눈에 띄도록 진열하고, 판매원의 동선은 최대한 짧게 한다.
③ 고객의 상품선택이 용이하도록 상품을 분류하고 관리한다.

(2) 능률적인 진열작업을 위한 진열 방법

① 메이커의 판촉사원의 도움을 적극적으로 지원받는다.
② 상품별, 테마별 진열을 한다.
③ 진열작업을 일정한 시간 내에 마칠 수 있도록 지원을 받아야 한다.
④ 진열보충의 회수가 적정해야 한다.
⑤ 상품의 최고, 최대, 최저의 진열량을 결정한다.

(3) 로스방지를 위한 진열 방법

① 분실되기 쉬운 상품은 선반이나 눈에 띄기 쉬운 곳에 진열한다.
② 진열시 거울을 살린다.
③ 진열시 상품의 파손이나 오염 방지를 고려한다.

(4) 수익성을 고려한 진열 방법

① 고마진 상품의 진열위치를 고려한다.

② 관련 상품을 고려한 진열이 필요하다.

③ 수익성 높은 상품은 잘 팔릴 수 있는 위치에 진열한다.

④ 수익률과 회전을 감안한 진열을 해야 한다.

⑤ 이익률이 높은 상품은 곤돌라, 앤드매대에 진열한다.

⑥ 점내에 가장 효율성이 높은 위치를 찾고 활용한다.

(5) 볼륨감 있는 진열 방법

① 진열량의 절대수가 부족하지 않도록 한다.

② 지명도 높은 상품을 중시한다.

③ 상품구색을 적당히 갖춘다.

④ 계절상품은 적절히 갖추도록 하고, 상품의 계절감, 신선도를 감안하여 진열한다.

⑤ 상품의 형태를 살리는 진열이 되어야 한다.

⑥ 진열보조기구와 공간을 적절히 활용한다.

(6) 기타 실제매장에서 진열시 고려요인

① 집기 쉬운 진열

    ㉠ 손으로 집기 쉬운 진열

    ㉡ 오픈 진열

    ㉢ 큰 상품은 하단에 작은 상품은 상단에 진열

    ㉣ 골든 라인을 적절한 상품으로 진열

    ㉤ 만지면 넘어질 만한 상품이 진열되어 있지 않도록 진열

    ㉥ 상품에 어울리지 않는 진열기구를 사용하지 않도록 진열

② 고르기 쉽고 구매하기 쉬운 진열

    ㉠ 칼라코디네이션을 고려

    ㉡ 상품에 따라 조명방법을 강구

      ⓒ 가려져 있는 상품이 없도록 주의

      ⓓ 적절한 상품그룹으로 진열

      ⓔ 점내가 너무 어둡지 않도록 진열

      ⓕ 용도별로 진열하고 비교하기 쉽도록 진열

  ③ 보기 쉬운 진열

      ㉠ 상품그룹은 알기 쉽게 분류

      ㉡ 찾기 쉬운 위치에 진열

      ㉢ 고객이 쉽게 알아볼 수 있는 진열

      ㉣ 고객의 동선에 방해를 주는 진열

      ㉤ 상품을 고객이 정면에서 볼 수 있는 진열

      ㉥ 가격표 부착

제8절 무점포 소매업

::인터넷 소매업

1. 유통경로의 변화와 소매업의 현황

(1) 소비자 측면의 두드러진 변화는 먼저 소비의 양극화 현상과 합리적 소비
문화의 정착이라고 할 수 있다. 외환 위기가 소득에 미친 영향을 보면 상
위 계층에는 심각한 영향을 미치지 않았으나 하위 계층에는 상당한 소득
감소로 직결되었다. 크로스 쇼핑이나 가치위주의 소비, 소비의 양극화 현
상 등이 감지되고 있다.

(2) 세계 수준의 인터넷 보급률에 기초하여 상품이나 서비스에 대한 소비자의
정보취득과 비교 분석이 용이하여 궁극적으로 소비자의 파워가 증대되고

있다. 이에 따라 소비패턴의 급속한 변화가 일어나고 있다. 또한 젊은 세대들이 상당한 구매력을 보유하게 됨으로써 패션타운에서 주 고객으로 부상하고, 전자상거래의 주도세력으로 성장하였다. 인구 구성에 있어서 7% 정도의 고령화 지수는 선진국 수준은 아니지만 이제 우리나라에서도 선진국에서처럼 고령층도 경제적 관심과 정책적 관심을 받을 소비 계층으로 인식되어야 함을 보여 주고 있다. 아울러 독신 가정의 증가와 아동층의 감소, 취업여성인구의 지속적인 증가는 소매 전략의 수립에 필수 고려사항으로 대두되었다.

(3) 유통 환경 변화와 소비자 변화가 맞물려 나타나는 우리나라 소매업의 주요 현황

① 대형 유통 업체의 등장과 업태 간/업태 내 경쟁 격화: 한국 소매 시장은 전반적으로 강력한 소매 업체들이 부상하여 각 업태별로 시장을 주도하고 있다. 또한 소매시장이 그동안의 백화점, 슈퍼마켓, 재래시장이라는 단순한 3분 구조에서 新 업태의 등장과 외국업체의 가세로 업태 간/업태 내 경쟁이 치열해지는 구조로 재편되고 있다.

② 무점포 판매 주도의 新 유통혁명이 가속화: 성업 중인 무점포 판매 방식으로는 TV홈쇼핑, 통신 판매, 방문판매, 다단계판매, 전자상거래, 자동판매기 등인데 비록 역사가 짧아 소매업에서 차지하는 비중이 크지는 않지만 성장률이나 성장가능성 때문에 주목받고 있다.

③ 소매업의 정보시스템 활용: 아직은 취약한 상태이지만 공급체인관리(Supply Chain Management), 고객관계관리(Customer Relationship Management), 물류재고관리, 사내정보관리 등에서 여러 선진 시스템의 도입을 추진하고 있다.

④ 엔터테인먼트 쇼핑몰의 등장: 쇼핑몰은 소비자의 편리성 제고와 체류시간 연장을 위해 계획적으로 소매점을 집적시킨 형태의 유통 업태인데 쇼핑의 쾌적성과 즐거움을 제공하는 데 초점을 맞춘 형태이다. 엔터테인먼트 쇼핑몰은 주 5일제 근무 등으로 여가시간이 늘어난 소비자의 라이프스타일

과 부합, 고객들에게 즐거움을 제공하고 있다.

⑤ 정부 주도의 소매업 현대화 노력: 최근 유통업을 경제사회의 근간으로 인식하여 현대화, 고급화, 편리화하자는 인식이 높아지고 있고, 정부가 나서서 주도적 역할을 하고 있다. 중소유통과 재래시장 활성화 방안 이외에도 프랜차이즈 창업촉진, 유통 정보화를 위한 4대 인프라 확충 등 소매업을 현대화하고 선진화하기 위한 정부의 노력은 다각적으로 이뤄지고 있다.

2. 인터넷 소매업의 마케팅 전략

① 초기에 명성을 얻을 때 단기간 내 특정 콘셉트, 트래픽에 집중해야 한다.
② 각 전문몰이 업계의 시장점유율 1위를 위해 노력해야 한다.
③ 브랜드 이미지와 브랜드 자산의 중요성이 오프라인보다 훨씬 중요하다.
④ 고객의 세밀한 수요를 충족하기 위해서 재미있는 쇼핑몰이 되어야 한다.
⑤ 고객 지향적 업무 프로세스 확보가 중요하다.
⑥ 오프라인과의 차별화와 연계를 고려해야 한다.
⑦ 제품, 가격, 구색, 고객, 편리성, 명성등과 같은 기본에 충실해야 한다.
⑧ 인터넷 소매업이 활성화되기 위해서는 물류와 연계하여 효율성을 높여야 한다.

3. 전자상거래

(1) 개념: 인터넷이나 PC통신을 이용해 상품을 사고파는 행위를 말한다.

(2) 전자상거래의 특징
① 유통경로의 축소: 인터넷을 통해 소비자에게 직접전달(비용절감 및 저가격)하므로 기업의 비용절감과 가격의 저렴성을 추구할 수 있다.

② 정보획득의 용이성: 마케팅 조사활동이 불필요하며, 온라인 사이트를 통해 이루어지므로 정보의 신속한 수집이 가능하다.

③ 시간적·공간적 제약 해소: 지리적, 공간적으로 인터넷을 통한 접속이 용이한 장점이 있다.

④ 인터넷을 통한 무수한 정보제공: 물리적인 상점이나 시장의 진열과 같은 전통적인 방법으로 정보를 제공하지 않기 때문에 많은 정보를 동시에 신속하게 제공할 수 있다.

⑤ 인터넷은 쌍방향 커뮤니케이션이므로 고객과의 상호 커뮤니케이션, 실시간 마케팅활동 수행이 용이하다.

⑥ 경제성 추구: 상점 등이 불필요하므로 적은 비용으로 상거래를 할 수 있으므로 상대적으로 경제적이다.

(3) 무점포 소매업의 현황과 전망

① 홈쇼핑: 1995년 케이블 TV 도입과 함께 1997년부터 시작된 TV홈쇼핑으로 39쇼핑과 LG홈쇼핑이 방송을 개시한 이래 폭발적인 성장세를 거듭하고 있다. 2001년 3개 채널이 추가로 선정되어 5개 업자 간의 치열한 생존 경쟁과 함께 향후 새로운 기술을 응용한 첨단 홈쇼핑 형태가 속속 등장할 것이며, 전자매체를 통한 홈쇼핑은 더욱 빠른 속도로 확산될 것이다. 쌍방향성을 완벽하게 구현하면서, 구축되는 고객DB 시스템에 의해 고객과의 개별적인 관계를 실현하는 고도화된 형태로 발전할 것으로 보인다. 또한 전자상거래의 한 형태로

② 인터넷 쇼핑몰: 초고속 통신망의 확산, 인터넷 활용의 급증으로 급속한 변화와 발전을 보이고 있는 인터넷 쇼핑몰은 거래되는 품목은 컴퓨터 및 주변기기, 가전/전자/통신기기, 여행 및 예약서비스, 생활용품 및 자동차 용품, 서적 등으로 외국과 특별한 차이는 없다. 그러나 단점으로 사이버 쇼핑몰에서 구입한 제품을 취소하거나 반품하는 사유로는 품질과 기능에 대한 불만, 디자인 및 색상에 대한 불만, 배달 지연, 미도착 등이 있어 성

장을 위해서 시급히 개선해야 할 사항이다.

③ 다단계 판매회사: 다단계가 등장하여 본격적으로 활동한 것은 썬라이더와 포에버리빙, 그리고 암웨이가 진출하게 된 1990년대이다. 그동안 판매방식에 대한 오해와 이해의 부족으로 사회적 물의를 일으키기도 했으나 지금까지 지속적으로 성장하여, 2001년 매출액이 3조 8천5백억 원인 것으로 보고되었다. 300여 개 회사 중 외국계 회사는 10여 개에 불과하나, 실제 매출액은 국내시장점유율의 70%를 차지하고 있을 정도로 외국계의 활동이 적극적이다.

④ 전자상거래와 off—line점포의 활용 등 사업의 활성화 노력이 나타날 것으로 보인다.

⑤ 모바일 커머스의 등장: 무선통신의 기술발전과 선으로부터의 자유를 희망하는 소비자의 욕구가 결합하여 모바일 커머스가 태동하고 있다. 모바일 커머스는 1998년부터 유럽의 이동통신 사업자들이 이동전화 사용자들을 대상으로 Short Messageerve(단문자서비스), 극장예약, 주식거래 등을 가능하게 함으로써 등장한 개념이다. 향후 모바일 커머스가 본격적으로 성장하기 위해서는 전송 속도를 개선하고, 다양한 플랫폼이 개발되고, 시장 세분화를 통한 마케팅이 보다 강화되어야 할 것이다. 또한 다양한 콘텐츠가 제공되어야 하는 등 관련업체와의 긴밀한 노력도 요구된다.

::카탈로그 소매업, DM 소매업

1. 카탈로그 소매업

(1) 카탈로그 소매업의 개념 및 의의

① 상품이나 기업 소개를 위해 만든 인쇄물, 목록, 요람, 카탈로그 등을 우편물로 발송하거나 전단으로 살포하는 방식의 무점포 소매업을 말한다.

② 단순히 책명을 정리해 놓은 목록으로 유럽에서 처음 시작되었으며, 미국에서는 다이렉트 메일(DM)이나 신문에 끼워 넣는 광고 방식으로 카탈로그로 직접 판매로 발전하였다.

(2) 통신 판매

① 개념
  ㉠ 카탈로그 등에 의해 정보를 입수한 소비자에 대해 통신으로 주문을 받고 우편이나 직접 배달로 상품을 판매하는 무점포 판매 형태이다.
  ㉡ 초기에는 우편 카탈로그가 대부분이었으나 최근에는 전화, TV, 인터넷 등의 이용이 확산되고 있다. 특히 전화로 판매가 이루어지는 것은 텔레마케팅이라 한다.
② 통신판매의 장점
  ㉠ 구매시간의 절약
  ㉡ 소비자의 입장에서 상품운반에 따른 어려움 해소
  ㉢ 24시간 이용 가능
  ㉣ 타사 상품과 비교, 구매 가능
  ㉤ 판매자의 점포 운영 등의 비용 감소
③ 통신판매의 단점
  ㉠ 카탈로그상의 물품과 실제상품과의 차이 발생으로 인한 높은 반품률
  ㉡ 소비자의 불신 초래
  ㉢ 카탈로그 작성이나 배달비용 과다 소요

2. DM 소매업

(1) DM 소매업의 의의

① 광고주가 선정한 목록을 근거로 특정 개인 앞으로 편지, 엽서, 안내장, 리

플렛, 카탈로그 등의 인쇄물을 개인 앞으로 직접 전달하는 판매방식이다.

② 신문, 잡지, 라디오, TV를 매체로 하는 대량 공격적인 광고와는 달리 광고물을 특정한 개인이나 단체의 예상고객에게 직접우편으로 보내어 판매성과를 거두려는 광고방법이다.

③ 상품에 대한 정보를 직접 우편 등의 방법으로 고객에게 직접 전달하는 판촉활동의 한 형태로 다이렉트 메일 어드버타이징(Direct Mail Advertising)이라고도 하며, 우리나라에서는 수신 인명광고, 직접 우송광고, 통신광고라고도 한다(기타 명칭 직접광고, 직송광고, 지명광고, 직접지명광고, 우편광고, DM광고, DM).

(2) DM 소매업의 목적

① 지속적으로 메시지를 전달함으로써 주의를 환기시켜 단골을 확보하기 위함이다.

② 고객이 직접 상점에 방문하도록 하기 위함이다.

③ 직접 판매로 유도하고 매출 증가를 목적으로 하고 있다.

④ 광고메시지를 통하여 상대방이 직접 수신하게 함으로써 구매욕구가 일어나도록 하는 방법이다.

(3) DM 소매업의 종류

① 전략적 측면

　㉠ 단발 DM 방식: 가장 일반적인 경우로 단순히 고지 중심적이며, 한번으로 끝나는 것이므로 이미지를 유지시키거나 신제품 발매, 고액의 상품에 유리하다. 그러나 서비스 판매용에는 부적당하다.

　㉡ 반복 DM 방식: 기획의 목적, 목표에 따라 첫 번 발송에서 마지막 발송까지를 정해 놓고 계속해서 반복 실시한다.

　㉢ 단계적 DM 방식: 1신의 응답자에게만 2신을 보내고 그들 중 반응자

에게 3신을 보내는 전략으로 예상고객을 추출하여 대형고액상품을 판촉하기 위하여 이용한다.

    ㉣ 신제품 DM 방식: 신제품 고지와 광고를 위하여 예상고객에게 보내어, 브랜드를 알리고 구매욕구를 유도한다.

    ㉤ 캠페인형 DM 방식: 특정 주제에 의한 행사를 고지함으로써, 고객의 이해와 참여도를 높이는데 사용하는 DM이다.

② 형태적 측면

    ㉠ 엽서(card): 보통엽서와 왕복엽서, 관제엽서와 일반엽서, 특별한 이벤트 광고나 초대, 전시회 안내 등, 판매원의 방문예고, 긴급을 요해 광고물을 따로 제작할 시간이 없을 경우

        1도 내지 2도 인쇄로 문안중심의 간단한 표현으로 끝날 경우 연하장 또는 잘 알려진 정기적인 행사에 많이 사용한다. 간단한 사진이나 일러스트레이션, 짧은 문안에 적합한 광고매체이다.

    ㉡ 홀더(folder): 한 장짜리 지면을 보통 2—3겹으로 접은 소형광고물로 질이 좋은 인쇄지를 사용하며, 인쇄할 때는 접혀지는 지면을 미리 계산하여야 한다. 봉투가 필요치 않은 자체 우편 홀더(self—mailing folder)도 있다.

    ㉢ 소책자

        ㉮ 카탈로그: 보통 목록이라 하는 것인데 일종의 상품 견본집 또는 영업안내를 책의 형태로 만든 것으로 상품을 그림이나 사진으로 인쇄하고 각 상품마다 품질, 성능, 가격, 번호 등 필요한 내용을 실어 상품을 설명하여 상품선택을 쉽게 하기 위한 광고물이다.

        ㉯ 브로슈어: 상품의 직접적인 판매증대 효과보다는 기업의 호의를 형성하기 위하여 기업의 이념, 현황, 계획 등 기업 소개와 제품소개 등을 수록한 책자이다.

        ㉰ 사보: 회사나 판매점이 발행하는 기관지로 장기적 시점에서 예상고객으로부터 호의를 형성하기 위한 중요한 DM방식이다.

ㄹ 리플랫(leaflet): 한 장의 소형지를 접지 않고 한 장으로 사용하거나 둘로 접어서 사용하며, 복잡한 제품설명이 필요하지 않은 경우 등에 간편하게 이용하는 방식이다.

포장상자, 제품 등에 넣어서 사용하는 경우도 있다.

ㅁ 세일즈 레터(sales letter): 엽서와 더불어 경비가 가장 저렴한 DM으로 광고주의 메시지를 편지처럼 봉투에 넣어서 인사문을 겸하는 것으로 소비자에게 친근감을 준다.

주로 정치광고에 많이 사용한다.

ㅂ 브로드사이드(broadside): 홀더를 다시 크게 한 것으로 보통 3절정도 이상이며 대개 양면인쇄로 되어 있어 펼쳤을 때 각 부분의 레이아웃이 1단위가 되도록 접혀져 있다.

전체를 펼쳤을 때는 하나의 대단위가 되어 포스터나 POP로서 상점전시에 적합하게 제작

포스터의 기능적인 면을 고려하여 문안을 쉽게 읽을 수 있도록 제작한다.

ㅅ 노벨티(novelty): 광고를 위하여 소비대중에게 주어지는 각종 광고용품(판촉물)으로 상품명이나 상점이름이 들어 있는 성냥, 수건, 재떨이, 장난감, 지갑, 부채, 캘린더, 라이터 등을 활용한다.

ㅇ 블로터(blotter): 탁상용 캘린더 등으로 실용적이어서 상당기간 수취인이 보존하여 사용된다.

(4) DM의 장점

① 선택성: 예상 고객을 선택하므로 배포상의 낭비가 없으며, 대상층의 생활방식에 적합한 소구점 강조로 마케팅을 세분화하기에 유리하다. 애프터서비스에도 응용된다.

② 시기성: 시간적 탄력성이 크며 즉시 시행할 수 있다. 마케팅 상황에 즉시 대응할 수 있으며 시기 자체가 중요 소구점이 된다. 연속적 DM일 때는 배포회수 간격을 자유롭게 조절할 수 있다. 주목률을 위하여 주말에 도착

되도록 발송일자를 조절하기도 한다.

③ 단독성: 친밀감을 주고 주목률이 높다. 수취인의 우월감과 친근감을 고취시켜 광고에 대한 호의를 갖게 하며 경쟁광고가 없이 단독으로 접촉하므로 자발적 주의효과가 강화된다.

④ 융통성: 광고예산의 탄력성이 있다. 소량의 필서 방식, 복사기를 이용한 소형 인쇄, 우편엽서 등 아주 적은 예산으로부터 고가의 호화로운 카탈로그에 이르기까지 다양한 예산 편성을 할 수 있다.

⑤ 자유성: 스페이스, 형태, 질, 양에 제한이 거의 없다. 씨앗에서부터 서적, 모형, 향기가 나는 것 등 우송할 수 있는 모든 것이 가능하다. 광고의 내용에 있어서도 표현의 자유가 보장되며, 사치품의 경우에는 매스컴이나 저소득층의 비판을 피할 수 있다.

⑥ 즉시성과 지속성: 교통기관의 발달로 2일이면 대부분 도착되는 장점이 있으며, 신문광고와 같은 빠른 반응과 잡지광고 이상의 지속성을 가진다.

⑦ 비밀성: 경쟁업체가 잘 모르며, 광고방향, 광고량의 노출이 안 되므로 독자적인 마케팅 전개가 가능하다.

⑧ 계측성: 반응이 빠르고 효과측정이 쉬우며, 광고효과 측정의 기본이 되는 반응율은 DM실시 때 가장 높고 빠르다. 높은 반응율과 단독접촉의 비밀 보장성은 면접매체에서 측정이 어려운 것도 조사할 수 있게 하며, 그 경제성도 높다.

⑨ 대용성: 세일즈맨을 대신하기 때문에 인력운영상의 비용 및 한계를 극복할 수 있다.

(5) DM의 단점

① 높은 비용: 도달경로에서의 높은 우편료, 예상고객의 명단수집 및 명단 관리비용의 증가, 소형제작으로 인한 단가상승의 경우에 비용이 많이 든다.
② 명단의 수집과 관리의 어려움: 노출을 꺼리는 사회환경과 높은 이동률은 명단의 수집과 관리를 어렵게 한다.

③ 소비자를 끌어들이는 편집지원과 흥미유발 부족: TV, 신문, 잡지 등은 프로그램이나 기사에서 흥미를 끌어들이나 DM에서는 이런 점이 부족하다. DM의 내용을 메시지로만 구성할 것이 아니라 생활정보, 미니 캘린더 등을 포함시키는 등 소비자에게 이득을 주는 방향의 기획이 필요하다.

::TV 홈쇼핑

1. 홈쇼핑의 의의

① TV를 통해 상품구매를 유도하는 방식으로 홈쇼핑 채널을 통해 제품을 판매하는 무점포 소매업이다.
② 직접반응광고를 이용한 주문방식과 홈쇼핑채널을 이용한 주문방식이 있다.

2. 홈쇼핑의 장점

① 유통구조의 단축으로 오프라인보다 저렴한 가격으로 구입이 가능하다.
② 타사제품 또는 다른 쇼핑몰과의 가격비교가 가능하다.
③ 직접 매장에 가지 않고도 구입이 가능하며, 특히 지방과 같은 지역적, 시간적 한계를 극복할 수 있다.
④ 현장감과 구입의 편리성이 있다.

3. 홈쇼핑의 단점

① 주문상품의 신뢰성이 부족하다. 즉 광고상품과 실제상품과의 차이가 발생할 수 있다.

② 소비자를 직접 대면하지 않기 때문에 허위광고, 과장광고의 우려성이 초래될 수 있다.

③ 반품률이 높으며, 여러 가지 법적 문제를 초래한다. 따라서 제도적으로 구입 후 30일 이내에 교환 및 환불이 가능하다. 그러나 악덕 상들은 이러한 제도가 잘 적용되지 못하는 사례가 많다.

4. 홈쇼핑 판매자가 유의해야 할 사항

① 제품에 대한 정확하고 진실 된 정보를 제공해야 한다.

② 교환 및 환불 등의 사후처리 시스템이 보장되어야 한다.

③ 주문관리 및 결제시스템이 용이하고 신속, 정확해야 한다.

④ 결제수단이 다양해야 소비자의 불편을 해소해 줄 수 있으며, 안전성이 높아야 한다.

⑤ 소비자에게 신속하고 안전하게 배달되어야 하며 친절함을 중요시해야 한다.

::직접 판매

1. 방문판매

(1) 방문판매의 의의

① 영업사원이 직접 고객을 상대로 방문하여 판매하는 방식으로 가장 전통적이고 오랜 역사를 가진 무점포 소매업의 한 형태이다.

② 방문판매 품목은 주로 우유, 요구르트, 학습지, 화장품, 서적 등으로 인건비 상승, 높은 마진율, 취업주부의 증가, 교통 체증 등의 요인으로 축소되고 있는 실정이다.

③ 방문판매에 대한 법률은 '방문판매 등에 관한 법률'로 정하고 있으며, 다음과 같은 상품은 이 법의 적용을 받지 않는다.

　㉠ 농산물·수산물·축산물·임산물 및 광산물로서 통계법에 의하여 작성한 한국표준산업분류표상의 제조업에 의하여 생산된 것이 아닌 것

　㉡ 약사법에 의한 의약품

　㉢ 보험업법에 의한 보험

　㉣ 유가증권·어음 기타 채무증서

　㉤ 소비자의 주문에 의하여 개별적으로 제조되거나 제공되는 상품 또는 용역

(2) 방문판매의 특성

① 방문판매는 특이한 형태의 쌍방 커뮤니케이션으로 대면상태에서 상품설명 및 기능 등의 실연이 가능하므로 설득력이 강하다.

② 광고와 비교해 볼 때 시간 절약과 효율적으로 가용 자원을 표적 시장에 집중시킬 수 있다.

③ 방문판매에 관한 계약체결시의 서면 기재사항을 법으로 정하고 있는데, 상품의 매매계약 또는 용역의 제공계약을 체결함에 있어서 소비자가 방문 판매자에게 지급할 계약금이 있는 경우에는 그 내용 및 금액과 계약의 해제에 관한 약정이 있는 경우에는 계약해제의 사유와 그 행사방법 및 효과에 관한 사항, 상품의 품질보증 및 사후관리에 관한 사항, 방문판매와 관련하여 분쟁이 발생할 경우 그 분쟁처리에 관한 사항 등이다.

2. 다단계 판매

(1) 다단계 판매의 개념

전통적인 유통망인 도·소매 단계를 거치지 않고 소비자가 바로 판매원이 되

어 상품이나 용역을 판매하는 방식이다.

(2) 다단계 판매의 특성

① 무점포 · 점조직 판매의 한 형태로 판매업체에서 최종 소비자에 이르기까지 여러 단계를 거치고, 각 단계의 판매업자에게 일정한 이윤이 돌아간다.
② 가정이나 회사를 직접 방문하여 상품을 판매한다는 점에서 방문판매와 유사하지만, 판매업체에 가입한 판매업자가 상품의 구매자인 동시에 하위 판매업자의 판매원이라는 점에서 방문판매와는 구별된다.
③ 표면적으로 피라미드 판매방식과 상품 유통구조가 비슷해 보이지만, 회원 가입비가 없고 재고에 대한 책임이 없으며, 상품의 교환 및 환불이 가능하다는 점에서 피라미드 판매방식과도 엄연히 구별된다.
④ 모든 소비자가 혈연 · 지연 · 학연 등의 인맥을 총동원하여 구전 광고효과를 통해 회원을 확보하므로 조직의 성장속도가 매우 빠르다.
⑤ 한국에서 다단계판매는 1995년 7월 방문판매 등에 관한 법률이 개정, 시행되면서 양성화되었는데, 법률에 의하면 다단계판매업자는 다단계판매에 관한 계약을 체결할 때 상대방에게 다단계판매에 있어서의 일정한 이익 및 부담의 내용을 고지하도록 되어 있다.

: : 자동판매기업

1. 자동판매기의 개념

① 자동판매기라는 기계를 통한 무점포 소매업으로 동전, 지폐, 카드 등에 의해 상품과 용역 등을 판매한다.
② 자동판매기의 급속한 확대 이유는 노동집약적 산업구조에서 기술 산업적 산업으로의 전환에 따른 대량 생산 및 대량 소비와 소비자의 소비패턴이

변화함에 따라 새로운 유통구조의 출현이 요구되었기 때문이다. 또한 인건비의 상승과 설치나 점포와 같은 장소의 제한을 받지 않으며, 소비자가 언제든지 구입이 가능하다는 편리성 때문이다.

③ 자동판매기에서 판매하는 제품은 담배, 커피, 음료수, 라면 등이다.

2. 자동판매기의 특성

① 자금에 따라 다양한 아이템을 선택할 수 있어 창업비용 부담이 적게 든다.

② 24시간 셀프 서비스가 가능하며, 파손 가능성이 적은 일용품을 주로 판매한다.

③ 자동판매기는 설치비용이 많이 들며 기계 파손위험률이 높기 때문에 제품가격도 일반적으로 높다.

④ 문제점으로는 위생적인 면과 관리 소홀에 따른 제반 문제를 들 수 있다.

〈참고〉 소매점의 유형

1. 백화점: 상품 계열별 부문 조직화된 상품별 분업 대규모 소매기관. 고품질, 고마진, 고서비스.

2. 연쇄점: 동일한 유형의 상품을 판매, 본부의 통제관리 하에 다수의 소매점포를 운영하는 기능별 분업.

① 회사형: 소유권은 본부가 가짐

② 가맹점형: 소유권은 각 소매점이 가짐.

③ 임의형(도매점이 주체), 협동형(소매점 중 하나가 주체), 프렌차이즈(계약에 의해 기능분리)

3. 슈퍼마켓: 가정 일용품 중심으로 대규모, 저비용, 저마진, 고회전율

4. 쇼핑센터: 계획적 소매업 상점가로 백화점이나 슈퍼마켓 등이 핵 점포로서 포함, 원스톱 쇼핑

5. 편의점: 편리한 위치에 있으며 한정된 수의 품목을 취급하는 식품점
6. 전문점: 특정 범위 내의 상품군을 전문적으로 취급. 고마진, 고품질, 고서비스, 저회전율
7. 홈센터: 셀프서비스로 집을 개조하는 데 필요한 물품을 취급하는 점포

::기출 및 예상문제

1. 다음 중 점포조직구성 및 운영에 관한 설명으로 적절하지 않은 것은? (2008년 제2회)
   ① 중앙집권적 조직구조는 고객 욕구의 지역적 차이가 없을 경우 더욱 효율적이다.
   ② 유행을 지향하는 소매업체는 고객과의 접촉기회가 많도록 조직을 구성하는 것이 좋다.
   ③ 조직 간소화는 조직의 인원은 줄이면서 관리단계의 수는 늘리는 것을 의미한다.
   ④ 내부 종업원이 수행하던 일을 아웃소싱함으로써 비용을 줄일 수 있으나 경쟁우위가 손실될 수 있다.

해설) 조직 간소화란 관리단계인 계층구조를 축소시키는 것을 말한다.
정답 ③

2. 경영조직을 합리적으로 형성하는 기본원칙은 다음의 3가지가 있다고 하는데, 그렇지 않은 것은?
   ① 커뮤니케이션의 원칙
   ② 책임, 권한위양의 원칙
   ③ 감독범위의 원칙
   ④ 전문화의 원칙

해설) 감독범위의 원칙 통솔범위(관리범위)의 원칙은 한 사람의 장(長)이 부하를 통제할 수 있는 범위에는 일정한 한계가 있다는 원칙을 "감독한계 적정화의 원칙"이라 한다.
정답 ③

3. 다음 중 조직에 대하여 잘못 설명한 것은? (2006년 제1회)
   ① 비공식조직은 TFT나 프로젝트팀이 대표적인 예이다.
   ② 조직의 유형을 구분할 때, 조직의 영속성에 따라 지속적 조직과 한시적 조직으로 구분한다.

③ 조직의 유형을 구분할 때, 또 다른 속성으로 공식적 체계에 따라 공식적 조직과 비공식적 조직으로 구분한다.

④ 조직의 4요소는 조직의 공동목표, 구성원 간의 상호작용, 외부환경변화에 대한 적응, 인간의 사회집단으로 구성된다.

해설) ① 프로젝트조직 또는 태스크포스조직(Task Force Team)은 공식적 조직이다.

    1. TFT는 특별한 임무를 수행하기 위하여 각 조직의 목표달성에 필요한 전문적 능력을 가진 구성원을 각 부문에서 차출하여 책임자 아래 입체적으로 편성한 공식적 조직이다.

    2. 프로젝트팀은 특정 사업을 추진하거나 과제를 해결할 필요가 발생했을 때 조직 내의 인적·물적 자원을 동원하여 창설되는 동태적 조직으로 공식적 조직이다.

    3. 비공식조직은 공통의 목적도 명확한 구조관계도 가지지 않으며 인간의 일상적인 사회적 상호작용을 통해 공통의 태도·관습·이해·가치를 창출하는 조직으로 이것이 개인의 행동을 규제하는 규범이 된다.

정답 ①

4. 다음 중 유통기업의 조직설계에서 매트릭스 조직에 대한 설명과 거리가 먼 것은? (2008년 제1회)

① 매트릭스 조직의 구성원은 종적으로 기능별 조직의 자기부서와 횡적으로 프로젝트에 동시에 소속되어 근무하는 형태이다.

② 매트릭스 조직은 자원을 효율적으로 활용할 수 있다는 장점을 지니고 있다.

③ 매트릭스 조직의 단점으로는 종업원의 창의성보다는 팀워크를 중시하는 특성을 가지고 있다.

④ 매트릭스 조직이 프로젝트 조직과의 차이점은 여러 사람의 프로젝트 관리자를 상존시키고 프로젝트 사업을 지속하게 된다.

해설) 매트릭스조직은 기존의 관료조직과 프로젝트조직의 양 기능을 모두 갖춘 조직의 형태이다. 이 조직은 전문 집단에서 나타나고 특수사업 수행에 유리하므로 종업원의 창의성을 중시한다. 팀워크를 중시하는 조직은 팀조직이 대표적이다.

정답 ③

5. 다음 중 소매업에서 적절한 인적 자원관리를 위한 방법으로 적절치 못한 것은? (2007년 제1회)

① 회사내부의 자료원을 통해 해당업무에 적절한 요건을 갖춘 사람을 찾아 배치한다.

② 고객에게 만족한 서비스를 제공한 종업원을 파악하여 보상한다.

③ 종업원 배치시, 주변인을 통해 당사자의 정보를 파악해서는 안 된다.

④ 능력 테스트뿐만 아니라, 성격 테스트도 실시한다.

해설) 소매업에서 종업원 배치시, 주변인을 통해 당사자의 정보를 파악하는 일은 당연하다. 이것은 주변에서 피평가자를 관찰하고 그에 따른 평가를 하는 것으로 감정 개입의 여지없이 객관적으로 평가를 내려야 한다.

정답 ③

6. 다음 직무평가에 대한 설명이 옳지 않은 것은?
　① 서열법은 직무와 직무를 상호 비교하는 비계량적 방법이다.
　② 분류법은 직무와 등급기준표를 비교하여 판단하는 비계량적 방법이다.
　③ 직무평가는 직무의 종류를 구분하는 것이다.
　④ 점수법과 요소법은 수치에 의하여 평가하려는 직위와 각 요소를 대비시켜 평가하는 것이다.

해설) 직무평가는 직급을 분류하는 것이며 직무의 종류를 구분하는 것은 직무분석이다.

정답 ③

7. 다음에서 직무분석의 방법이 아닌 것은?
　① 질문법　　② 관찰법　　③ 실험법　　④ 비교법

해설) ①, ②. ③ 이외에도 체험법이 있다.

정답 ④

8. 다음의 직무분석방법으로 적합한 것은?

> 특정한 직무를 수행하는 사람들에게 자신이 수행하는 작업에 대하여 작업 내용, 빈도, 시기 등을 중심으로 일지를 작성하도록 한 다음 직무 사이클(job cycle)에 따른 작업 내용을 전문가들이 분석하는 방법을 말한다.

　① 실제수행법(Job performance method)
　② 관찰법(Observation method)
　③ 설문지법(Questionnaire method)
　④ 작업일지법(Job diary method)

해설) 작업일지는 매일매일 작성하는 것이 가장 바람직하지만, 주별 또는 월별로 작성할 수도 있다.

정답 ④

9. 직무기술서(job description) 내용에 대한 설명으로 옳지 않은 내용은?
　① 직무에서 기대되는 결과 등을 간략하게 정리해 놓은 문서이다.
　② 직무를 수행하는 사람의 인적 요건에 초점을 맞추어서 작성되었다.

③ 직무를 효과적으로 수행하는 데 필요한 도구, 장비, 정보 등을 명시해 놓은 것이다.

④ 직무에 포함되어 있는 임무, 책임, 행동 등과 아울러 직무에 요구되는 사회적 측면을 기술해 놓은 것이다.

해설) 직무명세서(job specification)는 직무 그 자체의 내용을 파악하는 데 초점을 둔 것이 아니라 직무를 수행하는 사람의 인적 요건에 초점을 맞춘 것이기 때문에 직무명세서를 작성할 때에는 직무기술서의 내용을 토대로 하여 그 직무의 수행에 적합한 인적 특성을 도출할 수 있다.

정답 ②

10. 인적 자원의 선발은 가장 중요하다. 대부분의 기업들은 인재를 선발하고 양성하는 데, 많은 노력을 기울이게 되는데 이러한 선발의 절차를 나타내는 순서로 옳은 것은?

> ㉠ 1차 선발
> ㉡ 조회 및 검토 작업
> ㉢ 신체검사
> ㉣ 지원자들에 대한 현실적인 직무소개
> ㉤ 최종 선발결정

① ㉠－㉢－㉡－㉤－㉣　　　② ㉠－㉡－㉢－㉣－㉤
③ ㉡－㉠－㉢－㉤－㉣　　　④ ㉡－㉠－㉤－㉢－㉣

해설) 선발의 기준은 여러 지원자들 중 누가 더 뛰어난지 여부를 판단하기 위해서는 이들을 서로 비교할 수 있는 척도(尺度)가 있어야 하며, 그 순서대로 선발해야 한다.

정답 ②

11. 다음 중 기본급의 유형 중 직무와 관련된 요소에 의해 금액이 결정되는 임금항목이 높은 비중을 차지하고 있는 것은?

① 연공급　　② 직무급　　③ 직능급　　④ 성과급

해설) 직무급은 업무 또는 일의 내용, 그 자체와 깊은 관련을 맺고 있다.

정답 ②

12. 인사고과시 평정요소의 합리성의 문제, 연쇄효과 등의 단점을 갖고 있는 것은?

① 강제배분법　　② 산출기록법　　③ 도표식평정척도법　　④ 상대비교법

정답 ①

13. 평정자의 평정기준이 관대화 또는 엄격화 현상이 불규칙하게 발생하는 경우의 평가상의 오류는?

① 시간적 오류 ②　총체적 오류　③ 연쇄효과　④ 집중화 오류
해설) 총체적 오류 또는 총계적 오류라고 한다.
정답 ②

14. 근무성적 평정과정에서 하나의 평정요소에 대한 평정자의 판단이 다른 평정요소
　　에 영향을 미치는 오류는 ?
　　① 연쇄적 효과의 오류　　　　② 근본적 귀속의 오류
　　③ 선택적 지각의 오류　　　　④ 기대성 오류
정답 ① 연쇄적 효과의 오류이다.

　〈보충설명〉 연쇄효과(halo effect)란 : 특정 평정요소의 평정결과가 다른 평정요소에 영향
을 미치거나 피평정자의 전반적인(막연한, 일반적인) 인상이 평정에 영향을 착오로서 후광
효과 또는 현혹효과라고 한다. 근본적 귀속의 착오란 타인의 성공을 평가할 때에는 개인적
인 요인보다는 상황적 요인을 높게 평가하고 실패를 평가할 때에는 상황적 요인보다는 개
인적 요인을 높게 평가하려는 경향을 말한다(이와 유사하게 자신의 성공을 평가할 때에는
개인적인 요인을 높게 평가하고 실패를 평가할 때에는 상황적 요인을 높게 평가하려는 경
향이 있는데 이러한 경향은 '이기적 착오'에 해당한다). 선택적 지각의 착오란 자신에게 유
리한 부분적인 정보만을 받아들여 판단을 내리는 것이고, 기대성 착오란 평가자가 사전에
가지고 있는 기대에 따라 무비판적으로 사실을 지각하는 것이다.

15. 다음 중 판매원의 판매능력에 대한 성과평가 기준내용으로 가장 적절치 못한 것은?
　　(2008년 제2회)
　　① 빈번한 거래처 방문을 통한 고객과의 관계향상 및 매출을 올릴 수 있는 능력
　　② 매장관리 업무스케줄에 대한 정확하고 완벽한 업무의 기록과 처리 능력
　　③ 수익성이 있는 상품의 판매를 더욱 촉진하는 능력
　　④ 도움이 필요한 다른 판매원을 돕는 능력
해설) ②의 설명은 판매능력과는 직접적인 관계가 없다.
정답 ②

16. 다음 승진의 기준으로서 경력이 해당되는데, 경력평정의 원칙에 해당하지 않는 것은?
　　① 연배우선의 원칙　　② 친근성의 원칙
　　③ 근시성의 원칙　　　④ 습숙성의 원칙

해설) 연배우선의 원칙은 무관하며 나머지 하나는 발전성의 원칙이 있다.

정답 ①

17. 다음 중 인적 자원관리에 대한 설명으로 틀린 것은?
   ① 인적 자원관리는 우리나라의 조직관리에도 그대로 적용할 수 있는 유용한 기법이다.
   ② 인적 자원관리는 1980년대에 와서 특히 조직문화 및 조직전략과 밀접한 관련을 맺고 발전하기 시작하였다.
   ③ 인적 자원관리는 인적자원을 조직의 주요한 자산이자 전략적 자원으로 활용하고자 하는 관점이다.
   ④ 개인과 조직의 통합을 강조하는 60~70년대의 후기 인간관계론과 밀접한 관련이 있다.

해설) 인적 자원관리는 인적 자원을 관리하는 부서의 장의 자율성을 보장해 주어야 하므로 권위주의적이고 집권적인 조직문화에서 적용하기 쉽지 않다.

정답 ①

18. 다음 중 직무만족과 관련된 내용이 아닌 것은?
   ① 직무순환이란 세분화된 업무를 일정한 시간적 간격을 두고 두루 역임하게 하여 업무의 단조성이나 무의미성을 극복하도록 하는 것이다.
   ② 근로생활의 질은 직무만족의 수준향상과 노동환경의 민주화를 통한 근로생활에 있어서 인간성회복운동이라 할 수 있다.
   ③ 직무만족도의 측정기법 중 행동경향법은 응답자에게 자기 직무와 관련하여 어떻게 행동하고 싶은가를 묻는 방법이다.
   ④ 근무담당자에게 기존업무에 관리적 요소를 부여하여 자율성과 책임성을 높여 주고자 하는 것을 직무확대라 한다.

해설) 근무담당자에게 기존업무에 관리적 요소를 부여하여 자율성과 책임성을 높여 주고자 하는 것은 권태감을 해소해 주기 위해 업무의 난이도가 있는 관리적 요소를 부여하므로 이는 수직적인 변화의 직무충실이며 직무확대는 수평적인 변화를 의미하는 업무순환제에 해당된다.

정답 ④

19. 다음 중 종업원이 자신의 근무시간을 스스로 선택할 수 있도록 허용하는 직무일정계획시스템은? (2008년 제2회)
   ① 직무권한 위임제   ② 업무공유제   ③ 근무시간 공유제   ④ 유연시간 근무제

정답 ④

20. 종업원보상계획에 관한 다음의 설명 중 잘못 된 것은? (2008년 제2회)
    ① 봉급을 통한 보상계획은 수수료 보상 제도보다 종업원에 대한 인사이동에서 상대적으로 유연성을 높일 수 있다는 장점이 있다.
    ② 할당량 보너스 계획의 성과는 할당량이 과연 합당한가? 즉 공정성 및 공평성에 의해 결정된다.
    ③ 수수료만 받는 보상계획이 경우 판매원은 비싸고 빨리 팔리는 제품에 대해 강한 판매 동기를 가지게 됨으로써 마케팅 목표관점에서는 전혀 바람직하지 않을 수 있다.
    ④ 생산성 향상을 추구하는 조직은 수수료 보상제도보다는 안정된 봉급을 통한 보상제도의 도입을 우선한다.
해설) 안정된 봉급제도는 경쟁을 통한 생산성 증가를 추구할 수 없다. 따라서 경쟁을 통한성과에 따른 보상제도가 기업의 입장에서는 합리적이다.
정답 ④

21. 종업원의 성과를 향상시키기 위한 방법의 하나로 직원 동기부여에 관한 현대적 이론 세 가지에 속하지 않는 것은? (2007년 제2회)
    ① 기대이론   ② 공정성 이론
    ③ 목표설정이론   ④ 합리적 의사결정이론
정답 ④

22. 구성원들의 사기저하 정도를 측정하고 문제해결방안을 모색하여 구성원의 사기 측정을 위한 관련 기록과 관련이 없는 것은?
    ① 이직률   ② 경력기록
    ③ 작업성과   ④ 출퇴근상황
정답 ② 경력기록은 무관

23. 다음 중 가족친화적이고 민주적, 자율적 근무제도에 해당하지 않는 것은?
    ① 탄력적 업무시간 조정   ② 재택근무
    ③ 직장 내 탁아소 운영   ④ 출퇴근 기록 확인 감독
해설) 출퇴근 기록 확인 감독 등은 통제지향적인 비민주적 근무제도라 할 수 있다.
정답 ④

24. 다음의 설명 중 효과적인 제안제도와 관련성이 가장 적은 것은?
    ① 적절한 보상이 있어야 한다.
    ② 신속하고 공정한 심사의 보장이 필요하다.

③ 구성원들의 권익보장을 위한 목적으로 주로 활용되어야 한다.

④ 제안이 용이하도록 절차와 체계가 수립되어 있어야 한다.

⑤ 채택된 제안은 행정의 생산성 제고를 위해 활용되어야 한다.

해설) 제안제도는 경제성, 효율성, 민주성 등을 위한 제도이므로 구성원들의 권익보
장을 위한 목적으로 주로 활용되는 것은 아니다.

정답 ③

25. 다음 중 업무의 특성이 어렵거나 복잡하지는 않지만 업무의 발생빈도가 빈번하게
반복적으로 일어날 경우에 가장 합당한 인적 자원관리방법은? (2008년 제1회)

① 정규직 사원　　　② 계약직 사원

③ 파트타임 사원　　④ 아르바이트 사원

정답 ③과 ④(복수정답)

해설) 파트타임과 아르바이트 사원은 노동의 유연화를 달성할 수 있는 방식으로 기
업의 효율성을 높이지만 노동의 불안으로 기업에게도 바람직하지 못한 측면도
있다.

26. 리더십(leadership)의 유형 중에 "책임과 권한을 회피하면서, 집단의 지도성을 유
지하고자 하는 형"에 속하는 것은?

① 민주형 리더십　　② 참여형 리더십

③ 독재형 리더십　　④ 방임형 리더십

해설) 방임형 리더십은 의타심이 많은 사람을 교육하고자 할 때, 자기개발을 통하여
유능한 부하를 육성하고자 할 때, 방임적 방법으로 리드하고자 할 때에는 어
느 정도 가치가 있지만, 오늘날 민주주의 지향 경영이념을 중시하는 체제에서
는 민주적이고 참여형의 리더십이 이상적이라고 할 수 있다.

정답 ④

27. 다음 내용을 모두 포함하는 리더십의 유형에 해당되는 것은?

> ㉠ 추종자에게 권한을 부여하고, 자신감을 심어준다.
> ㉡ 추종자에게 개별적 관심과 배려를 보이고, 지적 자극을 부여한다.
> ㉢ 추종자에게 도덕적 목표와 임무, 미래의 비전을 추구하도록 격려한다.

① 발전적 리더십(developmental leadership)

② 전환적 리더십(transformational leadership)

③ 촉매적 리더십(catalytic leadership)

④ 카리스마적 리더십(charismatic leadership)

정답 ②

28. 다음 중 변혁적 리더십의 특징으로 보기 어려운 것은?
   ① 변혁추구적 리더십으로 카리스마적 성격을 갖는다.
   ② 구성원들의 창의성과 학습을 제약한다.
   ③ 전통적 관료조직에서는 성공하기 어렵다.
   ④ 분화보다는 통합이 강조되고, 고도의 다양성과 적응성이 요구되는 조직에서 특히 필요하다.
해설) 변혁적 리더십은 구성원들의 창의성과 학습을 신장시키고 개인적 배려를 중시한다.
정답 ②

29. 다음 중 변혁적 리더십의 특성이 아닌 것은?
   ① 감정과 가치관을 중시한다.
   ② 상호 간의 거래를 중시한다.
   ③ 비전과 목표를 제시하는 카리스마가 필요하다.
   ④ 부하직원에 대한 배려가 요구된다.
해설) 상호 간의 거래를 중시하는 리더십은 거래적 리더십이다.
정답 ②

30. 다음 중 변혁적 리더십에 대한 설명 중 관련이 없는 것은?
   ① 규율을 준수하며 추종자의 요구를 잘 수용한다.
   ② 영감과 카리스마적 지도자의 특성을 보인다.
   ③ 지지자와 지적으로 고무하며, 자발적 참여를 유도한다.
   ④ 높은 동기부여를 유발하며 발전지향적 리더십의 특성을 나타낸다.
해설) 안정된 기업 및 시장환경하에서 규율을 준수하며 추종자의 요구를 잘 수용하는 특성의 리더십은 교환적(거래적) 리더십에 해당한다.
정답 ①

31. 다음 중 변혁적 리더십과 관계없는 것은?
   ① 카리스마적 리더십   ② 비전제시
   ③ 공동체 의식   ④ 안정된 상황
해설) 안정된 시장 및 기업상황하에서는 관료적인 계급구조에서 움직이는 리더의 역할이므로 교환적 리더십이다.
정답 ④

32. 다음 중 소매상이 공급업자를 선정하는 기준을 바르게 나열한 것은? (2006년 제1회)
   ① 제품, 유통망, 가격, 촉진, 서비스
   ② 제품, 가격, 촉진, 서비스, 소득
   ③ 유통망, 가격, 공급업자 수, 생산, 재고
   ④ 유통망, 가격, 서비스, 소득, 공급업자 수

해설) 소매상이 공급업자를 선정하는 기준 즉 소매업 믹스전략은 제품, 서비스 가격, 촉진, 유통망이다.

정답 ①

33. 유통기업의 경영성과를 측정하는 기준으로 효과성, 형평성 및 효율성을 활용한다. 이에 대한 설명으로 바르지 않은 것은? (2006년 제2회)
   ① 효과성은 목표 지향적인 성과측정치로서, 유통기업이 표적시장이 요구하는 서비스성과를 얼마나 제공하였는가를 나타낸다.
   ② 형평성은 개별유통기업들이 해결하기 매우 어려우므로 정부의 정책에 의한 해결이 더 바람직할 수 있다.
   ③ 효율성은 일정한 비용으로 가능한 한 많은 산출물을 획득하거나, 일정한 산출을 얻기 위 해 소요되는 비용을 가능한 한 줄이는 것을 말한다.
   ④ 성과 분배에 있어서 형평성과 효율성은 상충관계(trade—off)가 아니라 상호보완관계이다.

해설) 성과분배에 있어 형평성은 효율성과 상호보완관계가 아니라 상충관계(trade—off)에 있다.

정답 ④

34. 다음 중 성격이 다른 인센티브 제도를 하나 고르시오. (2007년 제2회)
   ① 보너스   ② 커미션
   ③ 당기순이익의 배분   ④ 추가이익에 비례한 자사 주식증여

해설) 성과급 지급형태의 문제는 보너스의 형태로 줄 것인가, 커미션의 형태로 지급할 것인가, 아니면 이익배분의 형태로 할 것인가 등 지급 방법에 관한 과제이다. 보너스는 일정 기간(대개 1년)의 성과기간 동안의 업적을 평가해 주기적으로 성과급을 지급하는 방식이다.
   반면, 커미션은 주로 영업일선에서 많이 활용하고 있는 방식으로 성과급이 즉시 결정된다는 점에서 차이가 있다. ①,③,④는 성과급의 성격, ②는 성과와는 관계없이 특정일을 했을 때 받는 금전이다.

정답 ②

35. 다음은 유통경로상 갈등을 야기하는 한 가지 원인을 설명한 것이다. 어느 유형에 속하는가? (2006년 제2회)

> 이는 주로 수직적 갈등으로서 경로상 제조업체와 유통업체 간 관계처럼 다른 단계에 있는 구성원들 간에 흔히 발생한다. 예를 들어, 중간상은 구입 가격 인하를 통한 마진 확대, 높은 재고 회전율, 비용 축소, 제조업체로부터의 지원금 증대 등을 통해 이익 극대화를 추구하는 반면, 제조업체는 자기 이익의 증대를 위해 유통업체가 완전히 반대의 경로 행동을 희망한다.

① 목표 불일치   ② 현실 인식의 차이
③ 영역에 대한 의견 불일치   ④ 품질 요구의 불일치

해설) 수직적 갈등이란 유통경로상 다른 단계의 구성원 간에 발생하는 갈등을 말한다(소매상과 도매상 간의 갈등, 제조업자와 도매상 간의 갈등).
    1. 목표의 불일치: 구성원 사이의 목표가 서로 다르고 이들 목표를 동시에 달성할 수 없기 때문에 경로갈등이 생긴다.
    2. 영역에 대한 의견 불일치: 경로구성원 간에 상권과 역할에 대한 의견 차이에서 발생하는 갈등이다.
    3. 현실 인식의 차이: 어떤 동일한 현상에 대해 서로 다르게 지각하게 되는 것이다. 이것은 상호 간의 활동 배경이 서로 다르고 의사소통의 전달이 제대로 이루어지지 않기 때문에 발생한다.

정답 ①

36. 생산자와 소비자 사이의 유통경로 형성과정에서 중간 유통상인을 통하여 간접 유통하는 것보다 직접판매(유통) 혹은 유통경로의 수직적 통합이 선호되는 상황으로 가장 적합한 것은? (2009년 제1회)
① 생산장소와 소비장소 사이의 현격한 불일치 및 생산시점과 소비시점의 현격한 격차가 존재하는 경우
② 생산자의 1회 생산수량과 소비자의 1회 구매수량이 현격하게 차이가 날 경우
③ 다양한 제조업자 및 다양한 소비자가 필요로 하는 정보탐색을 위한 비용, 시간 및 노력을 감소시키고자 할 경우
④ 제조업체가 유통경로에 대한 통제를 강화하고자 할 때

해설) 유통경로에서 수직적 통합은 전통적 경로와는 달리 경로구성원 간의 연계성이 강조된다. 즉 수직적 경로에서는 채널 리더가 유통기능의 일부 또는 전부를 통합하여 유통과정의 직접 수행 또는 통제하는 것으로 유통계열화라고도 한다.

정답 ④

37. 다음 중 개선된 물류 및 정보관리시스템이 소매점의 이익을 향상시키는 이유를 가장 잘 설명한 것은? (2006년 제1회)
① 운영비용을 증가시킨다.

② 고정자산투자를 증가시킨다.

③ 재고관리에 필요한 작업을 증가시킨다.

④ 제조업체가 제공하는 할인구매의 기회를 적극 활용할 수 있게 한다.

해설) 개선된 물류 및 정보관리시스템으로 인하여 제조업체가 제공하는 할인구매의 기회를 적극 활용하여 소매점의 이익을 향상시킨다. 또 운영비용, 고정자산에 대한 투자, 재고관리에 필요한 작업 등을 감소시킨다.

정답 ④

38. 활동기준원가(ABC: Activity Based Costing)와 관련된 다음의 내용 중 옳지 않은 것은? (2006년 제1회)

① 상품의 수익성을 산출하기 위한 방법이다.

② 비용센터 안의 모든 주요 활동별 비용이 분석대상이다.

③ 경상비와 일반관리비는 분석대상에서 제외된다.

④ 직접상품원가를 분석에 포함하고 있다.

해설) 활동기준원가(ABC : Activity Based Costing) 계산은 원가를 제조업이나 각 기업의 활동에 따라서 산출해내는 방법으로써 기업에서 수행되고 있는 활동(Activity)을 기준으로 자원, 활동, 제품/서비스의 소모관계를 자원과 활동, 활동과 원가대상 간의 상호 인과관계를 분석하여 원가를 배부함으로써 원가대상의 정확한 원가와 성과를 측정하는 새로운 원가계산방법이다. 기존의 전통적인 방법보다는 보다 합리적인 방법으로써 활동별로 원가를 산정해 내는 방법이며, 일반경상비와 판매관리비도 각 활동과 관련되어 있으므로 당연히 포함해서 분석한다.

정답 ③

39. 소매상의 업태유형을 마진과 회전율을 기준으로 구분하고자 한다. 상대적으로 마진도 높고, 회전율도 높은 소매점업태의 유형은? (2006년 제1회)

① 전문점   ② 백화점   ③ 편의점   ④ 할인점

해설) 편의점은 저차원중심지에서 재고회전율이 빠른 한정된 수익품목(식품, 문방구, 기타 편의품 등)만을 취급하므로 마진과 회전율이 높다.

정답 ③

40. 다음 중 상품카테고리 수준에서 소매점의 생산성(즉 투입과 산출의 비율)을 측정하는 데 가장 적합한 지표는? (2006년 제1회)

① 순매출액   ② 총투자수익률   ③ 순이익   ④ 매출성장

해설) 생산성 측정은 생산을 위한 투입량과 산출량의 비율을 통해 생산활동의 효율

성을 측정하는 것이므로 총투자수익률이 가장 적합한 지표이다. 투입항목은 총투자액이고 산출항목은 총수익으로 총수익이 총투자액에서 차지하는 비율이다. 총투자수익률[투자 대비 이익률(ROI)]＝매출액/투자자본×100(%)＝(이익/매출액)×(매출액/투자자본)

정답 ②

41. 다음의 손익계산서 내용 중 옳지 않은 것은? (2006년 제1회)
   ① 순매출액: 상품총매출액에서 상품 에누리나 반환품을 공제한 매출액
   ② 매출원가＝기초상품재고액＋당기상품매입액─기말상품재고액
   ③ 당기순이익＝영업이익─영업외손익
   ④ 법인세 차감 전 순이익 ＝ 경상이익에서 특별손익을 가감한 이익액

해설) 당기순이익＝경상이익＋(특별이익─특별손실)─법인세

정답 ③

42. 다음 주어진 사례에서 자산수익률은 얼마인가? (2006년 제1회)

총자산: 5천2백만 원, 순매출액: 8억 2천만 원, 순이익: 1천8백만 원

   ① 34.6%   ②25.7%   ③ 22.0%   ④ 45.6%

해설) 자산수익률＝순이익/총자산: 18,000,000/52,000,000×100＝34.6%

정답 ①

43. 다음 사례의 경우 순이익률은 얼마인가? (단, 소수점 둘째자리까지 계산) (2007년 제2회)

사 례
총자산: 1억 2천만 원, 순매출액: 3억 5천억 원, 순이익: 6천2백만 원

   ① 1.77%   ② 17.71%   ③ 5.17%   ④ 51.67%

해설) 순이익률＝당기순이익/순매출액×100＝62,000,000/350,000,000×100＝17.71%

정답 ②

44. 다음 중 상품재고자산의 수량잔고를 파악하는 방법에 관한 기술로서 가장 타당하지 않은 것은? (2007년 제2회)
   ① 장부 실사법은 상품 수불장에 기장된 장부상의 잔고로써 재고자산의 수량을 계산하는 방법이다.
   ② 장부 실사법을 적용하려면 종류, 품질, 규격이 다른 재고자산은 서로 구분해서 입고와 출고를 계속 기록해야 한다.
   ③ 재고 실사법은 재고자산을 실제로 조사하여 재고자산의 수량을 확인하는 방

법이다.

④ 재고실사 감모손(상품로스)을 파악하기 위해서는 장부실사법 대신 재고실사법을 사용해야 한다.

해설) ④의 계속기록법이나 재고실사법 모두 감모손실량이 파악되지 않고 혼합법을 사용하여야 파악할 수 있다.

정답 ④

〈보충설명〉 상품재고자산의 수량잔고 파악법

1. 계속기록법(장부기록법): 재고자산의 입고와 출고가 있을 때마다 장부에 기록함으로써 장부상에서 기말재고량과 기중에 판매된 수량을 산출하는 방법이다. 기중 언제라도 제고 금액을 알 수 있으며, 도난, 파손, 낭비를 통제하는 데 적합하다. 그러나 파손, 마모, 도난 등의 원인으로 장부상의 수량과 실제수량이 다를 수 있으므로 재고실사가 필요하다.

2. 실제재고조사법: 기중의 출고량에 대하여 일일이 기록하지 않고 기말에 재고수량을 현 품으로 확인하여 결정하는 방법이다. 이는 주로 재고자산의 단위당 단가가 낮은 대량생산품에서 경제적인 수단으로 사용하는 방법이나 재고감모수량이 파악되지 않고 모두 매출원가에 반영된다는 단점이 있다.

3. 혼합법: 계속 기록법에 의해 입고수량과 출고수량을 계속 기록해 나가면서 기말에는 실 제재고조사법에 의해 실제재고량을 조사함으로써 장부상의 재고수량과 실제재고수량을 정기적으로 대조 검증하는 것이다.

45. 소매업태를 분류·규정하는 중요 특성으로 가장 거리가 먼 것은? (2006년 제2회)

① 대금결재 혹은 지불방법

② 매장면적의 크기

③ 고객접점의 유형

④ 입지의 차이

해설) 소매 업태(業態)의 유형은 일반적으로 상품 계열별, 취급상품의 가격대별, 판매방법별, 운영방법, 점포형태, 입지, 시스템 통제방법별로 구분할 수 있다.

정답 ①

46. 대규모 소매기업은 구매와 판매를 독립된 부문(부서)으로 조직한다. 이런 분업화가 구매활동과 판매활동의 전문성을 향상시키는 장점이 있는 반면 상품구매 관리자가 고객의 욕구를 이해하는 것을 더욱 어렵게 만든다. 이러한 문제점을 해결하기 위한 방안으로 보기 어려운 것은? (2006년 제1회)
    ① 개별기능부문(부서) 간 커뮤니케이션 향상
    ② 구매관리자의 점포순회방문 강화
    ③ 매입결정권한을 매입 부서에 집중
    ④ 지역 혹은 구역 상품관리자에 의한 조정
해설) 매입결정 권한을 매입부서에 집중시키면 고객의 다양한 욕구를 충족시킬 수 없다. 따라서 고객에 대한 반응에 적극적으로 대응하기 위해서는 부서 간 커뮤니케이션의 활용, 점포순회 또는 적절한 조정이 있어야 한다.
정답 ③

47. Du Pont에서 개발한 재무관리 모형에 기초한 전략적 이익모형을 이루는 구성요소가 아닌 것은? (2006년 제2회)
    ① 자본관리   ② 이윤관리   ③ 고객관리   ④ 재무관리
해설) Du Pont에서 개발한 재무관리 모형에 기초한 전략적 이익모형을 이루는 구성요소에는 자본관리, 이익관리, 재무관리, 고산출관리(high yield management)가 있다.
정답 ③

48. 선물용 상품을 주로 취급하는 전문점에 대한 설명이다. 가장 올바르지 않은 설명은? (2006년 제2회)
    ① 특히 상품의 깊이 면에서 다른 어떤 업태보다 강점을 가져야 한다.
    ② 상품의 넓이 면에서는 경쟁업태에 비해 상대적으로 강점을 보유하고 있지 않다.
    ③ 가격 면에서의 강점보다는 품질 면에서의 상대적인 강점을 강조하는 전형적인 업태의 하나이다.
    ④ 매장 내부 한쪽에 고객이 셀프서비스(self—service)할 수 있는 포장대를 설치하는 것이 바람직하다.
해설) ④는 할인점의 특징이다. 전문점은 상품 구색의 폭이 좁은 대신에 깊이가 있고 취급상품의 범위가 한정되어 있다. 따라서 취급상품에 관한 전문적 지식 또는 전문적 기술을 갖춘 경영자나 종업원에 의해 운영되며, 품종의 선택, 고객의 기호, 유행의 변천 등 예민한 시대감각으로 독특한 서비스를 제공한다.
정답 ④

49. 다음 중 전략적 수익모형에 대한 설명으로 잘못된 것은? (2006년 제1회)
    ① 기업의 궁극적인 재무목표가 순매출이익률을 높이는 데 있음을 강조한다.
    ② 자산회전율, 순매출이익률, 영업레버리지를 통해 투자수익률이 높아질 수 있음을 보여준다.
    ③ 자본관리, 이익관리, 그리고 재무관리를 통해 고수익관리가 가능함을 보여준다.
    ④ 도/소매업체의 재무전략을 평가하는 데 있어 유용하게 활용될 수 있다.
해설) 미국의 Du Pont사에서 개발되어 1930년대부터 사용되기 시작했고, 이 기법은 기업의 목표를 투자수익률로 나타내고 재무요인을 체계적으로 관찰함으로써 문제요인들을 중점적으로 통제하는 방법으로 사용되어왔다.
정답 ①

50. 다음 중 기업이 온라인 채널과 오프라인 채널 간의 갈등을 줄이기 위해 활용 가능한 방안이라고 보기 어려운 것은? (2006년 제1회)
    ① 채널기능의 차별화
    ② 표적시장의 차별화
    ③ 고객가치의 차별화
    ④ 의사소통경로의 차별화
정답 ④

〈보충설명〉기업이 온라인 채널과 오프라인 채널 간의 갈등을 줄이기 위해 활용 가능한 방안

1. 양 채널기능의 차별화

   양 채널 간의 차별화는 전략상 필요한데, 오프라인 채널의 기능은 부가가치가 높은 업무에 집중시키고 단순 업무는 온라인 채널을 활용하는 식으로 두 채널의 기능을 차별화함으로써 채널 간 갈등을 줄일 수 있을 것이다. 이때 오프라인 채널은 단순한 판매 창구가 아니라 고객과의 관계를 유지하고 강화하는 관계마케팅에 집중하고 이에 상응하는 합리적인 보상이 있어야 할 것이다.

2. 표적시장의 차별화

   인터넷으로 구매하는 고객은 기존 유통채널을 이용하는 고객과는 다른 특성을 갖고 있을 수도 있다. 이런 점에서 목표고객을 차별화하는 방법도 가능하다. 연령, 성별,

라이프스타일, 구매성향 등에서 인터넷 유통채널에서의 고객의 특성을 파악하여 기존의 오프라인의 유통채널 고객과의 차이에 따라 마케팅 전략을 달리한다면 채널 갈등을 줄일 수 있을 것이다.

3. 고객가치의 차별화

온라인 채널에 대하여 저가격을 무기로 차별화할 수도 있지만 반대로 오프라인 채널은 기존에 친숙한 상품을 판매하고, 온라인 채널에 대하여 보장내용이 확대된 고급형 상품을 판매함과 동시에 인터넷 등을 통해 오프라인의 대중적 상품정보를 제공해 줌으로써 오프라인 채널의 지원을 겸비한 고객가치 차별화를 통해 갈등을 줄일 수 있을 것이다.

4. 채널 구성원 간의 협조

인터넷으로 상품을 판매하더라도 오프라인의 차별적 상품을 광고하는 등 채널 구성원 간의 협조가 채널 갈등을 줄이는 데 필수이다.

51. POS(Point of sales) 시스템에 관한 설명이다. 가장 올바르지 않은 것은? (2006년 제2회)
   ① POS(Point of sales)란 유통업자를 위한 구매시점 정보관리 시스템을 의미한다.
   ② 개별상품에 대한 정보를 숫자화한 13자리 혹은 8자리로 구성된 바코드를 기반으로 한다.
   ③ 수요의 가격탄력성 즉 가격변동에 따른 판매량의 변화와 소비자들의 가격에 대한 민감도를 신속하게 파악할 수 있게 해 준다.
   ④ 신상품도입의 성과나 홍보 및 광고의 효과를 신속하게 파악할 수 있다.
해설) POS(Point of sales) 시스템: 판매 시점 정보 관리 시스템을 말하며, 판매장의 판매 시점에서 발생하는 판매정보를 컴퓨터로 자동 처리하는 시스템이다.
정답 ①

52. 전문용어들에 대한 다음 설명 중 가장 옳지 않은 것은? (2006년 제2회)
   ① POS(Point of sales) 시스템이란 스캐너시스템을 활용하여 재고수량뿐만 아니라 매장 내 상품의 진열상태를 별도로 조사할 필요 없이 파악할 수 있게 해 주는 시스템이다.
   ② 데이터베이스마케팅(database marketing)이란 고객과 관련된 다양한 정보들을

수집, 정리한 데이터를 바탕으로 하는 마케팅을 의미한다.

③ Just—in—time이란 창고재고를 궁극적으로 제로(0/영)로 만들어 창고비용을 줄일 수 있도록 하는 적기적량 공급시스템을 의미한다.

④ 벤치마킹(benchmarking)이란 경쟁력 강화를 위해 보다 나은 기업 혹은 모범적·표준적 인 기업 및 제품을 연구·분석하여 강점들을 자사에 활용함으로써 혁신 방향을 제시하는 방법을 의미한다.

해설) POS시스템은 판매시점관리(point of sale)라고 한다. 즉 바코드를 이용하여 단위별로 수집된 판매정보와 상품구입, 운송 등의 단계에서 발생하는 각종 정보를 컴퓨터를 이용하여 목적에 알맞게 처리, 가공 및 전달하는 시스템이다.

정답 ①

53. 소매업체의 매장위치 선정과 관련된 다음 내용 중 옳지 않은 것은? (2006년 제1회)

① 매장을 어떻게 배치하는가에 따라 수익성이 달라진다.

② 일반적으로 층수가 많은 점포는 층수가 높아질수록 공간가치가 떨어진다.

③ 충동구매를 일으키는 상품은 대체로 점포 앞에 진열하는 것이 고객유인에 유리하다.

④ 독특하면서 비싼 전문품 매장은 점포의 중심에 위치하도록 하는 것이 바람직하다.

해설) 독특하면서 비싼 전문품은 점포의 위치와는 무관하다.

정답 ④

54. 다음의 상품회전율에 관한 설명 중 올바르지 않은 것은? (2006년 제1회)

① 상품회전율이 낮을수록 수익성은 높아진다.

② 평균 재고액이 불변할 경우 상품매출액의 증가가 이루어지면 상품회전율은 일반적으로 증가한다.

③ 상품의 회전율이 높을수록 자본의 회수기간이 짧다.

④ 상품매출액에 변화가 없을 경우 평균 재고액이 상승하면 상품회전율은 떨어진다.

해설) 상품회전율이란 일정기간의 평균 상품 재고량으로, 그 기간의 상품 매출 원가를 나눈 몫으로 상품의 평균 재고액의 회전 속도를 나타내는 것이다. 상품회전율이 높을수록 활동성이 높고, 수익성을 높이는 요인이 되며 이것은 소매업에 있어서 중요한 비율이다. 또 상품회전율이 낮을수록 수익성은 낮아진다.

정답 ①

55. 대형할인점과 백화점에 대한 업태 간 비교설명이다. 옳지 않은 것은? (2006년 제2회)

① 입지 면에서 보면 일반적으로 백화점은 대형할인점에 비해 부동산 비용이 상

대적으로 높은 곳에 입지한다.

② 상품의 깊이 면에서 백화점이 상대적 강점을 보유하고 있다.

③ NB(National Brand)상품과 PB(Private Brand)상품의 취급비율 측면에서 보면 백화점 이 할인점에 비해 PB상품 비율이 상대적으로 높다.

④ VIP마케팅은 할인점보다 백화점의 경영에서 더욱 중요하다.

해설) 유통업체가 제조업체와 손을 잡고 만드는 자체상표(PB: Private Brand) 제품이 날로 증가하고 있다. 특히 유통업체로선 중간 유통마진과 광고 마케팅 비용이 전혀 들지 않기 때문에 차별화된 제품을 선보일 수 있고, 제조업체로선 안정적인 판로망을 확보할 수 있다는 이점이 있다. PB가 제조업체 상표(NB: National Brand)에 비해 소비자 인지도나 제품 디자인력이 다소 떨어지고 자칫 유통업체의 재고부담이 커진다는 단점도 있지만 NB에 버금가는 품질로 시장에서 소비자들의 선호도가 높아지고 있다는 점을 감안하면 그 취급비율이 백화점보다 대형할인점이 높다.

정답 ③

56. 대형할인(체인)점과 소형전문점과의 비교설명이다. 옳지 않은 것은? (2007년 제1회)

① 대형할인점은 전문점에 비해 구매결정이 이루어지기 전 판매원에 의한 상품 설명과정에서 전문점에 비해 특히 강점을 보유하고 있다.

② 소형전문점의 경우 일반적으로 도심지에 입지하는 경향이 있으나 대형할인점의 경우 상대적으로 땅값이 싼 외곽지역의 입지를 선호한다.

③ 취급상품이 동일한 경우 전문점에 비해 할인점을 가격 측면에서 상대적 우위를 점유하고 있다.

④ 대형할인점은 전문점에 비해 특히 상품의 넓이 면에서 강점을 가지고 있다.

해설) 전문점의 경우는 구매결정이 이루어지기 전에 판매원의 충분한 설명을 들은 후에 자신의 선호에 따라 결정하게 된다. 그러나 대형할인점은 주로 셀프서비스방식으로 이루어지며 구매습관에 의한, 제품의 인지도에 따라 구매하기 때문에 상품설명과정이 생략되어 있다.

정답 ①

57. 목적점포(destination store)와 기생점포(parasite store)의 차이점을 이해하게 해 주는 사례들이다. 소속이 상대적으로 가장 다른 하나는? (2007년 제2회)

① 쇼핑몰 혹은 쇼핑센터에 입점해 있는 전문 음식점 및 일반 음식점

② 쇼핑몰 혹은 쇼핑센터에 입점해 있는 편의점

③ 쇼핑몰 혹은 쇼핑센터에 입점해 있는 전문 의류점

④ 쇼핑몰 혹은 쇼핑센터에 입점해 있는 할인점

해설) 목적점포란 상품 구색, 가격, 혹은 독특함을 바탕으로 독립적으로 고객을 유인
할 수 있는 점포를 의미한다. 즉 그 점포에 가는 것이 쇼핑 여행의 주된 목적
인 점포를 의미한다. 그 반대는 '기생(寄生)점포'이다. 스스로 자기 점포를 찾
아오는 고객을 창출할 수 없어서, 목적점포에 가는 고객을 유인하여 영업하는
비율이 높은 점포이다. 유명 브랜드 점포는 구색(특히 구색의 깊이)과 가격의
강점을 바탕으로 자기 고객을 스스로 창출하고 점포로 유인할 수 있기 때문
에, 독립입지에도 입점할 수 있는 목적점포이다.

정답 ②

58. 김위찬 교수는 블루오션전략을 미래의 성공전략으로 주장하고 있다. 다음 중 블
루오션전략의 특성으로 바르게 나열한 것은? (2006년 제1회)
가. 현재 존재하지 않는 산업을 모두 대표
나. 오늘날 존재하는 모든 산업을 대표
다. 제로섬 게임
라. 포지티브 게임
마. 구매자 관찰을 통해 새로운 가치창출
바. 경쟁자 관찰을 통한 경쟁우위 확보
사. 잠재고객보다 기존고객이 중요
아. 기존고객보다 잠재고객이 중요
자. 가치혁신
차. 기술혁신
① 가, 다, 마, 사, 자   ② 나, 라, 바, 아, 차
③ 가, 라, 마, 아, 자   ④ 나, 다, 바, 사, 차

해설) 블루오션전략의 개념은 붉은 피를 흘려야 하는 경쟁시장(Red Ocean)에서 예전
의 업종이나 고객개념에 얽매이지 않고, 발상의 전환을 통해 고객이 모르던
전혀 새로운 시장을 창출해내자는 것으로, 경쟁이 없는 시장 즉 푸른 바다
(Blue Ocean)와 같은 신시장을 개척하자는 전략이다. 새로운 시장은 차별화와
저비용을 동시에 추구함으로써 기업과 고객 모두에게 가치의 비약적 증진을
제공하는 시장으로, 기존의 치열한 경쟁시장 속에서 시장점유율을 확보하기
위해 애쓰는 것이 아니라, 매력적인 제품과 서비스를 통해 자신만의 독특한
시장, 곧 싸우지 않고 이길 수 있는 시장을 만들어 내는 전략이다. 틈새전략도
맥을 같이 한다.

정답 ③

59. 다음은 재무적 성과 지표이다. 이 중 성격이 다른 하나는? (2007년 제2회)
   ① 매출 총이익   ② 공간 생산성
   ③ 자산회전율   ④ 영업이익

해설) ①,③,④는 수익성 지표이고, ②는 생산성 지표이다. 공간생산성=순매출/총매
   장면적

정답 ②

60. 다음 중 중앙 집중적 조직구조가 가장 효율적인 경우에 해당하는 것은? (2007년
   제1회)
   ① 개별화된 고객서비스에 대한 욕구가 많을 때
   ② 고객 욕구의 지역적 차이가 적을 때
   ③ 유행에 민감한 고객들이 많을 때
   ④ 가격에 민감한 소비자들이 많을 때

해설) 단일화된 의사결정에 의해 지역적인 의사결정이 가능하기 때문에 중앙 집중적
   조직구조가 가장 효율적인 경우는 고객 욕구의 지역적 차이가 적을 때이다.

정답 ②

61. 소비자의 점포선택에 영향을 미치는 요소들 중 독특한 구색, 품질 다양성, 패션
   지향성 등의 결정과 가장 관계가 깊은 것은? (2006년 제2회)
   ① 판매원 및 서비스 정책   ② 상품정책
   ③ 입지선정   ④ 실내매장구성(인테리어 디자인) 정책

해설) 소비자 점포 선택에 미치는 요인
      1. 상품 요인: 품질·가격·패션지향성·스타일, 독특한 구색, 폭·길이·다양
      성, 이용가능성, 코디네이션 등
      2. 점포 요인: 입지의 편리성, 주차·진열·실내장식, 청결·쾌적한 분위기,
      점포 내 동선 편리성, 계산대 위치 등
      3. 서비스: 사후관리서비스, 신용판매·할부판매, 재고 보유, 교환 용이성, 재
      고보유, 전화·우편 주문 등
      4. 판매원: 판매능력, 상품 지식, 예의, 판매원의 수, 도움, 다정함 등

정답 ②

62. 다음의 보기는 점포의 분위기를 이용하여 고객들의 구매행동을 변경시키는 전략
   이다. 매장에서 고객들의 움직임을 빠르게 유도하기 위한 방법들이 바르게 짝지
   어진 것은? (2006년 제1회)
   ⓐ 템포가 느린 음악사용

ⓑ 템포가 빠른 음악사용

ⓒ 편안하고 안락한 고객용 의자배치

ⓓ 딱딱하고 편안하지 않은 고객용 의자 배치

ⓔ 조명의 강도를 강하게 함

ⓕ 조명의 강도를 약하게 함

① ⓐ,ⓒ,ⓕ　　② ⓑ,ⓓ,ⓔ　　③ ⓐ,ⓒ,ⓔ　　④ ⓑ,ⓓ,ⓕ

해설) 감성마케팅이란 소비자들의 감성에 자극을 줄 수 있는 정보를 통해 제품에 대한
소비자의 호의적인 감정 반응을 일으키고 소비 경험을 즐겁게 해 줌으로써 소비
자를 감동시키자는 것을 목표로 하는 것이다. 즉 물질적인 자극뿐만 아니라, 한
걸음 더 나아가서 소비자의 마음을 상대로 하는 감각정보를 통해 소비자의 감성
욕구에 부응하자는 것이다. 인간이 다섯 가지 감각(시각, 청각, 미각, 후각, 촉
각)에 기초하여 정보를 받아들인다는 점을 핵심으로 하여 이러한 감성적 측면
을 강조한 혹은 감성적 측면에 소구하는 마케팅이라 볼 수 있다. 따라서 템포
가 빠른 음악을 틀거나, 안락하지 않은 고객용 의자를 배치 또는 매장의 조명
강도를 강하게 하는 것은 고객으로부터 행동을 빠르게 하는 효과를 가져온다.

정답 ②

63. 다음 중 점포 내의 혼잡성을 줄이기 위한 방법으로 올바르지 않은 것은? (2006
년 제1회)

① 점포에 근무하는 종업원 수를 줄인다.

② 점포시설에 수용할 수 있는 최대인원을 줄인다.

③ 디스플레이나 가구 등을 고객 편의로 재배치한다.

④ 점포시설에 수용할 수 있는 고객의 수를 인위적으로 제한한다.

해설) 종업원 수가 많다고 혼잡성이 높다는 것은 모순이다.

정답 ①

〈점포의 혼잡성 감소전략〉

1. 시설의 재배치: 디스플레이나 가구 등을 고객 편의로 재배치하여 혼잡성을 감소

예) 비디오 대여점에서 고객이 선호하는 장르별로 테이프를 배열하는 것

2. 시설의 최대용량 조절 전략: 시설에 수용할 수 있는 인원을 줄임으로써 혼잡성을 감소

예) 음식점의 테이블 수를 줄이고 테이블 간의 간격을 넓히는 것을 통해 혼잡을 줄
이는 것

3. 고객 수의 통제: 한 번에 서비스 시설이 수용할 수 있는 고객의 수를 인위적으로 통제
   예) 테마파크나 관광지에서 시설 내의 혼잡을 줄이기 위해서 대기를 늘리는 것

4. 종업원 수 조절 전략: 혼잡한 상황에서 서비스를 제공할 수 있는 종업원 수를 일시
   적으로 늘려 고객들에게 신속히 대응하여 혼잡성 감소
   예) 지하철이 붐비는 출퇴근

64. 점포설계의 유형 중 자유형(free—form) 배치에 대한 설명으로 잘못된 것은?
    (2006년 제2회)
    ① 비품과 통로를 비대칭적으로 배치하는 방법을 말한다.
    ② 규모가 작은 전문매장이나 여러 개의 작은 매장으로 구성된 대형 점포에서
       주로 이용된다.
    ③ 격자형(grid) 배치에 비해 많은 상품을 한꺼번에 진열할 수 있어 공간생산성
       을 높일 수 있다.
    ④ 고객들에 대한 판매원들의 직접 대인판매에 있어서 중요한 역할을 한다.
해설) 격자형 배치가 자유형 배치에 비해 많은 상품을 한꺼번에 진열할 수 있어 공
     간생산성을 높일 수 있다.
정답 ③

〈보충설명〉 배치유형

1. 격자형: 점포의 공간효율성을 높이고자 하는 레이아웃으로 설비나 통로는 반복적인
   패턴의 사각형으로, 상품은 직선형으로 병렬 배치하는 형태이며, 기둥이 많고 기둥
   간격이 좁은 상황하에서도 설비비용을 절감할 수 있으며, 통로 폭이 동일하기 때문
   에 건물 전체 필요면적이 최소화된다는 장점이 있다.

2. 자유형: 하나하나의 부띠끄 내부의 레이아웃에 주로 사용된다. 여러 개의 부띠끄 매장
   을 한 층의 평면에 배치하고 있는 백화점들이 주로 사용하는 레이아웃의 경주로형이
   다. 고객이 자유로운 쇼핑과 충동적인 구매를 기대하는 매장에 적격인 점포배치이다.

65. 다음은 점포기획자가 결정해야 할 내용들에 대한 설명이다. 옳지 않은 것은?
    (2007년 제1회)
    ① 점포 이미지와 상품 진열과의 조화 및 일관성을 유지한다.
    ② 고객 동선은 길게 해야 하며 이에 반해 판매종업원의 동선은 최대한 짧게 한다.
    ③ 점포의 공간 효율성을 높이기 위해 상품들을 직선형으로 병렬 배치하는 방법
       으로 자유형 레이아웃이 사용된다.
    ④ 소비자들의 점포선택을 위한 중요요인 중 점포속성요인으로 입지의 편리성,
       주차시설, 점포 내부구성 및 일목요연한 상품 배치 등을 들 수 있다.
해설) 점포의 공간효율성을 높이기 위해 상품들을 직선형으로 병렬 배치하는 것은
      격자형이다.
정답 ③

66. 다음 중 점포 레이아웃의 기본원칙에 관한 설명이다. 가장 타당하지 않은 것은?
    (2006년 제2회)
    ① 점포에 머무르는 시간이 길어지도록 고객의 동선을 극대화해야 한다.
    ② 고객에게 조언하기 쉽도록 고객동선과 종업원의 동선은 교차하는 지점이 가
       능한 한 많도록 구성해야 한다.
    ③ 종업원의 동선은 가급적 보행거리가 짧도록 구성해야 한다.
    ④ 상품이동 동선은 고객동선과 교차하지 않도록 구성해야 한다.
해설) 접객기술에 있어 고객과의 거리가 문제로 대두되는데, 고객의 시야를 차단해
      서는 안 된다는 것은 필수조건이다. 그렇다고 해서 대화도 유지될 수 없을 정
      도로 거리가 벌어져서는 안 된다. 따라서 동선은 고객동선, 종업원동선, 상품
      동선으로 분류되며 각각의 동선은 서로 교차하지 않도록 해야 한다.
정답 ②

67. 다음의 설명에 해당하는 점포의 레이아웃(layout) 방식은? (2006년 제2회)

> 점포의 입구에서부터 고객의 통로를 원이나 사각형으로 배치하여 점포의 생산성을 극대화시키
> 기 위한 레이아웃 기법이다. 진열된 제품을 고객들에게 최대한 노출시킬 수 있다는 장점을 지
> 니고 있으며, 주요 고객통로를 통해 고객의 동선을 유도할 수 있다.

    ① Loop Layout   ② Free—form Layout
    ③ Grid Layout   ④ Boutique Layout
해설) ② Free—form Layout(자유 유동형): 디스플레이와 동선을 자유롭게 하는 방식
      으로 다양한 형태나 모양, 크기의 디스플레이가 가능하기 때문에 충동구매를
      촉진할 수 있고, 필요에 따라 각 제품 진열공간을 확대하거나 축소하기 쉽다.
      패션지향적인 점포에서 많이 사용되는 유형으로 백화점이나 전문점에서 주로

쓰인다.

③ Grid Layout(격자형): 디스플레이나 통로를 직사각형의 바둑무늬 형식으로 배치하는 방식으로 계산대나 고정물이 일렬로 배치되어 있는 형태이다. 대부분의 슈퍼마켓, 대형할인매장의 일용품코너가 이 형태를 많이 취한다.

④ Boutique Layout: 특정 쇼핑테마별로 하나의 독립적인 공간처럼 배치하는 형식으로 구매를 촉진시키고 좋은 점포 분위기 형성이 장점이다. 선물점, 백화점 등에서 널리 이용된다.

정답 ①

68. 중소규모의 슈퍼마켓은 매장의 면적이 협소하므로 상품배치가 한 눈에 들어와야 한다. 다음 중 슈퍼마켓에 가장 적합한 레이아웃 기본유형은? (2008년 제2회)

① 자유형   ② 경주로형   ③ 격자형   ④ 특선품 구역형

정답 ③

69. 매장배치와 관련된 용어로, 아래 <보기>에 해당되는 계획을 무엇이라 하나? (2009년 제1회, 2007년 제2회)

전반적으로 제품을 진열하는 매장 공간, 고객 서비스 공간, 창고 등과 같은 점포의 주요 기능 공간의 규모와 위치를 간략하게 보여 주는 것

① Bubble 계획   ② Block 계획   ③ Coverage 계획   ④ 동선계획

해설) Bubble계획: 상품의 근접배치 효과는 거품형태와 같이 매장과 후방시설물의 위치 및 크기에서 나타난다.

정답) ①

70 하나의 매장에 대하여 "상품이 잘 정돈되어 있다"라는 표현을 소매상인이 사용했다면 다음 내용 중 이 표현을 가장 잘 대변하는 내용은? (2007년 제1회)

① 상품보관창고의 설비와 상품의 정리정돈 상태가 잘되어 있다.
② 최고급 품질의 상품만을 진열하고 제공한다.
③ 매장에서 판매상품들이 일목요연하게 잘 진열되어 있다.
④ 원스톱 쇼핑의 편리함을 주기 위해 다양한 제품분야의 다양한 상품들을 제공해 주는 소매상을 의미한다.

해설) "상품이 잘 정돈되어 있다"라는 표현은 매장에서 판매상품들이 일목요연하게 잘 진열되어 있다는 것을 말한다.

정답 ③

71. 디스플레이(display)를 분류할 때, 주제별 진열(theme play), 라이프스타일별 진열 (lifestyle display), 개방형 진열(open display), 종류별/등급별 분류 진열(classification display) 등으로 나눈다. 이 중에서 슈퍼마켓이나 대형할인점에서 주로 채택하는 진열방식은? (2007년 제1회)

① 주제별 진열(theme display)　　② 라이프스타일별 진열(lifestyle display)

③ 개방형 진열(open display)　　　④ 종류별/등급별 분류 진열(classification display)

해설) 매장에서의 상품구성은 같은 류의 품목별 구성이 전통적으로 이어 온 일반적인 방식이지만 최근에는 소비자의 구매습관 또는 가치 기준이 점포의 다양화에 따라 라이프스타일별, 니즈별 편집 구성으로 대응하기도 한다. 고급 백화점에서는 종래의 품목별, 상품 분류별 매장 구성에서 탈피하여 라이프스타일별, 니즈별 구성으로 바꾸고 있다. 그러나 슈퍼마켓이나 대형할인점에서 주로 채택하는 진열방식은 종류별/등급별 분류 진열(classification display)이 기본이다.

정답 ④

72. 다음은 어떤 상품 진열 방법에 대한 설명인가? (2007년 제2회)

> 높이 쌓아 놓고 날개 돋친 듯이 팔려나가게 하라.
> 점포의 가격 이미지를 강화하는 데 사용된다.
> 상품 그 자체가 하나의 진열 방식이다.

① 아이디어 지향적 진열　　　② 수직적 진열

③ 전면 진열　　　　　　　　④ 적재 진열

해설) ① 아이디어 지향적 진열: 제품이 점포의 전체적인 인상을 표현하기 위해 진열되는 경우 ② 수직적 진열: 곤돌라 내에서 동일(유사) 품종 제품을 세로로 진열하는 방법을 말하며, 상품을 진열할 때 상품을 한 눈에 보기 쉽고 사기 쉽게 하기 위한 진열

③ 전면 진열: 상품의 브랜드가 보이게 똑같은 모습으로 진열하는 것으로, 오래된 상품을 선반 전면에 내고, 새로 보충할 상품을 뒤쪽에 진열하는 방식

정답 ④

73. 다음 중 기회비용의 개념을 올바르게 설명한 내용이 아닌 것은? (2008년 제1회)

① 다양한 용도를 지니고 있는 재화가 다른 용도를 포기하고 어떤 한 가지 목적을 위해 사용되었을 때, 포기된 여타 용도의 가치 희생분은 화폐가치로 측정하여 평가한 것을 의미한다.

② 반제품을 완제품으로 가공하여 판매할 것인가 아니면 반제품으로 판매할 것인가를 결정하고자 할 경우 의사결정의 중요한 수단(판단기준)으로 제공되는 개념이다.

③ 기회비용은 거래에서 직접적으로 발생하는 직접비용에 반하는 개념으로 거래 간접비용을 의미한다.

④ 오너 기업가의 경우 자신이 받아야 하는 임금수준을 책정하기가 쉽지 않다. 오너 기업가의 임금수준을 결정할 때 일반적으로 기회비용개념이 적합한 기준을 제공해 준다.

해설) 기회비용이란 한 가지를 선택함으로써 포기하게 되는 것의 가치를 말한다. 어떤 재화의 용도가 여러 가지일 경우, 그중에서 한 가지만 선택할 수밖에 없을 때 포기한 것에 대하여 포기하지 않았을 때 얻을 수 있는 이익을 평가한 것을 기회비용이라 한다.

③ 기회비용은 거래에서 직접비용이든, 거래간접비용이든 거래상의 기회비용 모두 포함한다.

정답 ③

74. 소매업체에서 정보화의 중요한 수단으로 사용하고 있는 POS에 대한 아래의 설명 중에서 옳은 것은? (2008년 제1회)

① 북미지역에서 주로 활용하는 LPC와 유럽지역을 중심으로 한 EAN이 있는데, 우리나라를 비롯한 대다수의 국가들은 미국 등 북미 지역에서 활용하는 LPC 체계를 따르고 있다.

② 유통업계에서는 입고 후 소스마킹(source marking)을 하여야 POS가 작동될 수 있다.

③ 스토아컨트롤러란 상품에 부착된 바코드를 판독하여 정보를 집계할 수 있도록 고안된 시스템을 말한다.

④ 단품관리, 자동판독, 판매시점에서의 정보입력 등의 특징이 있다.

해설) POS 시스템이란 판매시점관리라고 하는데, 소매상의 판매기록, 발주, 매입, 고객관련 자료 등 소매업자의 경영활동에 관한 각종 정보를 판매시점에서 파악하여, 컴퓨터시스템을 활용하여 관리하는 종합적인 소매정보시스템을 의미한다. 유통업자를 위한 시스템이 아니라 판매자인 대형할인점, 백화점, 편의점 및 슈퍼마켓에서 카운터에 설치된 컴퓨터 시스템에 물품을 통과시킬 때마다 판매가격의 합계, 판매자료 등의 정보가 수집되어 매출액, 재고상태 등의 영업정보를 획득할 수 있다. 단품관리, 자동판독, 판매시점에서의 정보입력 등의 특징이 있다.

정답 ④

1. EAN

   표준화된 바코드를 말함. 전 세계적으로 코드 체계가 표준화되어 있어 소매점의 POS 시스템이나 제조업 혹은 물류 업자의 물류 관리 등에 사용된다. 일반적으로 널리 사용되는 표준형은 자리 수가 13자리이며, 단축형은 표준형의 크기로는 인쇄 공간이 부족한 일부 제품에 8자리로 사용된다. 이는 유통 정보 시스템 구축의 가장 기초 단위로서 유럽 물품 번호(EAN) 코드를 활용하고자 하는 업체는 유통 정보 센터에 등록함으로써 사용이 가능하다. 우리나라는 1988년도에 국제코드 관리 기관에 정식 회원국으로 가입하면서부터 사용되기 시작했다.

2. LPC: programming language

3. Source marking: 잡화, 가공 식품 등의 생산이나 포장단계에서 상품 패키지에 제조회사가 직접 인쇄한 바코드.

75. 어느 소매점은 지난 한 해 동안 2억 7천만 원의 순매출실적을 기록했다. 이 소매점의 지난해 총자산은 9천만 원, 취득원가로 계산한 연평균 재고액은 3억 6천만 원, 매출원가는 1억 8천만 원이었다. 이 소매점의 지난 해 재고총이익률(GMRII)은? (2008년 제1회)

    ① 25.0% ② 50.0% ③ 100.0% ④ 250.0%

해설) 재고총이익률(GMRII, Gross Margin Retune On Inventory)

    (1) 매출액─매출원가＝매출총이익: 2억 7천만─1억 8천＝9천만

    (2) 매출총이익/연평균재고액＝재고총이익률: 9천만/3억 6천＝25%

정답 ①

76. 다음 중에서 수량에 의한 재고관리의 장점을 가장 잘 설명하고 있는 것은? (2009년 제1회)

    ① 매입자금에 대한 관리가 용이하다.

    ② 매출액에 대한 예측이나 상품회전율을 파악하는 것이 용이하다.

    ③ 회계상 손익계산에 결부시키는 것이 용이하다.

    ④ 어느 상품이 어느 정도 판매되었으며, 얼마나 매입하였는가를 파악하기가 용이하다.

해설) 재고관리는 매입자금이나 손익계산과는 관계가 없으며, 순수하게 상품판매 정

도와 그에 따른 매입계획수립에 필요한 것이다. 물론 ②의 상품회전율을 파악하는 것도 관계는 있으나 매출액을 예측할 수 있는 수단은 아니다.

정답 ④

77. 점포의 시설을 전방시설, 중앙시설, 후방시설로 나눌 때 전방시설의 기능만으로 바르게 연결된 것은? (2008년 제1회)
① 전시진열기능―연출기능
② 유도기능―광고소구기능
③ 판매촉진기능―관리기능
④ 생활기능―연출기능

정답 ②

78. 다음 중 손익분기점 분석(the break―even point analysis)에 관한 설명으로 옳지 않은 것은? (2008년 제1회)
① 손익분기점분석은 손익분기점을 파악하기 위하여 비용 및 매출액 수준과 이익 사이의 관계를 분석하는 기법으로 총수익과 총비용이 일치하게 되는 판매수량 혹은 매출액을 의미한다.
② 경영자가 손익분기점 분석을 통해 어떤 측정가격과 원가구조하에서 기업이 얼마를 판매해야만 손익이 분기되는가를 예측하는 방법 또는 판매액이 손익분기가 되는데 얼마나 시간이 소요되는가의 관점에서 예측할 수 있다.
③ 손익분기점 분석은 유동자산에 대한 투자의 적정성을 파악하는 기법으로서 금융권에서 기업대출을 위한 신용도(위험도)를 심사(평가)할 경우 판단기준을 제공해 주는 분석도구의 하나이다.
④ 손익분기점 분석은 기본적으로 단기적이고 정태적인 분석수단이라는 한계를 가지고 있음에도 불구하고 동태적인 분석을 위한 기초자료로서 그 중요성을 간과할 수 없다.

해설) 손익분기점이란 일정기간의 매출액과 그 매출액을 실현하기 위해서 지출된 총비용이일치하는 시점의 매출액을 말한다. 손익분기점 분석을 위해서는 총비용을 매출액의 변동에 관계없이 일정하게 발생하는 고정비(FC)와 매출액의 변동에 비례하여 발생하는 변동비(VC)로 구분하여야 한다. 그러나 현실적으로는 모든 비용항목들이 반드시 매출액에 비례하여 발생하거나 또는 일정하게 발생하는 것이 아니므로 월별 손익계산서를 토대로 고정비와 변동비를 적정하게 분류하여야 한다.

정답 ③

79. 유통업의 경영성과를 측정하는 항목은 크게 안정성, 수익성, 성장성, 생산성으로 구분된다. 다음 중 수익성 측정에 해당하는 항목은? (2008년 제2회)

   ① 인건비＋조세공과＋감가상각비＋임차료＋세전이익＋지급이자─수입이자

   ② 순매출액/자기자본

   ③ (순매출이익/순매출액)X100

   ④ (유동자산/유동부채)X100

해설) 수익(revenue)성이란 기업 경영 활동의 결과로 자본의 증가를 가져오는 정도이다.

정답 ③

80. 다음 중에서 도매상을 배제하는 이유로 보기 가장 어려운 내용은? (2008년 제1회)

   ① 소비자 수요의 변화속도

   ② 사회간접자본의 확충

   ③ 집중저장의 원리

   ④ 소매기관의 대형화

해설) 집중 저장의 원리란 도매상의 중요한 기능으로 재고 비용 절감, 판매 촉진 효과 중간상 이용에 따른 거래 횟수의 절약 등이다.

정답 ③

81. 아래의 설명에 가장 적합한 소매업 유형은? (2008년 제1회)

〈소비자가 알고 싶어 하는 상품 및 서비스 등에 관한 다양한 정보를 인터넷을 통해 제공받고자 할 때, 인터넷유통업자는 소비자가 자신들의 사이트에서 인터넷 접속을 시작하고, 다른 사이트로 옮기지 않고 끝까지 자신의 사이트에 머물면서 비즈니스를 하도록 유도하고자 하는 사업모델〉

   ① 채널 지원형   ② 카테고리 킬러형   ③ 스위칭 촉진형   ④ 수직적 포탈형

정답 ④

82. 다음은 판매사무에 관한 설명이다. 틀린 것은?

   ① 판매사무는 일반적인 표준을 정하기가 용이하다.

   ② 판매사무는 판매업무와 병행해서 동시에 처리해야 할 것이 있다.

   ③ 판매사무는 되도록 사무전문부문에 집중시키거나 기계화하는 것이 바람직하다.

   ④ 판매사무를 기능적으로 분석하면 판매계획, 실시, 통제, 평가에 관한 사무로 나눌 수 있다.

해설) 판매사무는 일반적인 표준을 정하기가 어렵다.

정답 ①

83. 다음 중 POS시스템을 도입함으로써 얻어지는 상품관리상의 이점이라고 할 수 없는 것은?
    ① 상품구색의 적정화에 도움이 되는 정보를 제공한다.
    ② 상품재고의 적정화에 도움이 되는 정보를 제공한다.
    ③ 효과적인 페이싱 관리를 할 수 있다.
    ④ 상품재고의 실사 조사를 할 필요성을 없애준다.
해설) POS시스템은 상품재고 파악에 도움을 주지만 재고조사 자체를 대신 해 주기 위한 시스템은 아니다.
정답 ④

84. 다음은 상품회전율을 증대시키기 위한 방법으로서, 다음 글 중 틀린 것은?
    ① 매출액을 일정하게 하고, 평균재고액을 감소시킨다.
    ② 매출액을 감소시키고, 평균재고액을 증가시킨다.
    ③ 평균재고액을 일정하게 하고, 매출액을 증가시킨다.
    ④ 평균재고액을 증가시키고, 매출액도 증가시킨다.
해설) 매출액은 증가된다.
정답 ②

85. 다음 중 괄호 안에 들어갈 적합한 것은?

    ( )은(는) 점포를 구성하는 각 부분에 대한 공간의 할당과 배치를 의미한다.

    ① 점포 환경   ② 점포 레이아웃   ③ 점포 입지   ④ 점포 설계
정답 ②

86. 다음에서 카탈로그, DM 소매업의 단점인 것은?
    ① 창업비가 적게 든다.
    ② 재고를 많이 가질 필요가 없다.
    ③ 지하실이나 차고를 창고 겸 사무실로 이용하여 출발할 수도 있다.
    ④ 우편비용과 인쇄비용이 비싸다.
해설) 카탈로그, DM 소매업의 단점으로는 우편비용의 상승, 소비자 주의 끌기의 어려움, 유행과 소비자 취향 변화에 대한 느린 대응 등을 들 수 있다.
정답 ④

87. 다음 중 점포의 공간 효율성을 높이기 위해 상품을 직선형으로 병렬배열하며 상품의 배열과 배열 사이에 고객들이 움직일 수 있는 복도를 만드는 레이아웃은 무엇인가?

① 부틱형 레이아웃 ② 원형 레이아웃 ③ 격자형 레이아웃 ④ 자유형 레이아웃

해설) 격자형 배치는 기둥이 많고 기둥 간격이 좁은 상황하에서도 설비비용을 절감할 수 있으며, 통로 폭이 동일하기 때문에 건물전체 필요 면적이 최소화된다는 단점이 있다.

정답 ③

88. 편의품, 선매품, 전문품에 대한 다음 설명 중 틀리는 것은?
  ① 편의품은 일상생활과 깊은 관계가 있는 상품이다.
  ② 전문품은 품질 우선이고, 가격은 별 문제이다.
  ③ 선매품 구입 시에는 시간, 노력을 많이 들이는 편이다.
  ④ 편의품에 비하여 선매품의 마진이 낮은 편이다.

정답 ④

〈보충설명〉

	편의품	선매품	전문품
구매빈도	높다	중간	낮다
관여도 수준	낮다	비교적 높다	매우 높다
문제해결 방식	일상적 문제해결	포괄적 문제해결	상표 충성도에 의한 구매
제품종류	치약, 세제, 비누, 껌, 과자류	패션, 의류, 승용차, 가전	고급시계, 고급오디오, 보석
가격	저가	고가	매우 높은 가격
유통	집중적 유통	선택적 유통	매우 높은 가격
프로모션	높은광고지출 빈번한 판촉	제품의 차별성강조	구매자의 지위강조

89. 다음은 직접 판매에 대한 설명이다. 거리가 먼 것은?
  ① 가정에서 이루어지기도 하고, 직장에서 일어나기도 하며, 전화를 통하여 일어나기도 한다.
  ② 방문 세일즈맨을 이용한다.
  ③ 파티 방식을 통해서 일어나기도 한다.
  ④ 소비자의 주의 끌기가 어려우며, 유행과 소비자 취향 변화에 대한 대응이 늦다.

해설) ④는 카탈로그, DM 소매업의 단점이다.

정답 ④

90. 편의점(CVS)의 소비자에 대한 편의제공으로 볼 수 없는 것은?
    ① 주택가에 위치
    ② 저가격에 의한 상품판매
    ③ 폭넓은 상품구색의 갖춤
    ④ 시간적 제약의 완화
정답 ②
해설) 편의점은 일반 소매점에 비해 저가격에 의한 상품판매는 하지 않는다.

91. 다음은 상품구성 계획의 내용이다. 틀린 것은?
    ① 매장의 규모가 커지므로 취급상품의 수량을 늘리려 할 때에는 충분히 검토한다.
    ② 구색의 폭을 무계획하에 넓히는 것보다는 깊이를 더하는 것이 이익을 기대할
       수 있다.
    ③ 거래처 영업사원의 의견에 따라 상품구성을 계획한다.
    ④ 거래처를 선별하여 관리한다.
해설) 거래처의 영업사원의 의견을 따르는 것이 아니라 매장오너의 여러 여건, 제약
     조건을 고려하여 상품을 구성하는 것이다. 즉 많이 갖다 놓으면 좋겠지만 매
     장공간, 자본력 등이 한계로 작용할 것이다.
정답 ③

92. 다음 중 상품진열의 원칙과 가장 거리가 먼 것은?
    ① 사고 싶은 욕망을 느끼도록 한다.
    ② 상품에 대하여 흥미를 가지도록 한다.
    ③ 상품에 주목하도록 한다.
    ④ 고가품만 사가도록 유도한다.
정답 ④

93. 서비스는 무형적인 특징을 지니면서 일정한 기간이 지나야 서비스품질의 속성을
    경험하게 되는데 이와 같은 특성을 무엇이라 하는가?
    ① 신용속성   ② 탐색속성   ③ 경험속성   ④ 부가속성
해설) 신용속성이란 서비스를 수혜 받고 일정기간이 지나기 전까지는 서비스 가치를
     평가하기가 힘이 들고 쉽게 그 가치를 평가하기가 어렵다는 것을 말한다.
정답 ①

94. 점포에서 고객에게 상품을 팔기 위해서는 점포의 레이아웃(layout)의 형태가 중
    요하게 작용된다. 다음은 어떠한 형태를 설명하고 있는 것인가?

> 이러한 배치는 일반적으로 식료품점에서 주로 구현되는 방식으로 고객들이 지나는 통로에 반복적으로 상품을 배치하는 방법이며 비용 면에서 효율적인 배치형태이다.

    ① 자유형   ② 격자형   ③ 경주로형   ④ 사방형

해설) 격자형은 고객의 동일제품에 대한 반복구매가 높은 소매점이나 슈퍼마켓, 할인점 같은 경우의 업태에서 자주 이용되고 있는데 이러한 격자형에는 주통로와 직각으로의 보조통로가 있으며 그 넓이는 동일하다.

정답 ②

95. 일반적으로 슈퍼마켓에서 자주 사용하는 가장 적합한 레이아웃(Layout)의 기본유형은?

    ① 자유형   ② 격자형   ③ 방사형   ④ 육각형

해설) 격자형(Grid) 배치는 기둥이 많고 기둥 간격이 좁은 상황하에서도 설비비용을 절감할 수 있으며, 통로 폭이 동일하기 때문에 건물 전체의 필요면적이 최소화된다는 장점이 있다.

정답 ②

96. 다음에 해당하는 소매업태를 고르면?

> 주로 셀프 서비스(self - service)로써 집을 개조하는 데 필요한 여러 물건을 취급하는 점포에 해당하는 곳으로 전통적인 상품믹스는 건축자재나 페인트, 기재, 난방장비, 집의 보수나 유지에 필요한 다양하고 깊은 구색의 재료를 취급한다.

    ① 카테고리 킬러   ② 슈퍼마켓   ③ 홈센터   ④ 하이퍼마켓

해설) 홈센터(Home center)는 1960년대 미국에서 환경운동과 주택개선 붐이 형성되면서 시작된 일종의 DIY(Do It Yourself) 시장이 급성장하면서 등장한 신업태의 일종이다.

정답 ③

97. 다음 중 원라이팅 시스템(One - Writing System)의 장점에 해당되지 않는 것은?
    ① 전표 작성의 사무 작업량이 감소된다.
    ② 전기에 수반되는 사무 작업량을 생략할 수 있다.
    ③ 장부에 비해 중시되는 경향이 있다.
    ④ 내부 견제제도의 활용과 부정이 예방된다.

해설) 원라이팅 시스템은 문자 그대로 한 번만 사무작업량을 기록하기 때문에 일정한 형식을 가지고 기재하는 장부에 비해 경시되는 경향이 있다.

정답 ③

98. 다음에 해당하는 설명으로 옳은 것은?

> 일용 잡화점과 같이 미국 특유의 소매업태인데, 일용 잡화점의 취급 품목에 의약품·조제약품·화장품 등을 추가한 상품구성을 가진 업태이다.

① 드럭스토어   ② 카테고리 킬러
③ 다단계 판매   ④ 인터넷 소매

해설) 드럭스토어는 미국에서 발생한 업태로 다른 지역에서 쉽게 볼 수 없는 소매상이다. 일반적인 소매업태와는 달리 잡화물품에 의약품, 조제약품 등이 추가되어 판매된다.

정답 ①

99. 다음 중 점포 내 책임자가 소비자에게 제품을 판매하기 위하여 여러 가지 방법으로 상품진열방법을 결정해야 하는데 이중에서 가장 중요시해야 하는 항목은?
① 판매하는 제품의 가격
② 판매하는 제품의 겉포장
③ 제품이 지니고 있는 잠재적 이윤
④ 제품과 그 제품을 판매하는 점포 이미지의 조화

해설) 상품을 진열한다는 것은 판매촉진의 조성수단으로 작용하는 것이 가장 중요한 요소가 된다. 또한 이러한 진열을 통하여 최종 소비자들에게 직접적인 언급이 없이도 소비자가 그 상품을 평가할 수 있는 기회가 된다.

정답 ④

100. 다음 중 손익계산서(Income Statement)에서 사용되는 용어로 볼 수 있는 항목이 아닌 것은?
① 매출액   ② 매출원가   ③ 매출손익   ④ 자본조정

해설) 손익계산서(Income Statement)는 일정기간에 있어서 기업의 경영성과를 나타내는 재무제표의 일종이다. 여기에 나오는 자본조정이란 이미 거래의 내용이 발생하였으나 구체적으로 어느 항목으로 가야 할 것인지가 정해져 있지 않은 임시계정을 말하며 이는 대차대조표의 대변 항목에 해당한다.

정답 ④

101. 다음 중 손익계산서의 산식으로 바르게 설명된 것은?
① 영업손익 = 매출액 - 매출원가
② 경상손익 = 영업손익 + 영업외수익 - 영업외비용
③ 법인세차감전순이익 = 경상손익 + 영업외수익
④ 당기순손익 = 법인세차감전순손익 + 법인세비용

정답 ②

〈참고〉 손익계산서 산식은 다음과 같다.

매출총손익 = 매출액—매출원가

영업손익 = 매출총손익—판매관리비

경상손익 = 영업손익+영업외수익—영업외비용

법인세차감전순손익 = 경상손익+특별이익—특별손실

당기순손익 = 법인세차감전순손익—법인세비용

102. 기업의 경영성과를 나타내는 지표로서 대차대조표와 손익계산서에 대한 설명이다. 올바르지 않게 설명한 것은? (2008년 제2회)
   ① 대차대조표는 결산기 말에 기업의 영업활동에 사용되고 있는 자산이 어떠한 형태로 얼마나 현존하고 있는지와 자산이 어떻게 조달되고 있는가를 나타낸다.
   ② 대차대조표는 각종 자산이나 부채, 자본 등이 어떻게 구성되어 있는지, 균형이 맞는지, 재정상태가 건전한지를 검토할 수 있다.
   ③ 손익계산서는 결산기 말의 영업성적을 결산하며, 결산에 나타난 손익을 달성하기 위해 어떠한 비용을 사용했는가를 밝히고, 기말 현재의 미처분이익을 나타내는 스톡(stock) 개념의 계산표이다.
   ④ 손익계산의 원리는 매출액에서 매출원가를 차감하여 매출총손익을 계산하고 매출총손익에서 판매비와 관리비를 차감하여 영업이익 혹은 손실을 파악한다.
해설) 손익계산서는 일정기간 중에 발생한 모든 수익과 이를 얻기 위해 소요된 비용 및 손실을 대비함으로써, 그 기간의 순손익을 확정하는 동시에 그 순손익이 발생한 원인 및 과정을 명확하게 보여 주는 것이다. 이는 또 예상 수익을 측정할 수 있게 함으로써 장래의 경영활동에 중요한 지침을 제공한다. 따라서 미처분이익을 나타내는 개념은 아니다.
정답 ③

103. 다음의 비용종류들 중에서 기업의 경영자가 의사결정시 고려해야 할 비용과 가장 거리가 먼 것은? (2008년 제2회)
   ① 기회비용   ② 고정비용   ③ 매몰(함몰)비용   ④ 공동비용

해설) 매몰비용은 감가상각 같은 비용으로 경영자가 통제 가능한 비용이 아니다.

정답 ③

104. 다음 중 고객의 구매결정상 심리적 프로세스로써 고객의 시선을 점포 내로 유도하는 역할을 하는 것으로 해당하지 않는 것은?

　① 주의(attention)　　　② 흥미(interest)

　③ 행동(action)　　　　④ 구매(purchase)

해설) 고객의 구매결정상 심리적 프로세스로서 AIDMA 원리를 쇼윈도 연구에 응용할 수 있는데 이는 주의(attention), 흥미와 관심(interest), 구매욕망(desire), 기억(memory), 구매행동(action) 등의 5단계를 의미한다.

정답 ④

105. 소비자의 인지부조화(cognitive dissonance)는 소비자 구매행동과정 중에서 어느 단계와 가장 밀접한 관련이 있는가? (2009년 제1회)

　① 문제인식단계　　② 대안 평가단계　　③ 구매실행단계　　④ 구매 후 평가단계

해설) 인지부조화란 구매 전 기대했던 제품의 품질 등과 구매 후 사용하면서 느끼고 인지한 상태와의 갭을 말한다.

정답 ④

106. 최근에 인터넷의 보급과 사용이 폭발적으로 증가하고 있는데 이러한 측면에서 보면 개별기업에 대한 인터넷의 효용으로 볼 수 없는 것은?

　① 효율적인 유통구조가 가능해 진다.

　② 판매비용의 절감을 가져온다.

　③ 전산화나 기업정보의 통신비용이 증가한다.

　④ 새로운 판매기회를 제공한다.

해설) 대부분의 기업들은 전용선으로 EDI 시스템을 구축하고 있다. 그러나 인터넷 기술의 도입은 이러한 전용선 확보보다 인터넷 기반이라는 효율적인 인프라의 사용으로 더 나은 효과를 달성하도록 해 준다. 즉 전산화 및 기업정보의 통신비용을 절감할 수 있다.

정답 ③

107. 다음 중 오프라인유통업과 비교하여 온라인 유통업(인터넷쇼핑몰)의 장점으로 보기 가장 어려운 것은? (2009년 제1회)

　① 고객들이 무엇을 구매했는지 그리고 고객들이 어떤 상품을 둘러보았는지 손쉽게 파악할 수 있다.

② 가격비교를 통한 폭넓은 선택을 가능하게 해 준다.

③ 일반적으로 상품에 대한 보다 구체적인 정보를 제공한다.

④ 구매욕구를 즉각적으로 충족시킨다.

해설) 인터넷 쇼핑몰은 인터넷서핑의 장점을 가지고 있지만 실제로 제품을 보거나 만져보지 못하므로 즉각적인 구매욕구를 충족시키지는 못한다.

정답 ④

108. 다음 중 카탈로그 판매의 특징에 해당하지 않는 것은?

① 전통적인 무점포 소매방식의 하나이다.

② 일반적으로 우편을 통하여 제품을 소개한다.

③ 카탈로그는 전문적으로 판매를 수행하는 업체에서만 수행한다.

④ 카탈로그 판매는 고객의 이해를 상당히 요구하게 된다.

해설) 카탈로그 판매는 카탈로그 판매를 전문적으로 수행하는 업체에 의해서 수행되기도 하지만 점포소매상에서도 보완적인 경로로써 적극적으로 활용하고 있는 추세에 있다. 예컨대 백화점에서 카드고객 데이터베이스를 이용하여 결제청구서와 함께 통신판매 안내책자를 보내는 것은 매우 흔한 일이 되었다.

정답 ③

109. 고객들이 빠르고 쉽게 각 점포들의 가격이나 품질을 비교하는 정보망을 지니고 있다면 이것은 on-line상의 인터넷 소매상들이 가격경쟁을 할 수 밖에 없게 된다. 만약 인터넷 소매점이 가격경쟁을 회피하기 위하여 사용할 수 있는 가장 적절한 방법을 고른다면?

① 항상 저가정책으로 전환

② 다른 경쟁업체보다 뛰어난 서비스를 제공

③ 특정한 제조업자의 상표만을 부착

④ 다른 경쟁업체보다 뛰어난 광고를 제공

해설) 현재의 대부분의 소비자들은 인터넷 사용에 자유롭다. 그들은 여러 사이트(sites)를 돌아다니면서 가격을 비교하고 각종 서비스를 향유한다. 그중에서 여러 가지를 고려하여 다른 경쟁업체보다 뛰어난 서비스를 제공한 업체에서 상품을 구입하게 된다.

정답 ②

110. 다음 중 인터넷 소매업과 관련하여 맞게 기술한 것은? (2008년 제2회)

① 최근 우리나라의 인터넷을 이용한 소매업은 인지도가 높은 브랜드를 중심으로 온라인과 판매를 분리하는 경향이 있다.

② 최근 인터넷 쇼핑몰은 제조업자와 소매업자 간의 중간단계의 중계상이 완전히 사라지는 직 거래의 형태가 대부분이다.

③ 우리나라에서는 인터넷소매업과 관련된 법률을 전자상거래기본법에서 구체적으로 규정하고 있다.

④ 인터넷 소매업이 활성화되기 위해서는 물류와 연계한 효율성을 높이는 것이 바람직하다.

해설) 최근에 인터넷은 전자상거래라는 새로운 문화를 창출, 확장, 발전시켰다. 이로 인해 사람들은 시간과 공간을 초월하여 비즈니스를 실현시킬 수 있게 되었고 사이버 기업, 사이버 마켓, 사이버 사회 등과 같은 신종 문화를 탄생시키고 있다. 인터넷을 이용한 상거래에 관한 광의의 개념은 인터넷을 기반으로 고객, 기업, 정부 등의 경제주체들이 제품 및 서비스를 거래하는 것을 의미한다. 즉 거래당사자들이 직접 만나지 않고 인터넷을 통해 구매, 판매, 마케팅, 대금결제 등의 상거래 절차를 수행하는 것이다. 따라서 인터넷 쇼핑이란 고객이 가상공간에 마련된 쇼핑몰(cyber mall)에 방문하여 제품을 구매하는 것으로 정의할 수 있다. 즉 기존의 상거래 방식처럼 고객이 실물시장에 나아가서 제품을 비교하고 선택하는 방식을 취하고 있지 않다. ①에서 인터넷 쇼핑몰에서는 브랜드보다는 비교적 가격이 싼 제품을 취급하며, ② 중간상이 완전히 배제되는 것은 아니며, ③에서 인터넷 소매업에 관한 법률은 전자상거래기본법 외에 전자상거래 등에서의 소비자보호에 관한 법 등 많이 있다.

④에서는 인터넷 소매업의 활성화는 합리적이고 효율적인 물류가 이루어질 때 가능하다.

정답 ④

111. 다음의 전자상거래가 소비자에게 주는 영향에 대한 설명 중 옳지 않은 것은?
(2006년 제1회)

① 유통단계를 축소함으로써 소비자들이 보다 저렴하게 구매할 수 있는 효용을 제공할 수 있다.

② 기업이 고객의 구매행태를 효율적으로 관리할 수 있어 고객에게 보다 높은 효용을 줄 수 있다.

③ 다양한 품목에 대한 정보를 비교할 수 있어 구매의 편리성을 줄 수 있다.

④ 상품 정보의 신뢰성을 높이기 위한 목적으로 다양한 할인 혜택을 제공할 수 있다.

정답 ④

해설) ④의 경우는 판매자 입장에서의 일반적인 장점이다. 즉 다양한 할인 혜택을 제공해 주는 주체는 판매자이지 소비자가 아니다.

112. 인터넷 소매업에 대한 아래의 설명 중에서 옳다고 보기 어려운 것은? (2007년 제2회)
　　① 가능하면 오프라인 채널과 연계하여 시너지 효과를 기대할 수 있어야 한다.
　　② 카테고리 킬러형보다는 채널 지원형을 추구하는 것이 안전하다.
　　③ 제품 전략과 연계하여 제품과 서비스의 묶음(bundling), 관련 제품의 교차판매
　　　(cross—selling) 등을 추구하여야 한다.
　　④ 오프라인 유통채널은 고급 시장을, 인터넷 유통업은 중급시장을 표적으로 하
　　　는 등 표적 시장을 차별화하는 것도 인터넷 소매업을 전개하는 유용한 전략
　　　이 될 수 있다.
해설) ②의 인터넷 소매업은 특정제품을 특화하여 저렴한 상품을 공급하는 카테고리
　　　형이 안전하다.
정답 ②

〈인터넷 소매상의 유형〉

　1. 채널 지원형: 오프라인 채널을 지원하여 추가적인 매출을 올리고자 인터넷을 이용하
　　　는 것이다.
　2. 카테고리 킬러형: 특정 제품계열에 특화하여 대량구매 및 대량판매를 통하여 저비용
　　　을 실현하고 소비자에게 낮은 가격으로 상품을 제공하여 경쟁우위를 추구하는 소매
　　　업태를 말한다.
　3. 경매형: 구매자끼리의 입찰에 의해 가격이 결정되는 비즈니스 모델로 이는 시간과
　　　장소의 제약을 벗고 경매대상 품목이 낙찰 이전에 이동할 필요가 없다.

113. TV 마케팅에 대한 아래의 설명 중에서 옳지 않은 것은? (2007년 제2회)
　　① 30초에서 1분 내의 짧은 시간 동안 TV광고 방송을 통해 제품소개를 하고,
　　　수신자부담 번호로 주문하게 하는 것을 시연(demonstration)이라 한다.
　　② 30분 내지 1시간의 비교적 긴 시간 동안 토크쇼 형식으로 광고방송을 하는
　　　것을 인포머셜(informercial)이라 한다.
　　③ TV 홈쇼핑업체들도 우수 중소기업들과 협력하여 PB제품을 개발·시판하고 있다.
　　④ TV 홈쇼핑업계는 기존고객 창출과 함께 기존고객 유지를 위한 CRM 활동에
　　　주력하고 있다.
해설) 시연(demonstration): 고객에게 제품을 직접 작동해 보이거나 경험할 수 있게

해 줌으로써 즉각적인 신뢰를 획득할 수 있는 방법이다. 주로 사람들이 많이 모이는 상가나 쇼핑몰 또는 호텔의 연회장에 고객을 초대해서 진행하는데, 제품의 종류에 구애받지 않고 널리 사용할 수 있는 장점을 가지고 있다. 특히 기술적인 제품을 이해시키는 데 효과적이어서 하이테크 기업들이 세미나나 전시회에서 즐겨 사용하는 방법이다.

정답 ①, ④

114. 유통업태의 하나인 카테고리 킬러(category Killer)에 대한 설명으로 가장 적절한 내용은? (2007년 제2회)

① 한 가지 상품 군을 깊게 취급하며 할인점보다 낮은 가격에 판매하는 업태

② 주로 메이커의 이월상품이나 하자품을 취급하며 최저가격을 지향하는 업태

③ 표준화된 상품을 셀프서비스하에서 저가격으로 대량 판매하는 업태

④ 생활 잡화와 식품 위주로 다양한 품목을 낮은 가격으로 판매하는 업태

해설) 카테고리 킬러(전문할인점)는 기존 종합소매점에서 취급하는 품목들 중 특정계열 상품에 대해 중점적으로 풍부한 구색을 갖추고 저렴하게 판매하는 것을 원칙으로 한다. 즉 타업태와 비교해 상대가 되지 않을 정도로 완벽한 제품 구색과 깊이를 갖춰 시장을 싹쓸이하는 "파워 리테일링(Power Retailing)"의 대표적인 업태이다.

정답 ①

115. 텔레마케팅에서 고객이 카탈로그를 보고 상품판매회사로 전화를 걸어오는 방식을 무엇이라고 하나? (2007년 제1회)

① 인바운드 텔레마케팅   ② 아웃바운드 텔레마케팅

③ 콜센터   ④ 클로버 서비스

해설) ① 인바운드 텔레마케팅: 고객 혹은 잠재 고객으로부터 전화를 수신하는 형태의 텔레마케팅으로, 카탈로그 통신판매의 전화수주나 대중매체 광고에 의한 반응 획득, 각종 고객 문의·상담 등에 사용된다.

② 아웃바운드 텔레마케팅: 고객에게 자동으로 전화를 걸고 해당 고객의 정보를 상담원의 화면에 나타내줌으로써 공격적인 상담이 가능하다. 또 상담내용은 자동으로 모니터링되어 시간, 비용, 업무효율 모두를 만족할 수 있다.

③ 콜센터(call center): 콜센터는 고객 및 기타 다른 전화통화가 조직적으로 처리되는 중추적인 장소로서, 대개 어느 정도는 컴퓨터 자동화가 되어 있다. 콜센터는 적지 않은 양의 통화를 동시에 처리하고, 통화를 구분하여 그 일을 처리할 수 있는 다른 사람에게 연결하며, 또 통화 내역을 자동으로 기록하는 등의 능력을 가지고 있다. 콜센터는 우편주문 카탈로그 조직, 텔레마케팅 회사, 컴

퓨터 제품의 고객 상담실, 전화를 사용하여 제품이나 서비스를 판매하는 대형 조직 등에서 주로 사용된다.

④ 클로버 서비스(clover service): 수신자에게 전화 요금을 대신 부과토록 하는 새로운 형태의 전화 요금 서비스로서, 전화 예약, 전화 판매, 전화 안내 등 텔레마케팅의 의존도가 높은 백화점, 호텔, 여행사 등의 서비스업체에서 활발한 이용이 예상된다.

정답 ①

제 3 장

상품관리

제1절 상품 분류

::상품의 분류 기준

1. 제품과 제품의 분류

(1) 제품의 개념

제품 또는 상품(商品)이란 시장에서 매매되는 재화나 용역을 말한다. 즉 경제 주체의 필요에 의해 시장에서 거래될 수 있는 것이라면 유형, 무형의 모든 상품이라 할 수 있다. 소매품을 취급하는 시장에서는 특히 제품을 가리키는 말로 쓰인다. 제조업에서 상품은 원재료나 완성품을 가리키는 말로 쓰이기도 한다. 상업에서는 매장에서 판매하는 모든 재화를 상품이라 한다.

(2) 제품의 구분(Kotler의 구분)

상품은 크게 재화와 용역으로 구분되며 형태에 따라 유형 상품과 무형 상품으로 나뉘기도 한다. 유형상품은 소매품으로 일상에서 사용되는 일반적인 의미의 상품은 가게나 할인매장 등에서 팔리는 구체적인 상품을 말한다. 무형 상품은 주식, 보험 등의 금융상품, 업무의 대행, 법률 자문, 물품의 배달과 같이 편의를 제공하는 용역 등이다.

① 핵심 제품(Core product): 가장 기초적인 수준의 상품으로 소비자가 상품을 소비함으로써 얻게 되는 핵심적 효용(만족)을 말한다. 즉 자동차를 구매한 경우 안전성, 편리성 등과 같은 편익(아름다움, 편리성, 효과, 예술성 등)을 제공하는 경우를 말한다.

② 유형 제품(Tangible Product): 핵심 상품을 구체화시켜주는 제품의 품질과 특성, 상표, 디자인, 포장 등이 부가된 물리적 속성들의 집합체인 실제상

품을 말한다. 즉 흔히 말하는 자동차로 자동차의 외형, 엔진 등의 구체적 집합체를 말하는 것이다. 모양, 크기, 원자재, 포장, 상표명 등이다.

③ 확장 제품(Augmented Product): 실제상품의 효용 가치를 증가시켜주는 추가적 부가서비스 차원의 상품으로 보증, 운반, 반품, 배달, 설치, 사용법안내, A/S, 할부구입 등을 말하며 상품의 효용가치를 증대시키는 가장 중요한 요인으로 오늘날 기업에서는 제일차적 관리요소로 보고 있다.

(3) 제품의 분류

① 물리적 또는 화학적 성질별 분류

　㉠ 부패손상의 유무: 내구성 상품과 신선 상품 등

　㉡ 가치 집중의 정도: 종량품과 종가품 등

　㉢ 제품 단위 형태: 액체, 기체, 고체 및 분말 상품 등

② 생산 양식 및 출처에 의한 분류

　㉠ 생산지: 농수산품, 임산품, 광산품, 공산품 등

　㉡ 생산 수단: 천연 및 수공 생산품, 산업 및 기계 생산품 등

　㉢ 가공도: 자연 생산품, 반제품, 완제품

③ 소비 형태에 따른 분류

　㉠ 소비재: 생활필수품, 편의품, 식료품, 일용품과 임시품, 소비품과 설비품, 의약품, 주거용품 등

　㉡ 생산재: 원료품, 재료품, 부분품, 보조품, 설비품 등

④ 유통양식에 따른 분류: 편의품, 선매품, 전문품, 규격품, 특별 의장품, 일반 제품 및 계절품, 상표 및 무상표품 등

(4) 소비자의 구매습관에 따른 분류

① 편의품

　㉠ 이미 소비자가 그 상품에 대한 지식이나 선호 브랜드가 뚜렷하여 선택

의 고려 없이 쉽게 구입할 수 있는 상품을 말한다. 또한 제품에 대하여 완전한 지식이 있으므로 최소한의 노력으로 적합한 제품을 구매하려는 행동의 특성을 보이는 제품이다.

ⓛ 구매 전 사전 계획 등이 불필요하며 습관적으로 구매하는 행동양식을 보인다.

ⓒ 소비자가 자주 최소한의 노력으로 구입하는 제품을 말하는데 소비자들은 상표에 대해서 강하고 뚜렷한 선호도 및 애호도를 가지고 있으며, 구입할 때에는 가장 근접해 있는 점포를 선택하는 경우가 많으며, 개방적인 유통이 일반적이다.

ⓔ 단위 제품 가격이 저렴한 것이 특징이며 유행성도 적으며, 비누, 치약, 식료품 등 생활필수품이 이에 해당된다(예, 럭키 치약, 삼양라면 등). 그러므로 편의품을 판매하는 소매점의 특성은 별로 중요하지 않으며, 판로의 수가 많을수록 좋다.

ⓜ 편의품의 종류는 필수 상품, 긴급 상품, 충동 상품으로 구분된다. 필수 상품은 일상적으로 구매와 소비를 반복하는 제품으로 가까운 장소에서 최소의 노력으로 구매되며, 이때 정보탐색은 거의 일어나지 않는다. 긴급 상품은 긴급한 상황에서 구매되는 것이므로 가격이 높더라도 구매될 수 있으며, 또한 충동적인 동기에서 구매되는 충동상품의 경우에는 제품의 시장노출과 포장이 구매에 촉진적인 역할을 한다.

② 선매품

㉠ 소비자가 상품을 구입하는 데 있어서 가격, 품질, 브랜드와 같은 여러 가지 조건을 미리 살펴보고 생각하고 조사 한 이후에 구입하는 상품이다. 즉 제품을 구매하기 전에 가격·품질·형태·욕구 등에 대한 적합성을 충분히 비교하여 선별적으로 구매하는 제품이다.

㉡ 제품에 대한 완전한 지식이 없으므로 구매를 계획하고 실행하는 데 많은 시간과 노력을 소비하며, 여러 제품을 비교하여 최종적으로 결정된 제품에 대하여 구매행동을 보이는 제품이다.

ⓒ 식품·기호품·일상용품 등 최소한의 노력으로 구매를 결정하는 편의
품에 비하여 구매단가가 높고 구매횟수가 적은 것이 보통이다. 따라서
소매점의 중요성이 높고, 선매품을 취급하는 상점들이 서로 인접해 하
나의 상가를 형성하며 발전한다.

ⓔ 구매자가 비교하는 대상에 따라 동질적 선매품(homogeneous goods)과
이질적 선매품(heterogeneous goods)으로 나누어진다.

　　㉮ 이질적 선매품은 의류, 가구, 구두 등과 같이 표준화되지 않고 브
랜드에 따라 차이가 있으므로 품질, 소비자의 스타일 등에 따라 결
정되므로 구매시간과 노력이 많이 든다. 소비자의 욕구를 자극시켜
구매로 이어지게 하기 위해서는 판매원의 역할이 중요하게 작용하
며, 수요가 비탄력적이다. 그러므로 생산자와 소매점은 이러한 구
매행동의 특성을 고려하여 유통 및 촉진전략을 세워야 한다.

　　㉯ 동질적 선매품은 냉장고, 가스레인지, 텔레비전, 세탁기 등과 같이
상표는 다르더라도 제품이 표준화되어 유사한 특징을 가진 제품을
말한다. 가격이 중요한 선택기준이 되며 수요가 탄력적이다.

③ 전문품

　ⓐ 상표나 제품의 특징이 뚜렷하고 잘 알려져 있어 구매자가 상표 또는
점포의 신용과 명성에 따라 구매하는 제품이다.

　ⓑ 비교적 가격이 비싸고 특정한 상표만을 수용하려는 상표집착(brand
insistence)의 구매행동 특성을 나타내는 제품으로 자동차, 피아노, 카메
라, 전자제품 등과 독점성이 강한 디자이너가 만든 고가품의 의류가
여기에 속한다.

　ⓒ 상표가 중요하고 구매자가 전문품에 대해 기술적으로 상품의 질을 판
단하기 어려우며, 적은 수의 판매점을 통해 유통되어 제품의 경로는
다소 제한적일 수도 있으나, 편의품 등과 같이 빈번하게 구매되는 제
품이 아니며 마진율이 높다.

　ⓓ 마케팅에서는 전문품을 취급하는 점포의 수도 적기 때문에 생산자와

소매점 모두 광고를 광범위하게 사용하여야 하며, 생산자와 소매점의 협동광고를 실시하기도 한다.

<편의품, 선매품, 전문품의 특징 비교>

구 분	편의품	선매품	전문품
구매빈도	높음	낮음	매우 낮음
구매단가	낮음	비교적 낮음	매우 높음
상표의 효과	비교적 높음	높음	매우 높음
사전구매계획여부	무계획과 습관적 구매	사전 준비계획	철저한 사전준비와 계획
구매소요시간 및 노력	매우 낮음	많음	장시간
점포 결정	미고려, 인근점포	약간 고려	신중한 점포
소비자 제1차 관심	상표와 가격	상표	품질
판매마진율	낮음	비교적 높음	매우 높음
상품회전율	매우 높다	보통	매우 낮음
대량판매여부	가능	불가	불가

(5) 소비재와 생산재

① 소비재

㉠ 구매자의 현재 욕망 또는 인지된 필요를 충족시키기 위해 생산·구매되는 유형의 재화를 가리키는 개념이다.

㉡ 소비재는 내구재와 비(非)내구재의 2가지 범주로 구분된다.

㉮ 내구소비재는 일부에서 1년 이상 사용하는 것으로 규정하는 경우도 있지만, 대체로 3년 이상의 상당히 긴 수명을 가진 것을 말한다. 내구재는 그 재화가 수명을 다할 때까지 소비가 지속되며, 재화의 형태를 계속 유지하면서 일련의 서비스를 생산한다는 자본재의 특성을 지니고 있다. 이처럼 내구재는 소비기간과 양식이 자본재와 비슷해 간혹 양자의 구분을 어렵게 만든다. 내구재의 오랜 수명과 상대적으로 비싼 비용은 소비자들로 하여금 그에 대한 지출을 지연시키는 요인으로 작용한다. 내구소비재의 대표적인 예로는 차, 가구류, 가전제품, 이동주택 등을 들 수 있다.

㉯ 비내구소비재는 즉각적인 혹은 거의 즉각적인 소비를 위해 구매되

는 것으로서, 짧게는 단지 몇 분으로부터 길게는 최고 3년까지의 수명을 갖는다. 비내구재의 대표적인 예로는 식품, 음료, 의류, 구두, 휘발유 등을 들 수 있다.

② 생산재

ㄱ 생산의 과정에 쓰는 재화로 광의로는 자본재와 같으나, 협의로는 원재료처럼 한 번 생산할 때 소비되는 것을 이른다. 생산재는 단순히 최종생산물의 일부가 되기도 하고, 제조과정에서 본래의 고유한 성질을 상실할 수도 있다. 자본재는 소비재를 생산하는데, 필요한 원료나 반제품 등 중간생산물과 기계, 설비 등의 내구적 생산수단을 말한다.

ㄴ 생산재의 가격은 일국 국민총생산(GNP)의 총계에서 제외된다. 만일 생산재의 가치를 포함시킬 경우 비용이 2중으로 계산되어 GNP 총액이 과대평가되기 때문에, GNP에는 오로지 최종소비재의 가격만을 포함시키는 것이다. 결국 GNP에 대한 생산재의 기여분은 부가가치 계산방식에 의해 산출할 수 있다. 즉 생산과정의 각 단계에서 최종소비재에 부가되는 가치의 양을 측정해 각각의 값을 모두 합산함으로써 최종생산물의 총 가치를 산출한다.

ㄷ 소비재와 대조적으로 투자재로도 부르며, 사용 횟수에 따라 내구 생산재, 비내구생산재 또는 내용(耐用) 생산재, 단용(單用)생산재로 구분한다. 내구생산재는 내구성이 좋아 오랫동안 사용할 수 있는 생산재, 기계 설비 따위를 이른다. 본원적 생산재란 토지나 노동처럼 본질적으로 기본이 되는 생산재이며, 생산재 공업이란 생산재를 생산하는 공업으로 금속 공업, 기계 공업, 화학 공업 따위가 대표적이다.

(6) 인터넷 제품

① 물리적 제품: 인터넷 쇼핑몰에서 구입할 수 있는 모든 실제제품을 말한다. 소비자가 직접 점포를 방문하지 않고도 인터넷의 매체를 통해 쉽게 구입할 수 있기 때문에 기업 입장에서는 점포운영비용이 불필요한 장점과 소

비자의 입장에서는 가격의 저렴성의 특징이 있다. 그러나 단점으로는 일정 배달시간 소요, 실제상품을 평가할 수 있는 직접적인 기회가 박탈되므로 기대치와 많은 차이가 발생할 수 있다.

② 디지털 제품: 디지털의 기술로 생산, 유통, 소비되는 무형의 제품을 말하며, 그 특징은 무형성, 비소멸성, 수정 용이성, 재생산 가능성이다. 예로 주식 및 금융정보, 게임프로그램, 음악파일, 전자서적, 소프트웨어 등을 들 수 있다. 이들은 다시 디지털 콘텐츠와 디지털 서비스로 구분되는데, 디지털 콘텐츠는 디지털 제품으로 게임파일이나 MP3와 같은 음악파일을 말하며, 디지털 서비스는 인터넷을 활용한 각종 예약, 주식정보와 같은 정보 서비스를 말한다.

2. 표준 상품 분류

(1) 표준 상품 분류의 개념

표준 상품 분류란 상품의 표준화를 통해 유통상의 편리성을 추구하기 위해 상품을 종류별로 형상, 치수, 구조, 품질, 등급, 성분 및 성능 등에 대해 표준을 정하고 분류하며 규격분류라고도 한다.

(2) 한국 표준 상품 분류

① 국제표준 무역 분류에 따라 한국에서 생산, 유통되는 모든 상품을 한국 표준 상품 분류 기준을 설정하고 분류하고 있다.
② 분류번호는 십진법으로 분류하고 대―중―소―세 분류로 구분하였다.

(3) 표준 국제무역 분류

① UN 통계분과위원회가 경제분석 및 무역자료의 국제적 비교를 용이하게 하기

위하여 무역상품 분류방법의 표준국제무역분류(Standard International Trade Classification: SITC)를 추천하였고, 1950년 7월 21일에 UN 경제사회이사회가 이를 선포하였고, 1960년에 전면적으로 개정되어 오늘에 이르고 있다.

② 현재 대부분의 국가들이 SITC 분류방법에 따라 무역통계를 집계하고 있으며, SITC는 식료품, 담배, 원료, 가공품, 화공약품, 기계 및 운반기구들과 같이 물품의 종류별로 분류되어 있다.

3. CLASS 분류

(1) 국제상품 분류

① 무역상품 분류 통일화의 의의

㉠ 무역 거래되는 상품은 천연산물로부터 최첨단의 제품에 이르기까지 그 종류가 헤아릴 수 없을 정도이며, 그 형태도 원료·반제품·반가공품·중간제품·부분품·완제품·중고품·폐품 등 다양한데, 이러한 상품을 일관되게 분류하기 위해서는 국제적으로 통일화된 상품 분류제도가 필요한 것이다.

㉡ 통일화된 상품 분류제도의 장점으로는 국제간의 관세율비교와 무역통계 및 기타의 무역교섭을 위한 정확하고 비교 가능한 자료를 확보할 수 있으며 특정자료의 수집 비교 및 분석이 용이해진다. 또한 서로 다른 분류 체계권으로의 상품이동에 따른 새로운 상품 분류로 인한 시간적 낭비와 비용을 줄일 수 있고 국제무역서류의 표준화와 전산화가 용이해 질 수 있다.

② 국제상품 분류제도의 변천과정

㉠ 국제무역을 원활히 하기 위한 공통적인 품목 분류(즉 세계적으로 통일된 상품 분류표)를 만들고자 하는 노력은 약 150여 년 전부터 시작하였다. 예를 들면 1831년부터 1854년에 벨기에가 원료·생산물·제조

품의 총괄적인 세번(稅番)에 따른 자국의 외국무역통계를 제시하였고 1853년부터 1908년 사이에는 범세계적인 수준에서 국제적인 통계품목 분류를 작성하기 위한 많은 국제회의가 개최되었다. 이러한 회의의 시초로는 국제통일 관세율표를 제정하기 위하여 개최된 1853년 브뤼셀 회의가 있다. 또한 1889년 파리에서 개최된 국제상업회의(international commercial congress) 이후, 세계 여러 나라들은 관세율표 및 공식적인 통계표에서, 비교 가능한 상품 분류 체계와 동일한 용어를 사용하는 것이 유익하다는 사실에 커다란 관심을 갖게 되었다. 이러한 내용은 1906년 밀라노에서 개최된 제2차 국제상업회의소의 회의에서 그대로 채택되었다. 같은 해에 워싱턴에서 개최된 미국통계회의에서는 영어, 포르투갈어 및 스페인어로 된 알파벳순의 상품 분류표를 각국이 채택할 것을 권고한 바 있다.

ⓛ 19세기 말 상품 분류의 국제적 통일을 기하기 위해 제정된 분류체계. 미국, EU, 일본 등 선진국들이 채택하고 있다. 상품 분류는 국제적으로 통일화되고 있는 추세에 있을 뿐만 아니라 국가 간의 상품 분류 차이로 인한 절차의 번잡성을 해소하고 상표 및 의장부문의 출원을 용이하게 할 필요에 의해서이다. 군산복합체(軍産複合體) 군부세력과 군수사업 세력 간의 상호의존체계를 지칭하는 것으로 1961년 아이젠하워 대통령의 고별 연설에서 처음 사용된 말이다. 2차 세계대전 후 거대화된 군부세력과 그에 결탁한 군수산업 세력집단이 미국의 사실상의 지배자로 등장했다.

③ 니스(NICE) 분류: 1957년 제정되었으며, 모두 45개 상품군으로 분류되어 있는데, 제1류는 공업용, 과학용 및 농업용 화학품에서 제34류 담배류까지의 구분과 제35류부터 제45류까지는 서비스 분류로 광고업, 보험업, 건설 건축업, 통신 및 운송업, 재료 처리업, 교육업, 음식물 제공업으로 이어지고 제44류는 의료 서비스업, 제45류는 법무서비스업으로 구분되고 있다.

예) 상표등록에 있어 국제적으로 통용되는 니스국제상품 분류목록은 니스협약(1975년 발효)에 따라 회원국(75개)이 니스분류에 등재된 상품명을 그대로 받아들여 상표등록을 해 주도록 하고 있습니다. 이에 따라 우리 나라의 음식인 김치의 영문표기인 'kimchi'가 2006년부터 니스국제상품 분류목록에 등재되었다.

(2) 한국의 CLASS 분류

① 한국은 WTO 체제에 따라 상표 등록 제도를 세계화하고 상표의 국제출원절차의 편리성을 위해 니스협약에 의한 국제상품 분류체계에 맞게 전환하여 1998년 3월 1일부터 시행하였다.
② 니스협약은 각국의 특허청에 상표등록을 하기 전 상품명칭을 특정 언어(영어, 불어 등)로 통일시켜 출원인의 편의를 돕기 위한 것으로, 회원국뿐 아니라 비회원국도 이를 준용, 사실상 세계적으로 통용되는 국제상품 분류이다.

〈보충학습〉 상품 분류체계

1. 개요

우리나라는 종전의 SITC방식에서 1971년 상반기부터는 BTN방식으로 전환하고, BTN이 CCCN으로 명칭이 바뀌어 1977년 상반기부터는 CCCN방식을 따랐으나, CCCN에서 국제무역의 원활화를 도모코자 국가 및 산업부문별로 다양하게 되어 있는 현행의 상품 분류체계를 국제적으로 통일 적용하기 위하여 CCCN을 골격으로 한 HS 제도를 제정함으로써 우리나라를 비롯한 주요 국가들이 1988년 1월 1일부터 채택 후 사용하고 있다. 따라서 수출입공고의 품목 분류는 HS상품 분류에 의하며, 동 분류 품목의 세 분류는 HSK(harmonized system korea: 관세·통계통합품목 분류)를 기준으로 한다.

2. 제도

① SITC(Standard International Trade Classification: 표준국제무역분류)

경제분석과 상품별 무역자료의 국제적 비교가 용이하도록 물품을 종류별, 조립단계별, 산업원천별 즉 원료품, 중간제품, 완제품 등의 집단으로 종합하고 있다. 이것은 유엔통계분과위원회의 추천으로 1950년 유엔경제사회 이사회에서 선포한 것으로서, 현재 전 세계의 약 80%가 이 방식으로 상품별 무역자료를 집계하고 있다.

② CCCN(Customs Cooperation Council Nomenclature: 관세협력이사회 상품분류표)

세계 각국의 관세행정의 개선 및 통일화를 도모하기 위하여 CCCN(관세협력이사회)가 1955년 7월에 작성한 것으로 HS가 채택되기 전까지 132개국 이상이 관세율표로 채택했다. 이것은 원료, 제조과정, 노동과정 및 용도를 중심으로 상품을 종류별로 구체적으로 분류했다.

③ HS(The Harmonized Commodity Description and Coding System: Harmonized ystem: New CCCN: 국제통일상품명 및 코딩시스템: 조화제도)

무역서류와 통계자료의 통일성을 기하여 제조업자, 무역업자, 운송업자, 세관, 및 무역통계에 종사하는 자의 사용을 용이하게 하여 국제무역의 원활화를 꾀하고자 종전의 다양한 상품 분류체계(SITC, CCCN, TSUSA(미국관세율표))를 통일적으로 적용하기 위하여 관세협력이사회가 작성한 것이다. 이는 21개부(section), 97개류(chapter), 1241개호(heading)로 되어 있는데, 6단위까지는 첨가 또는 감축 등의 변경 없이 그대로 사용해야 하고, 6단위 이하는 더 세분하여 사용할 수 있다.

::가격존

1. 가격존의 개념

① 가격존(Price zone)이란 한 상품군의 최고 판매가격과 최저 판매가격의 범위를 말하며, 가격대 또는 가격폭이라고도 한다.

② 가격라인이란 매가의 종류인데, 고가에서 저가까지 가격범위가 크면 가격라인이 많아진다고 본다. 따라서 가격존과 가격라인은 비례한다. 즉 가격

존이 작은 경우에는 가격라인도 좁혀져 구매하기 적당한 선으로 축소된다고 볼 수 있다.

③ 가격존이 넓다는 것은 가격라인이 많아진다는 의미이며, 그 상품의 가장 높은 가격과 가장 낮은 가격의 차가 크다는 말이다.

④ 메이커의 경우 기업의 입장에서는 상품개발에 있어서 가격존을 되도록 넓히는 동시에 해마다 가격존을 넓히려고 한다. 이에 체인 스토어의 입장에서는 자사 상점을 노리는 고객층의 구미에 맞는 가격 라인을 중심으로 가격존이 형성되도록 상품구성을 좁게 하려고 한다.

⑤ 가격선은 구매자의 구매심리에 관한 문제이고 가격대는 생산원가와 관련된 문제이다. 가격선은 가격대를 기준으로 설정되는데, 예를 들어 만원대라는 가격대 내에서 9,990원 또는 10,050원 중 잘 팔리는 가격을 설정하는 가격선을 결정하게 된다.

2. 가격존의 특징

① 가격존의 범위는 시장여건과 상황 및 목표고객의 특성, 구매패턴, 점포의 형태에 따라 다양하게 결정된다.

② 제조업체의 가격정책에 따라 가격존도 다양해지는데, 일반적으로 백화점은 상품의 종류가 많으므로 가격존이 넓으며, 소매점의 경우는 가격존이 일정한 범위로 좁혀져 있는 것이 특징이다.

3. 가격존의 분류

(1) 고객별 가격분류: 동일한 제품이라도 판매전략상 고객별로 상이한 가격대를 설정하고 적용하는 것이다.

(2) 제품형태별 가격분류: 동일한 제품에 대해 형태를 변화시켜 상이한 가격

을 책정하여 판매하는 것이다.

(3) 지역적 가격분류

① 지대가격제: 한 생산 공장을 중심으로 일정 지역에는 동일한 가격을 설정하고 다른 지역에는 지대 간 가격 차이를 두는 제도이다. 한계비용의 차이를 고려하지 않고 지대 간의 차이만을 고려한 것이다.

② 균일가격제: 지역 및 장소에 무관하게 소매가격의 전국적 통일을 추구한 전국적 균일 가격제이다. 운송비의 영향이 적은 다과류, 초콜릿, 잡지, 서적 등이다.

③ 기점 가격제: 주요 생산지를 중심으로 운송비 등을 고려한 소비지의 가격이 결정되는 것이 아니라 생산지 및 생산공장 소재지와 소비지역의 거리 차이 등에 관계없이 일정 기점을 기준으로 소비지와의 운임을 가산하는 방법이다.

④ 균일 공장도 가격제: 가격차별을 적용하지 않고 구매자에게 균일한 인도 가격을 정한다.

제2절 상품구성 계획

::상품구성의 형태

1. 상품구성의 요소

(1) 상품의 계열

① 상품계열: 동종 종류에 속하는 상품그룹을 말하는 것으로 같은 상품의 군

을 상품계열이라 한다. 즉 유사하거나 같은 고객 집단을 대상으로 한 판매, 유사한 유통경로를 통한 판매, 적절한 가격 범위 안에서의 판매 등으로 결합된 상품군을 말한다.

② 계열구성확대: 계열구성은 상품의 폭이며, 점포가 취급하는 상품계열의 종류나 수가 결정되며, 다양성을 의미한다. 계열구성을 확대하면 상점에서 여러 가지 상품이 횡적으로 조화를 이루면서 소비자가 구입할 수 있는 폭이 넓어져 편리함이라는 매력이 있다.

③ 상품 계열 계획시 고려 사항: 시장규모, 시장성장률, 상품 수명주기, 상품 계열의 수익성, 타사와의 상품경쟁가능성 등이다.

(2) 상품의 품목

① 품목: 상품의 품목(merchandise item)은 상품의 깊이로서 동일한 상품계열 내에서 이용 가능한 변화품이나 대체품과 같은 품목을 말한다. 즉 각각의 상품 계열 내에 포함되는 개개의 단품을 말한다. 예를 들어 립스틱, 아이 섀도와 같은 각각의 상품은 화장품 계열 내에서 하나의 품목이 되는 것이다. 따라서 립스틱 계열 내에는 여러 유사한 대체품으로서의 립스틱 종류가 있으므로 상품의 깊이를 의미하는 것이다.

② 품목의 구성: 품목구성은 점포 내의 동일 상품계열 내에서의 품목의 수를 결정한다.

③ 품목의 확대: 품목의 확대는 상점에서 특정 상품에 대해서 자기의 신호, 사용목적, 구입, 예산에 알맞은 품목을 많은 후보 품목군 중에서 선택할 수 있는 편리함과 관계된다. 화장품은 대표적인 품목구성의 확대의 예이다.

④ 품목 구성확대의 제약조건: 할당 면적에서의 제약, 상품회전율에 의한 적정재고, 상권의 소비욕구, 소비 구매력과 같은 시장의 규모 면에서의 제약, 상품공급원, 매입처 개발 등의 매입처 확보 면에서의 제약, 상점주의 상품 선택능력 면에서의 부족으로 인한 제약 등이다.

2. 상품별 구성 정책

(1) 개별 상품정책

① 개별적으로 상품 하나하나의 선택, 수정, 폐기, 가격변동, 수량 결정 등을 비롯하여 상품의 재질이나 색채, 스타일, 디테일 요소, 봉제, 부속품의 품질, 판매가 등에 관한 계획을 설정하고 시행하는 것을 의미한다.

② 개별상품정책은 품목결정과 품목수량결정에 관한 계획을 작성하는 업무이며, 품목결정은 특정상품에 대한 채택여부를 결정할 뿐만 아니라 최초에 어떠한 상품을 생산할 것인가를 결정하는 것이다.

(2) 종합상품정책

① 상품선택, 판매가 등 상품 전체의 계획으로 해당 기업이나 브랜드 및 점포에서 어떤 종류의 상품그룹을 구비해야 할 것이며, 각 상품그룹 중에서도 어떠한 상품구성을 해야 할 것이며, 각 상품구성의 활성화, 신진대사의 촉진 등 상품에 대한 전체적인 계획을 말한다.

② 세분화된 목표고객에게 필요한 상품그룹의 구성이나 상품품목 구성을 브랜드의 특성에 따라 어떻게 설정할 것인가 등의 상품정책을 의미한다.

::상품구성의 단위와 결정

1. 상품구성의 의의

(1) 상품구성의 개념

상품의 구성이란 점포에 비치된 상품의 계열과 상품의 품목들의 구성을 말한다. 모든 상품을 많이 구비하면 좋지만 자본, 장소, 고객 소비 및 판매 상황 등의 제약 조건 때문에 적절한 상품구성은 매우 중요한 의미를 가진다. 따라서 다량으로 구비한다는 것은 비효율적이라 전제할 수 있다.

(2) 상품구성의 성공적인 조건

① 동종, 동계통 상품군 중에서도 상, 하 여러 단계로 나누어진 확고한 가격선(price line)이 설정되어야 한다.
② 동일 가격선의 상품군 중에서도 고객의 기호, 연령층, 직업 등의 차이를 고려한 상품구성이 이루어져야 한다.
③ 목표고객의 대상, 점주의 사업철학 등이 가미된 정책적 강조점을 갖추어야 한다.
④ 재질, 스타일, 색조, 패턴 등 상품의 물리적 측면 등이 강조되면서 점 내에서 전체적인 조화가 이루어져야 한다.
⑤ 모든 상품을 통하여 매장이나 브랜드의 독특한 이미지가 표현되도록 구성해야 한다.
⑥ 종류, 품질 및 가격 면에서 서로 보완할 수 있어야 할 뿐만 아니라 해당 소매상의 고객 욕구에 맞는 제품들로 구성되어야 한다.
⑦ 품절방지를 위해 많은 종류의 상품을 수량적으로 많이 보유하지 않도록 하며, 품질적으로 가장 뛰어난 상품만을 선택, 구성하거나 가격이 저렴한 상품만을 많이 보유해서는 안 된다.

2. 상품구성의 단위

(1) 단품

① 상품의 최소 단위를 말한다.
② 단품은 상품 그 자체가 최소 단위일 경우에는 단품 그 자체와 품목이 일치하게 된다.

③ 단품은 상품 그 자체의 최소단위이며, 상품관리상의 최소 단위는 품목이 된다.

(2) 품목(item)

① 상품관리상의 최소단위로 더 이상 상세 분류가 필요하지 않은 단위이다.
② 고객이 상품을 구매할 경우 대체 상품이 존재하지 않는 최소한의 단위를 말한다. 같은 상품 중의 종류를 말하므로 상품의 깊이와 관련 있다. 예를 들어 대체 상품이 존재하지 않는다는 것은 립스틱의 재고가 없다면 립스틱 대신 아이섀도 구입으로 소비자가 만족할 수 없는 상품이다.

(3) 유니트(Unit)

① 매출가격의 종류로 가격 라인이라고 하며, 가격대 중에서 소비자의 구매 심리를 이용한 매가기준을 설정한다.
② 유니트 관리는 재고량, 주문량, 일정 기간 판매량을 조절 및 관리하는 것으로 수량관리라고도 한다. POS 시스템의 활용으로 품목별 전략적 판매, 추가발주, 재고관리 등이 가능해지고 있다.

(4) 상품라인: 하나의 가격대에 속하는 상품군을 말한다.
(5) 부문(Category): 생산자가 설정한 상품의 분류이다. 즉 의류생산업체는 외출복, 작업복, 정장 등으로 크게 분류하여 관리할 것이다.
(6) 업태: 판매조직의 유형으로서 백화점, 슈퍼마켓, 마트 등으로 구분된다.
(7) 업종: 일반적인 판매상품의 기준으로 가구점, 서점, 안경점, 음식업 등으로 구분된다.

::상품구성의 폭과 깊이

1. 상품구성의 폭과 깊이

소비자가 개성이 다양해지기 때문에 깊고, 넓은 상품구성을 해야 하는데 주의할 점은 매장 수에 기준을 두고 해야 하며, 시즌경향이 중요하다. 즉 고객의 성향에 맞는 상품의 폭과 깊이를 설정하고 그에 따른 매장 수, 시즌 등을 고려해야 한다.

(1) 상품구성의 폭

① 상품구성의 폭이란 구색을 갖추는 상품의 종류를 말한다.
② 상품구성의 폭이란 진열해 놓은 상품의 종류로서 횡적 구성을 의미한다.
③ 전자제품만을 취급하는 하이마트의 경우 판매종류가 전자제품으로 한정되어 있으므로 구성의 폭은 좁다. 그러나 한 종류의 전자제품도 다양한 제품의 구색을 갖추고 있으므로 상품구성의 깊이는 깊다고 볼 수 있다. 예로 냉장고의 종류는 많다는 의미이다.

(2) 상품구성의 깊이

① 상품구성의 깊이란 어떤 특정상품의 종류 내에서 브랜드나 스타일 수, 모델 종류의 수를 말한다.
② 기업이 공급하는 품목의 숫자로서 종적인 심화정도로 전문성과 관계가 깊다.
③ 전자제품 취급점은 상품구성의 폭은 좁고 깊이는 깊으며, 백화점은 다양한 상품으로 구색을 갖추어 놓기 때문에 상품구성의 폭은 넓고 깊이는 낮다.

(3) 상품구성의 폭과 깊이의 관계

① 어느 정도로 상품의 구성과 깊이를 할 것인가는 어느 범위까지 고객을 흡수할 수 있을 것인가에 달려있다. 원칙적으로 고객을 매장으로 유도할 수 있는 최소한의 아이템 수는 고객을 매장으로 오게 하는 한계거리에 의존한다.

② 상품구색의 폭과 깊이는 원칙적으로 개별 소매상의 판매전략과 깊은 관계가 있다.

③ 점포관리자의 입장에서 그 매장에서의 상품의 깊이나 폭과 고객의 쇼핑거리를 동시에 고려하여야 한다. 수확체감의 법칙이 작용하게 되므로 상품의 구색이 많다고 해서 반드시 매출이 증가한다고는 볼 수 없는 것이다.

(4) 소매상의 상품구색 정책유형

① 완전 종합형 상품 구색 정책: 상품구성의 폭이 넓고 깊은 구색의 구성정책이다. 종합화와 전문화 실현이 가능한 백화점형이다.

② 불완전 종합형 상품 구색정책: 상품구성의 폭은 넓고 깊이는 낮으며, 종합화가 일차, 전문화가 이차적인 구색 정책으로 주로 양판점에 적용된다.

③ 완전 한정형 상품 구색정책: 상품구성의 폭은 좁고 깊이는 깊은 구색을 갖춘 매장구성으로 전문화를 목표로 전문점에 많이 적용되는 구색 정책이다.

④ 불완전 한정형 상품 구색정책: 상품구성의 폭이 좁고 깊이는 얕은 구성정책으로 근린점과 편의점 같은 곳에서 규모, 자본력, 입지 조건 등에서 많은 제약이 있으므로 종합화와 전문화 모두 구현하기 어렵다.

::상품구성 계획

1. 상품구성 계획의 의의

① 소매점이 어떤 상품을 매입하여 판매할 것인지를 말한다. 즉 어떤 전략과 콘셉트로 매출을 증대하고 소매주의 목적을 달성할 것인가에 대한 일련의 행동 가이드를 설정하는 것이다.

② 상품 구색의 폭, 양, 깊이를 설정하는 것이다.

③ 상품을 다량으로 구비하는 것이 최선이 아니므로 자본력, 점포 여건, 고객 취향 등을 고려한 구색결정이 중요하다.

④ 가장 중요한 것은 소비자의 구매 욕구이므로 그들의 입장에서 구색계획을 결정하는 것이다. 여기서 가격선이 결정되는데, 가격선은 가장 소비자가 선호하는 구체적인 가격을 말한다. 따라서 동일 가격선의 상품군 중에서도 고객의 기호, 연령층, 직업 등의 특성에 따라 다른 가격선을 결정해야 한다. 예를 들어 경제력이 부족한 학생과 노인층에게는 동일 상품군이라도 다른 가격선이 결정될 수 있다는 것이다.

⑤ 소비자의 개성과 요구가 다양해지는 현실에서 구성의 폭과 깊이가 모두 있다면 좋겠지만 매장수와 시즌경향을 무시할 수 없다.

⑥ 전 상품을 통하여 브랜드의 독특한 이미지가 표현되어야 한다.

2. 합리적 상품구성을 위한 상품 분류

① 중점상품: 소매점에서 매상과 이익 확보를 위한 고회전 상품으로, 그 매장에서 중간정도의 가격선을 유지하는 상품이 주류를 이루는 것이다. 따라서 구매, 재고관리, 진열, 판매 등의 노력을 집중적으로 투입해야 하는 상품그룹을 의미한다.

② 보완상품: 중점상품을 보완하는 것으로 특수 고객의 욕망을 만족시켜주거나 특수지역의 수요 혹은 특수계절의 수요 등에 응할 수 있는 상품그룹으로 일종의 준중점적인 상품으로서, 표준사이즈 이외의 상품, 표준에서 약간 벗어난 색상, 문양, 스타일 등의 상품이 이에 해당된다.

③ 전략상품: 싼 가격의 판매촉진 상품도 포함되나 고급품 및 고가상품, 참신한 디자인, 신제품 등 기업이나 소매점의 수준향상을 목적으로 하는 상품을 의미한다. 전형적인 계절상품이나 초고가품, 초현대적인 상품, 장래 중점상품이나 보완상품이 될 수 있는 후보상품 등이 이 그룹에 속하며 점격향상상품(prestige stock)을 말한다.

3. 20:80 법칙

① 20:80의 법칙은 이탈리아의 경제학자인 빌프레도 파레토가 주장한 것으로 영국의 부와 소득의 유형을 연구하다가 발견한 부의 불균형 현상을 말한다. 즉 인구 20%가 전체 부의 80%를 차지하고 있다는 사실이다.

② 전체 구성원 중 20%가 전체 80%의 일을 수행한다는 것과 마찬가지로 전체 상품 중 20%의 주력 상품이 전체 매출의 80%를 차지하고 있는 것이며, 전체 고객 중 20%가 전체 매출액의 80%를 점유한다는 법칙이다.

③ 점포운영자 및 기업은 수익성이 높은 상품은 지속적인 관리로 수익성을 높여야 할 것이며, 반대로 수익성이 낮은 상품은 그 원인을 분석하고 해결하도록 하며 또한 과감한 정리도 필요하다. 이미 진열되어 있는 80%의 상품도 긍정적으로 활용하도록 하는 전략을 추구해야 한다.

::가격 결정

1. 가격전략과 결정

① 가격은 기업의 수익을 직접적으로 규정하는 요소이다. 가격은 소비자의
제품구매 결정에 커다란 영향을 미치므로 여러 가지 환경을 고려해야 하
는데 이러한 가격전략은 마케팅믹스 속에서 종합적으로 판단되어야 하며
기업의 의사를 반영한 일관된 가격정책이 필요하다. 가격전략은 목표, 원
가, 수요, 경쟁 환경, 소비자 등에 따라 다르게 세울 수 있다. 즉 이익을
극대화할 것인지, 매출을 높일 것인지, 현상유지를 할 것인지 등과 같은
마케팅 목표에 따라서 결정할 수 있고 제품의 원가에 적정 마진을 더해
서 책정할 수도 있다. 경쟁 환경에 따라 경쟁제품보다 싸거나 혹은 비싸
게 책정할 수도 있고 소비자의 수요나 심리적 요소에 따라 결정할 수도
있다. 은 여러 가지 방법으로 결정할 수 있다.
② 경쟁자와의 가격경쟁에서는 기본적으로 원가우위 전략이 필요하다. 원가
우위 전략은 제품단위당 원가를 최대한 낮춰 적정이윤을 유지하고 경쟁
제품과의 가격경쟁에서 유리한 위치를 잡으려는 데 그 목적이 있다. 이러
한 원가우위 전략은 경험곡선(Experience Curve)에 근거한다. 경험곡선은
생산량이 증가함에 따라 단위 생산비용은 규칙적으로 감소한다는 것을
나타내는 것으로 기업은 비용을 절감하고 가격을 하락시켜 경쟁우위에
설 수 있는 경험곡선상의 위치를 확보해야 한다.

2. 가격의 유형

① 준거가격: 제조업자나 소매자가 명시하는 가격으로, 소비자가 등을 말한다.
② 순수묶음가격: 한 제품씩 따로 판매하지 않고, 묶음으로 판매하고 가격을

할인한다.

③ 혼합묶음가격: 한 제품씩 따로 판매하면서, 묶음 구입 시에는 추가 프리미엄을 주는 형태의 가격결정 방식이다.

④ 프리미엄가격: 버전별로 상품의 가격을 차등 적용하는 형태이다.

⑤ 이미지가격: 상품자체의 원가보다 고객의 감성도에 의존한 가격이다.

⑥ 노획가격: 주변기기 소모품을 구입해야만 본 제품의 사용유지가 가능한 경우로, 본 제품의 가격은 저렴하게, 주변기기 소모품 가격은 다소 고가로 책정한다.

⑦ 이분가격: 가격을 차등 적용한다.

⑧ 유인가격: 미끼상품의 가격을 말한다.

3. 가격의 결정요인

① 공급사의 방침

② 공급가, 경쟁사 판매가, 고객의 희망가 분석에 따른 적정 가격 포지셔닝

4. 가격정책의 유형

① 상층 흡수 가격 정책(skimming price policy)

   ㉠ 고소득계층을 먼저 흡수하고 그 뒤에 가격을 인하시킴으로써 저소득층에게도 판매하는 정책이다.

   ㉡ 투자액을 조기에 회수할 목적이거나 수요의 가격 탄력도가 낮은 제품인 경우에 해당된다.

② 시장 침투 가격 정책(penetration price policy)

   ㉠ 제품의 시장 성장률을 증대시키기 위하여 제품 도입 초기에 저가를 설정하는 정책을 말한다.

      ⓛ 대중적인 제품이나 수요의 가격 탄력성이 높은 제품에 많이 이용된다.

      ⓒ 수요의 가격 탄력성이 커서 저가격이 충분히 수요를 자극할 수 있어야 한다.

      ⓔ 경쟁자는 아직 규모의 경제를 실현할 수 없어 시장 진입이 어려운 상태에 있어야 한다.

③ 재판매 가격 유지 정책(resale price maintenance policies)

      ㉠ 제조업자가 자사 제품의 손실 유도품(loss leader)으로 전락하는 것을 방지하고 명성을 유지하기 위하여 유통업계와 계약을 통해 일정 가격으로 거래되도록 하는 것을 말한다.

      ⓛ 각 유통 단계별로 제품 가격이 수직적으로 고정화되는 현상이 나타난다.

④ 손실 유도 가격 결정(loss leader price policy)

      ㉠ 특정 품목의 가격을 대폭 인하하여 가격을 결정한다.

      ⓛ 수익성은 악화되지만 다른 품목의 매출 증대에 의한 기업 전체의 수익성을 확보하기 위한 가격 설정이다.

      ⓒ 촉진 가격으로서 선도가격 결정방법에 해당하고, 심리적인 가격 결정의 일종이다.

⑤ 오픈 가격 정책(open price policy)

      ㉠ 제조회사가 자기 회사 제품의 표준 소매가격을 정하지 않고 유통회사에게 맡긴다.

      ⓛ 소매업자가 시장 동향을 살펴 독자적으로 가격을 결정하여 판매하도록 하는 정책을 말한다.

⑥ 이분가격 정책(two party price policy)

      ㉠ 소비자가 재화를 사용하는 데 있어서 1차로 요금인 가입비(first tariff)를 부과하고 소비량에 따라 사용요금(second tariff)을 부과하는 형태를 말한다.

      ⓛ 이분가격 정책은 주로 공공요금 성격이 강한 전기ㆍ전화ㆍ수도요금의 가격결정시 자주 이용되고 있다.

5. 가격결정 정책의 목적

① 목표투자수익을 달성할 수 있도록 가격을 결정한다.

② 가격과 마진을 안정화하도록 가격을 결정한다.

③ 목표 마켓셰어(시장점유율)를 유지 및 확대할 수 있도록 가격을 결정한다.

④ 경쟁에 대하여 적응할 수 있도록 가격을 결정한다.

⑤ 가격 외에 판매 용구로써 제품차별화를 강조할 수 있도록 가격을 결정한다.

6. 신제품의 가격결정방법

(1) 상품 라이프사이클에 따른 가격변화

① 도입기: 초기 고가격 전략, 초기 저가격 전략

② 성장기: 성장기에서는 경쟁제품이 많이 나오고, 수요층도 가격에 민감한 중류계층에까지 확대되므로 자연히 하락(자사의 시리얼 우유의 위치)

③ 성숙기: 가격인하나 가격할인 같은 가격경쟁이 치열하므로 원가절감 노력이 필요

(BCG매트릭스의 분석에서 CASH COW의 위치)

④ 쇠퇴기: 판매와 이익이 떨어져 상품을 단종

(2) 가격 포지셔닝

제품의 편익, 기업의 전략, 시장의 특성 등을 고려하여 가격수준을 정한다. 가격 책정의 경우 가장 먼저 고려되어야 할 것은 편익의 수준이다. 편익은 제품의 품질, 상품 인지도, 구매의 편리성 등 종합적인 관점에서 파악된다. 하지만 기업이 현재에 처한 사항이나 기업의 전략, 그리고 시장의 특성에 따라 편익과 가격이 상이한 관계를 나타낼 수 있다. 편익에 비해 가격이 높은 경우는 주로 기업이 시장을 독점, 신제품, 고급브랜드 제품 등을 이용해 이윤을 확보하

려 할 때 주로 사용한다. 반대로 편익이 높거나 동일함에도 불구하고 낮은 가격을 책정하는 경우가 있다. 이는 치열한 경쟁 속에서 살아남기 위한 생존차원의 선택일 수도 있고 기업이 원가 우위의 경쟁력을 이용한 장기 전략의 일환일 수도 있다. 그러므로 편익우위의 저가 전략을 장기적으로 지속하기 위해서는 비용 절감 등을 통해 원가 우위를 먼저 달성하여야 한다.

(3) 가격 포지셔닝을 위한 분석

가격 포지셔닝을 위한 분석으로 3C분석이 사용된다. 3C란 다음과 같은데, 기업이 제품의 가격을 결정함에 있어 그 한계범위와 적절한 위치를 선정하는 지침이 된다.

① 고객(Customer): 고객이 느끼는 편익은 가격보다 높거나 최소한 같아야 한다. 따라서 고객의 편익이 가격 상한선이 된다.

② 원가(Cost): 기업의 수익의 원천인 가격은 원가보다는 충분히 상회하여야 하므로 원가는 가격결정시 하한선이 된다.

③ 경쟁자(competitors): 고객의 편익과 원가의 가격 범위 내에서 경쟁자 제품의 가격을 고려하여 자사 제품의 가격을 포지셔닝한다.

(4) 가격결정방법: 제품의 수요, 원가, 경쟁자에 기초한 가격 결정 방법

① 원가기초 결정방법: 원가에 일정액의 이윤을 붙여 가격을 책정하는 비교적 단순한 방법이다. 제품의 수요가 한정되어 있어 탄력성이 낮거나 경쟁자가 없어 두 요소를 고려할 필요가 없는 경우 사용된다. 원가가산방법은 제조원가에 일정액의 이윤을 붙여 책정되었는데, 수요가 한정되어 있고 경쟁자가 없으므로 기업의 입장에서는 굳이 원가를 절감시킬 필요가 없다.

② 수요 또는 소비자기초 가격결정: 일단 고객을 유인하기 위해 비용 이하의 저가로 책정된 제품을 팔면서 높은 이윤의 제품 구입을 유도하는 기법으로 유인용 손실전략이 있다. 백화점에서 1,000원짜리 양복이나 10원짜리

요구르트를 판매함으로써 일단 고객을 끌어들이는 데 노력하는 이유는 고객을 고가의 다른 제품 구매로 연결시키기 위해서이다.

③ 경쟁 기초가격: 경쟁사의 가격 책정에 맞추어 자기회사의 가격을 책정하는 것으로 수요나 원가 요인보다는 경쟁자 가격 책정을 더욱 중요 요인으로 고려한다. 이들 업종의 경우에는 업계 전반의 가격 수준에 따르는가의 여부가 판매에 직접적인 영향을 미치므로 불이익을 감수하고라도 경쟁 가격을 따라가는 경향이 있다.

④ 마케팅지향 가격정책: 원가, 경쟁, 수요기준 가격결정 방식 외에 마케팅 전략적 가격결정 방식을 말한다.

    ㉠ 신제품가격결정―고가격 전략, 저가격전략

    ㉡ 제품라인 가격결정: 특정 제품계열 내 제품들 간에 가격단계를 설정

    ㉢ 선택제품 가격결정: 주력제품과 함께 판매하는 선택제품에 대한 가격결정법

    ㉣ 제품묶음 가격결정: 몇 개의 제품을 묶어서 인하된 가격으로 판매

    ㉤ 심리적 가격결정: 단수 가격결정법, 가격에 일부러 단수를 붙여 저가격인 착각을 일으키게 함(예, 5,000원 →4,990원).

    ㉥ 할인가격정책과 공제: 정찰가격에 대한 할인 또는 공제를 하여줌, 현금할인, 수량할인

⑤ 소비자 심리 가격결정

    ㉠ 소비자의 타깃에 따라 상층흡수 가격과 시장 침투가격

    ㉡ 상층흡수가격은 주로 신제품을 판매할 때 상당히 싼 가격을 붙여도 구입하는 고소득자와, 가격에 구애받지 않고 신상품을 빨리 이용하고 싶어 하는 사람을 타깃으로 한 가격설정.

    ㉢ 시장흡수가격은 가격에 민감한 소비자가 많아, 값이 싸면 많이 팔 수 있는 상품으로 수요의 가격탄력성이 크다.

⑥ 소비자의 심리적 반응과 소비행동에 착안해서 가격을 설정함으로써 상품에 대한 이미지를 바꾸거나 구입의욕을 높이기 위한 가격결정방법으로 명

성가격, 단수가격, 단계가격, 관습가격이 있다.

ⓐ 명성가격: 품질과 브랜드 이름, 높은 품격을 호소하는 가격설정법, 대표적인 것은 브랜드상품

ⓑ 단수가격: 980원, 1,980원과 같이 일부러 단수를 매기는 방법으로 소비자가 가격표를 보는 순간에 싸다는 인상을 받게 하는 효과를 노린다.

ⓒ 단계가격: 소비자가 예산을 기준으로 구매하는 경우에 대응하는 방법으로 추석이나 설날에 1만원, 2만원, 3만원 하는 식으로 선물세트가 가격단계별로 진열되어 있는 것을 예로 들 수 있다.

ⓓ 오래 전부터 어떤 제품의 가격이 변하지 않은 것으로 대표적인 예는 캔 음료이다.

⑦ 동일 제품이어도 가격이 다른 경우도 있다. 가격은 시기, 장소, 구입자, 물량에 따라서도 변한다. 네 가지 할인방법이 있다.

ⓐ 물량할인: 제품을 1개 팔든 100개 팔든 판매에 드는 노력은 같다. 물류비용을 줄일 수 있다.

ⓑ 현금할인: 금융이용을 줄이고 부도를 피할 수 있으므로 그만큼 할인이 가능하다.

ⓒ 계절할인: 의류업계에서 많이 쓰는 할인법으로 팔다 남은 제품이 다음 시즌까지 악성재고로 쌓이는 것을 막을 수 있다.

ⓓ 기능할인: 거래처의 '기능'에 다라서 할인을 한다. 단 할인율도 부담하는 기능에 따라서 달라지는 사례가 많다.

(5) 가격결정에 영향을 미치는 요인: 소비자, 원가, 경쟁, 유통경로, 정부의 규제

(6) 가격전략의 수행

① 심리적 가격전략
② 초기 고가전략과 시장침투 가격전략
③ 가격차별화 전략

④ 제품결합을 통한 가격전략

⑤ 가격할인

(7) 가격수준의 탄력성

가격의 인상이나 인하가 제품의 수요량의 변화에 미치는 정도를 의미한다. 수요가 가격의 변화에 민감하게 변하는 제품을 탄력적인 제품이라 하며, 수요가 가격의 변화에 덜 민감한 제품을 비탄력적 제품이라 한다.

(8) 가격차별화 정책

가격차별화는 생산자가 공급하는 상품이나 서비스에 대해 생산비가 동일함에도 불구하고 소비자의 각 집단에 다른 가격으로 결정하여 판매하는 것이다. 이때 생산자는 소비시장을 둘 이상으로 분리시켜 운영하여 차별화를 시도한다.

① 가격차별화를 시행하기 위한 조건

 ㉠ 판매자가 시장지배력을 가지고 있어야 한다.

 ㉡ 시장이 두 개 이상으로 쉽게 구분될 수 있어야 한다.

 ㉢ 구매자 간에 상품의 전매 또는 구매가격보다 높은 가격으로 재판매가 불가능해야 한다.

 ㉣ 시장을 분리하는 데 드는 비용이 가격차별을 통해 얻는 이익보다는 적어야 한다.

 ㉤ 이들 시장에서 수요의 탄력성은 서로 달라야 한다.

② 가격차별화 정책의 시행: 수요가 탄력적인 시장에서는 가격의 변화에 민감하기 때문에 가격을 낮춰야 한다. 반대의 시장에서는 가격을 높인다. 이것이 올바른 이윤극대화 전략이다.

③ 이중가격설정: 독점 기업에게 정부가 법적으로 제한하는 정책이다. 가격차별화 정책은 기업이 이윤을 높이기 위해 자체적으로 시행하는 것이고, 이중가격설정은 정부에 의해 수동적으로 취하게 되는 조치이다. 정부는 한계

비용곡선과 수요곡선이 교차하는 지점에서 만나는 가격을 낮은 가격으로 정하게 하고 같은 가격을 높은 가격으로 결정하게 된다. 즉 고가정책 시장의 소비자에게서 나오는 이윤으로 저가 시장의 손실을 보전하는 것이다.

〈보충정리〉

1. High—Low 가격 정책

① 일반적으로 저가격을 지향하기보다는 품질이나 서비스를 강조하는 가격 정책이다.
② 보통 EDLP(Every Day Low Price) 정책보다 높은 가격 정책을 추구한다.
③ 많은 소비자들을 유인하기 위하여 필요한 시기에 적극적으로 할인된 낮은 가격으로 제공하는 정책을 말한다.
④ High—Low 가격 정책은 가격 세일행사를 빈번하게 하기 때문에 세일시기와 비세일 시기 사이의 수요의 변동이 크다.
⑤ High—Low 가격 정책은 EDLP 정책을 선택한 경우에 비해 상품재고관리가 복잡하다.
⑥ High—Low 가격 정책은 EDLP 정책보다는 광고비용이 덜 드는 경향이 있다.

2. 준거가격

1) 개념

준거가격(reference price)이란 소비자들이 어떤 상품을 평가할 때 자신의 기준이나 경험을 토대로 품질을 인식하고 가격을 부여하는데, 이때 소비자가 부여한 가격을 말한다. 즉 일반적으로, 소비자들은 어떤 제품을 살 때 그 제품의 실제가격보다는 특정한 기준가격을 머리에 떠올리게 된다. 이 판단기준이 되는 가격을 말한다. 준거가격은 소비자의 마음속에 존재하는 내부 준거가격과 제조업자나 유통업자들이 판촉 일환으로 책정하는 가격표인 외부 준거가격으로 나누어진다. 마케팅에서 준거가격이 왜 중요한지를 잘 보여준다. 같은 상품의 가격대를 다양화한 후 더 높은 가격의 상품을 끼워놓으면 사람들은 실제로는 싸지 않은 중간 가격대의 상품이 상대적으로 싸다는 착각에 빠진다. 준거가격 효과가 최대한 나타나는 셈이다. 소비자에게 제품 또는 가격정보의 제시순서나 용어에 따라 결과가 다르게 나타난다. 그 현상을 구조화 효과(Framing effect)라 한다.

2) 준거가격의 분류

이러한 준거가격은 크게 외적 준거가격(External reference price)과 내적 준거가격 (Internal reference price)으로 나눌 수 있다.

① 외적 준거가격: 유통업자들이 판촉 일환으로 책정하는 가격표. 구매환경에서 노출되는 가격으로 표준 소매가격, 경쟁 브랜드의 가격 등이 대표적이며, 광고, 카탈로그, 소비자 가격 지침들을 통해서 제공될 수 있는 가격을 의미한다.

    ㉠ 광고된 가격과 판매자의 과거 가격을 비교하는 방법

    ㉡ 광고된 가격과 권장 소매가격을 비교하는 방법

    ㉢ 광고된 가격과 경쟁 소매 점포의 가격을 비교하는 방법

② 내적 준거가격: 제품 경험 및 외부 환경에서 얻을 수 있는 정보의 영향을 받는 가격으로, 실제가격을 비교하거나 판단하는 데 이용되는 구매자 기억 속의 가격을 의미한다. 즉 소비자의 마음속에 존재하는 가격이다.

    ㉠ 열망가격(aspiration price: 지불하고 싶어 하는 가격, 합리적인 가격)

    ㉡ 시장가격(market price: 평균 소매가격, 경험된 평균 가격)

    ㉢ 역사적 가격(historical price: 과거에 지불해 온 평균 가격, 항상 지불하는 가격, 지불 했던 마지막 가격)

    ㉣ 적응수준가격(adaptation level price: 소비자가 과거에 가격과 관련되어 노출된 모든 가중치를 부여한 평균 적응 수준의 가격)

    ㉤ 최저시장가격(the lowest market price: 지각된 최저 소매가격)

    ㉥ 최고시장가격(the highest market price: 지각된 최고 소매가격)

    ㉦ 공정가격(fair price: 거래의 이점을 공정하게 반영하는 가격)

3. 묶음가격전략

묶음가격전략이란 둘 혹은 그 이상의 제품이나 서비스를 특별한 가격으로 패키지의 형태로 소비자에게 제공하는 마케팅 전략이다.

1) 기본형태

① 순수 묶음가격제: 기본적인 묶음가격전략으로 서비스나 상품을 패키지로만 구입할 수 있게 하는 제도

② 혼합 묶음가격제: 하나 혹은 그 이상의 서비스를 개별적으로, 그리고 패키지로도 구

입할 수 있도록 가격을 책정하는 방법이다.

    ㉠ 혼합 리더전략: 수요가 많은 서비스와 낮은 서비스를 묶어서 할인하고 보완재 효과가 있으며, 제품과 결합이 가능하다.

    ㉡ 혼합 결합전략: 둘 이상의 서비스를 고정된 가격으로 제공하며, 전체 수익증대가 목적이다. 보완재, 고마진 및 저마진 서비스 묶음이 효과적이다.

2) 묶음가격 전략의 효과

① 독점력의 확장
② 가격차별화
③ 복잡성 감소에서 오는 비용절감
④ 범위의 경제 및 규모의 경제실현
⑤ 거래비용 감소
⑥ 진입장벽 구축
⑦ 경쟁사의 공격성 둔화 효과

4. 심리적 가격결정전략

1) 유형

① 단수가격결정: 심리적으로 낮은 가격(예, 999원)
② 가격단계화: 소비자는 가격에 큰 차이가 있는 경우 반응을 보이며, 한 상품계열에 몇 가지의 가격대를 결정
③ 위신가격설정: 가격과 품질 간의 연상이 이루어지도록 하고 서비스 질을 평가하기 어려운 경우에 설정
④ 유도가격: 정책적으로 낮은 가격으로 설정하거나 특별 세일 활용

2) 관련 이론

① 차등적 문턱(differential thresholds): 두 자극 간에 겨우 알아차릴 수 있는 차이
② 타협효과(compromise effect): 소비자는 극단적인 가격을 싫어하고 타협하거나 중간의 것을 선택하려는 심리가 존재, 관습가격 돌파방안이 필요

제3절 상품 매입 관리

::상품 매입관리의 역할과 업무

1. 상품매입 관리 전반

(1) 매입관리의 개념

① 영업점이 매출을 통해 최대 또는 자신이 정한 목표 이익을 달성하기 위한 구매계획에 따른 조정, 통제 및 평가의 일련의 과정을 매입관리라 한다. 따라서 매입관리는 전체 매출이익 등 영업 전반에 미치는 중요한 의의를 가지고 있다.

② 상품매입 시 일반적으로 중요시해야 할 사항은 상품의 종류, 매입량, 마진율, 매입처 및 매입 시기, 매입처 선정

(2) 매입에 필요한 활동

① 필요 상품의 종류와 수량 파악
② 상품 공급처의 조사 및 결정
③ 재고 현황 파악
④ 특정 상품의 수요 파악 및 수량 결정
⑤ 매입 상담과 주문
⑥ 상품의 검수, 보관 및 판매가격 결정
⑦ 상품의 재주문과 판매 속도(상품회전율) 평가

(3) 매입 목표 달성을 위한 3가지 요소

① 가치의 균형화: 최적의 품질, 안정적 공급, 비용의 최소화, 공급자의 노하

우, 공급자 서비스, 관계유지 등이다.

② 이윤과의 연계: 엄격한 경제적 통제와 가치 발굴의 지속적 노력이다.

③ 창의적 사업 리더십: 매입에 있어서의 창의적 기법 추구, 능력 있는 인력 확보와 상황변화에 신축적 조직 구축이다.

(4) 구매(매입) 관리의 중요성 및 기능

① 구매를 잘 해야 이윤을 올릴 수 있다.

② 제3의 이익원으로서 구매 관리의 역할이 중요하다.

③ 기업은 산출관리에 치중하고 투입 관리에는 소홀하다

④ 경영시스템은 구매—생산—판매의 순환에서 보듯 구매에서 시작되고 경쟁력 제고, 품질 향상은 구매관리에서 시작된다.

⑤ 구매업무는 비용창출기능보다는 이익창출기능이 있다.

⑥ 구매관리는 비용절감의 역할보다는 조직목표달성에 부가가치 할 수 있는 전략적 관점으로 인식되어야 한다.

⑦ 구매기능의 전문화가 요구된다.

⑧ 무재고 원칙이나 자재소요 계획 등 자재구매의 신기법의 개발, 활용이 필요하다.

⑨ 중요성의 판단 근거: 평균적으로 판매량을 10% 높여야 30% 정도의 이윤 증가를 가져오며 제조노무비를 5%줄여야 14% 정도의 이윤증가를 가져올 수 있다. 이는 구매를 잘 해야 이윤 추구가 가능하다는 사실을 반증하고 있다.

(5) 매입업무 측면에서의 상품유형 분류

① 계속상품: 이미 상시 구비의 상품으로 취급하여 계속 재발주하는 상품

② 임시상품: 특가 판매 등 일정 기간 동안에만 취급하는 상품

③ 시험상품: 소비자의 반응을 조사하기 위해 시험적으로 취급하고 시장성을 판단하기 위한 제품

④ 도입상품: 자기 점포에서 개발해서 육성해 나가는 상품

⑤ 폐기상품: 자기 점포의 취급 상품 구성 중에서 제외시키는 상품

(6) 매입 과정

① 마케팅 조사: 매입 상품의 공급 상황과 수요 예측을 실시하는 시장조사를 말한다.

② 매입 계획 수립: 시장 조사를 통한 소비자의 욕구와 구매력 및 구매습관 등을 기초로 매입 계획을 수립한다. 기업 내 정보로서는 과거 판매자료, 품절전표, 판매 의견 등이며, 이때 판매자의 판매계획과 연계시킨다.

③ 매입 상품의 선정: 매입 상품의 선정은 매출과 직결되므로 품질, 가격, 고객의 특성 및 선호를 판단하여 결정하는데, 구체적으로 고려되어야 할 사항은 상품 단가, 변질 및 부패 여부, 매입 시 기술적 복잡성, 표준화 정도, 자본력 등이다.

④ 매입처 선정

㉠ 공급자를 선정하는 것인데, 기본적으로 매입처의 신용도, 상품의 인도 조건, 가격조건, 경비 등이 고려된다.

㉡ 소매 점포들은 보통 도매상을 통해 상품을 매입하게 되는데, 처음 거래를 위해 도매상을 선정할 때에 단순히 가격이 싸다는 이유만으로 결정해서는 안 된다. 일시적인 단발성 거래가 아닌 이상에는 거래처에 대한 신중한 검토가 필요하다.

㉢ 도매상에 대한 평판, 영업상황, 자금력, 제품 공급능력 등을 파악하고, 신용과 믿음이 제일 중요하다.

⑤ 매입 방법 결정: 매입 방법이 중요한 이유는 매입 시 여러 가지 지불조건과 할인과 같은 유리한 점이 많아야 한다.

㉠ 대량 매입: 대량 매입을 하게 되면 현금 또는 수량 할인과 품절 문제가 해결되지만 보관비용, 재고품 관리 등의 단점이 있다.

㉡ 당용 매입: 상품이 부족할 때 마다 필요한 양 만큼 구매하는 방법으로

할인받기 어렵지만 상품의 회전율이 빨라 재고부담이 적은 장점이 있다.

ⓒ 위탁 매입: 소매업자는 일정 기간 판매 후 사전 계약에 의한 판매 커미션을 받고 재고품은 반납하는 방식이다. 리스크가 높거나 신제품, 고가 제품에 많이 적용되는 방식으로 수요 예측이 어렵기 때문에 소매업자가 선호하는 방식이다. 상품 제공하는 기업의 입장에서도 소매업자에 제공하기 위한 인센티브로 작용한다. 서점, 브랜드 의류 등의 경우에서도 볼 수 있듯이 판매액의 일정 부분을 소매업자에게 제공하고 나머지 재고는 회수하게 된다. 즉 판매되는 대로 소매업자는 수익을 보기 때문에 재고나 발주시 상품자금 문제를 해소할 수 있다.

ⓔ 공동 매입: 대량 구매의 이점을 살리기 위해 여러 명의 소매업자가 모여 공동으로 구매하는 방식이다. 대량 발주에 의한 각종 할인 혜택, 발주 상의 계획성, 배송비 및 유통경비 절감으로 판매가 조정, 전문구매, 공동 개발, 리스크 분담 등의 장점이 있다.

⑥ 매입 시기 및 수량 결정: 적절한 매입 시기와 수량 결정은 매입관리의 기본이다. 따라서 판매실적, 경험, 유행성 등을 고려하여 판매 예측이 이루어진 후에 결정하는 것이 좋다. 특히 신상품의 경우 더욱 중요하며 메이커에서 광고를 시작하는 시점에 매입하는 것이 좋고 가격정보를 빨리 입수하여 가격이 인상되기 전에 상품을 확보하는 노력이 필요하다. 계절상품은 재고관리에 주의를 기울여야 하므로 해당 계절 내에 모두 판매할 수 있도록 계절 시작 전에 매입하여야 바람직하다. 또한 보통 계절상품은 반품이 안 되는 경우가 많아 해당 계절에 처리하지 못하면 악성재고가 발생하므로 그 시기와 양을 신중히 결정해야 한다.

2. 매입의 5가지 원칙(5R)

(1) 적정 거래처(Right place)

① 신뢰구축과 안정적 물품 공급을 확보하기 위해 적정한 거래처를 선정하는 것은 매우 중요한 일이다.

② 공급자 평가 요소는 품질과 디자인, 마진에 따른 합리적 가격, 납기의 신뢰성, 성의 및 책임감, 교환 및 반품 등의 부가서비스를 들 수 있다.

(2) 적정 품질(Right quality)

① 적정 품질이란 구매자가 만족한 수준에 미치는가를 말하며, 품질의 차가 관리 한계 범위 내에 있어야 한다는 것을 의미한다.

② 품질(quality)이란 제품의 모양, 크기, 무게, 색깔, 성분, 강도, 성능 등 제품이 그 사용 목적에 맞도록 갖추어야 할 성질에 대한 것을 뜻한다. 현재 시장 내에는 여러 경쟁 업체들, 특히 글로벌화 시대를 맞이하여 해외기업까지 기존의 시장을 장악하고 있던 기업들의 생존을 위협하는 요소들이 도처에 설치되어 있다. 고객의 입장에서는 여러 가지 기업의 경쟁 상황을 통해 그들이 원하는 즉 만족할만한 완벽한 제품을 폭넓게 선택할 수 있게 되었다. 그러므로 기업의 입장에서는 이런 고객의 보다 자유로운 구매 선택권을 얻기 위해 부단히 노력을 해야 한다. 바로 최저의 비용을 투자한 최고의 품질 제품을 고객에게 선사하는 것이다. 이를 위해 경영자는 기업적 차원에서 제품의 비용, 품질, 관리 등에 대한 체계적인 관리를 필요로 하게 되었다.

③ 일반적으로 품질에 관련된 비용은 총비용이 최저인 경우를 적정 품질수준이라고 한다.

(3) 적정 수량(Right Quantity)

① 적정 수량이란 경제성의 기준으로 평가하는 것인데, 경제적 주문 수량은 재고유지비용, 수송비용, 주문처리비용, 창고관리비용 등과 직결되므로 이들과 연계하여 결정한다.

② 한번에 많은 수량을 주문하면 할인 등 여러 가지 이점도 있는 반면에 주문자의 자본 능력, 재고관리 비용 등의 문제가 발생하기 때문에 적정 수량 주문은 매출이익 증대 다음으로 중요하며, 영업이익에 큰 영향을 준다.

(4) 적정 납기(Right time)

① 공급자의 납기 지연은 고객에 대한 불신 및 제반 영업 및 관리 비용을 발생시킨다. 따라서 적정 거래처 선정 판단의 기준이 되기도 한다.

② 적정 납기를 위한 방안으로 수주자(공급자)와 발주자와의 원활한 의사소통 유지 및 개선, 주문과정의 표준화, 조달 기준일정의 체계화, 신뢰 구축 등을 들 수 있다.

(5) 최적 비용(Right price)

① 저렴한 비용으로 매입을 한다는 것은 매출 증대로 인한 이윤증가와 같은 효과가 있으므로 매우 중요하다.

② 최적 비용을 추구하기 위해서는 발주자의 시장 정보 능력과 과학적인 데이터 구축과 활용이 필요하다.

3. 매매 계약

(1) 매매의 개념

① 매매란 매매계약에 의해 당사자의 일방(매도인)은 일정한 재산권을 이전할

의무를 부담하게 되고, 이에 대한 대가로서 상대방(매수인)은 약정된 금액의 금전을 지급할 의무를 지게 된다. 이와 같이 매매는 양 당사자가 지게 되는 의무가 서로 대가관계(對價關係)에 있으므로 쌍무계약이며, 일방 당사자가 지는 의무가 원인이 되어 상대방도 의무를 지므로 유상계약(有償契約)이다.

② 매입에 있어서 매매 계약은 매수인이나 매도인 어느 한쪽이 매입과 매수를 원할 때 상대방 어느 한쪽이 신청을 승낙하면 매매는 성립된다.

③ 매매 계약은 구두 또는 문서 모두로 이루어진다.

(2) 매매 계약 내용

① 매매 계약으로 인한 분쟁을 방지하기 위하여 여러 가지 거래 조건을 명시한다.

② 매매의 조건 또는 내용은 상품의 품질, 수량, 상품 가격, 인도시기 및 장소, 대금 지급 방법 등으로 이루어져 있다.

③ 매매 계약의 이행은 상품 인도 및 수취, 대금 결제가 이루어지면 효력이 발생하게 된다.

(3) 소매기업의 매입과 판매 조정 방법

① 부문 간 커뮤니케이션 향상
② 매입 관리자의 점포 순회 방문
③ 지역 혹은 구역 상품 관리자에 의한 조정
④ 매입 결정 권한의 분산화

〈참고〉 전문 쇼핑몰 기획 및 운영 전략(중소기업진흥공단 제공)

1. 상품 매입 프로세스

(1) 1단계(쇼핑몰): 상품발주
① 정기입고일 준한 상품발주
② 신상품, 탈점상품 등에 대한 신속한 정보공유 통한 발주 반영
③ 적정상품의 적정수량 매입 통한 재고부담 축소 및 원활한 거래유지

(2) 2단계(공급사): 공급 가능상품 재고 확인 및 상품납품
① 재고확인 후 입고가능일, 가능수량, 미보유재고의 공급가능일 및 가능수량 통보
② 엄격한 납품시간의 준수

(3) 3단계(쇼핑몰): 상품입고 확인 납품자, 입고 검수자가 함께 입고상품의 상태, 수량
  확인(발주서 대조)

(4) 4단계(양사): 대금정산 정산기일의 준수, 문제시 사전 통보

2. 상품의 입·탈점 관리

(1) 신상품, 기획상품의 입점관리
① 경쟁사의 신상품, 기획상품의 지속적인 모니터링+업체의 정보 활용
② 기획상품의 발 빠른 매입을 위해 분기별 상품생산계획정보 사전 입수
③ 기획상품의 재고확인으로 정확한 품절관리

(2) 품절 및 탈점관리
① 품절상품: 수시 변동사항을 반영하여 원활한 주문 도모
② 탈점상품: 고지사항 여부 판단하여 탈점처리

(3) 가격관리
① 상품판매가격의 변동사항 발생시, 고지기간을 가진 후 변동한다.
② 고객 컴플레인에 대한 대응 방안을 사전 준비한다.

3. 상품의 반품관리

(1) 반품 프로세스
① 1단계(쇼핑몰): 반품 리스트 작성
     ㉠ 판매추이분석 통한 반품 리스트 조사
     ㉡ 재고실사 통한 최종 반품리스트(품목, 수량) 작성
② 2단계(공급사): 반품 리스트 접수 및 반품일 결정, 수령한 반품 리스트 내부 품의 후 반품 가능일을 쇼핑몰 측에 통보
③ 3단계(쇼핑몰): 반품 상품 취합
   반품상품 준비 및 최종 확인
④ 4단계(공급자): 반품 수거
   반품일 준수, 상품검수 및 수거, 이에 대한 증거자료 발행
⑤ 5단계(양사): 대금정산 반품금액에 대한 사전협의 방식에 따른 대금 계상

(2) 원활한 반품처리를 위한 제안
① 적절한 반품주기의 양사 합의
② 공급자의 수렴 가능한 반품규모 및 적정시기를 사전확인 및 준수
③ 정기적인 재고실사 →부진상품과 인기상품의 구분관리
④ 매출추이 분석 통한 적정 매입량 결정 노하우 습득
⑤ 반품규모 최소화 노력 필요
     ㉠ 다양한 부진상품 소진 방안 마련
     ㉡ 융통성 있는 상품 디스플레이

4. 정산관리

① 결제일, 결제방식 등 관리
② 기안한 정산내역의 처리상황 확인 및 대응
③ 반품내용의 반영 확인

5. 상품개발

(1) 상품 발굴
① 상품MD 계획의 수립

        ⊙ 연중행사 파악(백화점 할인판매일정, 월별/음력 행사 고려)

        ⓛ 분기별 스케줄 준비

        ⓒ 각종 매스컴에서 부각되는 상품 고려

        ⓔ 온라인 히트상품에 관심

    ② 시의 적절한 상품, 수익상품, 히트상품

        ⊙ 안전주의: 항상 잘 나가는 것은 아무리 반복해도 잘 나간다.

        ⓛ 수익상품

      —직접 제조사를 접촉하거나 자체 개발한 상품

      —표준화된 것

      —브랜드 자체로 신뢰할 수 있는 것

        ⓒ 시의 적절한 상품

      —시즌별 특수상품

      —이슈상품, 일본 인기상품

      —명품, 카피상품

(2) 상품 기획

① 상품 개발의 유형

        ⊙ 특가상품

      —침투가격 판매전략

      —박리다매 전략

        ⓛ 패키지 상품의 개발

      —정품 번들링

      —사은품 번들링

      —동종카테고리품목 번들링, 이종카테고리품목 번들링

        ⓒ PB(private brand)상품의 개발

        ⓔ 사은품

::바이어의 업무와 활동 기준

1. 바이어의 개념과 의사결정과정

(1) 바이어(구매자)의 개념

바이어란 보통 구매자를 의미하며, 구입 상품의 품목, 가격, 수량, 기간 등을 결정하는 사람을 말한다.

(2) 바이어의 구매 의사결정과정 단계

① 구매 필요성의 판단과 건의: 경영 및 판매 계획에 따라 필요한 상품을 구매하고자 할 때 경영진 등과 검토하는 건의가 필요하다. 소매업의 경우는 계획하는 자와 판단하는 자가 일치한다. 이때 공급 회사가 결정되는데 하나 또는 복수로 검토한다.

② 구매 품목의 종류와 규격 결정: 구매의 필요성이 확정되면 구입할 품목의 종류와 규격을 결정한다.

③ 구매 품목의 유사품 정보 및 자료 수집: 구매하고자 하는 품목과 유사한 제품들의 품질, 가격, 유행성 등 기타 조건들을 비교하기 위한 정보를 수집한다.

④ 유사품의 공급자 및 유사제품의 비교 평가: 정보 수집으로 인한 자료들을 통하여 품질, 가격, 유행성 등 기타 조건들을 비교 평가한다.

⑤ 구매 품목과 공급자 결정: 비교 평가가 이루어지면 그 결과에 따라 구체적인 품목과 공급자를 결정하는 것이 마지막 단계이다.

2. 매입처(공급자)에 대한 바이어의 구매 평가 기준

① 소매업체가 여러 공급업체 중에서 가장 최적의 업체를 선정하는 하나의

방법으로 다중속성 방법이 있는데, 하나의 기준에 의해 평가하는 것이 아니라 다수의 평가 기준이나 속성을 동시에 고려하여 그 대상에 대한 태도를 결정하는 방법을 말한다. 아래와 같은 여러 요소를 동시에 고려하여 평가하게 된다.

② 일반적인 공급자에 대한 평가요소는 품목의 브랜드, 소비자의 업계 신뢰성, 공급자의 시장 및 업계 평판, 마케팅 능력, 광고 및 정보관련 활동 범위 및 능력, 납기공급능력, 기술성, 결재 조건, 업계발전 능력, 재무능력, 기타 부가서비스 제공내용 등이다.

(1) 상품력

① 기능적 측면에서의 상품의 신뢰성: 매입처 선정의 가장 기본적인 조건으로 상품의 기능적 측면에서의 신뢰성이란 상품 본래의 품질, 성능, 안정성 등의 무결점을 말한다. 신뢰성에 문제가 있다면 아무리 매입조건이 유리하더라도 절대로 거래해서는 안 된다.

② 감정적 측면에서의 상품의 우수성: 소비자는 모든 제품에 대해 실용적, 기능적인 면뿐만 아니라 자신의 취향, 개성 등을 반영한 감성적인 면을 중요시하는 경향이 있으므로 이러한 감성적인 측면을 얼마나 만족시키는 상품인지를 고려해야 한다.

③ 가격의 적정성: 상품가치는 상품의 효용을 상품가격으로 나눈 것인데, 아무리 상품가치가 높다 하더라도 점포에 공급해 주는 가격이 적정선을 넘는다면 매입처로서 바람직하지 못하다.

④ 브랜드 지명도와 신뢰성: 소비자가 높이 평가하고 신뢰하는 상품이면 브랜드 가치가 올라가고 시장에서의 인지도가 올라간다. 따라서 매입단가가 다소 높더라도 이런 브랜드 상품을 취급하는 매입처를 거래하는 것이 장기적인 관점에서 영업에 유리하다.

⑤ 상품 구색력: 상품의 종류와 품목이 얼마나 다양하고 많은 양을 갖추었는지, 즉 상품의 폭과 깊이 등을 의미한다. 상품의 품목과 종류가 다양하고

풍부하면 매입하는 과정에서 상품 선택이 용이해진다. 상품 구색력이 높은 매입처가 좋다.

⑥ 신상품 공급의 적극성: 고객들의 유행에 대한 민감한 반응과 다양한 소비욕구에 대응하기 위해서는 유행상품이나 신상품을 적극적으로 적기에 공급해 줄 수 있는 매입처가 좋은 거래처이다.

⑦ 충분한 공급능력 여부: 소매점포가 원하는 물량을 제대로 공급할 수 없는 거래처를 피하는 것이 좋다.

⑧ 기획 개발능력, 기술능력, 생산능력의 여부: 제조업체를 직접 거래처로 선정하는 경우에 해당되는데, 이러한 능력이 모두 한 시스템에서 가능한지 아니면 기획 개발과 생산이 분리되어 있는지가 파악되어야 한다. 가능한 하나의 시스템에 의해 이루어지는 거래처가 좋다.

(2) 판매조건과 태도

① 거래 조건의 공정성과 합리성: 가격, 대금결제조건, 각종 할인혜택(현금, 수량, 계절, 판매촉진 할인 등)과 기타 거래조건에 대해 공정하고 합리적인 조건을 제시하는 매입처가 좋다고 판단할 수 있다.

② 정확하고 신속한 납품: 소매점이 주문을 한 후 약속 기일 내에 신속히 공급되고 주문 상품에 하자가 없는 거래처가 바람직하다.

③ A/S의 우수성: 불량 상품에 대한 반품과 교환, 소매점에서 A/S 해 줄 수 없는 부분을 공급자가 책임지고 해결해 줄 수 있는 기술력과 태도를 갖추고 있어야 한다.

④ 정보 제공 능력: 신상품 정보, 가격, 시장현황, 동종 업계동향 등에 대한 신속하고 정확한 정보 제공 능력을 갖추고 있어야 좋은 거래처이다.

⑤ 원활한 커뮤니케이션과 파트너십: 매입처는 상품을 구입하는 단순한 거래처가 아닌 그 이상의 미래지향적 관계로서 영업에 필요한 다양한 정보를 상호 간에 교환함으로써 서로의 이익을 추구할 수 있기 때문에 신뢰를 구축한 파트너로서의 의사소통이 매우 중요하다.

(3) 경영 상태

① 안정된 경영조건과 성장 가능성 및 잠재력이 있어야 한다.
② 거래처 경영자의 경영태도가 건전하고 합리적이어야 한다.

(4) 제품에 대한 평가 기준

품질 및 효능, 가격, 원자재의 수준, 친숙도, 복잡성, 혁신성 등

(5) 공급자와 구매자의 상호 간 관계에 의한 평가 기준

구매업체와 공급업체와의 거래실적, 친숙도 및 신뢰관계 정도, 상호 의존도 등

3. 구매자의 교섭 능력

구매자의 공급자에 대한 상대적 크기에 따라 교섭 능력이 평가된다.
① 제품, 가격, 비용구조에 대해 보다 자세한 정보를 가질수록 구매자의 교섭 능력은 커진다.
② 구매자의 구매량이 공급자의 매출 총액에서 큰 비중을 차지하는 경우 구매자의 교섭능력이 유리하고 커진다.
③ 구매자가 품목과 공급자에 대한 많은 정보를 확보하고 있는 경우 교섭능력이 신장된다.
④ 공급자로부터 구매하는 대체재가 있는 경우에 교섭력이 커진다.
⑤ 대량 구매자가 존재하고 공급자의 제품이 차별화되어 있지 않은 경우에 교섭력이 높아진다.
⑥ 구매자가 공급업체를 바꾸는 데 많은 비용이 발생한다면 교섭 능력은 떨어진다.
⑦ 구매자들이 수직적 통합을 이루는 경우 교섭력은 강화된다.

::매입 정보와 활용

1. 매입 정보의 의의

(1) 상품 매입

① 상품매입은 고객이 원하는 상품을 제조업체나 도매상으로부터 구입하는 활동이다.

② 상품매입은 점포영업의 시작이라 할 수 있으며, 주먹구구식 매입은 상품의 품절, 재고관리의 비용 상승 등이 발생하므로 철저한 계획 하에 이루어져야 한다.

③ 현실적인 어려운 문제는 수천, 수만 가지의 상품을 한정된 점포공간에서 모두 취급할 수 없다는 것이다. 따라서 한정된 점포 공간에 고객이 요구하는 상품을 최대한 수용하여 적절한 양과 가격으로 효과적인 매입을 하는 것이 중요하다.

(2) 매입정보와 영업계획

① 매입 계획을 수립하고 실행하기 전에 소비 수요와 그에 영향을 끼칠 여러 요소에 관한 정보수집과 판단이 영업계획에 기초를 두고 선행되어야 한다.

② 매입 정보는 판매계획이나 재고계획을 세우는 데에는 필요하나 이것을 각각 수집하거나 분석을 하게 되면 효율성이 낮아지므로 전부 하나로 묶은 기본 계획을 위한 정보를 수집하고 그 계획에 의거 각 업무의 통제통합을 생각하는 것이 보다 효율적인데, 이것이 바로 영업계획이다. 매입을 하게 될 때에는 영업계획 그 자체가 정보가 된다.

③ 머천다이징 사이클의 구조는 영업계획을 출발점으로 하여 상품 매입, 검품, 가격결정, 재고관리, 판매, 회수, 기록, 정비로 이루어진다.

④ 매입 유형으로 기업 내 매입정보는 과거 판매 기록과 상품 재고 현황 자료 및 재고관리 자료 등이며, 기업 외 매입정보는 소비자 조사, 매입처 정보, 사회현황, 지역 및 점포의 동향 등이다.

2. 매입 정보 수집 관리

① 매입 정보 수집 관리는 과거 판매 실적, 재고관리 현황자료, 현장 판매원의 의견 등 과거의 기록을 토대로 해석하고 판단한다.
② 미래 예측을 위한 기법인 시계열적 분석을 통하여 기본적인 흐름을 파악한다.
③ 재고의 움직임을 파악, 당해기간의 품목별 매출사항을 파악해야 한다.
④ 소비자에 대한 설문지 등의 조사와 사회경제적 상황 등을 고려한다.
⑤ 기업 내외의 정보를 유형별로 구분하고 통합하여 판단한다.
⑥ 현장 판매원의 불만 사항 및 의견 등은 영업에 직·간접적으로 중요한 기초 자료가 된다. 이러한 측면에서 하급자의 일일 경영자 프로그램을 통해 극복하는 제도가 있다.
⑦ 매입처 및 제조업자로부터의 정보 수집은 구체적인 매입계획에 중요한 자료가 된다. 즉 신제품에 대한 정보, 패션 흐름, 가격 변동 추이, 상품 공급 예상, 해외 상품의 수입 상황 등에 관한 정보를 파악할 수 있게 해 준다.

: :벤더 선택, 변경 및 관리

1. 벤더의 개념

① 일반적으로 판매인 또는 판매업자를 가리키는데, 특히 컴퓨터 시스템의 하드웨어나 소프트웨어 제품을 사용자에게 판매하였을 때 그 제품의 브

랜드에 대해 책임을 지는 기업. 벤더는 제조업체일 수도 있고 판매 회사일 수도 있다.

② 벤더란 POS시스템, 자동주문 시스템, 전문 수송 차량 및 창고 등 전산화된 첨단 물류시스템을 갖추고 편의점이나 슈퍼마켓 등에 특화 상품을 공급하는 다품종 소량 소매업 일체를 말한다.

③ 제품을 판매하는 회사, 제품 메이커나 판매 대리점을 뜻한다. 어느 특정 회사의 제품만으로 시스템을 구축하는 것을 싱글벤더, 여러 회사 제품을 조합하여 시스템을 구축하는 것을 멀티벤더라고 한다.

④ 이러한 종합적 시스템을 갖춘 벤더는 전통적 가공 공장, 창고업, 운수업, 도매업의 기능을 대체하는 힘을 갖추고 있어 재래식 중간상과 물류업체에 많은 위협요소가 되면서 변화를 주도해 가고 있다.

⑤ 다수의 업체가 존재한다는 것은 상품의 다양성 증가와 유행에 민감한 상품 파악 용이, 공급업체 간 경쟁으로 가격과 서비스 증진을 가져올 수 있다.

2. 벤더의 종류

벤더는 냉장, 냉동, 잡화, 랜, 노트북, 통신기기, 소프트웨어, 전산화 벤더 등으로 세분화되었다.

3. 벤더 선정시 고려 요소

① 벤더 경영자의 경영방침 및 경영능력
② 가공 기술 등 기술력과 설비 능력
③ 기술적 전문성과 능률성
④ 기술 인력과 기술의 수준 및 작업의 숙련성
⑤ 작업 현장 관리자의 관리 능력

⑥ 노사 간의 관계

⑦ 공장의 입지 조건

⑧ 자본 능력 및 거래 실적

::상품의 재발주

1. 재발주의 의의

(1) 재발주의 개념

① 적정재고 유지와 재발주: 상품유형 중 계획상품에 대해서는 매장 및 재고 실에 언제나 유지해야 될 필수 품목마다의 수량을 정하고 이것을 보충해 나가는 형식을 발주하고, 계절상품에 대해서는 그 계절 동안에만 재고를 유지한다. 따라서 발주는 언제나 재발주의 성격을 갖는다.

② 재발주: 계속상품의 발주는 재발주의 성격을 가지므로 대상이 되는 상품 그 자체는 이미 결정되어 있다. 상품번호와 상품명을 해당 매입처에 전하 기만 하면 매입처 측에서는 그 상품이 무엇인가를 알 수 있다. 발주서의 내용(매입처에 전달하는 내용), 수량, 납기 등 사소한 사항에서만 한정된 다. 다른 조건, 즉 가격, 포장, 사용하는 운송수단, 대금 지불, 지불기간 및 방법에 대하여는 이미 작성되어 있다. 최근에는 자재와 그 밖의 코스 트 상승이 현저하여 동일 상품의 매입가격이 변동하는 경우가 적지 않은 데, 이것은 매입계약의 변경에 관계되는 일이다. 이러한 조건변경이 없는 한 계속상품의 재발주는 매입 담당자보다는 매장담당자 또는 재고관리담 당자가 맡아서 하는 것이 훨씬 합리적이고 능률적이다.

재발주에 관한 커뮤니케이션은 그때마다 매입부분에 대해서 있어야만 된다.

(2) 재발주 일반

① 판매 중에 있는 상품에 있어서 지속적으로 재발주의 목적은 배송창고나 판매창고에 보관되어 있는 상품을 적정하게 유지시켜 영업활동에 신뢰성 유지와 지장이 초래하지 않도록 하는 데 있다.

② 적정 재고량은 수요량, 상품 투자자금, 재고 비용의 경제성, 시장 여건 등으로 결정된다.

③ 상품 투하자금이란 재고 투자액의 크기를 말하는데, 상품구입에 투입된 자금으로 너무 많으면 재고 증가로 자본 효율성이 저하되므로 이를 고려한 재발주가 이루어져야 한다.

④ 재고비용은 일반적으로 재고 발주비(청구비, 수송비, 검사비)와 창고에서 소요되는 재고 유지비를 말한다. 즉 재고품을 보충하는 데 소요되는 비용으로써 주문 횟수 당 일정액이 소요되는 고정비용의 성격을 띠고 있고 수량의 크기와는 무관하다. 재고품을 외부에서 조달하지 않고 자체 제조하는 경우에는 주문비용이 발생하지 않지만 그 대신 자체 공장에서 필요한 재고품을 제조하기 위한 비용이 들게 되는데 이를 준비비라 한다. 여기서 재고 유지비용은 보관비, 보험료, 세금 등이며, 재고 부족비용은 생산기회나 판매기회 상실, 고객의 호의상실, 조업중단으로 입는 손실을 말한다.

2. 패션 상품(선매품)의 재발주

(1) 패션 상품(선매품)의 개념

일용상품인 항상 상품과는 달리 매장에 상품이 산더미처럼 쌓여 있어도 상품의 스타일, 재질, 색상, 사이즈, 가격 등 여러 가지 점에서 특정 고객의 마음에 드는 상품이 그 가운데서 발견되지 않으면 그 특징 고객에 한해서는 판매의 실현이 불가능하게 되는 상품이다.

(2) 선매품의 재발주 기술

① 소매업은 선매품에 대하여 상품 계열마다 치밀한 모델스톡플랜을 짜서 재발주를 통한 상품보충으로 상품구성을 확실하게 유지해 나가는 방식을 택한다.

② 패션 상품과 같은 선매품은 공산품과는 달리 동일한 품목의 보통 발주가 어려운 것들이 많아 고객 수요에 적합한 상품구성과 치밀한 품목별 재고 계획에 따라 발주하게 된다.

(3) 모델 스톡 플랜(Model Stock Plan)

① 고객의 수요에 가장 정확하게 합치되는 상품구성 및 품목마다의 재고유지를 내용으로 하는 이상적인 재고 상태를 말한다.

② 패션 상품과 같은 유행성 상품은 과거 판매 실적을 통해 분석하고 재고량을 결정하게 된다.

③ 패션 상품에는 각각 품목에 상품 번호가 설정되므로 똑같은 상품이 없는 것이 특징이며, 따라서 모델스톡플랜에서 상품 하나하나에 붙여진 상품번호는 원칙적으로 표시되지 않으며, 상품의 고유한 특성인 스타일, 재질, 무늬. 색상, 사이즈, 가격 등으로 분류하여 표시하게 된다.

④ 모델스톡플랜에는 상품번호를 수반한 고유의 표시가 없지만 보충해야 될 상품의 성격(조건)이 표시되어 각각 상품에 대해서 가지고 있어야 될 재고 수량도 명확하게 되어 있기 때문에 발주할 때에는 이것을 기준으로 하여 발주할 수량을 결정하면 된다.

3. 일용상품의 재발주

(1) 일용상품의 재발주 기술

① 일용상품(항상 상품)의 매입은 대부분이 계속상품의 재발주 형태로 이루어진다.

② 계절에 상관없이 언제나 상품구성에 속하는 상품이며, 또 해마다 모델이나 스타일이 변형되는 성격의 상품이 아니기 때문이다. 이런 종류의 상품에 대해서는 베이직 스톡 리스트를 작성한다.

③ 일용상품 재발주시 고려 사항은 품목별 상시 재고 수량, 재발주 기간, 최소 및 최대 보유량, 매회 발주량 등이다.

(2) 베이직 스톡 플랜

① 비교적 안정된 수요예측이 가능한 항상 상품에 대한 구색 계획으로 모델 스톡플랜과는 달리 고유의 상품번호 및 상품명이 구체적으로 표시된다.

② 각 상품 개개에 대해서 항상 매장 및 재고실 쌍방의 합계로서 유지해야 될 수량이 사전에 명확하게 정해지고 용어 그대로 보충하는 형태로 재발주를 하게 된다.

③ 계절과 무관하게 항상 매장에 진열되는 상품들이며, 모델과 스타일이 쉽게 바뀌지 않는 상품 재발주에 적용된다(식품 또는 비계절적 상품 등).

④ 따라서 이러한 특성의 상품은 판매 계획량(고객 수요량), 상품 회전율, 경제적 발주량(재고 비용의 억제)을 기초로 품목별 상시 현품수량을 몇 개(혹은 몇 장, 몇 켤레, 몇 세트, 몇 다스, 몇 벌 등)로 할 것인지가 매우 중요하다.

4. 재발주시 검토 사항

(1) 구매 조건

재발주시 구매 조건은 자재, 인건비, 기타 경비 변동(상승), 납품 가격의 인상, 수요 탄력에 따른 판매량 예상, 각종 할인 등의 조건에 대한 검토가 이루어져야 한다.

(2) 수익성

총매출에 따른 수익률이 낮아지면 판매가격을 상승 조정하게 된다.

(3) 매입처와의 관계 구축

신규 상품이나 상품 부족, 가격 상승, 원자재 변경, 계속 상품의 공급 부족 등이 발생하는 경우 원하는 만큼의 양과 동일 가격 수준 유지, 동일 품질 등이 유지되는 상태에서의 공급이 이루어지도록 공급자에게 유리하도록 구입 조건(현금 지불, 반품금지 등)들을 변화시키고 우호관계를 유지하는 기술이 필요하다.

(4) 발주 후의 플로업

공급자와 계약이 이루어진 후 주문량, 주문 기간, 품질 등이 차질이 없는지 지속적인 점검이 필요하다.

〈보충정리〉 발주시 수요예측 방법

1. 정성적 방법(주관적 예측기법)
   ① 위원회 합의법(전문가 의견법): 패널 합의법이라고도 부르며, 제품이나 마케팅 또는 소비자 심리학 등의 전문가 집단을 동원하여 수요를 예측한다. 이 방법의 단점으로

는 패널 중 한 사람이 주도적으로 합의를 이끌어 간다면 결과가 왜곡될 수도 있다.

② 판매원 의견 종합법: 시장은 지역별 특성이 다소 다르게 나타날 수 있다. 따라서 각각의 지역에 대하여 잘 알고 있는 현지 매장의 판매원들을 중심으로 해당지역의 사회적 특성을 감안한 의견을 수렴하여 예측하는 방법이다.

③ 시장조사기법: 주로 설문지나 고객에게 직접 인터뷰를 통하여 얻어지는 자료를 토대로 고객의 선호도나 제품에 대한 요구사항을 알 수 있다. 비용과 시간이 많이 드는 기법이며, 주로 수요변화예측에 유용한 방법이다. 설문작성 시에 객관성 유지가 필요하며, 면접에 의한 방법일 경우 면접자의 질문방향에 따라 다른 결과가 나올 수 있는 단점이 있다. 즉 설문지 내용이나 인터뷰 시 질문하는 사항들이 왜곡되거나 기업위주로 만들어지면 잘못된 수요예측결과가 나타날 수 있다.

④ 자료 유추법: 마땅한 과거의 자료가 없을 때 사용하는 수요예측방법으로 주로 신제품 출시의 경우에 사용된다.

⑤ 델파이 기법(Delphi): 이 기법은 원래 기술예측을 할 때 사용했던 방법인데, 최근에는 신제품이나 신시장개척에 사용하는 기법이다. 전문가 집단을 구성하여 하나의 통일된 결과를 얻을 때까지 질문을 계속하여 일치된 의견이 나오는 특정 결과가 나올 때까지 반복하여 결과를 도출해 내는 방법이다.

2. 정량적 방법(객관적 예측기법)

정성적 방법들은 전문가의 경험이나 지식, 통찰력 같은 주관적 요소들의 판단결과를 계량화하기 어려우므로 해당제품의 과거의 객관적 데이터를 사용하여 미래에 대한 수요예측을 하는 기법이다.

① 시계열 분석법: 일정한 시간 간격으로 발생한 과거의 실재치를 바탕으로 미래의 수요를 예측하는 기법이다. 예를 들면 일별, 주별, 월별, 분기별, 년별 등으로 과거에 발생한 데이터를 나열해서 분석해 보는 방법이다. 이때 과거에 나타난 여러 가지 상황들을 시계열 요인이라고 하며, 여기에는 계절변동 요인과 순환변동 요인, 불규칙 변동요인과 추세변동 요인이 있다. 주로 장기적 예측보다는 단기적 예측을 위해 사용되며 전기수요법, 이동평균법, 지수평활법 등이 있다.

② 인과형 모형법: 회귀분석법이라고도 하며 수요를 종속변수, 수요에 영향을 미치는 요인들을 독립변수로 설정하고 양자 간에 수요에 미치는 영향을 인과관계가 있는 요인들을 분석하여 수요를 예측하는 방법이다.

3. 수요예측기법의 선택시 고려사항
① 예측대상과 용도
② 예측기간과 자료의 유무여부
③ 이용 가능한 기법

제4절 상품 재고관리

::적정 재고관리

1. 재고관리의 개념

① 정보를 포함한 각종 물품을 관리하는 경영기법으로 inventory Management 라고도 하며, 기업의 능률적이고 계속적인 생산 활동을 위하여 재료나 제품의 적절한 보유량을 계획하고 통제하는 일로 원자재 관리와 상품 관리의 두 가지가 있다.

② 재고란 원재료, 부품, 반제품 및 완성 제품 등의 제조과정에 있는 것과 판매 준비 중인 물품을 말하며, 앞으로 주문량과 시기 등을 판단하여 재고비용이 최소가 되도록 이들을 효율적으로 계획하고 통제하는 것을 재고관리라 한다.

③ 재고관리라고 하면 일반적으로 재고수량을 관리하는 것으로 생각하는 경향이 있다. 물론 수량관리가 중요한 것임에는 틀림없지만, 재고관리가 수량관리만을 주안으로 하는 것은 아니다. 즉 작업관리적 성격보다 정책관리적 성격이 강하다. 재고량의 증대에 엄격한 코스트 의식을 가지면서 재고의 적극적인 기능으로 인식하고 있다.

2. 재고관리의 역할

① 고객 서비스의 최대화: 재고는 불확실성을 방지해 줌으로써 고객 서비스를 최대화시켜준다. 기업에는 적든 많든 비축되는 물품이 있게 된다. 이 물품을 관리하여 기업의 목표를 달성할 수 있도록 하는 것이 재고관리의 역할이라고 말할 수 있다.

② 효율적 재고관리의 효과

    ㉠ 재고관리가 잘 이루어지면 자금 운용이 수월해지고, 재고에 필요되는 투자액을 극단적으로 0으로 할 수 있기 때문에 기업경영이 수월해진다. 또한 재고관리에 필요한 자금을 경영의 다른 자금으로 돌릴 수 있어 새로운 측면에서의 발전가능성을 높일 수 있다. 따라서 생산관리가 최적 상태로 될 수 있게 된다.

    ㉡ 공정관리의 추진이 성공적으로 이루어질 수 있다. 즉 기업이 생산하는 물품에 결점이 있을 때, 재고관리를 통해서 공정상의 문제점을 근본적으로 제거할 수 있다.

    ㉢ 운반관리와 창고관리도 효율적으로 행해질 수 있게 되며, 곳곳에 산재하기 쉬운 물품을 깨끗이 정돈함으로써 공장의 시설계획 및 배치가 좋아진다.

③ 재고관리의 역할을 수행하기 위한 재고관리의 업무내용은 재고관리의 방침, 재고품목, 재고품의 구분, 재고수량, 재고통제, 재고기간, 재고방법, 재고설비, 재고비용, 정보처리와의 관계, 재고관리의 운영, 재고관리 조직 등이다.

④ 물류 측면에서의 재고의 역할: 재고를 통해 원자재 조달, 운송, 제품생산 과정 등에서 규모의 경제를 달성하고 수요 및 공급을 조절하고 장래의 수요예측, 가격폭등 등의 불확실성에 대비하는 기능을 한다.

3. 경제적 재고유지비용 달성 방안

재고 투자와 다음 4가지를 균형화하는 것이 핵심이다.

① 고객 서비스: 적은 재고는 재고 부족의 가능성을 높이고 고객 서비스 수준을 낮추게 되므로 재고 수준이 높을수록 고객 서비스가 증진된다.

② 생산량을 바꾸는 것과 관련된 비용: 생산량이 수용에 따라 변한다면 초과 장비 능력, 근무시간, 훈련, 고용, 해고가 모두 증가된다.

③ 주문비용: 낮은 재고 수준은 적은 양의 주문을 보다 자주 하는 것으로 달성된다. 그러나 이것은 연간 주문비용의 증가를 가져온다.

④ 운송비용: 적은 수량을 운반하는 제품은 많은 수량을 운반하는 것보다 단위당 운송비용이 많이 든다. 그러나 많은 수량을 한 번에 운반하는 것은 높은 재고 수준을 초래한다.

4. 재고관리 의사결정과 관련된 비용

① 품목비용(Item cost): 품목비용은 구매품과 사내에서 생산된 품목으로 구분되는데, 구매품의 품목비용은 제품의 가격이 된다. 이 가격에는 제품 자체의 가격뿐만 아니라 구매한 제품을 먼저 가져다 놓는 데 필요한 직접비(운송비, 관세, 보험료 등)까지 포함된다. 사내 생산품의 경우에는 재료비, 노무비, 간접비 등을 포함한 가격으로 산정해야 한다.

② 유지비용(Carrying cost): 유지비용은 창고관리 비용을 포함한 제품을 보관하는 데 필요한 비용을 말한다. 재고가 많으면 많을수록 유지비용도 증가한다.

    ㉠ 자본금: 기회비용으로서 이익을 얻을 수 있는 다른 곳에 투자하지 못하고 재고에 투자함으로써 묶여 있는 자본이다.

    ㉡ 저장비용: 실제재고를 저장하는 데 필요한 장소, 사람, 장비 등에 소요되는 비용이다. 재고량과 비례하는 비용이다.

    © 위험비용: 재고를 유지하면 불용, 손상, 절도, 퇴화 등으로 인한 비용을 말한다.

③ 주문비용: 상품을 주문하는 데 필요한 비용으로 수량에 관계없이 주문횟수에 비례한다. 따라서 한 번에 많은 수량을 주문하는 것이 경제적이다. 그러나 단점은 재고수준이 높아져 유지비용이 증가하게 된다.

④ 재고부족비용: 리드타임 동안 수용가 예측을 초과하면 발생한다. 재고부족은 납품이 늦거나 판매상실, 고객상실 등으로 잠재적으로 비용이 들게 된다. 이 비용은 여분의 재고를 보유함으로써 줄일 수 있다.

⑤ 생산능력과 관련된 비용: 생산량(수준)이 변경되어야 할 때 발생하는 초과근무, 고용, 훈련, 여분교대, 해고 등에 드는 비용이다. 이 비용은 평준화 생산으로 줄일 수 있지만 그 대신 비수기 동안에는 재고가 쌓이는 결과를 가져 온다.

5. 유통재고의 기능

① 상품 전시기능: 상품을 점두에 진열 전시하여 고객의 구매의욕을 자극하고 상품을 직접 손에 들고서 선택하는 기회를 제공하는 기능이다.

② 수요 적합기능: 상품을 재고로 보유함에 따라 품절을 방지하고 품절에 의한 기회 손실이 발생하지 않도록 하는 기능이다.

③ 경제적 발주기능: 매입업무를 경제적으로 수행하는 기능으로 상품이 필요 때마다 발주하면 발주 횟수가 많아져 그 만큼 발주비용이 증가하게 된다. 그렇다고 해서 1년분의 양을 한 번에 발주한다면 발주비용은 낮아지지만 재고비용, 즉 보관 및 유지비용이 늘어나므로 적정한 양을 발주해야 한다.

::재고관리 시스템

1.경제적 주문량 및 경제적 생산량

① 물품(자재 및 제품)의 구입 또는 제조에 수반되는 제 비용과 이들의 재고 유지비용 및 장래의 일정기간의 수요량 등을 고려해서 가장 경제적이라고 판단되는 물품의 로트 크기를 말한다.
② 재고를 많이 가지고 있으면 재고 유지비가 많이 들고, 재고를 적게 하여 수시로 발주를 하면 발주비용이 많이 든다. 경제적 발주량은 재고 유지비와 발주비용의 합을 최소화하기 위해 조정한 발주량을 말한다.

2. 재고관리 시스템 모델

(1) EOQ((Economic order quantity, 경제적 주문량 모델)

① 1915년 소개된 이 모형은 초기에는 고정주문량 시스템의 개발에 적용되었지만 후에 고정주문주기 시스템이나 다른 재고모형을 포함하기 위한 개념으로 확장되었고, 완충재고 개념과 함께 정립되었는데, 주문비용과 재고유지비용을 합한 연간 총비용이 최소가 되도록 하는 경제적 측면에의 주문량이다.
② 발주의 총비용을 줄이려면 발주 횟수를 적게 해야 하고 재고 유지비용을 줄이려면 발주 횟수를 늘려야 하는 상반되는 조건에서 도출된 최적의 발주량을 말한다.
③ 이 모형은 수요가 확정적이며 균일한 단일 품목에 대한 가장 기본적인 재고 모형으로 재고관리 의사결정에 필요한 측정값을 쉽고 빠르게 얻을 수 있고 상황에 맞게 조정, 응용할 수 있으므로 재고분석을 위한 계량적인 모형으로 널리 이용된다.

④ 재고관리 비용이 가장 경제적으로 투입되는 재고수준을 유지하기 위한 목적으로 이용된다. 재고 부족은 고려하지 않으며 주문 비용, 재고 유지비용, 제품 단가는 일정한 것으로 가정한다. 즉 기업이 제품을 주문하는 경우

    ㉠ 발주비용은 발주량의 크기와 관계없이 매 주문마다 일정하고

    ㉡ 재고유지비는 발주량의 크기와 정비례로 발생하며

    ㉢ 수요율과 조달기간이 일정하고

    ㉣ 구입단가는 발주량의 크기와 관계없이 일정하며

    ㉤ 단일품목이 대상 등의 조건하에서 주문 비용과 단위당 재고유지비의 합계가 최저로 되는 점이 주문량이 된다.

⑤ 총재고비용(구매비용＋재고유지비)이 최소가 되는 발주량, 또는 재고의 단위원가가 최소가 되는 1회 주문량을 구하는 모형으로 연(年)을 기준으로 발주량 공식은 EOQ＝루트(2×1회주문비용×수요량/재고유지비용×재고품목당 비용)

   * 변수는 1회주문비용, 연간총수요량, 단위당유지비용

(2) EPQ(Economic production quantity 경제적 생산량 모델)

① 이 모형은 기업 자체 내에서 필요한 자재를 자가제조하거나 제품을 생산, 조달하는 경우에 경제적인 생산로트의 크기(economic lot size: ELS)로서 일정 생산 기간 점진적으로 생산량이 쌓이게 하는 재고 모델이다.

② 기업이 공급자로부터의 주문량을 결정하는 것이 아니라 재고나 수요에 대한 제조량을 결정하는 데 사용된다. EPQ 모형의 EPQ 값(Q*)은 주문량 결정을 위해서가 아니라 로트생산량을 위해서 결정되기 때문에 이 모형에 필요한 모든 정보는 기본적 EOQ 모형과 다르다. 따라서 이런 종류의 모형은 제조회사에서 생산조업을 위한 로트사이즈를 결정하는 데 사용된다. 즉 EPQ 모형의 목표는 생산품목에 대해 생산조업비용을 최소화하는 로트사이즈를 정하는 것이다.

③ EPQ 모형은 생산량을 결정하는 것 이외에 생산조업 사이에 필요한 시간의 양을 결정한다. 이 결정을 위해 먼저 연간 생산조업의 최적수와 생산

조업 간의 시간이 결정되어야 한다.

(3) ROP(Reorder point)시스템

① 주문기간을 일정하게 하고 재고가 일정 수준 이하에 도달하였을 때, 즉 미리 정해진 재주문점 수준까지 내려가면 발주하는 정량발주점법(fixed order quantity system)이라고도 한다.

② 발주량은 원칙적으로 정량을 발주하며, 주문량은 언제나 일정하지만 재고 수준이 재주문점에 언제 도달하는 가를 계속적으로 관찰하여야 한다.

③ 발주점법의 장점
  ㉠ 자동발주형식으로 발주가 이루어지므로 관리가 용이하여 다품목의 관리가 가능하다.
  ㉡ 발주점 로트를 고정화시켜 발주관리가 가능하다.
  ㉢ 정량발주점법으로 주문량이 일정하기 때문에 수입, 검품, 보관, 불출 등이 용이하여 작업 및 관리비용이 낮아진다.
  ㉣ 경제적 로트가 설정되어 운영되므로 재고비용을 최소화할 수 있다.

④ ROP 시스템의 한계
  ㉠ 수요 예측이 어렵기 때문에 많은 양의 안전 재고를 유지해야 한다.
  ㉡ 재주문점을 사용하면 미래 주문(3개월 내지 4개월 정도 예측)을 전혀 내다볼 수 없으며, 변화에 바로 대처할 수 없다.
  ㉢ 발주량 등이 정해져 있으므로 상황변화에 대처하기 어려운 획일적 운영방식으로 개개의 품목 특성에 의한 재고관리가 쉽지 않다.
  ㉣ 발주시기가 일정하지 않고 재고 기준 이하일 경우에 그때그때 발주하는 방식이므로 대양 일괄 발주가 불가능하며, 발주시기를 예상하여 미리 계획을 세울 수가 없다.
  ㉤ 발주 빈도가 많아지고 발주량이 많은 품목에 대해여는 비용이 높아진다.
  ㉥ 획득시간이 오래 걸리거나 로트 분할이 큰 경우에 부적합하다.

(4) ABC 관리방식(ABC Control Method)

① 재고자산의 가치나 중요도와 같은 어떤 특정기준으로 그루핑하여 특정 그룹에 있는 것에 대하여 집중 관리하는 방식이며, 관리의 경제성과 안전성을 높이는 데 그 목적이 있으며, 재고관리나 자재 관리뿐 아니라 원가관리, 품질관리에도 이용할 수 있다.

② Pareto의 ABC 이론을 이용하여 수많은 Item을 중요도에 따라 A, B, C 그룹으로 나누고 각각 다른 통제방법을 적용한다는 것이 핵심으로 효율적인 층별 관리와 중점 관리를 하기 위한 방법으로 파레토 분석 또는 20—80 법칙이라고도 부른다.

③ 전 취급 품목은 중요성과 금액, 수량, 관리의 복잡성 등의 순서에 따라 누적 비용 곡선을 그린다.

④ 재고품목을 연간 사용 금액에 따라 ABC의 3등급으로 분류하여 분석하고, 그 결과에 따라 각 등급에 적합한 관리 방법과 기준을 설정하고 관리하는 방식이다.

◆ ABC 곡선을 이용한 재고 통제법

1. A급 품목(중요도: 상): 연간 총매출액의 80%, 전체 품목 수 20%에 해당하는 품목으로 매출 기여도가 높은 중점 품목은 관리비용이 높더라도 관리중점 대상이다. A에 해당하는 품목은 지속적, 정기적, 정확한 재고 실사와 정확한 수요 예측을 통한 과잉 재고 방지, 데이터 기록 유지, Lead Time을 최소로 하고, 엄격한 통제가 실시된다.

2. B급 품목(중요도: 중): 연간 총매출액의 20%, 전체 품목 수 30% 정도에 해당하는 품목으로 기여도가 어느 정도 인정되는 품목으로 중간 정조의 관리가 이루어지는 품목이다. 이들에 대한 관리정도는 정기적인 재고 실사, 데이터 관리, 사내의 일반적인 절차를 적용한다.

3. C급 품목(중요도: 하): 연간 총매출액의 10%—5% 정도, 전체 품목 수 50% 정도

를 차지하는 품목으로 매출 기여도가 매우 낮으므로 관리 비용만 상승시켜 관리 부담을 가중시키는 대상 품목을 말한다. 관리방법은 최대한 간단하게 관리하며, 재고기록이 특별히 필요치 않고 가능한 한 한 번에 많은 수량을 주문하여 다량의 재고를 보유하되, 재고부족 발생만 방지하는 정도로 하면 된다.

(5) JIT 재고모형(Just in time, 적기 공급 생산법)

① 생산과정에서 필요한 양의 부품이 즉시에 도착하기 때문에 재고의 유지가 필요 없거나 극소량의 재고만을 유지함으로써 재고관리비용을 최소화시키는 방법이다.

② JIT란, '필요한 것을 필요한 때에 필요한 만큼만' 각 공정이 공급받도록 하는 시스템으로 이 말은 도요타 자동차의 창립자 도요타 기이치로 씨가 만든 말이다. 즉 필요한 시기와 장소 필요한 양만큼 부품조달을 강조하여 재고유지비용의 최소화는 물론 생산과잉, 대기, 재고의 낭비 제거, 소롯트 생산으로 재고의 낭비 제거, 자동화로 가공 및 동작의 낭비 제거, TQC 및 현장개선으로 운반, 가공, 동작, 불량 제거를 목표로 한다.

③ 입하 재료를 재고로 관리하지 않고 바로 사용하는 상품관리 방식으로 다품종 생산관리 시스템이다.

④ 각 시점마다의 조달방식은 판매시점에서는 완제품을, 완제품이 조립되는 시점에서는 반제품을, 반제품을 생산하는 시점에서는 원자재를 조달하는 방식으로 진행된다.

◆ JIT의 세 가지 원칙(도요타 자동차 회사)

1. 공정의 흐름화이다.
공정 내 또는 공정 사이에서 물건의 정체를 없애고 '한 개 흐름' 생산을 하도록 하는 것이다. 한 개씩 생산함으로써 작업에 정체가 생기더라도 바로 그 원인을 알아

문제점을 수정할 수 있다.

2. 필요한 수만큼의 택트 결정을 하는 것이다.

택트 타임(tact time, 하나의 부품이 가공을 시작하여 완료될 때까지 반복되는 순환 시간)이란 작업 속도를 말하는데, 제품 하나를 어느 정도의 시간에 생산하면 되는지를 '일일 가동시간/일일 필요 수'로 계산한다.

3. 후 공정 인수에 대한 것이다.

최종적인 후 공정은 고객이기 때문에 '고객에게 팔린 수량만큼만 만든다'는 것이 제일 중요하다.

(6) MRP(Material Requirement Planning : 자재 소요 계획법) 시스템

① 개념

㉠ MRP(Material Requirement Planning) 시스템은 재고관리 및 생산 일정 계획에 이용되는 기법으로, 최종 제품의 수요에 맞추어 종속 수요 품목의 소요량과 소요시기를 결정하기 위해 개발된 기법이다.

㉡ 생산 계획을 통해 최종 제품에 관한 재고 상태 정보를 이용하여 원자재, 부분품, 구성품, 하위 조립품 등에 대한 효율적인 재고통제와 일정 관리를 가능하게 한다.

㉢ 전산화된 프로그램을 통해 신속한 정보 분석과 이 정보와 연계되어 생산 시스템과 관련된 계획과 통제가 이루어진다.

② MRP 시스템의 목적

전통적 EOQ/ROP 재고 방식에서 야기되는 과잉 재고나 재고 부족 현상을 최소화하고, 적량의 품목을 적시에 주문하여 재고 수준을 낮게 유지할 수 있도록 한다. 우선순위 계획과 생산 능력 계획을 수립하는데 필요한 정보 제공에 그 목적이 있다.

③ MRP 시스템의 장점

㉠ 주먹구구식으로 산출된 안전 재고를 유지하기보다는 일정 계획을 재수립할 수 있는 신축성이 있기 때문에 재고를 줄일 수 있다.

ⓛ 보다 안정적인 계획 생산으로 전업이나 유휴 시간을 줄일 수 있다.

ⓒ 주 일정 계획을 수정할 수 있으며, 시장 변화에 신속하게 대응할 수 있다.

ⓓ 재고 및 생산 비용이 줄어들어 제품 가격이 낮아지고, 매출액이 늘어난다.

ⓜ 생산 능력 및 우선순위 계획에 도움을 주며, 정확한 수요예측을 통해 운영 효율을 높인다.

ⓗ 복잡한 제조/생산 시스템에서 컴퓨터를 사용하여 효율적으로 관리할 수 있다.

ⓢ 최종 제품만 고려해도 각 부품 수준까지 계획이 가능하며, 변화에 적응성이 높은 동적인 시스템이다.

ⓞ 고객까지의 제품인도기간을 감소시킨다.

④ MRP 시스템의 단점

ⓐ MRP 시스템을 도입할 경우 시스템의 변화로 많은 노력이 필요하다. 즉 정보전달 체계 및 방법도 새로 개발해야 하고 정보를 검색할 수 있는 절차도 개발해야 한다. 새로운 재고관리 방법과 기술 수준의 변화를 체크하는 방법 개발도 필요하다.

ⓛ MRP 기능을 수행하는 컴퓨터 시스템을 도입, 유지하는 비용이 크다.

ⓒ 조립제품일 경우에 적합하며, 일정 생산계획, 재고기록 등이 필요하다.

(7) 정량 발주 방식(Q방식)

① 재고가 정해진 일정 수준의 주문점에 도달했다고 판단되면 계획된 주문량을 주문하는 시스템이다.

② 매회 주문량은 정량으로 일정하게 하고 단지 시장수요변동에 따라 발주시기가 정해지므로 발주시기는 비정기적이다.

③ 조달 기간 동안의 실제수요량이 달라지나 주문량은 항상 일정하므로 주문 사이의 기간이 매번 다르고, 최대 재고 수준도 조달 기간의 수요량에 따

라 달라진다.

④ 계산이 편리해서 재고관리가 쉬우며, 발주비용이 싸고 재고관리 총비용이 최소화된다.

⑤ 충분히 주의해서 재고량을 감시하는 활동을 하지 않으면 실효성이 없다.

⑥ 출고가 불규칙하고 수요가 불안정하며, 출고 빈도가 낮은 특수 품목이나 보전용 예비품 등에 적용되는 방식이다.

(8) 정기 발주시스템(P 방식)

① 일정한 간격을 정해서 정기적으로 발주하는 방식으로 발주량은 일정하게 정해져 있거나 앞서 발주했던 같은 양으로 유지하지 않는 방식이다.

② 단가가 높은 상품에 적용되며, 발주할 때마다 발주량이 변하는 것이 특징이므로 발주량 결정이 문제가 된다. 정확한 수요 예측에 따른 발주량 결정의 한계가 있다.

③ 시장 변화 대응력이 뛰어나 재고를 감소시킬 수 있다.

④ 품절 및 재고 증가를 항상 체크할 수 있으며, 장기적인 변동에 잘 견딜 수 있다.

◆ 정기 발주 방식을 적용할 수 없는 경우

1. 판매 예측이 어려운 경우
2. 안전 재고량이 불안한 경우
3. 발주량 계산을 사람에 의존하고 있는 경우
4. 재고량, 발주 잔고, 판매량의 기록이 불완전한 경우
5. 컴퓨터 도입에도 불구하고 재고 시스템 설계가 어려운 경우

	Q 시스템	P 시스템
특징	중요한 재고	사소한 재고
주문 시기	주문점 이하 도달	일정 시간 간격
주문량	고정	변동
재고기록 수정	재고 변동에 따라	일정 시간
재고량	적음	많음
재고기록 유지	재고기록을 지속적 유지	불필요
아이템의 형태	고가, 정밀	저가, 비정밀

(9) 투 빈 시스템(Two—Bin System)

① 가장 오래된 재고관리 기법으로 가격이 저렴하고 사용 빈도가 높으며 조달 기간이 짧은 자재에 대해 주로 적용하는 간편한 방법이다. 즉 그다지 팔리지 않는 상품의 재고관리에 적당하고 간편한 방법으로 같은 용량의 선반을 두 개 준비하여 한쪽이 비어 있으면 한쪽의 선반 분을 발주하는 방법이다.

② 나사 같은 부품의 재고관리에 많이 사용하는 재고관리기법으로 두개의 부품 상자 중 한 상자의 부품을 모두 사용하고 난 뒤 정량을 발주하며, 그 뒤의 수요는 두 번째 부품 상자의 것을 이용한다.

③ 저가품에 주로 적용되며 재고 수준을 계속 실시할 필요가 없다는 장점이 있다.

(10) DRP 시스템(Distribution Requirements Planning System)

① DRP 시스템은 MRP(자재 소요 계획)의 논리에 따라 창고의 재고를 보충할 때의 주문량과 주문 시기를 결정하는 계획이다.

② 최종 완제품에 대한 수요로부터 하위 부품에 대한 발주 정책을 설정하는 체계적인 절차를 지니며, 동일한 개념을 판매에도 적용하는 것이다.

③ DRP 시스템은 ROP 시스템보다 유통 시스템에서 효과적이다.

(11) 미니맥스법

발주점법을 간소화한 것으로 발주점과 재고상한을 미리 설정해 두고, 재고량이 발주점을 하회하면 재고상한과 현재의 재고량의 차이를 발주하는 것이다. 운용이 용이하다는 것이 장점이다.

(12) 기타 방법

① 인당 발주점방식: 사전에 출고예정이 돼 있는 경우, 출고 예정분은 인당 계산하고 인상수량에 대해서만은 발주점방식을 적용하는 방식이다.
② 2중 발주점방식은 발주점을 이중으로 설정, 관리하는 방식이다. 개별품목이 발주점에 도달한 경우에 자동적으로 발주하기 때문에 동일 품목이 일정기간동안 연속적으로 조금씩 발주하는 경우 발주비, 수송비, 수입, 검사 등의 측면에서 효율적이지 않다. 이런 비효율을 없애기 위해 발주점을 2개 설정해 관리하는 방식을 말한다.
③ 재고관리를 성공시키는 포인트: 영업의 책임에 귀속되는 재고와 시스템으로 관리할 수 있는 재고'의 관리방법을 나눔으로써 보다 정확한 재고관리가 실현된다.

〈심화학습 1〉 QR(quick response) system

1. 개념

Quick Response(신속대응)의 준말로 1980년대 중반 미국 섬유산업계에서 제창된 것으로 상품을 적시에 적당량만큼 공급하는 체제를 일컫는다. 즉 제품제조에서 제품이 생산돼 소비자에게 전달되기까지의 과정을 줄여 재고와 유통비용을 줄이는 것이고, 소비자의 욕구 및 수요에 적합한 제품을 공급함으로써 제품공급사슬(SCM)의 효율성을 극대화하는 시스템을 말한다.

2. 배경 및 목적

1970년대 미국에서는 원사에서 유통에 이르는 대기시간(lead time)의 과다로 인하여 제품원가가 상승하게 되고, 판매정보 상품에 대한 기업 간 정보공유체제 미비로 수급의 불균형을 초래하게 되었다. 1970년 이후 섬유산업은 저임금국 섬유제품의 수출증가 및 소비자의 니즈 제품 사이클의 빠른 변화 등 대·내외적 환경변화로 존폐의 기로에 서게 되었다. 이를 극복하기 위하여 QR시스템을 도입하였다. 미국의 미래학자 앨빈 토플러는 그의 저서 〈권력이동〉에서 상품에 부착된 바코드 덕분에 제조업자가 소비자의 구매 동향을 신속하게 파악하고 수요를 예측할 수 있어 상품 재고의 양을 크게 줄였다고 지적했다.

3. 내용

(1) 시장수요에 신속하게 대응하여 기업의 경쟁력을 향상시킨다.
(2) 시스템의 목표는 공급체인(SCM)의 길이를 단축시키고 물류속도를 증가시킴으로써 달성된다.
(3) 재고가 쌓이고 반응시간이 길어지는 요인을 제거하는 것으로 공급체 인상에 존재하는 긴 분배시간과 교체시간, 병목현상, 고가 재고, 비효율적인 작업 등을 탐색하여 제거하는 것이다.

4. 목적 및 장점

(1) 목적
① 신기술의 접목을 통해 제품의 기획—구매—생산—유통의 순환을 빠르게
② 정상의 재고 수준 절감 및 과정 소요기간의 단축
③ 제조업자와 소매업자 간의 더 나은 협조체제의 개발
④ 소비자의 요구에 적절히 대응할 수 있는 제품의 준비

(2) 기업이 얻을 수 있는 장점
재고수준의 감소, 납기의 단축, 총비용 절감, 생산성 향상, 변화하는 시장 수요에 대한 대응력, 재공품의 감소, 시장점유율 및 고객 애호도 증가 등을 들 수 있다. 그러나 신속대응시스템 도입에 따른 기업 부담 요인도 발생하는데 시스템 초기 구축에 따른 초기 투자부담, 직원에 대한 교육 및 훈련의 필요성, 시스템 운영에 따른 구체

적 성과의 모호성 등이다.

5. 성과 실례

QR을 채택하여 실 수요품만을 계속해서 생산 공급하고 비인기 상품은 재빨리 중지 처분하는 방식으로 소매업계와 어패럴 제조업계 및 원료생산업체가 긴밀히 협조하여 로스를 반감시킬 수 있었다. 현재 월마트는 북미를 중심으로 2천7백 개 점포의 판매, 재고 및 고객정보를 일괄관리하고 있으며, 거래처 2천5백 회사에 그 정보를 제공하고 있다. 정보 공유화를 통해 메이커의 머천다이징 정책과 재고관리 지원체제를 강화하는 것이 경쟁기업을 이기기 위한 월마트의 차별화 전략인 것이다. 한편 월마트의 머천다이징 정책은 첫째, 비즈니스 회원에 중점을 둠으로써 손익을 개선시킨다. 둘째, 모든 샘즈클럽 매장에 '페더럴 익스프레스' 서비스 카운터를 설치한다. 셋째, 계산 서비스 향상을 위해 정보기관과 대기업 크레디트 카드를 도입한다. 넷째, 통신판매 시스템을 도입, 사무용 가구와 식품 등을 카탈로그 판매한다. 다섯째, 24시간 대응 교통사고 구조 서비스를 제공한다. 이에 따라 선물수요에 대응하여 요리용 정육, 생선, 청과 너트와 디저트 따위를 바구니나 상자로 제공한다. 다양화된 서비스 부문과 통신판매에 따른 다각화 전략이 회원제 홀세일 클럽의 점유율 확대로 이어지고 있다.

〈심화학습 2〉 Porter의 5가지 경쟁 모델

산업구조의 매력도(가치) 분석을 위해 사용되는 아웃사이드인 사업단위 전략도구이다. 경쟁력 분석은 5가지 기본적인 경쟁력 확인으로 시작된다.

1. 5가지 경쟁 요소

(1) 경쟁자의 시장진입: 진입장벽이 존재하는 시장에서 새로운 시장진입자가 경쟁을 시작 하는 데 있어서 어렵거나 쉬운 정도
(2) 대체품의 위협: 제품이나 서비스가 어느 정도 쉽게 대체될 수 있는가(특히 저가품의 경우)
(3) 구매자의 교섭능력: 구매자의 포지션이 얼마만큼 강한가의 정도. 구매자들은 대량주

문을 할 수 있는가.

(4) 공급자의 교섭 능력: 판매자의 포지션이 얼마만큼 강한가. 많은 잠재적 공급자가 존재 하는가. 또는 단지 몇몇 잠재적 공급자나 독점자가 존재하는가.

(5) 기존 기업과의 경쟁: 기존 기업들 사이에 강한 경쟁이 존재하는가. 한 기업이 매우 우 세한가 아니면 모든 기업이 동일한 힘과 규모를 소유하고 있는가를 말한다.

(6) 경쟁력 추가

2. 경쟁요소별 세부내용

(1) 새로운 시장진입자의 위협 요소

① 규모의 경제 ② 자본/투자의 필요조건 ③ 고객전환 비용

④ 산업유통채널에의 접근 ⑤ 기술에의 접근 ⑥ 브랜드 로열티, 고객 충성도

⑦ 기존 산업 내 기업의 보복 가능성 ⑧ 정부규제, 새로운 시장진입자의 보조금 교부여부

(2) 대체품의 위협 요소

① 품질, 대체품이 더 수준

② 구매자의 대체 의도

③ 대체품의 상대적 가격 및 성능

④ 대체품 전환비용: 다른 제품으로의 전환 용이성

(3) 공급자의 교섭 능력 요소

① 공급자의 집중: 많은 구매자와 몇몇 지배적인 공급자의 유무

② 공급자 브랜딩의 강한 정도

③ 공급자의 수익성: 공급자가 가격을 올리려 하는가?

④ 전방위통합을 위한 공급자의 위협정도(예: 자체 소매매장을 구축하려는 브랜드 제조 업체의 위협)

⑤ 바이어의 위협은 후방통합을 시도하지 않는다.

⑥ 품질과 서비스의 역할

⑦ 산업은 공급자에게 핵심적 고객그룹이 아님

⑧ 전환비용: 공급자의 신규고객 확보 가능성 정도

(4) 구매자에 대한 교섭 능력 요소

① 구매자의 집중: 산업 내에 소수 지배적인 구매자와 많은 판매자가 존재 여부

② 차별화: 제품의 표준화 정도

③ 구매자의 수익성: 구매자가 거칠게 나오는가?

④ 품질과 서비스의 역할

⑤ 산업의 전방위통합의 위협

⑥ 전환비용: 구매자가 자신들의 공급자를 전환하기 쉬운가.

(5) 경쟁의 강도 요소

① 경쟁의 구조: 만일 소규모 경쟁자들이 많다면 경쟁은 더욱 치열. 만일 한 산업 내에 시장선도자가 있으면 경쟁은 적음

② 산업의 비용구조: 높은 고정비용을 갖는 산업은 경쟁자들로 하여금 필요할 경우 가격할인을 단행할 것이며, 풀가동

③ 제품 차별화 정도: 제품이 필수품인 산업은 일반적으로 더 큰 경쟁관계에 놓인다.

④ 전환비용: 구매자가 높은 전환비용을 갖고 있으며 경쟁은 감소

⑤ 전략적 목표: 경쟁자가 공역적인 성장전략을 추구하는 경우에 경쟁은 더 치열. 경쟁자가 성숙한 산업에서 단지 적은 이익을 얻고 있으며 경쟁의 정도는 일반적으로 낮다.

⑥ 퇴출장벽: 한 산업에서의 철수장벽이 높으면 경쟁자들은 더 큰 경쟁을 보인다.

3. Porter 모델의 강점 및 한계

(1) 강점

① 한 산업수준에서 경쟁력 분석을 위한 매우 효과적인 도구이다.

② SWOT분석 실행을 도와주는 유용한 투입요소를 제공한다.

(2) 한계

① 기존의 강점의 중요성을 과소평가하거나 충분히 강조하지 않을 수 있다(인사이드아웃전략)

② 개별 사업전략을 분석하기 위해 디자인되어 대기업의 포트폴리오 내에서 시너지효과와 상호의존성에는 대처하지 못한다.

③ 좀 더 이론적인 관점에서 보면, 한 산업은 특정 기업이 속해 있기 때문에 매력적일 수도 있다는 가능성을 언급하지 않는다.

④ 일부 사람들은 급속하고 체계적이며 과격한 변화로 특징지은 환경에서 전략을 수립할 경우 훨씬 더 유연하고 역동적이며 새로운 접근이 필요하다고 주장한다.

⑤ 때때로 기존 산업에서 세분시장을 선택하는 것보다는 전혀 새로운 시장을 창출하는 것이 가능할 수 있다.

3. 재고 통제

(1) 재고의 필요성

① 작업 간 독립성 확보 가능: 만약에 재고가 없다면 초보자와 숙련자가 한 라인에서 작업할 경우 라인에 제품이 쌓이게 될 것이다.

② 수요 변동에 대처할 수 있다.

③ 생산계획을 유연하게 할 수 있다.

④ 충분한 원자재 재고로 문제없이 작업을 원활하게 할 수 있다.

⑤ 주문 비용이 줄어든다.

(2) 재고 통제의 개념 및 대상

① 상품 보유와 소비자 수요 대응 등을 위해 상품 판매 간 균형관계가 유지되어 기업 활동에 문제가 발생하지 않도록 적정 재고 유지를 위한 통제를 말한다.

② 통제대상 상품 유형

　㉠ 기초 재고상품: 매장에 일용상품으로 항상 진열되어 있는 상품으로 고객 수요에 민감하므로 품절되지 않도록 재고통제가 이루어져야 한다.

　㉡ 구색 재고상품: 기초 재고의 다양성을 높이기 위한 재고로 구색의 다양성과 수량은 고객 수요 예측에 의거 결정된다.

　㉢ 신규 재고상품: 처음으로 매장에서 취급되는 신규 상품, 신개발품 등을 말한다.

(3) 재고 과다와 과소로 인한 문제점

① 재고 과다로 인한 피해
　　㉠ 자금계획에 차질이 발생
　　㉡ 보관비용 증가, 데드스톡 발생
　　㉢ 상품에 따라 부패와 변질
　　㉣ 유행에 뒤질 손실의 원인

② 재고 과소로 인한 피해
　　㉠ 고객욕구에 즉시 응하기 곤란(판매로스)
　　㉡ 구성 및 구색 갖춤의 빈약
　　㉢ 판매기회상실로 매출액 악영향
　　㉣ 빈번한 매입으로 매입비용 증가

4. 재고회전율(계산)

일정 기간의 제품, 재공품, 원재료, 저장품 등의 출고량과 재고량의 비율을 말하며, 다음과 같은 산식으로 계산한다. 이 가운데 재고량은 월평균 재고량 또는 기초와 기말의 평균재고량에 의해 나타낸다.

$$재고회전율 = \frac{출고량(또는\ 금액)}{재고량(또는\ 금액)} \times 100(\%)$$

이 비율은 일정기간(예를 들면 1년)에 몇 회 재고(상품)가 회전했는지의 속도를 나타내는 것으로서 400%라고 한다면 1년간 재고가 4회전 한 것을 의미한다.

이 비율이 높은 것은 재고관리의 효율이 좋거나 판매가 잘되고 있는 것을 가리킨다.

〈보충정리〉매입한도결정(Open To Buy)

1. 개념

Open to Buy란 바이어에게 상품의 매입 계획 수립에 도움을 주기 위해 상품의 흐름에 대해 지속적으로 추적하는 시스템을 말한다. 다시 말하면 구매자가 정확한 상품 매입 계획을 수립하기 위해 구매가 이루어지는 동안의 상품 흐름을 추적하는 것으로서 매달 지출되는 양을 기록하고 따라서 얼마가 더 지출 가능한지를 보여 주는 것이다.

2. 내용

Open to Buy는 상품관리 프로세스에서 필수적인 요소라고 할 수 있다. 어떤 상품에 대하여 구매자가 예산에 대한 모든 것을 계획하고 이를 실행한다 하더라도 Open to Buy 시스템에 의해 실행되고 있는 기록들에 주의를 기울이지 않는다면 결국 그 구매자의 예산 계획은 실패할 것이다. Open to Buy의 궁극적인 목적은 상품의 초과 주문이나 미달을 방지하는 데 있다고 할 수 있다. 이와 같은 문제점을 방지할 수 있도록 구매한 상품과 상품의 인도 날짜에 대한 기록에 세심한 주의를 기울여야 할 것이다. 그렇다면 재고가 넘쳐나거나 부족한 일은 없을 것이며 상품의 판매와 재고 회전에 큰 효과를 나타낼 것이다.

3. 계산방식

계획된 월말재고―(조정된 월말재고―실제주문량과 월별추가재고)

제5절 상품 지식의 활용과 응용

::상품 지식의 활용과 응용 기술

1. 판매원의 역할과 상품 지식

(1) 판매원의 의의

① 판매원은 인적 판매의 주체로서 판매를 목적으로 1인 이상의 예상 고객에 대해 행하는 구두제시의 촉진 수단이다.

② 판매원에 의한 판매는 쌍방향 커뮤니케이션이며, 직접적인 상호 작용으로 메시지를 고객에 맞추어 제공하면서 이루어진다.

③ 여러 장애 요인으로 인한 주의 산만의 가능성을 최소화시킬 수 있다.

④ 표준화된 메시지의 부족으로 마케팅 담당자가 의도한 바와 다르게 전달될 수 있다.

⑤ 마케팅 부서와 현장 매장 판매원의 의견이 상충될 수 있다.

⑥ 판매원의 인건비 등의 비용이 들며 고객 수가 다양하고 너무 많다는 단점이 있다.

(2) 판매원의 역할

① 판매원은 매출증대를 최고의 가치로 인식하고 먼저 고객에게 기업을 대표하고 기업과 고객을 연결해 주는 역할을 한다.

② 판매원의 과업은 고객탐색, 의사소통, 판매, 서비스, 정보탐색, 희소제품 할당 등이다.

③ 판매원이 고객에게 접근하는 유형은
　　㉠ 판매원과 구매자 ㉡ 판매원과 구매자 집단 ㉢판매팀과 구매자 집단,
　　㉣ 회합에서의 판매 ㉤ 세미나를 통한 판매로 구분해 볼 수 있다.

④ Thomas Wotruba의 주장으로 판매원은 매장에서 공급자 단계에서 시작하여 설득자, 조망자, 해결자, 산출자 단계로 진행된다고 보았다.
⑤ 인적판매의 통합을 위한 수단으로 광고, 직접 마케팅과 다양한 판매촉진 등이 필요하다.

(3) 판매원 활동 과정

① 준비단계: 고객탐색과 사전준비
② 설득단계: 접근, 제품소개, 의견조정, 구매권유
③ 고객관리단계: 제품의 전달, 설치 및 문제점 해결 등의 고객에 대한 철저한 사후관리

(4) 판매원의 관리

① 판매원의 구조: 지역별, 제품별, 고객별, 복합 판매원 조직
② 판매원의 훈련
  ㉠ 기업정보를 정확히 알려 기업과의 일치감과 주인의식을 갖게 한다.
  ㉡ 자사제품을 구체적으로 알려준다.
  ㉢ 고객과 경쟁사의 특성을 교육시킨다.
  ㉣ 효과적인 판매 제시 방법을 알려준다.
  ㉤ 판매현장에서의 절차와 책임의식을 강화시킨다.
  ㉥ 이직률 방지를 위한 인센티브제를 적절히 활용한다.

(5) 상품지식의 정보근원

상품자체, 고객 의견, 경쟁업자, 메이커 및 도매업자, 판매원 자신의 매장 경험, 선배 및 동료 판매원, 검사기관, 강습회 등

2. 판매원과 상품지식의 활용

① 소비자에게 각종 소비 정보를 제공하는 데에 상품지식이 활용되어야 한다.

② 매장에서의 상품의 취급과 판매 시에 상품지식은 반드시 필요하다.

③ 매입과 상품관리를 하는 데에 필요하다.

::상품에 관한 기본 지식

1. 상품의 의의

상품이란 유형의 재화인 식료·의료 등의 소비재, 원료·기계 등의 생산재 등은 물론, 운수·보관·금융·보험·노동·오락 등의 서비스, 더 나아가 공기·물·지식·정보·토지·자본(주식) 등 인간의 욕구충족을 위한 모든 것도 상품화되고 있다.

2. 상품의 수명주기

(1) 상품 수명주기의 의의

① 상품(제품)과 서비스도 살아 있는 생명체와 같이 제품의 일생 즉 제품의 수명주기를 가지고 있다. 이를 상품의 생명 주기라 한다. 생물이 태어나서 죽을 때까지의 과정을 '상품'에 적용하여, 새로운 상품이 개발되고 나서 판매상황이 쇠퇴할 때까지의 흐름을 나타내는 것이 라이프 사이클(Life Cycle)이다. 그 과정은 도입기, 성장기, 성숙기, 쇠퇴기라는 네 단계가 있으며, 각 단계에서의 마케팅, 제조, 구매, 재고관리 및 인사전략 등이 다르며, 그에 따른 경영방침이 차이가 많다.

② 상품의 수명주기는 각 단계별로 마케팅 목표와 전략이 어떻게 변경되어야 하는가를 알 수 있도록 해 준다. 즉 마케터는 자신의 상품이 각 상품수명

주기의 단계 중 어느 단계에 있는가를 확인하여 상품계열 내의 전반적인 수명주기믹스를 결정하고 그러한 수명주기 믹스의 추세와 영향을 평가할 수 있다. 그리고 마케터는 개별상품의 수명주기를 조정하고 통제하거나 상품계열 내의 전반적인 수명주기 믹스를 개선함으로써 장기적인 수익성을 증대시킬 수 있다.

③ 제품의 수명주기(PLC, Product Life Cycle)는 한 제품이 신제품으로 시장에 도입되어 사라져가기까지 거치는 매출액과 이익의 변동 단계들을 말하는 것이다. 제품의 수명주기는 제품이 시장에 도입되어 소멸하기까지의 매출을 시간의 경과와 관련하여 양적으로 표현한 것으로, 즉 시간을 독립변수로 하여 신제품이 시장에 도입된 시점부터 시작하여 그 제품이 시장에서 완전히 사라질 때까지의 매출의 종속적 변화를 단계적으로 체계화 한 것이 바로 제품의 수명주기라고 할 수 있다. 한 제품의 수명주기는 시장에서 영구히 존속하며 판매되는 것이 아니라 일정한 기간이 경과하면 판매되지 않게 된다는 것을 의미한다. 그 이유로는 소비자의 필요와 욕구의 변화에 따라서 제품의 필요성이 없어지는 경우와 기술의 진보에 따라 새로운 대체제품이 출현하게 되는 경우를 들 수가 있다.

(2) 제품수명주기의 4단계

① 도입기

  ㉠ 특징: 상품 개발과 도입된 시점으로 방금 발매되어 품질이나 효용 및 특징을 널리 광고하여 판매촉진을 적극적으로 행해야 할 단계이다. 수요량도 적고 예측하기가 어려우며 가격탄력성도 낮다. 제품 인지도가 낮아 매출은 낮고 이익이 없으며, 촉진 비용이 많이 소요되므로 적자인 경우도 있다. 광고가 많이 필요한 단계이다(선택적 유통경로 적용).

  ㉡ 4가지 전략: 고속 상층흡수전략(rapid—skimming strategy), 저속 상층흡수전략(slow—skimming strategy), 고속 하층침투전략(rapid—penetrationstrategy), 저속 하층침투전략(slow—penetration strategy)

② 성장기

　　㉠ 특징: 광고의 효과 등에 의하여 상품의 지명도와 유용성이 널리 소비
　　　　자에게 인식되어 매출이 점진적으로 상승하는 단계로 판매추세의 급
　　　　상승으로 수익성이 늘어나고 있는 단계이다. 이에 따라 유사 제품에
　　　　대한 경쟁사가 서서히 등장한다(집중적 유통경로 적용).

　　㉡ 전략: 제품의 품질개선, 새로운 특성과 모델의 신제품을 제공, 새로운
　　　　세분시장으로 진출하고 새로운 유통경로를 개척, 광고의 초점은 제품
　　　　인지에서 제품에 대한 확신과 구매에 둔다. 가격에 민감한 소비자를
　　　　대상으로 가격인하전략을 구사한다. 이 시기에 기업은 매출액 및 수요
　　　　의 성장을 촉진시키기 위해 다양한 제품공급, 다양한 유통 경로 활용,
　　　　설득위주의 촉진전략 등 다양한 마케팅활동을 전개한다. 이 시기의 제
　　　　품은 가격에 민감한 상태 즉 가격탄력성이 높은 상태가 된다.

③ 성숙기

　　㉠ 특징: 매출이 최고조에 도달하고 판매 상황이 절정에 머무르는 안정된
　　　　시기로 이익이 최고조에 달하는 단계이다. 그러나 점차 수요가 포화상
　　　　태가 되어 판매신장률이 둔화되는 시기로 장기간 지속된다. 성숙기도
　　　　성장적 성숙기(기존의 유통경로의 포화상태), 안정적 성숙기(시장침투
　　　　의 완료), 쇠퇴적 성숙기(대체재의 개발)로 나누어진다. 이 시기에는
　　　　규모의 경제를 실현할 수 있어 상품 단위별 이익은 최고조에 달하지
　　　　만 경쟁업체나 모방상의 시장 진입으로 수익이나 판매성장이 둔화된
　　　　다(집중적 유통경로의 강화).

　　㉡ 전략

　　　　㉮ 시장 확대 전략: 사용자의 수를 증대시키는 전략과 소비자당 소비
　　　　　　량을 증대시키는 전략을 구사한다.

　　　　㉯ 제품 수정 전략: 제품의 품질개선과 특성을 개선, 스타일을 개선한다.

　　　　㉰ 상표 재포지셔닝 전략 및 마케팅 믹스의 수정 전략

④ 쇠퇴기: 쇠퇴기는 시장의 대체품 등장이나 소비자 기호의 변화 등의 이유

로 인해 상품이 시장에서 판매되지 않거나 하락하는 시기이다. 대체상품의 진출이나 소비자 행동의 변화에 의하여 수요가 강화되어 매출과 이익이 감소된다. 판매 상황이 내려가는 시기이므로 가격인하전략과 함께 언제 철수할 것인지 대안을 생각해야 할 단계이다. 기업은 시장에서 현금유입을 극대화하려고 노력을 하게 되고 발생비용은 줄이거나 없애게 된다 (선택적 유통경로로 수익성을 고려하여 선별적으로 경로 폐쇄).

(3) PLC이론의 단점

① 마케팅 계획의 수립과 통제에 이용 가능하지만 수요예측에는 유용하지 않다.
② 수명주기의 유형이 모양과 기간 면에서 다양한 듯하지만 획일적인 묘사를 하고 있다.
③ 마케팅 관리자들은 PLC상에서 자사의 제품이 어느 단계에 있는지 명확하게 알지 못하고 있으며 마케팅 목적을 명확히 정의할 수 없다.
④ PLC 구조는 마케팅 전략의 성과에 의한 결과물에 불과한 형태이다.

::상품의 사회성과 그 변화 및 신제품 개발

1. 상품의 사회성

(1) 소비자의 변화: 내면적 욕구가 실제구매욕구로의 변화, 인지태도의 변화, 소비 태도 및 소비생활 전반에 관한 변화
(2) 상품의 변화: 소비자의 변화에 따른 상품의 변화가 초래된다.
(3) 상품 경제시대의 상품개발의 필요성: 자유경쟁을 통한 상품 기획, 개발, 생산으로 사회적 욕구 충족과 발전을 추구한다.

2. 신제품 개발

(1) 신제품의 개념

① 기업지향적 개념: 제품이 기업목적에 새로운 역할을 하면 신제품으로 본다.
② 제품지향적 개념: 기존의 제품과 비교하여 다른 제품을 신제품으로 파악한다.
③ 시장지향적 개념: 소비자가 신제품에 얼마나 노출되었는가의 관점에서 본다.
④ 소비자 지향적 개념: 잠재적 소비자가 새롭다고 판단하는 모든 제품을 신제품으로 본다.

(2) 신제품의 성공요인과 실패요인

① 신제품개발의 실패요인
  ㉠ 신제품을 개발하기 위한 마케팅 조사가 부정적으로 나타났으나 최고 경영자가 이를 무시하고 자신이 선호하는 아이디어를 강요하는 경우
  ㉡ 신제품 아이디어는 좋으나 시장규모를 과다하게 추정하여 낙관적으로 파악하는 경우
  ㉢ 신제품 아이디어를 제품으로 생산하는 과정에서 실제의 제품이 아이디어를 잘 구현하도록 설계되지 않은 경우
  ㉣ 제품 포지셔닝이 잘못 되거나 광고가 비효율적이거나 신제품 가격이 너무 높게 책정된 경우
  ㉤ 제품개발 비용이 예상보다 많이 소요되거나 예상보다 제품경쟁이 심한 경우
② 신제품 개발을 저해하는 요인
  ㉠ 특정 분야에서의 중요한 신제품 아이디어의 부족
  ㉡ 시장의 균열화로 인해 시장이 너무 작게 나뉘어져 신제품을 수용할 만한 규모가 되지 않은 경우

ⓒ 사회적 또는 정부적 제약

　　　ⓡ 신개발 개발 비용의 과다

　　　ⓜ 자본력 부족

　　　ⓗ 개발시기의 신속성 확보의 어려움

　　　ⓢ 제품수명주기의 단축

　③ 신제품개발의 성공 요인

　　　㉠ 독특한 우수 제품, 잘 규정된 제품 콘셉트, 신제품 개발과정을 관리할
　　　　효과적인 조직 구성

　　　㉡ 신제품이 시장에서 잘 확산되기 위한 특성: 상대적 우위성(우수성), 욕
　　　　구적합성, 복잡성, 사용가능성, 효과에 대한 관찰가능성(의사소통)

3. 신제품 아이디어 창안 기법

① 특성(속성) 열거법: 제품의 주요 속성을 열거하고 그것을 변경, 개선하면
　어떻게 변화될 될 것인가를 모색하여 새로운 아이디를 얻는 방법

② 결점열거법: 문제가 되는 제품의 결점을 열거하고 이를 개선할 수 있는
　가능성을 모색하여 아이디어를 얻는 방법

③ 희구점열거법: 제품에 바라는 점을 열거함으로써 제품에 관한 아이디어를
　획득하는 방법

④ 강제관련법: 여러 가지 대상들을 다른 대상과 관련하여 비교 검토함으로
　써 아이디어를 얻는 방법

⑤ 형태적 분석법: 문제의 구조적 측면을 확인하고 그들 사이의 관계를 검토
　함으로써 아이디를 얻는 방법

⑥ 공란충족법: 제품속성에 따라 표를 만들고 표를 채워가는 과정에서 속성
　에 없는 것을 메워 가는 과정에서 아이디를 창출하는 방법

⑦ 문제분석법: 소비자에게 제품과 관련된 문제점을 질문하고 이를 통해 아
　이디어를 얻는 방법

⑧ 브레인스토밍: 제품에 대한 집단을 구성하여 구체적인 문제점을 제시하고 수일 후에 모여 토론을 통해 아이디어를 얻는 방법

⑨ 시네틱스 기법: 브레인스토밍의 단점을 보완하여 보다 일반적인 형태의 문제와 관련시켜 보다 자유 분망한 아이디어를 내게 한 다음 점차 구체적인 문제로 유도하여 관련 있는 아이디어를 얻는 방법

⑩ 입·출력법: 입력과 출력 및 제약조건의 세 가지 요인의 틀 안에서 아이디어를 개발하여 가는 방법

⑪ 점검표법: 고려해야 할 문제가 있을 때 고려할 수 있는 모든 요인을 점검항목으로 일람표하여 이에 따라 검토해 가면서 경험 등을 통해 감으로 아이디어를 얻는 방법

4. PB제품

(1) PB제품 정의와 현황

① PB는 Private brand의 약자로 유통업체 브랜드를 뜻한다. 다시 말해서 백화점과 할인점, 편의점 등 유통업체의 고유 브랜드로 로열티와 중간 마진, 광고비, 판촉비가 추가로 들지 않아 10~30%의 원가절감이 가능하기 때문에 가격도 그 만큼 저렴한 것이 특징이다.

② 현재 선진국의 경우에는 PB상품의 판매비율이 50% 이상으로 파악되고 있으며 우리나라의 경우 2008년 기준으로 전체매출에서 차지하는 비율이 15% 정도로 점차 확대되고 있는 추세이다. 특히 2007년 대형할인점의 매출에서 PB상품이 차지하는 비중은 이마트가 9,200억 원, 홈플러스가 8,000억 원, 롯데마트가 4,500억 원으로 나타나고 있으며, 할인점 간의 치열한 경쟁으로 납품가격을 둘러싼 제조업체와 유통업체 간의 갈등이 발생되는 등 다소의 문제점도 있다.

③ 전 세계의 유통시장이 개방되고, 국내업체들의 인식변화와 함께 점차 소

비자들의 실속구매가 증가됨에 따라 PB상품은 더욱 활성화되고 시장점유율은 더욱 확대될 것으로 예상됨.

(2) PB상품의 유형

① 기성상품: 브랜드에 영향을 덜 받으며, 가전제품이나 생필품과 같은 규격화된 소비재
② 맞춤상품: 고객의 취향을 만족시킬 수 있는 상품으로 조립컴퓨터, 맞춤셔츠 등

(3) PB상품 개발에 따른 고려요인

① 작은 규모로 시작
② 오프라인 업체와의 제휴
③ 보증 서비스로 신뢰도 높임
④ 고객의 피드백 이용

(4) PB 상품의 장점

중간 마진과 브랜드 로열티가 없어 원가가 낮고, 광고·판촉이 없기 때문에 가격이 저렴, 대리점이나 영업소를 거치지 않기 때문에 유통 비용도 낮아진다. 하지만 제품의 질은 동일함(특히 시장점유율 1위 업체는 거의 모두가 자기 이름으로 제품을 생산하지만 시장점유율 2—3위 업체는 시장의 장벽을 뛰어넘으려고 유통업체와 제휴하여 PB상품의 생산에 적극적이다. PB상품을 대량으로 판매하는 유통 업체의 마진폭은 높다(보통 일반 제품에 비해 약 2배 정도).

(5) PB제품의 문제점

① 대형유통업체와의 관계 때문에 울며 겨자 먹기 식으로 PB제품을 공급하

는 것으로 나타났다. 브랜드 파워를 가진 대형제조업체들은 PB상품을 생산할 이유가 상대적으로 적지만 판매활로 차원에서 어쩔 수 없이 대형유통업체에 PB상품을 납품하고 있다.

② 유통업체가 제조업체에 무리한 납품단가 인하 요구를 함에 따라 마진을 얻을 수 없을 정도의 위협으로 작용하고 있어 중소제조업체의 도산으로 이어질 가능성이 있으며 결국 소비자 선택의 폭이 좁아지는 결과를 초래할 것이다.

③ PB상품은 NB상품 모방 수준에 그침. 유통업체만의 차별화된 제품이 아니라 브랜드만을 붙인 모방상품이 대부분이다.

④ PB상품이 유통업체에 의해 주도되고 있는 현실에 따라 제조업체는 수동적이며 피해의식이 지배적인 것으로 나타났다. PB상품 공급으로 오히려 대형 제조업체는 경영성과 개선에 큰 도움을 받지 못하고 있는 실정이다.

(6) PB상품 확대에 따른 유통업체의 대응방안

① 대형유통업체의 능동적 상생노력: 제조업체와의 갈등은 장기적으로 볼 때 서로에게 불이익을 안겨준다. 일본의 경우를 보더라도 마츠시타 전기와 다이에는 30년 전쟁의 후유증으로 최고의 자리를 경쟁업체에 넘겨주는 수모를 겪었다. 서로의 필요에 의한 상생노력이 필요하다.

② 차별화된 신제품의 PB개발 능력 요구: NB를 단순히 모방하는 차원의 PB제품은 결국 소비자에 대한 눈속임에 지나지 않는다. 소비자가 이를 인지하게 되면 유통업체와 제조업체 모두에게 불이익이 발생할 소지가 크다. 따라서 유통업체 고유의 PB개발 능력이 요구된다.

③ 수준에 맞는 PB제품의 강화: 매장은 한정적이기 때문에 PB상품이 늘어나는 만큼 NB상품은 줄어들기 마련이다. PB는 동전의 양면성을 띠고 있으므로 지나친 PB상품 강화는 소비자의 선택권을 좁히는 결과를 초래하며, 유통업체 간의 PB상품 경쟁심화로 효과도 감소시킨다. 수준에 맞는 PB제품의 강화를 통해 NB상품과 PB상품이 서로 경쟁하고 도움을 줄 수 있는

방향으로 나아갈 필요가 있다.

④ 우수 중소 제조업체 발굴과 PB상품 개발 협력: 소비자가 원하는 제품을 기획하고 기술력이 있는 중소제조업체를 발굴하는 노력이 필요하다. 거래 관계도 단기적 계약이 아닌 장기적 계약이 요구되고 있다. 그런 의미에서 롯데마트의 PB인 "롯데랑"은 유망 중소기업과 제휴하여 롯데마트에서 품질을 보장하는 상생제품으로써 좋은 사례를 보여 주고 있다.

〈보충정리〉 브랜드(상표)의 유형 및 전략

1. 프라이비트 브랜드(Private Brand, PB)

   일반적으로 제조업자가 설정한 브랜드인 NB에 대응되는 개념으로 소매업자 및 도매업자 등 판매업자가 설정한 브랜드를 의미한다. PB의 기원은 1920년경 미국에서 체인 오퍼레이션(Chain operation)에 기초를 둔 소매업의 대규모화가 진행되어 판매력이 강화된 소매업자, 시장 지배력을 강화해 가려고 하는 과점적 대규모 제조업자에 대항하기 위해, 자신의 상표를 만들어 사용한 데서 비롯된 것이다. 현대는 제조업자와의 대항보다는 경쟁이 격화되고 있는 소매업자 사이에 상품 차별화와 자주적인 MD력 제고를 목적으로 PB의 개발 및 통합 관리를 강력히 추진하고 있다.

2. OEM과 ODM방식

   OEM은 A, B 두 회사가 계약을 맺고 한 회사가 다른 회사에 자사 상품의 제조를 위탁하여 그 제품을 A사의 상표를 부착하고 생산하는 방식으로 하도급생산의 한 형태이며, ODM은 개발력을 갖춘 제조업체가 판매망을 갖춘 유통업체에 상품 또는 재화를 제공하는 생산방식이다.

3. NB(national brand)

   모든 유통업체가 판매할 수 있는 전국 단위의 브랜드 파워와 유통 지배력을 가진 메이커 또는 제조업자 브랜드를 말하며, 우리가 알고 있는 대부분의 브랜드이다(전국상표).

4. 패밀리 브랜드(Family Brand)

   기업이 상품을 제공하는 전략에 있어 자사기업명 또는 상품의 여러 가지를 하나의 상표로 통일하여 제공함으로써 기업이미지와 상품이미지를 통합하여 행하는 마케팅전략이다.

5. SB(Store Brand)

PB의 일부로서, 메이커가 통상 판매하는 NB를 가지고 스토어의 독자적인 브랜드명, 로고, 패키지 등을 부여한 것으로, 간단히 말해, 알맹이는 NB와 같고 외관만 그 스토어의 것으로 보이게 하는 상품을 말한다.

6. 그림자 브랜드(전략)(Shadow Branding)

모(母)브랜드인 메리어트가 그림자처럼 보이지 않는 관계 속에서 리츠칼튼 브랜드를 지원해 주는 전략을 말한다. 메리어트의 사례와 같이 최근 기업이미지 전략은 새로운 사업이나 제품이 기업이미지에 어떤 역할과 영향력을 제공하느냐에 따라 효과적으로 레버리지(leverage) 할 수 있게 수립되고 있다.

7. 공동 브랜드(Co—Branding)

기업이 단독으로 마케팅하기에는 비용이 많이 들고 어려움이 많기 때문에 공동으로 브랜드 전략을 갖는 것이다. 실제로 중소기업들이 독자적인 마케팅을 수행하는 데 있어 엄청난 초기 비용이 필요하며, 이러한 고정투자는 자금력, 인력 및 마케팅력이 떨어지는 중소기업에는 상당한 부담으로 작용한다.

8. 기업브랜드

기업브랜드 중심 전략이지만 기업브랜드만을 고집하는 단일브랜드 전략을 의미하는 것은 아니다. 비즈니스 포트폴리오가 다양하고 각 전략사업 단위에 복수의 브랜드가 필요할 수도 있다. 그러나 지속적인 성장을 추구하는 기업이라면 가장 영속성을 가져야 하며 대부분의 전략사업에 영향을 미치는 기업브랜드를 최우선적으로 육성해야 하는 것이다.

9. 개별브랜드

한 기업에서 생산된 단일 제품군에 사용하는 브랜드. 라인브랜드(line brand)라고도 한다.

개별브랜드를 사용하는 가장 큰 이유는 신제품을 출시하였을 때 이미 알려진 기업명이나 공동 브랜드명을 사용하는 것보다 제품을 차별화시키기가 유리하며, 제품의 속성이나 특징을 잘 나타내어 각 브랜드의 이미지를 소비자에게 쉽게 전달할 수 있기 때문이다.

5. 머천다이징(merchandising)

(1) 개념

① 제조업자나 유통업자가 시장 조사 결과를 바탕으로 적절한 상품의 개발이나 가격·분량·판매 방법 따위를 계획하는 일을 말한다.

② 상품계획으로 소비자의 욕구를 충족시키기 위한 상품과 관련된 중간상의 활동을 말하며, 구매자 시장에서 중간상들이 소비자들의 욕구에 부흥하여 팔릴 수 있는 제품으로 구색하고자 하는 계획이다.

③ 또한 기업이 마케팅목표를 실현하는 데 가장 적절한 장소, 시기, 수량, 가격으로 적정한 서비스, 상품을 시장에 제공하기 위한 계획을 말한다.

④ 수요창출을 위해서는 수요자의 행동을 조사하고 수요를 자극하고 생산 원가를 고려하여 수요자에게 적합한 상품을 제조하여야 한다(시장조사—상품화계획—선전—판촉 등).

(2) 머천다이징 실시의 주체: 소매상, 도매상

6. 마케팅과 머천다이징

(1) 마케팅의 개념

① 기관의 외부문제를 취급하며, 생산자에서 소비자에 이르는 재화와 이동에 있어서의 모든 활동을 포괄하는 일반적 용어이다.

② 생산자가 상품 또는 서비스를 소비자에게 유통시키는 데 관련된 모든 체계적인 경영활동으로 매매 자체만을 가리키는 판매보다 훨씬 넓은 의미를 지니고 있다.

(2) 마케팅의 기능

제품관계·시장거래관계·판매관계·판매촉진관계·종합조정관계로 대별된다.
① 제품관계: 신제품의 개발, 기존제품의 개량, 새 용도의 개발, 포장·디자인의 결정, 낡은 상품의 폐지 등이 있다.
② 시장거래관계에서는 시장조사·수요예측, 판매경로의 설정, 가격정책, 상품의 물리적 취급, 경쟁대책 등이 있다.
③ 판매관계로서는 판매원의 인사관리, 판매활동의 실시, 판매사무의 처리 등이 있다.
④ 판매촉진관계에서는 광고·선전, 각종 판매 촉진책의 실시가 있다.
⑤ 종합조정관계로서 이상의 각종 활동 전체에 관련된 정책, 계획책정, 조직설정, 예산관리의 실시 등이 있다.

(3) 머천다이징

① 개념: 마케팅기관의 내부적 관리 문제를 취급하며, 소비자 욕구에 맞는 상품판매를 개별 기업이 판촉활동에 주력하면서 실시하는 마케팅 관리의 대내적 관리 및 정책이다. 시장조사와 같은 과학적 방법에 의거하여, 수요 내용에 적합한 상품 또는 서비스를 알맞은 시기와 장소에서 적정가격으로 유통시키기 위한 일련의 시책. 상품화 계획이라고도 하며, 마케팅활동의 하나이다. 이 활동에는, ㉠ 생산 또는 판매할 상품에 관한 결정, 즉 상품의 기능·크기·디자인·포장 등의 제품계획, ㉡ 그 상품의 생산량 또는 판매량, ㉢ 생산시기 또는 판매시기, ㉣ 가격에 관한 결정을 포함한다. 그러나 실제로는 '머천다이징'이 관점에 따라 여러 가지로 해석되고 있으며, 사용되는 경우도 각기 다르다고 할 수 있다. 즉 상품 기획과 상품 개발이라는 의미는 주로 제조업 부문에서 통용되고 있으며, 상품의 구매나 판매 활동이라는 의미는 유통업 부문에서 통용되고 있는 실정이다.

(4) 성공적인 머천다이징을 위한 전제

① 소비자가 원하는 것은 무엇이며 얼마나 구매할 것인가?
② 구매하고자 하는 상품의 매출 회전율은 어떠한가?
③ 구매예정량이 매진되기 위한 기간이 어느 정도 필요한가?
④ 상품구색의 폭은 얼마나 되어야 하는가?
⑤ 가장 좋은 공급처를 누구를 할 것인가?
⑥ 어떤 스타일이나 가격 수준이 적절한가?
⑦ 효과적인 상품의 판촉 방법은 무엇인가?

〈심화학습〉 B2C 인터넷마케팅과 B2B 인터넷마케팅

1. B2C 인터넷마케팅

B2C 인터넷마케팅이란 기업과 개인소비자와의 거래에서 이루어지는 인터넷마케팅을 말하는 것이다. 구매단위가 작아 약간의 경우를 제외하고는 대부분 국내거래에서만 이루어지고 있다. 그리고 기업이 자신의 제품을 인터넷에 띄우면, 소비자는 이를 보고 상품주문을 하고 주문에 따라 국내운송에 의한 택배가 이루어진다. 국제거래인 경우에는 현지국의 창고를 이용하여 택배가 되기도 한다. 그리고 B2C의 경우는 주문의 주체는 일반소비자인데, 대부분 업무가 끝난 후 여가시간에 주문하고 있는 특징을 가지고 있으며, 주로 가정의 생활용품과 같은 소비재를 대상으로 하고 있다. 현재 B2C가 이루어지고 있는 경우는 소득이 적은 젊은 네티즌이 대부분이므로 B2C의 세계 총 거래규모는 매우 작을 수밖에 없다. B2C는 가정의 생활용품을 대상으로 하기 때문에, 가장 주요한 구매층은 궁극적으로 주부라 할 수 있다. 그러나 대부분의 주부는 인터넷을 잘 모르는 상태여서, 현재의 컴퓨터와 TV가 합쳐 Internet—TV가 되고 그 Internet—TV도 키보드를 치지 않고 리모컨으로 조절할 수 있을 정도로 편리성을 가지게 될 때에야 B2C가 보편화된다고 볼 수 있다. 그러나 현재로서는 소규모의 자금절약은 되지만 휴식시간을 뺏는 번거로움이 더 크기 때문에, 인터넷을 통한 B2C가 주부의 장보기를 대체하기는 힘든 상황이다. 그리하여, B2C 마케팅의 규모는 B2C가 주부의 장보기를 대체하기 전까지는 전통적인 소비자마케팅의 규모에 비

해 매우 작다고 보여 지고 있다.

2. B2B 인터넷마케팅

B2B 인터넷마케팅(B—to—B Internet Marketing)이란 기업과 기업과의 거래에서 이루어지는 인터넷마케팅을 말한다. 기업과 기업 간에 이루어지는 B2B 마케팅의 경우는 유통기업을 대상으로 하든, 완제품을 생산하는 제조기업을 대상으로 하든, 후방위 공급기업을 대상으로 하든 어느 경우를 막론하고 1회주문의 구매단위가 매우 크다. 여기서 유통기업은 대부분의 경우 소비재의 구매를 원하고, 제조기업이나 후방위 공급기업은 원자재나 부품 및 생산시설 등의 산업재의 구매를 원한다. 그리고 B2B 마케팅의 주체는 유통기업을 대상으로 하는 경우 제조기업이 되고, 제조기업을 대상으로 하는 경우 공급기업이 되며, 후방위 공급기업을 대상으로 하는 경우 전방위 공급기업이 된다. 정부를 대상으로 하는 B2G의 경우도 그 구매단위가 매우 큰 것은 마찬가지이며, 소비재나 산업재를 동시에 원한다. 또한 B2B 마케팅의 경우 국내거래 뿐 아니라 국제거래도 상당히 많이 이루어지는 특징을 가지고 있다. 기업의 국제화가 많이 이루어진 경우에는 국제거래의 비중이 국내거래의 비중보다 더 크게 되는 것은 당연하다. 즉 B2B 마케팅에서는 국제 간 운송도 매우 중요해지는 관계로, 인공위성을 이용해 화물 위치를 파악하는 GPS(Global Positioning System: 전역위치시스템)나, 제품의 수송, 보관 및 하역과정과 관련된 물류VAN(Value—Added Network: 부가가치통신망)과 같은 물류정보화도 매우 중요해 진다. 그리고 B2C 마케팅에서의 구매자는 개인이고 휴식시간에 소규모구매로 이루어지는 데에 비해, B2B 마케팅에서의 구매자는 기업이고 그 기업 구매부서의 근무시간에 대규모로 이루어지고 기업의 최대목적인 이익과 직접 관련된다는 점이다. 기본적으로 인터넷을 통한 전자상거래의 구매자는 적극적인 정보탐색자이어야 하는데, B2C 마케팅의 구매자인 일반소비자는 소득이 적은 젊은 네티즌을 제외하고는 적극적인 정보탐색자가 아닌 반면, B2B 마케팅의 구매자로서 구입제품에 전문지식을 가지고 있는 기업의 구매부서는, 업무상 당연히 적극적인 정보탐색자라는 점이다. 그러므로 B2B는 기반만 구축이 되면 그 실현성이 매우 높다. 그런데 전자산업 등에서 세계의 전체 전자제품 관련기업을 대상으로 수년 내에 완성할 것으로 예상하면서 B2B 기반을 구축하기 시작했고, 각국의 정부도 입찰의 50% 이상을 B2G로 받겠다는 의지를 나타내고 있어, 수년 내에 B2B 마케팅의 규모가 전통적인 조직마케팅의 규모를 넘어서게 될 것이다. B2B 마케팅의 경우 구매자가 공식적 의사결정을 하는 기업이기 때문에, 전통적인

조직마케팅을 통한 거래는 사라지고 B2B 마케팅이나 B2G 마케팅을 통한 거래만 남을 것으로 예상하기도 한다.

::상품의 분류

1. 사용목적에 따른 분류

(1) 소비자용품(消費者用品)

① 소비자용품의 특징

　　㉠ 일반적으로 소량 소비되는 낮은 가격의 상품이 많다.

　　㉡ 주문 생산보다는 시장 생산되는 경우가 대부분이다.

　　㉢ 시장이 광범위하고 대량 판매가 가능하다.

　　㉣ 개인적인 만족감으로 구입하므로 광고와 점포의 분위기 등에 영향을 받기 쉽다.

② 소비자용품의 특색

　　㉠ 구입횟수가 많다.

　　㉡ 시장 생산되는 것이 압도적으로 많다.

　　㉢ 일반적으로 소량으로 구입하고 소비한다.

　　㉣ 구매자의 수는 많고, 시장도 광범위하다.

　　㉤ 소비자의 상품지식은 그만큼 높지 않다.

　　㉥ 감정적이고 충동적으로 구입하는 경우가 많다.

　　㉦ 개인적인 만족감으로 구입하기 때문에 광고와 점포의 본위 등에 영향을 받기 쉽다.

(2) 산업용품(産業用品)

다른 상품을 생산하기 위하여 혹은 업무활동을 위하여, 재판매함으로써 이익을 올리기 위하여 소비하고 사용하는 상품이다. 이것은 용도에 따라 주요설비품, 보조설비품, 조립구성부품, 소모용품, 가공재료, 원료 등으로 나눌 수 있다.

① 산업용품의 특징

    ㉠ 시장이 지역적으로 편중되어 있고, 구매자수는 적다.

    ㉡ 일반적으로 대량으로 구입되고 소비된다.

    ㉢ 구매자의 상품 지식이 높으며, 구입 및 사용 등에 관한 풍부하고 전문적인 정보를 갖고 있다.

    ㉣ 계획적이고 합리적으로 구매를 결정하는 경우가 많으며 구입횟수가 적다.

    ㉤ 구입할 때에는 먼저 기업이익을 생각하게 되므로 상품 자체의 능력, 생산성, 채산성 등에 관한 고려가 우선된다.

    ㉥ 주문 생산되는 것도 많다.

2. 구매 습관에 의한 분류

소비자용품은 사용목적에 따라 편의품, 선매품, 전문품으로 분류되는데, 이를 다시 소비자의 구매 관습에 따라 각각 특징을 정리하면 다음과 같다.

(1) 편의품(便宜品 : convenience goods)

가능한 한 주거지 가장 가까운 곳에서 구입하고자 하는 상품. 성냥, 담배, 주방 잡화, 식료품 등이 이에 속한다. 편의품의 특징은 다음과 같다.

① 구매빈도가 높으며, 단가는 낮다.

② 회전율은 높지만 마진은 낮다.

③ 대량생산이 가능하다.

④ 상표에 관한 관심은 비교적 높다.

⑤ 사전에 철저한 계획을 세우지 않고 습관적으로 구입한다.

⑥ 습관에 의한 구매행위가 이루어지므로 구입을 위하여 많은 시간과 노력을 들이지 않는다.

⑦ 일반적으로 주거지(住居地)에 가까운 데 점포가 위치해 있다.

(2) 선매품(先賣品: shopping goods)

여러 개의 점포를 돌아보고 품질, 가격, 스타일 등을 비교, 검토한 끝에 구입하는 상품으로 의류, 구두, 핸드백 등이 이에 속한다. 선매품의 특징은 다음과 같다.

① 단가가 비교적 높으나 구매빈도는 낮다.

② 미리 계획을 세워 구매하는 경우가 많다.

③ 취급하고 있는 소매점의 이미지와 전통 등에 강한 관심을 기울인다.

④ 스타일과 디자인 등의 정보적 가치가 중요시되는 경향이 있다.

⑤ 구매에 시간과 노력을 아끼지 않고, 또 그것을 즐기는 경향이 있다.

⑥ 적당한 중심지까지 나가서 몇몇 점포를 돌고 비교, 검토한 후에 구입한다.

⑦ 장기간 점포 안에 있으면서 신중히 선택하므로 점포의 분위기, 판매원의 접객자세 등이 구매에 큰 영향을 준다.

⑧ 회전율은 높지 않으나 마진은 상당히 높다.

⑨ 일반적으로 대량생산에는 적합하지 않다.

(3) 전문품(專門品: specialty goods)

생활필수품이 아니라, 생활을 보다 즐기기 위한 상품이다. 자동차, 피아노, 스테레오, TV 등이 이에 속한다. 전문품의 특징은 다음과 같다.

① 마진이 크나 회전율은 매우 낮다.

② 구매빈도는 극히 낮으나 단가는 매우 비싸다.

③ 상표에 대한 관심은 매우 강하다.

④ 상당한 노력을 들여 예산 및 계획을 세우고 정보를 수집한다.

⑤ 구입할 때에는 우선 품질에 중점을 두고, 가격은 그 다음이다.

⑥ 구입할 때에는 시간과 노력을 아끼지 않지만, 결정할 때까지는 상당히 시간이 걸린다.

⑦ 구입할 때 판매원의 역할이 강조된다.

(4) PB 상품(Private brand)

백화점, 슈퍼마켓 등 대형소매상이 자기 매장의 특성과 고객의 성향에 맞추어 독자적으로 개발한 브랜드 상품으로 다양하다. 해당 점포에서만 판매된다는 점에서 전국 어디에서나 살 수 있는 제조업체 브랜드와는 구별된다.

3. 상품 유형에 의한 분류

(1) 패션 상품

① 상품 특성: 기능성, 장식성, 외관성, 개성과 사회성, 모방과 독창성, 유행성 등

② 구 분: 의류나 신변품은 선매품으로 분류하고 있으나 구두, 드레스셔츠, 하의 등과 같은 기성품의 대량생산이 가능해져 편의품화되는 추세이다. 즉 편의품처럼 적은노력과 시간이 드는 특성을 나타내고 있다.

③ 유통구조: 의류와 같은 신변품을 제조하는 업체의 영세성으로 유통기구가 절대적으로 필요하다.

④ 적응성과 대응성: 유행, 시장, 기후, 경쟁, 소비행태 등의 변화요인에 대해 민감하므로 상품구성과 변화에 신속한 대응이 필요한 상품군에 속한다.

⑤ 패션상품의 종류

  ㉠ 하이패션: 고가의 소재, 디자인, 가공 등에 많은 비용이 들어간 작품 수준의 패션디자인으로 일반인이 따라가기 힘든 패션으로 일부 사람

들만의 패션 스타일을 말한다. 즉 어떤 시대, 집단의 특징을 표현할 수 있는 패션양식을 나타낸 패션이다.

ⓛ 매스 패션: 대중을 목표로 한 대중패션으로 대량 생산체제에서 생산된 기성품 등의 패션을 말한다.

ⓒ 베이직 패션: 하이패션의 스타일이 정착되어 다음 시즌이나 또는 2—5년간 지속적으로 판매된 패션상품을 말한다. 하이패션에서 일반적 패션의 영역에 들어오면서 뉴패션으로 자리 잡은 것이다.

ⓔ 스테이플 패션: 장기간, 긴 주기, 보통 5—10년간 지속되고 있는 패션으로 실용 의류나 일용품 등을 말한다. 경쟁사가 많고 평준화되어 있으며 가격은 저렴하다.

(2) 청과물 또는 농수축산물

① 계절성과 생산 및 보관(부패)의 제약성
② 부피가 크고 무거우므로 유통 비용이 많이 든다.
③ 생산지가 넓게 분포되어 있고 영세하므로 중간 유통구조가 복잡하다.
④ 표준화와 등급 설정의 어려움이 따른다.
⑤ 청과물 유통경로의 4가지 유형: 생산자 내지 그 조직단체(농협단의포함), 수요자 또는 소매업 및 그 조직, 중간의 상업(가공업)자본, 도매시장
⑥ 수산물의 유통구조에서 수산물은 신선도가 가격을 크게 좌우하기 때문에 저장, 가공시설의 발달을 전제로 유통구조가 형성되어야 한다. 수산물은 청과물 이상으로 종류가 다양하고 가공형태도 다양하므로 유통구조가 복잡할 수밖에 없다. 또한 수산물의 생산 및 소비구조가 영세한 실정이다.

(3) 가공식품

농수산축산물 등 원료의 특성을 살려 맛과 취식의 편리성을 위해 변형시킨 식품을 통칭한다.

(4) 냉동식품

냉동기기를 통해 미생물과 세균의 번식을 억제하고 식품을 장기간 보존할 수 있게 한 식품을 말한다. 과실류, 채소류, 축산물, 수산물, 조리식품의 5가지로 나뉜다.

(5) 내구 소비재

① 가정용 전기제품: 상품의 광고에 따라 매출의 차이가 크며, 브랜드 및 A/S 가 생명이다.
② 가구 및 인테리어 제품: 가구의 경우 가구점의 이미지에 따라 좌우되며, 원자재의 질과 소재가 중요시되는 유행성, 계절성 상품이다.
③ 자동차: 유행성의 상품이며, 회사 브랜드, 디자인, 가격 순으로 소비자는 결정하게 된다.
④ 내구 소비재는 광고가 매우 중요한데, 고가 내구소비재의 소비자는 몇 가지의 주요 기준에서 수 개 회사의 브랜드를 비교·검토하고, 그 후 특정 브랜드를 구매하는 경향이 있다고 한다면 광고주는 상품의 우수성, 상품의 편익에 대한 광고가 필요하게 된다. 예컨대, 승용차, 고가 가전제품, 부동산 등의 광고가 해당된다.

(6) 가정용품

① 취급 방법: 일용품, 플라스틱 제품, 가정 철물 제품, 가정용 도구, 건축 철물 및 공구의 종합도매 형식으로 분류하여 취급한다.
② 도기 제품: 동일 제품에 대해서도 산지, 원료 등으로 가격의 차이가 많다.
③ 유리 제품: 세공 방법에 의한 상품가치가 결정된다.
④ 플라스틱 제품: 용도별로 구성되고 취급된다.

(7) 금융상품

① 은행의 금융상품: 예금과 단기금융상품으로 구분할 수 있다. 예금에는 요구불예금과 저축성 예금으로 나누며, 요구불예금에는 보통예금, 당좌예금, 가계당좌예금, 별단 예금이 있다. 저축성 예금에는 정기예금, 저축예금, 정기적금, MMDA, 기업자유예금, 상호부금, 내 집 마련 주택부금, 장기주택 마련 저축, 주택청약저축, 근로자 장기저축, 근로자 우대저축, 외화예금이 있다. 단기 금융상품에는 양도성 예금증서(CD), 환매조건부 채권, 상업어음 일반매출, 무역어음 일반매출, 소액채권저축이 있다.

② 종합 금융 회사의 금융상품: 종합금융회사는 어음발행 중개를 전문적으로 하는 단기 금융회사의 업무를 취급하면서 증권회사의 업무도 담당하고 있다. 종합금융회사가 취급하는 단기 금융상품으로는 발행어음, 기업어음, 무역어음, 표지어음, CMA 등이 있다.

③ 증권회사의 금융상품: 증권회사는 증권시장에서 거래되는 주식과 채권의 매매를 중개하는 업을 고유 업무로 하고 있다. 따라서 단기 금융상품도 주식과 채권이 전제되는 증권저축을 비롯하여 환매조건부 채권, 소액채권, 투자신탁 상품인 수익증권과 뮤추얼 펀드, 기업어음 할인, MMF가 있다.

(8) 교양, 문화, 스포츠, 오락 등의 기타 상품

① 상품의 종류: 의약품, 서적 및 잡지, 문구, 인장, 화장품, 사무기기, 스포츠용품, 완구, 레코드, 악기, 시계 및 보석, 안경, 광학기계, 사진기, 사진재료와 그 부속품, 꽃, 수목, 비료 및 농업기기, 석유 및 유류, LP가스 등

② 의장 및 내·외장

⑦ 상품의 디자인, 컬러, 포장 등을 말하며, 이들은 상품의 가치척도인 무형의 상품으로 상표의 기능인 상표의 식별, 출처, 신용의 기능을 강화시키고, 점포의 이미지 유지 등에 영향을 크게 미친다.

ⓛ 상품 하나하나의 내·외장도 중요하지만 점포 자체의 내·외장은 전

체 매출에 영향을 주는 중요한 요소이다. 즉 상품의 브랜드 이미지를 높이고 고객을 유인하는 요인이기 때문이다.

③ 상표의 3대 기능

　㉠ 식별: 상표는 자사 상품과 타사 상품과의 차별성을 추구하기 위한 표식이다.

　㉡ 출처: 상품의 생산자나 판매자를 나타낸다.

　㉢ 신용: 상표는 생산자의 이미지이므로 신용과 직결된다. 즉 상표를 보고 고객이 그 상품을 다시 찾게 하는 기능을 한다.

〈기출 및 예상문제〉

1. 다음 중에서 소매점에서 사용하는 일반적인 상품 분류기준으로 보기 어려운 것은? (2008년 제1회)

　① 표준산업분류표를 중심으로 한 분류

　② 상품의 용도를 중심으로 한 분류

　③ 대상고객을 중심으로 한 분류

　④ 소비패턴을 중심으로 한 분류

해설) 표준산업분류표란 산업을 분류하는 여러 가지 방법 중의 일종으로 기업의 경제적인 활동의 유형을 표준으로 하여 산업을 분류하는 방법이다. 상품 분류란 상표를 출원하려면 상표를 선택해야 할 뿐 아니라 그 상표가 사용될 상품 및 서비스를 지정해야 한다. 심사기준은 상품과 서비스를 매우 구체적으로 지정할 것을 요구하고 있다. 즉 의류로 지정할 수는 없고, 재킷, T셔츠 등으로 지정할 수 있다. 상품/서비스를 지정할 때 기준이 되는 것이 상품 분류표이다. 상품 분류표에는 수천 가지의 상품과 서비스들이 45개류에 나뉘어서 분류되어 있다. 1류부터 34류까지는 상품이, 35류부터 45류까지는 서비스가 예시되어 있으며, 상표등록을 받고자 하는 상품이 어느 류에 속하는가를 알아내어 상품 분류표에서 해당류의 숫자를 클릭하면 상품들의 상세한 목록을 볼 수 있다.

정답 ①

2. 상품을 구성하는 요소 중에 서비스도 포함된다. 다음 중 판매 후 서비스를 포함하는 제품의 개념으로 옳은 것은? (2008년 제1회)

① 핵심제품   ② 유형제품   ③ 확장제품   ④ 물리적 제품

해설) 확장제품이란 핵심 혹은 실제(유형)제품에 부가되어 소비자에게 제공되는 혜택을 말한다. 핵심제품은 소비자가 궁극적으로 얻고자 하는 핵심적 이익이나 혜택, 실제제품(유형제품)은 상표, 물리적 제품 등을 말한다.

정답 ③

3. 상품정책의 내용 중 "상품의 깊이가 깊다"라는 표현을 가장 잘 설명한 것은? (2007년 제1회)
   ① 취급상품의 수량이 적은 경우
   ② 판매상품의 그룹의 수량이 많을 경우
   ③ 특정판매 상품 그룹 내에서 상품들 간의 품질적인 격차가 적을 경우
   ④ 특정상품 그룹 내에서 소비자에게 다양한 선택을 제공하는 경우

해설) 상품구성에 있어서 깊이란 상품의 종류 내에서 브랜드나 스타일 수 등의 다양성을 말한다.

정답 ④

4. 상품구성에 관한 설명이다. 올바르게 표현한 것은? (2007년 제1회)
   ① 가능한 한 많은 종류의 상품을 수량적으로 많이 보유하여 품절발생을 예방해야 한다.
   ② 품질적으로 가장 뛰어난 상품만을 선택해야 할 뿐만 아니라 수량적으로도 많이 보유해야 한다.
   ③ 가격이 가장 저렴한 상품만을 선택하여 수량적으로 많이 보유해야 한다.
   ④ 종류, 품질, 가격 면에서 서로 보완할 수 있어야 할 뿐만 아니라 해당 소매상의 고객 욕구에 알맞은 제품들로 구성이 되어야 한다.

해설) 상품구성에서 많은 종류와 많은 양을 보유하며 품절도 예방하고 고객의 선택의 폭이 넓어지겠지만 소매점의 자본력과 매장의 공간능력, 재고량의 관리 등의 문제가 발생한다.

정답 ④

5. 백화점에서 가능한 많은 고객의 욕구에 근접하도록 그리고 다양한 고객의 문제점 및 불편/불만사항들의 해결을 위해 이에 상응하는 최적의 상품구성을 하고자 노력한다. 다음 중 이러한 노력의 실현에 가장 가까운 내용은? (2007년 제1회)
   ① 이윤극대화 목표달성을 위해 상품의 가격을 목표고객의 지불준비 상태 영역 내에서 최대한 상승시킨다.
   ② 최상위 고객층의 수요 및 욕구에 상응하는 상품들만 구매한다.

③ 고객의 희망사항, 문제점 및 실현가능한 욕구에 관한 정보를 제조업자/공급업자에게 전달 및 컨설팅하는 작업을 한다.

④ 고객지향적인 상품선발작업을 지속적으로 한다.

해설) 가장 가까운 설명을 정하는 문제이므로 고객지향주의의 노력을 말한다. 따라서 ③의 지문도 맞는 설명이지만 직접적으로 고객의 욕구를 충족시키려는 방향의 지문은 ④이다.

정답 ④

6. 다음 중 상품을 소비자의 구매행동에 따라 분류한 것에 속하지 않는 것은? (2008년 제1회)

① specialty goods　　② shopping goods

③ durable goods　　④ convenience goods

해설) 소비자의 구매행동에 따른 분류는 일반적으로 편의품, 선매품, 전문품 등으로 구분되고 내구재는 사용기간에 따른 분류이다.

정답 ③

7. 플래노그램은 다음 중 어떤 경우에 활용, 가능한 수단인가? (2008년 제2회)

① 진열공간 생산성 평가

② 매장 입지 선정 시 최적입지평가 및 선정도구

③ 최적 공급업체 평가 및 선정도구

④ 종업원 생산성 평가

해설) 플래노그램(Planogram)은 Plan—O—Gram 의 합성어로 보통 POG란 용어로 칭하며, 국내에서는 진열대장, 진열도와 같은 용어로도 통용되고 있다.

정답 ①

8. 다음 중 유통업태별 상품구성정책의 특징을 잘못 설명한 것은? (2008년 제1회)

① 상품의 깊이 측면은 소외되고 특히 넓이부분에 있어서 전문화 한 업태를 전문점이라고 한다.

② 백화점과 대형마트를 상품의 깊이 측면에서 비교할 경우 백화점이 대형마트에 비해 상품의 깊이는 더욱 깊다.

③ 백화점과 대형마트를 상품의 넓이 측면에서 비교할 경우 음식료품에 있어서는 대형마트가 섬/의류에 있어서는 백화점이 더욱 넓은 상품구성정책을 추구하고 있다.

④ 유점포와 무점포업태와의 비교에서는 상품의 깊이나 넓이 측면에서 확장가능성으로 보면 무점포업태가 비용 측면에서 더욱 유리하다.

해설) 전문점은 상품의 깊이는 깊고 폭은 좁다. 하이마트의 경우도 전자제품만 취급하므로 전자제품의 종류는 많지 않지만 하나의 제품의 종류가 다양하므로 폭은 좁고 깊이는 깊다. 백화점의 경우는 상품의 종류를 다양하게 취급하므로 폭은 넓지만 하나의 상품군 즉 전자제품 중 냉장고의 경우 하이마트보다 깊이는 깊지 않다고 볼 수 있다.

정답 ①

9. 상품 유통마케팅에 있어서 정책적 의사결정내용의 하나인 상품구성정책에 관한 설명들이다. 상품구성정책의 내용과 가장 거리가 먼 것은? (2009년 제1회)
   ① 제조업자의 제품생산에 대한 생산품구성계획과 소비자의 상품구매에 있어서 일괄구매 욕구의 사이의 격차를 해소하기 위해 지속적으로 계획, 실행 및 평가하는 과정
   ② 판매하고자 하는 상품의 "넓이"와 "깊이"에 대한 의사결정이 이루어진 후에 판매상품에 대한 매장 내부구성 및 배치계획을 계획하는 과정.
   ③ 개별상품(군)으로 보아 매출 및 수익에 대한 기여도가 현저하게 낮을지라도 다른 상품(군)과의 결합효과가 존재하는 경우 이 상품(군)에 대한 매장에서의 퇴출여부를 결정하는 것을 포함함
   ④ 한편으로는 효자상품 그룹을 찾아내어 더욱 판매를 촉진하고 또 다른 한편으로는 퇴출해야 할 상품그룹을 찾아내어 매장에서의 상품퇴출에 대한 의사결정을 지속적으로 수행하는 과정

해설) ②에 관한 설명은 진열, 조닝 등을 의미한다.

정답 ②

10. 다음은 상품 분류 및 배치에 대하여 설명한 내용들이다. 올바르지 않은 것은?
   (2007년 제1회)
   ① 상품을 분류하면 고객에게 상품의 다양함을 더 쉽게 보여줄 수 있다.
   ② 상품을 잘 분류하여 진열하면 판매원의 도움 없이도 고객 스스로 상품을 비교 선택할 수 있다.
   ③ 적절한 상품 분류는 작은 매장에서도 매장관리의 효율성 상승을 위해 중요하게 작용한다.
   ④ 개별 제조업자/공급업자의 상품 분류에 따른 상품구성 및 상품배치가 소비자들의 구매 편리성을 가장 높일 수 있다.

해설) 상품 분류 및 배치는 고객의 쇼핑의 편리성과 매장관리의 효율성 측면에서 이루어진다. 따라서 개별 제조업자 및 공급업자의 기준으로 분류되고 관리되어서는 안 된다.

정답 ④

11. 다음의 내용은 무엇에 관한 설명인가? (2008년 제1회)

> 유사한 성능. 용도를 가지거나 유사한 고객층이나 가격대를 가진 상품군

① 상품 깊이   ② 상품 넓이   ③ 상품 계열   ④ 상품 길이

해설) 상품 계열이란 동종 종류에 속하는 상품그룹을 말하는 것으로 같은 상품의 군을 상품계열이라 한다. 즉 유사하거나 같은 고객 집단을 대상으로 한 판매, 유사한 유통경로를 통한 판매, 적절한 가격 범위 안에서의 판매 등으로 결합된 상품군을 말한다.

정답 ③

12. 다음은 어느 수매상인 생활용품 판매대에 진열된 상품의 예시이다. 이 자료에 대한 제품믹스의 개념적 잘못된 것은? (2008년 제1회)

세숫비누	세탁비누	화장품	휴지	치약
설포 서퍼 핸디	크린업 화이트 파워큐 수퍼엘 글로라	세시몽 소렌토 멜로시 레녹스	콤보	후라보노 하이진

① 제품믹스의 길이는 5이다.
② 제품믹스의 넓이는 5이다.
③ 제품계열의 평균깊이는 3이다.
④ 가장 깊이가 깊은 상품은 세탁비누이다.

해설) ②에서 5가지 종류의 제품믹스의 넓이(폭)는 5이며, ③의 제품계열의 평균깊이는 5가지 종류를 모두 합한 평균 제품의 가지 수가 3이다. ④는 세탁비누가 5가지 제품으로 가장 깊이가 깊은 상품이다. 그러나 ①의 제품믹스의 길이란 제품계열에 있는 제품품목의 수인데 제품마다 품목수가 다 다르므로 5가지라고 일률적으로 말할 수 없다.

정답 ①

● 제품 믹스: 기업이 판매하는 개별제품들의 집합

─폭(Width): 기업이 생산하는 제품계열의 수

—깊이(Depth): 제품계열 내의 품목의 수

—길이(Lenght): 제품믹스 내에 있는 총 품목의 수

—제품믹스 일관성(Consistency): 다양한 제품계열들이 최종용도·유통경로·기타 측면에서 얼마나 밀접하게 관련되어 있는가 하는 정도

13. 다음은 상품계열관리에 관한 내용이다. ()안에 알맞은 단어를 순서대로 바르게 나열한 것은? (2008년 제2회)

> 상품계열은 상품계열의(①)와/과(②)로 구성된다.(①)은/는 상품계열내의 하부상품계열의 수, 즉 상품의 다양성을 의미하며(②)은/는 특정 종류의 상품하에서 품목(소비자 선택)의 수의 다양성을 의미한다.

① 상품 폭―상품 깊이
② 상품 폭―상품 길이
③ 상품 깊이―상품 길이
④ 상품 길이―상품 깊이

정답 ①

14. 다음은 품목구성을 늘리는 데 있어서의 제약조건이다. 그중 틀린 것은?
① 매입처 확보 면에서의 제약
② 시장규모면에서의 제약
③ 상품투입의 결정
④ 매입처 사원들과의 친목우선

해설) ④는 상점 측의 상품선택 능력 면에서의 제약이다.

정답 ④

15. 발주단계로부터 고객에게 판매될 때까지 전 과정에 걸쳐 품목 하나하나의 움직임을 파악하고 관리하는 것을 단품관리라 한다. 다음 설명된 내용과 가장 밀접한 단품관리의 이론은? (2009년 제1회)

"품목별 진열량을 판매량에 비례하게 하면 상품의 회전율이 일정하게 되어 품목별 재고의 수평적인 감소가 같아진다."

① 풍선효과(balloon)이론 ② 카테고리(category)관리이론
③ 욕조마개(bathtub)이론 ④ 채찍(bullwhip)이론

정답 ③

〈보충설명〉

1. 채찍이론

   공급사슬은 공급자, 생산자, 도매상, 고객으로 구성되며, 공급자로 갈수록 상류이고 고객 쪽으로 갈수록 하류라고 볼 때 채찍효과는 하류의 고객주문정보가 상류로 전달되면서 정보가 왜곡되고 확대되는 현상을 말한다. 그 원인은 각각의 주체가 독립적으로 수요를 예측하기 때문, 각각의 단계에서 주문이 배치로 처리되기 때문, 프로모션 등의 가격정책의 영향, 수요에 대한 불확실성 때문에 가능한 한 많은 재고를 확보를 위해 과다한 주문이 이루어지기 때문이다. 이를 방지하기 위한 방법은 정보의 고유, 가경정책의 안정화, 판매예측에 의한 공급 대비 등이다.

2. 카테고리관리이론

   유통업체와 공급업체가 소비자가치의 증대에 초점을 두고 카테고리를 하나의 전략적 사업단위로서 관리하고, 사업의 성과를 향상시키기 위한 활동을 말한다.

3. 풍선효과이론

   풍선의 한쪽에 압력을 가하면 반대편에 불룩 튀어나오듯이 어떤 것을 해결하면 또 다른 곳에서 문제가 발생하는 효과이다.

16. 다음 중 유통기업에서 상품을 공급받을 때 발생하기 쉬운 채찍효과(bullwhip effect)에 대해 기술이 잘못된 것은? (2009년 제1회)
   ① 공급업자와 소매업자 사이의 유통구조가 복잡할수록 더 크게 발생한다.
   ② 정확한 재고관리와 수요예측으로 채찍효과를 최소화 할 수 있다.
   ③ 리드타임이 짧을수록 커진다.
   ④ 배치(batch)주문으로 최소화할 수 있다.
정답 ③

17. 다음 중 상품계획 및 상품계열 계획과 관련하여 고려대상 중 거리가 먼 것은? (2008년 제2회)
   ① 상품계열의 유연성
   ② 상품의 수명주기
   ③ 상품계열의 수익성
   ④ 상품계열의 경쟁가능성

해설) 상품계열의 유연성은 다양성의 의미로 고객이 선택할 수 있는 기회를 많이 제공해 준다. 그렇지만 많은 종류의 제품을 갖추는 것은 바람직하지 않다.

정답 ①

18. 상품구색 계획과정(assortment)에 있어서 의사결정자가 고려해야 할 요소 중 소위 "전문성"에 대한 설명으로 가장 알맞은 것은? (2009년 제1회, 2008년 제2회)
    ① 한 점포 내 또는 부문 내에서 취급하는 상품 카테고리 종류
    ② 특정 단품이 수요를 충족시키는 비율
    ③ 특정 제품 카테고리 내에서의 단품의 수
    ④ 고객에게 제품의 정보에 대해 설명하고 이해시키는 능력
해설) 단품의 수가 너무 많으면 전문성은 낮아진다.

정답 ③

19. 상품믹스를 결정할 때에는 상품믹스의 다양성, 전문성, 강요성 등을 따져보아야 한다. 이에 대한 내용 중에서 옳지 않은 것은? (2008년 제2회)
    ① 다양성이란 한 점포 내에서 취급하는 상품카테고리 종류의 수를 말한다.
    ② 다양성이 높을수록 점포 전체의 수익성은 높아지는 경향이 있다.
    ③ 가용성이란 특정 단품의 수요에 소비자가 만족해하는 수준을 말하며, 이를 높이기 위해서는 특정 단품에 대해 품절이 발생하지 않도록 재고를 보유하고 있어야 한다.
    ④ 전문성이 강할수록 포트폴리오가 집중되어 위험이 증가하는 경향이 있다.
해설) 상품믹스란 상품의 폭, 깊이 등을 다양화하는 것을 말한다. 다양한 상품의 구색 갖춤은 고객에 대응성이 높은 면도 있지만 특정 상품의 단절 또는 재고량이 많아 수익성을 저하시킬 수 있는 요인이 된다.

정답 ②

20. 상품기획을 위한 예산을 수립하기 위해서는 월 초(BOM) 매출 대 재고비율을 계산하여야 한다. 다음 중 이 비율을 계산하는 순서가 바르게 나열된 것은? (2008년 제2회)
    ① 재고 대비 매출비율의 계산—재고회전율 전환—평균 매출 대비 재고비율 계산—월별 매출대비 재고비율 계산
    ② 평균매출 대비 재고비율 계산—재고 대비 매출비율의 계산—재고회전율로 전환—월별매출 대비 재고비율 계산
    ③ 재고 대비 매출비율의 계산—평균매출 대비 재고비율 계산—월별매출 대비 재고비율 계산—재고회전율로 전환

④ 재고 대비 매출비율의 계산—평균매출 대비 재고비율 계산—재고회전율로 전환—월별매출 대비 재고비율 계산

정답 ①

21. 다음 중 의류 카탈로그 소매점의 약점으로 가장 옳지 않은 것은? (2006년 제1회)
① 오프라인 창업에 비해 높은 창업비용
② 유행의 변화에 대한 즉각적인 반응이 어렵다.
③ 점포개설비용을 절약할 수 있는 반면, 물류비 특히 운반을 위한 우송료와 인쇄료가 요구된다.
④ 국내에서는 몇몇 업체의 기만적 상행위로 인해 훼손된 업계 이미지가 존재하여 현재까지 다른 소매 업태에 비해 성장이 낙후되어 있다.

해설) 의류 카탈로그 소매점은 통신판매점의 형태로 가장 큰 장점은 오프라인 창업보다 창업비가 적게 든다는 것이다.

정답 ①

22. 다음 중 다단계 판매 또는 네트워크 마케팅에 대한 설명으로 가장 옳지 않은 것은? (2006년 제2회)
① 우리나라에서는 방문 판매법에 의해 합법적으로 허용하고 있다.
② 다단계 판매는 판매원 겸 소비자인 디스트리뷰터가 회사로부터 구입한 제품을 소비자에게 재판매하는 형태이다.
③ 최근 인건비의 증가, 높은 마진율, 판매비용의 증가 등으로 인하여 소매 업태로서의 매력이 위협받고 있다.
④ 일정수의 판매원을 모집하여 판매실적에 관계없이 후원수당을 많이 받을 수 있다.

해설) 월별 또는 승진을 위해 개인이 직접 구매 또는 판매해야 하는 할당금액이 정해져 있거나 이를 판매원에게 강요하는 경우에는 불법적인 다단계 조직(예 피라미드)에 해당한다.

정답 ④

※ 네트워크 마케팅: 기존의 중간유통단계를 배제하여 유통마진을 줄이고 관리비, 광고비, 샘플비 등 제 비용을 없애 회사는 싼 값으로 소비자에게 직접 제품을 공급하고 회사 수익의 일부분을 소비자에게 환원하는 시스템이다. 네트워크마케팅은 자기의 다운라인 전체에서 유통된 제품에 대해 회사는 커미션을 지급한다. 그러므로 커미션을 받기 위해서는 회원을 아무리 많이 가입시켜도 소용없고, 그 회원들이 제품을 애

용해야 한다.

23. 다음 중 판매원을 통한 직접판매 소매업의 표적 고객으로 가장 적합한 사람은? (2006년 제1회)

    ① 비교쇼핑을 원하는 사람

    ② 충동구매를 선호하는 사람

    ③ 상품 정보에 대한 욕구가 매우 높은 사람

    ④ 다른 형태의 무점포 판매방식을 싫어하는 사람

해설) 직접(인적)판매는 고객과의 접촉을 통해 고객의 욕구를 이해하고 이를 충족시키는 것이 가장 중요하다. 따라서 상품 정보에 대한 욕구가 매우 높은 사람일수록 판매원과의 직접 대화를 통해 고객에게 정보를 제공하고 해당 상품에 대한 관심을 가짐과 동시에 해당 상품을 구매하게 하여야 한다.

정답 ③

24. 다음은 어떤 판매예측방법을 설명한 것인가?

> 〈특정 기술이나 제품에 대한 전문가들의 의견을 종합하고 조정하여 하나의 예측치로 도달해가는 집단적 함의의 방법이다. 이들 전문가들은 패널로 참석하게 되고, 진행자는 예측치를 수집하여 평균과 예측치의 분포를 계산하여 전문가들에게 제공하고 이를 고려하여 다시 예측을 하도록 하는 방법이다.〉

    ① Salesforce composite(영업사원 예측법)

    ② Jury of Executive Opinion(경영자 판단법)

    ③ Delphi Method(델파이 기법)

    ④ Naive Method(단순 예측법)

정답 ③

25. 유통마케팅 정책수단의 하나인 가격(지불조건)과 관련된 핵심의사결정내용과 가장 거리가 먼 것은? (2007년 제1회, 2006년 제2회)

    ① 지불조건 즉 선불 대비 후불, 일시불 대비 분할 지불, 무이자 할부 등에 대한 의사결정

    ② 상품의 리스 혹은 임대 가능성에 대한 의사결정

    ③ 할인율, 리베이트, 보너스 점수 제공 등에 대한 의사결정

    ④ 판매 촉진을 위해 필요한 판매촉진비의 크기에 대한 의사결정

해설) ④는 촉진에 관한 의사결정에 해당한다.

정답 ④

26. 유통마케팅의 목표를 달성하기 위해 사용할 수 있는 다음의 활용도구들 중 전략적 마케팅 의사결정 내용과 가장 관련이 적은 것은? (2006년 제2회)
① 포지셔닝을 계획하고 실행하는 행위
② 마케팅믹스를 구성하는 개별 정책적 요소들에 대한 의사결정 행위
③ 목표시장 선정을 하고 실행 계획을 수립하는 행위
④ 시장 세분화를 위한 계획 수립과 세분화를 실행하는 행위

해설) 전략적 마케팅 계획 수립에는 기업사명의 규정, 기업 목표의 설정, 최적의 사업포트폴리오 설계, 마케팅 목표(Marketing Goal)의 설정, 기능 분야별 계획 수립 및 전략 조정, 마케팅 전략의 수립, 마케팅 믹스의 설계, 계획의 실행과 평가 등으로 구분할 수 있다.

정답 ②

27. 유통업체의 조직구조에 있어서 분권형 조직구조와 중앙집권적인 조직구조를 상호 비교할 수 있다. 이들에 대한 설명으로 옳지 않은 것은? (2006년 제1회)
① 분권형 조직에 있어서는 개별 의사 결정자들의 의사결정에 있어서 유연성이 향상된다.
② 중요한 의사결정을 개별 점포에서 하지 않고, 주로 본사의 경영자가 결정하는 경우를 분권형 조직이라 한다.
③ 중앙집권적인 조직 구조에서는 가장 전문성이 높은 중앙 본부의 결정권자에 의해 주로 의사결정이 내려진다.
④ 중앙집권적인 조직 구조에서는 출점한 개별 지역 시장에서 소비자들의 욕구에 부합하는 서비스의 제공 가능성이 적다.

해설) ②는 중요한 의사결정을 개별 점포에서 하지 않고 주로 본사의 경영자가 결정하는 경우는 중앙집권적인 조직 구조이다.

정답 ②

28. 다음 중 쿨링오프(Cooling—off)제도에 대해 가장 올바르게 설명한 것은?
① 고객이 원하는 시간과 장소에 필요한 제품을 공급하기 위한 제도이다.
② 소비자 피해를 예방하기 위해 계약 후 7일 이내(다단계판매는 14일)에 계약을 해제하고 계약금을 돌려받을 수 있는 제도이다.
③ 상품의 구매에서부터 소비자에게 배송하는 전반적인 시간을 단축시키기 위한 제도이다.
④ 해당제품에 대한 결함을 생산자가 발견하고 이에 대한 점검, 교환, 수리 등을 해 주는 제도이다.

해설) Cooling off란 판매원의 언변에 솔깃해 필요도 없는 상품을 구입한 경우, 소비

자가 일정기간까지 계약을 취소하고 계약금을 돌려받을 수 있는 제도를 말한다. 즉 원치 않는 계약을 하거나 잠깐의 판단착오로 계약을 했을 때 냉정히 (cooling off) 다시 한 번 생각하는 기간을 계약자에게 부여한 제도이다.

정답 ②

29. 다음 중 상품의 쇼핑습관(shopping habits)에 따라 분류한 것은? (2006년 제1회, 2006년 제2회)

① 원자재, 자본재, 소모품
② 액체, 고체, 기체, 분말상품
③ 편의품, 선매품, 전문품
④ 농산품, 임산품, 수산품, 광산품, 공산품

해설) 소비재란 최종 소비자가 개인의 소비를 목적으로 구입하는 제품을 일컫는 말로써 즉 통상 소비자의 구매습관에 따라 분류한 것이다. 이러한 소비 형태에 따른 상품의 분류는 그 안에서도 크게 편의품(Convenience Product), 선매품 (Shopping Product), 전문품(Specialty Product)으로 나눌 수 있다.

정답 ③

30. 생산 공장 직영할인매장 즉 팩토리 아울렛에서 취급하는 상품의 종류로 가장 적합하지 않은 것은? (2006년 제2회)

① 기획상품
② 열등상품
③ 재고이월상품
④ 부분하자가 있어 반품된 상품

해설) 팩토리 아울렛은 반품되는 물품이나 생산 과정에서 하자가 발생한 물품을 판매하는 할인 점포이다. 반품의 이유로는 상품의 가치를 떨어뜨리는 각종 하자가 포함된다. 기능에는 문제가 없으나 외관상 문제가 있는 반품(예를 들어, 로고가 거꾸로 찍힌 것)들도 포함된다. 기획(전략)상품은 생산자가 제품이 새로이 개발되거나 생산되어 나왔을 경우 생산자가 직접 운영하는 공장직영할인매장에서 판매하는 상품이 아니다.

정답 ①

31. 선도가격책정(leader pricing)에 대한 다음의 설명 중 가장 옳지 않은 것은? (2006년 제1회)

① 고객을 유인하기 위한 특정 상품의 가격을 정상 판매가격(normal price)보다 낮추어 책정하는 방법이다.
② 고객의 점포 방문을 증가시키거나 보완재의 매출을 증가시키기 위한 가격 정책의 한 방법이다.
③ 가격에 민감한 고객들이 빈번하게 구매하는 품목이 이 정책의 실행 대상으로 가장 적합하다.

④ 구체화된 유형으로 EDLP(everyday low price)정책을 들 수 있다.

해설) 선도가격정책(leader pricing)은 가격에 민감한 소비자에게 미끼상품의 가격을 상품원가 이하로 판매하여 고객을 점포로 끌어들인 뒤 많은 이윤을 더한 상품들에 대한 판매가 일어나도록 하기 위해 가격을 낮추어 파는 전략이다. 반면, 상시저가(EDLP: Every Day Low Price) 정책은 언제나 저렴한 상품을 제공하는 월마트의 가격 정책으로 저가전략이라기보다는 저비용전략이라고 할 수 있다.

정답 ④

32. 다음은 마케팅전략의 수립계획 중 마케팅 전략개발을 설명하는 내용이다. () 안에 알맞은 단어를 바르게 나열할 것은? (2009년 제1회, 2007년 제1회, 2006년 제1회)

> 마케팅전략 수립과정에서 ( )은(는) 전체시장이 기업이 제공하는 마케팅 믹스에 대하여 유사한 반응을 할 것으로 추정되는 동질적 고객집단으로 나누는 과정이다.
> ( )은(는) 여러 개의 세분시장들 중에서 경쟁 제품보다 고객의 욕구를 더 잘 충족시킬 수 있는 세분시장을 선정하는 것이다.
> ( )은(는) 소비자의 마음속에 경쟁상표와 비교하여 경쟁우위를 제공하는 위치에 자사 상표를 구축하려는 노력을 말한다.

① ㉠ 시장세분화(market segmentation)
　㉡ 제품포지셔닝(product positioning)
　㉢ 타깃지장선택(selection of target market)

② ㉠ market segmentation
　㉡ selection of target market
　㉢ product positioning

③ ㉠ product positioning
　㉡ selection of target market
　㉢ market segmentation

④ ㉠ product positioning
　㉡ market segmentation
　㉢ selection of target market

해설) ㉠ 시장세분화(market segmentation): 전체 시장을 비슷한 욕구를 가진 몇 개의 집단으로 구분하는 활동을 말한다.
　㉡ 표적시장선전(selection of target market): 시장을 세분화한 후에 각 세분시장의 매력도를 평가하여 진출하고자 하는 표적시장을 선정하여 마케팅활동을 하는 과정을 말한다.
　㉢ 제품 포지셔닝(product positioning): 제품의 중요한 속성들이 구매자에게 인식되는 방식, 즉 소비자의 마음속에 경쟁제품과 비교하여 나타나는 상대적 위치를 말한다.

정답 ②

33. 다음의 시장세분화를 위한 다양한 기준들 중 산업재 시장의 세분화 기준으로 가장 적합하지 않은 것은? (2009년 제1회)
① 시장의 규모(크기)　　② 행동 분석적 차별화 요소
③ 심리 분석적 요소　　④ 일회 구매량의 크기

정답 ③

가시장세분화는 가치관의 다양화, 소비의 다양화라는 현대의 마케팅 환경에 적응하기 위하여 이질적 수요를 인식하고 고객의 니즈를 정확하게 파악하여 충족시킴으로써 기업의 경쟁력 확보를 위한 마케팅 전략의 일종이다. 경쟁전략. 제품차별화 전략이 대량생산이나 대량판매라는 생산자 측 논리에 지배되고 있는 데 대하여, 시장세분화 전략의 시장세분화의 전제조건은 측정가능성, 적정규모성, 접근가능성, 실행가능성이다. 여기서 산업재 시장의 세분화는 일반 제품 시장의 기준과는 차이가 있는데, 일반 소비재는 자기기호와 같은 심리적 욕구변수가 크게 작용하지 않는다.

일반적인 시장의 세분화 기준으로는 시장세분화의 기준은 다음과 같다.

① 사회경제적 변수(연령·성별·소득 및 직업별·가족 수별·라이프 사이클별·사회계층별 등)

② 지리적 변수(국내 각 지역과 도시와 농어촌, 해외지역)

③ 심리적 욕구변수(자기기호)

④ 경제성·품질·안전성·편리성을 기준으로 한 구매동기

34. 가격 정책과 관련된 용어 및 기본 원칙에 대한 설명들이다. 옳지 않은 것은?
  (2006년 제2회)
  ① 상품구입원가에 유통업체가 원하는 단위당 이익이나 마진율을 가산하여 가격을 결정하는 방법을 원가가산법이라고 한다.
  ② 선도가격이란 고객을 유인하기 위해 전략상품(군)에 대해 정상적인 가격보다 낮은 가격을 책정함으로써 다른 일반적인 상품에 대한 판매를 촉진하는 가격 정책을 의미한다.
  ③ 구매금액의 크기에 따라 구매자들에게 되돌려 주는 금액을 리베이트라고 한다.
  ④ 가격을 한 단위 올렸을 때 수요가 현격히 줄어들면 수요의 가격탄력성이 낮기 때문에 비탄력적이라고 한다.
해설) 가격을 한 단위 올렸을 때 수요가 현격하게 줄어들면 수용의 가격탄력성이 높기 때문에 탄력적이라고 한다. 일반적으로 생필품이나 농산물의 경우 수요의 가격탄력성이 비탄력적이다.

정답 ④

35. "목표가격결정법"이라는 가격결정방법은 다음 중 어떤 가격결정방법에 속하는
    가? (2009년 제1회)
    ① 수요기준 가격결정법   ② 경쟁기준 가격결정법
    ③ 원가기준 가격결정법   ④ 시가기준 가격결정법
해설) 원가를 기준으로 기대수익을 고려하여 제품가격을 결정하는 방법이다.
정답 ③

36. 다음 중 High—Low가격정책에 대한 설명으로 옳지 않은 것은? (2006년 제2회)
    ① 일반적으로 EDLP 정책보다 높은 가격정책을 추구하지만, 소비자들을 유인하
       기 위하여 필요한 시기에 적극적으로 할인된 낮은 가격으로 제공하는 가격정
       책을 말한다.
    ② High—Low가격정책은 EDLP 정책보다 광고비용이 적게 든다.
    ③ 전반적으로 저가격을 지향하기보다는 품질이나 서비스를 강조하는 가격정책이다.
    ④ 가격세일 행사를 빈번하게 하게 되는 High—Low가격정책은 세일 시기와 비
       세일 시기 사이 수용의 변동 폭이 크기 때문에 EDLP 정책을 선택한 경우에
       비해 상품재고관리가 복잡하다.
해설) Every Day Low Price(EDLP) 정책은 매일 염가정책으로 고객을 대상으로 하는
     판촉을 빈번하게 하지 않아도 되어, High—Low정책보다 광고비용이 적게 든다.
정답 ②

⟨보충설명⟩

1. EDLP정책(Every Day Low Price) 할인점 전략: 일 년 내내 항상 동일한 저가격으
   로 판매하는 것으로 타 점포의 평소가격보다 저가이나, 바겐세일가격보다는 고가이다.
2. High—Low 백화점 전략: 평소에는 비싸게, 바겐세일 때는 싸게 파는 것으로 바겐
   세일 광고가 소비자들에게 흥미를 불러일으키고 한정된 세일 품목을 구매하러 오게
   하는 유인책이 된다.

37. 포터(M. E. Porter)는 경쟁우위의 원천과 경쟁영역의 범위를 기준으로 4가지의 경쟁전략을 제시하였다. "어떤 유통업체가 경쟁업체에 비해 상품을 저렴한 가격으로 매입할 수 있으면서 동시에 경쟁영역의 범위가 좁은 경우"에는 어떠한 전략적 대안을 선택하는 것이 가장 바람직한가? (2009년 제1회)
    ① 비용경쟁우위 전략 ② 차별적 경쟁우위 전략
    ③ 집중적 원가우위 전략 ④ 집중적 차별화 전략

해설) 집중적 원가우위전략은 먼저 최대한 원가를 낮춘 다음, 그 낮은 원가를 바탕으로 고객들에게 낮은 가격을 제시하는 방법으로 시장에서 성공을 거두려고 한다. 기업이 원가우위전략을 시행할 때는 다음과 같은 조치/방침을 과감히 밀고 나갈 필요가 있다.
    ─ 지속적인 원가통제, 생산수단의 효율적인 활용, 높은 노동생산성의 확보, 적은 양을 주문하거나 지나치게 특별대우를 많이 요구하는 고객, 또는 주문 내용을 너무 자주 바꾸는 고객을 피한다.

정답 ③

38. 다음 중 소비자의 상표선호도가 가장 높은 상품 유형은? (2006년 제2회)
    ① 필수품 또는 생필품 ② 선매품(shopping goods)
    ③ 전문품(specialty goods) ④ 유통업자브랜드(private brand)

해설) 전문품이란 고객이 원하는 상표를 구매하기 위해 많은 구매 노력과 시간을 들이고도 아깝지 않게 생각하는 상품이다. 즉 상표가 구매의 의사결정과정에서 가장 큰 영향을 미치는 요인 가운데 하나이다.

정답 ③

39. 다음 중 NB(National Brand), PB(Private Brand) 상품에 대한 설명으로 옳지 않은 것은? (2006년 제2회)
    ① 전체 판매 상품 혹은 매장 진열 상품 중에서 PB상품의 구성비가 많을수록 점포 이미지에 부정적인 영향을 미칠 수 있다.
    ② PB제품이란 브랜드로 정착하지 못하거나 브랜드화가 될 가능성이 거의 없는 모방 및 표절제품 등을 의미한다.
    ③ 소비자들은 일반적으로 NB를 더욱 선호하는 반면, 유통업자들은 PB를 더욱 선호하는 경향이 있다.
    ④ PB상품은 NB에 비해, 상품에 대한 인지도, 품질에 대한 인지도 등은 떨어지나 상대적으로 소비자가 지불하는 가격 면에서 저렴하다.

해설) PB(private brand)는 백화점, 슈퍼마켓 등 대형 소매상이 독자적으로 개발한 유통업체의 자체 브랜드로, PB 상품은 유통업체가 자체 기획, 개발, 생산 및 판매과정의 전부 또는 일부를 수행함으로써 상품경쟁력을 제고하고 점(店) 차별화를 유도하기 위한 상품이다. 제조업체 브랜드(national brand: NB)는 전국 어디에서나 살 수 있으나 PB는 해당점포에서만 판매된다는 점에서 구별된다.

정답 ②

40. No name제품, NB(national brand) 제품 및 PB(private brand) 제품에 대한 설명으로 옳지 않은 것은? (2007년 제2회)
   ① No name제품은 일반적으로 잘 알려지지 않은 제품으로서 제조업체가 아닌 상인연합체 혹은 조합에서 공동으로 개발해 낸 브랜드를 지칭한다.
   ② NB(national brand) 제품은 제품생산자/제조업자 브랜드로 제조업자가 자신의 제품임을 확인할 수 있는 상품명(칭)이나 기호 혹은 기업명(칭)이나 기호 등으로 표시된다.
   ③ PB(private brand) 제품은 유통업자브랜드로 유통업자가 자신의 제품임을 확인할 수 있는 상품명(칭)이나 기호 혹은 기업명(칭)이나 기호 등으로 표시된다.
   ④ NB(national brand) 제품, PB(private brand) 제품, no name 제품은 상호 경쟁관계이면서 또한 보완하는 관계이기도 하다.

해설) No name제품: 저가의 이름 없는 제품 즉 브랜드로서의 가치를 거의 가지지 못하거나 사업자가 브랜드의 가치를 전혀 인식하고 있지 못한 제품을 뜻한다.

정답 ①

41. PB(private brand)의 특성에 대한 아래의 설명 중에서 올바르지 않은 내용은? (2008년 제1회)
   ① 상대적으로 낮은 인지도뿐만 아니라 품질적으로 NB(national brand)에 비해 떨어진다.
   ② 유통체인조직에서 개발하고 관리하는 브랜드로 NB에 비해 고객의 신뢰도가 더욱 높다.
   ③ 유통업체가 스스로 상품을 개발하고 관리함으로써 NB에 비해 유통업체에게 상대적으로 높은 마진율을 보장해 준다.
   ④ 유통업체가 상대적으로 저렴한 구매를 함으로써 소비자에게 판매하는 가격 또한 NB에 비해 더욱 저렴하다.

해설) 유통조직 자체 브랜드를 PB라 하며, NB에 비해 상품에 대한 고객인지도가 낮아 신뢰도가 낮다.

정답 ②

42. 다음은 PB와 NB에 대한 비교설명이다. 이론적으로 수용하기 가장 어려운 것은?
   (2008년 제2회)
   ① PB 제품은 NB 제품에 비해 신규고객 유인뿐만 아니라 기존의 만족한 고객을 다시 끌어들이는 힘이 상대적으로 약하다.
   ② PB 제품은 한 소매업자가 독점적으로 취급하는 상품이므로 경쟁업체에서 동일한 PB 제품에 대한 판매와 가격할인이 불가능하다.
   ③ PB 제품은 다양한 매장에서 취급되는 NB 상품과 달리 특정소매상이 독점판매권을 보유하고 있기 때문에 소비자에게 경쟁매장별 가격 비교를 어렵게 한다.
   ④ PB 제품은 중간상이나 광고비 등이 생략될 수 있으므로 판매업자에게 상대적으로 더 높은 이익이 실현될 수 있다.
   해설) 유통업체 브랜드(PB: Private Brand)는 소매업계가 개발하고 판매하는 상품을 말한다. 그러나 NB 제품은 브랜드나 이미지 구축이 어려우므로 신뢰도 면에서 낮아 ①의 설명은 반대로 하고 있다.
   정답 ①

43. 다음 중 PB(Private Brand)에 대한 설명으로 옳지 않은 것은?
   ① 전매장의 상품구색 중 PB의 고성비가 너무 많으면, 점포의 이미지에 옳지 않은 영향을 미칠 수 있다.
   ② PB의 마진율은 대체로 내셔널 브랜드(National Brand)보다 좋다.
   ③ PB 상품의 마케팅은 제조업체가 주도한다.
   ④ 소비자가 PB를 선호하지 않는 이유 중 하나가 제품 품질의 안전성이 떨어지는 점이다.
   해설) 유통업체 브랜드(PB: Private Brand)는 소매업계가 개발하고 판매하는 상품을 말한다. 마케팅 전반은 판매 측이 주도한다.
   정답 ③

44. 선매(shopping)품, 편의(convenience)품, 전문(specialty)품에 대한 설명이다. 올바르지 않은 내용은? (2007년 제1회)
   ① 전문품은 편의품이나 선매품에 비해 가격보다는 품질 우선적으로 구매결정이 이루어지는 상품군을 의미한다.
   ② 편의품은 가계의 일상생활에서 잦은 빈도로 사용되는 생활필수품 종류의 상품을 말한다.
   ③ 전문품은 편의품이나 선매품에 비해 구매빈도가 가장 높으며, 고가격제품이므로 특히 합리적인 구매가 요구되는 상품들을 의미한다.
   ④ 선매품을 구매할 때, 편의품에 비해 소비자는 정보를 수집하고 비교하는 데

상당한 시간을 투자하고 노력한다.

해설) 상품을 편의품, 선매품, 전문품으로 구분하는 기준은 구매의사결정과정에서 고객이 기울이는 노력의 정도이다.

정답 ③

45. 수요의 가격탄력성에 대한 설명이다. 바르게 설명한 것은? (2006년 제1회)
   ① 수요의 가격 탄력성은 수요량의 변화에 따라 가격이 변화하는 정도를 나타낸 것이다.
   ② 수요의 가격 탄력성은 수요변화량을 가격 변화정도로 나누어서 산출한다.
   ③ 가격탄력성이 높다는 것은 가격의 변화가 수요량의 변화에 영향을 주지 않는 경우를 의미한다.
   ④ 특정상품이 경쟁제품에 비해 고도의 차별화가 되어 있을 경우 가격탄력성은 낮게 된다.

해설) ④의 가격변동에 따른 수요량의 변화를 수요의 가격탄력성이라 한다. 그러나 경쟁 제품에 비해 고도의 차별화가 되어있을 경우에 가격의 변화에 따른 수요가 영향을 별로 받지 않게 되므로 가격탄력성은 낮게 된다.
   ①에서 수요의 가격탄력성은 가격이 1% 변동할 때에 수요량이 몇 % 변동하는가를 나타내는 것이다.
   ②의 지문에서는 수요의 가격탄력성은 수요량의 변화율을 가격의 변화율로 나눈 것이다.
   ③의 지문에서 가격탄력성이 높다는 것은 가격 변화에 따라 수요가 매우 민감하게 변하는 것을 의미한다.

정답 ④

46. 다음은 상품의 가격결정방법에 관한 설명들이다. 가장 올바르지 않은 것은? (2006년 제2회)
   ① 스키밍 가격결정(skimming pricing)이란 신제품이 출시되었을 때 우선 단기적으로 고가격정책을, 그리고 서서히 가격을 내려가는 방법을 의미한다.
   ② 프리미엄 가격결정(premium pricing)이란 한 제품 안에서 여러 가지 수준의 모델을 판매할 때 사용되는 가격정책의 하나이다.
   ③ 이분 가격결정(two—part pricing)이란 본체와 소모품으로 구분되는 프린터와 같은 제품에서처럼 본체 구입가격은 저렴하게 하고 소모품은 타 브랜드에 비해 조금 높은 가격을 책정하는 것과 두 개의 제품에 대해 분리하여 개별가격을 결정하는 것이다.
   ④ 선도가격결정(loss—leader pricing)은 고객의 방문을 증가시키기 위하여 잘 알

려진 특정 아이템을 정하여 정상가격에서 크게 할인하여 가격을 결정하는 것이다.

해설) 이분가격결정법이란 서비스 가격을 설정할 때 기본 서비스에 대해 고정된 요금을 정하고 다양한 서비스의 사용 정도에 따라 추가적으로 관련 변동요금을 각 구매 품목에 대해 부과하는 것이다.

정답 ③

47. 가격결정의 전략적 목표범주에 속하지 않는 것은?

① 판매목표   ② 이윤목표   ③ 경쟁대처   ④ 가격이미지

해설) 가격결정의 목표에는 ①, ②, ③ 이외에도 사회적 책임이 있다. 가격이미지는 소매상의 가격을 결정하는 정책에 해당된다.

정답 ④

48. 상품의 가격결정시 수요의 가격탄력성이 매우 중요하다. 다음 중 수요의 가격탄력성에 대해 잘 못 기술한 것은? (2006년 제2회)

① 대체재가 많을 경우 수요의 가격탄력성은 매우 커진다.

② 필수품과 사치품을 비교해 보면, 사치품의 가격탄력성이 크다.

③ 소비자들은 채소 가격 상승보다 배추가격 상승에 덜 민감하다.

④ 담배의 가격을 100원씩 올리는 것보다 500원씩 올리면 소비자들은 더 민감하게 반응할 것이다.

해설) 수요의 가격탄력성이란 가격의 변화에 대한 소비자의 수요 변화정도를 말한다. ①에서 대체재를 찾기 어려우면 탄력성은 작아지며, ③은 채소시장에서 배추를 대체할 상품이 존재하므로 배추의 가격이 상승하면 전반적으로 채소가격의 상승에 대해 소비자들은 더 민감하게 반응하여 수요의 가격탄력성은 커진다.

정답 ③

49. 다음은 가격전략에 관한 설명이다. ()안에 들어갈 단어가 바른 순서대로 조합되어 있는 것은? (2007년 제1회)

유통업체가 취할 수 있는 전략적 가격설정의 방법으로 (1)정책유형과 (2)정책유형으로 나누어 볼 수 있다. 둘 중(1)은 지속적으로 경쟁점보다 낮은 가격책정방식을 의미하며, (2)는 일정기간별 즉 주간단위로 판매가격을 올리거나 내리는 방식이다. 또한 단기정책적인 가격설정방식으로는 고객심리에 호소하는 판매가격설정방식과 판매촉진 효과를 노리는 판매가격설정방식으로는 고객심리에 호소하는 판매가격설정방식과 판매촉진 효과를 노리는 판매가격설정방식이 있다. 후자는 일정기간에만 아주 낮은 가격을 설정하는(3), 대상상품에 복수의 가격을 표시하는 (4)제 등을 실례로 들 수 있다.

	1	2	3	4
①	에브리데이 로우 가격	하이 앤 로우 가격	일물다가격	로스리더 가격
②	하이 앤 로우 가격	에브리데이 로우가격	로스리더 가격	일물다가격
③	하이 앤 로우 가격	에브리데이 로우가격	일물다가격	로스리더 가격
④	에브리데이 로우가격	하이 앤 로우 가격	로스리더 가격	일물다가격

해설) ① 에브리데이 로우가격(EDLP, 상시저가)정책이란 언제나 저렴한 상품을 제공하는 월마트 등의 가격정책으로 저비용전략이라고 할 수 있다.

② 하이앤로우 가격정책은 까르푸나 마크로 같은 대형 할인점의 경우 인지도가 높은 상품은 저렴하게 판매하고 가격비교가 쉽지 않거나 구매빈도가 낮은 상품들은 소비자의 판단이 어렵기 때문에 조금 비싸게 파는 전략이다.

③ 로스리더 가격정책은 다른 상품에서 많은 이익을 얻기 위해 손해를 보고 파는 미끼상품을 말하는 것이다. 주로 잘 팔리는 상품으로 원가 또는 그 이하의 가격으로 판매하여 점포 내로 고객을 유도하기 위한 전략이다.

④ 일물다가격 정책은 가격인하 경쟁이 곳곳에서 치열해지면서 동일한 상품가격을 다양하게 책정하는 것이다. 따라서 소비자들이 이전보다 파격적인 싼값으로 상품을 구입하기 때문에 좋지만 낮아진 가격은 기업들로 하여금 이윤폭을 감소시켜 코스트를 절감하도록 작용하고 있다. 이러한 가격파괴현상은 일부 품목에 한정되거나 일시적인 현상으로서가 아니라 기존의 상품가격질서를 근본적으로 파괴하는 장기적인 현상으로 나타나고 있다.

정답 ④

50. 다음 중 가격차별화에 대한 설명으로 올바르지 않은 내용은? (2007년 제1회)
   ① 가격차별화는 완전경쟁시장에서 가장 효과적이다.
   ② 가격차별화는 소비자에 따라 가격을 차별적으로 결정하는 것이다.
   ③ 가격차별화가 성공하기 위해서는 시장을 분리할 수 있어야 한다.
   ④ 가격차별화는 소비재의 경우 일반적으로 허용되고 있다.

해설) 가격차별화는 생산자가 공급하는 상품이나 서비스에 대해 생산비가 동일함에도 불구하고 소비자의 각 집단에 다른 가격으로 결정하여 판매하는 것이다. 이때 생산자는 소비시장을 둘 이상으로 분리시켜 운영하여 차별화를 시도한다.

정답 ①

1. 가격차별화를 시행하기 위한 조건

(1) 판매자가 시장지배력을 가지고 있어야 한다.

(2) 시장이 2개 이상으로 쉽게 구분될 수 있어야 한다(시장세분화가 가능).

(3) 구매자 간에 상품의 전매 또는 구매가격보다 높은 가격으로 재판매가 불가능해야
한다.

(4) 시장을 분리하는 데 드는 비용이 가격차별을 통해 얻는 이익보다는 적어야 한다.

(5) 이들 시장에서 수요의 탄력성은 서로 달라야 한다.

2. 가격차별화 정책의 시행

수요가 탄력적인 시장에서는 가격의 변화에 민감하기 때문에 가격을 낮춰야 한다. 반
대의 시장에서는 가격을 높인다. 이것이 올바른 이윤극대화 전략이다.

3. 이중가격설정

독점 기업에게 정부가 법적으로 제한하는 정책이다. 가격차별화 정책은 기업이 이윤
을 높이기 위해 자체적으로 시행하는 것이고, 이중가격설정은 정부에 의해 수동적으
로 취하게 되는 조치이다. 정부는 한계비용곡선과 수요곡선이 교차하는 지점에서 만
나는 가격을 낮은 가격으로 정하게 하고 같은 가격을 높은 가격으로 결정하게 된다.
즉 고가정책시장의 소비자에게서 나오는 이윤으로 저가 시장의 손실을 보전하는 것
이다.

51. 다음 중 가격차별화(Price differentiation)에 대한 설명으로 가장 올바르지 않은 것
은? (2007년 제2회)

① 기업은 가격차별화정책을 통해 가격차별화정책을 사용하지 않는 경우보다 수
익이 증대될 수 있는 장점이 있다.

② 상품에 따라 가격을 차별적으로 결정하는 것을 가격차별화라 한다.

③ 가격차별화를 적용하기 위해서는 시장세분화 작업이 가능해야 할 뿐만 아니
라 또한 선행되어야 한다.

④ 가격차별화는 시장구조에 따라 효과가 동일하지 않으나 일반적으로 불완전경
쟁시장에서 효과적이다.

해설) 가격차별화는 생산자가 공급하는 상품이나 서비스에 대해 생산비가 동일함에

도 불구하고 소비자의 각 집단에 다른 가격으로 결정하여 판매하는 것이다.

정답 ②

52. 다음 중 가격차별화에 대한 설명으로 가장 올바르지 않은 내용은? (2008년 제2회)
   ① 기업은 가격차별화정책을 통해 가격차별화정책을 사용하지 않는 경우보다 수익이 증대될 수 있는 장점이 있다.
   ② 가격차별화는 주로 특정상품 계열 내에서 상품에 따라 가격을 다르게 책정하는 것을 의미한다.
   ③ 가격차별화를 적용하기 위해서는 시장세분화 작업이 가능해야 할 뿐만 아니라 또한 선행되어야 한다.
   ④ 가격차별화는 시장구조에 따라 효과가 동일하지 않으나 일반적으로 불완전경쟁시장에서 효과적이다.

해설) 가격차별화는 동일 상품에 대해 소비자의 각 집단에 다른 가격으로 결정하여 판매하는 것이다. 이때 생산자는 소비시장을 둘 이상으로 분리시켜 운영하여 차별화를 시도한다.

정답 ②

53. 다양한 가격전략을 소개하는 아래의 설명 중에서 그 내용이 올바른 것은? (2007년 제2회)
   ① 할인을 강조하기 위해 가격을 홀수로 책정하고 품질을 강조하기 위해 가격을 짝수로 책정하는 전략을 침투가격 전략이라고 한다.
   ② 고가를 책정함으로써 소비자들이 제품을 고품질, 높은 신분, 고가치를 인식하도록 하는 전략은 단수가격 전략이라 한다.
   ③ 신제품에 대하여 시장도입초기 높은 가격을 책정한 후 시간이 지남에 따라 점차적으로 가격을 낮추는 전략을 스키밍가격 전략이라 한다.
   ④ 대규모 매출을 기대하고 낮은 가격으로 시장에 출시하는 전략을 명성가격정책이라 한다.

해설) 스키밍 전략(skimming pricing)이란 일면 고가정책이라고도 불리며 높은 지불의사가 있는 고객들에게 사용하는 전략이며, 반대로 침투가격 전략(penetration pricing)이란 저가정책(시장침투가격)으로 시장에서 마켓 쉐어를 높이고자 할 때 주로 사용하는 정책이다.

정답 ③

54. 객단가(客單價: customer transaction)에 관한 설명들이다. 가장 옳지 않은 내용은?
   ① 객단가를 높이기 위해서는 상품의 평균단가를 올리는 방법과 방문고객수를

늘리는 방법이 있다.

② 총매출액을 고객수로 나누어 산출할 수 있다.

③ 방문고객 1인당 평균 구매액을 의미한다.

④ 상품평균단가에 고객 1인당 상품별 매입수량을 곱하여 산출한다.

해설) 객단가는 일정한 기간의 매출액을 그 기간의 고객(손님)수로 나눈 값입니다. 즉 한사람의 구매고객이 구매한 평균값이다. 예로 A식당의 하루 매출은 80만 원이고 손님이 200명이 왔다면 객단가는 800,000/200＝4000원이고, B식당은 하루매출이 120만원이고 손님이 200명이라면 객단가는 120,000/200＝6000원 이다. 그러므로 방문객 수가 중요한 것이 아니라 매출액이 판단기준이 된다.

정답 ①

55. 다음 중 시장세분화를 위한 전제조건으로 적절하지 못한 것은? (2007년 제1회)

① 측정가능성　　　② 시장성숙성

③ 적정규모성　　　④ 접근가능성

해설) 시장세분화의 전제조건은 측정가능성, 적정규모성, 접근가능성, 실행가능성이다.

정답 ②

56. 어떤 여행사는 고객인 여행객을 대상으로 상품을 판매하는 과정에서 왕복항공권, 유람선 비용, 식사비 등을 모두 포함하는 관광상품을 개발하였는데 이와 같은 두 개 이상의 제품 또는 서비스를 제공하는데 이용되는 가격설정방법을 무엇이라 하는가?

① 묶음가격　　　② 할인가격

③ 후불가격　　　④ 여행가격

해설) 묶음가격은 소비자들이 대량 구매하도록 하는 촉진정책의 일환으로 사용하는 가격정책이다. 이는 개별제품들을 하나로 묶어서 단일제품별로 책정할 때의 가격 총합보다 싸게 해서 소비자들에게 호소하는 측면이 강하고, 판매비율이 낮은 제품을 소비하게 하는 측면이 강하게 작용하게 된다.

정답 ①

57. 다음 중 특정 상품계열 내에서는 사전에 결정된 극소수의 가격대에 해당하는 품목들만을 취급하는 소매전략을 가리키는 용어는? (2008년 제1회)

① 다중가격 결정(multi—unit pricing)

② 묶음가격 결정(price bundling)

③ 가격라인 결정(price lining)

④ 단수가격 결정(odd pricing)

해설) 가격라인이란 매가의 종류인데, 고가에서 저가까지 가격범위가 크면 가격라인이 많아진다고 본다. 묶음가격 결정(price bundling)은 신상품이나 인기 있는 제품을 그렇지 않은 제품과 한 묶음으로 만들어 두 제품을 낱개로 구입할 때보다 더욱 저렴한 가격에 판매하는 것이다.

정답 ③

58. 다음 중 가격민감도에 영향을 주는 요인으로 볼 수 없는 것은? (2008년 제1회)

① 가치 독특성 효과(unique value effect)
② 가격 대비 품질 효과(price—equality effect)
③ 지불자 효과(shared cost effect)
④ 주문방식 효과(order—based effect)

해설) 가격은 지나치게 낮아서도, 또 지나치게 높아서도 안 된다. 그러면 기업은 어떻게 최적가격을 알아내야 할까? 기업이 이익을 가장 많이 올릴 수 있는 가격을 구하기 위해서는 생산량과 총원가의 관계를 나타내는 원가함수와 가격과 판매량의 관계인 가격반응함수를 알아야 한다. 그런데 원가함수는 대체로 회사의 내부원가자료를 활용하면 별 어려움 없이 구할 수 있지만, 가격반응함수를 알아내는 것은 쉽지 않다. 따라서 가격반응함수를 구하는 것이 최적가격을 설정하는 데 있어서 열쇠라 할 수 있다. 가격반응함수를 측정하는 방법에는 네 가지의 방법이 있다.

① 전문가(경영자, 중간상인, 경영컨설턴트 등)들에게 문의하는 방법
② 실제 또는 잠재 소비자들에게 문의하는 방법
③ 실험실 또는 시장에서 실험하는 방법
④ 실제시장 자료를 분석하는 방법

가격반응함수를 측정하는 방법에 근거해 볼 때 주문방식에 따라 가격이 결정되는 것은 아니다.

정답 ④

59. 다음 ( )에 가장 알맞은 전문용어는? (2008년 제1회)

> 묶음가격전략에는 순수묶음가격제와 혼합묶음가격제가 있다. 혼합 묶음가격제는 묶음가격전략의 효과를 반감시키는 위험이 존재하지만 통합상품의 가격이 개별상품의 합보다 저렴하다는 것을 강조해 주는 ( )의 역할을 해 주기 때문에 보다 효과적일 수 있다.

① 준거가격
② 주문방식에 따른 가격차 변화
③ 협상가격
④ 사용량에 따른 가격차 변화

해설) 준거가격(reference price)이란 소비자들이 어떤 상품을 평가할 때 자신의 기준이나 경험을 토대로 품질을 인식하고 가격을 부여하는데, 이때 소비자가 부여한 가격을 말한다. 즉 일반적으로, 소비자들은 어떤 제품을 살 때 그 제품의

실제가격보다는 특정한 기준가격을 머리에 떠올리게 된다. 이 판단기준이 되는 가격을 말한다. 준거가격은 소비자의 마음속에 존재하는 내부 준거가격과 제조업자나 유통업자들이 판촉 일환으로 책정하는 가격표인 외부 준거가격으로 나누어진다. 마케팅에서 준거가격이 왜 중요한지를 잘 보여 준다. 같은 상품의 가격대를 다양화한 후 더 높은 가격의 상품을 끼워놓으면 사람들은 실제로는 싸지 않은 중간 가격대의 상품이 상대적으로 싸다는 착각에 빠진다. 준거가격 효과가 최대한 나타나는 셈이다. 소비자에게 제품 또는 가격정보의 제시 순서나 용어에 따라 결과가 다르게 나타난다. 그 현상을 구조화 효과(Framing effect)라 한다.

정답 ①

60. 다음 중 유통기업의 가격전략에 대한 설명으로 바르지 않은 것은? (2008년 제1회)
  ① 고객충성도가 높고 경쟁정도가 상대적으로 약한 내구제품의 경우 시장점유율 향상보다는 수익성 향상이 우선되는 목표라면 일반적으로 EDLP정책이 선호된다.
  ② 고객들의 내점지율을 높이기 위하여 취급하고 있는 일부 품목들에 대해 정상가격보다 낮은 가격으로 결정하는 것을 선도가격결정(close—leader pricing)이라 한다.
  ③ 기본가격에 추가사용수수료를 추가하는 방법을 이분가격법(two—part pricing)이라고 하며, 이는 주로 서비스 기업들에서 사용되고 있다.
  ④ 차별가격이란 제품 또는 서비스의 가격을 원가 차이에 비례하여 결정하지 않고 고객의 수요 강도에 따라 각 고객에 대해 다르게 결정하여 판매하는 것을 의미한다.

해설) EDLP은 'Every Day Low Price'의 약자로 모든 상품을 언제나 싸게 파는 것이다. 그러므로 고객충성도를 높이고 경쟁정도가 낮은 내구제품의 경우에 적용하기 불리한 판매정책이다. 유래는 상품을 싸게 파는 할인점의 전신은 디스카운트 하우스라는 업태로 1948년 미국에서 유진 파카우프에 의해서 처음 창설됐다. 그는 상품의 회전율을 높이는 것을 중시해서 최저 마진으로 저가 판매를 실시하는 E. J 코벳이라는 점포를 만들었는데 이것이 EDLP의 전신이다. 그러나 실제로 이 용어가 유명해진 이유는 세계최대의 할인점인 월마트가 전략적으로 "everyday low price"라는 정책을 취하고 나서부터이다.

정답 ①

61. 정보통신기술의 발달로 고객들이 손쉽게 상품가격을 비교할 수 있도록 해 준다. 따라서 소매점들이 가격경쟁에 휘말릴 가능성이 많다. 다음 중에서 인터넷 소매점

이 가격경쟁을 피하기 위해 사용할 수 있는 가장 적절한 방법은? (2006년 제2회)

① 제조업자 상표 부착상품만을 취급

② 다른 인터넷 소매상들이 쉽게 모방할 수 없는 차별화된 서비스의 제공

③ 항시저가정책(EDLP)을 채택

④ 유통업체상표(PB) 부착 상품만을 취급

해설) 타사와 차별화된 제품과 서비스 제공의 방법은 인터넷 소매상들이 가격인하 등을 통한 가격경쟁을 피할 수가 있다. 가격경쟁으로 인한 시장점유는 고객충성도를 높일 수가 있지만 NB나 PB 방식은 같은 상품을 다른 사이트에서도 취급할 수 있으므로 가격경쟁을 피할 수 있는 전략은 아니다.

정답 ②

62. 다음 중 통합소매상의 장점으로 가장 적합한 것은? (2009년 제1회)

① 경영자의 개인적 독창력이 발휘된다.

② 개별 고객과의 개인적 관계가 형성된다.

③ 경영비용이 비교적 저렴하다.

④ 고객층이 다양해진다.

해설) 통합소매상은 소매상들이 통합적으로 다양한 상품을 운영하므로 많은 정보와 제품을 동시에 비교할 수 있으므로 고객층이 다양해진다.

정답 ④

63. 다음은 B2B인터넷 마케팅의 효과를 요약 설명한 내용들이다. 이들 중 올바르지 않은 것은? (2008년 제1회)

① 유통업자 혹은 재판매업자에게 유통 프로세스 협상 및 비용절감과 자신의 브랜드를 인터넷에서 손쉽게 확대는 것을 가능하게 하는 장점이 있다.

② 기존고객 보유와 관리를 위한 비용은 현격하게 저하되나 새로운 고객유치를 위한 비용절감효과는 희박하다.

③ 역경매와 같이 인터넷을 기반으로 하는 새로운 사업관행으로 상품 및 서비스를 보다 저렴하게 구입할 수 있다.

④ 실시간으로 상품판매에 대한 정보 및 제품설계에 관한 정보를 공유함으로써 신제품개발 및 출사주기의 단축 가능성이 높다.

해설) B2C 인터넷마케팅이란 기업과 개인소비자와의 거래에서 이루어지는 인터넷마케팅을 말하는 것이고, B2B 인터넷마케팅(B—to—B Internet Marketing)이란 기업과 기업과의 거래에서 이루어지는 인터넷마케팅을 말한다. 그러므로 ②의 지문은 B2C 인터넷마케팅을 말하는 것이다.

정답 ②

B2B 마케팅은 제조기업과 부품공급기업과의 거래에서 실시할 수도 있고, 제조기업과 유통기업과의 거래에서 실시할 수도 있다. 물론 제품의 생산과정이 여러 단계인 경우에는 전방위 공급기업과 후방위 공급기업 사이의 거래에서도 B2B 마케팅이 이루어지는 것은 당연하다. 전통적인 소비자마케팅의 개념이 인터넷을 이용하는 전자상거래에 적용될 때 B2C 마케팅이 되는 것이다. 조직마케팅 중 정부를 대상으로 하는 마케팅도 있는데, 우리는 정부를 대상으로 하는 인터넷마케팅을 흔히 B2G 인터넷마케팅(B—to—G Internet Marketing: Business—to—Government Internet Marketing)이라 한다. B2G 인터넷마케팅의 대상은 정부인데, 정부의 제품구입 의사결정은 기업과 같이 구매부서에서 이성적으로 조직적 의사결정에 의해 이루어진다. 전통적인 마케팅에서도 대(對)정부마케팅과 대(對)기업마케팅이 약간 다른 성격이 있기는 하나 조직적 의사결정이라는 점에서 같이 조직마케팅이라 하였고, 이를 대(對)기업마케팅과 거의 동일하게 취급한다.

64. 다음 내용은 B2B와 B2C를 비교한 내용들이다. 올바르지 않은 것은? (2008년 제1회)
   ① B2C 에서는 광고 중심 촉진정책을 펼치는 반면에 B2B에서는 인적판매중심으로 판매촉진이 이루어진다.
   ② B2C에서는 표준화된 제품이 주를 이루는 반면 B2B에서는 주문생산방식이 많이 활용된다.
   ③ 유통정책의 경우 B2C에서는 직접유통이 선호되고 있는 반면 B2B에서는 중간상의 활동이 중요한 역할을 하고 있다.
   ④ 가격정책에 있어서는 B2C에서는 정찰제 가격시스템이 많이 활용되고 있는 반면 B2B에서는 협상가격 및 입찰가격이 많이 활용되고 있다.
   해설) B2B(Business to Business)는 기업과 기업 간의 전자상거래를 의미하고 B2C (Business to Consumer)는 기업과 소비자 간의 전자상거래를 의미하므로 ③의 지문에서 B2C에서는 직접유통이 선호되고 있지만 B2B에서는 중간상의 활동이 중요한 역할을 하고 있지 않다. B2B(Business to Business)는 개방된 통신망을 이용해서 불특정 다수 기업 간의 거래나 기업 간의 전자적인 거래이다. 반면 B2C(Business to Consumer)는 인터넷을 통한 기업과 소비자 간의 직거래 형태를 이룬다. B2C의 장점으로는 기업 입장에서는 고객의 요구를 신속히 파악하고 적은 자본으로 판매거점을 확보하며, 인터넷을 통한 원거리 교육이 가능하다.
   정답 ③

65. 다음 수요예측 방법 중 지수평활법에 대한 설명으로 가장 적절한 것은? (2008년
    제1회)

    ① 주요 경기 지표들을 기준으로 수요를 예측하는 기법이다.

    ② 과거 같은 기간의 수요 추세를 미래로 확대하는 기법이다.

    ③ 경쟁 유통업체들의 주문량의 평균값을 계산하여 이를 근거로 수요를 예측한다.

    ④ 최근의 매출자료에 가중치를 보다 많이 부여하여 미래 기간의 수요를 예측한다.

해설) 지수평활법이란 가장 최근 데이터에 가장 큰 가중치가 주어지고 시간이 지남
    에 따라 가중치가 기하학적으로 감소되는 가중치 이동 평균 예측 기법의 한
    종류이다. 데이터들이 시간의 지수 함수에 따라 가중치를 가지므로 지수 평활
    법이라 불린다. 이 기법은 가장 최근의 예측 데이터와 주요 판매 데이터 간의
    차이에 적합한 평활 상수를 사용함으로써 과거의 데이터를 유지할 필요성을
    갖지 않는다. 이러한 접근 방법은 어떤 추세를 갖지 않거나 계절적인 패턴을
    나타내는 데이터 또는 추세와 계절성을 모두 갖는 데이터에 사용될 수 있다.
    수요예측방법으로 이동평균법과 시계열예측법, 분할법, 회귀분석법 등이 있다.

정답 ④

〈보충정리〉 시장예측기법

1. 정성적 수요예측 기법

    정성적 방법은 과거 시장자료가 존재하지 않거나 존재하더라도 이에 대한 수리적 모
    형화가 불가능한 상황에서, 일반 소비자의 선호도 혹은 전문가의 지식과 의견을 바탕
    으로 미래의 수요를 예측하는 기법이다.

    (1) 소비자 조사법, 구매의도 조사법: 특정 제품에 대한 소비자의 선호나 구매의사를 직
        접 조사하여 미래의 수요를 예측하는 방법

    (2) 판매원 의견 통합법: 자사의 소속된 판매원들로 하여금 각 담당지역의 판매예측을
        산출하게 한 다음 이를 모두 합하여 회사 전체의 판매예측액을 산출하는 방법

    (3) 주관적 예측법, 전문가 의견 통합법: 예측하고자 하는 특정 제품과 관련된 분야의
        전문가(기술 담당자, 마케팅 실무자, 관련기관 전문가 등)의 의견을 수집, 분석, 종
        합, 정리하여 수요를 예측하는 방법

    (4) 집단 토의법(Brain Storming), 델파이법(Delphi Method), 계층분석 과정 등이 이
        범주에 해당한다.

    (5) 비교 유추법: 예측하고자 하는 제품의 과거 시장자료가 존재하지 않을 경우, 유사

제품의 수요패턴이나 보급 상황, 또는 선진국 사례와의 비교 유추를 통하여 신제품의 미래 수요를 예측하는 방법.

(6) 시장실험법: 몇몇 지역시장을 선정하여 실제로 제품을 판매하고 그 결과를 토대로 전체시장에서의 매출액을 추정하는 방법

2. 정량적 수요예측 기법

정량적 방법은 과거 시장자료에 대한 통계적 분석을 통하여 미래의 수요패턴을 예측하는 것이다.

(1) 시계열 모형: 관측된 시계열 자료의 자기상관성에 대한 분석을 기초로 만들어지는 모형, Box—Jenkins의 ARIMA 모형이 대표적이며, 이 모형은 주로 월별 매출변동과 같은 단기예측에 사용.

(2) 계량경제모형: 예측하고자 하는 시장수요와 이에 영향을 미칠 것으로 판단되는 경제변수들 간의 상호 관계를 수식화하여 회귀(regression)하는 방법이다.

(3) 성장곡선 모형: 시간에 대한 신제품의 누적 수요량의 궤적이 성장곡선과 유사한 완만한 S자형 곡선을 보인다는 경험적 사실에 근거하고 있다. 성장곡선 모형에는 Bass 모형, Logistic 모형, Gompertz 모형 등이 있다. 특히 성장곡선 모형은 생물학 분야에서 세포증식이나 전염병 확산 현상을 설명하기 위한 전염병 모형(epidemic model)과 유사한 이론적 구조를 가지고 있으며, 1960년대 이후 그 예측능력 및 유용성을 인정받아 신제품의 수요 예측에 널리 활용되고 있다.

66. 마케팅 조사에 있어서 특히 소비자의 구매의도를 조사하고자 할 때, 설문항목이 많을 경우 다음 중 어느 방식을 이용하는 것이 가장 바람직한가? (2009년 제1회)
 ① 전화 조사법 ② 관찰조사법
 ③ 개인면접법 ④ 우편 질문법
해설) 개인면접법의 장점으로는 직접 대면하므로 전화나 질문지로는 구할 수 없는 정보도 응답자와 대화하는 과정에서 협조를 구할 수 있으며, 상황에 따라 질문서의 외적인 것도 파악할 수 있다. 따라서 공감대를 형성하고 응답자의 기분과 상황에 따라 움직일 수 있으므로 다른 수단보다 많은 질문이 가능하다.
정답 ③

우편질문법의 특징 및 장점: 조사대상의 다양성, 시간 및 비용의 절약, 편견적 오류의 감소, 익명성, 사려 깊은 응답성(시간적 여유를 가진 답변)

67. 다음 중 상품기획 성과분석에서 판매과정분석에 대한 설명으로 가장 적절한 것은? (2008년 제2회)
   ① 공급업체를 평가하기 위해 기준속성별 가중평균방식을 적용하는 것이다.
   ② 수요에 맞추어 상품이 더 필요한지 등을 결정하기 위해 실제매출과 계획된 매출을 비교 하는 것이다.
   ③ 종업원의 1인당 매출액이나 판매량 등을 평가하여 보상액을 결정하기 위한 것이다.
   ④ 고객정보의 획득에서부터 추가 판매 제안에 이르기까지의 판매 전 과정에 대한 절차를 분석하는 것이다.

정답 ②

68. 아래의 내용은 소매점의 경쟁력 강화를 위한 유통물류기법에 대한 설명이다. 무엇에 대한 설명인가? (2008년 제1회)

> 고객이 원하는 시간과 장소에 필요한 제품을 공급하기 위한 물류정보시스템으로, 미국의 패션 의류업계가 수입의류의 시장잠식에 대응하기 위하여 섬유업계, 직물업계, 의류제조업계, 의류소 매업계 간의 제휴를 바탕으로 리드타임의 단축과 재고감축을 목표로 개발, 도입한 시스템

   ① Quick Response
   ② Efficient Consumer Response
   ③ Just—in—time
   ④ Supply Chain management

해설) 신속 대응 시스템(QR)은 제품의 제조에서 소비자에게 전달되기까지의 제조 과정을 단축시키고 소비자의 욕구 및 수요에 적합한 제품을 공급함으로써 제품 공급 사슬의 효율성을 극대화하려는 기법을 말한다.
   1) 신속 대응시스템의 목적
   ① 신기술의 접목을 통해 제품의 기획—구매—생산—유통 의 순환을 빠르게
   ② 정상의 재고 수준 절감 및 과정 소요기간의 단축
   ③ 제조업자와 소매업자 간의 더 나은 협조체제의 개발
   ④ 소비자의 요구에 적절히 대응할 수 있는 제품의 준비
   2) 신속 대응 시스템을 도입함으로써 기업이 얻을 수 있는 장점
   재고수준의 감소, 납기의 단축, 총비용 절감, 생산성 향상, 변화하는 시장 수요에 대한 대응력, 재공품의 감소, 시장점유율 및 고객 애호도 증가 등을 들 수

있다. 그러나 신속대응시스템 도입에 따른 기업 부담 요인도 발생하는데 시스템 초기 구축에 따른 초기 투자부담, 직원에 대한 교육 및 훈련의 필요성, 시스템 운영에 따른 구체적 성과의 모호성 등이다.

정답 ①

〈보충설명〉

1. Efficient Consumer Response

   ECR은 효율적 소비자 대응시스템으로 소비자에게 보다 나은 가치를 제공하기 위하여 유통업체와 제조업체가 서로 밀접하여 제휴하고 있는 식품산업의 전략이다. ECR이 나타나게 된 동기는 90년대 미국 식품유통업체와 제조업체들이 유통경로의 효율성을 적극적으로 추구하지 못함으로 말미암아, 소비자 가치를 창조하지 못하고, 물적 유통에 시간과 비용을 낭비함으로써 전반적인 식품유통경로상의 비효율을 초래하게 되었다는 반성에서 비롯되었다.

   ECR은 모든 거래관행을 되짚어 보고, 어떻게 이를 개선하여 소비자의 가치를 증대시키며, 비효율적인 관행을 제거하고, 이를 더 적은 비용으로 달성할 수 있는지를 검토하는 과정에서 탄생하였다.

2. Just—in—time

   불량품 발생, 불필요한 자재 운반이나 준비시간 등 제조공정에서 발생하는 모든 낭비요인을 제거하거나 최소화하여 원가 절감, 생산성 향상 및 품질 향상을 목표로 하는 것이다. 재발주 기법 중의 하나이며 본문 참조.

3. Supply Chain management

   유통총공급망관리(SCM)은 제조회사 물류업체 유통업체 등 제품공급 과정에 참여하는 업체들이 협력해 소비자에게 양질의 상품과 서비스를 제공하는 시스템을 말한다.

69. 다음은 소비재와 산업재 및 소비재시장과 산업재시장의 상대적 특성을 설명한 내용들이다. 옳지 않은 것은? (2008년 제1회)

   ① 기업구매자들은 시장 제공물을 획득하기 위해 소요되는 비용에 대비해 최상 이점의 집합(경제적, 기술적, 서비스 및 사회적 이점)을 획득하고자 한다. 즉

산업재구매자의 구매 자극요인은 비용에 대해 지각된 이점의 비율이 높을수록 더욱 커진다.

② 산업재의 종류는 편의품, 전문품, 선매품으로 분류가 되며, 이들 중 선매품이란 구매를 하고자 할 경우 상당한 노력을 필요로 하고 대체품이 거의 존재하지 않는 제품을 의미한다.

③ 산업재 구매자는 소비재 구매자에 비해 상품에 대한 전문지식이 상대적으로 높으며, 또한 산업재 구매의 경우 소비재 구매의 경우보다 더욱 계획적, 합리적 구매가 이루어진다.

④ 산업재구매자는 공급업자의 제공물이 유사한 경우, 어떤 공급자이든 구매요구 조건을 만족시킬 수 있으므로 구매자들은 그들이 받은 개인적인 측면을 중시하게 되며, 경쟁제품이 실질적으로 다른 경우 자신들의 선택에 더욱 책임을 지며 따라서 경제적 요인에 더 많은 주의를 기울인다.

해설) 사용 목적에 따라 소비재(Comsumer goods)와 산업재(industrial goods)로 구분한다. 즉 상품의 소비 목적으로 사용되면 소비재이고, 다른 상품을 생산하기 위한 목적으로 사용되면 산업재가 된다. 따라서 산업재는 판매를 목적으로 하는 제품 또는 서비스를 생산하기 위하여 직·간접적으로 필요한 원자재, 부품, 설비, 기구, 소모품 및 기업용역 등으로 정의된다. 편의품, 선매품(shopping goods), 전문품(special goods)으로 구분하는 것은 소비재일 경우이다.

정답 ②

〈보충설명〉 소비재의 구분

1. 편의품

   소비자가 자주 최소한의 노력으로 구입하는 제품을 말하는데 소비자들은 상표에 대해서 강한 애호도를 가지며, 이를 살 때에는 가장 편리한 위치에 있는 점포를 선택하는 경우가 많으며, 이를 위해서는 개방적인 유통이 일반적이다. 즉 습관적 구매로 소비자가 제품범주에 관하여 완전한 지식을 갖추고 있으며 적합한 제품을 구매하기 위해 최소한의 노력만을 투여하려는 제품으로서 대체로 저렴하고 빈번히 구매되는 경향이 있다. 다시 필수상품, 긴급상품, 충동상품으로 구분된다.

2. 선매품

   소비자가 구입할 때 여러 점포를 다니며 값, 품질, 형태 따위를 비교하고 선택하는 상품. 편의품에 비해 비교적 가격이 비싸고 구매빈도가 낮다. 소비자 기호가 구매 결정에 큰 요소로 작용하는 가구, 인테리어 제품, 양복, 구두, 장신구 같은 상품이 속한다. 점포가 대형화되면 다양한 상품구성을 하게 됨으로써 한 점포에서 비교구매가 가능해지기 때문에 선매품이라는 구분이 의미가 없어진다.

3. 전문품(special goods)

가격 이외에 어떤 특수한 매력을 느끼는 상품으로 구매에 있어 전문적 지식을 가지고 구입하는 상품. 구매자는 대체로 자신이 원하는 상표 상품을 판매하는 점포에서 구매하며 '그 상품이야말로 다른 같은 종류 상품 가운데 가장 좋은 것'이라는 확신을 갖는다. 가격이 비교적 높고 널리 광고되어 있기 때문에 구매자가 이를 식별할 수 있다. 고급 양복, 시계, 보석, 귀금속, 자동차 카메라 따위로 상품마다 품질상 특징이 있는 고가, 고급 상품들이다. 그러나 경우에 따라서는 선매품, 전문품으로 구분되기도 한다.

70. 다음 중 상표의 기능에 대한 설명으로 옳지 않은 것은?
   ① 광고 · 선전기능　　② 식별기능
   ③ 품질보증기능　　　　④ 가격설정기능
해설) 상표의 기능은 어떤 상품에 대하여 그 상품을 식별하고, 출처를 나타내는 기능과 품질을 보증하는 기능 및 광고와 선전하는 기능이 있다.
정답 ④

71. 다음은 바이어의 업무의 행동기준이다. 거리가 먼 것은?
   ① 매입 원가의 인하
   ② 매입처의 특징 파악
   ③ 거래조건의 결정
   ④ 매입처 사원들과의 친목우선
해설) 바이어의 업무는 매입의 필요성의 발견 및 건의, 요구제품의 구체화, 필요한 제품의 유사품 명세 및 정보수집, 공급처와의 타진, 공급자의 선택으로 이루어진다.
정답 ④

72. 다음 중 다수의 공급업체(벤더)로부터 주문하는 방식(분산주문방식)과 관련이 가장 적은 것은? (2008년 제2회)

① 상품의 다양성 증가
② 유행에 민감한 상품 파악의 용이성
③ 동일한 품질 유지의 편리성
④ 여러 공급업체(벤더)들 간의 서비스 경쟁 촉진으로 인한 서비스 품질 향상

해설) 여러 공급업체로부터 제품을 공급받게 되면 다양한 제품을 주문하게 되므로 동일한 품질유지가 곤란하다.

정답 ③

73. 벤더(vendor)와 소매상의 관계를 일회성 관계, 기능적 관계, 전략적 관계로 나눌 때 일회성 관계에서의 거래특성으로 가장 타당한 것은? (2009년 제1회)
   ① 교섭(negotiation)   ② 갈등(conflict)
   ③ 협력(cooperation)   ④ 조정(coordination)

정답 ①

74. 다음 중 빠른 재고회전율의 효과로 보기 가장 어려운 것은? (2009년 제1회)
   ① 매출량의 증대
   ② 판매원의 사기 진작
   ③ 시장기회로부터 현금 확보
   ④ 자산회전율의 감소

해설) 빠른 재고회전율은 자산의 증가 등의 결과를 발생시키므로 자산회전율을 증가하게 될 것이다.

정답 ④

75. 다음 중 리드타임(lead time)에 대한 정의로 가장 적절한 것은? (2008년 제2회)
   ① 다음 주문량이 도달하기 전에 품절 수준에 도달한 때
   ② 특정 품목의 진열이 완료되어 판매가 발생하기까지의 시간
   ③ 주문한 상품이 점포에 도착하여 진열이 완료되기까지의 시간
   ④ 보충되어야 할 재고의 필요성에 대한 인식시점과 주문 후 상품이 점포에 도착하는 시점 사이의 시간

해설) 일반적으로 리드 타임은 특정 시점과 시점 간에 소요되는 시간을 의미하는데, 생산 리드타임은 원료가 입고된 후부터 생산라인을 거쳐 제품이 생산 완료될 때까지의 소요시간을 말하고, 납기 리드타임은 고객으로부터 주문(Order)을 받은 시점부터 시작하여 고객이 원하는 장소에 주문받은 제품을 전달할 때까지의 소요시간을 의미한다. 이외에도 리드타임에는 구매 리드타임, 제품 개발 리드타임, 상품 기획 리드타임 등이 있을 수 있다.

정답 ④

76. 다음 중 리드타임(lead time)에 관하여 가장 올바르게 설명하고 있는 것은? (2009년 제1회)
   ① 상품에 대한 주문실행시점으로부터 주문한 수량이 매장에 도착될 때까지 걸리는 시간
   ② 보충되어야 할 재고의 필요성에 대한 인식시점과 주문 후 상품이 점포에 도착하는 시점 사이의 시간
   ③ 상품에 대한 주문실행시점으로부터 주문한 상품이 점포에 도착하여 진열이 완료되기까지의 시간
   ④ 상품결손에 대한 인지시점과 실제주문이 이루어지는 시점까지의 시간

해설) 위의 문제해설 참조

정답 ②

77. 구매자가 상품의 구매전략을 사용할 때 명성이 높은 단일의 공급자로부터만 구매하려는 정도를 나타내는 것은?
   ① 공급자에 대한 충성도(source loyalty)
   ② 상표에 대한 충성도(brand loyalty)
   ③ 수정된 재구매(modified rebuy)
   ④ 서비스 충성도(service loyalty)

해설) 구매자가 상품을 구매 시 어떠한 특정 제품에 대한 것만을 고집하는 것이 아니고, 오로지 공급자에게만 초점을 맞추어 구매하는 것은 그 공급자에 대한 충성도가 높다는 것을 말한다.

정답 ①

78. 다음 중 다양한 층의 고객을 대상으로 하는 유통업체가 협력업체를 선정하고 상품을 구매하고자 할 때, 구매의 원칙과 가장 거리가 먼 내용은? (2008년 제2회)
   ① 유능하고 안정적인 거래를 할 수 있는 적정한 거래처를 선정해야 한다.
   ② 소비자들은 제품의 품질을 가장 중요하게 생각하기 때문에 최상의 품질을 보장할 수 있는 거래처를 선택해야 한다.
   ③ 대량구매를 할 경우 수송비와 주문처리비용은 절감되지만 제고유지비용은 증가하므로 적정한 수량을 주문하여야 한다.
   ④ 가격은 기업의 이윤과 품질에 관련이 있으므로 구매 시 적정한 가격수준을 결정하여야 한다.

해설) 구매 시 고려사항은 일차적으로 고객보다는 구매자의 경제성 등의 기준에서

판단된다.

정답 ②

79. 공급자와의 관계에서 전략적 파트너십을 구축하는 장·단점에 대한 설명이다. 올바르게 설명되지 않은 것은? (2007년 제2회)
　① 공급자와 소매업체는 상호 이익에 공헌할 수 있는 장기적 사업관계를 구축하여야 한다.
　② 전략적 파트너십은 마케팅 재무, 물류, MIS 등의 분야에서 상호 기능적 팀을 구축할 필요가 있다.
　③ 상호 간의 신뢰와 함께 상대방에 대한 의존 역시 커지게 된다.
　④ 상대방에 대한 신뢰를 바탕으로 의사결정에 있어 유연성을 더욱 높일 수 있다.

해설) 전략적 파트너란 단어엔 회사의 사업과 어떤 식으로든 연관됐거나, 과거 스쳐 지나간 회사들까지 포함된다. 만일, 어느 회사와 같은 종류의 고객을 공유하고 있으면서 직접적인 경쟁 관계에 있지 않다면, 그 기업과는 얼마든지 쌍방에게 득이 되는 파트너십 관계를 형성할 수 있다. 전략적 파트너십은 고객의 범위를 넓히고 시장을 확장할 수 있는 매우 훌륭한 방법이다. 그러나 이 관계는 상호 간의 중요한 거래지침으로 관계를 유지하기 위해서는 책임에 따른 적지 않은 노력과 스트레스를 감수해야 하므로 유연성이 제한될 수 있다.

정답 ④

80. 다음 중 Porter가 제시한 경쟁세력 모형에서 공급자의 교섭력이 강해지는 경우가 아닌 것은? (2007년 제2회)
　① 공급자의 수가 적거나 공급자들이 조직화된 경우
　② 구매자가 공급자를 교체할 때 전환비용이 높은 경우
　③ 공급자가 전방, 통합할 가능성이 낮은 경우
　④ 구매자가 가격에 민감하지 않을 경우

해설) 공급자의 교섭력 강화 조건
　　1. 소수의 공급자가 독점하거나 제품을 판매하는 산업보다 더 집중되어 있는 경우
　　2. 공급자가 대체상품과 불필요한 경쟁이 필요가 없는 경우
　　3. 공급자가 제공하는 상품이 차별화되어 있거나 대체품 구입 시 비용이 많이 들거나 불편한 경우
　　4. 공급자의 판매량에서 상당한 부분이 구매자에게 의존되어 있지 않을 경우
　　5. 공급자가 제공하는 제품이 구매자의 이익에 중요한 경우

정답 ③

81. 다음 설명은 유통업자가 제품공급자로부터 제품을 공급받을 때 매입협상에서 가격할인 방법을 설명한 것이다. 아래의 설명은 어떤 가격할인 방법을 설명한 것인가? (2007년 제1회)

① 계절할인(seasonal discount)　　② 현금할인(cash discount)
③ 판촉할인(promotional discount)　　④ 수량할인(quantity discount)

해설) 가격할인방법

　　1) 계절할인: 계절성을 타는 제품의 경우 비수기에 제품의 가격을 할인해 주는 방법

　　2) 판촉할인: 소비자들에게 중간상, 대리점들이 판촉물, 경품을 제공한 경우 판촉활동에 대한 대가로 제조업자가 가격을 할인해 주는 방법

　　3) 수량할인: 기준이상의 구매에 대한 가격할인

정답 ②

82. 공급업체 평가표가 아래 보기와 같은 경우, 다중속성방식으로 분석할 때 어떤 공급업체가 가장 선호되는가? (007년 제2회)

점검사항	점검사항중요도	A업체	B업체	C업체	D업체
납기준수	0.4	5	6	7	8
상품품질	0.6	7	4	6	3

① A업체　② B업체
③ C업체　④ D업체

해설) 계산결과 값이 가장 큰 업체가 유리하다. 계산방식은 각 업체별로 점검사항 중요도에 납기준수와 상품품질을 각각 곱한 후 합산의 결과를 비교하면 된다.

정답 ③

83. 일반적으로 소매업체와 공급업체 간에 전술적이나 전략적으로 관계를 맺게 되는데 이러한 관계를 장기적으로 유지하는 데 필요한 요소로 볼 수 없는 것은?

① 최소한의 구매량을 보장한다.
② 두 업체 간의 상호 신뢰를 평가한다.
③ 의사소통을 개방적으로 한다.
④ 목표설정은 공동으로 한다.

해설) 소매업체와 공급업체는 서로의 필요에 의해서 일종의 파트너십을 맺게 된다. 공급업체는 가급적이면 많은 양을 공급하려고, 소매업체는 여러 상황을 고려하여 적당량을 구매하려 할 것이므로 최소한의 구매량은 공급업체 측에서는 바람직하게 생각하지 않게 된다.

정답 ①

84. 다음의 예문에 해당하는 소매업체의 매입방식은? (2007년, 2004년 제2회)

> 위험이 높거나 신제품, 가격이 비싼 제품인 경우에 주로 많이 이용하는 방식으로 소매업자에게 제공한 제품의 소유권이 공급업자에 있다. 소매업자는 일정기간 동안 제품을 진열하여 최종소비자에게 제품을 판매한 후 사전에 결정된 일정비율의 커미션을 받고 남은 제품은 공급업자에게만 반품하게 된다. 주로 수요 예측이 어렵고 위험이 높은 제품인 경우에 사용한다.

　① 정기적 매입　　② 위탁매입　　③ 확인매입　　④ 사전매입

해설) 1. 정기매입 : 매입자가 일정 기일에 정기적으로 매입하는 방식

　　　2. 위탁매입 : 소매업자는 소유권이 없는 상태에서 마케팅 성과에 따라(즉 팔리는 양의 일정부분을 수익으로 획득) 수익을 창출하는 방식

　　　3. 사전매입 : 물품이 시중에 출시되기 전 매입하는 방식

정답 ②

85. 다음은 제조업체와 소매유통업체 사이의 두 가지 극단적인 관계, 즉 풀(pull)전략과 푸시(push)전략에 관한 설명이다. 가장 올바른 설명내용은? (2009년 제1회)

　① 소비자가 제품의 브랜드명성을 보고 판매매장으로 찾아오도록 소비자의 등을 미는 것을 푸시마케팅(pushmarketing)이라고 한다.

　② 잘 알려지지 않은 브랜드의 제품을 손님이 많이 드나드는 매장에 전시함으로써 고객들을 끌어당기는 것을 풀마케팅(pull marketing)이라고 한다.

　③ 제조업체가 자사신규제품에 대한 시장을 창출하는 것을 소매유통업체에게 주로 의존하는 것은 푸시전략에 가깝다.

　④ 유통업체의 경제성 측면 즉 마진율은 푸시채널전략의 경우가 풀 채널 전략의 경우보다 상대적으로 낮다.

해설) 원래 push & pull strategy는 소비자에 대한 판매촉진 전략으로 push strategy는 1차 타깃 소비자에게 제품을 구입하라는 직접적인 의사 전달을 말하고, pull strategy는 소비자의 잠재 욕구를 일깨워 은근히 구입을 유도하는 것이다. 제조업체와 소매유통업체와의 관계에서 푸시전략은 민다는 의미에서 제조업체가 해야 할 판매시장개척 및 창출을 소매업체에게 넘기는 것을 말한다.

86. 소비자의 구매의사결정 단계를 순서대로 바르게 나열한 것은? (2007년 제2회)

　① 정보탐색→대안평가→문제인식→구매결정→구매 후 행동

　② 문제인식→대안평가→정보탐색→구매결정→구매 후 행동

　③ 문제인식→정보탐색→대안평가→구매결정→구매 후 행동

　④ 정보탐색→문제인식→대안평가→구매결정→구매 후 행동

정답 ③

87. 다음 중 구매의 5원칙을 바르게 표시한 것은?

   ① 적정한 거래처, 적정한 품질, 적정한 납기, 적정한 수량, 최적의 비용
   ② 적정한 거래처, 적정한 판촉, 적정한 납기, 적정한 수량, 최적의 비용
   ③ 적정한 거래처, 적정한 판촉, 적정한 품질, 적정한 수량, 최적의 비용
   ④ 적정한 거래처, 적정한 품질, 적정한 납기, 적정한 수량, 적정한 홍보

정답 ①

88. 다음은 소매업의 매입방식에 대한 설명이다. 어떤 매입방식에 대한 설명인가?
   (2008년 제2회)

   > 소매업자가 납품받은 상품에 대한 소유권을 보유하되 일정기간 동안 팔리지 않은 상품은 다시 납품업자에게 반품하든지 혹은 팔린 후에 대금을 지급하는 권리를 보유하는 조건으로 구매하는 방식

   ① 위탁구매(consignment buying)
   ② 인정구매(approval buying)
   ③ 선도구매(forward buying)
   ④ 약정구매(memorandom buying)

정답 ④

89. 생산자와 구매자의 관계에 있어 구매자가 생산자보다 강력하게 되는 요인으로 볼 수 없는 것은?
   ① 생산자가 생산하는 제품의 차별화 정도가 심한 경우
   ② 구매자의 구매량이 생산자 전체의 생산품에 비하여 가장 큰 경우
   ③ 구매자가 생산자의 생산물에 자세한 정보를 가지고 있는 경우
   ④ 생산자가 생산하는 제품에 대하여 대체재가 있는 경우

해설) 구매자가 생산자보다 강력하게 되는 것에는 ②, ③, ④ 외에도 구매자의 입장에서 공급선에 대한 수직적 통합 가능성이 크면 구매자의 교섭력이 강화된다. 생산자가 생산하는 생산품의 차별화가 심하면 다른 생산자는 그 생산품을 생산하지 못하므로 생산자는 생산에서 유리하게 작용된다.

정답 ①

90. 유행상품과 같은 특수상품의 매입 시에 적합하며, 경비는 더 들지만 자기의 흥미에 맞는 물품을 선택할 수 있고, 직접 매입자의 상황을 견문할 수 있는 매입방식은?
   ① 당용매입   ② 공동매입   ③ 출장매입   ④ 단독매입

해설) 출장매입방식은 상품이 있는 곳을 직접 찾아가 필요 물품을 선별하는 매입방

식이므로, 여러 종의 상품 중 가장 필요한 물품을 선택할 수 있는 여지가 많고 출장 등에 소요되는 시간적 경제적인 부담은 더 들지만 자신의 매장에 요구되는 물품을 폭넓게 가려 구입할 수 있는 장점이 있다.

정답 ③

91. 상품구매전략에서 명성이 높은 단일 공급자로부터 구매하는 정도를 일컫는 것은? (2006년 제1회)

① 상표충성도 ② 공급자충성도 ③ 수정재구매 ④ 서비스충성도

해설) 공급자충성도란 구매결정은 대체로 협상된 결과이므로 일단 공급자가 선정되고 나면 그 공급자에게 계속 의존하려는 경향이 나타난다. 이러한 경향을 공급자 충성

(source loyalty)이라고 한다. 특히 산업고객이 많은 구매결정을 내려야 하거나 새로운 공급자를 고려하는 일이 이전의 갈등을 다시 일으킬 경우에 두드러지게 나타나며 간혹 위험회피 전략의 일환으로 채택되기도 한다. 공급자 충성이란 단순한 반복 구매행동이 아니며 행동적 요소에 덧붙여 태도적 요소를 모두 포함하는데, 이러한 공급자 충성을 이해하는 데 있어서는 기술, 제품범주, 특정한 상표, 공급자, 개인 중 무엇이 충성의 근거인지를 살펴야 한다.

정답 ②

92. 다음 중 발주시기를 결정하는 방법으로 옳지 않은 것은?

① 정기 발주법은 발주시기를 정기적으로 고정 주기법에 따라 일·주·월 등 일정기간을 정해 발주하는 방식이다.

② 부정량 발주방식은 수요예측이 일정한 생필품 등을 대상으로 한다.

③ 발주점법은 재고량이 일정한 재고수준인 발주점까지 내려가면 일정량을 주문하여 재고를 관리하는 경제적 발주량 주문방식이다.

④ 서비스점법은 발주를 일정기간 연장한 경우를 가정하고 그 시점에서의 예상 안전재고를 계산하고 이로부터 예상 품절량을 산출하는 방법이다.

해설) 정기 발주법(定期發注法)에는 정량 발주방식과 부정량 발주방식이 있으며, 부정량 발주방식은 잡화 등 수요예측에 따라 그때그때 수요에 맞추어 정기적으로 발주하는 방식이다.

정답 ②

93. 다음은 모델스톡플랜(model stock plan)에 관한 설명이다. 그중에서 옳지 않은 것은?

① 베이직 스톡 리스트(basic stock list)를 사용해서 동종 상품을 보충하는 방식과 대조적이다.

② 유행상품은 번호표시보다 상품의 고유한 특성으로 분류 표시하고, 상품이 매입처에 없으면 같은 특성을 갖춘 타 상품으로 대체해야 한다.

③ 모델스톡플랜에 있어서 상품 하나하나에 붙여진 상품번호는 반드시 표시된다.

④ 모델스톡이란 고객의 수요에 합치되는 상품구성 및 재고유지를 내용으로 한 이상적 재고상태를 말한다.

해설) 모델스톡플랜에서는 상품 하나하나에 붙여진 상품번호는 원칙적으로 표시되지 않는다.

정답 ③

94. 다음 중 재고회전율에 대하여 설명한 것 중 틀린 것은? (2007년 제1회)

① 재고회전율은 순매출을 평균재고로 나눈 값이다.

② 월평균재고는 각월의 재고합계를 총 개월 수로 나눈 값이다.

③ 재고회전율이 빠르면 빠를수록 수익성은 향상되며 따라서 자금흐름 또한 원활하게 된다.

④ 빠른 재고회전율은 판매가격의 인하를 촉진시킬 뿐만 아니라 상품의 가치를 하락시킬 위험이 높다.

해설) 재고회전율이란 순매출을 평균재고로 나눈 값으로 재고회전율이 높으면 신상품을 구입하기 위한 자금확보가 빨라지고 시장 확대기회는 증가된다. 그러므로 재고회전율이 높으면 매출액이 증대되고 유지비용을 절감시키며, 판매가격 인하를 억제시킬 수 있다.

정답 ④

95. 다음 중에서 금액에 대한 재고관리의 이점이라고 보기 어려운 것은? (2008년 제2회)

① 회계상 손익계산에 결부시키는 것이 용이하다.

② 어느 상품이 어느 정도 판매되었으며, 얼마나 매입하였는가를 파악하기가 용이하다.

③ 이익계획이나 상품회전율을 설정하기 쉽다.

④ 매입자금관리가 용이하다.

해설) 일반적인 재고관리에서는 ②의 설명이 맞지만 금액의 재고관리에 있어서는 상품판매와 매입의 정도 파악에는 도움이 안 된다.

정답 ②

96. 다음은 적정재고량의 결정요인이다. 틀리는 것은?

① 고객 수요량

② 기간 중에 예측되는 매입수량

③ 재고비용의 경제성

④ 상품투하 자금

해설) 적정재고량의 결정요인은 매입수량이 아니라 기간 중에 예측되는 판매수량이다.

정답 ②

97. 아래 사례를 보고 Open—to—buy를 계산하면 얼마인가? (2007년 제2회)

> 사 례
> —계획된 월말재고: 600만 원   조정된 월말재고: 460만원
> —실제월별 추가재고: 50만 원   실제주문량: 250만 원

① 200만 원   ② 80만원   ③ 410만 원   ④ 140만 원

해설) OTB란 매입한도를 말하며, 바이어에게 상품의 매입 계획 수립에 도움을 주기 위해 상품의 흐름에 대해 지속적으로 추적하는 시스템을 말한다. 다시 말하면 구매자가 정확한 상품 매입 계획을 수립하기 위해 구매가 이루어지는 동안의 상품 흐름을 추적하는 것으로서 매달 지출되는 양을 기록하고 따라서 얼마가 더 지출 가능한지를 보여 주는 것이다.

계산)계획된 월말재고—(조정된 월말재고—실제주문량과 월별 추가재고): 600만 원—160만 원=140만 원

정답 ④

98. 유통업체에서 창고재고량의 재고가치를 평가하기 위한 방법의 하나로 구입 시 지불한 구매가격을 기준으로 재고품에 대한 가치를 계산하는 방식은? (2006년 제1회)

① 말기재고 평가방식

② 매입가격 기준방식

③ 현재 소매가격 기준방식

④ 선입선출방식

해설) 매입 당시 단가를 개별적으로 적용하여 재고품에 대한 가치를 계산하는 방식을 말하고 있다.

정답 ②

99. 재고관리모형 중 창고비용(창고재고)을 최대한 줄이기 위해 생산과정에서 필요한 시점에 필요한 수량의 원자재 혹은 반자재를 공급하게 하는 방법을 의미하는 것은? (2006년 제1회)

① JIT 모형   ② EOQ 모형   ③ ROP 모형   ④ ABC관리방식

해설) 재고관리모형

1. JIT(Just in time)모형: 생산과정에서 필요한 양의 부품이 즉시에 도착하기

때문에 재고의 유지가 필요 없거나 극소량의 재고만을 유지함으로써 재고관리 비용을 최소화시키는 방법이다.

2. EOQ 모형: 기업 자체 내에서 필요한 자재를 자가제조하거나 제품을 생산, 조달하는 경우에 경제적인 생산로트의 크기(economic lot size: ELS)로서 일정 생산기간 점진적으로 생산량이 쌓이게 하는 재고 모델이다.

3. ROP 모형: 주문기간을 일정하게 하고 재고가 일정 수준 이하에 도달하였을 때, 즉 미리 정해진 재주문점 수준까지 내려가면 발주하는 정량발주점법 (fixed order quantity system)이라고도 한다.

4. ABC 관리방식: 재고자산의 가치나 중요도와 같은 어떤 특정기준으로 그룹 핑하여 특정 그룹에 있는 것에 대하여 집중 관리하는 방식이며, 관리의 경제성과 안전성을 높이는데 그 목적이 있으며, 재고관리나 자재 관리뿐 아니라 원가관리, 품질관리에도 이용할 수 있다.

정답 ①

100. ABC분석기법과 관련한 다음의 설명들 가운데 가장 옳지 않은 것은? (2007년 제2회)

① 도매상들은 표적소매상 고객들이 원하는 제품구색과 서비스 수준을 파악하고 수익성과 재고비용을 고려하여 효과적인 관리를 위해 ABC분석기법을 활용한다.

② 고객과의 관계를 강화시키는 데 가장 중요한 서비스를 파악한 후 각 서비스의 제공 수준을 결정하기 위한 방법으로 사용된다. 즉 표적고객들이 가장 가치 있게 생각하는 서비스만을 찾아내어 제공하기 위한 수단이다.

③ 유통상은 수익성이 높은 제품계열에 한정해서 제품구색을 갖추기 위한 수단으로 ABC분류법을 사용하여 상품구색관리를 할 수 있다.

④ 유통상이 취급하는 상품을 수익에 대한 기여도에 따라 A, B, C로 분류한 후 분류된 상품의 재고수준을 각기 달리함으로써 재고비용 절감 및 수익성을 향상시킬 수 있는 방법으로 사용한다.

해설) ABC기법의 원리는 관리대상을 중요도에 따라 A, B, C 그룹으로 나누고, 먼저 A그룹을 최중점 관리대상으로 선정하여 관리노력을 집중함으로써 관리효과를 높이려는 분석방법이다. 각 그룹별 대책을 예를 들면, A그룹은 고객당 매출이 크므로, 중점고객으로서 앞으로도 계속 육성해 나간다. B그룹은 고객별로 장차 A그룹으로의 승급가능성을 분석하여 어프로치의 집중화를 추진한다. C그룹은 유망한 고객을 제외하고는 어프로치를 유보하거나 거래중지를 고려한다. 따라서 상대적으로 중요성이 높은 품목을 보다 효과적으로 통제하고 관리하여 재고비용 절감 및 수익성을 달성하는 데 있다.

정답 ②

101. 다음 중 상품기획 성과분석 방법 중 하나인 ABC 방법에 대한 설명으로 잘못된 것은? (2008년 제2회)
　① 상품의 등위를 매겨 상품별 품절 허용여부와 제거여부를 결정하는 데 활용된다.
　② 카테고리 수준에서는 활용이 불가능하다는 단점이 있으나 단품 수준에서 활용도가 매우 높다는 유용한 상품분석도구의 하나이다.
　③ 80대 20 법칙 즉 소매업체 매출액의 약 80%는 상위 20%의 상품에 의해 창출된다.
　④ ABC분석에서 가장 중요한 성과측정치의 기준은 공헌이익이다.
해설) ABC기법의 원리는 관리대상을 중요도에 따라 A, B, C 그룹으로 나누고, 먼저 A그룹을 최중점 관리대상으로 선정하여 관리노력을 집중함으로써 관리효과를 높이려는 분석방법이다.
정답 ②

102. 다음 중 특정성과측정기준에 의해 상품(군)에 대한 등급(우선순위)을 설정하여, 어떤 상품이 품절이 되어서는 안 되는지, 어떤 상품이 간헐적 품절을 상대적으로 일부 허용해도 되는지, 어떤 상품이 제거(매장에서 퇴출)되어야 할 것인지를 결정하기 위한 보조수단으로 사용하기에 가장 적합한 것은? (2009년 제1회)
　① 상품(군)별 리드타임분석
　② 상품(군)별 재고분석
　③ 상품(군)별 매장 진열 기간분석
　④ 상품(군)별 ABC 분석
해설) ABC 재고관리
　　자료분석을 통해 관리대상을 중요도 또는 인기 있는 상품을 ABC 순서로 세 그룹으로 나누어 관리하는 방식이다. 즉 중요도에 따라 차별적으로 관리하는 재고관리방식이다. 이는 소위 80—20법칙을 사용하는 것으로 모집단 특성의 80%가 구성원에 의해서 결정된다는 것이다. 즉 매출액의 80%는 일반적으로 전체 고객의 20%로부터 발생한다는 것을 나타낼 수도 있다. 일반적으로 A등급은 전체 가치의 80%를 차지하는 품목, B등급은 다음 15%, C등급은 나머지 5%를 차지하는 품목들을 나타낸다. 등급에 따라 A등급에 대해서는 지속적인 예측치 검토와 평가, 엄격한 정확성에 입각한 재고수준 점검, 온라인 방식의 재고측정, 재주문 수량 및 안전재고 산출에 대한 빈번한 검토, 리드타임의 감축 혹은 극소화를 위한 보충 확인 및 독촉 등의 가장 높은 관심을 기울인다. B등급의 경우는 A등급과 유사하나 엄격성과 주기에 있어서 보다 완화된 방식을 취하며, C등급에 있어서는 주기적 혹은 간헐적으로 관심을 기울인다. C등급에 대한 기본적인 방침은 단순히 보유하는 것에 의의를 둔다, 따라서 주문량은 크며 주문횟수는 적은 것이 일반적이다. 기본적인 ABC기법의 원리는 상대적으로 중요성이 낮은 품목에 대하여 적은 관심을 쏟음으로써 얻은 노력을 가치가 높은 품목을 효과적으로 통제하는 데 사용하게 만들 수 있어야 한다.

정답 ④

103. 다음 중에서 QR(quick response) 시스템의 장점으로 볼 수 없는 것은? (2007년 제1회)
  ① 문서를 작성할 필요가 없어 주문시 리드타임을 줄일 수 있다.
  ② 군이 물류센터를 거칠 필요가 없으므로 수송비용을 줄일 수 있다.
  ③ 상품계획과 통제의 효율성을 높일 수 있다.
  ④ 상품의 입고, 확인, 분배(상품배치) 등에 있어서 추적시스템이 보강될 수 있다.

해설) Quick Response의 준말로 1980년대 중반 미국 섬유산업계에서 제창된 것으로 상품을 적시에 적당량만큼 공급하는 체제를 일컫는다. 이 시스템의 목적은 제품이 생산돼 소비자에게 전달되기까지의 과정을 줄여 재고와 유통비용을 줄이는 것이다. 재고관리시스템에서의 QR은 적시에 적당한 양만큼 주문하여 수송 및 재고관리의 절감, 상품계획과 통제의 효율성 추구 등을 가능케 한다.
  1) 신속 대응시스템의 목적
  ① 신기술의 접목을 통해 제품의 기획—구매—생산—유통의 순환을 빠르게
  ② 정상의 재고 수준 절감 및 과정 소요기간의 단축
  ③ 제조업자와 소매업자 간의 더 나은 협조체제의 개발
  ④ 소비자의 요구에 적절히 대응할 수 있는 제품의 준비
  2) 신속 대응 시스템을 도입함으로써 기업이 얻을 수 있는 장점
  재고수준의 감소, 납기의 단축, 총비용 절감, 생산성 향상, 변화하는 시장 수요에 대한 대응력, 재공품의 감소, 시장점유율 및 고객 애호도 증가 등을 들 수 있다. 그러나 신속대응시스템 도입에 따른 기업 부담 요인도 발생하는데 시스템 초기 구축에 따른 초기 투자부담, 직원에 대한 교육 및 훈련의 필요성, 시스템 운영에 따른 구체적 성과의 모호성 등이다.

정답 ④

104. 다음 중에서 상품구색을 재고회전율 위주로 구성하였을 때, 높은 회전율의 장점이라고 보기 어려운 것은?
  ① 신선한 상품은 오래되고 낡은 상품에 비해 잘 팔리기 때문에 높은 재고회전율은 매출량을 증대시킨다.
  ② 재고가 빨리 회전하면 진부화되기 전에 판매되므로, 회전율이 높으면 진부화의 위험에서 벗어날 수 있다.
  ③ 회전율이 높은 상품의 경우 빈번한 주문처리비용을 줄이기 위해 상품을 대량

으로 일시에 구매하므로 대량구매를 통한 가격할인을 받을 수 있다.

④ 빠른 회전율은 판매원의 사기앙양에 도움이 된다.

해설) 재고회전율(inventory turnover)이란 일정 기간의 제품, 재공품, 원재료, 저장품 등의 출고량과 재고량의 비율을 말하며, 다음과 같은 산식으로 계산한다. 이 가운데 재고량은 월평균 재고량 또는 기초와 기말의 평균재고량에 의해 나타낸다.

$$\text{재고회전율} = \frac{\text{출고량(또는 금액)}}{\text{재고량(또는 금액)}} \times 100(\%)$$

이 비율은 일정기간(예를 들면 1년)에 몇 회 재고(상품)가 회전했는지의 속도를 나타내는 것으로서 400%라고 한다면 1년간 재고가 4회전 한 것을 의미한다. 이 비율이 높은 것은 재고관리의 효율이 좋거나 판매가 잘되고 있는 것을 가리킨다.

정답 ③

105. 다음은 패션상품의 재발주 기술과 관련된 내용이다. 옳지 않은 것은?

① 상품구성이 매우 중요하다.

② 잘 팔리는 품목은 품절되는 일이 없도록 해야 한다.

③ 베이직 스톡 리스트(basic stosk list)를 사용한 상품보충

④ 어느 시점에서 재발주를 중단하고, 재고처리 할 것이냐가 중요하다

해설) ③의 베이직 스톡 리스트는 일용상품의 재발주에서 작성한다.

정답 ③

106. 다음 중 상품의 쇼핑습관(shopping habits)에 따라 분류한 내용에 해당되지 않는 것은?

① 편의품   ② 선매품

③ 전문품   ④ 소모품

해설) 소모품은 일정한 기간이 되어 소모된 상품을 교체하는 것을 말한다.

정답 ④

107. 다음은 신선식료품의 유통구조를 살펴본 것인데 틀리는 것은?

① 생산단위가 일반적으로 영세하고 지역적, 시간적으로 편재되어 있다.

② 생산단계의 표준화는 대단히 뒤지고 있다.

③ 유통단계에 나타나는 수요는 상당히 탄력적이다.

④ 소비내지 구매의 최종단위는 영세하여 생산단계와는 지역적, 시각적으로 상당

한 격차가 있다.

해설) 일반적으로 수송성이 결여되어 있기 때문에 실제유통단계에 나타나는 수요는 상당히 비탄력적이다.

정답 ③

108. 다음 중 카테고리 목표의 종류와 거리가 먼 것은?

① 소비자 목표   ② 생산목표   ③ 매출목표   ④ 재고목표

해설) 카테고리 목표의 종류: 소비자 목표, 점유율 목표, 매출 목표, 이익 목표, 재고 목표

정답 ②

109. 위험이 높거나 신제품 및 가격이 비싼 제품인 경우에 주로 많이 이용되는 소매 업체의 매입방식으로 소매업자에게 제공한 제품의 소유권은 공급업자에게 있으며, 소매업자는 일정한 커미션을 받는 방식에 적합한 것은?

① 정기매입   ② 특별매입
③ 위탁매입   ④ 공급자매입

해설) 주로 수요예측이 어렵고 위험이 높은 제품인 경우에 사용되는 것으로써 위탁 자가 수탁자에게 판매를 부탁하는 것을 위탁매입이라 한다.

정답 ③

110. 소매기업들은 마케팅 전략을 수립할 때 PLC(제품수명주기)를 활용하여 마케팅 전략을 수립하는 경우가 많다. 그러나 PLC이론은 많은 한계를 지니고 있는데, 다음 중에서 한계점의 지적으로서 틀린 것은? (2007년 제2회)

① 마케팅 계획의 수립과 통제에는 이용될 수 있지만, 수요를 예측하는 데는 유용하지 못하다.

② 수명주기의 유형이 형태(모양)와 기간 면에서 다양함에도 불구하고, 획일적으로 묘사되어 있다.

③ 마케팅관리자들은 그 제품이 PLC상에서 어느 단계에 있는지 정확하게 알고 있지만, 각 단계별 마케팅 목적을 명확히 정의할 수 없다.

④ PLC의 형태는 판매가 어떤 필수적인 과정으로 나타내기보다는 마케팅전략의 성과물에 불과하다.

해설) PLC이론은 단계상에서 그 기간과 단계의 경계가 명확하지 않으므로 측정이 어려우며, 제품의 특성에 다라 상이한 수명주기를 나타내기 때문에 한계가 있다.

정답 ③

111. 상품 카테고리 수명주기단계 중 성장기의 전략으로 적합하다고 보기 힘든 것은? (2006년 제2회)
   ① 소득이 중간계층정도 되는 구매수용자를 타깃으로 한다.
   ② 상품의 다양성을 줄이고 기본 사양만을 제공한다.
   ③ 다양한 가격대를 유지하는 것이 유리하다.
   ④ 유통경로의 개방정도를 점차 높인다.

해설) (1) 성장기의 특징
   성장기는 광고의 효과 등에 의하여 상품의 지명도와 유용성이 널리 소비자에게 인식되어 매출이 점진적으로 상승하는 단계로 판매추세의 급상승으로 수익성이 늘어나고 있는 단계이다. 이에 따라 유사 제품에 대한 경쟁사가 서서히 등장한다(집중적 유통경로 적용). 이 시기의 제품은 가격에 민감한 상태 즉 가격탄력성이 높은 상태가 된다.
   (2) 성장기의 전략
   제품의 품질개선 및 향상, 새로운 특성과 모델의 신제품을 제공, 침투할 새로운 세분시장으로 진출하고 새로운 유통경로를 개척, 광고의 초점은 제품인지에서 제품에 대한 확신과 구매에 둔다. 가격에 민감한 소비자를 대상으로 가격인하전략을 구사한다. 이 시기에 기업은 매출액 및 수요의 성장을 촉진시키기 위해 다양한 제품공급, 다양한 유통 경로 활용, 설득 위주의 촉진전략 등 다양한 마케팅활동을 전개한다. 광고목표는 제품인지에서 제품확산을 시도한다.

정답 ②

112. 다음 중 상품수명주기이론상 상품의 성장기에 해당기업이 취할 수 있는 보편적인 전략과 가장 거리가 먼 것은? (2008년 제2회)
   ① 소득분포상 중간계층의 수용자를 표적시장으로 확대한다.
   ② 이전단계보다 더욱 다양한 제품을 공급한다.
   ③ 제한적인 유통경로를 통해서 품목을 공급한다.
   ④ 설득위주의 촉진전략을 구사한다.

해설) 제품의 품질개선 및 향상, 새로운 특성과 모델의 신제품을 제공, 침투할 새로운 세분시장으로 진출하고 새로운 유통경로를 개척, 광고의 초점은 제품인지에서 제품에 대한 확신과 구매에 둔다. 가격에 민감한 소비자를 대상으로 가격인하전략을 구사한다. 이시기에 기업은 매출액 및 수요의 성장을 촉진시키기 위해 다양한 제품공급, 다양한 유통 경로 활용, 설득위주의 촉진전략 등 다양한 마케팅활동을 전개한다. 광고목표는 제품인지에서 제품확산을 시도한다.

정답 ③

113. 다음 서비스상품의 특성 중 가변성과 관련된 특성을 바르게 설명한 것은?
(2006년 제1회)

① 구매 전 보거나 만지거나 냄새를 맡을 수 있는 유형적 대상이 결여되어 있다.

② 서비스는 제품과 달리 향후 수요에 대비해서 저장할 수 없다.

③ 서비스는 생산과 소비가 동시에 이루어지는 것이 많다.

④ 서비스의 품질은 시간, 장소, 종업원, 고객 등에 따라 일정하지 않은 경우가 있다.

해설) 서비스상품의 특성으로는 무형성, 비분리성, 가변성 또는 이질성, 비저장성(소멸성) 등이 있다.

정답 ④

제 4 장

판매 촉진 활동

제1절 판매정보 수집과 활용

::판매정보의 수집

1. 판매정보의 의의

(1) 판매정보의 개념

판매정보란 기업 활동의 목적인 매출증대와 수익창출의 극대화를 위한 영업에 관한 정보를 말한다. 따라서 판매정보의 수집과 활용은 이윤증대와 직결되므로 기업 활동에 있어서 중요한 부분을 차지하고 있다.

(2) 판매정보의 수집과 활용

일반소매업에서는 판매정보를 재료로 하는 의사결정(意思決定)의 경우 자신과 관계가 없는 것처럼 생각될는지도 모르나, 사실 그들은 판매정보를 일상 활동 중에 활용해 왔고, 그것은 더 나아가 이윤을 증대하는 데 크게 공헌하였다.

① 정보는 돈: 지금까지 이윤의 증대는 매출액의 증대나 원가절감에 의해서만 이루어지는 것으로 생각되어 왔으나, 정보의 수집과 활용 또한 이윤(利潤)의 증대(增大)와 직결된다. 여기에서 유의해야 할 점은 매출액의 증대나 원가절감 모두 기업의 의사결정이 적절했던 결과로 인한 것이나, 정보가 그 의사결정에 중요한 역할을 하고 있었다는 사실을 잊어서는 안 된다.

② 정보의 역할: 경영활동을 하는 데에 있어서 정보(情報)의 역할(役割)은 종래 위험을 감소하는 등 소극적인 역할에 그치는 것이 아니라 이윤을 확대한다는 적극적인 의미를 가지고 있다는 것을 이해해야 한다. 이와 같이 경영활동에 있어서 정보의 수집과 활용은 중요한 역할을 하며, 특히 판매 활동에 있어서 정보의 활용을 하느냐 안 하느냐는 판매량의 증감을 결정

하는 요인이 된다.

2. 판매정보의 유형

(1) 판매정보의 구분

① 기업의 입장에서 수집(蒐集)하는 판매정보: 판매활동을 전개하는 과정에서 의사결정을 위한 재료로서의 정보를 말한다.

② 유출(流出)하는 판매정보: 판매활동을 구체적으로 전개하는 데에 따르는 정보전달 활동으로서의 정보를 말한다.

(2) 판매정보의 종류

① 고객에 관한 정보
  ㉠ 고객의 구매 관습: 계절, 월, 주, 일, 시간대별 매출액의 변동경향 파악
  ㉡ 고객의 특성: 성별, 연령, 직업, 교육정도, 소득, 주거지역 등의 기준으로 파악
  ㉢ 소비양식: 사용회수, 평균소비량, 새로운 사용방법 등의 파악
  ㉣ 구매자 및 구매결정자의 경제적 능력
  ㉤ 시장 규모: 상권의 크기 및 지점의 고객규모 파악 등

② 경쟁사에 관한 정보: 경쟁사의 존재유무, 경쟁력, 시장점유율, 영업전략, 장·단점, 경쟁업자의 구매유인 등

③ 해당 상품에 관한 정보: 상품의 종류, 특성, 경력, 재료, 구조, 디자인, 칼라, 포장, 라이프 사이클, 시장진입 시기, 서비스 지원 등

④ 영업활동결과에 관한 정보: 판매결과(영업실적)의 비교 및 검토로 고객의 반응, 경쟁사의 변화 및 움직임, 특별 사은 및 할인행사 등의 평가

⑤ 일반적 영업환경 조건에 관한 정보: 법률, 경제. 행정, 문화적 요인으로 인한 영업활동이 제한될 수 있으므로 이들의 정보도 고려해야 한다.

⑥ 기타 정보: 업계의 동향, 상권 위치, 고객의 변화 예측, 거래 지점에 관한
상황 등

3. 판매정보의 수집

(1) 기존 정보의 수집

① 내부의 자료수집: 일반적인 기업 내에서 생성된 자료라 할지라도 정보처
리방법 및 활용에 따라 판매정보로 전환될 수 있다. 소매점의 자료도 내
부 자료에 속하며, 소매점의 경험과 의견제시 등도 해당된다.
② 외부의 자료수집: 정부 및 공공기관, 각종 단체 또는 소비자 단체 등의 자
료로 기업환경으로 작용하는 것이므로 장기적 계획 설정에 중요한 정보
로서의 역할을 한다.

(2) 신규 정보의 수집

① 관찰수집법: 점내의 고객 동향이나 점외의 통행인 흐름 등을 관찰하여 수
집하는 방법이다.
② 직접 수집법: 우편, 전화, 면접 등의 방법을 통하여 수집하는 방법이다.
③ 점내실험 수집법: 인위적으로 쇼핑환경 즉 상품진열 형태, 판매방법 등을
변화시켜 이로 인한 판매실적 변화를 비교 검토하여 수집하는 방법으로
구체적이고 생동적인 정보수집이 가능하지만 고도의 전문지식과 경험을
필요로 한다.
④ 표적집단면접법
㉠ 신제품 출시 전 제품에 대한 소비자의 반응을 측정하기 위한 방법으로
목표고객으로 예상되는 일정 자격기준에 적합한 고객을 6—12명 정도
무작위로 선발하여 일정한 장소에서 면접자(사회자)의 계획된 진행방
식하에 그들의 의견과 심리적 반응 등을 정리하여 판매전략 수립을

위한 정보를 수집하는 방식이다.

    ⓛ 소비자를 대상으로 계량적인 조사방법이 아닌 토론을 통한 자료 및 정보추출이므로 정량적인 방법에 해당된다.

    ⓒ 신제품에 대한 새로운 아이디어 창출 및 시장에의 접근 또는 성공 가능성을 타진한다.

    ⓔ 편한 분위기 상태에서 솔직하고 정확한 의견 표명을 기대할 수 있다.

    ⓜ 진행자의 능력과 자질이 요구되며, 고객으로의 참석자에 대한 인센티브나 상응한 보상이 있어야 한다.

    ⓗ 결과분석과 조사결과를 일반화하는 것이 용이하지 않은 현실문제가 있다.

::판매 촉진

1. 판매촉진의 개념

(1) 판매촉진이란 마케팅믹스 변수 중 하나인 촉진에 포함되는 것으로 가장 대표적 촉진수단인 광고와 구별된다(촉진은 광고, 홍보, 인적판매, 판매촉진으로 구성). 즉 미국의 마케팅학회가 내린 정의에 의하면 판촉은 인적판매, 광고, 홍보 등을 제외한 고객의 구매나 유통업자의 효율성을 자극하는 마케팅활동이라고 한다. 따라서 판매촉진이란 광고 및 홍보와는 다른 것으로 고객이나 중간상에게 상품을 구입하도록 설득하는 데 사용되는 모든 활동이다

(2) 판매촉진이란 광고, 인적 판매, 홍보로 명확히 분류될 수 없는 촉진활동을 모두 지칭하는 것으로서, 그것은 결국 '잡동사니(catchall)' 촉진도구이다. 즉 미국 마케팅 학회(AMA, American Marketing Association)의 정의에 따르면 판매촉진이란 진열, 전시, 시범이나 통상적인 방법이 아닌 비반복적

인 여러 가지 판매노력과 같이 소비자 구매를 자극하고 거래점의 유효도를 자극하는 마케팅활동 중 인적 판매, 광고, 홍보가 아닌 모든 마케팅활동을 포괄한다.

(3) 판매촉진은 기업의 촉진수단인 광고, 홍보, 인적판매를 제외한 모든 것이다. 전람회, 전시회, 박람회, 시식회, 시음회, 쿠폰, 이벤트 등을 판촉이라고 한다. SP는 주로 경기가 좋지 않을 때 사용하며 단기적인 효과가 있다. 판매촉진(SP)의 목적은 관계마케팅 추구(Relationship marketing)에 있다.

(4) 판매촉진은 그 본질상 여러 가지의 장점과 한계점을 갖고 있으며, 동일한 판매촉진의 효과도 여건에 따라 다르게 나타난다. 이러한 사실을 감안할 때 판매촉진에 관한 의사결정은 광고 및 영업, 홍보 등의 다른 촉진도구의 사용전략과 조화를 이룸으로써 그 효과를 극대화시킬 수 있는 것이다.

2. 판매촉진의 목적과 유형

(1) 판매촉진의 목적

① 첫째, 판매촉진은 고객의 구매시점에서 신제품에 대한 욕구를 충동하여서 시험구매를 하도록 한다.

② 애용도를 증대시키는 목적을 가지고 있다. 애용도는 충성도와 비슷한 개념으로 고객이 특정한 제품만을 구매하도록 유도한다.

③ 경쟁사의 제품을 구매하던 고객을 본 기업의 고객으로 유인하는 것이다.

④ 일시적인 판매촉진 활동으로 인지도를 단시간에 증대시킬 수 있다.

⑤ 시장에서 경쟁기업을 누르고 시장점유율의 확대를 노릴 수 있다.

⑥ 제품이 시간이나 공간의 영향을 받는 성질의 제품일 경우에 시간에 따른 고객의 수요격차를 해소할 수 있다.

(2) 판매촉진의 유형(전통적 방식)

① 트레이딩 스템프(trade stamp): 트레이딩 스탬프란 특정한 소매기관으로부터 행해진 구매에 대한 사례로서 우표와 유사한 표지를 제공하는 판매촉진 방식인데, 발행한 회사가 설립한 회수 센터를 통하여 금전 또는 다른 제품으로 교환된다. 이는 식품점, 주유소 등의 편의품 소매상에 의해 많이 이용되며, 대체로 이윤 폭이 좁고 매출액이 큰 제품 계층에서 보편적이다.

② 견본(sampling)제공: 견본제공이란 소비자에 대하여 샘플용품을 제공하는 판매촉진방법인데, 견본은 소비자가 제품의 효용을 인식하기에 충분해야 효과를 거둘 수 있다.

견본제공은 신제품의 도입에 있어서 가장 유효한 판매촉진 방법이지만 다음과 같은 경우에는 효과를 거두기 어렵다. 견본은 포장인식(package recognition)을 증대시키기 위하여 정규적인 제품의 포장과 동일한 축소형을 취할 수 있다.

㉠ 상품 라이프 사이클에서 성숙기의 제품이나 경쟁상표에 비하여 뚜렷한 장점이 없는 제품

㉡ 다양한 소구를 필요로 하는 제품

㉢ 부패 등 시간 및 보관상의 한계가 있는 제품

③ 쿠폰(coupon): 쿠폰이란 소매 점포에 제시되었을 때, 소지자가 특정한 제품이나 상표를 구매함에 있어서 일정한 혜택을 제공받을 수 있도록 하는 증명이다. 이러한 쿠폰은 대체로 소비자 가격혜택을 제공하기 위한 수단이며, 직접우편을 통하여 또는 신문이나 잡지 등의 인쇄된 간행물을 통하여, 제품포장의 표면이나 내부를 통하여 생산자가 잠재고객에게 배포한다. 그러나 쿠폰을 소매상이 회수하는 데는 상당한 비용과 노력이 소요되므로 취급에 대한 대가로 소매상은 쿠폰 당 일정금액의 수수료를 받기도 하며, 또한 빈번히 구매되지 않는 제품의 경우에는 쿠폰이 효과를 거두기 어렵고, 위조되기도 한다.

④ 콘테스트(contest): 경연에 있어서 참가자들은 과자 굽기, 요리대회 등과

같이 어떠한 요건을 만족시키는 그들의 기술(skill)을 바탕으로 하여 경쟁을 하는데, 간혹 신제품의 이름이나 기존제품의 신용도를 제안하도록 요구되기도 한다. 이에 반하여 추첨에서는 참가자들이 수상자 추첨에 포함되기 위하여 적절한 양식에 그들의 이름을 적어 제출하기만 하면 된다. 경연과 추첨은 생산자의 마케팅 프로그램에 소비자들을 직접 참여시켜 그들의 관심을 높일 뿐 아니라, 수요가 저조한 제품이나 광고 캠페인에 새로운 활기를 더해 줄 수 있다.

⑤ 프리미엄(premium): 프리미엄이란 제품이나 서비스의 구매자에게 구매에 대한 감사의 뜻으로 무료 또는 저렴한 가격으로 제공되는 식기, 가방, 시계, 장난감 등의 제품을 말한다. 이러한 프리미엄은 제품 자체의 효익으로부터 소비자의 관심을 빼앗아 갈 가능성이 있으나 경쟁제품의 구매자로 하여금 자사의 제품을 사용하게 하여 상표대체를 유도하거나 현재의 고객으로 하여금 사용률을 증대하도록 격려하기 위하여 실시된다. 또한 프리미엄은 소비자에게 쉽게 인식될 수 있어야 하며, 상표 이미지와 일치해야 효과를 거둘 수 있다. 프리미엄에는 소비자에게 완전히 무료인 무료 프리미엄(free premiums)과 실비만의 염가로 제공되는 자기청산 프리미엄(self—liquidating premiums)이 있는데, 제공하는 방법은 네 가지로 구 분된다.

  ㉠ 구매시점에서 별도로 유형의 보상을 제공한다.

  ㉡ 인팩(in—packs): 소비자에게 제공하기 위하여 공장에서 제품포장에 삽입

  ㉢ 언팩(on—packs): 소비자에게 제공하기 위하여 공장에서 제품포장에 첨부

  ㉣ 컨테이너 프리미엄(container premium): 프리미엄 속에 제품을 포함시킴(인팩과 반대)

⑥ 구매시점 촉진: 구매시점 촉진은 특정한 제품에 대한 소비자의 욕구를 환기시키고 구매를 유도하기 위하여 사용되는데, 대체로 포스터나 할인가격표를 사용한다.

⑦ 소비자 가격혜택(consumer deals): 소비자 가격혜택이란 신제품의 시용을

격려하거나 기존 제품의 수요를 자극하기 위하여 일정한 금액을 단기적으로 인하하는 판매촉진 방법으로서 통상 쿠폰이나 가격인하촉진(cents—off promotions)을 통하여 소비자에게 커뮤니케이션 된다. 이러한 소비자 가격혜택은 가격이 저렴하고 구매빈도가 높은 비내구성 제품의 마케팅에서 보편화되어 있는데, 촉진기간 동안 및 이후의 매출액을 증대시킬 뿐 아니라 그러한 제품은 점포 내에서 특별히 진열되므로 소비자의 시용구매를 강하게 자극한다.

⑧ 대금반환 제의(money—refund offers): 대금반환 제의란 구매자가 구매한 제품을 다시 반품하고자 할 때 소비자에게 대금의 전액 또는 일부를 반환하기로 약속하는 판매촉진이다. 이러한 대금반환 제의는 근본적으로 구매와 관련된 위험부담을 경감시켜 제품의 시용을 격려하기 위한 것인데 신문, 잡지, 구매시점 촉진물에 광고함으로써 널리 인식시킬 수 있으며, 제품포장에 반환 제의를 인쇄하는 일은 제품의 시용을 극적으로 증대시킬 것이다. 단지 소비자들 사이에서 대금반환 제의가 널리 인식되고 있지 않다면 그러한 제의의 유효성은 낮아지고, 도매상이나 소매상도 이러한 제의에 협조하지 않을 것이다.

⑨ 점포 내 시범(in—store demonstration): 점포 내 시범은 제품의 효익이나 그것이 사용되는 과정을 보임으로써 소비자들의 욕구를 환기시키고 구매를 설득할 수 있으나, 많은 비용이 소요된다.

⑩ 포장(wrapping): 포장을 통한 촉진방법은 소비자들이 경쟁제품에 관하여 잘 알지 못하거나 품질이 거의 같다고 지각하는 경우, 제품의 판매력은 포장으로부터 나온다. 즉 셀프서비스 판매방식에서는 판매사원의 도움을 받기가 곤란하며, 많은 대체품 사이의 차별화가 곤란한 여건에 있어서 포장은 제품을 보호한다는 전통적 기능뿐 아니라 제품의 효익을 소비자들에게 커뮤니케이션하고 촉진하는 기능을 수행한다.

⑪ 환금제도(refund): 상품구입에 대한 증거물을 송부하면 상품 구입금액의 일부가 반환되는 제도이다.

⑫ 가격할인(off label): 한정된 수량의 상품에만 제조업자 측에서 특별한 할인 처리를 하는 것이다. 가격할인을 강조하려 고객에게 인식시킨 후에 상품의 구입과 연결시키는 방법이다. 특히 가격변동에 대한 수요탄력성이 큰 생활용품 등 내구소비재의 경우 빠른 효과를 내며 가격할인 상품은 순조로운 매상고가 기대되므로 유통업자에게도 비교적 쉽게 수용되는 특성을 가지고 있다. 그러나 지나친 가격할인은 고객으로 하여금 '브랜드에 대한 신뢰도'를 상실시킬 우려도 있으므로 유의해야 한다.

⑬ 보상판매(trade—ins): 이는 해당 회사 또는 경쟁회사 제품 사용자들에게, 그 상품을 반납하고 우리 제품을 구입하는 조건으로 일정 기간 동안 일정한 액수를 할인해 주는 것을 가리킨다. 보상판매는 주로 PC, 이동통신 단말기 등과 같은 내구재에서 많이 이용되고 있다. 보상판매의 대상은 우리 회사 상품사용자로 한정하는 폐쇄형과, 경쟁회사 상품 사용자들까지 확대하는 개방형이 있는데, 폐쇄형은 기존 고객들의 반복구매를 통하여 시장점유율 방어효과가, 개방형은 경쟁자고객들의 브랜드 전환을 통하여 시장점유율 증대효과가 크다. 보상판매는 기존 상품 사용자에게만 낮은 가격을 적용하고, 처음 구입하는 사람들에게는 정상가격을 적용하므로 가격차별의 일종이라고 볼 수 있다.

⑭ 시현(demonstration) 및 무료 시용(free trial): 시현 또는 실연이란 상품을 실제로 고객에게 전시하여 실증실연을 통한 상품의 우위성을 납득시키는 방법이다. 생활용품의 경우에는 단순한 상품전시 뿐만 아니라 시용을 통해 제품사용의 효익을 확실히 인식시켜 줄 필요가 있다. 실연은 사람을 통하여 자세하고 즐겁게 상품을 소개하는 '이벤트형 전개'가 필요하다. 전체 매상 면에서 보면 그다지 큰 영향을 끼치지 않는 경우도 있지만, 상품에 대한 소개 및 이해 등의 효과는 매우 크다고 할 수 있다. 그러나 사람을 고용한다는 측면에서 실연의 실시에 따른 고객 일인당 비용은 상대적으로 높다고 할 수 있다. 샘플이 주로 비내구재에서 이용되는 반면, 가전제품, 고급 승용차, 사무기기 등과 같은 내구재 신제품을 일정기간 무

료로 사용해 볼 수 있도록 하는 것을 무료시용이라고 한다. 무료시용은 시용을 촉진하는 것 이외에 무료로 시용한 사람들을 대상으로 고객 데이터베이스를 구축할 수 있다는 장점을 갖고 있다.

⑮ 사은품(premium or gift): 이는 일정기간 동안 어떤 상품을 구입한 사람들에게 다른 상품을 무료 또는 낮은 가격으로 제공하는 것을 가리킨다. 사은품은 상품과 함께 그 자리에서 배포되기도 하고, 환금처럼 구매자가 회사에 구매하였다는 증거를 우송하면 우편으로 배달되기도 한다.

(3) 판매촉진 관리의 대상

① 판매원: 기업은 판매원으로 하여금 판매노력을 경주하도록 격려
② 중간상: 상품을 마케팅함에 있어 중간상의 수용과 적극적인 촉진지원 획득 대상
③ 소비자: 소비자에 대한 상품의 구매를 설득하는 대상

(4) 판매촉진의 기능 및 경로(종류)

① 판매촉진의 기능
  ㉠ 정보의 전달기능: 정보를 널리 유포
  ㉡ 설득기능: 소비자들의 행동이나 생각을 바꾸거나 강화
  ㉢ 상기기능: 자사의 상표에 대한 소비자의 기억 유지
  ㉣ 결론: 표적시장에 자신의 존재를 알리고 소비자의 충성도를 높임
② 판매촉진의 경로(종류)
  ㉠ 인적 경로: 양방향 커뮤니케이션(인적 판매)
  ㉡ 비인적 경로: 일방적 커뮤니케이션(광고, 홍보, 판매촉진)

(5) 판매촉진의 유용성

① 판매촉진은 직접적인 유인으로써 즉각적인 행동을 얻어내려는 데 도움이

된다. 판매촉진은 본질상 단기적이므로 어떠한 태도를 형성하거나 이미지에 영향을 많이 주지 않으면서도 즉각적으로 구매하도록 고객을 유인하는 기능을 수행하며, 특히 한계고객(marginal customers)의 행동을 촉구하는 데 효과적이다.

② 판매촉진은 무료로 어떤 것(something extra)을 얻는다는 느낌을 소비자나 재판매업자 에게 줌으로써 추가적인 만족을 제공하며, 자신을 경쟁자와 차별화하는 데 중요한 수단으로 이용 될 수 있다. 즉 기업 간의 치열한 경쟁여건(특히 과점의 경쟁구조)에 있어서 구매자는 유사한 품목들 간의 선택범위를 넓게 가지며, 기술의 공유 현상으로 인하여 제품특성을 근거로 한 제품차별화의 기회가 제한된다. 또한 과점의 경쟁구조에서 가격경쟁은 파멸적인 결과를 가져오므로 기업들은 거의 유일한 차별화의 수단으로서 판매촉진에 의존하는 경향이 있다.

③ 판매촉진은 사업의 다양한 규모뿐 아니라, 제품수명주기상의 모든 단계에서 사용될 수 있으므로 많은 융통성을 가진다. 예를 들어, 소규모 선물점에서는 카드의 제공, 가격인하 등을 사용할 수 있는 반면에, 승용차의 생산자는 대리점에게 경영지도, 판매원 훈련 등의 판매촉진을 제공할 수 있다. 또한 도입기에는 시용을 격려하기 위한 견본이나 쿠폰을 제공하며, 성숙기에는 구매에 수반하는 추가적인 유인을 직접 제공할 수 있다.

(6) 판매촉진의 한계

① 판매촉진이 장기간 지속되거나 지나치게 자주 반복된다면 결국 제품 자체의 이미지를 손상시키게 되므로 단기적(통상 90일 이내)으로만 사용되어야 하며, 따라서 판매촉진만으로 상표충성도를 개발하기는 곤란하다.

② 판매촉진은 본질상 다른 촉진노력을 대체하는 것이 아니라, 보완하는 것이므로 하나 이상의 다른 촉진도구와 함께 사용될 때 효과적이다.

③ 판매촉진은 대체로 반복적이지 못하므로 효과적인 판매촉진 방법을 개발하는 데 소요되는 창의적인 재능, 시간, 자금은 대체로 1회의 사용으로

제한된다.

④ 과도한 판매촉진은 상표 이미지를 손상할 수 있다. 판매촉진의 대상이 되는 제품은 인기 없는 품목이거나 재고가 많이 쌓여 있다, 싸구려 제품이다 등과 같이 좋지 못한 이미지를 얻을 수 있다.

⑤ 판매촉진이 특히 적절하지 않은 여건

　　㉠ 이미 잠재고객들에게 잘 알려져 있는 상표로서 특별한 개선이 없는 경우

　　㉡ 이미 제품계층에 대한 수요가 감소추세에 있는 제품의 경우

　　㉢ 소비자에 대한 판매촉진이 경쟁적으로 실시되고 있는 제품계층의 경우

(7) 판매촉진의 적합한 조건

① 새로운 상표를 시장에 도입하기 위하여 제품에 대한 잠재고객의 인지도를 넓히고 사용을 촉진하려는 경우

② 기존의 제품을 개선하여 시장에 다시 도입시키려는 경우

③ 촉진되고 있는 상표의 제품계층이 우호적인 수요 추세를 보이고 있는 경우

④ 유통망을 확대시키기 위하여 재판매업자의 판매활동을 도와주려는 경우

⑤ 이미 광고되고 있는 제품에 있어서 광고의 효과를 증대시키려는 경우

(8) 판매촉진 전략 및 전술

① 중간상을 상대로 하는 판촉: 중간상 판촉(trade promotion): 유통업자나 중간상 및 소매상들에게 제조업자가 자사상품이나 서비스에 대한 거래량, 거래액, 거래규모를 증대시키거나 신규 거래를 하기 위하여 제공하는 활동을 말한다. 중간상 판촉이란 일반소비자나 고객을 상대로 하는 판촉활동과는 구별되는 것으로 유통업자를 대상으로 하는 판촉이다. 이것은 밀기(push) 전략의 일환으로서 구매공제, 상품공제, 광고공제, 후원금, 전시공제, 기념품 증정, 무료상품, 파견점원 등이 있다.

② 기업지원을 위한 판촉수단: 상품을 생산하여 판매하는 기업은 자사의 상품을 판매하는 사원 및 판매원들에게 동기부여를 하거나 자사상품의 판매를 지원하기 위하여 여러 가지 지원책이나 교육프로그램 및 보조, 보상 등을 제공할 수 있는데 이것이 바로 기업지원 판촉수단(business promotion tools)이다. 일반적으로 널리 사용되고 있는 기업지원 판촉수단에는 강연회와 전시회, 경연회, 게임, 추첨, 판매 경연회 등이 있다.

③ 소비자를 상대로 하는 판매촉진: 오늘날 소비자 판매촉진에 보다 중점을 두는 이유 중 하나는 TV 시청습관이 변화하기 때문이다. 인터넷이나 케이블 TV, VCR, 위성방송 등 다양한 매체에 접하므로 이제사람들은 TV만 시청하지 않는다. 그러므로 광고 수용자들은 더욱 세분화되고, 제조업자들은 이동하는 목표 소비자들에게 도달하기 위해 새로운 방법을 구상해야 한다. 소비자 판매촉진으로는 구매시점물, 쿠폰, 전자쿠폰과 편의카드, 할인촉진, 환불, 리베이트, 프리미엄, 견본, 조합제공, 콘테스트 그리고 경품이 있다. 성공적인 IMC 캠페인은 이러한 몇 가지 기법들을 매체광고, 퍼블리시티, 직접 마케팅과 통합시키는 것이다.

3. 촉진의 종류

(1) 광고

① 광고의 개념: 기업이나 개인, 단체가 상품, 서비스, 이념 등을 세상에 알려 소기의 목적을 거두기 위해 투자하는 정보활동을 말한다. 즉 자기를 밝힌 광고주가 요금을 내고 사람이 아닌 다른 매체를 이용하여 어떤 상품(서비스, 생각, 사람, 조직단체 등 포함)을 제시하거나, 그 상품이 팔리도록 촉진하는 것이다.

② 광고의 특징
  ㉠ 유료성: 광고주가 사용하는 매체에 광고료를 지불
  ㉡ 비인적 촉진활동: 대중매체를 통해 정보를 제시

ⓒ 전달대상의 다양성: 단지 정보제공만이 아닌 집단의 이념이나 아이디어 제공 가능

③ 광고의 종류

　　㉠ 광고매체에 의한 분류: 인쇄 및 전파매체 광고, 옥외 광고 및 교통 광고, 직접 우송광고, 구매시점 광고 등

　　㉡ 광고 내용에 의한 분류: 상품 광고, 기업 광고(PR), 공익(기관) 광고 등

　　㉢ 광고목적에 의한 분류

　　　㉮ 정보 제공적 광고: 제품에 대한 기본적 수요(1차적 수요) 증대 목적

　　　㉯ 설득적 광고(비교 광고): 자사의 제품을 구입하도록 설득하여 선택적 수요를 증대하려는 목적

　　　㉰ 상기 광고 또는 강화 광고: 자사의 제품을 소비자의 기억 속에 내재하려는 목적

　　㉣ 광고 지역에 의한 분류: 국내 지역 및 전국 광고, 해외(국제) 광고 등

④ 광고전략

　　㉠ 표현전략(크리에이티브 전략): 전달해야 할 메시지의 작성에 관한 전략

　　㉡ 매체전략(미디어 전략): 메시지를 전달하는 수단을 확보하는 것에 관한 전략

　　㉢ 광고메시지의 작성

　　　㉮ 이성적 소구의 광고, 신문광고: 직접적이고 사실적인 메시지

　　　㉯ 생활단면: 소비자들이 일상생활에서 겪는 문제나 갈등을 해결할 수 있는 상표의 제시

　　　㉰ 과학적, 기술적 증거 제시: 소비자의 설득력을 증가시키기 위해 과학적, 기술적 증거 제시

　　　㉱ 실연(demonstration), 음악

　　　㉲ 상징(symbol): 심벌이나 상징적 인물을 사용함으로써 상표인지를 용이하게 함

⑤ 일반적인 광고의 기능

　　　　ㄱ 광고목적에 따른 기능

　　　　ㄴ 신제품도입 기능

　　　　ㄷ 시장확대 기능

　　　　ㄹ 판로확보 기능

　　　　ㅁ 판매원 활동 지원 기능

　　　　ㅂ 상품제시 기능

　　　　ㅅ 광고소구내용에 따른 기능

　　　　ㅇ 고지, 설득 및 상기기능

　　　　ㅈ 수요창출 기능

　　⑥ 세분화된 광고의 기능

　　　　ㄱ 경제적 기능

　　　　　　㉮ 자원분배제도의 한 부분

　　　　　　㉯ 수요창출 경제성장 생활수준 향상

　　　　　　㉰ 독점력에 영향

　　　　ㄴ 사회적 기능

　　　　　　㉮ 생산자가 중간상을 우회하여 소비자 접촉 가능 파워 유지

　　　　　　㉯ 의사전달 수단

　　　　　　㉰ 언론기관의 존속 수단

　　　　ㄷ 문화적 기능

　　　　　　㉮ 문화권 간의 이해 전달자

　　　　　　㉯ 문화의 상품화

　　　　ㄹ 마케팅 기능

　　　　　　㉮ 신상품 정보 전달

　　　　　　㉯ 판매촉진 설득, 상품차별화, 시험구매 유도

　　　　　　㉰ 판로확보

　　　　　　㉱ 판매원보조

　　　　　　㉲ 심리적 가치 부과/고차원의 욕구 충족

             ⓑ 소비자 교육

   ⑦ 광고유형

      ㄱ 정보제공형: 신상품, 용도, 표적시장, 유통장소, 가격, 사용방법 등

      ㄴ 이미지형 : 이미지 형성, 이미지 강화, 이미지 변화

      ㄷ 감성형: 감성유발(기쁨, 흥분, 슬픔, 감동, 스릴 등)

      ㄹ 설득형: 태도변화, 신념변화, 생각변화

      ㅁ 상기형: 연상, 상기

   ⑧ 광고계획의 주요 의사결정 요소

      ㄱ 광고목표의 설정

      ㄴ 표적대상 소비자

      ㄷ 커뮤니케이션 목표

      ㄹ 원하는 변화의 내용

      ㅁ 기간 및 비용

   ⑨ 광고예산의 편성시 고려해야 할 사항

      ㄱ 제품수명주기 단계

      ㄴ 시장점유율 및 소비자 기반

      ㄷ 경쟁과 방해 요인

      ㄹ 필요한 광고비용

      ㅁ 제품의 차별화 정도

   ⑩ 광고효과측정

      ㄱ 사전테스트

         ㉮ 직접평가(direct rating)방법: 광고주는 소비자 패널에게 대안적인 광고들을 노출시키고, 그들에게 각 광고를 평가하게 하여 등급을 정하도록 하는 방법이다.

         ㉯ 포트폴리오 테스트(portfolio test): 소비자들에게 그들이 원하는 시간만큼 여러 가지 광고물을 보거나 듣게 한 다음, 보았던 광고나 그 내용을 기억하도록 요구하는 방법이다.

ⓓ 실험법(laboratory test): 소비자의 맥박, 혈압, 안구의 움직임, 긴장도 등 광고물에 대한 소비자의 심리반응을 측정하는 방법이다.

ⓛ 사후테스트

ⓐ 회상테스트(recall test): 특정한 잡지나 프로그램에 노출되어 온 소비자들에게 그들이 보았던 광고물에 포함되어 있던 광고주와 상품에 대해서 기억하는 것을 모두 쓰게 하거나 말하게 하는 방법이다.

ⓑ 재인테스트(recognition test): 소비자가 광고물에 대해 기억하는 내용을 보기로부터 지적해 내도록 하는 방법으로 회상테스트보다 기억이 용이하다.

ⓓ 총도달률(GRP: Gross Rating Point): 목표 청중 중에서 한 스케줄이 접촉하는 비율을 중복이나 반복노출에 관계없이 총접촉률로 계산한 것이다.

—GRP＝도달률(reach)*노출빈도(frequency)

—도달률: 광고스케줄이 포함된 프로그램을 한 번이라도 시청한 시청자 비율

—노출빈도: 도달된 시청자 한 명이 광고 메시지에 노출된 평균 횟수

ⓒ 판매효과 측정

커뮤니케이션 효과 측정보다 측정하기 어렵다. 이유는 판매량이란 광고뿐만 아니라, 상품 특성, 가격 및 구매용이성 등 많은 요인들의 영향을 받기 때문이다.

ⓐ 과거매출액 실적법: 직접적인 매출반응을 기대하는 카탈로그, 바겐세일, 우편판매, 광고 등에 이용되는 방법으로 이러한 광고수단을 통해 제품의 매출실적을 파악하고 분석하여 광고와 매출효과를 비교, 측정하는 방법이다.

ⓑ 통제실험법: 소비자를 실험집단과 통제집단으로 설정하고 두 집단에 대하여 광고 이전과 이후의 매출실적을 비교하여 광고의 효과

를 측정하는 방법이다.

  ⓒ 실험계획법: 제품의 특성에 영향을 미치는 여러 가지 인자를 선정하고 이들의 관계를 알아보기 위한 실험을 실시하여 data를 얻고 이를 분석함으로써 올바른 행동방안 즉 제품의 최적 제조 조건을 경제적으로 찾아내고자 하는 것이다. 듀퐁회사에서는 시장점유율을 상, 중, 하의 시장으로 분류하고 광고비는 상의 시장에 정상적, 중간 시장에 2.5배, 하의 시장에 광고한 후 광고비의 증가에 따라 매출실적을 측정하였다.

⑪ 광고예산

 ㉠ 광고예산의 책정

  ㉮ 판매기준비율법(percent of sales method): 과거의 판매실적이나 앞으로의 예측치를 기준으로 사전에 정한 일정한 비율을 곱하여 광고예산을 책정하는 방법이다.

  ㉯ 경쟁사대비균형법(competitor parity method): 경쟁사와 비견될 수 있는 광고비율이나 절대 광고비 수준으로 광고예산을 책정하는 방법이다.

  ㉰ 목표 및 과업기준법(objective and task method): 광고의 목표를 분명하게 밝히고, 이 목표를 달성할 수 있다고 판단되는 작업을 구체적으로 판단한 뒤 비용을 계산하여 광고예산을 책정한다.

  ㉱ 시장반응함수에 의한 예산책정방법: 시장반응함수를 명백하게 사용하지는 않지만 그 논리를 분명하게 사용하는 방법이다.

 ㉡ 광고비의 시간 배분(광고스케줄링) 유형

  ㉮ 단기집중형(blitz): 단기에 모든 광고예산을 소진하는 전략. 예산이 적은 경우나, 경쟁광고가 많은 경우 소비자의 주목을 받을 가능성이 큼. 그러나 광고의 연속성이 없으므로, 광고효과가 곧 소멸될 가능성이 있다.

  ㉯ 규칙적인 파동형(regular pulsing): 광고의 강약을 규칙적으로 조절하

는 전략. 광고비용의 효율성을 높여서 소비자의 기억을 극대화하고, 소비자의 구매주기에 맞추어 광고를 집행할 수 있으며, 경쟁사가 연속형 광고를 하는 경우 광고노출을 상대적으로 높이는 효과를 얻을 수 있다. 그러나 원하는 광고시간의 확보나 매체확보비용 면에서 크게 불리해질 가능성이 많다.

 ⓒ 불규칙적 파동형(irregular pulsing): 광고수준의 강약을 불규칙적으로 조절. 구매주기가 불규칙적인 경우 광고를 이에 맞출 수 있고, 경쟁사가 연속형 광고를 하는 경우 광고노출을 상대적으로 높일 수 있다. 또한 이미 익숙한 학습내용의 망각률이 상대적으로 낮게 나타난다면 일단 학습된 내용을 보강하는 광고는 상당히 뜸하게 스케줄함으로써 광고비의 효율을 높일 수 있다. 그러나 구체적인 광고시기와 광고량을 결정하는 것이 어려운 문제이다.

 ⓓ 연속형(even): 같은 소비자에게 반복광고가 필요한 경우 유력하고, 또 망각률이 높은 경우 꾸준히 기억을 유지하게 하는 효과가 있다. 매체의 선정이나 시간대 선정에 유리, 비구매시기에도 광고를 함으로써 언제소비자가 상품을 구매하더라도 기억을 유지하는 효과가 있다. 그러나 지나친 광고노출은 광고효율성이 떨어져 과다광고수준이 될 가능성이 있으며, 심한 경우 광고의 지침효과(wearout effect)가 나타날 수도 있다.

⑫ 광고매체별 유형

 ㉠ TV

  ㉮ 장점

   ⓐ 시각과 청각에 의한 동적 이미지 전달

   ⓑ 네트워크 TV는 전국을 커버하지만 특정 지역 대상 광고시 지역 spot 활용으로 신축성 발휘

   ⓒ 프로그램 장르, 시간대별 집행 등을 통해 특정 계층 대상으로 광고의 선별적인 노출 가능

　　　　　ⓓ 타 매체 대비 비용의 효율성 추구 가능

　　　㉯ 단점

　　　　　ⓐ 지속적인 노출에 다른 대규모의 광고비용 발생

　　　　　ⓑ 메시지 전달 시간의 짧음

　　　　　ⓒ 피크타임 시간대의 확보 경쟁 치열

　　　　　ⓓ 광고규제의 심화

　㉡ 라디오

　　　㉮ 장점

　　　　　ⓐ 특정 계층 도달 가능: 특정 채널의 시간대에 듣는 경향이 강한
　　　　　　 매체

　　　　　ⓑ 높은 빈도의 확보 용이

　　　　　ⓒ 자가운전자 등의 교통인구의 접근 가능

　　　㉯ 단점

　　　　　ⓐ 메시지 전달시간의 짧음

　　　　　ⓑ 광고효과에 대한 부정적 인식: TV광고의 이미지 전이 효과
　　　　　　 개념의 부재

　　　　　ⓒ 수용자 자료의 부족

　㉢ 신문

　　　㉮ 장점

　　　　　ⓐ 즉시성, 지역성

　　　　　ⓑ 도달범위의 대량성, 동시성

　　　　　ⓒ 카탈로그 가치 소유: 백화점의 바겐세일 등의 광고

　　　　　ⓓ 활자로 인한 신뢰성 유지

　　　㉯ 단점

　　　　　ⓐ 인쇄 기술: TV에 비해 상대적으로 색상표현에 제약

　　　　　ⓑ 잡지 등에 비해 독자의 낮은 회독률(신문생명이 짧음)

　　　　　ⓒ TV에 비해 가격 효율성이 저조(높은 CPM—cost per mill)

ⓔ 잡지

　ⓐ 장점

　　ⓐ 수용자의 선택성

　　ⓑ 색상의 높은 재현성

　　ⓒ 긴 수명(주간 또는 월간, 계간지)

　　ⓓ 높은 회독률

　ⓑ 단점

　　ⓐ 즉시성의 저조: 마감시간이 잡지 종류마다 다르므로 신문에 비해 기사의 즉시성이 떨어짐

　　ⓑ 잡지 열독의 도달범위의 완만함

　　ⓒ 페이지 수의 과다로 광고 노출 취약

ⓜ 옥외 및 교통 매체

　ⓐ 장점

　　ⓐ 광고 노출 빈도가 강함

　　ⓑ 광고 제작물의 대형화 가능

　ⓑ 단점

　　ⓐ 충분한 정보제공기회의 부족

　　ⓑ 독창성의 부족으로 메시지 상기도의 저조

ⓗ 교통매체

　ⓐ 장점

　　ⓐ 도심지역의 대중교통인구에 접근 가능으로 효과 증대

　　ⓑ 높은 노출 빈도

　　ⓒ 구매시점에서의 광고 가능

　ⓑ 단점

　　ⓐ 광고 지면의 제약

　　ⓑ 지나친 광고경쟁으로 소비자의 시각적 불편 초래로 광고효과 반감

ⓢ 인터넷

　ⓐ 장점

　　ⓐ 시간적, 공간적 한계 극복

　　ⓑ 잠재 고객의 세분화

　　ⓒ 고객과의 일대일 커뮤니케이션

　　ⓓ 멀티미디어 이용 가능

　　ⓔ 광고 범위의 무제한

　　ⓕ 광고효과의 신속한 확인

　ⓝ 단점

　　ⓐ 통일된 표준의 미비

　　ⓑ 광고효과 측정 수단의 미흡

　　ⓒ 웹사이트 간의 비교 곤란: 광고 주제와 성격에 따라 웹사이트의 분포가 매우 다양하고 광범위함

　　ⓓ 사용자층의 제한: 컴퓨터나 인터넷을 모르는 사람에게는 무의미

⑬ 광고노출수준의 결정

　㉠ 도달률(reach): 대상고객이 매체 스케줄에 노출된 각기 다른 개인이나 가구의 수를 말하며, 퍼센트로 표시한다(예, 100명의 소비자 중 40명이 특정광고를 보았다면 도달률은 40%). 도달률은 어떤 사람이 광고를 몇 번 보았는지와는 무관하다.

　㉡ 노출빈도(frequency): 도달된 대상고객 한 명이 매체 스케줄에 노출된 횟수로 빈도는 평균횟수로 나타낸다.

〈심화학습〉 인터넷 광고

1. 배너광고

(1) 개념

　배너광고는 인터넷에서 가장 많이 사용되는 광고 형태로서 웹페이지 내의 특정 위치에

표시되는 사각형 띠 모양의 광고를 말한다. 배너란 말은 광고의 형태가 행사장에서 쓰이는 배너(우리나라에서는 이것을 현수막이라 부름)를 닮았기 때문에 붙여진 것으로 추정된다. 배너광고는 클릭을 통해 광고주의 웹페이지나 이벤트 참여 등으로 연결해주는 게이트 역할을 하기 때문에, 클릭률을 높이는 것이 배너광고의 최대 목적처럼 인식되어져 왔다. 그러나 클릭 없는 노출만으로도 인지도를 높이는 역할을 하고 있다.

(2) 배너광고의 유형

배너광고의 내용적인 면에서는 공짜나 경품을 부각시키는 배너광고, 호기심을 자극하여 클릭률을 높이는 배너광고, 노출을 중시하는 단순 캠페인성 배너광고 등이 있다. 기존 배너는 신문이나 잡지에서처럼 정해진 사각형 형태가 있었으나 최근에는 정해진 사각의 틀을 깨고 다른 배너와 차별화를 추구하는 변형 광고 형태의 배너들이 계속해서 등장하고 있다. 또한 여백 광고는 주로 인터넷 신문 매체에서 나타나는 형태로, 사이트를 아래 화면으로 내려가더라도 배너가 따라서 내려오게 하여 광고가 반드시 보이게 하는 형태이다. 기존의 수많은 광고들 속에서 광고효과를 높이는데 있어서 나타나는 한계들을 극복하기 위한 방법들이다.

(3) 배너광고 운영 방식

배너광고를 운영하는 방식에는 한 광고주가 단독으로 게재한 단독광고가 있고 여러 광고주가 하나의 배너에 복수로 게재하는 복수광고가 있는데, 복수 광고는 여러 개의 배너들이 각각 약 10초 간격으로 돌아가면서 광고가 게재되며 이를 로테이션 배너광고, 롤링(Rolling) 배너광고라고 부르기도 한다. 로테이션 배너는 방문자가 처음으로 접하는 홈페이지에서 사용되는 경우가 많은데 이는 방문자들이 다른 페이지보다 첫 페이지에서 콘텐츠를 읽는 데 가장 오랜 시간을 소비하기 때문에 그만큼 배너를 디스플레이 할 시간이 많은 점을 감안했기 때문이다.

(4) 배너 표현 방법

배너광고는 표현 방법에 따라 고정, 애니메이션, 상호작용 배너의 세 가지로 구분된다.
① 고정(Static) 배너: 한 장의 그림으로 만들어져 정지되어 있어 광고내용이 변하지 않는 고정형태
② 애니메이션(Animated) 배너: 만화영화 같이 여러 장의 그림을 빠른 속도를 볼 때 움직이는 것같이 보이게 하여 배너에서 그래픽이나 글이 바뀌거나 내용이 순환되게 하는 방법, 특히 최근에는 Gif Animation으로 대부분 제작

③ 상호작용(Interactive) 배너: 사용자의 커서의 이동이나 클릭에 반응하여 움직임을 보여 게임을 할 수 있다든지 데이터를 주고받을 수 있어 정보검색이나 입력 기능까지 포함되도록 만들어진 배너로 JAVA, Shockwave, Flash, CGI 등을 이용하여 제작

(5) 배너광고의 특징

배너광고는 컴퓨팅 기술을 배경으로 하고 있기 때문에 전달, 표현 방법과 제작에 있어 매우 유연하며, 광고효과에 대해 정확한 측정이 가능하다. 이와 같은 특징들은 다음과 같이 4가지로 요약할 수 있다.

① 소구 대상 선정의 우연성(Target Flexibility): 배너광고는 소구 대상을 선별적으로 선택하여 메시지 전달을 할 수 있다. 가장 간단한 방법은 시간대에 따라 방문자들이 달라진다는 것을 감안하여 시간대에 따른 광고를 하거나 사이트 내에서 소주제에 따라 다른 소구 대상들을 겨냥한 광고를 보내는 것이다. 앞에서 말한 대로 검색 결과에 따라 소구하는 방법, 고객화된 웹페이지에 특정 소구 대상들에게만 제한적으로 광고하는 방법 등 개인화의 정도에 따라 많은 레벨의 소구 대상의 선정이 가능하다.

② 광고 노출 시간의 유연성(Time Flexibility): 배너광고는 광고 노출 시간이나 기간을 자유롭게 설정할 수 있다. 기업의 홈페이지 광고와 같이 사용자에게 장기간에 걸쳐 광고를 노출할 수도 있으며, 신상품의 소개, 회원 모집 Event, 단기간 특별 세일판매 광고, 캠페인의 경우는 단기간 집중하여 광고를 노출시킬 수도 있다.

③ 광고 표현의 유연성(Creative Flexibility): 배너광고는 디지털 기술을 기본으로 하고 있기 때문에 광고의 표현에 있어서도 정지된 그래픽뿐만 아니라 애니메이션, 동영상, 인터액티브 미디어 등 디지털로 표현할 수 있는 인터액티브 멀티미디어 기술이 모두 사용될 수 있다. 상품의 발매 일을 맞추어 카운트다운을 하는 광고 표현기법이나, 동일상품을 2가지의 광고 표현을 준비하여 규칙적으로 혹은 불규칙적으로 광고를 게재하는 기법, 상품의 주문일 마감에 가까워지면서 계속 가격이 바뀌는 기법 등 다른 광고 매체에서는 도저히 꿈도 꿀 수 없는 기법들이 배너광고에서는 가능하다.

④ 측정 가능성(Measurability): 배너광고의 가장 큰 특징은 잠재 고객들이 광고를 본 횟수를 정확하게 집계할 수 있다는 것이다. 상품의 배너광고 중 어떤 상품에 대하여 사용자로부터 더 많은 반응이 있는가? 또는 동일 상품이라도 광고 표현을 달리했을 경우, 어떠한 광고 표현시에 사용자는 반응하는가? 등의 측정이 실시간으로 이루어질 수 있다. 이 방법을 이용하여 여러 개의 사이트에 광고를 낸 다음 가장 비용 효용성이 높은 사이트를 선별해 낸다든지, 소구 내용의 우열을 가리기 힘든 두 가지

크리에이티브 방향에 대해 두 가지 광고를 제작한 다음, 시험 운영을 통해 보다 효과가 높은 광고를 선택하는 등의 접근이 가능하다.

2. 버튼 광고(Buttons)

(1) 개념

배너광고를 축소해 놓은 모양의 버튼 광고도 일종의 배너광고라고 볼 수 있다. 배너광고보다는 사이즈가 작아 배너광고와는 달리 웹페이지 어느 곳에나 위치하더라도 페이지 구성에 큰 부담을 주지 않는다. 버튼 광고는 주로 Free Download 안내를 위해서 사용되었는데 이와 같은 경향은 Netscape사의 'Download Netscape Now'라는 광고로 버튼 광고가 처음 선 보였고 이 버튼이 가장 유명했기 때문이다. 대표적인 버튼 광고는 넷스케이프, 인터넷 익스플로러, 쇽웨이브(shockwave), PCN 등이 있으며 링크로 연결되어 있어 클릭하게 되면 해당 소프트웨어의 다운로드 사이트나 홈 페이지로 이동된다. 보통 중소규모 사이트의 경우에는 자신들의 웹페이지에 알맞은 브라우저 버튼을 사용자의 편의를 위해 무료로 설치해 두는 경우가 많다. Download 버튼을 포함한 버튼 광고의 장점은 무엇을 제공하는지 간단하고 명확하기 때문에 버튼 광고에 대한 효과가 즉각적으로 나타난다. 즉 버튼을 누른 사람은 그 소프트웨어를 그 자리에서 Download 받기를 원하기 때문이다. 이런 버튼 광고는 Netscape나 Explorer가 급성장 하는데 일익을 담당했다. 또한 버튼 광고는 사이트의 기능을 보완해 주기 때문에 장기간 고정적으로 사용되는 경우가 많아 장기간 많은 반복 노출이 가능해 브랜드 인지도 제고를 효과적으로 이룰 수 있다.

(2) 버튼 광고들의 예

① 텍스트 링크 광고: 텍스트 링크 광고는 배너나 버튼처럼 화려하지는 않지만 온라인 환경과 온라인 소비자의 심리를 가장 잘 이용할 수 있는 광고이다. 텍스트는 이미지 파일 없이 텍스트만으로 광고하기 때문에 광고 도구들 중 가장 대역폭을 적게 차지하기 때문에 어떤 사람들에게도 노출이 가능하다. 또한, 텍스트 광고는 광고의 형식보다는 정보 제공 텍스트의 성격을 지니고 있기 때문에 광고에 대해 거부감을 가지고 있는 사람들에게 메시지를 전달하는 데 효과가 있다. 부담 없이 마케팅 메시지를 접할 수 있다. 메시지 자체가 해당 메시지와 관련 있는 웹사이트의 내용에 녹아 있기 때문에 침투적이 아니라는 느낌을 받을 수 있는 것이다. 텍스트 링크 광고는 웹사이트와 이메일 뉴스레터를 통해 전달되고 있다. 대개 경품 프로모션 광고에 많이

쓰이고 매체 중에는 검색 사이트와 뉴스 사이트에 많이 쓰인다. 뉴스 기사 중에 텍스트 광고를 게재하여 방문자가 기사인 줄 알고 텍스트를 클릭하게끔 만드는 기법도 많이 사용되고 있는데 너무 의도적으로 기사를 위장하면 고객들로부터 오히려 외면당할 수도 있으니 유의해야 한다. 특히, 검색엔진에서의 경우 인터넷 이용자들이 검색어를 입력했을 때, 검색 결과에 가장 먼저 광고비를 지불한 회사의 자사 페이지가 먼저 표시되도록 하여 큰 광고효과를 얻을 수 있다. 실제로 Lycos의 경우 이러한 검색 결과 가운데 가장 첫 번째로 나오는 자리를 판매하고 있다.

② 리치 미디어(Rich Media) 광고: 게임이 제공된다든지, 주문을 하고 설문에 응답할 수 있는 배너광고들이 있다. 이들이 바로 리치 미디어 배너이다. 리치 미디어는 표현기법이 풍부한 광고를 일컫는 말로 리치 미디어를 표현하는 도구는 배너를 비롯하여, 인터랙티브 멀티미디어, 채용되는 콘텐츠면 어디든지 구현이 가능하다. 리치 미디어는 기본적으로 Java, Javascript, Shockwave, 스트리밍 등을 이용, 상호 작용과 미디어 콘텐츠의 결합에서 출발했기 때문에 지금은 웹의 배너광고로 출발했지만 앞으로는 Interactive TV 광고의 기본 모델로 발전해 나갈 것으로 전망된다. 온라인 리치 미디어 광고 기법은 클릭율(CTR: Click Through Rate)의 향상에 초점이 맞춰져 있다. 기존의 정적인 GIF 배너는 푸시 기법으로 더 이상 네티즌들의 주목을 끄는데 한계가 있기 때문에 풀 기법을 가미한 광고로 보다 많은 클릭을 유도해 내고자 하는 목적이 있는 것이다.

최근 리치 미디어 배너는 크게 두 가지 방향으로 전개되고 있다. 첫 번째 방향은 기존 배너에 다양한 인터랙티브 멀티미디어 기술을 채용하는 것과, 두 번째 방향은 기존 배너 포맷을 탈피, 다양한 형태의 리치 미디어 광고를 구현하는 방향이다.

3. 인터스티셜(Interstitials) 광고(막간 광고 또는 팝업광고)

인터스티셜이란 화면이 바뀌는 중에 돌출되는 광고로, 강제적 노출이 가능하여 주목률을 극대화한 광고 방식으로 Splash screen방식과 Intermercial방식이 있다.

① Spash Screens: 매체의 콘텐트를 클릭할 때 다음 페이지로 연결되기 전 중간에 한 페이지로 광고메시지를 보여 주는 형태로 그 광고메시지를 클릭해야만 다음 페이지로 이동이 가능하다.

② Intermercials: Spash Screens처럼 중간에 표출이 되나 광고 메시지는 고정되어 있지 않고 움직임, 게임 또는 클릭을 통해 다음 페이지로 연결되거나, 일정시간이 경과한 후 자동적으로 다음 페이지로 연결되는 방식이다.

4. Push Technology

인터넷과 관련된 정보 기술에서 한때 정보 전달의 패러다임을 바꿀 수도 있다고 평가 되었던 기술이 바로 푸시 기법이다. 푸시 기술은 개개인의 요청에 따라 각기 다른 정보를 보내 주는 기술로 기존의 인터넷 정보 전달 체계가 사용자가 자신이 필요한 정보를 끌어오는(Pull) 형태인 데 반해 사용자가 필요로 하는 정보를 미리 알아서 사전에 전송해 주는(Push) 기술을 말한다. 사용자는 단지 제공하는 클라이언트 프로그램을 미리 설치해 놓으면 사용하지 않는 도중에도 프로그램이 작동하여 호스트로부터 정보를 전송 받게 된다. 기술적인 특성상 이것을 웹캐스팅(Webcasting)이라고 부르기도 한다.

5. 이메일(E—mail)을 이용한 광고

이메일은 Web의 가장 중요한 기능임에도 불구하고 적절히 활용되지 않는 경우가 많다. 아마도 개개인을 분석해 보면 방문객이 가장 많은 포털사이트나 검색엔진보다도 이메일을 더 많이 사용할 것이다. 우선, 이메일은 거의 추가 비용을 들이지 않고도 전 세계 어디라도 많은 메시지 그리고 멀티미디어까지 한꺼번에 가장 빠르게 보낼 수 있다. 또한 이메일은 개인 메일함에 메시지를 전송하는 것이므로 개인화된 메시지를 보내는 것이 가능하기 때문에 데이터베이스를 이용한 정밀한 타깃 마케팅이 가능하다.

① 일대일 타깃 마케팅(One to One Target Marketing): 이메일 마케팅은 성별, 나이, 직업 등의 인구통계학적 정보뿐 아니라 회원의 관심, 성향분석 자료를 토대로 한다. 그에 따라 기업의 마케팅 목적에 부합하는 가장 반응률 높은 회원들만 추출하여 1:1 타깃 마케팅이 가능해진다.

② 쌍방향 실시간 분배(Interactive and Real Time Distribution): 이메일은 고객들과 쌍방향 커뮤니케이션 할 수 있는 도구다. 기존 DM의 경우 발송 후 효과가 나타나기까지 1주일 혹은 몇 달의 시간이 필요했다. 그러나 이메일 마케팅은 고객이 원하는 메시지를 신속 정확하게 전달하는 고속 발송기술을 바탕으로 즉각적인 반응을 유도한다.

③ 추적과 분석 기술(Tracking and Analyzing Technology): 마케터는 이메일의 도착여부, 개봉여부, 구독시간, 웹사이트 방문여부 그리고 웹사이트 체류 중 어떤 성향을 보였는지를 추적, 분석할 수 있다. 이렇게 분석된 자료는 DB에 축적되어 새로운 마케팅 캠페인 수행시 더욱 정교한 전략수립에 활용될 수 있다.

④ 100% 허락 마케팅(100% Permission Marketing): 이메일 마케팅은 자신의 관심과 성향에 부합하는 정보 메시지를 받아보겠다고 허락한 회원만을 대상으로 이루어

진다. 허락 없이 무작위로 발송되는 스팸과는 근본적으로 구분되는 것이다.

⑤ 높은 클릭률(Higher Click Through Rate): 고객들에게 무차별적으로 전달되는 DM이나 1% 이하의 낮은 클릭률을 보이는 배너에 비해 이메일은 평균 10~15%의 높은 클릭률을 나타내고 있다. 즉 타 매체와 비교할 때 평균 10~20배나 높은 광고효과를 얻는 장점이 있다.

⑥ 저렴한 비용(Cost Effective): 고객들에게 DM 1통을 발송하기 위해서는 최소 300~400원의 비용이 소요된다. 하지만 이메일을 이용하면 DM 대비 30~35%의 저렴한 비용으로 강력한 마케팅 메시지를 전달할 수 있다.

(2) 홍보

① 홍보의 개념: 기업, 단체 또는 관공서 등의 조직체가 커뮤니케이션 활동을 통해 스스로의 생각이나 계획, 활동, 업적 등을 널리 알리는 활동을 말한다.

② 자료 유형

  ㉠ 홍보자료: 자신에 관한 뉴스와 정보를 매체에 공개하기 위한 수단

  ㉡ 보도자료: 가장 널리 이용되는 홍보자료의 유형

③ 홍보의 유형

  ㉠ 기자회견: 뉴스가치가 있는 정보를 뉴스매체에 배포하여 제품과 서비스에 대한 관심유발

  ㉡ 제품홍보: 특정제품을 고지시키기 위한 제반노력

  ㉢ 기업홍보: 기업 자체에 대한 이해도 촉진을 위한 내·외부적 의사소통

  ㉣ 로비활동: 국회의원 및 정부 관리들과의 관계맺음으로 자사에 유리한 법률제정과 규제조치 촉진 및 불리한 것을 회피하기 위한 활동

  ㉤ 카운슬링: 경영자들에게 공공적 문제와 기업의 위치, 이미지 등에 대한 조언

(3) 인적 판매

① 개념: 직접 사람을 통한 판매활동으로 판매자가 잠재구매자를 만나 제품을 알리고 구매를 유도하여 판매를 실현하는 것을 말한다.

② 장·단점

　ㄱ 단순히 제품판매에 그치지 않고 고객의 욕구파악, 반응확인 등에 따른 메시지를 조정할 수 있다.

　ㄴ 다른 촉진도구에 비해서 보다 효과적이며 표적시장 핵심고객 겨냥이 가능하다.

　ㄷ 인건비 등의 비용이 많이 들고 유능한 판매원 확보의 한계가 있다.

③ 인적판매의 3단계

　ㄱ 준비단계: 잠재고객 발견 및 정보수집

　ㄴ 설득단계: 잠재고객에게 접근, 제품 제시 설명

　ㄷ 거래단계: 상담마무리 주문완료, 배달, 설치 확인 및 지속적 관계 유지

※ 7단계: 예상고객의 발굴과 평가—준비—고객에 접근—판매제시—이견극복—종결—사후조치

(4) 판매 촉진

① 개념: 고객에게 자사상품을 알려서 사고 싶은 욕구가 생기도록 만들어 판매로 연결되게 하는 활동으로 고객을 대상으로 마케팅 커뮤니케이션을 통해서 수요를 높이는 것이 촉진(Promotion) 중의 하나이다. 따라서 촉진의 다른 말은 마케팅 커뮤니케이션이며, 촉진의 수단에는 광고, 홍보, 인적판매, 판매촉진(SP)이다. 이 4가지가 조화가 되도록 통합을 해야 하는데 이것을 IMC(Integrated Marketing Communication)라고 한다.

② 판매촉진의 특성

　ㄱ 커뮤니케이션: 소비자의 주의를 끌고 유인정보 제공

　ㄴ 자극제: 소비자에게 부가되는 이권, 자극물, 사은품 등을 사용

ⓒ 초대 및 권유: 단기적 촉진수단으로 직접적인 참여 기회를 제안, 권유

③ 판매촉진 수단과 방법

　　㉠ 소비자 촉진: 대량구매 자극, 비사용자의 사용 유도, 경쟁사 고객의 자사 고객으로의 전환(견본, 할인가격제, 쿠폰, 경연대회, 추첨, 경품, 무료시용, POP진열, 제품보증, 대금반환제의, 직접우편광고, 샘플링, 강연대회, 사은품 등)

　　㉮ 컨티뉴어티(continuity): 마일리지 개념 단골고객 보상, 충성도 높은 고객에 대한 보상, 고객정보 데이터베이스화

　　㉯ 리베이트, 리펀드: 제품구입에 따른 일정기간 후 일정액을 환불

　　㉡ 거래점 촉진(중간상 대상 촉진): 새로운 품목의 취급과 재고수준의 증가, 비성수기 구매유도, 관련품목의 확대취급 유도, 경쟁적 촉진의 보완, 소매상의 상표충성도 강화, 신규 소매점 진출.

　　㉮ 내용

　　　ⓐ 도매상이나 소매상들이 자사의 상표를 취급하도록 설득

　　　ⓑ 제품의 특화, 진열, 가격인하 등을 통해 소매상들이 자사상표의 판매를 촉진하도록 유인

　　　ⓒ 소매상과 그 점원들에게 타사의 제품을 배제하도록 조장

　　　ⓓ 제조업자가 판매방식, 제품취급법 등의 무료 교육훈련

　　㉯ 방법: 가격인하, 경품 또는 경로조성금, 공제, 판매경연대회, 무료상품, 리베이트(사례금 및 장려금), 협동광고(각 지역의 소매상이 광고를 지역특성에 맞게 시행하는 대가로 광고비를 지원), 기관지, 재구매공제

　　　㉰ 판매원 촉진: 사내 판매원들을 자극하고 동기부여, 적극적인 고객접촉과 판매목표 달성을 위한 수단으로 신제품이나 신형 모델의 지원 증대, 고객 탐색활동의 강화, 비성수기의 판매를 강화한다. 방법으로는 판매원 회의, 판매경연대회, 판매원 훈련, 내부기관지, 판매교본 배포

4. 촉진과 촉진 믹스

(1) 개념

촉진의 수단은 앞서 말한 대로 4가지이며, 마케팅 목표를 달성하기 위하여 이들을 결합하는 것을 촉진 믹스라 한다. 따라서 마케팅을 위한 촉진 믹스의 결정이 전략적으로 이루어져야 한다.

(2) 촉진예산의 편성방법

① 지급가능: 기업이 부담할 수 있는 수준에서 촉진예산을 편성
② 매출액 비율: 매출에 대비 일정 비율을 촉진 예산으로 배정
③ 경쟁사 비교: 경쟁자의 예산에 근거하여 배정
④ 목표 과업: 구체적 촉진 목표를 설정하고 이를 달성하기 위한 과업들을 파악, 각 과업에 소요되는 비용의 합으로 편성

(3) 촉진믹스의 결정

① 촉진수단
② 광고: 대표적인 비인적 매체
③ 인적판매: 인적 대면을 통해 이루어지며 고객과의 긍정적 관계 구축이 관건
④ 판매촉진: 단기적 매출증대를 위한 유인수단으로서 역할이 큼
⑤ 공중관계(PR): 기업과 소비자와의 관계에서 선전과는 다른 개념으로 타 촉진 수단에 비해 신뢰성이 높고 경계심이 적음
⑥ 직접마케팅: 중간 유통경로를 거치지 않고 소비자와 직접 접촉

(4) 촉진믹스 설정시 고려 요인

① 제품에 따른 차이

② push와 pull전략

　　㉠ push: 판매원에 의한 인적판매를 통해 소비자 수요를 창출하고자 함

　　㉡ pull: 광고를 통해 소비자의 주의를 환기시켜 판매를 도모하고자 함

③ 구매자의 준비단계: 구매자가 촉진 메시지에 노출되었을 때 겪는 심리적 변화과정

④ 제품수명주기

(5) 마케팅 믹스의 4가지 요소(4P)

① 상품 관리

② 가격 관리

③ 경로 관리

④ 촉진 관리

〈보충정리〉 POP 광고(Point of Purchasing Advertising)

1. POP 광고의 개념

① POP 광고란 상품을 판매하는 장소에서 행해지는 모든 광고를 통해 소비자가 점내로 들어와서 제품구입에 이르게 하는 직접광고라 할 수 있다. 즉 구매자가 구매하고자 하는 점포 내에서 구매시점에 보여지는 광고, 점포 내 혹은 점두에서 여러 형태로 제공되는 광고메시지를 말한다. 구매행위의 자극이나 구매행위의 유발을 목적으로 사용되며, 유형은 다음과 같다.

② 일반적으로 '구매시점광고'라고 일컬어지며 소비자가 제품을 구매하는 장소에서 이루어지는 모든 형태의 광고를 말한다. 소비자의 구매심리에 직접적인 영향을 끼침으로써 구매결정력을 자극시킴은 물론 계획구매와 충동구매를 촉진시킨다. 제품의 디스플레이 기능을 대신하기도 하며 점두 및 점내 잠재고객의 관심을 고취시키고 매장에 대한 소비자의 신뢰도를 제고시킨다. 더불어 광고효과의 극대화 및 예산의 효율적 집행을 기대할 수 있다. 오늘날 POP광고는 인적 판매활동의 보조 수단으로서 소

비자로 하여금 제품을 구입하게 하는 행위를 유발시키는 데 커다란 역할을 하고 있다. 실제로 특별판매, 할인행사, 세일 등 여러 행사에서는 더욱 중요한 역할을 한다.
③ 이러한 광고는 간접적인 광고(TV, 라디오, 신문 잡지 등)에 비해 고객과 상품을 직접적으로 연결하는 매개체로, 상품판매 촉진의 중요한 요소가 되고 있다. POP광고는 매장을 번잡하게 하는 것이 아니라 POP광고를 붙이는 것으로서, 고객이 손쉽게 제품을 찾고 부담 없는 구매에 이르도록 하는 것이 그 목적이다. 그리하여 점두 POP는 고객을 점포로 유도하고, 점내 POP는 구매심리를 자극함으로써 판매촉진을 높일 수 있는 것이다.

2. POP 광고의 역사

POP광고는 1930년대 미국에서 셀프서비스 방식의 슈퍼마켓이 등장하면서부터 시작되었다. 소비자가 원하는 제품을 점원의 안내 없이도 쉽게 구매할 수 있도록 상품정보, 생활정보 등의 문구를 설치함으로써 제품판매가 가능하도록 하였다. 이러한 POP광고는 간접광고의 TV, 라디오, 신문, 잡지에 배해 소비자와 제품과의 직접대화를 가능하게 하는 직접광고라 한다.

3. POP 광고의 역할과 기능

① Mass media 광고와 소매점 판매활동의 중간에 위치하여 전자를 보강하고, 소매점의 판매를 지원한다.
② 고객의 구매시점에서 행하여지는 광고로서 상품의 정보(가격, 용도, 소재, 규격, 사용법, 관리법)를 전달하여 판매원을 대신하고 점내의 행사 분위기를 돋워 일정 기간 내에 목표량을 판매하고 매출을 증가시키는 역할을 한다. 또한 고객이 구매 시점에서 의사결정을 하지 않아도 차후의 의사결정에 영향을 미친다.
③ 행사 분위기를 연출한다. 사인보드, 모빌류, 일러스트, 포스터, 현수막, 행거 등 디스플레이 효과를 최대한 이용하여 충동구매를 유도한다.
④ 소비자(구매지원), 소매점(판매지원), 소비자 교육, 소매점 교육
⑤ 셀프 판매를 가능하게 한다. 상품코너 분류, 가격표, 제품안내 POP등 상품에 대한 다양한 정보의 제공으로 점원 없이도 제품을 판매할 수 있어 인적 절약과 판매 효율성을 높일 수 있다.
⑥ 합리적 구매결정에 필요한 상품의 특징과 정보를 전달한다. 상품명, 브랜드명, 사용방법, 사이즈, 소재, 가격, 경제성, 신뢰성 등 관련지식을 제공한다.
⑦ 광고의 효율을 높인다. TV, 라디오, 신문, 잡지, 전단광고를 통해 행사장 분위기와

연결로 광고효과를 극대화시킨다.

* 분위기연출기능—행사 또는 시즌알림
* 상품설명기능—상품의 특성, 가격 소재 등을 알려주어 신뢰감을 높임
* 행사안내기능—판촉계획에 의한 행사를 알리고 안내
* 셀프판매기능—판매사원의 도움 없이 구매가 가능

4. POP 광고의 3가지 유형

POP광고는 제품에 대한 기능성, 사용성, 품질성을 부여하며, 매장의 분위기를 좌우하는 얼굴이라 할 수 있다. 점두 POP를 통해 소비자를 점내로 유도하고 효과적인 진열 POP로 기업에 대한 신용도와 상품에 대한 신뢰도를 높여 구매의사 결정에 확신을 심어줄 수 있게 하는 광고이다.

① 점두 POP: 윈도우디스플레이, 연출용 POP, 행사포스터, 현수막 등이 이에 속한다. 점두 POP는 판매점의 이미지 향상과 제품에 대한 유익한 정보제공을 통해 소비자를 점내로 유도하는 역할을 한다.

② 점내 POP: 사인보드, 모빌류, 행거, 현수막이 이에 속한다. 점두 POP는 판매점의 이미지 향상과 제품에 대한 유익한 정보 제공을 통해 소비자를 점내 유도하는 역할을 한다.

③ 진열 POP: 제품 안내카드, 가격표 등 제품에 대한 상세한 정보를 제공하는 POP를 진열 POP라 한다. 진열 POP는 제품에 대한 간결하면서도 구체적인 정보를 제공하여 소비자가 직접 제품을 만져보고 구매 결정할 수 있도록 한다.

5. POP 광고의 방법

① 진열장 전시
② 계산대 전시
③ 店床 전시
④ 진열대 전시
⑤ 점벽 전시
⑥ 천정 전시

제2절 고객 커뮤니케이션

::고객 커뮤니케이션 계획

1. 일반적 개념과 마케팅 커뮤니케이션

① 의사전달(Communication)이란 정보의 전달, idea의 교환, 전달자와 수신자 사이의 의미를 공유하는 과정으로 정의할 수 있다.

② 커뮤니케이션이 성공적으로 이루어지기 위해서는 메시지가 발신자에서 수신자로 전달되어야 하고, 이 과정에서 발신자와 수신자는 메시지의 의미를 공유할 수 있어야 한다.

③ 마케팅 커뮤니케이션 활동은 광고, 인적판매, 판매촉진, 공중관계, 직접 마케팅으로 구성된다.

④ 통합적 마케팅 커뮤니케이션(IMC: Integrated Marketing Communication)이란, 기업이 광고, DM, SP, PR 등 다양한 커뮤니케이션 수단들의 전략적 역할을 비교, 검토하고 최대의 커뮤니케이션 효과를 거둘 수 있도록 이들을 통합하는 총괄적인 계획수립의 과정을 말한다.

⑤ 사회적으로 책임 있는 Marketing Communication이 중요한데, 마케팅 담당자는 마케팅 커뮤니케이션과 관련된 법적, 윤리적 문제에 주의를 기울여야 한다. 즉 거짓광고나 사기 광고, 미끼광고, 인적 판매의 공정경쟁 등도 주의해야 한다.

2. 고객 커뮤니케이션의 중요성(Marketing communication의 변화)

(1) 변화하는 마케팅 커뮤니케이션 환경

(2) 시장의 분화

(3) 컴퓨터 및 정보통신기술의 발전

(4) 소비구조 및 소비패턴의 다양성과 기업윤리문제

3. 커뮤니케이션의 구성 요소

① 송신자: 메시지를 보내는 측

② 기호화: 생각의 상징적 기호로 변환

③ 메시지: 송신자가 보내는 상징들의 집합, 전하고자 하는 내용

④ 매체: 메시지가 전달되는 의사소통 경로

⑤ 해독화: 수신자가 송신자의 상징에 의미를 부여

⑥ 수신자: 메시지를 받는 측

⑦ 반응: 메시지에 노출된 수신자의 반응

⑧ 피드백: 송신자에게 돌아오는 수신자의 반응

⑨ 장애요인: 의사소통과정에서 발생하는 예기치 못한 장애

4. 고객 커뮤니케이션 9가지 법칙

① 핵심의 원칙: 상품의 핵심을 분명히 전달하라.

② 간결성의 원칙: 한 마디로 고객을 압도하라.

③ 단순함의 원칙: 가급적 상대방 수준에 맞는 쉬운 말로 제품을 설명하라.

④ 생동감의 원칙: 전달내용을 구체적으로 예를 들면서 표현하라.

⑤ 긍정의 원칙: 열정과 성의로 최선을 다해 고객을 사로잡아라.

⑥ 공감의 원칙: 고객의 입장에서 생각하라.

⑦ 스토리텔링의 원칙: 대화로 전달하라.

⑧ 시각화의 원칙: 보일 수 있는 것은 이미지로 동원하라.

⑨ 여유와 웃음의 원칙: 여유와 웃음으로 상대방을 편하게 하라.

5. 고객 커뮤니케이션의 6가지 단계

① 제1단계: 친근감이 있는 분위기 조성(긴장해소)
② 제2단계: 도입 단계로
  ㉠ 지금 대화를 하는 이유가 무엇인지를 설명한다.
  ㉡ 욕구발견을 위한 질문을 한다.
  ㉢ 초기에 생겨날 수 있는 고객의 저항을 극소화한다.
③ 제3단계: 욕구의 발견으로 사실의 검토, 질문한다, 경청한다.
④ 제4단계: 제시
⑤ 제5단계: 지지(해결안 설명)
⑥ 제6단계: 의사결정(실행)

6. 고객 커뮤니케이션의 계획과정

(1) 목표 설정

장기적으로는 브랜드 이미지를 구축시키고 단기적으로는 판매 증가를 추구하는 목표를 설정한다.

(2) 커뮤니케이션 예산수립 및 방법

커뮤니케이션을 위한 여러 방법 및 전략을 장기적으로 추구한다면 브랜드를 각인시키고 판매증진에 기여하겠지만 비용 면의 한계 때문에 합리적인 예산을 수립하는 것이 중요하다. 이에 예산을 합리적으로 수립하기 위한 기법들이 필요하다.

① 한계분석방법: 커뮤니케이션을 위한 일정 단위의 비용이 추가적으로 투입되었을 때 부가적 생산성이 증가한다면 커뮤니케이션 비용을 증가시켜야 한다는 논리에 근거한 분석이다.

② 목표 및 업무분석 방법: 커뮤니케이션 목표달성을 위한 업무수행에 소요되는 예산을 결정하고 투입하는 방법이다.

③ 손대중 방법: 과거의 매출을 고려, 커뮤니케이션을 활용하기 위해 소요되는 예산을 결정하는 방법이다.

ㄱ 기능 예산 방법: 기업의 운영비용과 이익을 산출한 후 커뮤니케이션에 투입할 수 있는 여유자금에 따라 예산을 결정하는 방법으로 경영자의 전략과 주관적인 판단과 결정에 의해 좌우된다. 따라서 장기적, 과학적인 계획 수립에는 부적합하다.

ㄴ 판매비율 방법: 과거의 매출액 또는 예상하는 매출을 토대로 커뮤니케이션 예산으로 얼마나 투입할 것인가를 결정하는 가장 보편적인 결정방법이다. 즉 투입예산은 과거의 매출액 또는 예상매출액에 평균비용을 곱하여 산출한다.

ㄷ 경쟁 동가 방법: 커뮤니케이션에 투입되는 비용의 비율과 시장점유율이 같게 되는 기준에서 투입예산이 결정된다. 즉 시장을 점유하는 예상정도에 따라 예산을 결정한다.

(3) 커뮤니케이션 예산 할당: 커뮤니케이션의 구체적인 요소, 대상 상품군, 지역 또는 기간 등을 고려하여 예산을 할당한다.

(4) 커뮤니케이션 믹스의 실행 및 사후평가: 기 수립된 커뮤니케이션 계획에 따라 집행하고 계획된 목표에 얼마나 도달하고 있는지를 모니터하고 비교 평가하여 환류시키는 단계이다.

7. 기업과 소비자와의 커뮤니케이션─공중관계(PR), PR마케팅의 이해

(1) PR의 정의

① PR은 공중의 태도를 평가하는 관리 기능, 즉 공중이 관심을 갖고 있는 개인이나 조직의 정책이나 그 진행과정을 밝혀 공중의 이해와 수용을 얻어내기 위한 프로그램을 실행하는 일련의 활동이다.

② PR은 고객사의 잘못된 관리와 부적절한 공적, 사적인 정책이나 제품 서비스들은 보완하지 못한다.

③ PR업무는 이미 존재하고 있는 것을 알도록 하거나, 반영하거나, 혹은 오인된 정책이나 제품을 주요 공중이나 타깃 오디언스에게 긍정적으로 비춰질 수도 있도록 개선하는 데 도움을 주는 활동이다.

(2) PR의 의의

① 중요한 경영기능으로서의 PR
- ㉠ 브랜드 자산의 전략적 관리 및 유리한 사업 기회의 적극적인 창출 기능
- ㉡ 사회 여론관리의 필요성 증대로 위기 대처 및 기회 활용
- ㉢ 미디어의 발달, 도시화, 분권화, 사회단체 활성화 등으로
- ㉣ 대공중 커뮤니케이션의 양적 증대 및 파워강화
- ㉤ 특히 브랜드 가치(Brand Equity)의 중요성 부상
- 예) 코카콜라의 브랜드 자산가치: 390억 달러/말보로: 387억 달러

② 전략적 커뮤니케이션으로서의 PR
- ㉠ 기존 문제해결 위주의 방식('소방수' 역할)이 아니라,
- ㉡ 사전에 목표 이미지를 설정하고, 이를 달성하기 위한
- ㉢ 전략적 프로세스하의 커뮤니케이션 활동
- ㉣ 이미지 조사, 이슈 매니지먼트 활성화 및 CI, BI 활동의 중요성 확산

③ 효율적인 커뮤니케이션으로서의 PR

ⓐ 4대 매체 광고 등 대비 상대적 저비용

ⓑ 명확한 타깃 설정

ⓒ PR활동의 Mix화로 시너지 효과 창출

ⓓ 다양한 언론PR, 이벤트, 제작물, 광고기법 등의 총체적 활용

(3) 홍보, 광고, 선전, 프로모션의 비교

구분	내용
PR (Public Relations)	― 기업경영과 발전에 가치를 부여하는 일종의 경영관리 기술 ― 쌍방적 커뮤니케이션(Two―way communication) ― 퍼블리시티, 광고, 이벤트, 제작물 등 다양한 수단의 PR툴 Mix로 구성
광고 (Advertising)	― 비교적 단기적 이윤추구를 목적으로 하는 판매촉진 활동 ― 비대인적(Non―personal), 설득적 ― 매체에 돈을 지불함 ― 광고에 대해 광고주가 통제력을 갖고 있음 ― 광고물에 광고주명이나 브랜드명 명기
선전 (Propaganda)	― 대상 공중에의 일방적, 비윤리적 형태의 커뮤니케이션을 포함한 설득 노력
프로모션 (Promotion)	― 판매, 서비스를 효과적으로 전개하기 위한 마케팅 커뮤니케이션의 일환 ― 광고, PR, 세일즈 프로모션 등을 포함

(4) PR의 대상

① 종업원 관계(Employee Relation): 기업의 대종업원 관계는 기업의 생산성과 관련해 중요한 부분일 뿐 아니라 홍보의 측면에서도 매우 중요한 사항이다. 홍보라면 대외관계나 사회적 평판의 문제라고 생각하고 있지만 홍보의 최대 자원은 대내관계나 종업원의 모랄이다. 종업원 홍보는 기업홍보의 출발점인 것이다. 사실 내공중과 외공중의 관계는 긴밀하게 유기적으로 연결되어 있기 때문에 일부러 구분하여 홍보하려는 것은 잘못이다. 대내홍보와 대외홍보의 양자는 상호조정 통합되어야 참된 홍보가 되는 것이다. 종업원은 기업 안에서 기업의 활동을 지탱하는 가장 기본적인 공중이며, 뿐만 아니라 기업의 경영 활동과 사회적 평판을 좌우하는 살아 있는 홍보 매체이다. 종업원으로부터 지탄받으면 그 즉시 기업은 외부공중의

질타를 받게 되고 드디어는 무너지고 말 것이다.

② 언론 관계(Media Relation): 일반 공중에게 사회적으로 가장 큰 영향력을 행사할 수 있다는 점에서 언론은 중요한 홍보 대상이다. 언론매체는 사회적 문제 또는 사회에서 제기되는 쟁점에 주의를 집중시키고 쟁점과 관련된 여론과 정책에 영향을 미친다. 일반 공중이 특정 기업에 대해 지니게 되는 이미지는 언론매체에 의해 영향을 받을 뿐 아니라 그들의 지각과 선호도 또한 언론매체에 의존한다. 즉 언론은 일반 공중에게 매일 접근해 그들의 의견과 태도의 기본을 이루는 이미지를 만드는 강력한 수단이 된다. 언론매체가 형성하는 이미지는 본질적으로 공공 이미지이며 이러한 이미지는 여론에 영향을 미치고 여론은 민주국가의 모든 결정에 영향을 미친다. 이러한 맥락에서 언론은 매우 중요한 관리 대상이다.

③ 주주관계(Stockholder Relation): 기업의 주식을 가지고 있는 주주들에게 기업 경영이나 회계 상태 등 객관적인 자료를 제시하고, 기타 커뮤니케이션 활동을 통해 주주와의 관계를 지속적이고 안정적으로 이끌어 나가고 긍정적인 태도를 갖게 하는 것은 기업의 경영을 안정적으로 이끌어 나가는 데 중요하다.

④ 투자자 관계(Investor Relation): 투자자 관계에서 말하는 투자자란 현재 기업에 투자하고 있는 사람이나 기업, 단체만을 의미하는 것이 아니다. 앞으로 기업에 투자할 수 있는 개인, 단체 등 모든 잠재적 투자자까지도 포함하며, Analyst, 증권사 직원 등 그와 관련한 모든 사람들, 공중과의 커뮤니케이션을 의미한다. 기업의 투자자들에게는 루머도 중요한 영향 요인이 될 수 있으므로 루머 관리를 하는 것도 투자자 관리에 속한다. 꼭 기업에 대해 좋은 정보만을 전달하기보다는 기업에 대한 객관적이고 전반적인 정보를 전달하면서 긍정적인 태도를 지닐 수 있도록 장기적인 관리를 해야 한다.

⑤ 정부관계(Government Relation): 정부는 기업에 영향을 미치는 법률이나 정책을 결정하고 수행해 나간다는 점에서 중요하다. 정부의 결정은 한 번

결정이 되면 고치기도 힘들고, 여러 가지 방법으로 기업에 영향을 미치기 때문에 입법 과정 이전부터 지속적인 관리를 필요로 한다.

⑥ 이익집단 또는 사회시민단체 관계(Interest Group Relation): 현대 기업은 기업 경영에 직·간접적으로 관계를 맺는 집단들과 우호적 관계를 지속적으로 유지해야 할 뿐만 아니라 경영 외적인 여러 단체들과 Communication을 해야 한다. 기업의 주위에는 많은 비우호적이거나 적대적인 집단들이 기업을 주시하고 감시한다. 이러한 단체들이 기업과 관련한 법안 및 정책 결정 과정, 혹은 여론에 지대한 영향을 미칠 수 있다는 점을 고려할 때, 이러한 단체들을 대상으로 한 커뮤니케이션 관계를 유지하는 것은 매우 중요하다.

⑦ 지역관계(Community Relation): 기업은 특정 국가나 지역에 속한다. 기업이 속한 지역에서 기업이 지역주민, 지역 당국, 기타 지역에 있는 공중들에게 기업에 대해 긍정적인 이미지를 가질 수 있게끔 하는 것은 다양한 커뮤니케이션 활동을 하는 데 도움이 된다.

⑧ 소비자 관계(Consumer Relation): 소비자는 기업의 생산품, 내지는 생산 정보 등을 이용하는 사람들로, 이들이 기업에 대해 호의적인 성향을 가질 수 있도록 한다. 기업광고, 상품 광고 등 광고를 통해 기업의 긍정적 이미지를 알리는 것뿐만 아니라, 캠페인, 이벤트 등을 통해서도 호의적 태도를 갖도록 한다. 이들이 기업에 대해 가지는 태도 및 성향은 궁극적으로 그들이 상품을 선택할 때 결정적인 작용을 한다.

⑨ 공급자 관계(Supplier Relation): 공급자란 기업에 중요한 정보를 전달해 주는 사람뿐 아니라 원자재를 제공해 주는 개인이나 단체 등을 의미한다. 유, 무형의 소스를 제공해 주는 이들과의 관계는 기업이 경쟁사보다 더 우수한 상품을 만들거나 혹은 더 중요한 정보를 가질 수 있다는 면에서 중요하다. 이들이 공급해 주는 것들은 기업에게 많은 것들을 준비하고, 생산해 낼 수 있게 도와준다.

⑩ PR의 효과

㉠ 이슈성 있는 혁신적 제품 출시시

㉡ 회사 설립 또는 소규모 예산일 경우

㉢ 위기관리 커뮤니케이션이 필요할시

㉣ 기존 제품에 새로운 기능 첨가시

㉤ 제품유통에 문제발생시

㉥ 브랜드 인지도 향상을 목적으로 할 경우

㉦ High—Tech 제품으로 구체적 제품 설명이 필요할시

㉧ 정부 규제에 의해 TV광고가 불가능한 제품

::고객 충성도 프로그램

1. 고객 충성도 일반이론

(1) 의의

① 고객충성도란 기업이 지속적으로 고객에게 탁월한 가치를 제공해 줌으로 써 그 고객으로 하여금 해당 기업이나 브랜드에 호감이나 충성심을 갖게 함으로써 지속적인 구매활동이 유지되도록 하는 것이다.

② 높은 수준의 고객충성도로부터 초래되는 경제적 이득은 상당하며, 지속적 인 고객 충성도 획득은 그 기업의 매출 및 시장점유율 향상과 고객유지비 용의 감소를 가져오며 이를 통한 추가분의 이익을 이용하여 고객가치 증 대나 새로운 부문에의 투자, 종업원의 보수 향상 등에 사용할 수 있게 된 다. 또한 이러한 고객충성도 중심에 역점을 둔 경영을 계속할 경우 기업 의 재정적 능력은 더욱 커지게 된다.

③ 고객 충성을 형성하는 요소는 상품의 브랜드로부터 나오는 상대적 가치와 소비자의 구매 관습에서 오는 관성을 들 수 있다.

(2) 고객 충성도와 고객 만족도와의 관계

① Yi(1990)의 리뷰연구에 따르면 고객만족(customer satisfaction)의 정의는 보통 생산품에 대한 만족, 소비의 경험에 대한 만족, 구매 결정경험에 대한 만족, 판매자에 대한 만족, 상점 및 제품이나 서비스에 대한 소비자의 태도, 사전구매경험 등의 관점에서 이루어진다고 본다.

② 보통 충성도는 동일 브랜드에 대한 재구매를 의미하는 순환작용으로 정의되어 왔다. Newman과 Werbel은 충성고객은 한 브랜드만을 재구매하고 다른 제품에 대한 정보를 찾지 않는 고객이라고 정의했다. 또한 Oliver(1999)는 충성도를 가진 고객을 재구매의 강렬한 욕구를 가지는 사람이라고 설명하고 충성도는 인식―감정―행동단계의 위계구조를 가지고 나타난다고 보았다.

③ Griffin에 의하면 고객충성도는 고객만족도와는 달리 구매 행동의 측면에서 정의할 수 있기 때문에 기업성과를 측정할 수 있는 신뢰성 있는 척도가 된다고 했다. 또한 고객이 지속적으로 구매를 하기 위해서는 고객충성도가 있어야 하기 때문에 고객충성도는 고객만족의 계속성을 잴 수 있는 핵심 개념이라는 것이다.

(3) 조직공중관계―고객만족도―고객충성도의 상호관계

① Yi는 조직(기업)과 공중 관계의 중요성은 이미 논의된 바 있는 전통적인 고객만족의 모델로도 잘 설명될 수 있다. 고객이 제품과 서비스, 가격 등에 높은 기대를 가진다면 당연히 그 조직과의 관계를 발전시키고픈 생각을 하게 될 것이다. 고객은 조직의 행동 차원까지 포함해 기대에 부합하는지 그렇지 못한지를 평가한다. 이런 평가는 제품, 서비스, 이미지, 가격에 대한 평가와 더불어 전체적인 고객만족에 영향을 미칠 수 있다.

② Bruning과 Ledingham은 조직공중관계가 고객만족과 연관되어 있으며, 고객만족도는 핵심공중과의 관계에 영향을 받는다고 강조했다. 즉 긍정적인

조직공중관계는 고객들이 그 조직에 관한 호의를 갖게 하고, 조직에 대한 만족에 영향을 미치며 나아가 핵심공중의 충성도를 획득하는 단계까지 영향을 미친다는 것이다. 이와 같은 일련의 연구를 통해 관계의 차원에서 고객만족 프로그램을 수립하고 실행해야 한다는 근거를 제시했다.

③ 고객은 만족을 느끼지 못할 때 아무 행동도 취하지 않을 수 있지만, 상표 불충성도를 높여 구매상표를 바꾸거나, 판매자 또는 제3집단에게 불평을 하거나, 다른 사람들에게 부정적인 소문을 퍼트린다(Day와 Yi). 고객만족은 향후 태도에 영향을 미치고 재구매 의도에 결정적인 영향력을 가진다(Oliver).

④ Griffin에 의하면 고객만족과 고객충성이 연관된 개념인 것은 확실하지만, 고객만족만으로는 고객충성을 구축하기엔 충분하지 않다. 그는 고객충성을 결정하는 요인으로 애착(attachment)과 반복 애고(愛顧: repeat patronage)의 두 가지를 제시하고, 고객은 제품보다 가치에 충성을 보일 수 있기 때문에 고객에게 가치를 창출하고 부여해야 고객충성도를 구축할 수 있다고 지적했다. 장택원의 경우도 고객 만족도보다는 고객 충성도를 강조하면서 기업이미지가 고객 충성도에 직접적으로 미치는 긍정적인 영향에 주목하고 있다.

⑤ 기존의 연구를 토대로 결론적으로 고객만족도와 고객충성도는 밀접하게 연관되어 있고, 공통점이 있는 것은 입증되었지만, 두 개념이 완벽하게 일치하는 것은 아니라고 할 수 있다. 특히 여러 연구자들이 고객만족을 고객충성 구축을 위한 선행 개념으로 이해하고 있음을 알 수 있다. 또한 성공적인 조직—공중 관계를 형성하고자 하는 전제조건은 고객 만족과 고객 충성도를 동시에 높임으로서 장기적으로 조직에 긍정적인 결과를 가져오려고 하는 것이다(Bruning & Ledingham). 또한 좋은 조직—공중 관계를 통해서 소비자와 생길 수 있는 갈등의 폭을 좁히고, 갈등이 가져올 수 있는 불만족의 탄력성을 줄임으로써 조직에 기여할 수 있게 된다(Huang).

2. 고객 충성도 증진 전략

고객중심의 접근방식의 가장 큰 목적은 기업이나 브랜드에 대해 높은 충성도(loyalty)를 보이는 확실한 단골 고객을 확보하는 일이다. 충성도 높은 고객들은 그들을 확보하는 데 비용이 들지 않을 뿐 아니라 더 많은 제품과 서비스를 구입하는 경향이 있으며 새로운 제품을 자주 구입하게 된다. 더구나 이들은 자신이 구입한 제품을 다른 사람에게 추천하는 역할까지 해 주고 된다. 따라서 로열티 높은 고객의 수가 늘어나면 운영비용이 줄게 되어 결국은 회사수익이 증대되는 것이다.

① 기업에게 유익한 고객을 선별하고 목표고객으로 설정한다.

② 목표 고객으로부터의 가치를 극대화하기 위해 다양한 Value Driver에 전략적으로 자원을 집중 배분한다.

③ 자기 기업 고객으로부터 이탈한 고객을 다시 신속하게 되찾아 와야 한다. 이때 투입비용에 대해 편익(효과)을 고려해야 한다. 즉 다시 찾아온 고객의 가치가 더 찾는 비용보다 더 커야 한다. 그리고 이탈 원인에 대해 분석이 이루어져야 한다.

④ 고객 접점에서의 업무 프로세스를 고객을 중심으로 효율적으로 집중시킨다.

⑤ 로열티에 대한 성과관리가 기업의 수익성에 영향을 주므로 로열티 측정에 필요한 핵심지표의 설정과 측정 기법 개발이 병행되어야 한다.

⑥ 위의 요소를 종합해 볼 때, 목표 고객 설정, Value Driver 분석, 이탈 고객에 대한 관리 및 원인분석, 로열티 관리 등이 지속적으로 수행되어야 한다.

〈쉬어 가기〉 고객 충성도를 높이는 실제기업의 사례

'Frederic Reichheld의 충성도를 높이는 법(Lead for Loyalty)'—하버드 비즈니스 리뷰 7·8월호.

그는 "기업이 고객 등의 충성도를 높이기 위해서는 최고경영자의 성실성과 함께 언행·

행동 등에 각별하게 유의해야 한다." 하면서 기업이 주주·고객 등 이해 관계자들로부터 신뢰를 이끌어 내고, 그 신뢰를 충성도 제고로 이끌기 위해 최고경영자가 견지해야 할 6가지 원칙을 제시하고 있습니다.

① 실천을 통해 설득하라(Preach what you practice)

기업 또는 최고경영자가 올바른 가치를 갖는 것만으로는 부족하며, 그 가치들을 명확하게 하고 고객, 종업원, 거래처, 주주들에게 말과 실천을 통해 전달하는 것이 중요합니다. 대부분의 경영자들은 말보다는 행동이 더 강력한 영향력을 발휘한다고 생각하는 경향이 있지만, 실제로는 충성도의 중요성에 대해 명확하고, 간결하고, 강력한 용어로 표현하고 설득하는 것 또한 매우 중요하다는 것입니다.

② 윈—윈 정책을 펴라(Play to win—win)

충성도를 높이기 위해서는 단지 경쟁업체를 떨어뜨리는 것만으로는 충분하지 않으며, 기업의 협력업체나 종업원 등 '파트너'에게도 이익이 되어야 한다는 것입니다. 저자의 연구결과에 따르면 종업원 등 파트너에 대한 기업의 처우는 그 기업이 고객들을 대하는 태도와 분명히 상관관계가 있다고 합니다. 종업원의 충성도 높은 기업은 거의 예외 없이 고객들의 충성도 또한 높다는 점이 밝혀졌기 때문입니다. 종업원의 충성도와 고객의 충성도는 모두 '주관이 뚜렷한 리더십(leadership)'에서 비롯된다는 것이죠. 장기적인 관점에서 고객과 종업원의 진정한 가치를 인정하는 경영자의 철학이 중요하다는 것입니다.

③ 충성도 높은 고객에게 선택적인 특권을 제공하라(Be picky)

모든 고객에게 모든 것을 다 해줄 수 있다는 믿음은 바람직하지 않습니다. 특정 고객만을 만족시킬 수 있다는 생각을 바탕으로 그들에게 최선의 서비스를 제공하려는 기업이 경영의 핵심을 제대로 알고 있는 것입니다. 충성도가 높은 기업의 경우 그들이 고객에게 제공하는 멤버십은 특혜 내지 특권으로 인식됩니다. 아무에게나 제공되는 멤버십이 아니기 때문입니다. 기업 경영자들은 단지 고객을 유지(tenure)하는 것과 고객의 충성(loyalty)을 이끌어 내는 것은 전혀 다르다는 것을 분명히 해야 합니다. 종업원에게도 이러한 원칙은 똑같이 적용됩니다. '선택됐다'는 의식은 고객이나 종업원 모두에게 매우 중요합니다.

④ 간결한 조직을 유지하라(Keep it simple)

날로 복잡해지는 세상에 기업조직을 탄력적이고 빠르게 운영하기 위해서는 의사결정의 준거가 되는 원칙을 간명하게 유지하는 것이 매우 중요합니다. 즉 기업 조직을 복잡하게 운영하게 되면 요즘 같이 빠르게 변하는 세상에 맞춰 신속하고 단호한 결정을 내리기 어려워진다는 것입니다. 따라서 가능한 소규모 팀 단위로 조직을 운영하면서 조직 구성원의 충성도를 높이는 전략을 펴야 합니다. 소규모 팀으로 운영하면 고객들이 손쉽게 해당 부서를 찾게 해 주는 효과도 있습니다.

⑤ 성과에 대한 적절한 보상이 필수(Reward the right results)

가장 충성도가 높은 고객들에게 최고의 대우를 해줘야 하는 것은 물론 가장 충성도가 높은 종업원과 파트너에게도 가장 좋은 기회를 제공해야 합니다. 신규고객보다는 그 기업과 오랜 관계를 맺고 있는 단골고객에 더 많은 혜택을 부여해야 합니다. 단골 고객이라는 이유로 불이익 또는 최소의 혜택만을 받게 된다면 이는 정말 잘못된 것입니다. 기업에서 저지르는 또 다른 잘못은 장기적인 가치나 고객 충성도를 높이는 데 기여한 종업원보다는 단기적인 수익이나 성과를 올린 종업원에게 더 많은 보상을 제공하는 것입니다. 이렇게 되면 단기적인 성과경쟁에만 치우치게 돼 기업의 장기적인 경쟁력은 약화될 수밖에 없다는 것입니다.

⑥ 귀 기울여 듣고, 자유롭게 말하라(Listen hard, talk straight)

최고경영자는 콜 센터나 인터넷 채팅 룸 등 고객이나 협력업체의 생생한 의견을 들을 수 있는 피드백 채널을 찾아 그들의 이야기를 늘 경청해야 합니다. 또한 종업원들이 기탄없이 비판이나 의견개진을 할 수 있는 분위기를 조성하는 것도 중요합니다. 그리고 그들은 이야기들에 대해 적절한 피드백을 제공해야 합니다. 기업이 고객과 지속적인 관계를 형성하기 위해서는 정직성, 쌍방향 커뮤니케이션, 학습 등의 요인이 필수적입니다. 진정한 커뮤니케이션은 신뢰감을 증진시켜 주고, 이는 충성으로 이어집니다. 커뮤니케이션은 또한 기업 경영에 있어서의 우선순위를 명확하게 해 주고, 기업 경영에서 맞닥뜨리는 문제점이나 기회에 대응하는 방법을 조율해 주는 역할도 합니다.

3. 충성고객 형성

(1) 고객의 분류

① 잠재고객: 제품이나 고객 프로그램에 관심이 있을법한 불특정 다수의 고객
② 가능고객: 제품이나 서비스를 구입할 가능성이 많지만, 아직까지는 가능성이 불확실한 고객

③ 가망고객: 제품구매의사가 있는 고객으로 지불능력과 구매결정권을 갖고 있는 고객

④ 신규고객: 처음으로 제품이나 서비스를 구매하고 관계를 맺은 고객

⑤ 재구입고객: 두 번이상의 구매행위와 호감을 표시하는 고객

⑥ 계속 구입고객(단골고객): 세일즈맨의 호감 때문에, 또는 자신의 편의를 위해 주기적인 구매를 하는 고객

⑦ 마니아 고객(충성고객): 지속적 구매를 넘어서 타사의 유인전략에도 움직임이 없을 뿐만 아니라, 적극적 소개와 자사의 정책에 협력하는 고객

(2) 충성 고객 형성 7단계

① 1단계(구매 용의자): 자사 제품을 구매할 경제적 능력이 있는 불특정 다수의 모든 소비자를 말한다.

② 2단계(구매 가능자): 자사의 제품을 필요로 할 수 있으며, 구매 능력도 있는 소비자를 말한다.

③ 3단계(비자격 잠재자): 구매 가능자 중에서 자사 제품에 대한 구매의 필요성을 느끼지 않거나 구매 능력이 없는 것으로 확실하게 판단된 소비자로 목표 고객으로 분류되지 않는다.

④ 4단계(최초 구매고객): 자사 제품을 한번 구매한 고객을 말한다. 이 고객 집단은 앞으로도 자사 제품을 구입하는 자기 고객이 될 수도 있고 경쟁사의 고객이 될 수도 있는 고객이다. 따라서 충성고객이 되도록 이들에 대한 철저한 관리가 필요한 고객이다.

⑤ 5단계(반복 구매 고객): 반복 구매 고객이란 자사 제품을 두 번 이상 반복해서 구매해 본 적이 있는 고객으로 타사 제품과 자사 제품을 번갈아 가면서 구매한 사람들이다.

⑥ 6단계(단골 고객): 고객이 필요로 하는 자사의 모든 제품을 구입하고 있는 고객으로 자사와 유대관계가 형성되어 있어 쉽게 경쟁사로 넘어가는 경우가 적다. 여기서 비활동 고객이 나타날 수 있는데, 비활동 고객이란 자신

의 고객이었는데 정기적 구매를 해 오다가 더 이상 구매를 하지 않고 구매활동이 정지되어 있는 상태의 고객을 말한다. 이러한 고객을 구매활동이 지속되도록 관리하는 것이 신규고객 확보보다 더 경제적일 수 있다.

⑦ 7단계(지지 고객): 지지 고객은 다른 소비자에게 자사 제품을 강력히 추천하고 권유하는 사람들로 신규고객을 확대해 나가는 중요한 소스이다.

4. 고객 충성도 프로그램

(1) 고객 충성도 프로그램의 의의

① 기업이 자사의 이윤추구 목적 달성을 위해 매출 증진을 목적으로 한 마케팅 전략내용 또는 기법을 말한다.

② 그 예로는 마일리지제(포인트), 라운지 프로그램, 직원 사기앙양 방안, 맞춤형 고객관리제도 등으로 가격 할인, 샘플 증정, 추첨 경품 제공 등과 같은 다양한 인센티브를 활용한 고객 충성도 구축과 증진을 위한 프로그램이다.

(2) 고객 충성도 프로그램 방식

① 가격 할인제: 물품 구입 시 일정한 기준 가격 이상을 구입하는 우수 고객에게 구매물건에 대해 일정 비율을 깎아 주는 형태이다. 적용방법이 쉽고 즉각적인 효과를 볼 수 있으나 할인 기간이 짧아 지속적인 충성도 구축에는 한계가 있는 방식이다.

② 마일리지 프로그램 방식(지연 보상 방식): 보편적으로 적용되는 방식으로 회원으로 가입시키고 구매 금액에 따라 일정 비율로 포인트(마일지지)를 제공하고 일정 기준 이상으로 누적되었을 경우 현금처럼 사용할 수 있도록 한 제도이다. 포인트 누적에 따른 보상은 제휴업체를 통해 이루어지기

도 하며 다양한 보상방안이 활용될 수 있다.

고객을 지속적으로 유지시키고 구매로 유도시키기 위해서는 가장 효과적인 방법이지만 포인트의 지속적 누적은 또 다른 비용으로 작용한다. 또한 고객 보상시기가 늦게 나타나면 그 실효성은 한계가 나타난다.

〈심화학습〉 소비자행동모델(구매동기)

1. 개념

소비자 행동 모델이란 소비자 행동에 관계되는 변수들을 확인하고 그들 사이의 관계를 본질적으로 상술하여 행동이 형성되고 영향 받는 양상을 묘사하기 위한 것으로 정의된다. 많은 소비자 행동의 연구자들은 각자 동기부여와 행위의 근거가 되는 변수들에 관해 자신만의 아이디어를 갖고 있을 것인데, 이러한 아이디어를 묘사하는 흐름도가 바로 소비자 행동 모델인 것이다.

2. 유형

① Marshall 모델: 가격과 소득이라는 경제적 동기부여를 강조한다. 실제 구입상황에서 경제적 요인의 임팩트에 관해서는 실험계획이나 통계분석을 통해서 연구되고 있다. 그러나 경제적 요인만으로는 구매량의 모든 변동을 설명할 수 없다.

② Pavlov 모델: 습관적 행동을 중시한다. 동기, 실마리, 반응, 강화라는 네 가지의 중심개념을 기초에 두고 있으며 몇 가지의 행동 측면에서 수많은 통찰을 제공하고 있으나 지각, 잠재의식, 대인관계의 영향 등의 취급은 불충분하다.

③ Freud 모델: 정신분석학적 동기부여를 강조한다. 이 모델의 가장 중요한 의의는 상품에 대한 구입자의 '상징적' 관심에 의해서 동기가 부여된다는 점이다. 그러나 이 파의 방법론으로는 개인의 심중에 깊이 매몰되어 있는 정신상태의 조사결과를 모집단으로 일반화할 수 없다.

④ Veblen 모델: 사회심리학적 요인을 중시한다. 인간의 필요와 행동이 주로 사회의 집단이나 세력에 의해서 형성되는 것이라고 가정하고 있다.

3. 모델의 유용성

① 소비자행동에 관하여 통합적인 관점을 제공한다.

② 마케팅 의사결정에 필요한 조사 분야를 확인시켜 주며, 변수 간 관계의 계량화를 격려한다.

③ 조사발견점을 평가하고 그것을 의미하는 방법으로 해석하도록 도와준다.

④ 마케팅 전략을 개발하고 소비자 행동을 예측하기 위한 근거를 제공해 준다.

⑤ 소비자 행동에 관한 이론구성과 학습을 지원한다.

::기업 마케팅

1. 마케팅 의사결정

(1) 의사결정 4단계

표적 시장 선정, 포지셔닝(positioning), 마케팅 믹스, 마케팅 결과

(2) 내용

신제품이 나오게 되면 그것을 판매할 적절한 시장을 찾아야 한다. 제품이 처음 나올 때 시장에서는 대부분의 고객들이 차갑게 반응한다. 획기적인 기술을 처음 선보이는 것이기 때문에 경쟁 업체가 거의 없다. 그래서 당분간 독점적으로 시장을 독차지할 수 있다. 이러한 상황에서 제품을 구매할 고객들의 집합체, 즉 표적 시장을 선정하고 그 곳을 집중적으로 공략해야 한다. 기업 혹은 제품이 별다른 경쟁자가 없는 상황에 접해 있다면 전체 시장을 표적으로 마케팅을 전개하는 것이 가장 효과적이다. 전체시장에서 경쟁사와 자신을 뚜렷이 차별하는 수단이 없다면 표적시장의 선정은 필수적이며, 이를 위해서는 먼저 시장을 세분화하여야 한다. 또한 경쟁사와 관계없이 자사 제품에 대해 성별에 따라 혹은 연령에 따라 제품에 대한 반응이 각기 상이한 경우라면 시장세분화는 마케팅전략 수립에 있어 필수적인 사항이 될 것이다. 이러한 시장 세분화 전략은 국내에서도 성공적인 사례를 흔히 찾아볼 수 있다. 시장 세분화는 시장 전체를

유사한 특질을 가진 여러 개의 하위집단으로 나누는 작업을 의미하며, 하위집단은 지리적 성향, 인구통계학적 성향, 사회 계층적 성향 등 여러 가지 형태로 분류될 수 있다. 세분화된 시장은 단 하나만이 표적시장이 되는 것이 아니라 기업의 역량에 따라 몇 개의 세분시장이 표적이 될 수도 있다.

(3) 마케팅 조사과정의 문제점(의사결정자에 대한 보고)

① 대표성의 결여
② 표본의 규모나 설계의 오류
③ 현실적인 자료여부
④ 마케팅 조사 장소에 대한 문제
⑤ 마케팅 조사시 과대광고 혹은 과대 판촉시행
⑥ 정확한 마케팅조사 실시 여부
⑦ 마케팅 조사기간의 협소

(4) 마케팅 정보 시스템

① 개념: 기업의 마케팅 담당자는 변화하는 마케팅 환경 속에서 많은 의사결정을 내리게 된다. 환율, 유가를 포함한 전 세계적인 경제환경의 변화, 법률적 변화, 경쟁자의 새로운 가격전략, 소비자의 라이프스타일 및 구매패턴의 변화와 같은 다양한 환경변화에 대처하기 위해 마케터는 지속적으로 의사결정을 해야 하는데 기업은 마케팅 의사결정에 따른 위험을 최소화하기 위해 마케팅 관리자의 직관이나 경험에 근거한 주관적 판단보다는 객관적인 자료나 정보에 근거해 의사결정을 내리게 된다, 여기서 말하는 객관적 자료는 정보로 변환되기 전의 단계 즉 설문조사의 결과를 표나 도표로 정리만 해 놓은 상태이고 정보는 의사결정에 유용한 형태로 전환 시켜 놓은 것을 말한다. 마케팅 조사는 마케팅 의사결정상의 위험과 불확실성을 감소시키기 위해 객관적 자료를 수집, 분석하고 이를 의사결정에 유용

한 정보로 가공하는 활동을 의미한다.

② 자료의 종류: 마케팅 조사에서 수집되는 자료는 크게 1차 자료와 2차 자료로 나뉘게 되는데 1차 자료는 조사자가 당면한 의사결정 문제를 해결하기 위해 직접 수집한 자료이고, 2차 자료는 다른 조사자가 다른 조사목적으로 이미 수집, 정리하여 문헌으로 제시한 자료를 말하며, 사내자료, 정부기관의 발행물, 다양한 연구기관들의 보고서 전문조사기관에 의한 상업서비스자료 등이 이에 포함된다. 보통 1차 자료를 수집하는 방법은 많은 시간과 비용이 소요되기 때문에 수시로 발생하는 의사결정문제에 신속하고 경제적으로 대처하기 위해 2차 자료가 많이 활용 되는 편이다.

(5) 소비자 구매의사결정 단계

문제인식 →정보탐색 →대안평가 →구매결정 및 구매 →구매 후 행동

2. 기업의 성장전략

(1) 집중적 성장전략

현재 진행되고 있는 사업범위 내에서 추가적인 성장기회를 추구하는 전략(성장성이 높은 시장)이다.

① 시장침투전략: 기존시장에서 기존제품으로 시장점유율을 증대시키고자 하는 전략을 말한다. 소비자에게 제품사용량이나 소비율을 증가시키는 전략으로 경쟁상표를 이용하는 소비자들을 자사상표의 고객으로 유도하고 신규고객의 창출, 잠재수요의 활성화를 도모하는 것이다.

② 시장개발전략: 기존제품으로 새로운 시장을 발견하고 개척하는 시장개발전략으로 잠재소비자(잠재수요)를 발견하고 제품구매를 유도, 유통경로의 확대, 해외 수출시장의 확대를 도모한다.

③ 제품개발전략: 기존시장에서 신제품을 개발하는 전략으로 기술혁신, 디자

인을 개선한다.

(2) 통합적 성장전략

유통경로상에서 주로 수행되어지는 전략이며, 경쟁사의 인수 또는 합병 등을
활용하고

유통경로상의 갈등해소, 독점적 성장을 추구한다.

① 전방통합전략: 제조업자가 도매상을 인수

② 후방통합전략: 소매상이 제조업자를 인수

③ 수평적 통합전략: 경쟁업체끼리의 통합

(3) 사업다각화 전략

현재의 사업과는 전혀 다른 새로운 분야에서 새로운 제품을 가지고 새로운
성장기회를 추구하는 전략이다.

① 집중적 다각화 전략: 기존의 기술을 활용하여 새로운 제품을 만들어 새로
운 시장에 참여한다.

② 수평적 다각화 전략: 기술적으로 기존의 제품기술과는 관련이 없지만, 기
존의 고객에게 어필하는 전략이다. 예로 은행에서의 고객대상 보험, 휴대
전화 판매

③ 복합적 다각화 전략: 시장기술이 기존의 시장이나 기술과 전혀 관련이 없
으며 새로운 고객에게 어필하는 전략이다. 위험(risk)이 상당히 크기 때문에
정확한 시장조사와 시장 성장 잠재력이 충분히 있어야 한다. 예로 Sony사
가 일본에서 보험회사를 운영, Brand Image활용

::고객 관계 마케팅

1. 고객 관계 관리(CRM)

(1) 고객관계 관리의 개념 및 의의

① 고객 관계 관리(Customer relationship management, CRM)란 소비자들을 자신의 고객으로 만들어, 이를 유지하고자 하는 경영기법이며, 기업과 고객과의 관계를 관리, 고객 확보, 그리고 고객, 판매인, 협력자와 내부 정보를 분석하고 저장하는 데 사용하는 광대한 분야를 관리하는 방법이다.

② 고객의 행동양식에 대한 깊은 관찰과 이해를 바탕으로 기업 경영의 질을 과학적으로 끌어올리기 위한 전략, 조직, 프로세스 및 기술상의 변화 과정을 의미한다. 즉 CRM은 기존 고객에 대한 정보를 종합적으로 분석해 우수고객을 추출하고 이들에 관한 각종 정보를 바탕으로 1대 1 집중 관리할 수 있는 맞춤형 전략을 지향하는 장점을 가지고 있다.

③ 기업은 CRM을 통해 고객에 대한 정보를 수집하고 수집된 정보를 효과적으로 활용해 매출과 수익을 효과적으로 증대하거나, 비용 절감을 이룰 수 있다. 매출 증대는 기존 고객 및 우량 고객의 유지 관리, 기존 고객으로부터의 수익성 증대, 수익성이 높은 신규고객 확보를 통해 달성될 수 있으며, 비용 절감은 고객을 과학적으로 분석하여, 마케팅활동을 효율적으로 수행함으로써 이뤄질 수 있다.

④ CRM을 통해 기업이 얻을 수 있는 이익은 매우 다양하고 우선 우수 고객의 유지비율을 제고할 수 있으며, 고객 이탈로 인한 손실을 최소화 할 수 있다. 또한 잠재 고객을 활성화시키고, 교차판매, 재구매, 판매액 및 판매 단가의 증대 등을 유도하고, 틈새시장을 개척하는 등 여러 가지 효과를 기대할 수 있다.

⑤ 고객 관계 마케팅 절차는 현재 기업이 보유하고 있는 고객과 잠재 고객에

대한 자료를 수집하여 이를 쓸모 있고 가치 있는 마케팅 정보로 변환하고, 고객 행동을 분석·예측하기 위하여 고객의 행동 확률을 고객 개인별로 점수화하는 과정을 뜻한다. 또한 개별 고객의 점수를 활용하여 동일한 고객군으로 그룹화하여, 고객별, 그룹별로 효과적인 마케팅 프로그램과 전략을 개발, 검증, 구현, 측정 및 수정케 하는 일련의 과정을 뜻한다.

(2) CRM의 전략적 정의

① 고객관계가치의 발굴: 기업이 다양한 접촉경로를 통해 고객과 일정기간 동안 관계를 가지면서 현금흐름을 이루어가는 정도를 측정하는 것인데, 이는 고객자산을 의미한다. 따라서 고객관계가치는 기준을 정하여 고객관계에서 발생하는 수익과 지출을 수치로 표시할 수 있도록 수익이나 비용적인 측면을 측정할 수 있어야 한다.

② 고객정보의 차별적 적용: 고객의 정보를 데이터베이스화하는 데서 시작하여 이를 전략적으로 활용하는 것이 중요하다.

③ 고객과의 1:1 커뮤니케이션: CRM의 가장 중요한 속성은 고객 개개인과의 커뮤니케이션을 강화하는 것으로 고객과 커뮤니케이션 진행자와의 익명성, 비밀성, 차별성을 추구할 수 있다.

④ 고객과의 인간관계 개선 강화: 고객과의 인간관계 개선을 위해 다양한 커뮤니케이션 경로를 활용하고 거기에서 발생되는 내용과 강도를 보다 인간적, 감동적으로 관리하려는 기업과 개인의 니즈를 부합시키는 활동이다. 또한 각각의 고객접촉 경로를 통해 보다 우호적이면서도 친밀한 인간관계를 유지할 수 있다.

⑤ 로열티고객 중심의 평생고객생애가치의 극대화: 고객과의 관계 개선을 통해 고객의 생애가치를 극대화함으로써 경영효율을 꾀하는 고차원적인 경영활동이다. 동시에 20대 80의 경험법칙, 즉 고객의 생애가치가 높은 상위 20% 고객의 수익기여도가 전체 수익의 80%정도까지 차지한다는 원리를 적극 적용하여 이에 합당한 서비스를 제공한다.

⑥ 고객정보 통합시스템의 전략적 활용: 지속적인 고객관리와 고객관계의 개선을 통해 고객속성 정보DB와 거래속성 정보DB를 통합하여 데이터베이스 관리시스템을 구체적으로 전략화하고 이것을 시스템 및 정보기술과 결합하여 새로운 성과DB로 추출하고 분석한다. 이렇게 고객과의 관계 개선을 위한 전략적인 의사결정 과정을 데이터베이스화, 프로세스화 등 고객정보 통합관리 솔루션을 장착, 운용하여 선진 경영을 추구한다.

(3) CRM의 4가지 측면

① 지속적인 관계를 통한 고객관리: 습관적으로 자사의 제품이나 서비스를 구매하도록 하는 마케팅 행위
② 개별 고객관리: 개별적인 고객에 대한 1:1 마케팅(맞춤형 전략)
③ 정보기술에 의한 관리: 데이터베이스를 이용하여, 고객의 정보를 관리
④ 전사적 차원에서의 관리

(4) CRM의 효과

① 사용자 관점 대용량 데이터에 신속하게 접근: OLAP(Online Analytical Processing: 이용자가 직접 데이터베이스를 검색, 분석해서 문제점이나 해결책을 찾는 분석형 애플리케이션 개념)를 이용하여 데이터웨어하우스에 저장된 고객 및 마케팅 정보를 쉽게 이용할 수 있다.
② 포괄적인 데이터분석 능력: 데이터마이닝을 이용하여 다양한 데이터 분석 능력을 수행한다.
③ 효과적인 마케팅 프로그램 개발 능력: 마케팅활동을 적시 수행한다.
④ 마케팅 프로그램의 실효성 평가: 마케팅활동에 대한 ROI 분석(당기순이익/투하자본)을 체계화한다.
⑤ 마케팅 정보요구 빈도 감소: 현업 부서의 적극적 정보를 활용할 수 있다.
⑥ IT부서 관점의 데이터 요구 감소: 마케팅 자료가 데이터웨어하우스에 저

장됨으로써 사용자가 직접 정보탐색이 가능하다.

⑦ 추출작업 간소화: 스케줄에 따른 추출작업이 간소화된다.

(5) CRM의 적용 범위 및 목적, 전제조건

온라인과 오프라인에서 고객 유지, 확보, 개발 등의 넓은 영역이 범위이다. 전통적 마케팅은 마케팅 부서에만 마케팅전문가를 배치하여 기업의 모든 외부환경을 분석하여 다각적인 전략이 아닌, 마케팅이 접근하기 쉬운 소비자행동 부분에만 치우쳐 있었다. 최근에는 디지털 기술을 활용하여 e—환경하에서 고객접점과 커뮤니케이션, 분석 활동을 실시간에 전개함은 물론 고객과의 거래에 관계되는 온라인과 오프라인 정보를 통합적으로 관리할 수 있는 '고객정보 통합시스템'을 구축하여 고객의 섬세하고 개별적인 니즈(need, 요구와 욕구)까지 파악하여 고객생애가치를 극대화하고 이익률을 제고하고 있다. 따라서 CRM은 고객정보와 거래정보의 통합 활용으로 고객관계가치의 발굴, 고객정보의 차별적 활용, 커뮤니케이션 및 로열티를 강화함으로써 고객과 기업의 이익을 동시에 추구한다.

① 범위

　㉠ 고객 유지: 이탈 고객의 방지 및 이탈 원인분석과 되찾아 올 수 있도록 관리

　㉡ 고객 확보: 기존의 단골 및 우량고객에 관한 정보를 통해 신규고객을 확보하고 우량고객으로 만드는 활동

　㉢ 고객 개발: 기존의 일반 고객을 우량 고객으로 전환시키기 위해 교차판매(신품목구매 유인)와 추가 판매(구매 확대) 등의 마케팅을 구사한다.

② 목적

　㉠ 고객과의 관계를 개선하고 고객이탈을 방지하며 고객충성도를 높인다.

　㉡ 고객 하나하나의 성향을 조사하여 맞춤서비스를 제공하여 고객의 만족도를 높인다.

　㉢ 교차판매(cross—selling)와 상향판매(up—selling)를 시행한다.

　㉣ 신규고객을 확보한다.

㉤ 우수고객은 더욱 장려하고 휴면고객은 활성화한다.

　　　㉥ 제품, 서비스 등에서 차별화된 정책을 통해서 대 고객 경쟁력 우위를
　　　　　확보한다.

　　　㉦ 투자대비효과(ROI: return on investment)를 극대화한다.

　③ 전제조건

　　　㉠ 자사가 속한 산업의 특성과 상황을 고려, 얼마만큼의 CRM이 필요한지
　　　　　를 먼저 파악, 보유하고 있는 고객, 상품, 거래 등에 관련된 데이터를
　　　　　웨어하우스에 통합시킨다.

　　　㉡ 고객이 생각하고 표현하는 고객의 요구사항을 사내정보망을 통해 관련
　　　　　자들과 함께 공유하고 이 정보를 충분히 분석해야 한다.

　　　㉢ 축적된 고객정보를 바탕으로 거래가 없었지만 유망한 잠재고객에게 도
　　　　　달할 수 있는 마케팅 전략을 수립해야 한다.

(6) CRM 측면에서의 고객의 기대사항

① 대중과 구별되는 개별 고객으로의 차별 인식과 대우 기대

② 사려 깊은 서비스에 대한 기대

③ 편리성: 자신의 개인정보를 잘 알고 있는 기업과 거래하여 불편함을 최소화

④ 유익성: 고객의 생활에 유익한 역할을 한 기업에 우호적

⑤ 정보 : 상품에 관한 일방적 정보제공보다는 고객이 원하고 관심 있는 정
　　보를 제공

⑥ 고객 자신의 위치 및 신분 인정받기: 유명 브랜드나 유명 기업의 상품을
　　사용하고 고객이라는 인식을 통해 고객은 만족해함으로 기업은 이에 충실
　　해야 한다.

(7) CRM의 구축과 실행

현재 CRM의 구축에는 다양한 방법 및 순서가 적용되고 있다. 이러한 여러

방법들을 종합하여 일반적인 내용을 취합해 보면 계획, 분석, 설계, 구축, 실행, 결과 평가의 6가지 단계로 분류할 수 있다.

① 계획: 계획단계는 기업의 비즈니스 목적을 달성할 수 있는 최적의 CRM전략 계획을 수립하는 단계로서 CRM시스템을 구축하는 목적과 그에 따른 기업의 이익 증대의 내용, 프로젝트 수행일정, 비용 등을 구체적으로 파악하여야 한다. 또한 CRM목표를 달성하기 위한 데이터 환경을 정의해야 하며 필요 데이터 확인 및 데이터의 근원지가 데이터웨어하우스인지, 데이터마트인지 혹은 운영계 시스템에 존재하는지, 외부 데이터를 포함하는지의 여부를 정의한다.

② 분석: 분석은 크게 환경 분석과 고객 분석으로 분류할 수 있다. 환경 분석에는 고객 분석, 경쟁사 분석, 거시 환경 분석을 포함하는 외부환경 분석과 자사의 고객 지향성분석, 전략적 정합성 분석, 외부 환경에 대한 적합성분석을 포함하는 내부 환경 분석으로 나눌 수 있다.

③ 설계: 설계 단계에서는 우선 비즈니스계획과 IT계획을 수립해야 한다. 비즈니스계획은 고객 세분화에 따른 차별화된 전략에 근거하여 고객 관계 관리를 지원할 수 있는 최선의 전략이나 고객 인센티브 프로그램을 세운다. 전형적인 비즈니스계획에는 다양한 고객 측에 초점을 맞춘 신상품과 서비스 창출, 각기 다른 고객층에 맞게 현 상품과 서비스의 재정립, 고객층별 상품 제 가격 정책 및 채널의 다양화, 각각의 고객에 맞는 마케팅 캠페인과 같은 것들이 있다. 이렇게 구체적인 비즈니스 활동 계획을 수립한 후 이를 시행하기 위한 IT시스템 계획을 세우는 단계로 들어간다. IT계획 수립은 비즈니스 활동 계획에 따라 CRM프로젝트를 지원할 IT시스템 계획을 세우는 것이다. IT시스템은 대개 운영계 시스템, 예측 모델, DSS, 그리고 리포팅과 분석 시스템을 포함한다.

④ 구축: Customer Data Warehouse, OLAP, Data Mining같은 analytical CRM system과 Campaign System, Channel System, Sales Force Automation, CustomerSupport & Service System과 같은 opertaional CRM system을 설치한다.

⑤ CRM실행: CRM의 실행은 적합성 테스트와 실행확대 단계로 나누어 볼 수 있다. 적합성테스트는 CRM전략과 시스템이 과연 효과가 있을지를 미리 테스트해 보는 단계이며, 실행확대 단계는 적합성 테스트를 통해 적합성이 검증되면 RCM 대상고객 전체에 대해 CRM을 확대하여 실행하는 것이다. CRM실행 시 잊지 말아야 할 포인트는 CRM은 일회성 활동이 아니라는 점이다. 따라서 CRM의 활동성과에 대해서 정기적으로 평가가 이루어지고 그 결과에 따라 지속적인 개선활동이 이루어져야 한다.

⑥ 결과 평가: 결과 평가 단계에서는 프로그램 결과와 효과를 다시 측정한다. 즉 기업의 목적에 어느 정도 기여했는가와 함께 프로그램이 고객의 행동에 미친 영향도 고려한다. 또한 프로그램의 성과와 결과를 조직 전체에 알림으로써 전사적인 정보로의 공유가 가능하도록 한다.

⑦ 발전 방향: CRM은 종전의 데이터베이스 마케팅이 확장되고 변모하여 형성된 폭넓은 경영방식이라고 할 수 있다. CRM에서 목적을 달성하기 위해서는 영업과 관련된 공급자, 파트너, 그리고 유통관련업자나 관련된 도·소매업자들과의 협조와 제휴가 필수불가결하다. 또한 많은 온라인 상점에서는 주문상품의 택배가 전략적 차별성을 가져오는 중요한 서비스가 되어 가고 있다. 이렇게 영업상의 필요로 인해 CRM의 영역이 넓어지고 있고 이와 같은 변화가 소위 말하는 ERM이라는 개념이다. ERM의 정의는 사람에 따라 다양하지만 일반적으로 기업 간의 상호통합을 말한다. 즉 기업이 그들 고객과의 거래관계를 구축하고 강화하는 CRM의 목적을 달성하기 위해 필요한 모든 개체들과의 관계를 관리하는 것이다. 결론적으로 CRM은 경영환경의 변화와 정보통신기술의 발달로 이제는 더 이상 피할 수 없는 하나의 흐름이 되었으며 이것은 CRM과 같은 모습으로 확장 발전될 것으로 보여 진다.

(8) CRM 도입의 실패요인

① 계획의 통합성 미흡

② 목표 설정의 실패

③ 인적요소에 대한 고려 부족

④ 결함 있는 기본 프로세스 위해 CRM 도입

⑤ 시장 환경 제약 조건의 무시

⑥ 부서 간의 갈등과 비효율적 결정과정

⑦ 솔루션 공급자 선택의 실패

2. e—CRM

(1) e—CRM의 개념

① e—CRM은 온라인상에서 고객의 행동과 성향을 분석해 고객만족을 극대화하고 실시간으로 1:1 마케팅을 실현해 주는 것으로, e—비즈니스 환경 아래에서 전개되는 CRM을 말한다.

② 인터넷상에서 발생하는 모든 데이터와 오프라인 데이터를 이용하여 고객 정보를 구축하고, 이를 바탕으로 재구축한 고객관계 관리이다. CRM이 마케팅 분야에서 중요한 역할을 하게 되고, 인터넷을 통한 전자상거래가 급성장하면서 등장하게 되었다.

(2) e—CRM의 전략적 정의

① 온라인상의 전자적 고객접점 경로: e—CRM은 크게 상품과 서비스, 콘텐츠를 온라인상의 고객접촉수단(인터넷, 이메일, 이동통신, PDA, 전자 카탈로그 등)과 원리를 활용하여 수시 또는 즉시로 쌓이는 기업 내외부의 고객 관련 정보를 통합하고 가공, 재정리, 분류하여 이것을 전략적으로 분석함으로써 고객과의 관계 개선을 통해 고객만족도를 향상시키고 고정고객화를 통해 고객로열티를 증진시켜 궁극적으로는 수익구조를 개선하는 경영 관리활동 내지는 솔루션 운용활동을 말한다.

② 공격적, 비대면적 고객 접촉: 온라인상에서의 고객접촉은 동시에 여러 경로에서 커뮤니케이션이 가능하며 실시간 데이터 또는 비대면 접촉이 가능하다. 또한 고객접촉 상황의 기록과 관리 및 보관이 용이하며 실시간 고객행동의 분석과 자료 추적 등이 가능하다. 따라서 온라인 고객접점 경로는 오프라인 중심의 CRM 고객접점 경로에 비해 대량의 이메일 발송, 동시 캠페인 처리, 이벤트 참여, 평가나 테스트 결과 체크 및 자동통보 등의 마케팅활동 내지는 서비스 활동까지 비대면 접촉 상황에서 공격적으로 마케팅이 가능하다.

③ 무점포 중심의 통합커뮤니케이션: 일부 학자나 컨설팅 회사들은 오프라인 중심의 고객접촉 경로를 활용하면 CRM으로 보고, 인터넷 등 온라인 중심의 무점포를 활용한 CRM을 e—CRM으로 보는 경우가 있다. 이처럼 e—CRM은 고객과의 비대면적인 무점포 중심, 인터넷 네트워크 중심의 고객접촉성이 높게 나타나는 대고객 커뮤니케이션 영역이라고 할 수 있다.

④ 디지털 환경 중심의 다기능 접촉도구의 활용: 디지털 경영과 디지털 마케팅이 강화될수록 e—CRM중심의 고객접촉 빈도와 범위가 왕성해짐으로써 이에 대한 새로운 커뮤니케이션 방법과 장비, 관련 콘텐츠 발굴과 관심사항의 업그레이드 등 고객관계를 향상시키려는 활동이 요구된다.

⑤ 인터넷 고객센터에서의 고정고객관리 강화: 인터넷 고객센터에서는 네트워크 환경중심에서 텔레마케팅을 실시간으로 연계하여 고객응대를 종합적으로 처리할 수 있고 고객응대 요원이 통합된 고객정보 데이터베이스를 활용하여 개별적으로 상담해 줄 수 있다. 즉 종전의 CTI(Computer Telephone Integration)가 주로 콜처리 중심의 데이터 통합이었다면 인터넷 고객센터는 음성 데이터의 통합, 메시징, IT플랫폼 등으로 인터넷 환경 중심에서 콜처리 능력을 강화함으로써 e—CRM분석과 활용 능력을 급격히 향상시켰다.

(3) CRM과 e—CRM의 비교

① 비교 내용

구분	CRM	e—CRM
DATA 수집 방법	영업사원 방문, TM, DM, 구매 데이터 등 복수의 분산된 개념	웹 기반의 단일 통합채널(웹로그, 이메일반응, 웹콜센터, 구매 데이터 등의 통합
DATA 분석	고전적 통계기법, 데이터 마이닝	실시간 고객 성향 분석, 고객 행동패턴 분석
DATA 활용	마케팅 캠페인, 영업 강화, CTI, 프로모션	ONE—TO—MARKETING, 웹사이트 개인화, 실시간 추천 시스템
비용	높은 인건비로 인해 고객 관계관리 비용이 상대적으로 높음	초기 IT 도입비용이 높은 반면 지속적인 관리 유지비용이 낮음
시간적, 공간적 범위	시간적 제한 및 지역적 한계 존재	지역, 시간적 제약 탈피

② eCRM과 오프라인 CRM의 통합 필요성

오프라인 기업들은 대부분 e—비즈니스를 병행하려고 하고 있다. 그런데 인터넷이라는 하나의 커뮤니케이션 채널로 고객과의 모든 관계를 해결하려는 시도는 다소 무리일 수도 있다. 인터넷 이외에 전화, 편지와 같은 전통적 수단이 더 효과적인 경우도 있기 때문이다. 또한 한 사람의 고객을 두고 오프라인 CRM에서 보는 관점과 e—CRM에서 보는 관점이 다르다면 제대로 된 고객관리를 할 수 없다. 이러한 관점에서 볼 때 오프라인과 온라인에서의 고객관리는 통합되어야 한다.

(4) 영업 CRM(Operational CRM)

영업 CRM으로 표현되는 Operational CRM은 실제 Action에 해당하는 기업의 활동을 최적화하고 관리하는 분야이다. 'Front Office', 'Front End'라고 표현되는 고객 접점(영업, 마케팅 및 고객서비스)에 대해 관리 및 최적화를 수행한다. Operational CRM은 Analytical CRM의 결과로부터 예측과 대응을 할 수 있도록 작동되어야 하며, 그 결과는 Analytical CRM에서 이용될 수 있도록 데이터로 수집 및 저장되어야 한다. 세부 분야별 주요 업무분야는 다음과 같다.

① Sales 분야
  ㉠ 영업자동화(Sales Force Automation)

ⓛ 영업대상 발굴 및 예측(sales Forecasting)

ⓒ 고객 개인정보 관리(PIMS: Personal Information Management System)

ⓡ 영업기회 관리(Opportunity Management)

ⓜ 주문관리 및 고객보상 등의 관리

② Marketing 분야

㉠ 캠페인 관리(Campaign Management)

ⓛ 마케팅 예측(Marketing Forecasting)

ⓒ 마케팅 프로모션 및 이벤트 관리

ⓡ 마케팅 문서의 관리

③ Service 분야: Sales 이후의 관리에 해당된다.

㉠ 서비스 수요/고객 예측

ⓛ 설문조사

ⓒ 고객관리 시스템

ⓡ 소모성 자재/부품 관리

(5) 분석 CRM(Analytical CRM)

운영계에서 생성되는 데이터를 축적하고 분석하는 분야이며, '사업성과 관리' 부분을 구성한다. 마케팅 분석과 판매분석 작업을 수행하고, 협업CRM을 이루기 위한 데이터와 영업CRM에서 의사결정을 위한 데이터를 제공한다. 일종의 Back —End를 관리하는 분야이다. 분석결과는 사업성과 관리(Business Performance Management) 개념으로 이어진다. 세부분야별 항목은 다음과 같다.

① Marketing Data 분석: 주로 Query 및 Report를 통해 조회 및 분석

㉠ 고객 세분화 및 타깃 고객 선별

ⓛ 캠페인 효과분석

ⓒ 이탈고객 예측에 의한 접근주기 산출

② Sales Data 분석: OLAP 툴 등에 의한 분석을 많이 사용

③ Customer Data분석: Data Miining에 의한 분석을 많이 사용

분석은 위 3개 분야의 데이터를 연계하여 분석하는 경우가 많으므로, 세부적인 분석행위를 세부 분야별로 나누기는 힘들다. 일반적으로 분석방법별 이용되는 사안은 아래와 같다.

① 등급분류 및 등급모델링(Classification & Modeling)

   ㉠ 타깃고객 추출과 텔레마케팅 및 DM발송

   ㉡ 고객지원 및 고객불만 관리(Claim Prevention)

   ㉢ 고객 스코어링(Customer Scoring/Ranking)

   ㉣ 사기/부정행위 검출(Fraud Detection)

   ㉤ 위험/위기관리(Risk Management)

   ㉥ 가격 시뮬레이션/모델링(Price Modeling)

   ㉦ 이탈고객관리(Churn Management)

   ㉧ 고객 충성도 유지(Customer Retention)

   ㉨ 고객 획득과 전환(Customer Acquisition)

② 군집분석(Clustering)

   ㉠ 고객 세분화 및 프로파일링(Customer Segmentation & Profiling)

   ㉡ 신규고객층 발굴

③ 연관분석(Association)

   ㉠ 장바구니/쇼핑카트 분석(Market Basket Analysis)

   ㉡ 교차판매(Cross Selling)/Up Selling

   ㉢ 상품추천 및 콘텐츠 개인화

④ 순차패턴(Sequential Pattern)

   ㉠ 시계열 흐름에 따른 장바구니/카트 분석(Market Basket Analysis Over Time)

   ㉡ 온라인 서비스 이용패턴 분석 및 개선

⑤ 시계열 예측(Time—series Forecasting)

   ㉠ 매출예측/수요예측

   ㉡ 재고수량 관리

   여러 분석방법을 통해 데이터마이닝(Data Mining)이 이루어지며, 데이터

마이닝을 통해 새로운 패턴과 모델을 발견하고, 이로부터 지식을 얻는다.

(6) Collaborative CRM

'Customer Interaction Management'라는 표현처럼 고객과의 접점을 효율적으로 유지하기 위해, 고객과 기업, 기업 내 구성원 간 효율적인 협업(Collaborative)이 이루어질 수 있도록 한다. 특히 eCRM에서 강화된 분야로서, 분석과 운영/영업의 통합된 성격이 짙다.

영업CRM 및 분석CRM에서 생성되는 데이터를 통해 아래와 같은 절차를 최적화 한다. 물론, 아래 절차에서 생성되는 데이터도 분석CRM에 포함되어 분석이 이루어져야 한다.

① 개인화

    ㉠ 웹사이트의 개인화/추천

    ㉡ DM 및 쿠폰북 등의 개인화

    ㉢ CCID 식별을 통한 콜센터 업무의 최적화

② 자동화

    ㉠ 고객지원의 자동응답 서비스(전화/이메일 등)

    ㉡ Behavioral Targeting 솔루션(웹사이트 방문자 성향에 따른 최적화된 접근)

    ㉢ Multi Variate Testing 솔루션(다양한 케이스별 테스트를 자동적으로 수행하고, 최종 선정안을 적용한다)

    ㉣ 방문자 행동패턴에 따른, 자동적인 마케팅메시지를 전송(이메일/SMS)

(7) 최근 eCRM의 동향

최근의 eCRM은 대부분 웹사이트를 중심으로 사업이 진행되면서, Collaborative CRM은 마케팅자동화(Marketing Automation)분야로서의 위치를 다져나가고 있으며, eCRM분야 중 가장 빨리 성장하는 분야기기도 하다. 과거와 같이 대규모의 시스템구축과 통합을 통해 eCRM을 구축하는 것보다는, 개별적인 최적화 목적별 프로세스를 기존 솔루션을 이용하여 개선하고자 하는 것이 최근의 동향으로 보여진다. 웹분석과 연계되어 eCRM의 분야를 볼 때, Marketing Automation 분야와 Personalization 분야는 확장 및 연계하기에 가장 쉬운 부분이겠다. 실례로 해외의 다양한 사례에서 웹분석을 통한 데이터를 기반으로, 다양한 영업/협업 CRM분야의 특정 솔루션으로 확장하는 것을 볼 수 있다.

(8) CRM과 관련된 마케팅 기법

① STP 마케팅: 시장 세분화(Market Segmentation), 표적화(Targeting), 제품 포지셔닝(Positioning)을 기반으로 하는 마케팅으로 전략적 마케팅활동의 과정에 있어서 필수적으로 거쳐야 할 3단계를 의미하며 광고나 홍보 등을 통해 시장을 창출하는 마케팅을 말한다.

  ㉠ 시장 세분화(Market Segmentation): 어떠한 시장에 새로운 제품을 내놓을 때, 그 새로운 제품에 대해 서로 다른 욕구, 특성, 행동을 하는 구매자 집단으로 나누는 것이다. 이 시장세분화의 수준은 세분화의 정도에 따라 대량 마케팅, 세분시장 마케팅, 틈새시장 마케팅, 미시 마케팅으로 나눌 수 있다. 효과적인 시장 세분화 조건은 측정 가능성, 접근 가능성, 실질성, 차별성, 행동 가능성 등이 있다.

  ㉡ 표적시장 선정(Targeting): 표적 시장 선택으로 시장을 세분화한 뒤, 그 중 한 시장을 선택하여 공략하는 것이다. 표적 시장 선택에는 비차별적으로 모든 시장을 공략하는 것과 한 가지 제품만을 만들기보다 여러 제품을 만들어서 틈새시장과 더 세분적인 시장을 공략하는 차별적 마케팅과 하나 혹은 몇 개의 세분시장에서 높은 점유율을 추구하는 집중적 마케팅 등이 있다.

  ㉢ 제품 포지셔닝(Positioning): 제품 포지셔닝이란 기업이 원하는 바대로 자사의 제품을 소비자들에게 인식시켜 시장에서 자사의 제품이 독특한 위치를 차지할 수 있도록 자리 잡는 것을 말한다. 제품 포지셔닝을

통해서 기업은 자사제품을 경쟁제품과 차별화된 지위를 얻도록 하여 표적시장에서 고객의 욕구를 충족시킬 수 있다는 인식을 소비자들에게 심어주게 된다. 제품 포지셔닝의 전략을 세우기 위해서는 기업이 시장에서 차지하는 위치 — 시장선도 기업, 시장도전 기업, 시장추종기업, 시장틈새 기업 — 와 경쟁기업 및 제품의 포지셔닝, 소비자들의 니즈와 브랜드에 대한 소비자의 지각, 자사의 마케팅 자원, 자사의 이미지 등전반적인 사항을 고려해야 한다. 유형으로는 제품속성에 의한 포지셔닝, 제품사용자에 의한 포지셔닝, 사용상황에 의한 포지셔닝, 경쟁제품에 의한 포지셔닝, 리포지셔닝이 있다.

㉣ 전사적 마케팅: 마케팅 단독으로 마케팅 임무를 수행하는 것이 아니라 기업전체가 통합적으로 고객의 입장에서 수행하는 마케팅을 말한다.

② DM(Direct Marketing): DM이란 Direct Mail Advertising의 약자로 우편물을 통한 광고 활동을 뜻하는데 엽서, 편지, 카드 등 우송이 가능한 모든 인쇄물을 고객들에게 우편 또는 인편으로 전달하는 직접 광고를 말한다. 현대 마케팅의 핵심은 고객들과 일대일 마케팅을 시도해 매출을 신장시키는 것인데 이러한 마케팅을 시도하는데 DM은 필수조건이다.

③ DBM(Database Marketing): DB마케팅은 소비자 등에 관한 데이터베이스를 기반으로 하는 마케팅 기법이기 때문에 성공적인 데이터베이스의 구축은 DB마케팅 실현을 위한 전제조건이 된다. 수집된 고객정보를 마케팅 목적을 위해 효율적으로 사용하기 위해서는 데이터베이스의 사용이 간편하고 원하는 정보를 즉각적으로 분석할 수 있도록 구축되어야 한다. DBM은 고객유지에 목적을 두고 있지만 CRM은 고객유지 및 강화를 목적으로 한다.

④ 버즈 마케팅(Buzz Marketing): 버즈마케팅은 특정 제품 서비스를 사용자들의 입소문을 통해 홍보하는 입소문 마케팅 또는 구전 마케팅(Word of Mouth)이다. 기업에 의해서 일방향으로 전달되는 광고나 홍보 등과 달리 고객 상호 간에 양방향으로 전파되는 특징을 가지고 있으며 소비자로 하여금 긍정적인 입소문을 발생시켜 효과를 극대화시킬 수 있는 마케팅 기

법이다. 인터넷이 발달하면서 생겨난 바이러스(Virus) 혹은 바이어럴(Viral) 마케팅과도 일맥상통한다. 더욱이, 최근에 생겨난 용어인 '바이러스 마케팅'은 온라인 매체를 타고 개인용 컴퓨터(PC)로 옮겨 다니는 컴퓨터 바이러스처럼 전파력이 강하다고 해서 붙여진 것이기 때문에, 대중매체를 통해 다수에게 무차별적으로 전해지는 기존 마케팅과 달리 한 번 이용해 본 소비자가 주위 사람들에게 직접 전파하도록 유도하기 때문에 광고비가 거의 들지 않지만 기하급수적인 파급효과를 볼 수 있다는 장점도 있다.

⑤ SCC 마케팅: 옥션 등에서 볼 수 있는 마케팅 기법으로 과거에는 텍스트나 사진 위주의 블로그나 미니홈피 형태가 주를 이뤘다면 현재는 자신이 직접 동영상을 제작하고 편집하는 UCC의 단계까지 이르게 되었다.

⑥ 뉴로 마케팅(Neuro Marketting): 뉴로 마케팅이란 신경과학을 의미하는 뉴로와 마케팅의 합성어로, 뇌영상 촬영을 비롯한 최신 신경과학 기술을 이용해 소비자의 뇌반응을 측정함으로써 소비자 심리 및 행동의 메커니즘을 해명하고 이를 마케팅에 응용하고자 하는 새로운 기법이 탄생했다. 즉 인간의 뇌를 분석해서 광고나 제품에 대한 소비자의 반응을 분석하는 기법을 말한다.

⑦ 고객생애가치 기법(Customer Lifetime Value)

    ㉠ 고객생애가치란 한 고객이 그 기업의 고객으로 존재하는 기간 동안 기업에 기여하는 정도를 금전적으로 나타내는 이익의 총합계입니다. 단 한 번의 거래에 초점을 맞추는 것이 아니라, 그가 고객으로써 회사에 기여할 이익의 총계를 생각하는 하는 것이다.

    ㉡ 다시 말해서 고객생애가치란 고객이 한 기업의 제품 또는 서비스를 최초로 구매한 시기부터 거래를 마치는 날까지 누적해서 공헌하는 순이익 가치다. 일반적으로 기업은 신규고객의 확보를 위한 다양한 마케팅 활동에 많은 비용을 투자하고 있기 때문에 1회 구매를 넘어선 장기적인 관계 유지를 통해 고객생애가치를 높이지 않는 한 성공적으로 비즈니스를 이끌어 가기 쉽지 않다. 따라서 고객생애가치를 높이기위해서는 고객과 기업 간의 강한 유대관계가 필요하다.

ⓒ 기업들은 초기에 캠페인활동과 여러 가지 프로모션을 통해 신규고객을 획득하게 된다. 이러한 신규고객을 획득하는 과정은 여러 마케팅활동으로 인해 매우 높은 비용이 들지만 투자비용을 회수하는 데 있어 상당한 시간이 요구되었다. 더욱이 고객이 일찍 이탈할 경우에는 고객획득 비용조차 회수하지 못하는 경우가 발생하게 된다. 이처럼 고객획득 비용을 넘어 고객과의 장기적인 관계를 유지하는 것이 바로 CRM이 되는 것이며 이러한 장기적인 관계를 유지함에 있어 고객으로부터 거둘 수 있는 가치를 고객평생가치(LTV)라고 한다.

⑧ 감성 마케팅

ⓐ 감성 마케팅은 한 마디로 소비자들의 감성에 어울리는 혹은 그들의 감성이 좋아하는 자극이나 정보를 통해 제품에 대한 소비자의 호의적인 감정 반응을 일으키고 소비경험을 즐겁게 해 줌으로써 소비자를 감동시키자는 것을 목표로 한다. 즉 물질적인 자극뿐만 아니라 한 걸음 더 나아가서 소비자의 마음을 상대로 하는 감각정보를 통해 소비자의 감성 욕구에 부응하자는 것입니다. 인간이 다섯 가지 감각(시각, 청각, 미각, 후각 촉각)에 기초하여 정보를 받아들인다는 점을 핵심으로 하여 이러한 감성적 측면을 강조한 혹은 감성적 측면에 소구하는 마케팅이라 볼 수 있다.

ⓑ 제품의 본질적인 혜택 외에 디자인을 통한 차별화는 감성 마케팅의 고전적 본보기라고 할 수 있다. 제품에 있어서 디자인의 중요성은 감성의 시대를 맞아 그중요성이 더욱 부각될 것이라 생각된다.

ⓒ 디자인과 같은 제품의 시각적 정보 외에 청각적 정보, 촉각적 정보도 유효적절하게 응용될 수 있다. 맛있는 과일이나 과자의 사각사각 소리(청각정보), 아기 기저귀의 뽀송뽀송함(촉각정보) 등은 시각적 정보에 못지않게 소비자의 구매를 유혹한다.

ⓓ 제품에 관련된 감성 자극뿐만 아니라 쇼핑 경험에서의 신선한 자극은 쇼핑 공간에서의 더 많은 구매, 재방문 의도를 불러일으킬 뿐만 아니

라 제품에 대한 호감도도 향상시킬 수 있다.

ⓜ 최근에 인기가 높아지고 있는 감성마케팅으로는 향기 마케팅, 칼라 마케팅, 음향 마케팅, 시즐 마케팅, 잠재의식 마케팅, 기마케팅 등을 들 수 있다. 향기 마케팅은 구운 빵 냄새를 미국의 슈퍼마켓에 뿌렸더니 슈퍼마켓 내의 빵 가게에서 매출액이 3배나 증가되었다. "영화관의 표 파는 장소나 로비에 팝콘을 뿌렸더니 판매량이 늘었다"와 같은 예라고 볼 수 있다. 베스킨라빈스 같은 경우에 매장에 시험을 통해 1차에선 초콜릿을 2차에선 페퍼민트 향을 사용하여 그 결과를 비교했더니 향기마케팅을 도입한 후 평균 1일 매상이 40% 증가하였다고 한다. 음향 마케팅도 칼라, 향과 더불어 감성 마케팅의 대표 주자라 볼 수 있는데 우리가 음악의 멜로디나 리듬에 따라 기분이 달라지고 마음이 움직이는 특성을 보인다는 점을 바탕으로 하고 있다. 음향 마케팅의 적용 예를 보면 와인을 판매하는 매장에 와인 분위기와 어울리는 클래식과 같은 음악을 틀었더니 매출이 증가되었다는 보고도 있다.

〈심화학습〉 포지셔닝(positioning)과 리포지셔닝(Repositioning) 전략

1. 의의

포지셔닝 전략은 단기적인 포지셔닝 전략과 장기적인 포지셔닝 전략으로 구분된다. 단기적으로 주어진 경쟁상황 속에서 처음 의도한 대로 포지셔닝이 되었어도 시간의 흐름과 경쟁환경의 변화에 따라 당초 포지셔닝이 적절치 않을 수도 있다. 이 경우 제품의 처음 포지션을 다시 설정해야 하는데 이것을 리포지셔닝 전략이라 한다. 예를 들어 J&J의 베이비 화장품은 처음에 유아층을 타깃으로 포지셔닝했던 제품이었으나 나중에 청소년층과 연약한 피부를 가진 성인여성을 타깃으로 하여 순한 화장품으로 리포지셔닝 했다. 이러한 포지셔닝은 기업이 목표로 하고 있는 표적소비자에게 가장 가깝게 접근하기 위한 일련의 노력 중 가장 중요한 과정이다.

2. 포지셔닝의 절차

(1) 소비자 분석 경쟁제품 분석: 해당제품에 대한 표적소비자들의 니즈와 불만족 원인 파악, 도입제품의 경쟁제품을 구체적으로 파악

(2) 경쟁제품의 포지션 분석: 경쟁제품들의 소비자 인지도(Perceptual Mapping) 작성
— MDS(Multi—Dimensional Scaling)사용
— 제품의 속성 파악 및 각 경쟁제품의 대한 소비자 지각 정도 분석

(3) 자사 제품의 포지셔닝 개발: 경쟁제품과 자사 도입제품에 대한 소비자들의 인식 차이를 두기 위한 위치 선정

(4) 포지셔닝의 확인 및 재포지셔닝: 포지셔닝 전략 실행 후 당초 목표대로 포지셔닝되었는지 확인하고 경쟁환경 변화에 따라 위치 재설정

3. 고객관계 유지를 위한 브랜드 포트폴리오

(1) 고객포트폴리오의 개념

고객포트폴리오란 고객의 구매특성, 능력, 욕구 등 다양한 요소를 리스트로 작성해 놓은 것으로 고객과 기업 간의 관계를 높이는 기업의 노력물이다. 따라서 기업이 거래하고 있는 모든 고객들을 대상으로 한 구성을 말하며 기업의 이미지가 결정되기도 한다. 고객포트폴리오 관리에서는 고객과 기업지원과의 부합성과 수익성을 동시에 고려하여야 한다. 포트폴리오 자체가 복잡하고 상황에 따라 적용이 달라질 수 있기 때문에 고객유지를 위한 브랜드 포트폴리오 관리에 있어서 정해진 방법은 없다. 그러나 고려해야 할 문제들과 자료들을 명확히 함으로써 가이드라인을 제시하는 것은 가능하다. 이를 통해 포트폴리오의 선택사항과 이슈들을 보다 명확하게 정의할 수 있을 것이다.

① 상승효과: 좋은 브랜드 포트폴리오는 비즈니스 전략에 힘을 불어 넣어 줄 뿐 아니라, 브랜드 구축의 효율성을 높여준다.

② 하강효과: 레버리지(leverage), 시너지, 명확성이 결여된 브랜드 포트폴리오 전략을 운용하게 된다. 레버리지란 이자 지급액과 같은 고정적 요소가 지

렛대와 같은 작용을 하여 손익의 변동을 확대하는 효과를 말한다. 따라서 시장의 힘과 역동성, 비즈니스 전략, 브랜드 자산과 아이덴티티, 브랜드 포트폴리오 진단이라는 4가지 카테고리로 나누어 볼 수 있다. 각각의 카테고리는 포트폴리오의 문제점과 선택대안들을 찾아낼 수 있는 여러 가지 질문들과 이슈들에 대한 체크리스트를 포함한다. 이런 내용들은 암시적이며 상징적일 수 있다. 이렇게 카테고리를 나눈 것은 한계나 범위를 제한하고자 하는 것이 아니라 보다 많은 이슈나 정보를 쉽게 파악하기 위한 것이다.

(2) 브랜드 포트폴리오 진단 요소

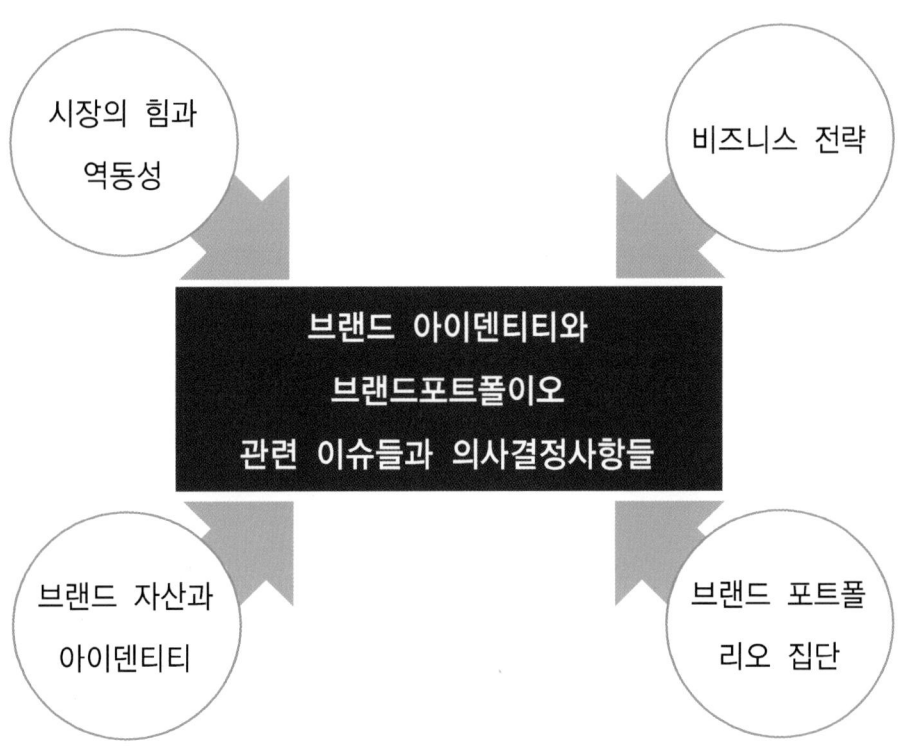

① 시장의 힘과 역동성
  ㉠ 고객 분석하기

⑦ 수익성이 가장 높은 고객은 누구인가?

⑭ 고객의 충성도는 얼마나 되는가?

⑭ 미충족 욕구는 무엇인가?

⑭ 고객들은 글로벌 브랜드에 관심을 갖고 있는가?

ⓛ 경쟁자 분석하기

⑦ 우리의 경쟁자는 누구인가?

⑭ 주요 경쟁자의 강점, 약점, 사업 전략은 무엇인가?

⑭ 경쟁사가 가지고 있는 브랜드 자산은 무엇인가?

ⓒ 시장 동향 분석하기

⑦ 제품 카테고리와 하위 카테고리의 성장동력은 무엇인가?

⑭ 사업에 영향을 미칠 수 있는 문화, 인구통계, 기술 경제동향의 현재와 향후는 어떠한가?

② 비즈니스 전략

㉠ 제품—시장 범위

⑦ 사업이 경쟁할 영역, 어떤 시장과 제품이 강조되어야 하는가?

⑭ 어떤 시장과 제품을 덜 강조하거나 피해야 하는가?

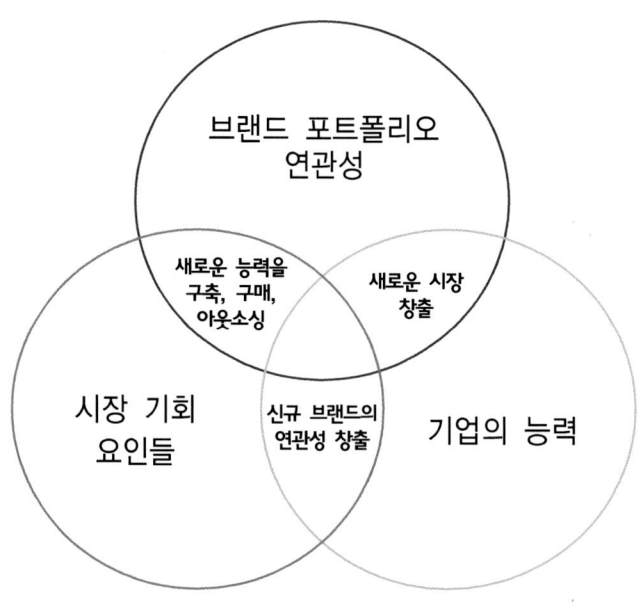

ⓛ 가치 제안
  ㉮ 고객이 원하는 것은 무엇이며, 고객들이 우리 제품을 구매해야 하는 이유는 무엇인가?
  ㉯ 브랜드 로열티를 구축하기 위한 기본 요소는 무엇인가?
ⓒ 전략적 자산
  ㉮ 브랜드 자산으로 지속적인 경쟁 우위를 창출하는 요소는 무엇인가?
  ㉯ 각각의 제품―시장에서 사업의 지속적인 성공을 가능하게 하는 자산은 어떤 것인가?

③ 브랜드 자산과 아이덴티티

상호연관성

모든 브랜드 포트폴리오 결정에 있어서 가장 기본적인 정보는 브랜드 자산과 아이덴티티이다. 브랜드 자산은 어떤 포트폴리오 전략이 최적의 전략인지, 또는 가능한 전략인지를 결정하는 데 영향을 미친다. 브랜드 아이덴티티 또한 자산만큼 중요하다. 포트폴리오 내에서 브랜드는 브랜드 아이덴티티를 반영하는 역할을 해야 한다. 브랜드 아이덴티티가 곧 그 브랜드의 미래이기 때문이다. 브랜드 아이덴티티와 포트폴리오 전략은 서로 복잡하게 얽혀 있어서 이 둘을 개별적으로 개발하는 것은 어렵다. 포트폴리오 역할을 모르는 상황에서는 어떤 연상을 강화해야 하고 약화시켜야 하는지를 결정하는 브랜드 아이덴티티를 규정하는 것이 힘들다. 반대로 브랜드 아이덴티티를 모르는 상황에서 포트폴리오 내의 브랜드 역할을 설정하고 포트폴리오 전략을 적용하는 것은 힘들다. 고로 브랜드 자산과 브랜드 아이덴티티 구성요소는 브랜드 포트폴리오 전략과 상호 연관성이 있다고 할 수 있다.

④ 브랜드 포트폴리오 진단

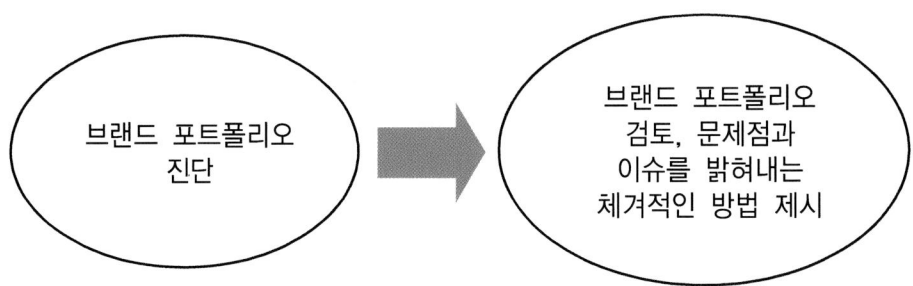

브랜드 포트폴리오 진단은 현재의 브랜드 포트폴리오를 비판적으로 검토하고 문제점과 이슈를 정확히 밝혀내는 체계적인 방법을 제시해 준다. 진단에 관한 질문을 하는 목적은 현재의 포트폴리오 전략을 다시 한 번 살펴보고, 추가적인 분석이나 고려할 만한 가치가 있는 결정 사항과 이슈를 제안하기 위해서이다 (인터넷 초록이의 도서관에서 발췌).

::데이터베이스 마케팅

1. 데이터베이스 마케팅의 개념 및 의의

(1) 개념

① 데이터베이스 마케팅이란 컴퓨터를 활용하여 고객에 관한 데이터베이스를 구축하고 필요한 고객에게 필요한 제품을 직접 판매하는 것으로 원투원 (one—to—one) 마케팅이라고도 한다. 즉 어느 고객이 무엇을 얼마나 자주

구매했는지, 어느 매장에서 어떤 유형의 제품을 구매했는지, 언제재구매할 것인지, 대체 구매를 할 것인지 등과 같은 데이터를 가지고 고객의 성향을 분석하고 향후 필요한 마케팅 전략을 수립하는 것을 말한다.

② 고객정보, 경쟁사정보, 산업정도 등 시장의 각종 1차 데이터를 직접 수집, 분석하고 그것을 기초로 하여 마케팅 전략을 수립하는 하나의 전략 기법이다.

③ 정보기술을 바탕으로 과학적 마케팅 기법, 고객정보의 교차활용, 1:1 커뮤니케이션 및 장기 이익 실현을 중시한다.

④ 주된 목적은 고객과의 관계 구축을 통한 고객 평생가치의 극대화, 유통채널 및 서비스 수행체제, 장기 전략의 수립, 마케팅 리서치 자동화 등이다.

(2) 의의

① 고객을 확보하기 위한 경쟁이 그 어느 때보다도 치열해지고 있는 상황이다. IMF의 여파로 마케팅자원이 감소될 수밖에 없었던 국내 마케팅관리자들의 입장에서 보면, 보다 효과적이고 효율적인 마케팅전략을 모색하지 않을 수 없게 되었다. 마케팅관리자의 이러한 필요성에 도움을 주는 수단으로 최근에 그 중요성이 강조되고 있는 것이 데이터베이스 마케팅(Database Marketing)이다. 불특정 다수를 대상으로 하는 대중마케팅(mass marketing)에서 벗어나 개별 고객의 기호와 특성에 맞게 차별화하는 일대일 마케팅(one—to—one marketing) 또는 맞춤마케팅(customized marketing)의 필요성을 강조한 것이라 할 수 있다.

② 즉 불특정 대중을 상대로 새로운 고객을 개척하는 것보다 기존 고객을 평생 단골로 만들자는 관점에서 각광받고 있다.

③ 오늘날 소비자 욕구의 변화, 라이프스타일의 변화, 기존 고객유지 목적, 고객과의 접촉 수단, 과거 구멍가게 수준의 마케팅에서의 새로운 마케팅 수단의 필요성이 증대되면서 데이터베이스 마케팅은 절실한 대안이 되고 있다.

④ 한 예로 미국의 항공회사는 데이터베이스 마케팅을 잘 활용하는 것으로 알려져 있는데 출발 전에 탑승객에 대한 자료를 파악, 승무원에게 전달해

고객이 좋아하는 와인과 식사, 취미까지 고려해 고객에게 감동을 안겨주는 서비스를 하고 있다. 최근에는 항공사뿐 아니라 은행, 유통, 제조업체까지 데이터베이스 마케팅이 도입되고 있다.

2. 데이터베이스 마케팅의 특징

(1) 고객 중심적 일대일 관계관리 마케팅: 고객에 대한 여러 가지 정보를 수집하여 컴퓨터에 의해 데이터베이스화하고, 구축된 고객 데이터베이스를 전략적으로 활용하여 고객 개개인과의 장기적인 관계를 구축하고자 하는 통합적인 마케팅활동이 바로 데이터베이스 마케팅이다. 이는 일반적인 마케팅활동에 비해 보다 고객 중심적(Customer—based), 정보 집중적(Information—intensive)이며, 장기적인 관점의 마케팅 수단이라고 할 수 있다. 즉 개별 고객의 정보를 수집하여 컴퓨터에 의해 데이터베이스화하는 것을 전제로 하며, 일회성의 판매증대를 목적으로 하지 않고 확인된 개별 고객과의 지속적인 관계 관리에 초점을 두고 있다.

(2) 양방 커뮤니케이션 구축: 일방적이고 획일적인 메시지 전달로 끝나는 것이 아니라 개별화되고 쌍방향적인 커뮤니케이션을 전개하며, TV나 신문과 같은 대중매체에만 의존하는 것이 아니라 메일이나 전화, 이벤트, 인터넷 등 보다 다양한 매체와 수단을 동원한 통합적인 마케팅활동을 지향한다는 특징을 가진다.

(3) 유통경로와 서비스 수행 체제 및 마케팅 조사기능을 대체한다.

<전통적인 매스마케팅과 데이터베이스 마케팅 비교>

구 분	매스마케팅	데이터베이스 마케팅
마케팅의 본질	판매(Sales)에 중점	고객유지에 중점
	거래개념	관계구축 개념
	단기적 및 일회성	장기적
목적	대량판매 유도	생애가치의 극대화
대상 고객	미지의 불특정 다수	확인된 개별 고객
커뮤니케이션	일방적 커뮤니케이션	쌍방향적 대화
메시지	모든 고객에게 동일한 메시지	개별 고객마다 차별화된 메시지
매 체	대중매체에 의존	다양한 매체와 방법 동원

(출처: 마케팅전략연구소)

3. 데이터베이스 마케팅의 수단

(1) 의의: 초기에는 카탈로그, 직접 우편, 전화 등의 일방적 전달수단을 통해 마케팅이 이루어졌지만 최근에는 유선 방송, 인터넷 등의 뉴미디어로 쌍방향적 커뮤니케이션과 같은 새로운 데이터베이스 마케팅의 시대가 나타나고 있다.

(2) 활용 수단

① 텔레마케팅: 전화와 컴퓨터를 연결한 고객커뮤니케이션 수단이다. 오늘날 텔레마케팅에 있어 CRM은 필수적인 경영 및 마케팅 기법으로 각광받고 있다. CRM은 Customer Relation Management의 약자로서 고객관계 개선을 통해 고객감동을 실현시키는 혁신적인 전략으로 각광받고 있기 때문에 이제텔레마케팅에서는 콜센터를 중심으로 CRM기법 등을 필수적으로 활용할 필요가 있다. 특히 CRM은 슈퍼바이저나 매니저에게 필수적으로 터득해야 할 경험적 이론 지식으로 학습을 통해 텔레마케터들에게 교육 프로그램, 콜처리 시스템 구축 활용, 데이터마이닝 기법을 활용한 고객의 니즈와 고객의 상황에 따른 차별적이고 친밀한 고객응대 능력이 요구된다.

② 직접 우편: 잠재 고객 리스트를 통한 직접 우편으로 제품에 관한 자료를

보내어 구매자극을 불러일으키는 마케팅 방법이다. 여기서 중요한 점은 고객에 보내는 직접 우편의 크리에이티브(광고제작)의 비중이 크다는 것이다.

③ 직접 반응 광고: 수신자 부담 전화, 반송 엽서, 웹상의 게시판 등으로 제품에 관한 고객의 평을 직접 듣는 마케팅 방식이다.

4. 데이터베이스 마케팅의 유형

(1) 정복 마케팅: 정복마케팅이란 데이터베이스 마케팅 기법을 이용하여 경쟁 대상 기업의 고객이라고 예상되는 계층을 선별하여 집중적으로 마케팅을 함으로써 경쟁사의 고객을 자사고객화하는 마케팅 방법이다.

(2) 관계마케팅: 관계마케팅이란 고객 및 이해관계자와의 유대관계를 형성하고 이를 유지해 가며 발전시키는 마케팅활동을 말한다.

(3) 복합마케팅 또는 마케팅 믹스: 마케팅 효과를 최대화하기 위해 여러 가지 마케팅기법의 장점을 복합적으로 사용하는 것을 말하며, 데이터베이스 마케팅을 위하여 대중매체의 광고나 이벤트를 이용하여 의도적으로 고객정보를 수집하는 방법 등이다.

5. 데이터베이스 마케팅의 전략적 효과

(1) 전략

① 고객유지 전략: 고객 한 사람 한 사람과 친밀한 관계를 유지함으로써 기업에 대한 고객의 가치를 극대화시키는 전략이다.

② 고객 활성화 전략: 현재고객의 제품사용을 증대시키고 자사제품의 재구매를 유도하는 전략이다.

③ 교차판매 전략: 특정제품의 기존 고객DB를 다른 제품이나 신제품의 판매

에 활용하여 범위의 경제를 노리는 전략이다.

④ 과거고객 재활성화 신규고객 확보 전략: 고객의 가치를 극대화하기 위한 전략으로 기존 고객관리 전략과 신규고객 확보 전략이 있다.

⑤ 전환 유도 전략: 보다 마진이 높거나 보다 비용이 적게 드는 채널이나 제품, 혹은 사용방식으로 전환을 유도하는 전략

(2) 효과

① 매출 및 수익 증가

② 마케팅 비용의 절약 및 감소

③ 고객과의 연대감 형성 및 고정고객 확보

④ 기업과 상품의 이미지 개선 효과

⑤ 무형의 마케팅 정보자산 확보

6. e—Strategy

저원가 우위 전략, 제품차별화 전략을 효과적으로 달성한다.

(1) 본원적 전략

① 저원가 우위: 추가비용을 야기하지 않고 원가를 절감, 생산성을 제고시키는 능력이다.

② 제품차별화: 제품의 이미지, 품질, 서비스 등을 개선 하기 위해 인터넷을 활용해 독특한 가치나 특성을 가미하는 것이다. 기존의 제품이나 서비스에 차별화된 부가가치를 제공한다.

③ 시장집중화: 특정시장이나 제품에 조직의 인터넷 역량을 집중시킴으로써 달성한다.

(2) 단계별 성공전략

① 진입단계: 독차적인 아이디어, 조직특성, 진입방법, 고객확보, 물류 및 유통 효율화, 타 업체와의 협력 관계를 구축한다. 고객확보전략으로는 홍보매체, 무료/저가 공략, 이벤트, 특혜, 다양한 콘텐츠 활용 등이다.

② 운영단계: 조직특성, 고객확보 및 유지, 물류/유통 효율화 항목은 진입단계에서와 유사 하고 신뢰성 확보만 차이난다.

③ 성장단계: 사업전개 방향, 타 업체와의 협력관계 구축, 주식상장, 비즈니스 모델의 특허를 취득하게 된다.

〈쉬어가기〉 데이터베이스 마케팅 전략과 목적(출처: 마케팅전략연구소)

1. 데이터베이스 마케팅 전략

기존고객의 생애가치를 극대화시키기 위해서는 현재의 고객으로부터 발생하는 현금흐름(Cash Flow)의 양을 증가시키거나, 수익성 있는 고객과의 관계기간(Duration)을 최대한 늘려야 한다.

(1) 현금흐름 전략: 고객으로부터 발생되는 수입을 증대시키거나 고객에게 소요되는 판매비용을 절감함으로써 달성할 수 있다.
① 현재고객의 제품사용을 증대시키고 자사제품의 재구매를 유도하는 고객활성화 전략
② 특정제품의 기존 고객DB를 다른 제품이나 신제품의 판매에 활용하여 범위의 경제를 노리는 교차판매 전략
③ 보다 마진이 높거나 보다 비용이 적게 드는 채널이나 제품, 혹은 사용방식으로 전환을 유도하는 전략 등을 전개할 수 있다.

(2) 기간 전략: 수익성 있는 고객의 로열티를 강화하여 자사의 지속적인 충성고객으로 유지하려는 전략으로, 당장의 현금흐름 증대보다 그 고객과의 우호적인 관계를 오랫동안 유지함으로써 장기적인 관점에서 그 고객으로부터 얻을 수 있는 생애가치를 극대화하는 것이다. 우량고객의 로열티를 지속적으로 유지하고 장기적인 유대관계를 강화하기 위해서는 특별한 대우를 통해 차별적인 편익을 부여하거나 고객의 참여와 상호

작용을 통해 가족 같은 친밀감을 느낄 수 있도록 유도하는 세심한 배려가 필요하다.

2. 데이터베이스 마케팅의 목적

데이터베이스 마케팅의 또 다른 목적은 개별 고객에 대한 정확한 정보를 바탕으로 보다 적중률 높은 마케팅전략을 전개함으로써 마케팅의 효율성을 극대화하는 것이다. 따라서 고객 데이터베이스의 분석을 통해 '보다 적절한 고객(The Right Person)'을 선정하여 '그 고객이 원하는 제공물(The Right Offer)'을 '원하는 시기(The Right Time)'에 제공함으로써 마케팅의 적중률을 높이고 불필요한 마케팅비용을 절감할 수 있다. 또한 모든 고객을 동일하게 대우하는 것이 아니라, 보다 가치 있는 고객을 정확히 파악하여 이들에게 마케팅 노력을 집중함으로써 마케팅 효율성을 극대화할 수 있는 것이다.

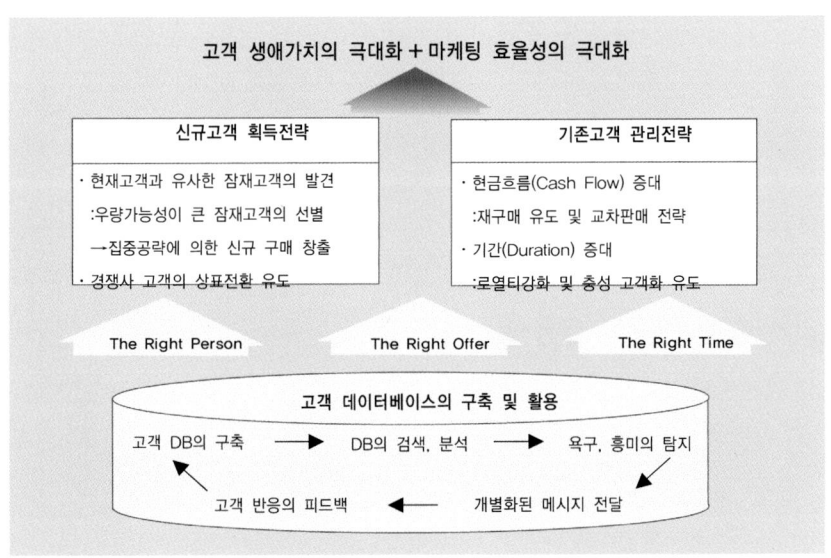

(자료 출처: 마케팅전략연구소)

::소비자 행동변화와 귀족 마케팅

1. 소비자 행동변화

산업혁명은 인류의 오랜 역사를 통하여 자신에게 필요한 재화를 스스로 생산하고 소비하는 자급자족(self—production)의 방식을 시장에서의 교환(판매)을 전제로 하는 전문화 및 대량 생산의 방식으로 자본주의 발전으로 기업화 등 소비의 변화에 큰 획을 그었다. 대체로 제2차 세계대전이 종료되고 21세기 중반까지의 생산활동은 소비자 측의 입장에서보다는 판매자 중심인 시장발달과 더불어 마케터에 의해 일방적으로 계획되고 수행되어 왔다.

그러나 마케터들은 최근에 들어서야 비로소 자사의 제품을 팔기 위해서는 타 경쟁사와의 경쟁이 불가피하다는 사실을 알게 되었고, 그에 따라 관심의 초점을 생산활동으로부터 마케팅으로 전환시켰고, 마케팅 전략의 시대로 접어들었다. 이에 소비자 행동연구의 필요성이 증대될 수밖에 없었다.

2. 소비자 행동 연구의 유용성

소비자 행동에 관한 지식들은 합리적인 소비활동, 마케팅 계획수립, 마케팅 전략의 평가, 비영리 조직의 마케팅에 유용하게 활용될 수 있다.

(1) 합리적인 소비활동

소비자는 많은 시간을 구매활동에 직접 할애할 뿐 아니라 제품에 관해 생각하고 구매경험자 등으로부터 정보를 획득하고 제품에 관한 광고를 보거나 듣는 데에 소비한다. 그러므로 소비자 행동에 대한 검토는 소비자의 입장에서 그가 보다 현명한 소비활동을 계획하고 욕구를 효과적으로 충족시킬 수 있도록 도와준다. 또한 기업의 사회적 책임이 강조되는 추세에 따라 기업들도 단순히 매출

극대화를 추구하기보다는 유용한 제품정보 및 가격비교 정보를 제공하는 등 소비자들의 합리적인 소비활동을 지원하기 위한 활동을 설계하고 실행해야 한다.

(2) 마케팅 전략

마케팅전략은 하나의 제품시장을 세분화하여 표적세분시장을 선정하고, 각 시장에서 경쟁우위를 달성할 수 있는 제품포지션을 확보하기 위해, 통제 가능한 마케팅믹스계획을 수립하는 것을 그 내용으로 하는데, 기업은 마케팅전략에 의해 소비자행동에 영향을 미치고자 하며, 또한 마케팅전략은 소비자의 행동에 의해 영향을 받는다는 점에서 상호작용을 한다. 따라서 경제변화에 따른 소비행동 변화에 대응하고 소비자 계층을 세분화하여 그에 맞는 마케팅 전략이 필요하다.

3. 소득양극화에 따른 귀족소비자의 출현과 특징

경제적 측면에서 빈익빈 부익부 현상이 심화되고 소득수준의 인구분포가 양극화됨에 따라 이들에 대한 마케팅도 양극화되고 있다. 소득의 양극화 현상이 극대화될 것으로 예상되는 미래에는 안정적인 시장규모를 확보하고 고수익이 보장되는 고소득층에 대한 명품을 중심으로 귀족마케팅활동이 더욱 심화될 것으로 예상된다.

① 높은 가처분 소득을 가진 고정고객으로 고급 제품과 서비스를 빈번히 구매하므로 고급제품의 안정된 매출을 확보할 수 있다.
② 부유층의 소비패턴은 제품의 명성과 품질, 차별화된 서비스를 중요시하는 특성을 보이고 가격 탄력성이 낮다.
③ 부유층의 소비규모는 경기변화에도 상대적으로 안정적이다.
④ 부유층의 소비행태는 장기적으로 하위계층에 의해 모방된다.

4. 귀족마케팅의 개념

① 고소득층, 사회계층 중 상류층과 중상류층을 대상으로 이들이 빈번히 많이 구입하는 제 품류를 마케팅하는 것을 말한다.

② 볼륨 세그멘테이션이 가능한 제품에 대해 소득을 바탕으로 표적시장을 설정한다는 점에서 귀족마케팅은 직업, 소득, 교육 정도에 기초한 사회계층에 따른 시장세분화 마케팅과 개념적인 차이가 있지만 사회계층상 최상층과 중상류층이 통상적인 고소득자라는 것을 제외하면 실질적인 차이가 없다.

③ 소비자를 소득에 따라 세분화하여 마케팅활동을 전개하거나 소득을 시장세분화의 기본변수중 하나로 보는 것은 일반적인 마케팅전략 중의 하나이다. 고소득층은 하나의 독립된 틈새시장으로 여러 장점을 갖고 있다.

5. 유통업계의 효과적인 귀족마케팅 전략

① 명품 유통에 있어 희소성과 차별성을 강조하기 위해 특히 유통관리에 철저해야 한다는 점을 보여준다. 또한 초기에 훌륭히 시장에 진입시키기 위해서는 상당한 가격정책과 브랜드 정책에 일관성이 있어야 한다.

② 명품 유통에서 런칭시에는 귀족이나 귀족에 가장 근접한 타깃을 이용해야 한다. 그래야만 귀족이 되고자하는 사람들에게 그들이 준거집단으로서 작용해 그 기업의 목표를 이룰 수 있다. 또한 하위층의 상류층 모방하기는 장기적인 유행이 될 가능성이 크다.

③ 특정 소수층을 겨냥한 한정수량 유통의 경우는 명품시장에서 흔히 내세우는 전략으로서, 의도적으로 최고가 전략을 구사한다. 이 단계에서는 대상에 대한 세그멘테이션과 타깃팅, 브랜드 포지셔닝이 특히 중요하다. 주로 본사직영 소수 매장 전략으로 고객을 유인하며 수요보다는 공급이 현저히 부족하게 유통시키며 구전효과를 통한 홍보를 하며, 매체광고는 전혀

하지 않는다.

④ 상대적으로 소수층을 대상으로 한 상대적 한정수량 유통은 대체로 초기 명품이 어느 정도 효과를 낸 경우의 유통전략을 말한다. 초기 오피니언 리더를 준거집단으로 하여 초기 모방을 하는 단계이기 때문에 상품 파급력이 서서히 가속될 시기이다. 이 단계에서는 본사직영 매장을 확대하면서 경우에 따라서는 소수 대리점을 운영하기도 하지만, 고급화와 차별화 정책에 일관성을 유지한다. 구전효과를 극대화시키며, 인쇄매체를 통한 이미지 광고를 한다.

⑤ 다수층을 대상으로 한 대량 유통의 경우에는 브랜드 포지셔닝이 확립 된 경우의 유통전략을 말한다. 브랜드 관리와 이미지 관리에 중점을 두어야 하며 판매 채널을 확대함에 있어서는 고급이미지와 차별화 정책에 일관성을 유지해야 한다. 대체로 할인점 등과 온라인 유통은 배제한 단계의 유통이며 브랜드 확장이나 제품라인 확장을 고려할 수 있다.

: : 마케팅시스템

1. 수직적 마케팅시스템(VMS, vertical marketing system)

(1) 개념

마케팅경로상에서 지도자격인 구성원이 전문적으로 관리되고 집중적으로 계획된 유통망을 주도적으로 형성하고 상이한 단계에서 활동하는 경로구성원들의 수직적 결합을 수직적 마케팅시스템이라고 한다.

(2) 장점

① 생산—유통—소비에 이르는 전체 과정에서 독립적인 경로구성원들이 수

행하는 마케팅활동의 중복을 제거하여 일관성을 도모하고, 유통질서를 확립한다.

② 운영상 규모의 경제를 실현하고 판매망을 확보한다.

③ 마케팅경로 전체로서 시장에 대한 영향력을 극대화시켜 경쟁력을 강화한다.

(3) 수직적 마케팅시스템의 유형

① 법인형 VMS(corporate VMS): 생산과 유통의 연속적인 단계를 하나의 소유권이나 자본참여를 통하여 결합하는 형태이다. 경로구성원 간의 역할과 갈등을 공식적인 규정에 따라 내부적으로 조정할 수 있다.

② 관리형 VMS(administered VMS): 관리형 VMS란 경로구성원들 중에서 가장 규모가 크거나 시장영향력이 큰 구성원(경로지도자, channel captain)이 다른 구성원들에게 비공식적으로 영향을 미쳐 생산이나 유통활동을 조정하는 형태이다. 관리형 VMS의 근거는 소유나 자본참여가 아니라 규모나 시장에 대한 영향력이며 비공식적으로 작용하는 것이 특징이다.

③ 계약형 VMS(contractual VMS): 계약형 VMS란 공식적인 계약을 근거로 하여 생산과 유통의 연속적인 단계에 참여하는 경로구성원들을 결합하는 형태이다. 규모의 경제와 마케팅노력의 상호조정을 목표로 하지만, 관리형의 경우에서처럼 각 경로구성원은 독립적인 기관들임에 유의해야 한다. 소매상 주재 협동인쇄점, 도매상 주재 자유연쇄점, 프랜차이즈 시스템 등이 있다.

2. 수평적 마케팅시스템(HMS, horizontal marketing system)

새로운 마케팅기회를 효율적으로 활용하기 위하여 동일한 단계에서 활동하는 둘 이상의 경로참가자가 연합하여 공동으로 마케팅 전략을 설계하고 추진하는 형태를 말하는데, 간혹 공생적 마케팅(symbiotic marketing)이라고도 한다. 즉 새로운 마케팅기회를 활용하는 일이 자본, 노하우, 생산설비, 마케팅설비, 인적 자원 등의 측면에서 기업의 능력을 넘어설 때나 위험을 다른 기업과 분담하고자 할 때, 다른 기업과 상호협동의 시너지즘을 얻고자 할 때 공동적으로 마케팅기회를 발굴하고 활용할 수 있다.

::카테고리 매니지먼트

1. 카테고리 매니지먼트의 개념 및 의의

(1) 개념

① 카테고리란 소비자의 요구를 충족시키기 위해 소비자가 상호 연관된 것 또는 대체할 수 있다고 인지하거나 명확하게 관리 가능한 상품 및 서비스의 그룹을 말한다. CM이란 개개의 상품을 관리하는 것이 아니라 카테고리 수준에서 상품을 관리하는 기법으로써, CM에서 말하고 있는 카테고리는 소비자의 구매 인식의 단위를 말한다(커피, 라면, 콜라 등).

② 카테고리 매니지먼트(CM: Category management)는 유통업체와 공급업체가 소비자에게 가치를 전달함으로써 비즈니스의 성과를 향상시킬 수 있도록 카테고리를 전략적 비즈니스 단위로 관리하는 프로세스를 말한다. 즉 유통과 제조가 협력하여 개개의 상품을 관리하는 것이 아니라 상품별 카테고리를 관리하는 경영기법을 말한다.

③ 카테고리 관리는 ECR 관련 많은 작업을 수행하는 방법을 제시한다는 의미에서 프로세스이며 일련의 연관활동을 포함한다.

④ 서로 명확하게 다른 유통업체와 공급업체 구성요소와 지원요소로 이루어져 있으므로 카테고리 관리는 유통업체나 공급업체 어느 한쪽이 일방적으로 수행할 수 없는 프로세스이다. 즉 유통업체는 고객의 니즈와 구매동향, 매출증대방안, 기업목표나 예산 등에 민감하고 많은 노하우를 보유하고

있는 반면에 제조업체는 자사의 상품, 경쟁사 동향, 상품의 최적화된 구색 및 구성에 전문적 지식을 보유하고 있다. 따라서 서로 상대방의 좋은 점을 받아들여 보다 효과적인 진열 등의 관리를 실현시키는 것이 카테고리관리의 출발점이라 할 수 있다.

(2) 의의 및 효과

① CM은 하나의 매니지먼트 시스템이며, 이는 전체 카테고리의 효율을 올리기 위한 모든 마케팅활동 및 세일즈를 포함하는 개념으로 볼 수 있다. 즉 기업에서는 매출이 저조하면 거래 유통업체를 대상으로 판촉을 시행하는데 대개 가격 할인이나 물량 할증의 형태로, 단기적으로는 매출액을 늘릴 수는 있지만, 반대로 전체의 재고를 증가시키는 결과만을 가져오는 경우가 많다. 이러한 단기적 처방들로 인해 소비자의 수요 정보가 더욱 왜곡되고 최종소비자의 소비 속도에 따라 제품이 공급망 전체를 물 흐르듯이 흘러가는 동기화는 더 어려워진다. 따라서 수요의 창출은 공급망의 동기화를 저해하지 않으면서 궁극적인 소비자의 수요를 창출해야 한다는 데 초점을 두어야 한다. 이와 같은 맥락에서 특정 제품군(Category)을 중심으로 유통업체와 제조업체가 협력을 통해 공동의 수요를 창출해 내는 과정을 카테고리관리라고 한다. 카테고리관리에서는 유통업체와 제조업체 사이에 존재하는 벽을 제거함으로써, 신제품 도입, 제품구색, 각종 촉진 전략 등을 최적화하여 궁극적인 소비자 수요를 창출하고자 하는 것이다.

② CM은 마케팅적 측면에서 제조업체와 유통업체 모두에게 효익을 제공한다. 유통업체 입장에서는 유통마케팅(retail marketing), 제조업체 입장에서는 소비자마케팅(consumer marketing), 그리고 유통업체와 제조업체 간의 협력마케팅(partnership marketing)에서 CM을 이용할 수 있다. 특히 제조업체는 CM을 통해 유통업체 매장을 활용한 마케팅이 가능하다.

③ 소비자의 라이프스타일 변화로 인한 고객관리 분석의 중요성 증대, 경쟁심화와 업태파괴에 대한 유통업체의 카테고리별 차별화 전략 추진, 인스토어

마케팅의 중요성 증대로 제조업체들의 유통업체와의 관계 강화라는 소비자 및 유통환경의 변화로 인해 CM은 필수적인 경영요소로 등장하고 있다.

④ CM 추진을 위한 세부 기법으로는 진열관리, 상품구성, 가격, 판촉관리, 상품공급, 고객 분석 등이 있으며, 이 중에서 고객 분석기법은 최근 CRM으로 발전하면서 중요성이 더욱 커졌다.

⑤ CM을 통해 다양한 경제적, 부가적 효과가 기대된다. CM은 매출 및 이익, 객단가 등 수입 측면과 재고 및 관리비용 등의 비용 측면에서 뚜렷한 실적 개선이 가능하며, 그 외에 고객만족 제고, 효율성 증대, 인력관리 등에 있어서 탁월한 효과가 있다.

⑥ 향후 본격적인 CM 확산에 대비해 유통업체와 제조업체의 CM에 대한 정확한 이해와 대처가 필요하다. 우리나라는 선진국에 비하면 아직은 태동기에 불과하며, 향후 기업형 유통 증가와 경쟁심화로 CM 도입이 확산될 전망이다. 유통업체와 제조업체는 CM 차원에서 판매, 물류, 마케팅 등의 부문에서 공동의 노력을 통해 기업경쟁력을 제고해야 할 것이다.

2. 구성 요소

(1) 핵심 요소

① 전략
  ㉠ 소비자, 상품, 기능에 대한 지속적 개발전략과 통합
  ㉡ 유통업체와 제조업체 모두 카테고리 관리를 전략적 비즈니스로 취급 관리
  ㉢ 유통업체는 마케팅 전략과 여타 기능적 전략 수립과 시행, 제조업체는 유통업체와의 협력을 통해 공동의 수요를 창출
  ㉣ 유통업체와 제조업체는 CM 차원에서 판매, 물류, 마케팅 등의 부문에서 공동의 노력 경주

② 비즈니스 프로세스: 유통업체와 제조업체의 조직 내에서 이루어지는 작업방법으로 카테고리 비즈니스 관리 계획의 개발과 시행을 위한 활동과정이다.

(2) 지원 요소

① 스코어카드: 카테고리 매니지먼트 계획에 따른 비즈니스 프로세스 계획을 측정, 모니터, 평가하는 시스템상의 관리수단이다.
② 조직 역량: 유통업체와 제조업체 조직이 시스템 전반에 걸친 상호보완적인 조직설계와 의사결정수준, 기술 요구 사항, 보상 시스템 등을 구축한다. 다기능 인터페이스팀 운영 등이 이에 해당된다.
③ 정보기술: 유통업체와 제조업체 간 많은 정보의 이동 등에 대해 전산 시스템이 구축되고 이를 영업에 활용한다.
④ 파트너십 구축: 카테고리 관리의 효과를 높이기 위해 각 조직 간 상호신뢰와 협력관계를 필요로 한다.

〈쉬어가기〉 카테고리 킬러와 ECR

1. 카테고리 킬러

(1) 개념
카테고리 킬러란 마케팅과 전략경영 분야에서 사용돼 온 용어로서, 제품, 서비스, 상표, 또는 기업이 차별화된 경쟁우위를 지속적으로 보여 다른 기업들이 도저히 이익을 낼 수 없게끔 만드는 경우를 가리키는 표현이다. 카테고리 킬러가 존재하면 시장 안에서 다른 모든 경쟁자들은 대부분 사라지게 되고 결과적으로 킬러 기업 하나만 남게 되는 독과점이 발생된다.

(2) 카테고리 킬러의 대표적인 예
인터넷을 통해 개인들이 자신의 물건을 사고파는 eBay라는 온라인 경매회사가 있는데, eBay는 거래 규모가 가장 크기 때문에 물건도 쉽게 구할 수 있고, 팔기도 쉬우니까 거래를 원하는 사람들은 모두 이 회사로 몰리게 되었다. 따라서 이와 비슷한 회사인 Yahoo 경매 사이트는 경쟁을 할 수 없게 되고 eBay가 차지하는 온라인 경매시장의 비중은 90 퍼센트가 넘는 것으로 알려져 있다.

(3) 우리나라의 예

카테고리 킬러는 완구용품, 가전제품, 그리고 스포츠용품 등 특정 상품분야의 전문 매장을 특화해 상품을 판매하는 소매점의 한 가지 형태라고 할 수 있는데, 우리나라에서는 '전문할인점'으로 부르고 있다. 카테고리 킬러는 체인화를 통해 현금 지불에 의한 대량 매입으로 경쟁 업체가 따라올 수 없을 만큼 가격을 낮게 하는 특징을 가지고 있다. 목표 고객을 향한 차별화된 서비스와 체계적인 고객관리도 카테고리 킬러의 중요한 요소이다. 카테고리 킬러는 상품 가격이 저렴해 경제불황기에 경쟁력이 더 강해지는 특징을 나타내고 대형 카테고리 킬러 매장들이 한 곳에 모여 쇼핑몰을 형성해 주차장을 공동으로 활용하는 것도 쉽게 볼 수 있다.

(4) 외국의 경우

이미 1980년대부터 카테고리 킬러가 주요 유통형태로 등장하였고, 최근 월마트와 같은 대형 할인점 업체의 급속한 시장잠식으로 경영난을 겪고 있는 카테고리 킬러들도 속속 나타나고 있습니다. 그 한 예가 최근 매각을 추진 중인 미국 최대의 완구 유통업체 토이자러스(Toys "R" Us)이다. 우리나라에서는 3, 4년 전부터 가전제품, 유아용품, 그리고 농산물을 취급하는 카테고리 킬러형의 매장이 등장했는데, 최근 경기불황과 함께 다시 주목을 받고 있다. 외국의 대형할인점과의 경쟁에서 이들 카테고리 킬러가 우위를 차지할 수 있을지 관심있게 지켜봐야 할 것 같다.

2. ECR

(1) 개념

디스카운트 스토어를 비롯한 가격파괴 현상의 물결에 직면한 제조업체와 도·소매상이 하나가 되어 효율적인 경영합리화를 모색하여 살아남고자 하는 전략으로 효율적인 소비자 대응(efficient consumer response)을 의미하는 말의 약칭이다. 소비자의 만족을 극대화시키기 위한 유통전략으로서 미국의 식품업계에서 처음 시도했다.

(2) 목적

소매 및 도매에 의한 판매 데이터를 제조업체의 계획생산에 반영시키는 정보의 공유화를 기초로, 유통 시스템을 효율화하여 생산에서 판매까지의 시간을 단축시키고 잉여재고를 없애는 것을 주요 목표로 삼고 있다. 즉 생산에서 최종판매에 이르기까지 상품의 흐름에 관련된 각 기업들이 공동으로 상품의 유통과정을 일체화, 표준화한다. 이로써 소비자의 만족 및 기업의 이윤을 극대화하기 위한 물류와 정보의 전략적 제휴에 의해 최종소비자 반응에 신속히 대응한다는 경영혁신전략이다. BPR (business process re—engineering) 전략의 하나이다. 이의 효과는 생산성 및 공급효율성 증대, 매출 증대, 효과적인 판매촉진 등이다.

제3절 접객 판매 기술

::고객 서비스의 전략적 우위성

1. 고객의 기대에 대한 기업의 인식

(1) 개념

① 제품의 질보다 더 중요한 것은 "나"에 대한 고객의 "인식"이다. 마케팅이론의 세계적 대가인 잭 트라우트는 7일 "최고의 제품은 결코 승리를 보장해 주지는 않는다."며 "치열한 브랜드 간 전쟁에서 최후의 승자가 되려면 잠재고객의 마인드 속에 자신의 상품을 차별화, 즉 포지셔닝시켜야 한다."고 말했다. "선택권은 철저히 고객에게 주어지며 고객의 선택을 받기 위해서는 고객의 인식 속에 자리 잡아야 한다."고 강조했다. 그는 "대부분 기업은 더 좋은 상품을 만들면 시장에서 승리할 것이라고 생각하지만 최고라는 것은 사실 고객의 마음속에 있는 주관적인 판단, 즉 인식에 의해 결정된다."고 설명했다.

② 트라우트는 "포지셔닝의 핵심은 차별화 요인을 찾는 것"이라며 "차별화는

고객에게 '물건을 구매해야 하는 이유'를 제공하는 것"이라고 강조했다. 그는 "명심해야 할 사실은 고객의 인식은 복잡한 것을 싫어한다는 것"이라며 "고객의 인식 속에 남을 수 있는 방법은 메시지를 극도로 단순화시켜 고객의 마인드에 각인시키는 것"이라고 설명했다. 또한 "오늘날 사람들은 변화라는 환상에 사로잡혀 있지만 한번 각인된 고객의 인식은 결코 쉽게 변하지 않는다."며 차별화는 제품의 장점을 뚜렷이 보여 줄 수 있는 가장 효과적인 속성을 부각시킨다든지, 업계 최초 또는 선두가 된다든지, 전문성을 갖추는 방법 등으로 이룰 수 있다"고 설명했다.

(2) 기대의 차가 발생하는 요인

① 일선 매장 직원과 경영자 간의 상호 의사소통의 부족과 한계
② 고객과 경영자 간의 지속적인 상호 작용의 부재
③ 시장조사 활동의 미흡
④ 고객 서비스의 책임한계 불명확
⑤ 고객만족을 위한 고객인식에 대한 정보 모니터링 부족

2. 고객의 인식에 대한 정보 모니터링

(1) 의의

① 고객의 요구사항이 어느 정도까지 충족되었는지에 대한 고객의 인식을 모니터링하는 것이다. 고객 불평은 낮은 수준의 고객만족에 대한 일반적 지표이며 고객 불평이 없다고 해서 반드시 높은 수준의 고객만족을 의미하지 않는다. 고객 요구사항이 고객과 합의되고 충족되었다고 하더라도 그것이 반드시 고객만족 달성을 보장하지 않는다.
② 고객 지향적 조직은 고객의 만족도를 알고 있어야 하며 그로부터 바람직하지 않은 결과나 경향에 대하여 시정조치와 지속적 개선이 이루어질 수

있도록 고객의 인식에 대한 정보를 모니터링해야 한다. 이에는 조직의 규모와 시장의 범위, 복잡성 및 다양성을 고려해야 하며, 내부 및 외부 출처로부터 서면 또는 구두 등의 모든 가능한 형태로 고객과 최종 사용자 정보의 출처를 파악하는 것이 바람직하다.

(2) 고객 관련 정보와 관련한 고려 사항

① 제품에 대한 피드백
② 고객 요구사항과 계약에 관련된 정보
③ 시장 요구 사항
④ 서비스 인도 데이터
⑤ 경쟁사 정보

(3) 고객 만족 및 불만족에 대한 정보 획득 수단

① 고객의 평가 정보
② 고객과의 직접적 의사소통(예: 불만 접수, 현장 조사 등)
③ 주기적으로 설문지 활용
④ 고객조직의 보고서
⑤ 기타 다양한 매체 등

(4) 고객만족 요구사항의 흐름

① 고객의 제품관련 요구사항 파악
② 이에 대한 대상 고객 분류
③ 고객의 잠재적 불만요소 정리
④ 조사대상 선정 및 조사계획 수립
⑤ 고객인식을 모니터링
⑥ 데이터 집계 및 분석

⑦ 고객의 중점불만 요소 파악 및 고객만족 상태 및 요구/기대 파악

⑧ 경영검토 시에 반영

⑨ 개선기회의 파악 및 선정

⑩ 품질경영시스템 프로세스의 지속적 개선 연계

3. 접객서비스의 기본

① 손님맞이의 준비: 언제 어떤 경우에도 고객을 맞이할 수 있는 준비와 마음가짐이 되어 있는 상태를 갖추어야 한다(고객대기).

② 접근요령: 내점한 고객을 목적 파악을 위하여 많은 경험과 노련한 커뮤니케이션 기술을 필요로 한다. 성의와 친밀감 있는 매너가 필요하다.

③ 상품제시: 고객본위로 제시하는 태도가 고객의 우위성을 보증하게 하며 상품관리와 매장관리의 적절함이 필요하다. 이때 고객본위 응대 4원칙은 전문용어 남용금지, 특성에 맞는 상품제시, 접객 중에는 다른 업무를 보지 않도록 하고 무례한 태도는 삼간다.

④ 클로징: 상품대금 확인 후 받은 돈을 확인하고 거스름돈을 확인해서 금전수수상의 착오가 없도록 한다.

〈심화학습〉 고객만족경영을 위한 품질서비스 개선 전략—TQM

1. 개념

① 총체적 품질관리(TQM, Total Quality Management)란 생산품의 질을 개선하는 관리기법이다. 행정조직에서는 국민에게 제공하는 행정서비스 질의 개선을 추구하는 활동을 말한다.

② TQM은 관리기술이라기보다는 변화지향적인 관리철학의 성격을 띠고 있다.

③ MBO의 문제점을 극복하기 위한 대안으로 대두되었다.

2. 내용 및 특성

① 장기적인 안목과 계획으로 추진
② 서비스 질의 수준을 고객의 기준으로 평가
③ 품질개선을 위한 과정과 절차의 지속적 개선과 과학적 품질관리기법 적용
④ 사후관리가 아닌 사전적 품질관리로 예방차원의 성격
⑤ 참여중심적, 공동체, 팀워크 중시(기능적, 계층적 조직의 부정)
⑥ 자율성과 권한위임(민주적 조직관리, Y론적 관리시각)
⑦ 질적인 개념의 관리이면서도 통계적 관리체계 중시
⑧ 고객변화에 대응하는 조직의 변화학습체계가 요구
⑨ 조직의 목표와 고객의 목표의 일치 추구
⑩ 조직구성원의 행태변화(인간변화)로 품질개선 노력 추구는 미흡한 제도
⑪ 고객행정 및 민주행정에 공헌하였지만 정부업무의 특성상 적용 한계 노정
⑫ 시행절차나 규정 등 매뉴얼의 부재로 ISO—9000 품질경영전략과의 조화 필요

::접객 서비스 일반

1. 서비스의 의의 및 특징

(1) 서비스의 의의

① 서비스는 그 특성상 생산과 소비가 동시에 일어난다는 점과, 그것이 지니고 있는 무형성 및 품질관리의 난해성 때문에, 사내고객(Internal Customer)의 역할 증대와 대외고객의 불평에 대한 관리가 더욱 중요하게 대두되고 있다. 특히 서비스 산업에 있어서 유통이라는 것은 고객들에게 이러한 특성을 가진 서비스가 제공되는 접점인 만큼 이에 대한 정확한 분석과 체계적인 연구가 이루어져야 한다.

② 과거 마케팅은 의류, 자동차, 비누 등과 같은 유형 제품을 판매하고 유통시키는 과정에서 발달되어 왔지만 최근에는 서비스의 혁명, 서비스 경제라

는 말이 통용될 정도로 서비스 산업분야가 급속하게 성장, 발전해 왔다.

(2) 서비스의 특징의 고객 대기

① 무형성(intengibility): 서비스의 형태는 없으며, 소유할 수도 없기 때문에 발생하는 불확실성으로 인하여 구매자들은 서비스를 평가하고자 할 때 서비스 제공 장소, 직원들의 태도, 시설, 커뮤니케이션 도구, 가격 등을 기준으로 평가하게 된다. 따라서 다음과 같은 고객대기가 필요하다.

　㉠ 서비스의 무형성에 대응하는 유형적 노력

　㉡ 서비스의 결과를 시각적으로 제시

　㉢ 서비스의 내용보다 서비스를 받음으로써 얻는 구체적 편익의 강조

　㉣ 서비스 제공 장소, 서비스 제공자의 복장, 서비스 제공시 사용하는 장비, 커뮤니케이션 수단 등 시각적 요소를 통해 높은 서비스 수준이라는 느낌을 제공한다.

② 비분리성(inseparability): 서비스는 일반적으로 생산과 동시에 소비가 이루어지므로 서비스 생산자와 소비자의 협력 정도가 서비스 질에 큰 영향을 미친다.

③ 변화가능성(variability): 서비스는 시간, 장소, 제공자, 방법, 대상에 따라 그 내용과 품질이 달라진다. 이에 대한 해결방법으로는 다음과 같다.

　㉠ 경쟁사에 비해 우수한 인적 자원을 확보하거나 교육, 훈련에 많은 투자를 통해 서비스의 질을 향상시킨다.

　㉡ 고객의 고충이나 고객조사. 비교구매 등을 통해 자사에 대한 태도, 불만, 만족도 등을 통해 서비스 개선 방향을 파악하고 수정한다.

④ 소멸가능성(perishability): 서비스는 무형재이므로 저장이나 재고 유지가 불가능하다. 수요상황이 일정한 경우는 문제가 없지만 변동이 심한 경우에는 수요판단이 곤란하다.

수요와 공급의 관점에서 사용할 수 있는 효과적 전략은 다음과 같다.

　㉠ 고객 측면

　　　　㉮ 가격차별화: 피크타임대의 수요를 일반 시간대로 전환하는 가격 전략

　　　　㉯ 보조서비스 제공: 서비스를 제공받기 위해 대기하는 고객들에게 부가적 서비스를 제공

　　　　㉰ 예약시스템 활용: 예약을 통해 수요를 한 시간대에 집중되지 않도록 분산시키는 방법

　　　　㉱ 신규 프로그램의 개발: 비수기 수요를 대비한 프로그램의 개발

　　㉡ 공급자 측면

　　　　㉮ 시간제고용: 수요가 가장 많은 시간에 임시직 종업원을 채용하여 활용

　　　　㉯ 공유된 서비스 시설: 동종 또는 유사 장비나 설비를 사용하는 기업들 간에 공동으로 장비나 설비를 구입하여 필요한 경우에만 서비스를 제공하는 방법

　　　　㉰ 고객노동력의 이용: 서비스 이용고객에게 서비스의 일부를 스스로 하게 하는 방법

　　　　㉱ 예비시설의 개발: 미래의 잠재적 확장을 대비해 필요한 예비시설을 확보 또는 개발하는 전략

2. 서비스의 마케팅 믹스

(1) 제품: 서비스기업들은 자사 서비스 구매로 받게 되는 편익을 구체적으로 고객들에게 강조해야 한다. 서비스는 그 특성상 표준화시키기 어렵기 때문에 특정 집단의 고객에게 주로 상표를 통한 차별화가 바람직하다.

(2) 가격: 고객은 서비스의 품질을 평가하는 기준으로 가격이 고려되는데 서비스는 상대적으로 가격차별화를 하기 용이하다.

(3) 유통: 서비스는 제공자로부터 고객에게 직접 전달된다. 서비스의 유통에서 중요한 문제는 서비스기업의 위치이다. 고객이 가장 쉽고 편리하게 방문할 수 있는 곳에 유치하는 것이 영업에 유리하다.

(4) 촉진: 서비스는 생산과 소비의 동시성으로 인해 생산자는 생산과 함께 인적 판매의 역할을 수행한다. 판매자의 태도가 서비스의 평가에 큰 영향을 미친다.

3. 서비스 마케팅 전략

(1) 내부 마케팅

① 서비스기업이 고객담당 직원뿐만 아니라 기타 지원 서비스 직원들에게 고객이 만족할 수 있는 서비스를 제공할 수 있도록 하기 위한 지속적 동기부여와 직원교육 활동을 해야 한다.
② 최종 고객에 대한 기업의 마케팅 노력인 외부 마케팅의 성공은 내부 마케팅에 달려 있다.

(2) 상호작용 마케팅

① 서비스제공자가 고객에게 제공하는 마케팅활동이다.
② 서비스품질은 그 분야가 전문적이 되어 갈수록 서비스제공자가 누구냐에 따라 제공받는 서비스품질평가는 크게 달라진다.

(3) 경쟁적 차별화 전략

① 자사의 제공물에 혁신적 특성을 부과하여 경쟁사와 차별화시킨다.
② 이미지의 차별화를 위해 상징이나 상표를 채택하여 가치를 높이기도 한다.

(4) 서비스 생산성 향상 전략

① 생산성의 향상은 생산비용을 절감시키고 보다 높은 이익의 확보를 가능케 하거나 가격의 인하를 가능하게 하므로 기업에게는 매우 중요한 과제이다.

② 서비스 생산성을 증대시키기 위한 방안

    ㉠ 유능한 인재의 선발, 교육훈련을 통한 생산성 증가에 필요한 기술적 작업을 가능하게 한다.

    ㉡ 노동력, 기계, 설비, 자재의 낭비적 요소의 사전적 제거

    ㉢ 최신 설비의 도입, 효과적 서비스 제공방법 설계

③ 마케팅 측면에서의 생산성 증대 방안

    ㉠ 서비스 수요의 변동에 따라 가격할인이나 촉진으로 고정된 공급능력에 수요를 맞춘다.

    ㉡ 서비스 제공자의 수준을 일정하게 유지하고 서비스 제공의 양을 증가시킨다.

    ㉢ 비수기를 위한 새로운 서비스의 개발

    ㉣ 서비스 제공자의 노동력을 고객자신의 노동력으로 대체함으로써 원가를 절감시킨다.

4. 서비스품질감사의 구성요소

차원	하위 차원	정 의
유형성		물적 시설, 장비, 사람, 의사소통도구의 외형
신뢰성		약속된 서비스를 정확하게 수행하는 능력
응답성		고객을 돕고 즉각적인 서비스를 제공하려는 의지
확신성	능력	서비스를 수행하는 데 필요한 기술과 지식의 소유
	예절	고객과 접촉하는 종업원의 친절과 배려, 공손함
	신용도	서비스 제공자의 진실성, 정직성
	안전성	위험, 의심으로부터의 자유
공감성	접근가능성	접근가능성과 쉬운 접촉
	의사소통	고객의 말에 귀 기울이고, 고객에게 쉬운 말로 알림
	고객이해	고객과 그들의 욕구를 알려는 노력

::고객 대기와 고객 컴플레인 대응

1. 고객 대기

(1) 판매원의 능력과 노력: 고객에 대한 성의와 친밀감, 친절, 상품의 특성 및 보관 장소 파악, 적절한 상품의 제시 등

(2) 적절한 판매 동선 구축: 짧은 판매 동선, 측면 판매와 대면 판매의 적절한 활용

(3) 판매 종결(클로징): 상품대금 확인 및 후속처리

(4) 반품처리: 반품이 발생하면 최대한의 성의로 끝까지 고객이 만족할 수 있도록 태도에 유의한다.

(5) 불평처리: 고객의 불만표시는 매장관리 및 제조, 유통상의 중요한 정보가 된다. 문제해결을 위한 제반사항을 명료하게 설명하고 친숙한 용어를 사용하며, 고객의 입장에서 응대한다. 판매원의 능력초과 발생 시나 권한 외의 일에 대해서는 관리자의 도움을 청한다.

2. 고객 컴플레인 대응

(1) 개념

서비스는 만족의 제공을 전제로 하기 때문에 고객의 불만이나 불평을 방치하는 것은 이미 서비스가 아니다. 고객의 컴플레인에 대한 대응 방법은 더 높은 고객만족향상이라는 차원에서 고려해야 한다.

(2) 컴플레인 대응 원칙

① 고객입장의 존중
② 관점표명과 고객위로

③ 설명(변명)하려 들지 말 것
④ 상담자의 개인감정 표출금물
⑤ 고객의 가치관을 바꾸려 하지 말 것

3. 고객 유형별 특징과 대응요령

(1) 전문가형 고객

① 특징: 유창하게 말하려는 사람은 자신을 과시하는 타입의 손님으로 자신은 모든 것을 알고 있는 전문가처럼 행동할 수 있다. 자신이 가지고 있는 확신에 대한 고집을 꺾지 않으려 하고 좀처럼 설득되지 않으며 권위적인 느낌을 상대에게 주어 상대의 판단에 영향을 미치려고 한다. 언어 예절을 깍듯이 지키며 겸손한 듯이 행동하지만 내면에 강한 우월감을 갖고 있으므로 거만한 인상을 준다.

② 대응요령: 우선 손님의 말을 잘 들으면서 상대의 능력에 대한 칭찬과 감탄의 말로 응수하여 상대를 인정하고 높여주면서 친밀감을 조성한다. 정면 도전을 피하고 손님 자신이 주장하는 내용의 문제점을 스스로 느낄 수 있도록 대안이나 개선에 대한 방안을 유도해 내도록 한다. 대화 중에 반론을 하거나 자존심을 건드리는 행위를 하지 않도록 주의하며 자신의 전문성을 강조하지 말고 문제해결에 초점을 맞추어 손님의 무리한 요망사항에 대체할 수 있는 사실을 언급한다.

(2) 결단력이 없는 우유부단한 고객

① 특징: 즐겁고 협조적인 성격이나 다른 사람이 자신을 위해 의사결정을 내려 주기를 기다리는 경향이 있어서 주변만 빙빙 돌며 변죽만 올리며 요점을 딱 부러지게 말하지 않는다. 이러한 유형은 대부분 보상을 얼마나 받아야 할지 또는 요구하는 보상이 기준 이상이라는 것을 자신이 잘 알고

있는 경우가 많다.

② 대응요령: 손님이 결정을 내리지 못하는 갈등요소가 무엇인지를 표면화시키기 위해 시기 적절히 질문을 하여 상대가 자신의 생각을 솔직히 드러낼 수 있도록 도와준다. 따라서 피해보상 기준에 근거하여 적정 보상 기준과 이점 등을 성실히 설명하여 문제를 해결할 수 있도록 사후조치에 만전을 기하여 신뢰를 공고하게 한다.

(3) 빈정거리거나 무엇이든 반대하는 고객

① 특징: 빈정거리거나 비꼬며 말하는 사람이나 무엇이든 반대하는 사람은 열등감이나 허영심이 강하고 자부심이 강한 사람이다. 아무렇게나 말을 마구 내뱉듯이 말하다가 상대로부터 강한 추궁이나 반박을 당하면 자신이 한 말이 아무 의미 없는 것으로 책임을 회피하곤 한다. 문제 자체에 중점을 두어 이야기 하지 않고 특정한 사람이나 문구, 심지어는 대화 중에 사용한 단어의 의미를 꼬투리를 잡아 항의 하는 등 아주 국소적인 문제에 더욱 집착하여 말한다.

② 대응요령: 대화의 초점을 주제방향으로 유도하여 해결에 접근할 수 있도록 자존심을 존중해 주면서 응대하고 손님의 빈정거림을 적당히 인정하고 요령껏 받아줌으로서 손님의 만족감을 유도하면 타협의 자세를 보이게 된다.

(4) 쉽게 흥분하는 고객, 저돌적인 고객

① 특징: 상황을 처리하는 데 단지 자신이 생각한 한 가지 방법밖에 없다고 믿고 남으로부터의 피드백을 받아들이려 하지 않는 고객이 있다. 손님의 마음을 지배하고 있는 것은 표면화돼 호전성과는 달리 극심한 불안감일수도 있으므로 상담자가 미리 겁을 먹고 위축되지 않도록 한다. 그 사람이 나에게 항의하는 것이 아니고 손님이 회사에게 항의하는 것이므로 일어난 상황을 개인적인 일로 받아들이면 안 되기 때문에 논쟁을 하거나 마주 화

를 내는 일이 없도록 하여 상대방이 소진될 때까지 시간을 두고 기다려야 한다.

조심스럽게 손님의 주의를 끌어 상담자의 영역 내의 방향으로 돌리도록 한 뒤에 조용히 사실에 대해 언급한다. 말하고 있는 도중 손님이 방해를 하면 친절히 양보하여 충분히 말 할 수 있는 편안한 분위기를 유지해 주면서 손님 스스로가 문제를 해결할 수 있도록 유도한다.

② 대응요령: 부드러운 분위기를 유지하며 정성스럽게 응대하되 음성에 웃음이 섞이지 않도록 유의한다. 고객이 흥분 상태를 인정하고 직접적으로 진정할 것을 요청하기보다는 고객 스스로 감정을 조절할 수 있도록 유도하는 우회화법을 활용한다.

(5) 지나치게 호의적인 고객

① 특징: 사교적이며 협조적인 손님이며 합리적이고 진지한 면이 있다. 그러나 때로는 손님 자신이 하고 싶지 않거나 할 수 없는 일에도 약속을 하여 상대방을 실망시키는 경우도 있다. 모든 사람이 항상 자신을 받아들이고 좋아해 주기를 바라는 욕구가 내재되어 있기도 하다.

② 대응요령: 이야기의 맞장구를 잘 치는 사교적인 손님을 대할 때는 상대의 의도에 말려들 위험이 있으므로 기분에 사로잡히지 않도록 하며 말을 절제하고 손님에게 말할 기회를 많이 주어서 결론을 도출한다. 손님의 진의를 파악할 수 있도록 질문을 활용하고 합의를 지연하고자 하는 손님의 의도를 경계해야 한다. 상담자가 계획한 결론을 고수할 수 있도록 외유내강의 자세를 유지하여 깔끔한 합의를 이끌어낼 수 있어야 한다.

남의 이야기를 잘 받아들이는 형의 손님은 상대의 이야기가 끝나면 자기 방어를 위한 말을 하기 위한 준비를 하고 있는 경우가 있으므로 자신과의 대화가 원만히 이루어지고 있는지, 내용은 잘 이해하고 있는지를 확인하며 말한다.

(6) 같은 말을 장시간 되풀이 하는 고객

① 특징: 자아가 강하고 끈질긴 성격을 가진 사람이다.
② 처방: 상대의 말에 지나치게 동조하지 말고 손님의 항의 내용의 골자를 요약하여 확인한 후 손님의 문제를 충분히 이해하였다는 것을 알리고 문제해결에 관한 확실한 결론을 내어 손님에게 믿음을 주도록 한다. 회피하려는 인상을 주면 부담이 가중되어질 수 있으나 가능한 한 신속한 결단을 하는 것이 좋다.

(7) 과장하거나 가정하여 말하는 고객

① 특징: 콤플렉스를 가진 고객일 수 있다.
② 처방: 상대의 진의를 잘 파악하여 말로 설득하려 하지 말고 객관적인 자료로써 응대하는 것이 좋다. 정면으로 부정하거나 확인하려 하면 커다란 마찰이 생길 수 있으니 우회화법으로 손님으로 하여금 사실을 말하도록 유도하여 손님이 말한 내용을 기록하고 정리하여 변동사항이 발생했을 때 대처하도록 한다.

(8) 무리한 요구를 서슴없이 하는 고객

① 특징: 원칙에 어긋난 일을 부탁한다거나 터무니없는 물건 값을 깎는 등 도저히 될 수 없는 일임에도 불구하고 고객이 무리한 요구를 하면 그처럼 답답한 일은 없다.
　싸움을 걸기 위해 일부러 무리한 요구를 하는 못된 고객도 없지 않겠지만 대부분의 경우, 고객은 자신의 입장만을 생각할 뿐 그 요구가 무리하다는 것을 알지 못한다.
② 처방: 이럴 때는 우선 고객의 입장을 충분히 이해하고 있음을 알려준 후 고객이 무리한 요구임을 납득할 수 있도록 차근차근 설명을 하여야 한다.

(9) 뽐내는 고객

① 특징: 자기 자랑이 심하고 거만하며 직원 따위는 거들떠보지도 않고 책임자에게만 접근하려 하고, 돈이 좀 있으면 있는 티를 내는 고객.

② 처방: 이런 고객을 다루는 유일한 방법은 마음껏 뽐내고 자랑하게 하는 것뿐이다. 아니꼽다고 맞부딪쳐봤자 상담자의 마음만 다치게 된다. 반면 이런 고객들일수록 단순한 면이 있으므로 칭찬해 주고 맞장구 쳐주면 의외로 쉽게 사건을 풀어갈 수 있다.

(10) 불평 많은 고객

① 특징: 사사건건 트집과 불평을 잡는 고객이다. 아는 것도 없으면서 이러쿵저러쿵 말이 많고 꼬투리 잡기를 즐기는 고객이다.

② 처방: 이런 고객에게는 맞장구 치고 추켜세우고 설득하는 방법 밖에 없다.

(11) 말이 많은 고객

① 특징: 밑도 끝도 없이 계속 말을 하는 고객에게는 무책(無策)이 상책이다.

② 처방: 참고 듣고 있는 수밖에 방법이 없다. 이런 고객의 말문을 노골적으로 막았다가는 금방 돌아서 버리고 만다 말 많은 것만큼 기분 변화도 심하기 때문이다.

(12) 쾌활한 고객

① 특징: 후에 인간적인 교류까지도 가능하게 되는 무난한 고객이다.

② 처방: 이런 고객에게는 너무 정중하게 대할 것만이 아니라 한 걸음 나아가 친숙한 사이로 접근해 봄이 바람직하다. 일을 처리함에 있어서 "예스", "노"를 분명히 하는 것이 좋다. 단 상대방의 쾌활함에 밀려 예의를 벗어나는 일이 없도록 유의해야 한다.

(13) 얌전 과묵한 고객

① 특징: 속마음을 헤아리기 어려운 고객이다
② 처방: 조금 불만스러운 것이 있어도 잘 내색을 하지 않아야 한다. 그러나 말이 없다고 해서 흡족한 것으로 착각해서는 안 된다. 이런 고객은 한 번 마음에 들면 거래가 오래 계속되나 반면에 마음이 돌아서면 끝장이다. 말이 없는 대신 오해도 잘한다.

정중하고 온화하게 대해 주고 일은 차근차근 빈틈없이 처리해 주어야 한다.

(14) 깐깐한 고객

① 특징: 별로 말이 많지 않고 예의도 밝아 직원에게 깍듯이 대해 주는 반면 직원의 잘못은 꼭 짚고 넘어간다. 참으로 조심스런 고객이다.
② 처방: 정중하고 친절히 응대하되 만약 고객이 잘못을 지적할 때는 반론을 펴지 말자. 이런 고객일수록 자존심이 상당히 강하므로 "지적해 주셔서 감사합니다." 하고 받아들이는 자세를 보여야 내심 좋아하는 것이다.

(15) 의심이 많은 고객

① 특징: 이것저것 캐묻고 이리 갸우뚱 저리 갸우뚱 의심이 많은 고객에게는 자신감 있는 태도로 명확 간결한 응대를 하여야 한다.
② 처방: 이런 고객에게는 너무 자세한 설명이나 친절도 의심의 대상이 되기 때문에 분명한 증거나 근거를 제시하여 스스로 확신을 갖도록 유도하여야 하며 때로는 책임자로 하여금 응대케 하는 것도 좋다.

(16) 어린이 동반 고객

① 특징: 어린이에 대한 관심을 고객 자신에 대한 관심으로 여긴다.
② 처방: 어린아이의 특징을 재빨리 파악하여 적절한 찬사를 보내는 것이 좋

다. 울거나 칭얼거린다 하여 윽박지를 것이 아니라 살짝 안아준다거나 다독거려야 하는 재치를 보여야 한다. 어린이가 많이 오는 곳이면 사탕과 껌을 준비할 필요도 있다.

(17) 성급한 성격의 고객

① 특징: 조금만 사무 처리가 늦어도 빨리빨리를 외치고 재촉이 심한 고객이다. 객장에 앉아 기다리지 못하고 안절부절 창구에 달라붙어 심지어 직원에게 "이렇게 하라, 저렇게 하라"고 업무지시까지 하는 고객에게는 말은 시원시원하게 행동은 빨리빨리 하는 것이 상책이다.

② 처방: 늦어질 것 같을 때는 일방 추켜세우고 일방적으로 사과하면서 다독거려야 한다. 자칫하면 폭발하기 쉽고 조심해야 할 고객이다

4. 고객 불만 시 처리단계

(1) 제1단계: 판매자의 선입관을 버리고 고객의 불만사항을 주의 깊게 듣고 공감하는 자세를 취한다.

(2) 제2단계: 불만의 원인을 묻고 판단한다.

(3) 제3단계: 고객의 컴플레인 내용을 이해했다는 것을 표현하고 해결책을 마련한다.

(4) 제4단계: 해결책을 고객에게 제시하고 동의를 구한다.

(5) 제5단계: 고객의 반응과 결정을 주의 깊게 검토하고 동의했다면 그에 대한 감사로 고객의 자존심을 세워준다.

5. 고객 불만 대응방식

(1) 대응 일반

손님의 입장이나 상황에서 감정이입을 한 후 어떤 대접을 받기를 원하는지 무슨 말을 듣고 싶은지 생각한다. 일단 클레임을 제기하기 위해 오신 손님의 경우 대부분이 한 가지 이상의 입장만을 고집하다가 문제가 더 커지는 경우가 종종 있다. 따라서 손님의 입장에서 손님을 위한 방향으로 상담을 진행한다.

(2) 대응방식

① SOOTHE: 관점을 표명하여 손님의 마음을 먼저 달래 주어라.

차를 대접하거나 기다리고 있는 가족은 없는지 상담을 하는데 먼저 조치를 취해야 할 것은 없는지 들어서 손님을 최대한 배려한다는 관점을 표명한 후에 "손님이 왜 화가 나셨는지 이해가 됩니다. 정말 저라도 화가 나겠군요."라고 손님의 입장에 공감을 표시하여 손님의 마음을 풀어준다면 상담을 원활하게 이끌어 나갈 수 있다.

② NO EXPLAIN: 회사의 규정을 먼저 설명하려 하지 마라.

화가 난 것은 감정적인 것이므로 논리적으로 대응해서는 안 된다. 규정이나 기준을 설명하려다 보면 손님의 감정을 더 격앙케 하는 경우가 있다. 따라서 손님의 말씀을 충분히 경청한 후에 현재 시스템상 운영 여건에 문제가 있다는 말씀을 드리고 양해를 구하는 형태를 취한다. 여기서 회사의 규정만을 설명하려 하면 손님의 상담자를 회사의 대변자로 여기게 되므로 "저는 손님의 억울한 사연을 듣고 회사로부터 보상을 받아내는 사람입니다. 하지만 이러면 …… 에서는 받아내기 어렵습니다."라고 말하며 최대한 보상을 받을 수 있도록 노력하겠다고 하면 손님을 쉽게 자기편으로 만들 수 있다.

③ NO EXPOSE: 상담자 개인감정을 드러내지 마라.

불만 손님은 회사의 규정이나 운영 시스템에 불만을 제기하는 것이지 상담자 개인에게 화를 내는 것이 아니다. 따라서 손님의 반말이나 높은 언성, 행동 등에 화를 내거나 개인적인 말을 해서는 안 된다.

④ NO PERSUADE: 설득 등으로 손님의 가치관을 바꾸려 하지 마라. 간혹 손님의 몰상식한 행동 등에 훈계를 하거나 손님의 가치관이나 생각과 반대되는 기준을 이해 또는 설득하려는 경우는 오히려 손님의 마음 문을 닫는 결과를 낳는다.

::서비스품질에 대한 고객의 평가

1. 서비스품질의 의의

① 데이터 통신에서 서비스품질을 나타내는 일반적인 용어(Quality of Service)이다. 고객의 기대, 과정의 기능적 품질(응답성, 보증, 공감성)과 결과인 기술적 품질(서비스결과, 유형성, 신뢰성), 기업 이미지와 상호 연관되어 있다.

② 서비스는 형태가 없기 때문에 무형의 서비스를 평가하기 위해서는 고객의 인식에 의한 평가를 할 수밖에 없다. 그리고 양질의 서비스를 고객에게 제공하려면, 서비스품질평가 기준을 이해해야 한다.

③ 서비스 산업의 발전에 따라 현대적 경영에 있어서 서비스품질과 함께 고객만족이 기업의 존속·성장을 좌우하는 원천이라는 관점에서 중요한 어휘가 되고 있다. 유럽의 500대 기업의 최고경영자들이 서비스품질을 1990년대에 전략적 발전을 위한 가장 중요한 과제로 보고 있으며, 미국의 최고경영자들도 서비스품질과 이에 관련된 과제의 조사를 통해 서비스품질이 가장 우선순위가 높음을 지적하고 있다.

2. 서비스품질과 고객만족

서비스품질과 고객만족은 구분하기 어려운 개념이기 때문에 많은 조사 연구가들의 노력에도 불구하고 이들 두 용어에 대한 정의를 공유하지 못하고 있다. 그럼에도 불구하고 이들 두 변수 간의 관계에 관한 오늘날까지의 논자들의 주장을 요약하면 다음과 같은 상반된 두 가지 관점으로 구분·정리된다.

(1) 만족이 품질에 이른다(만족→품질): 고객만족이 지각된 서비스품질에 영향을 미친다.

(2) 품질이 만족에 이른다(품질→만족): 지각된 서비스품질과 고객만족 영향을 미친다.

(3) 잠정적으로 다음과 같은 세 가지 결론을 얻을 수 있다.

① 양자 모형 간에는 어느 만큼의 차이는 있으나 체계상으로는 서로 크게 다르지 않으며 오히려 유사하다.

② 양자의 모형 어느 것도 완전한 설명을 해 주지 못하고 있다.

③ 아직 더 검증할 여지가 있음에도 불구하고 훨씬 많은 논자들이 서비스품질과 고객만족은 상이한 개념이라는 관점에서 만족→품질 모형보다는 서비스품질을 고객만족의 선행요인으로 보아 품질→만족 형에 따르고 있으며 전자에서 후자로 옮겨가고 있다.

3. 서비스품질의 평가 요소

① 신뢰성(Reliability): 고객과의 약속 또는 고객이 기대하는 수준의 서비스를 정확하게 수행하는 것(정확한 임무수행)

② 유형성(Tangibles): 눈에 보이는 물적 요소(도구, 기구, 설비, 직원태도, 유니폼, 명찰, 인테리어 등)의 적합성과 수준

③ 응답성(Responsiveness): 대응정도로 고객서비스의 응대 태도(반응속도, 자발성, 즉각성, 성실성)

④ 확신성(Assurance): 서비스를 제공하는 직원들의 영업지식(전달력, 공손함, 전문성, 경쟁력, 안전성)

⑤ 공감성(Empathy): 고객을 진심으로 이해하는 관심과 보살핌

⑥ 기타: 접근의 용이성과 가용성, 개별적 관심, 쉬운 의사소통, 고객 이해와 배려

4. 서비스품질의 특성

① 무형성: 구매하기 전에 보거나 만지거나 냄새를 맡을 수 있는 유형적 대상이 아니므로 실체를 객관적으로 느낄 수 무형의 특성을 가지고 있다.

② 소멸성(비축적성): 유형의 제품과는 달리 향후 수요에 대비해서 저장할 수 없다.

③ 비분리성: 서비스의 생산과 소비가 동시에 이루어는 생산과 소비의 동시성이 존재한다. 즉 제품은 먼저 생산되고 그 다음에 판매될 수 있지만 서비스는 저장해 놓았다가 제공을 할 수 없는 재화이다.

④ 가변성: 고객이 어떤 서비스를 선호해서 그 서비스를 구매할 때 제공되는 서비스의 품질수준이 항상 일정할 수 없음을 말한다.

⑤ 이질성: 서비스는 무형적인 요소로 인간의 노력과 성의 등이 포함되어 있어 제품과 같이 표준화하기 어려운 요소이다.

5. 고객평가의 개념

고객을 구매로의 유도를 확대하기 위한 일련의 고객의 반응평가이다. 서비스가 중요성에 따라 고객들이 매장 직원에 대한 인식과 어떤 식으로 평가하고 있는

지를 경영진은 알아야 한다. 서비스에 대한 고객의 평가의 기준은 다음과 같다.

① 신뢰성: 약속한 서비스를 정확하게 수행하는 능력

② 반응성: 고객에게 빠른 서비스를 제공하려는 의지

③ 보장성: 종업원의 지식, 정중함 및 신뢰를 심어줄 수 있는 능력

④ 공감성: 보살핌, 고객의 개인적인 요구에 대한 배려

⑤ 유형성: 물리적 시설의 외양, 설비, 인력, 문서

⑥ 서비스품질의 속성

⑦ 서비스 생산성 측정

6. 고객평가의 방법

(1) SERVQUAL 방법

① 개념

    ㉠ 정량적인 방법으로 Valarie A. Zeithaml, A. Parsuraman, Leonard L. Bery의 서브퀼은 고객의 서비스품질욕구와 기업의 서비스품질 실행과의 차이 분석을 위한 기법이다.

    ㉡ 서브퀼은 서비스품질을 개선하기 위해 서비스 제공 기업이 사용할 수 있는 경험적인 방법이다. 목표고객이 인식하고 있는 서비스 욕구를 이해해야 하는 것과 관련이 있다. 해당 조직에 대한 이러한 서비스품질의 측정된 인식들은 뛰어난 조직들과 비교되고 결과분석의 결과는 서비스품질 개선의 추진동력으로 사용될 수 있다.

    ㉢ 서브퀼은 서비스 속성의 상대적 중요성에 대한 고객의 인식을 고려한다. 이는 조직이 우선순위를 매기게 한다. 그리고 조직의 자산을 가장 중요한 서비스 속성을 개선하는 데 사용하도록 해 준다.

② 서브퀼의 5가지 핵심영역

    ㉠ 유형성: 물리적 시설의 외형, 장비, 직원, 커뮤니케이션의 자료 및 수

단들

     ⓛ 신뢰도: 고객에게 약속한 서비스를 독립적이고 정확하게 실행할 수 있는 능력

     ⓒ 응답성: 고객을 돕고 신속한 서비스를 제공하려는 의지

     ⓔ 보장성: 직원들의 예의, 지식, 신뢰와 확신을 줄 수 있는 능력

     ⓜ 감정이입: 기업은 고객 각자에 대한 개별적인 관심을 가져야 한다.

③ 서브퀄의 10가지 영역(발전 모델)

     ㉠ 유형성: 물리적 시설의 외형, 장비, 직원, 커뮤니케이션의 자료 및 수단들

     ⓛ 신뢰도: 고객에게 약속한 서비스를 독립적이고 정확하게 실행할 수 있는 능력

     ⓒ 응답성: 고객을 돕고 신속한 서비스를 제공하려는 의지

     ⓔ 적성: 서비스 제공을 위해 필요한 기술과 지식의 소유

     ⓜ 예의: 직원의 공손함, 존경심, 배려, 친근감

     ⓗ 신뢰성: 서비스 제공자의 신뢰성과 가능성, 정직성

     ⓢ 안전감: 위험, 모험, 의혹으로부터 편안함

     ⓞ 접근성: 접근 가능성과 용이성

     ⓩ 커뮤니케이션: 고객에게 귀를 기울이고 코멘트를 수용, 고객에게 정보 제공 유지, 고객이 쉽게 이해할 수 있는 용어 사용(전문용어 사용 자제)

     ⓧ 고객에 대한 이해: 고객의 욕구를 이해하기 위한 노력

④ SERVQUAL의 활용

     ㉠ 서브퀄은 목표고객의 서비스 욕구에 관한 인식을 이해하기 위하여 서비스 산업 내에서 널리 사용되고 조직 전체와 부서 간 서비스품질을 측정할 수 있다.

     ⓛ 서브퀄은 서비스품질에 대한 직원들의 인식을 이해하기 위해 조직 내부적으로도 서비스 개선 달성을 목적으로 사용할 수 있다.

     ⓒ 경쟁기업에 대해서도 적용하면 자사와 경쟁사 간의 서비스품질을 비교

가능하다.

ⓒ 서브퀄은 인지된 서비스품질을 이해하기 위해 본질적으로 고객에 대한 표본조사를 수행한다. 그리고 조사를 하는 조직에 대한 고객의 인식을 측정한다. 고객은 각각의 속성의 상대적 중요성, 뛰어난 기업과 관련된 서비스 실행의 기대치 측정 및 해당기업의 성과 측정의 질문에 대한 답변을 하게 된다.

⑤ SERVQUAL은 다음의 세부정보를 제공하는 강점 존재
　　ⓐ 서비스에 대한 고객의 인식(자체 고객에 의해 설정된 기준)
　　ⓑ 고객이 인식한 서비스 실행 수준
　　ⓒ 고객의 코멘트와 제안
　　ⓓ 고객의 기대와 만족에 관한 직원들의 인상

⑥ SERVQUAL의 한계

5가지 영역의 타당성과 모든 서비스 부문에 통일된 방법을 적용하기에는 무리가 있다. 즉 서브퀄 계산에 서로 다른 점수를 사용하는 것은 측정의 신뢰성과 판별 타당성, 수렴 타당성, 예측 타당성에 문제가 있다는 지적이 있다.

(2) CIT(Critical Incident Technique) 방법

① 구매 시점에서 발생한 서비스에 대한 만족과 불만족에 대한 것을 분석하는 정성적인 방법으로 사건 기술법이라고도 한다.
② 사건발생에 따른 정보 분석을 통한 대응방법을 찾는 것으로 고객의 이탈행동의 원인을 수집하여 대응방안을 모색한다.
③ 판매현장에서 발생하는 고객의 불만 등 이탈현상을 통한 정보수집과 이에 대한 대응전략을 구축하는 방법이다.

7. 서비스품질 차이

(1) 인지 서비스품질 기대와 활용

　형성된 기대와 실제 제공되는 서비스를 비교하여 서비스를 평가하는 방법으로, 서비스품질은 고객의 기대와 실제 제공된 서비스와의 차이에 의해 결정되고, 또 고객들은 서비스를 제공받기 전 주변사람들의 이야기나 경험 등을 통해서 제공받는 서비스의 정도를 심리적으로 결정한다. 따라서 구전과 개인의 욕구, 과거 사용했던 경험 등이 기대된 서비스와 인지된 서비스에 영향을 준다. 이때 서비스품질의 영역(범위)은 소비자의 신뢰성, 소비자에 대한 대응성 등이 포함된다.

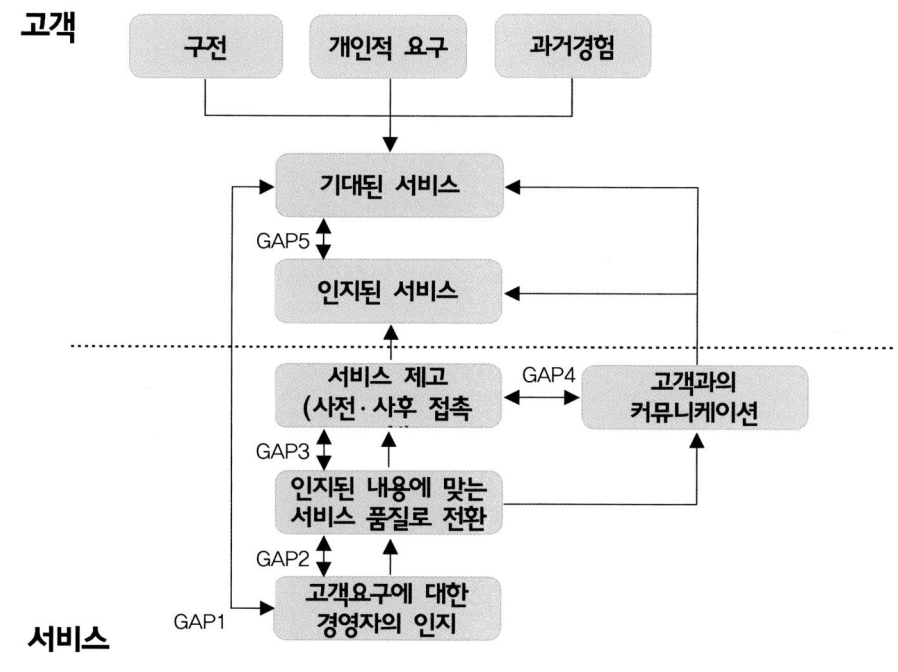

(자료출처: 국제서비스관리협회)

(2) Gap이론

Gap 모형은 고객의 기대수준과 실제 제공받은 서비스에 대해 인지한 수준의 차이를 이용하여 서비스품질을 측정하는 방법으로, 고객이 서비스를 제공 받는 과정을 세분화하고 각 과정에서 발생할 수 있는 차이를 이용하여 서비스 수준을 평가한다.

① Gap 1(인식의 차이): 고객의 기대와 경영자가 인식하는 고객의 요구와의 차이
② Gap 2(표준의 차이): 경영자가 인식한 고객의 요구와 기업에서 제공되는 서비스품질 요소와의 차이
③ Gap 3(인도의 차이): 기업의 서비스품질 요소와 실제 제공되는 서비스와의 차이
④ Gap 4(커뮤니케이션의 차이): 실제고객이 제공 받는 서비스와 기업에서 제공해 주기로 한 서비스와의 차이
⑤ Gap 5: 고객이 기대했던 서비스와 실제 제공받은 서비스에 대한 차이

8. 서비스품질개선전략(총체적 품질관리, TQM, Total Quality Management)

(1) 개념

① 총체적 품질관리(TQM, Total Quality Management)란 생산품의 질과 서비스 질의 개선을 추구하는 활동을 말한다.
② TQM은 관리기술이라기보다는 변화지향적인 관리철학의 성격을 띠고 있다.
③ MBO의 문제점을 극복하기 위한 대안으로 대두되었다.

(2) 내용 및 특성

① 장기적인 안목과 계획으로 추진

② 서비스 질의 수준을 고객의 기준으로 평가

③ 품질개선을 위한 과정과 절차의 지속적 개선과 과학적 품질관리기법 적용

④ 사후관리가 아닌 사전적 품질관리로 예방차원의 성격

⑤ 종업원의 참여 중심적 관리제도, 공동체, 팀워크 중시(기능적, 계층적 조직의 부정)

⑥ 자율성과 권한위임(민주적 조직관리, Y론적 관리시각)

⑦ 질적인 개념의 관리이면서도 통계적 관리체계 중시

⑧ 고객변화에 대응하는 조직의 변화학습체계 요구

⑨ 조직의 목표와 고객의 목표의 일치 추구

⑩ 조직구성원의 행태변화(인간변화)로 품질개선 노력 추구는 미흡한 제도

⑪ 시행절차나 규정 등 매뉴얼의 부재로 ISO—9000 품질경영전략과의 조화 필요

제4절 디스플레이

::디스플레이의 기술과 응용

1. 디스플레이의 개념

① 상품 진열장이나 진열실, 전람회장 등에 특정 계획과 목적에 따라 상품과 작품을 전시하는 기술을 말한다. 평면적인 진열뿐만 아니라 전시용의 방이나 건물 따위 공간의 설계까지를 포함한다.

② 유통에서의 디스플레이는 고객의 구매 욕구를 불러일으켜 기업의 목적달성인 판매증가와 이윤추구를 위한 상품의 효과적인 진열을 의미한다.

③ 즐거운 쇼핑 분위기 조성을 통해 매출증대가 궁극적 디스플레이의 목적이

며, 진열의 3 요소로는 상품 및 브랜드의 선택, 진열위치, 진열량을 말한다.

④ 디스플레이 중에도 진열 디스플레이는 점포 등 상업시설에서 판매촉진을 목적으로 하는 것으로 패션에 관계된 점포 디스플레이가 있으며, 전시 디스플레이는 상품선전이나 기업선전을 위한 전시회, 전람회 등을 말한다.

2. 디스플레이의 원칙(효과성의 증진)

고객으로 하여금 매장에서 즐겁고 편한 쇼핑을 즐길 수 있도록 미리 여러 가지 사항을 고려하여 가급적 소비자가 찾는 물품을 쉽게 찾을 수 있도록 배려하는 진열이 되어야 한다. 매장형 판매업은 가급적 고객의 눈에 쉽게 이미지가 전달될 수 있도록 점포 외관을 갖추고 있고, 접근하기 편한 입지에 입점하여야 한다. 이러한 기본적인 사항들이 충족된 이후에는 매장을 찾아온 고객들을 계속해서 매장에 잡아둘 수 있는가의 문제는 매장상품의 구성과 진열로 연결된다.

① 고객 동선 확보: 자연스럽고 편하게 매장을 돌아 볼 수 있도록 배려되지 않는다면 구매 이전의 탐색과 비교라는 고객의 기초적인 구매과정을 생략한 것이며, 이는 소비자의 구매활동 중 중요한 요소들을 등한시했다고 할 수 있다. 적절한 동선계획과 통로계획이 수립된 후에 이에 따른 제품진열이 이루어져야 한다.

② 영업방법과 주력상품의 구분 필요: 주력상품의 선택은 업종의 특성과 관련이 깊은데, 단품을 취급하는 곳이라면 가격대에 따른 분류, 소비자의 소득수준에 따른 분류를 아울러 해 주어야 하며, 다품목을 취급하는 업종은 각각의 상품별로 관련성을 최대한 배려하여 진열한다. 이를 Scene매장이라고 하는데, 관련 상품을 한 장소에 진열하여 대량구매를 유도하기 위함이다.

③ 판매형태 고려: 매장의 진열방식을 결정하기 전에 판매형태를 생각해야 하는데, 직접 판매형태인지, 간접판매 형태인지에 따라서 매장 진열의 밀

집도가 달라질 수 있기 때문이다. 판매방식을 매장에 맞추어 결정하고 상품의 구성과 매장의 배치를 정하여야 한다. 평당 상품의 양, 판매량의 예상, 그리고 이익률 등을 예상하여 합리적인 계획을 세워야 한다. 이는 향후 재고관리 문제에도 연관되기 때문이다. 따라서 저회전 상품 또는 유사품이 없는 고액의 상품은 도난 또는 악성재고를 방지하기 위해 최소량만을 진열한다. 반면 주력상품 또는 특별행사가 실시 중인 상품에 대해서는 볼륨 있는 진열과 대량 진열된 상품은 고객의 입장에서 볼 때 상품의 신선함을 느낄 수 있으며, 가격도 저렴하게 느낄 수 있는 진열형태를 갖추도록 한다.

④ 상품 개성과 능률을 고려: 상품의 브랜드, 색상 및 기능 등의 특성을 고려하여 진열하고 회전율이 낮은 상품과 고가품은 최소한의 양만 진열하는 등의 능률과 효율을 고려하지 않은 매장 진열은 가까운 시일 내에 또 다시 매장을 재정비해야 하는 문제가 발생한다. 내 손에 익은 매장 진열과 고객의 손에 익숙한 매장을 구성해야 한다.

⑤ AIDCA 원칙: 주의 환기시키기(Attention), 흥미유발(Interest), 소유하고 싶은 욕망을 느끼게 함(Desire), 오래 기억하고 확신하게 만들기(Conviction), 구매행동 또는 결정(Action)

⑥ 깔끔한 진열: 보기 쉽고, 찾기 쉽고, 구매가 용이하게, 상품의 유도력 고려, 상품의 사이즈 및 중량을 고려하여 무겁거나 큰 사이즈는 하단에 진열하고 상품 간의 색채의 조화를 고려하여 진열하여 고객의 시선을 집중시킨다. 잘 보이는 상품은 잘 보이는 곳에, 점포의 이동공간을 넓게 하여 상품이 잘 보이도록 한다. 또한 유사 상품 간의 상품가격의 비교가 될 수 있도록 진열한다.

3. 진열의 종류

(1) 보충진열

쇼윈도와 점포 안의 요소에 설치하는 시선집중 포인트를 중심으로 한 상품이외의 점포 내 전체에 배치된 상품들의 스톡형태의 보충적인 진열이라는 의미가있다. 즉 점포 내의 전반적인 진열로서 모든 취급상품을 전 점포 내에 빠짐없이 진열하는 방법이다. 진열양식이나 설비 또는 집기에 의해서 규격이 통일(systematic display)되고 상품의 크기와 부피 또는 포장의 디자인과 규격이 가능하면 규격화되어야 한다.

① 규제진열: 진열집기에 의하여 그 진열의 형태가 규제되는 형태 진열이 표준화되기 때문에 딱딱한 진열이 되기 쉬우므로 악센트를 주어 진열을 부드럽게 해 준다(서점의 서가진열).

② 분류진열: 산지별, 브랜드별, 성별, 나이별, 색상, 계층별, 가격별, 소재, 용도별, 분류기준에 따라 진열하는 방식이다.

③ 페이스 진열(정면진열): 해당상품의 보다 효과적인 면을 고객을 향해 그 상품의 정면이 보이게 상품을 선택하기 쉽고 적은 상품으로 양감을 강조, 의류점이나 슈퍼마켓의 일용잡화 등의 소포장 상품에 새로운 진열집기를 개발하여 적용 시 효과적이다. 또 계산대 옆에 진열하여 눈에 잘 띄게 함으로서 쉽게 구매하도록 하는 방식이다.

(2) 전시진열

점포 앞의 쇼윈도와 시선집중 부분에 중점상품을 진열함으로써 단기간에 보다 많이 팔고자 하는 진열방식이다. 소위 악센트 진열이라고도 하며 점두의 쇼윈도에 그 시점에서 점포가 목적하는 바를 소구하고 보충진열의 요소에 집중적으로 포인트를 만들어 그 부분에 중점 상품을 일반매장과 다른 형태로 전시하여 클로즈업시키는 방법이다. 표현방법이나 장소는 구애받지 않으며 점두의 쇼윈도 점내의 정면 벽면 진열에 설치하는 전시 박스의 아일랜드 진열의 끝부분 기둥 주변 등 되도록 눈에 잘 띄는 곳이 효과적이다.

(3) 중점 상품의 진열법

AIDCA 원칙인 심리적 효과, 중점 상품 진열시 먼저 TM 상품의 광고적 효과와 심리적 효과에 대해 생각한다. 일정기간의 단기에 목표수량을 판매하고자 하는 경우에는 특정 상품의 집중적인 진열, 즉 양감진열을 하는 것이 좋다. 그 방법은 결합진열, 대량진열, 변화진열 등이 있다.

(4) 연출력을 발휘하기 위한 진열의 요점(중점진열)

① 의외성을 강조해서 주목 효과를 높일 것
② 색채를 이용하여 진열효과를 높일 것
③ 조명효과에 의하여 진열효과를 높일 것

(5) 골드라인(golden line)

유효진열의 범위 내에서 보다 보기 쉽고 손에 닿기 쉬운 범의의 높이. 눈높이에서 20도 내려간 부분인데 범위는 60~125센티 사이인 65이다.

(6) 특실코너 설정 방식

특정 공간을 마련하여 같은 종류의 상품을 집중적으로 진열시키는 진열방법으로 능률적인 구매가 이루어진다. 다른 매장과 상이한 매장 무드가 점포가 목적하는 바를 달성하기 위한 점포 내의 악센트로서 개성적이고 인상적이다. 같은 종류의 상품을 집합시키므로 연출방법에 의해서 매력적인 상품구성이 가능하다. 조건이 나쁜 매장을 접시 포인트로 활성화시킬 수 있다.

4. 실제매장에서의 진열의 위치와 양

(1) 진열의 위치 결정 기준

① 제품군별로 진열: 제품군이라 함은 고객들이 그 제품에 대한 용도 및 기능의 차별화를 구분할 수 있는 분류 형태를 말한다. 예를 들면, 샴푸의 용기형과 보충형 제품은 같은 제품군에 속하지만 샴푸의 용기형과 바디클렌저의 용기형은 용기형태는 비슷하지만 기능이 서로 다른 별개의 제품군으로 분류할 수 있다. 그러나 이러한 구분이 애매한 경우도 있다. 예를 들면 탄산음료와 스포츠음료로 제품군을 구분하지만 매장에서는 캔 음료와 PET병으로 제품군을 구분하는 것이 더 유용할 수 있을 것이다.

② 소비자 구매결정 과정(Consumer Decision Tree)에 따르는 것: 예를 들면 생리대 제품을 사려고 매장을 찾은 여성은 먼저 자신의 생리과정에 따라 오버나이트인지, 슬림 타입인지, 팬티 라이너인지를 구분하게 될 것이다. 그런 후에 브랜드를 선택할 것이다. 그러므로 생리대 매대의 큰 구분은 오버나이트/슬림/울트라슬림/팬티라이너 타입 기준의 블록화가 될 것이다. 매장에서 자주 접하게 되는 진열패턴은 브랜드별로 진열하거나 규격에 따라 진열하는 경우가 많다. 즉 이러한 진열은 매장 담당자의 입장에서 편리하게 진열한 것이거나 단순히 보기 좋게 진열한 것이지 매대 앞에 서서 구매를 결정하는 기준에 따른 진열은 아니라는 점이다. 물론 제품군에 따라서는 브랜드별로 블록화를 한다거나 용기타입별로 블록화하는 것이 소비자 구매결정 과정에 따르는 것이 될 수도 있다. 이를 결정하는 것은 제품시장 특성에 대한 이해이다.

③ 수익성이 높은 브랜드 혹은 단품은 고객의 구매욕구를 촉진시킬 수 있는 주목률이 높은 위치 진열: 일반적으로 주목률이 높은 위치는 눈높이이다. 왜냐하면 점포의 자산은 상품이 아니라 진열공간이며, 진열공간을 효율적으로 운영하기 위해서는 진열단위당 매출이 아니라 수익이 되어야 하기 때문이다(제품군의 역할에 따라 매출이나 회전율이 될 수도 있다). 그러나

실제점포에서는 수익성이 낮더라도 회전이 좋은 상품을 중심으로 주목률이 높은 진열위치를 배정하는 경우가 많다.

④ 고객의 제품선택과 점포의 보충진열이 편리하도록 대형 제품들은 진열대 아래쪽에 위치: 여기서 고려해야 할 것은 모든 제품군이 이렇게 적용되는 것이 아니라 제품선택과 보충진열에 필요한 제품군만이 대상이라는 점이다. 예를 들어 세탁세제는 4~5킬로그램의 대형규격이 맨 하단에 진열되어야 하지만 치약은 400~500그램의 규격이 10~200그램의 규격보다 대형이라고 해서 꼭 맨 하단에 위치해야 할 필요가 없다.

(2) 진열량

제품군 내의 각각의 상품들에 대해 동일한 페이싱을 할당한다면 일정판매 기간이 경과한 후에는 가장 판매력이 있는 상품부터 품절이 나기 시작할 것이다. 그래서 회전율을 기준으로 페이싱을 조정해 나가는 작업이 필요하게 된다. 잘 팔리는 상품의 페이싱을 늘리고 안 팔리는 상품의 진열면적을 줄인다는 방법은 당연하고 간단한 것 같지만 단품수가 많아질수록 실제작업은 대단히 복잡하다. 그래서 선진 유통업체에서는 내부의 POS자료와 진열관리 프로그램을 이용하여 플래노그램을 구성하고 매대 및 단품별로 내용을 분석한다.

현재 국내에서는 롯데마트, 삼성테스코 홈플러스, 구)월마트 슈퍼센터 등에서 JDA 진열관리 솔루션을 이용하여 전 점포, 전 카테고리에 적용하여 표준 진열 및 업무 효율화를 진행하고 있다. 플래노그램(Planogram)은 Plan—O—Gram 의 합성어로 보통 POG란 용어로 칭하며, 국내에서는 진열대장, 진열도와 같은 용어로도 통용되고 있다.

::비주얼 머천다이징 디스플레이

1. 비주얼 머천다이징 디스플레이(VMD, Visual Merchandising Display) 의 개념 및 의의

(1) VMD의 개념

① V(visual＝시각화)＋M(merchandising＝상품기획)의 개념으로 "상품을 어떻게 연출해 나가는가?"의 방법이며, 고객에게 상품연출을 시각적으로 알기 쉽게 표현하여 구매의욕을 높이는 것으로 상품 전략의 시각화라고 말할 수 있다. 고객입장에서 상품을 보기 쉽고, 고르기 쉽고, 구입하기 쉽게 진열하며 일련의 라이프스타일을 제안해 줌으로써 생활의 변화와 즐거움을 소구할 수 있도록 하는 수단이 될 수 있다. 그러나 우리가 생각하는 거창한 치장의 개념은 아니다. 매장을 깨끗하게 청소하고 깔끔하게 정리하는 것에서부터 시작되는 아주 소박하고 근본적인 활동인 것이다.

② visual merchandising의 약자로 시각에 의한 상품정책을 뜻한다. 브랜드와 상품의 콘셉트를 일관성 있게 표현하여 기획에서 판매까지의 일관된 사상과 상품을 전개시키는 것이 특징이며 이를 통하여 고객의 수요를 창출한다. 따라서 VMD는 기업/브랜드의 이념을 소비자에게 전달하기 위해, 기획 상품 선전 판촉을 통한 기업의 이미지를 VMD라는 수단으로 매장이라는 고객접점의 장소에서 하나의 점포이미지를 통해 전달하는 것이고(디스플레이의 분야), 이러한 기획 상품 선전 판촉까지의 일련의 일관된 흐름을 조정하는 활동이라 할 수 있다.

③ 우리나라는 1960—1970년대에 디스플레이(진열) 개념을 도입, 발전되었고 현재에는 더 발전된 Visual Merchandising을 약어로 VMD로 쓰고 있다. 일본식 표현이라고도 하지만 상품 전략 Merchandising(MD)에서 시작되었다. 즉 상품 전략(MD)에서 시작되어 Visual이, 단순 디스플레이보다 마케팅이

강화된 개념에서 발전된 모습이다.

(2) VMD의 의의

① VMD는 판매현장에서 발생하는 문제들을 해결하여 보다 좋은 매장을 만들기 위한 전략 시스템이다. 디스플레이가 단순한 시각적 볼거리에 치중되고 다소 부분적이었다면, VMD는 볼거리 제공의 타당성을 비교적 이론적 바탕에 근거하며, 기업 내 각 업무를 연계시켜 디스플레이 담당자뿐 아니라 기업 전체가 질 높은 서비스로 고객을 대하려는 경영전략의 일환으로 성장할 수 있는 포괄적인 개념이다. 따라서 VMD가 결실을 맺기 위해서 경영층 또는 단위 부서장의 적극 참여와 책임이 요구되며, 디스플레이가 아트를 중시해 왔다면 VMD는 이를 바탕으로 탁월한 머천다이저의 역할과 마케팅 차원에서의 사고방식이 요구된다.

② 보기 좋은 외관과 고급스런 인테리어를 통한 지금까지의 진열방식으로 통행인의 주의를 끌 수 있었지만 상품이 팔리는 것과 비례하지 않으며 잘 팔리는 매장을 만드는 것은 하드웨어적 요소만으로는 부족하다. 매장의 핵심은 역시 상품이고 그것을 찾는 소비자, 그리고 전달과정에서의 서비스, 보여 주는 방법으로서의 디스플레이, 매장의 구성원 그리고 쇼핑문화의 이해를 토대로 한 새로운 전략이 필요하기 때문에 대두되었다.

2. VMD의 목적

상품의 질이 평준화되고 소비자의 요구가 까다로워진 만큼 고객을 끌어들이는 요소가 필요하다.

① 구매로 이어지도록 상품의 가치를 최대한으로 표현한다.

② 지금 가장 인기 있는 상품과 신상품을, 즉 매장의 전 상품을 고객에게 어필시킨다. 고객의 입장에서 보기 쉽고 선택하기 쉬우며, 구매하기 쉬운 매

장이 되어 상품의 소구력과 매출을 향상시킨다.

③ 매출을 촉진시키고, 상품이 잘 팔릴 수 있는 기회를 제공한다.

④ 매장의 이미지(SI, shop identity)를 구축한다.

3. VMD와 일반 디스플레이와의 관계

일반적인 디스플레이는 상품, 생산성, 작업 혹은 이에 관한 자료 등을 일정한 테마 또는 목적 밑에서 구성, 진열하여 대중에게 보이는 것을 의미한다(상품, 소품, 포스터 등을 통한 감각적인 환경구성). 그러나 현대는 점포와 상품이 넘치는 시대로 소비자들의 다양한 구매 패턴에 적극적으로 대응하기 위해서는 감각중시의 주관적 사고에서 탈피해 소비자에게 정보를 제공하는 매장환경을 디자인하고, 이를 통하여 판매촉진을 일으킬 수 있도록 체계적인 표현 방법이 필요하다.

4. VMD의 3P(presentation) 원칙(방법)

(1) 비주얼 프레젠테이션의 원칙(VP, Visual presentation)

① VP의 개념: 점포와 매장이 필요로 하는 상품의 변화감과 중심 상품, 테마 등을 매력적으로 알기 쉽게 시각적으로 연출, 표현하는 것을 말한다. 일반적으로 쇼윈도나 스테이지 등의 메인 스페이스에 디스플레이 하는 것을 의미하며, 미국에서는 광의의 의미에서 VMD와 동의어로 사용하기도 한다.

② VP의 정의: 상품기획을 시각화, 즉 상품이 가진 장점과 특징, 특성을 시각에 호소해 연출하고 매장의 이미지를 구체적으로 표현한다.

③ VP의 목적: 상품의 가치를 표현, 최고의 인기 상품 신상품의 전달, 매상 촉진, 상품판매의 기회를 제공한다.

④ VP(Visual Presentation)의 흐름: 고객에게 상품(의류, 액세서리)의 특성(가격, 사이즈, 색, 소재)을 전개시기(상품 소개기, 상품 확판기, 상품 처분기)에 맞춰 레이아웃(메인 스테이지, 스테이지, 기둥, 벽에)한다. 표현방법(디자인 소개, 라이프스타일 소개, 테마소개, 시즌소개, 이벤트소개)은 어떻게 할 것인가? 표현구성(단품, 비교, 복수, 관련)은 어떻게 할 것인가?와 도구(스테이지, 테이블, 진열집기, 쇼 케이스, 마네킹, 장식물, POP, 소품)는 무엇을 사용할 것인가를 고려한다.

⑤ VP의 장소: VP는 매장의 얼굴로 대상 고객에게 라이프스타일을 제안하고 계절 테마에 따른 매장의 메시지를 시각적으로 어필하는 것이므로 매장에서 가장 신선한 느낌을 끄는 장소인 쇼윈도나 매장 내 메인 스테이지에 위치한다.

(2) 포인트 오브 세일즈 프레젠테이션의 원칙(PP, Point of sales presentation)

① PP의 개념: 상품정보를 시각적으로 연출하여 매력적인 코디네이터로 관련 판매를 촉진시키는 장소로 선반 위, 벽면 최상단 등에 디스플레이 하는 것과 행거 앤드(행거의 끝 부분에는 정면으로 옷을 걸어 놓고 있는 곳이 많다)의 페이스 아웃 상품의 정면을 보여 주는 연출법) 상태를 만드는 것을 의미하며 매장 내부코너의 얼굴이라고 할 수 있다.

② 효과적인 PP의 원칙

    ㉠ 프레젠테이션 툴 사용법의 원칙: IP에서 선택한 특정의 상품을 강조해서 제시하는 것으로 점포의 그레이드, 마인드, 레벨에 맞춰 결정된 툴을 사용한다(판매가 이루어질 아이템을 사용함으로써 아이템에 대한 구매 욕구를 자극하고 정보를 제공한다).

    ㉡ 코디네이션의 원칙: 패션상품을 제시할 때는 관련 상품과의 연동판매를 촉진하기 위해서도 가능한 복수의 상품을 제시할 필요가 있으며, 좋은 코디네이션을 위해서는 Color를 많이 이용하여야 한다. 배색을 할 때에는 상품기획의 의도를 파악해 목적과 의미를 정확히 전달하는

이미지가 있는 코디네이션이 되어야 한다.

    ⓒ 상품구성의 원칙: PP에서 상품을 조합하고 제시할 때는 공간구성의 원리를 이용하는데 다음의 몇 가지를 응용해서 연출한다. 일반적으로 인간이 눈의 움직임은 왼쪽에서 오른쪽으로, 위에서 아래로 움직이므로 복수의 상품을 조합해서 제시할 때는 이러한 심리를 이용해야 의도한 효과를 얻을 수 있다. 또한 PP에서 복수의 상품을 조합해서 코디네이션을 제시할 때는 트라이앵글 또는 피라미드형을 기본으로 한 구성을 이용한다. 삼각형 구성은 안정감을 주며, 판매원들이 현사유지를 쉽게 할 수 있다.

③ PP의 필요성: PP가 부족하거나 없는 매장과 PP가 있는 매장은 많은 차이가 있다. 상품이 연출 없이 진열만 되어 있다면 고객의 시선을 잡기가 어려우며 판매도 이루기 어렵다. 매장의 이미지를 통해 브랜드의 이미지를 전달하고 신규고객의 창출 등을 위해 필요하다.

④ PP의 방법

    ㉠ 페이스 아웃: 행어 집기에서 상품의 정면을 보여 주는 기법

    ⓛ 폴디드 페이스 아웃: 선반집게에서 상품의 정면을 보여 주는 기법

    ⓒ 아일랜드 디스플레이(island display): 바닥으로부터 10—40㎝ 정도 올라와 있는 단을 형성하고 그 공간에 진열하는 방식이다. 이러한 단형태의 공간은 고객의 눈에 쉽게 띄도록 에스컬레이터에 가까운 부분이나 각 층의 전면, 각 매장 입구에 설치하는 것이 좋다.

    ⓔ 벽면 진열(wall display): 벽면에 진열하여 벽면을 꾸미는 공간으로 만든다. 벽면 하단은 수납공간을, 상단은 무드 공간으로 꾸며 매장 내부 전체의 분위기를 조성하는 데 벽면을 활용하는 진열방식이다. 때로는 가벽을 추가 설치하여 고객을 유혹할 수 있는 매력적인 공간이 되도록 한다.

    ⓜ 행거 진열(hanger display): 주로 의류 디스플레이에 많이 적용

    ⓗ 쇼 케이스 진열(show case display)

    ⓢ 기둥 진열(column display)

(3) 아이템 프레젠테이션의 원칙(IP, Item presentation)

① IP의 개념: PP에서 전개된 관련 상품을 알기 쉽고, 선택하기 쉽고, 사기
   쉽게 분류, 정리하여 수량, 사이즈, 색상 등의 상황을 표현해 고객이 직접
   상품을 집을 수 있게 하는 장소가 IP이다.

② 효과적인 IP의 원칙
   ㉠ 집기배열의 원칙: 고객의 시야의 방향과 행동패턴 등의 데이터를 조사,
     분석해 집기배열을 한다. 집기배열에는 평면적인 방법과 수직적인 방
     법이 있다. 수평적인 방법은 소프트 아일(aisle:통로)이라고 부르는 장소
     를 설정해 집기를 배열하여 고객이 다니는 통로를 만드는 방법이고,
     수직적인 방법은 고객의 시선을 고려하여 앞면 집기는 낮게 벽면집기
     는 높게 함으로써 주도선을 걷는 고객의 눈에 상품이 한눈에 들어오
     게 하는 방법이다.

   ㉡ 페이싱 플랜의 원칙: 점포의 한정된 공간을 활용하고, 고객의 욕구를
     충족하기 위해서는 벽면의 활용이 필요하다. 고객은 매장내의 집기 하
     나하나를 보는 것이 아니라 집기 전체를 하나의 면으로 보므로 그 면
     에서 하나의 콘셉트를 제시하여야 한다. 벽면부분 한 개의 면을 셸빙
     (개어서 진열)으로 사용하는 경우와 행잉(걸어서 진열)으로 사용하는
     경우의 규칙을 정하는 것이 페이싱 플랜의 원칙이라 할 수 있다. 페이
     싱 플랜을 짜기 위해서는 먼저 벽면부분과 집기부분의 모듈(기준 치
     수, 기본 단위)을 통일하는 일부터 시작한다.

   ㉢ 색채조정의 원칙: 난색계, 한색계, 중간색에 의한 분류와 톤에 의한 분
     류가 있다. 또한 시즌에 맞는 색의 구성이 있다. 색은 매장 전체의 토
     털 이미지를 확립시켜 준다.

   ㉣ 사이즈 조정의 원칙: 사이즈가 다양한 상품을 제시하기 위해 일정의
     규칙에 따라 진열하는 것을 'sizing'이라고 한다. 안정감을 위해, 뒤로
     갈수록, 오른쪽으로 갈수록, 아래로 갈수록 큰 사이즈를 배치한다.

〈보충정리〉 고객 끌어들이는 가치 진열 요령(의류 할인점)

1. VP, PP를 활용한 매장 내 다양한 변화를 시도

   스테이지, 벽면, 집기 상단부를 이용해 계절감을 나타내고, 관련 코디를 제안하는 진열을 선보인다. VP, PP존은 보통 2주 단위로 변화를 주는 것이 좋다.

2. 상품 특징과 정보 전달

   셀프 판매인 점을 감안해 상품 설명이 기재된 배너, POP, 스탠드 명패 등을 적절히 활용. 제품 특징, 가격, 취급 방법, 사이즈 등을 고지한다.

3. 관련 상품과의 코디, 트렌드 제안―충동구매 유발

   고객 눈에 잘 띄는 VP존에 진열되는 마네킹에는 신발, 모자, 가방 등을 함께 진열한다.

4. 과다 재고를 '티'나지 않게 처분

   80%는 신상품 또는 인기상품, 나머지 20%는 과다 재고상품을 진열한다.

5. 고객 동선을 유도

   한 방면으로만 상품을 진열하는 연결형 집기를 사용하여 고객 흐름을 자연스럽게 유도한다.

6. 품목별 판매 비중을 감안해 진열

   남성복 경우, 100사이즈가 가장 많이 판매된다. 100사이즈 40%, 95와 105사이즈 30%씩 진열한다.

7. 같은 컬러 내에서는 작은 사이즈에서 큰 사이즈 순으로 진열

   ① 봉 사용: 앞쪽에 작은 사이즈, 뒤쪽에 큰 사이즈

   ② 선반 사용: 위쪽에 작은 사이즈, 아래쪽 큰 사이즈

⟨보충정리⟩ 소매점에서의 일반적인 진열 방법

1. 곤돌라 진열

(1) 개념

이 진열은 소매업에 있어서 가장 널리 쓰이는 진열방법 가운데 하나다. 기본적인 진열방식이며 대부분 가공식품, 비식품은 곤돌라에 진열한다.

(2) 특징

① 소분류별로 진열하고, 연관진열이 가능하다.

② 팔림새의 파악이 쉽고, 페이스 관리가 용이하다.

③ 곤돌라 2대마다 한군데씩 매력 있는 자석 상품을 배치한다.

④ 상품마다 프라이스 카드를 부착한다.

(3) 진열방법

① 진열도(플래노그램)에 맞게 진열한다.

② 판매됨에 따라 수시 전진 진열한다.

③ 매대 선반 앞쪽까지 상품이 나오도록 하여 집기 쉽게 진열해야 한다.

2. 앤드 진열

(1) 개념

앤드(End) 매대 진열은 매장에서 가장 눈에 잘 띄므로 항상 정리정돈이 되어 있어야 한다. 또한 상품도 주기적으로 교체하여 계절감, 양감이 표현되도록 하는 것이 바람직하다. 앤드 매대에는 주로 많이 팔려는 상품 또는 프로모션 중인 상품 등을 진열하여 매출을 높여야 한다.

(2) 특징

① 고객이 3면에서 상품을 보는 것이 가능하고, 손으로 집기도 편리하다.

② 중앙에 반드시 POP를 게시한다.

③ 컷 진열을 통해 양감 있는 연출이 가능하다.

(3) 진열방법

① 상품을 세 가지 정도 조합하여 세로 진열방식으로 연출한다.

② 너무 높이 쌓지 않아야 한다.

③ 밑 부분이나 안쪽에 빈 박스 등을 활용하여 필요 이상의 재고를 보유치 않도록 한다.

3. 행거 진열

(1) 개념
행거 진열은 주방용품이나 잡화용품 진열에 많이 사용하는 진열 방법이며, 반드시 걸고리가 있는 걸이대에 진열해야 한다.

(2) 특징
① 진열량이 적어도 양감 있는 느낌을 준다.

② 상품을 고르기가 쉽다.

③ 상품별 구분 진열이 용이하다.

④ 흐트러지지 않는다.

(3) 진열방법
① 상품의 크기, 색상별로 구분하여 진열한다.

② 보충 진열시 주기적으로 새로 들어온 상품을 안쪽으로 넣고 판매 중인 상품을 바깥쪽으로 진열하여 선입선출이 되도록 해야 한다.

4. 평대진열

(1) 개념
평대 진열은 대량 진열이 가능하고 특히 특매상품, 중점판매 상품을 많이 진열할 때 사용한다.

(2) 특징
① 필요에 따라 자유롭게 장소를 이동할 수 있다.

② 대량으로 상품을 적재하는 것이 가능하다.

③ 상품의 크기와 종류에 따라 평대크기를 조절한다.

(3) 진열방법
① 빈 박스 등을 넣고 진열함으로써 볼륨감을 연출한다.

② 상품을 집기 쉬운 반면, 흐트러지기 쉬우므로 수시로 정리 정돈을 해 준다.

③ 평대 중앙에 반드시 POP를 게시한다.

5. 측면진열

(1) 개념
측면(Side) 진열은 앤드 진열의 한쪽 측면 등을 활용하여 앤드 진열한 상품과 관련성을 강조하는 진열 방법이다.

(2) 특징
앤드 측면에 진열하여 상품의 상호 연관성을 나타내 고객의 구매 욕구를 자극할 수 있다.

(3) 진열방법
① 별도의 진열도구(side wagon)를 사용해서 앤드 매대 옆에 붙인다.
② 양쪽 면에 다 붙이거나 너무 튀어나오면 고객 이동에 불편을 주므로 특히 유의해야 한다.

6. 섬 진열
주 통로 인접한 곳에 섬 모양의 진열로서 팔고자 하는 정책상품등을 진열할 때 주로 활용한다. 매장 레이아웃상 섬 진열 매대가 설치되어 있지 않은 경우는, 이런 진열은 고객의 통행에 불편을 줄 수 있으므로 주의가 요구된다.

7. 벌크 진열
단일 품목을 대량 판매하기 위해 사용하는 진열로서 가격이 저렴하다는 인식을 줄 수 있다. 그만큼 대량 진열과 판촉 행사가 병행되면 효과가 크다. 이 방법은 품목이 잘 선정되어야 한다. 쇠퇴기 상품을 대량 진열시 과다재고가 있을 위험이 크므로 신 상품이나 인기 상품, 또는 계절적 성수기 상품을 선정해야 효과가 크다.

〈쉬어 가기〉 매출을 높이기 위한 진열

생활 주변의 대형 마트를 방문하여 매장 진열 형태를 꼼꼼하게 자세히 들여다보면 많은 참고할 정보들을 획득하게 된다. 상품의 종류마다 어떻게 진열되어지고 어떤 위치에 상품이 있는가 하는 것은 아주 중요한 문제이다. 아무리 좋은 제품이라고 해도 소비자의 시선에서 벗어나 있는 순간부터는 상품이 아니라 재고일 수 있기 때문이다.

1) 눈높이에 맞춘 진열

골든 존이라고 할 수 있다. 일곱 살짜리 아이의 시선이 주로 닿는 곳과 30대 어른의 시선이 주로 닿는 곳은 엄연히 다르다. 상품의 구매 대상이 누구냐에 따라 당연히 진열 위치도 달라져야 한다.

2) 상품 특징에 따른 진열

상품에는 제각각 고유의 쓰임새가 있고 이것이 상품의 가치를 결정하는 중요한 요인이다. 이것을 무시하고 세제종류 매대 옆에 과자를 진열한다면 어떤 결과를 가져올까?

3) 상품의 구매패턴에 따른 진열

근처 어느 정도 규모의 슈퍼나 대형마트에 가면 카운터 앞에 간단한 먹을거리나 껌, 손톱깎이, 건전지 등이 진열되어 있는 것을 보게 된다. 중요한 비중을 가진 상품은 아니지만 카운터 앞에서 계산을 기다리다 손쉽게 구매할 수 있는 제품 위주로 짜여 있다는 것을 알 수 있다.

4) 시각적 이미지의 극대화를 노린 진열

팬시점이나 팬시문구점에 가시면 인형들이 종류별로 진열되어 있다. 작고 아담한 것에서부터 시작하여 끌어안고 잘 수 있는 커다란 인형까지 크기별로 아래에서부터 위쪽으로 진열되어 있게 된다. 그 이유는 큰 인형이 아래쪽에 있고 작은 인형이 위쪽에 있게 되면 큰 인형에 의해 시야가 가려지는 효과가 생겨 위쪽에 있는 작은 인형의 가치가 떨어져 보이기 때문이다.

5) 행거와 스페이스 월을 이용한 진열

액세서리나 팬시제품의 경우 스페이스 월을 어떻게 효과적으로 이용하느냐가 매장 전체 분위기에 상당히 큰 영향을 미치게 된다. 스페이스 월의 비중은 전체 매장 벽면의 30% 이상 되도록 하는 것이 가시적인 측면에서 상품을 돋보이게 한다. 행거를 이용할 때는 오른손으로 한쪽에서 제품을 걸거나 뺄 수 있도록 하는 것이 중요하다. 우리나라 사람들 대부분이 오른손을 주로 사용하기 때문에 오른손을 기준으로 해야 한다.

6) 조명을 이용한 진열

일반적으로 천정 조명은 노출등(형광등)과 매입등으로 나눌 수 있는데, 고급스러운 이미지를 강조하고자 할 때는 매입등이 좋고 대중적이고 서민적인 매장 분위기에서는 노출등이 유리하다고 할 수 있다. 시계, 보석류 등의 고가품은 매입등을 기본으로 하고 할로겐 조명을 보조 조명으로 사용해야 제품을 더욱 돋보이게 할 수 있다. 팬시매장의 경우 노출등이 전체를 밝고 환하게 해주지만 일부 고급 액세서리 쪽은 할로겐을 보조등으로 사용해야 효과를 거둘 수 있다.

7) 계절별 이미지에 맞는 진열

상품을 진열할 때 뒤의 배경색을 잘 이용하는 것이 좋다. 여름은 하늘색, 파란색 등의 청색계열이 시원하고 청량감을 주게 된다. 겨울은 적색계열의 칼라를 바탕으로 하고 흰색을 적절하게 이용하는 것이 좋다. 봄은 연두색, 연초록 등의 초록계열의 색을 사용하되 진녹색 등의 강한 색은 피하는 것이 좋다. 가을에는 단풍잎과 어울리는 계열의 색이 좋은데 너무 진한 빨강은 사용하지 않는 것이 좋다. 디스플레이는 상품을 돋보이게 하고 시선을 끌어 매출을 올리기 위한 방법이다. 초보자는 상품 하나를 진열하더라도 2—3회 위치를 바꿔보는 것이 좋다.

제5절 상품포장기술과 재료관리

::상품포장

1. 포장의 의의

① 포장이란 물품의 운송, 보관 시 물품의 가치 또는 상태를 원래 모습으로 유지하기 위해 적절한 재료, 용기 등을 물품에 추가하는 기술과 행위를 말한다.
② 포장의 기원은 서구에서 상업자본 형성 초기로 거슬러 올라간다. 당시에는 가죽·유리·오지 용기가 주로 쓰였지만 산업혁명 이후부터 포장의

중요성은 급속하게 증가했다. 오늘날 포장은 다양한 목적을 충족시키기 위해 행해진다. 즉 취급상의 위험과 외부환경으로부터 제품을 보호하고 제조업자·유통업자·소비자가 제품을 다루기 쉽게 해 주며 잠재적인 구매자들에게 제품의 통일된 이미지를 심어준다.

③ 포장 재료는 만들기 쉽고 제품을 수용하며 제품가격에 비해 상대적으로 저렴해야 한다. 또한 제품의 독특한 특성에 따라 용기재료와 디자인의 적절한 선택이 이루어져야 한다. 부서지기 쉬운 물체를 운반할 때는 물체를 최대한 보호하면서 동시에 선적비용을 최소화하기 위해 내구성에 대한 철저한 평가, 수송시의 위험 정도, 용기의 비용과 효율성에 대한 조사가 이루어져야 한다. 빛·온도·공기·습기 및 화학물질과의 접촉에 민감한 제품은 적절한 용기에 포장되어야 한다. 그밖에 포장에 있어서 고려되어야 할 사항에는 시장의 성질, 제품 사용에 있어서 포장의 역할, 그리고 포장 재료의 생산비용 등이 있다.

2. 포장의 기능별 특성

(1) 포장의 기능상 효과

① 보호성: 내용물을 보호하는 기능으로 상품의 특성 및 이동방법, 보관기간, 방법, 취급조건에 따라 영향을 받으며 화학변동 등에 의한 내용물의 변질을 방지

② 정량성(단위화): 거래상, 취급상 편리한 기본적인 단위를 결정

③ 표시성: 화물취급 및 분류에 필요한 사항을 인쇄, 라벨 등 포장에 의해 표시함으로써 하역활동을 용이하게 함

④ 상품성: 상업포장의 본질로써 상품이미지를 높이는 것

⑤ 편리성: 상품의 사용목적에 알맞게 소비자나 판매원에게 취급, 사용상 편리를 제공하는 것

⑥ 판매촉진성: 내용제품에 대한 말없는 판매원으로 판매의욕 환기 및 광고성 제공을 통한 상품과 소비자를 연결하는 매체의 역할을 수행

⑦ 사회성: 포장재료 및 내용물의 안전성, 포장의 자원, 폐기물 처리 등의 문제와 재활용(비용절감, 공해감소), 적정포장이 주요사항이다.

(2) 포장 기능

① 제품기능: 제품을 담는 기능, 제품의 보호기능, 제품의 사용을 편리하게 하는 기능

② 의사전달기능: 제품의 식별기능, 제품의 인상을 심어주는 기능, 정보제시 기능, 태도변화기능

③ 가격기능: 대형포장 구매유도기능, 다수량의 구매유도 기능, 가격표시 기능

3. 포장의 분류

(1) 기능별 분류

① 공업포장: 수송포장이라고 불리며, 물품을 수송, 보관하는 것을 주목적으로 시행하는 포장을 총칭, 상업 포장에 대응되는 개념이다.

② 상업포장: 소매를 주로 하는 상거래에 상품의 일부로서 또는 상품을 정리하여 취급하기 위해 시행하는 포장으로 공업포장에 대응되는 개념이다. 판매포장 또는 소비자포장이라고 불리며, 상업포장은 보호성과 판매촉진의 기능을 주체로 하는 포장을 말하여 의류, 잡화, 완구 등이 그 사례이다.

③ 업무용 포장: 각종 사업소(학교, 병원, 호텔, 식당 등)에 다량 또는 계속적으로 공급하는 물품을 대형단위로 포장하는 것을 말한다.

(2) 사용재료별 분류

① 유연 포장: 포장물의 유연성으로 본질적 형태의 변화는 없으나, 외모가 변화될 수 있는 포장이다.

② 경직 포장: 포장물의 경직성으로 형태가 고정되어 있는 포장으로 판지상자, 금속용기 포장 등이 있다.

③ 골판지 포장, 나무상자포장, 유리병포장, 플라스틱필름포장 등

(3) 형태별 분류

① 낱포장(단위포장): 물품의 상품가치를 높이고 보호를 위해 물품 개개마다의 포장을 말한다.

② 속포장(내부포장): 포장화물 내부의 포장을 말하며 물, 습기, 광열, 충격 등을 고려하여 적절한 재료, 용기 등을 물품에 추가하는 기술 및 추가한 상태이다.

③ 겉포장(외부포장): 포장화물의 외부의 포장을 말하며, 물품을 상자, 자루, 통 따위의 용기에 넣거나 또는 용기에 넣지 아니한 채 결속하고 기호, 표식을 추가하는 기술 및 추가한 상태를 말한다.

(4) 내용 상태별 분류

액체포장, 입체포장, 분체포장

(5) 내용물 중량에 의한 분류

① 경포장(輕包裝): 50kg이하

② 중포장(中包裝): 50kg ~ 200kg

③ 중포장(重包裝): 200kg이상

::상품포장 재료관리와 방법

1. 포장 재료관리

① 적정재고의 보유 필요
② 포장지는 공기가 잘 통하도록 각목을 밑에 괴고 그 위에 위치
③ 매일 사용되는 포장재료의 2배, 즉 2일분을 미리 준비
④ 재고가 없어지면 리드타임을 계산에 넣고 발주

2. 상품포장의 방법

(1) 포장의 기본

① 비스듬히 싸기: 상품을 포장지 위에 비스듬히 놓고 포장하는 것
 ㉠ 기본형: 포장을 시작하는 상품의 위치에 의해 포장의 마무리 형태가
   결정
 ㉡ 응용형: 포장지보다 상자가 커서 두 장으로 한쪽씩 싸는 경우
② 마주 싸기: 상품을 포장지 중앙에 놓고 좌우에서 맞추듯 해서 싸는 것
 ㉠ 기본형: 마주 싸기의 시작하는 위치는 비스듬히 싸기에 비해 간단
 ㉡ 응용형: 종이가 너무 큰 경우
③ 비스듬히 싸기와 마주 싸기의 비교
 ㉠ 속도: 비스듬히 싸기 쪽이 빠르다
 ㉡ 난이도: 마주 싸기가 더 쉽다
 ㉢ 경제성: 포장지의 크기가 같을 경우 마주 싸기가 더 큰 상품을 쌀 수
   있다
 ㉣ 견고성: 비스듬히 싸기가 더 상품의 무게를 견디고, 잘 찢어지지 않는다.

(2) 포장방법별 분류

① 방수포장: 포장 내부로 물의 침투를 방지하기 위해 방수 접착, 봉합제등을 사용한 포장이다.

② 방습포장: 습기 침투 방지를 위해 사용되며, 금속, 유리제품을 사용한다. 플라스틱과 종이 등은 방습에 적절하지 못한 포장 재료이다.

③ 방청포장: 기계나 금속제품의 공기 중의 산소, 이산화탄소, 수분 등에 의해 표면이 산화물, 탄산염 수산화물 등의 녹이 발생하는 것을 막기 위함이다.

④ 완충포장: 진동이나 충격에 의한 파손 방지를 목적으로 하는 포장방법이다.

⑤ 진공포장: 진공상태로 만들어 부패 등을 방지한다.

⑥ 압축 또는 수축포장: 충격을 완화하거나 부피를 줄이는 포장방법이다.

⑦ 집합포장: 기계 하역의 대상이 되는 비교적 대량화물인 경우 하나의 단위로 형성하여 포장하는 것을 말한다. 즉 운송 기관이나 보관 설비의 하역 작업 등이 용이하도록 단위화물을 형성하는 것이다. 수송기관 및 보관설비 등의 적재공산으로 인하여 집합포장의 용적과 중량에는 많은 제약이 따르며 운송과 보관에는 기계하역 작업을 통해 이루어진다.

3. 포장의 기준 및 6원칙(합리성, 경제성 등의 원칙)

① 대형화 및 대량화의 원칙: 포장의 대형화는 비용의 절감을 가져올 수 있다.

② 표준화 또는 규격화의 원칙: 비슷한 크기 등의 포장 화물에 대해서는 같은 크기로 통일한다. 목적 및 효과는 유연성 증가, 작업의 능률화, 보전의 용이성, 설비 이용의 극대화, 위험 방지, 스페이스 활용, 설비 구입의 간편성, 교육훈련의 중요성, 관리의 편의성 등이 있다.

③ 집중화 및 집약화의 원칙: 관리수준의 향상과 대량화를 추구할 수 있다.

④ 사양변경의 원칙: 상품의 외형유지 및 보호를 유지한 가운데 포장의 사양

을 변경하여 비용의 절감을 추구한다.

⑤ 재질변경의 원칙: 상품의 변화가 없는 범위 내에서 포장의 재질을 변경시켜 포장원가의 절감을 가져 올 수 있다.

⑥ 시스템화 및 단일화의 원칙: 물류시스템의 발전 등으로 컨테이너의 규격, 구조 등의 표준화가 이루어져 운송, 배송 등 물류의 과정이 시스템화되어야 경제적이다.

〈보충정리〉 포장의 적정화

1. 개념: 적정포장이란 합리적이고 공정한 포장을 의미한다.

2. 포장주체에 따른 특성 및 고려사항

(1) 생산자 측면
① 제품에 대하여 적정한 보호를 할 것
② 포장비를 보다 싸게 하여 원가를 저하시킬 것
③ 기업광고 또는 제품광고의 일조가 되게 할 것
④ 작업의 라인화, 자동화를 가능하게 하는 포장설계를 생각할 것
⑤ 리사이클이 가능한 양식으로 할 것

(2) 물류업자 측면
① 하역하기가 쉽고, 위험방지가 되도록 배려함과 동시에 중량이나 용적을 적절하게 할 것
② 표준화를 전제로 하여, 유닛 로드화를 실현할 것
③ 포장강도를 전체로서 안정시킬 것
④ 표시마크를 알아보기 쉽게 하고, 물품의 구분, 행선지 표시, 또는 취급 방법 지시의 표시를 명확히 할 것
⑤ 수송수단, 하역수단과의 적합성을 항상 염두에 둘 것
⑥ 유통과정에서의 도난방지에 유의할 것

(3) 판매업자 측면

① 개봉 또는 재포장이 용이할 것

② 내용표시가 간단명료할 것

③ POS(Point of Sale)의 효과가 있을 것

④ 소비자의 감각에 부합된 디자인일 것

(4) 소비자 측면

① 만족감을 줄 수 있을 것

② 개봉 또는 재포장이 용이할 것

③ 포장 후 처리나 재이용이 간단할 것

〈기출 및 예상문제〉

1. 다음에서 판매정보의 종류에 해당하지 않는 것은?
    ① 신규수요가 없어지고, 반복구매 수요가 대부분이다.
    ② 상품의 지명도가 높아져서 매상고가 점진적으로 상승하는 단계이다.
    ③ 가격이 하락하면, 이윤열도 감소한다.
    ④ 기업 간의 경쟁으로 탈락기업도 나타나 독점화 경향이 나타난다.
해설) ②의 경우는 상품의 성장기의 현상에 해당된다.
정답 ②

2. 마케팅 정보자료 획득에 관한 일반적인 설명으로 옳지 않은 것은?
    ① 주문 및 결재데이터, POS데이터 및 고객데이터베이스, 판매사원 활동보고서
      등은 기업 내부 자료로서 1차 자료의 중요한 원천이다.
    ② 2차 자료란 이미 존재하고 있는 자료들이며, 상대적으로 손쉽게 구할 수 있는
      장점이 있지만 필요한 정보에 대한 근접성면에서 떨어진다는 단점이 있다.
    ③ 정보수집 및 평가작업은 우선 2차 자료수집 및 평가작업으로부터 시작하는
      것이 일반적이다.
    ④ 1차 자료란 개별 기업이 직면한 문제를 해결하기 위하여 특별히 수집하는 자
      료를 의미한다.
해설) ①의 지문은 2차 자료의 원천이 된다.
정답 ①

3. 다음 정보수집 방법 중 설문조사방법과 가장 거리가 먼 것은?

　① 우편에 의한 수집

　② 개인면접에 의한 수집

　③ 전화에 의한 수집

　④ 간접구전에 의한 수집

해설) 설문조사는 물어보는 문항을 만들어 질문하는 방법이므로 간접구전에 의한 수집과는 거리가 멀다.

정답 ④

4. 다음 중 소매점에서 개별 고객이 구매한 상품목록을 조사하는 장바구니 분석을 실시하는 근본적인 이유로 가장 적합한 것은? (2008년 제2회)

　① 일용상품(staples)의 카테고리 수명주기를 연장하기 위하여

　② 다목적구매의 편의성을 향상시키기 위하여 상품부문이나 카테고리의 매장배치를 조정하기 위하여

　③ 매출고가 높은 항목의 재고량을 적시에 늘리기 위하여

　④ 수익성이 높은 우수고객을 파악하기 위하여

정답 ②

5. 다음은 판매정보 수집의 방법 중 하나를 설명한 것이다. 어느 방법에 해당하는가? (2007년 제1회, 2006년 제2회)

> 고객의 구매행동에 대한 내면적 동기나 심리 등을 파악하기 위하여 많이 이용되는 방법이다. 자유로운 분위기에서 6명에서 12명 정도의 고객을 하나의 그룹으로 구성하여 원하는 제품의 특징이나 현재의 점포운영에 대한 제안이나 점포설계에 대한 의견 등 특정한 주제나 문제에 대하여 의견을 진술하게 하는 방법이다.

　① 표적집단 면접법　　② 패널조사법　　③ 관찰법　　④ 델파이

해설) ① 표적집단 면접법: 어떤 특정 상품이나 광고 등을 출시하기 전에 시장성을 예측하기 위하여 전문지식을 보유한 조사자를 소수의 응답자 집단으로 구성하고 특정한 주제(출시 예정 상품 등)를 가지고 자유로운 토론을 하도록 하고 거기서 필요한 정보(고객의 반응)를 획득하는 방법, 가장 일반적인 유형

　② 패널조사법: 관련 전문가들로 위원회를 소지하고 의견을 수렴, 쉽고 저렴하나 일부 소수의 의견으로 편중될 가능성이 높다.

　③ 관찰법: 점내의 고객동향이나 점외의 통행인 흐름 등을 관찰하여 정보를 획득하는 방법

　④ 델파이: 분야별 전문가에게 설문을 반복적으로 실시하여 그들의 일치된 의견을 통해 판매정보를 찾는 방법

정답 ①

6. 다음은 판매정보를 수집하는 방법 중 하나를 설명하는 것이다. 어느 방법에 대한 설명인가? (2008년 제2회)

> 고객의 구매행동에 대한 내면적 동기나 심리 등을 파악하기 위하여 많이 이용되는 방법으로써 자유로운 분위기에서 6명 내지 12명 정도의 그룹을 형성하여 원하는 제품의 특징이나 현 점포운영에 대한 제안이나 점포설계에 대한 의견 등 특정 주제나 문제에 대하여 의견을 진술하는 방법이다.

  ① 표적집단 면접법   ② 패널조사법   ③ 관찰조사법   ④ 서베이법

정답 ①

7. 다음에서 판매정보의 종류에 해당하지 않는 것은?
  ① 활동의 결과에 관한 정보
  ② 취급상품에 관한 정보
  ③ 일반적인 환경조건에 관한 정보
  ④ 타점에 관한 정보

해설) 자점(自店)에 관한 정보, 경쟁업자의 정보는 적극적으로 수집하면서도 자점의 일에 관해서는 자세하게 알고 있지 못한 판매원이 적지 않다.

정답 ④

8. 다음 중 점포를 임차하여 사업을 시작할 때의 장점이라고 보기 어려운 것은? (2008년 제2회)
  ① 좋은 입지 획득 기회가 높다.
  ② 초기 투자가 비교적 적다.
  ③ 신속히 사업을 시작할 수 있다.
  ④ 영업업종선택의 신축성이 높다.

해설) 점포임차의 경우에는 업종 전환시 임대인의 허락을 받는다든가 하는 제약이 따른다.

정답 ④

9. 화장품 취급점포에서 일정 금액 이상을 구입한 고객에게 여행용 가방을 선물로 주었다면 이는 무슨 판매촉진 유형인가? (2007년 제2회)
  ① 트레이딩 스탬프   ② 콘테스트
  ③ 샘플링   ④ 프리미엄

정답 ④

10. 다음 내용에 해당하는 판매촉진 기법은? (2008년 제1회)
  "십만 원 이상 구매 고객에게 곽 티슈를 무료로 제공하였다"

① 프리미엄(premium) ② 샘플링(sampling) ③ 쿠폰(coupon) ④ 리베이트(rebate)
해설) 프리미엄이란 제품이나 서비스의 구매자에게 구매에 대한 감사의 뜻으로 무료 또는 저렴한 가격으로 제공되는 식기, 가방, 시계, 장난감 등의 제품을 말한다. 이러한 프리미엄은 제품 자체의 효익으로부터 소비자의 관심을 빼앗아 갈 가능성이 있으나 경쟁제품의 구매자로 하여금 자사의 제품을 사용하게 하여 상표대체를 유도하거나 현재의 고객으로 하여금 사용률을 증대하도록 격려하기 위하여 실시된다. 또한 프리미엄은 소비자에게 쉽게 인식될 수 있어야 하며, 상표 이미지와 일치해야 효과를 거둘 수 있다.

프리미엄에는 소비자에게 완전히 무료인 무료 프리미엄(free premiums)과 실비만의 염가로 제공되는 자기청산 프리미엄(self—liquidating premiums)이 있는데, 제공하는 방법은 네 가지로 구 분된다.

ⓖ 구매시점에서 별도로 유형의 보상을 제공한다.

ⓛ 인팩(in—packs): 소비자에게 제공하기 위하여 공장에서 제품포장에 삽입

ⓕ 언팩(on—packs): 소비자에게 제공하기 위하여 공장에서 제품포장에 첨부

ⓔ 컨테이너 프리미엄(container premium): 프리미엄 속에 제품을 포함(인팩과 반대)

정답 ① 프리미엄(premium)

11. 소매기업이 소비자들에게 흔히 사용하는 커뮤니케이션 수단으로 광고, 판촉, 공중관계, 인적판매, 직접마케팅이 있다. 아래의 보기에는 공중관계에 해당하는 커뮤니케이션 수단을 모두 고른 것은? (2007년 제2회)

가. 신문게재용 자료   나. 연설   다. 세미나   라. 간판

마. 로비   바. 자선적 기부   사. 견본   아. TV쇼핑

① 가, 나, 다, 라, 마   ② 가, 나, 다, 마, 바

③ 가, 나, 마, 바, 사   ④ 가, 나, 마, 바, 아

해설) 공중관계(Public Relation)란 기업이 공중(소비자)의 태도를 평가하는 관리 기능. 즉 공중이 관심을 갖고 있는 개인이나 조직의 정책이나 그 진행과정을 밝혀 공중의 이해와 수용을 얻어내기 위한 프로그램을 실행하는 일련의 활동으로 홍보와 기타 다른 활동을 모두 포함한다. 홍보는 기업이 유료의 대가를 지불하지 않고, 매체에 기업이나 상품에 대한 뉴스거리를 실음으로써 기업이나 상품을 촉진하는 활동을 일컫는다.

<PR활동의 주요 수단>

PR 조사	—PR 관련 여론조사 —동향분석	스폰서십	—방송 프로그램 섭외 —방송 프로그램 협찬 —인쇄매체 지면 섭외
PR이벤트	—세미나, 전시회, 시상식 —신제품 발표회 —PR 이벤트	해외PR	—DDBN GLOBAL —NETWORK과 업무협조
PR 정보서비스	—뉴스 클리핑 —정보분석 서비스	PR 출판물	—사보/뉴스레터/팸플릿 —기업 브로슈어/매뉴얼 리포트 —사사 및 단행본
PR 영상물	—홍보영화 —동화상 보고서 —인포머셜 광고	퍼블리시티	—보도자료 작성 배포 —기자회견/간담회/인터뷰 —Paid-PR/Cyber PR

정답 ②

12. 소매점포의 경영성과를 올리기 위해 사용하는 판매촉진의 특성을 설명한 내용들이다. 가강 거리가 먼 것은? (2008년 제1회)
   ① 소비자에게 쿠폰, 거래 스탬프 등 실질적인 가치를 제공할 수 있다.
   ② 소비자의 비계획구매, 충동구매를 늘리고 객단가를 높일 수 있다.
   ③ 점포에 대한 호의적 이미지를 심어주게 되어 그 효과를 장기화할 수 있다.
   ④ 경품이나 실연 등을 통해 소비자의 관심을 끌고 재미를 느끼게 할 수 있다.
해설) 판매촉진은 고객에게 자사상품을 알려서 사고 싶은 욕구가 생기도록 만들어 판매로 연결되게 하는 활동으로 촉진의 다른 말은 마케팅 커뮤니케이션이며, 촉진의 수단에는 광고, 홍보, 인적판매, 판매촉진(SP)이다. 이 4가지가 조화가 되도록 통합을 해야 하는데 이것을 IMC(Integrated Marketing Communication)라고 한다. ③의 내용은 판매촉진과 직접적인 관계가 없다. 판매촉진의 특성은 다음과 같다.
   ① 커뮤니케이션: 소비자의 주의를 끌고 유인정보 제공
   ② 자극제: 소비자에게 부가되는 이권, 자극물, 사은품 등을 사용
   ③ 초대 및 권유: 단기적 촉진수단으로 직접적인 참여 기회를 제안, 권유
정답 ③

〈보충정리〉 객단가

객단가란 고객 한 명이 소비하는 평균비용이다. 1일 매출액을 방문 고객수로 나누면 평균 객단가가 나온다. 즉 고객 1인당의 평균 매입액, 쉽게 말해 구매객의 평균 구매 가

격을 말한다. 총매출/객수로 구해진다. 결국 객단가를 높이기 위해서는 일반적으로 매장 면적의 확대, 상품구성의 다양화, 상품진열방법의 연구 등의 방법들이 일반적으로 사용된다.

13. 판매촉진과 관련하여 기업에서 실행하는 다양한 사례 중 up—selling과 가장 거리가 먼 것은? (2009년 제1회)
    ① 5.0Mega화소를 찾는 고객에게 약간 비싼 7.0Mega화소 디지털 카메라를 권유하면서 기능성을 강조한다.
    ② 예금상품을 원하는 고객에게 보험상품을 동시에 권유한다.
    ③ 일반적인 연회비가 없는 신용카드발급을 원하는 고객에게 연회비가 있으나 포인트 적립율이 높은 신용카드를 적극 추천한다.
    ④ 소형차를 이미 구매하여 이용하는 기존 고객에게 중형차에 대한 정보를 제공한다.

해설) 업셀링이란 기존 고객이 구매량을 늘리도록 하는 것을 말한다. 그러므로 다른 종류의 예금상품을 권해야지 전혀 원하지 않는 보험상품을 권하는 것이 아니다. 예를 들어 아메리칸 익스프레스(AMEX) 신용카드는 업셀링의 목적으로 아멕스 그린카드 회원들에게 한 등급 높은 골드카드를, 또는 골드카드회원에게는 연회비 250달러가 청구되는 플래티넘카드를 제공하곤 한다. 이것은 추가적인 혜택을 위해 기꺼이 더 많이 지불하려는 회원들을 선정하여 고객이 구매액 또는 카드사용액을 늘리도록 유도하는 마케팅 프로그램의 전개되어 온 것이다. 이처럼 신용카드 업계의 경우에는 아주 다양한 판매촉진 유인들이 업셀링을 위해 기존고객에게 제공되는데, 이러한 업셀링은 신용카드 소지자들이 소비를 늘리려는 심리를 자극하여 거래당 카드 이용액을, 또는 고객당 이용액을 극대화하려는 목적을 가지고 있다.

정답 ②

14. 고객지향적 접근방법을 주창한 "Neil Rackham"은 능숙한 판매원에 대한 훈련방법을 제시하면서 네모 안에 나타난 4가지 유형의 질문을 할 수 있도록 판매원을 훈련시키고 있다고 한다. 다음 중 질문유형과 사례가 가장 올바르게 연결된 것은? (2009년 제1회)
    <질문유형>
    가. 문제해결용 질문
    나. 욕구—결과(보상)에 대한 질문
    다. 문제제시 질문

라. 시사점(결과관계)에 대한 질문

<사례>
a. 고객의 문제, 어려운 것 또는 불만족의 결과나 영향에 대해 질문하는 것,
   예로서 이 문제가 구성원들의 생산성을 높이는 데 얼마나 영향을 미치는가?
b. 우리 회사가 80%까지 잘못된 것을 줄이는데 도움을 준다면, 당신은 얼마나
   비용을 절약할 수 있습니까?
c. 그 시스템 중 어느 부분이 잘못되고 있습니까?
d. 사실에 대해 질문하고 또한 구매자가 처한 현재 상황을 탐구하는 것,
   예로서 "당신은 당신의 고객에게 청구서를 발행하고 보내기 위해 어떤 시스템
   을 이용하고 계십니까?"

① 가―a 나―b 다―c 라―d
② 가―c 나―a 다―b 라―d
③ 가―b 나―c 다―d 라―a
④ 가―d 나―b 다―c 라―a

정답 ④

15. 다음은 상품특성 및 판매심리학과 관련된 내용들이다. 올바르게 설명되고 있지
    못한 내용은? (2009년 제1회)
    ① 목적구매는 점포에 대한 집객역할과 함께 고객이 점내를 회유하게 하는 장점
       을 제공하는 반면 고객이 가격을 염두에 두고 내점함으로써 높은 이익을 취
       하기 어렵다.
    ② 슈퍼마켓에서는 과일, 드럭스토어에서는 화장품, 할인점에서는 의류 등을 쇼
       핑시작 지점인 입구에 배치하는 것이 바람직하다.
    ③ 구매행동 시작 후 처음 본 상품이 고객의 심리를 결정짓는 경우가 많기 때문
       에 그날 그 점포의 쇼핑 전체에 영향을 미친다.
    ④ 매장의 이익을 높이기 위해서는 고객이 충동구매상품으로 쇼핑을 시작하도록
       매장배치를 하는 것이 좋다.

해설) 쇼핑시작지점인 입구에는 가격이 저렴하고 부피가 작은 예를 들어 껌, 음료수,
      분량이 작은 도서 등으로 배치하여 충동구매를 유발시키도록 한다.

정답 ②

16. 아래의 설명은 판촉수단 중 무엇을 설명하는 것인가? (2007년 제1회)
    ① 퍼블리시티(Publicity)   ② 선전   ③ PR   ④ 광고

해설)

구 분	내용
PR (Public Relations)	— 기업경영과 발전에 가치를 부여하는 일종의 경영관리 기술 — 쌍방적 커뮤니케이션(Two—way communication) — 퍼블리시티(신문, 잡지, 방송 등), 광고, 이벤트, 제작물 등 다양한 수단의 PR툴 Mix로 구성
광고 (Advertising)	— 비교적 단기적 이윤추구를 목적으로 하는 판매촉진 활동 — 비대인적(Non—personal), 설득적 — 매체에 돈을 지불함 — 광고에 대해 광고주가 통제력을 갖고 있음 — 광고물에 광고주명이나 브랜드명 명기
선전 (Propaganda)	— 대상에게 일방적, 비윤리적 형태의 커뮤니케이션을 포함한 설득 노력
프로모션 (Promotion)	— 판매, 서비스를 효과적으로 전개하기 위한 마케팅 커뮤니케이션의 일환 — 광고, PR, 세일즈 프로모션 등을 포함

정답 ②

17. 다음 중 광고매체 선정시 고려해야 할 사항과 가장 거리가 먼 것은? (2009년 제1회)
    ① 표적고객의 매체접촉 습관
    ② 구매예정자의 자금능력
    ③ 광고되는 제품의 종류
    ④ 표적고객의 사회적 특성"
해설) 자금문제는 구매자가 아니라 광고주의 예산문제가 중요하다.
정답 ②

18. 최종 소비자에게 대한 직·간접적인 광고나 홍보활동을 통해 소비자들이 상품에 대해 관심을 갖게 하거나 구매를 희망하게 함으로써 유통업체가 그 상품을 취급 하도록 하는 전략은? (2007, 2006년 제2회)
    ① 밀기 전략   ② 제품차별화 전략   ③ 포지셔닝 전략   ④ 당기기 전략
정답 ④

〈보충설명〉 마케팅 전략유형

1. 당기기 전략 : 소비자의 구매를 환기시켜 매장 안으로 들어오도록 하는 전략
2. 밀기 전략 : 푸시 전략이라고도 하며 인적판매를 중심으로 권유방법을 통한 판촉 전략이다.
3. 제품차별화 전략 : 차별화 전략은 다른 기업의 제품이나 서비스의 인지된 가치보다

자사의 제품이나 서비스의 인지된 가치를 증가시킴으로써 경쟁우위를 얻고자 하는 경쟁전략이다. 여기서 다른 기업이란 특정 기업의 경쟁기업일 수도 있고 대체품이나 서비스를 제공하는 기업일 수도 있다.

4. 제품 포지셔닝 전략 : 세분화된 시장 중에서 표적시장을 정한 후 경쟁 제품과 다른 차별요소를 표적시장 내 목표 고객의 머릿속에 인식시키기 위한 마케팅 믹스 활동을 말한다. 즉 제품 포지셔닝은 어떤 제품이 경쟁제품과는 다른 차별적인 특징을 갖도록 하여 표적시장 내의 소비자 욕구를 보다 더 충족시킬 수 있음을 소비자 인식 속에서 위치시키는 것으로 광고, 포장, 디자인, 촉진활동 등의 수단을 총동원하여 소비자 인식에 영향을 준다는 것이다.

19. 소매업체 성장전략의 유형 중 현재의 소매업태를 사용하여 기존표적 세분시장에서의 매출을 증대시키기 위한 전략을 무엇이라고 하는가? (2008년 제2회)
   ① 시장침투   ② 다각화   ③ 소매업태 개발   ④ 시장확장
해설) 시장침투 전략이란 앤소프의 전략 중 하나인데 현재의 제품시장에서 시장점유율을 확대시킴으로써 기업성장의 기회를 추구하는 전략을 말한다. 이를 위하여 광고판촉의 강화, 가격할인 또는 유통경로 확충을 하여야 한다.
정답 ①

20. 소매상이 새로운 상품의 도입을 결정하고 목표고객의 욕구를 일깨우려고 한다. 이러한 소매상의 행위는 어느 분야의 과제에 해당하는가? (2007년 제1회)
   ① 창고보관   ② 시장개발   ③ 고객서비스   ④ 시장관찰
해설) 시장개발이란 기존 상품을 구매하지 않는 소비자를 설득하여 구입하도록 유도하는 전략 중의 하나이다.
정답 ②

21. 다음 소매상의 활동 중 우선적으로 소비자를 지향하지 않고 제조업자를 지향해야 하는 것은? (2007년 제1회)
   ① 제품에 대한 전문적인 설명 및 정보교환
   ② 제품개선을 위한 정보 전달
   ③ 상품의 진열
   ④ 매장에서 개별상품에 대한 상품소개 및 실제체험활동
해설) 제품개선을 위한 정보전달 기능은 소매업자가 제조업자 또는 공급업자를 위한 기본적인 기능에 해당한다. 나머지는 부수적인 기능에 해당한다.

정답 ②

22. 다음 중 판매촉진 요인의 효과를 나타내는 용어와 정의가 바르게 연결된 것은?
    (2007년 제1회)
    ① 제품군 확장: 판매촉진에 의해 대량으로 구매하는 현상
    ② 구매가속화: 소비자가 판매촉진 때문에 특정 상표의 제품을 구매하게 되면
    그 제품의 성능에 대해 알게 되고, 그 성능에 만족하게 되면 해당 상표를 반
    복적으로 구매하는 현상
    ③ 재구매: 판촉활동 중에 구매시점을 앞당기는 현상
    ④ 상표전환: 판매촉진이 없었다면 A상표를 구매하였을 소비자가 판매촉진이 실
    행 중인 B상표를 구매하게 되는 현상
해설)
    1. 제품군 확장: 제조업자 또는 유통업자가 제조 및 판매하는 제품을 확대하는
       것이다.
    2. 구매가속화란 판촉에 의해서 소비자의 구매 시기나 구매량이 변하는 것이다.
    3. 재구매: 소비자가 제품 또는 서비스를 다시 찾는 것
정답 ④

23. 다음 중 (   )에 가장 적합한 말은? (2008년 제1회)

> 제조업자나 도매업자가 자기 상품의 노출을 확대하고 판매를 촉진하기 위한 방법의 하나로 소
> 매점에 대하여 반품허용 조건하에 소매매장에 상품을 진열, 전시해 두고 소비자에 판매된 부분
> 에 대해서만 소매점에서 매입하는 것으로 계약하는 방식을 (   )라고 한다.

    ① 선진열 후지불 거래제도
    ② 명세서 거래제도
    ③ 특정 혹은 위탁 매입제도
    ④ 소매영업촉진 거래제도
정답 ③

24. 매장에서 진열된 식품을 더욱 신선하게 보이도록 하기 위해 에어커튼을 하거나
    특수조명 등을 이용하는 것 등을 포함해서 전체적으로 매장을 눈에 잘 띄게 만
    드는 행위를 가장 잘 표현해 주고 있는 전문용어는? (2009년 제1회)
    ① USP(Unique Selling Proposition)
    ② SOS(Store Optimizing System)
    ③ POS(Point Of Sale)
    ④ VMD(Visual Merchandising)

해설) 비주얼 머천다이징이란 인스토어 머천다이징의 한 기법이라 할 수 있다. 단순한 구색 갖춤이 아니라 하나의 콘셉트에 근거한 상품구성과 그에 의한 스토리 전개를 목표로 하는 인스토어 머천다이징은 진열만 강조해서는 안 되고 매장 그 자체에 스토리를 부여하여 매력 있는 매장으로 만드는 것이 중요하다.

정답 ④

25. 다음은 배너광고와 비교되는 리치 미디어(rich media advertisement)에 관한 설명 내용들이다. 올바르지 않은 것은? (2008년 제1회)
   ① 멀티미디어 효과의 강화를 통해 기존 광고와의 차별화가 이루어진다.
   ② 종류에는 에니메이션형, 상호작용형 및 고정형이 있다.
   ③ 정적인 화면대신 동적인 화면을 제공함으로써 상요자의 흥미유발효과와 메시지 전달효과가 상대적으로 크다.
   ④ 사용자가 다른 정보를 얻기 위해 다른 사이트로 이동할 필요가 없다.

해설) 리치 미디어는 인터넷 광고 용어로서, 스트리밍 비디오, 다운로드 되자마자 사용자와 즉시 상호 작용을 할 수 있는 애플릿, 사용자가 광고 위에 마우스를 올려놓으면 변하는 광고 등, 진보된 기술이 적용된 웹페이지 광고들을 지칭한다. 리치 미디어의 예를 들면,
   1. 할리우드 영화 광고: 본 영화의 일부 주요 장면을 스트리밍 비디오로 구사한다.
   2. 마우스 커서: 특정 웹사이트 상에서 사용자가 그것을 요청하면, 커서의 모양이 이미지로 변화한다.
   3. 표준 크기의 배너광고: ISDN 설치에 관한 문의양식을 포함하고 있다가, 사용자가 기입한 신상정보를 마무리하여, 회사의 영업대표에 의해 연락이 이루어질 것이라는 사실을 사용자에게 알려 주는 등, 이 모든 일들이 온라인 발간자의 웹페이지상에 있는 광고와의 단순한 상호 작용을 통해 가능하다. 자바 애플릿이나 컴포넌트를 사용하는 리치 미디어 광고의 광고주 서버는 자바가 잘 지원되지 않는 브라우저를 쓰는 사람들을 위해 평범한 GIF 이미지를 함께 서비스할 수도 있다.

정답 ②, ④ 복수정답

26. 다음의 내용은 어떤 배너광고에 대한 설명인가? (2008년 제1회)
   "웹 사용자들이 배너광고를 클릭하여 광고주의 사이트로 이동할 필요 없이 그 배너광고 안에서 필요한 상품정보의 거색 및 획득, 광고된 상품의 구매가 이루어지도록 하는 형태의 배너광고"
   ① 인터액티브 배너광고   ② 애니메이션 배너광고

③ 유동형 배너광고 ④ 확장형 배너광고

해설) 배너광고란 사이버 공간의 광고를 말하며, 보통 직사각형 모양으로 현수막 (banner)과 닮았다 하여 이름이 붙여졌다. 이 현수막같이 생긴 것은 보통 그림이나 글로 이루어져 있고, 때로는 그 위에 마우스를 갖다 대기만 해도 소리가 난다. 이 광고를 클릭하게 되면 광고에 링크된 사이트로 이동하게 되고, 그들의 사이트를 홍보할 수 있게 된다.

타 사이트로의 링크는 너무나 쉽고, 어디에서나 행해진다. 그러나 한 웹페이지에서 그 웹페이지의 내용과는 무관한 다른 사이트로의 이동을 유발하는 링크가 있다는 것은 무엇인가 다른 목적이 있다는 것이다. 배너광고의 유형은

① 고정(Static) 배너: 한 장의 그림으로 만들어져 정지되어 있어 광고내용이 변하지 않는 고정형태

② 애니메이션(Animated) 배너: 만화 영화 같이 여러 장의 그림을 빠른 속도를 볼 때 움직이는 것같이 보이게 하여 배너에서 그래픽이나 글이 바뀌거나 내용이 순환되게 하는 방법, 특히 최근에는 Gif Animation으로 대부분 제작

③ 상호작용(Interactive) 배너: 사용자의 커서의 이동이나 클릭에 반응하여 움직임을 보여 게임을 할 수 있다든지 데이터를 주고받을 수 있어 정보검색이나 입력기능까지 포함되도록 만들어진 배너로 JAVA, Shockwave, Flash, CGI 등을 이용하여 제작

정답 ①

〈보충정리〉 리치미디어 광고

리치 미디어는 표현기법이 풍부한 광고를 일컫는 말로 리치 미디어를 표현하는 도구는 배너를 비롯하여 인터액티브 멀티미디어, 채용되는 콘텐츠면 어디든지 구현이 가능하다. 리치 미디어는 기본적으로 Java, Javascript, Shockwave, 스트리밍 등을 이용, 상호작용과 미디어 콘텐츠의 결합에서 출발했기 때문에 지금은 웹의 배너광고로 출발했지만 앞으로는 Interactive TV 광고의 기본 모델로 발전해 나갈 것으로 전망된다.

온라인 리치 미디어 광고 기법은 클릭률(CTR: Click Through Rate)의 향상에 초점이 맞춰져 있다. 기존의 정적인 GIF 배너는 푸시 기법으로 더 이상 네티즌들의 주목을 끄는데 한계가 있기 때문에 풀 기법을 가미한 광고로 보다 많은 클릭을 유도해 내고자 하는 목적이 있는 것이다. 최근 리치 미디어 배너는 크게 두 가지 방향으로 전개되고 있다. 첫 번째 방향은 기존 배너에 다양한 인터액티브 멀티미디어 기술을 채용하는 것과, 두 번째

방향은 기존 배너 포맷을 탈피, 다양한 형태의 리치 미디어광고를 구현하는 방향이다.

27. 다음 중 소위 인터넷 액세스형 광고(Internet access advertisement)의 종류에 속하지 않는 것은? (2008년 제1회)
    ① keyword advertisement　② chat advertisement
    ③ e—mail advertisement　④ rich media advertisement

해설) 리치 미디어는 인터넷 광고 용어로서, 스트리밍 비디오, 다운로드 되자마자 사용자와 즉시 상호 작용을 할 수 있는 애플릿, 사용자가 광고 위에 마우스를 올려놓으면 변하는 광고 등, 진보된 기술이 적용된 웹페이지 광고들을 지칭한다. 리치미디어는 버튼광고의 일종으로 노출광고이며, 나머지는 접근해야만 하는 광고에 해당된다.

정답 ④

〈보충정리〉

1. 인터넷 광고의 형태
(1) 키워드 검색광고: 키워드 검색광고는 구매시점에 있는 사람들에게 적시에 광고의 내용을 타깃화하여 보여줌으로써 광고효과가 제일 높다. 스폰서링크, 플러스프로, 비즈사이트 등의 여러 이름으로 불리고 있다.
(2) 배너광고: 배너광고는 단시간에 이미지광고와 회원확보를 목적으로 할 때 적합하다. 가격이 보통 cpm으로 책정되므로 첨예한 광고 전략이 필요하다.
(3) 이메일광고: 이메일 광고는 스스로 직접 하는 것이 거의 불가능해졌다. 따라서 포털사이트에 메일 발송을 의뢰하는 방법과 기존고객에게 마케팅을 펼치는 전략을 펼쳐야 한다.
(4) 게시판 광고: 게시판 광고는 인기가 많은 게시판에 게시판등록기를 사용하여 꾸준히 사이트의 인기도를 높여가는 광고이다.
(5) 모바일 광고: 최근 휴대폰 세대가 붐임을 착안하여, 젊은 세대에게 광고 런칭을 할 때에 적합하다. 월사용 요금, 나이, 성별, 지역, 등등 세세한 데이터를 이용할 수 있어서 효율적이다.
(6) pc방 광고: pc방은 이제 신세대의 생활 속으로 깊숙이 자리 잡고 있기 때문에 온

라인 엔터테인먼트 서비스 회사라면 매우 높은 광고효과를 거둘 수 있다.

2. 인터넷광고 기법

(1) 팝업 광고(Pop—Up Advertising)

(2) 팝언더 광고(Pop—Under Advertising)

(3) 이동 아이콘 광고(Moving Icon Advertising)

(4) 스폰서십 광고(Sponsorship Advertising)

(5) 인터넷 액세스형 광고(Internet Access Advertising)

(6) 리치 미디어 광고(Rich Media Advertising)

(7) 전면 광고(Full—Screen Advertising)

(8) 이메일 광고(E— Mail Advertising)

28. 유통업체의 경쟁이 심화되는 경우 경쟁에서 이기고 새로운 고객을 확보하기 위한 목적으로 서비스 측면에서 고객에게 과대약속을 하는 경향이 있다. 이러한 과대약속은 다음의 서비스품질차이 중 무엇에 직접적인 영향을 미치는가? (2006년 제2회)
   ① 커뮤니케이션의 차이   ② 인식의 차이   ③ 인도차이   ④ 표준차이
해설) 과대약속은 커뮤니케이션 차이에 직접적인 영향을 준다. 제공되는 서비스가 약속된 수준에 미치지 못하는 것으로 과잉약속이나 과대광고 또는 영업부서와 지원부서, 서비스현장 간의 협력이 원활하지 못한 경우에 발생한다.
정답 ①

29. 다음의 보기에는 광고매체 중 어느 것에 해당하는가? (2008년 제2회)

— 청중 선별 가능	— 폭 넓은 청중에게 도달하기 어려움
— 다른 광고의 간섭 적음	— 비교적 높은 비용
— 개별화 가능	— 시각적 효과에 한정됨
— 길고 복잡한 메시지 전달	
— 상품 샘플 우송 가능	

   ① 신문   ② 잡지   ③ 인터넷   ④ DM
정답 ④

30. 소매점에서 광고를 할 때에는 광고의 효과를 충분히 고려해야 한다. 이를 위해서는 매출액에 대한 광고비 비율을 지역별로 할당할 필요가 있다. 이때 잠재고객 가운데 적어도 1회 이상 광고에 접촉한 세대나 개인의 비율을 미리 판단할 필요가 있는데, 이를 무엇이라고 하는가? (2007년 제1회)

① 도달　　② 빈도　　③ 커버리지　　④ 어프로치

정답 ②

〈보충설명〉

1. 도달률: 광고스케줄이 포함된 프로그램을 한 번 또는 그 이상 시청한 시청자 비율

2. 노출빈도: 도달된 시청자 한 명이 광고 메시지에 노출된 평균 횟수

3. 커버리지: 특정 매체가 타깃 오디언스에 도달되는 범위

4. 어프로치: 설득이라고 하며, 광고를 보도록 유도하는 방법

31. A 업체가 지역 유선방송에 광고를 방영하였고, 한 시청자당 평균 2회 그 광고를 접했다고 한다. 이 사례에서 알 수 있는 것은? (2007년 제2회)

① 포괄범위(coverage)　　　　　　　② 노출빈도(frequency)

③ 유효노출빈도(effective frequency)　　④ 도달률(reach)

해설)

　① 포괄범위(coverage): 어떤 광고매체가 도달될 수 있는 수용자의 수 또는 광고매체가 도달되는 지리적 범위

　② 노출빈도(frequency): 가구 또는 개인이 특정 광고에 노출된 횟수 즉 한 사람에게 얼마나 자주 광고가 반복해서 보여졌는가를 나타낸다.

　③ 유효노출빈도(effective frequency): 광고효과를 얻기 위해 필요한 최소한의 노출빈도

　④ 도달률(reach): 특정 기간 동안 광고메시지에 최소한 한 번 이상 노출된 표적 청중이나 가구의 수 또는 백분율

정답 ②

32. 총 고객 50만 명 중 20만 명은 한 달에 한 번, 20만 명은 한 달에 두 번, 10만 명은 한 달에 세 번 광고를 보고 있다는 조사결과가 있다. 고객 1명이 한 달에 광고를 보거나 듣게 되는 빈도는 얼마가 되는가? (2008년 제1회)

① 1회　　② 1.8회　　③ 2.5회　　④ 3회

해설) 총도달률(GRP)＝도달률(reach)×노출빈도(frequency)

　―도달률: 광고스케줄이 포함된 프로그램을 한 번 또는 그 이상 시청한 시청자 비율

—노출빈도: 도달된 시청자 한 명이 광고 메시지에 노출된 평균 횟수

정답 ②

33. 고관여 제품에 대한 광고 전략과 비교하여 저관여 제품에 대한 광고전략의 내용
   으로 가장 거리가 먼 것은? (2009년 제1회)
   ① 반복되는 단문메시지를 사용하여 수동적인 학습효과를 향상시키고 브랜드 친
      숙도를 높여야 한다.
   ② 폭넓은 정보 제공에 집중함으로써 소비자의 관심이나 주의를 높여야 한다.
   ③ 점포 내 진열과 포장과 같은 시각적 및 비(非)메시지 구성요소를 강조해야 한다.
   ④ 인쇄매체보다 TV를 주요 수단으로 활용해야 한다.
해설) 저관여 제품은 제품의 중요도가 낮은 제품으로 고객이 제품이 구입할 때 쉽게
     표현해서 오랜 시간 고민하지 않는 제품을 말한다. 따라서 광고 등에 집중하
     지 않아도 된다.

정답 ②

〈보충설명〉

1. 고관여 제품(High—involvement Product)
   소비자들이 값이 비싸거나 자신에게 중요한 영향을 미치는 제품(TV, 자동차 등) 또는
   잘못 구매했을 때 많은 위험이 뒤따르는 제품을 말한다. 이러한 제품은 소비자가 구매
   할 때 여러 사람에게 물어보기도 하고 오랜 시간과 노력을 소비하면서 구매과정에 깊
   이 관여한다.

2. 저관여 제품
   제품의 중요도에 따라 분류. 제품에 대한 중요도가 낮고, 값이 싸며, 상표 간의 차이
   가 별로 없고, 잘못 구매해도 위험이 별로 없는 제품을 구매할 때 소비자의 의사결
   정 과정이나 정보처리 과정이 간단하고 신속하게 이루어지는 제품. 소비자들은 저관
   여 제품 즉 새로운 껌, 초콜릿, 비누 등을 접했을 때 그 제품에 관한 구체적인 정보
   에 의한 평가를 하지 않고 즉석에서 충동적 구매를 하는 경향이 있다. 따라서 저관
   여 제품의 경우 소비자들의 인식, 흥미 유발에 효과적인 광고를 신제품 도입기에 집
   중하는 것이 중요하다.

34. 다음의 설명은 유통기업이 시장을 세분화하기 위해 분석하는 방법 중의 하나이다. ( )안에 해당하는 분석기법은 무엇인가? (2008년 제1회)

> "( )은 제품대안들에 대한 소비자의 선호 정도로부터 소비자가 각 속성(attribute)에 부여하는 상대적 중요도(relative importance)와 각 속성수준의 효용(utility)을 추정하는 분석방법이다. 특히 ( )에서는 응답자들에게 여러 속성수준들의 결합으로 구성되는 제품 프로파일(대안)들을 제시하고 응답자들은 각 프로파일에 대한 그들의 선호도를 답한다."

① 판별분석 ② 군집분석 ③ 다차원척도법 ④ 컨조인트분석

해설) 컨조인트분석

(1) 개념: 다차원 속성의 조합에 의한 프로파일의 순서관계가 주어졌을 때 개개의 속성 효과(부문 효용:part—worth) 및 동시 결합척도(conjoint scale)를 동시에 추정하는 방법으로 소비자는 제품 및 서비스 이용 시 중요한 3~5개의 소수의 핵심 속성만으로 결정한다는 가정을 지니고 있다.

(2) 목적

① 제품 속성의 중요도 파악 및 시장 세분화에 의한 고객 특성 파악을 통해 신제품 아이디어를 도출

② 각 세분시장별로 기존제품(자사 및 타사)과 신제품을 가상적으로 투입한 'choice simulation'을 통하여 시장점유율을 예측하고 가장 성공 가능성이 높은 신제품을 결정

③ 활용 가능한 분야: 신제품 콘셉트 평가/경쟁분석을 통한 시장점유율 예측/시장 내 제품 포지셔닝/최적 가격 설정/시장 세분화

1) 판별분석(判別分析)

두 개 이상의 모집단에서 추출된 표본들이 지니고 있는 정보를 이용하여 이 표본들이 어느 모집단에서 추출된 것인지를 결정해 줄 수 있는 기준을 찾는 분석법을 말한다. 연구자가 분류한 집단이나 유목이 여러 판별변인(독립변인)들에 의해 구별될 수 있는 정도를 알고자 하는 경우에 유용하게 활용할 수 있다.

2) 군집분석

유사한 것들을 몇몇 집단으로 그룹화하여, 각 집단의 성격을 파악함으로서 데이터 전체의 구조에 대한 이해를 돕고자 하는 탐색적 데이터 분석 방법(특히, 대용량 데이터에 개개의 관찰치보다 군집들을 관찰하여 전체 구조 파악)이다. 군집분석은 사전에 정의된 어떠한 특수한 목적이 없는 데이터분석 기법이다. 따라서 동일 군집의 개체들은 유사한 성격, 서로 다른 군집의 개체들은 서로 다른 성격을 갖도록 군집을 형성한다.

3) 다차원척도법

원래 계량심리학 분야에서 발전되었으나, 마케팅 분야에서는 1970년을 전후로 마케팅 조사자들이 제품 포지셔닝(positioning)을 목적으로 응답자들의 제품에

대한 심리적 거리를 측정하여 시장세분화를 위한 도구로 사용하면서 급속히 발전되어 온 개념이다. 다차원 척도법은 각 대상에 대한 종합적인 평가를 통하여 얻어진 자료를 이용하여 평가의 기준이 되는 차원을 찾아내고, 각 차원 위에서 평가 대상들의 위치를 규명함으로써 피조사자의 심리적 평가공간을 가시적으로 나타내는 기법이다.

정답 ④

35. 다음은 상품의 다양성과 전문성을 비교하여 기술한 내용들이다. 바른 설명이 아닌 것은? (2008년 제1회)
   ① 전문점에서 매출증대를 달성하기 위한 방법의 하나인 고객충성도를 높이기 위해서는 다양성보다는 전문성을 더욱 강조해야 한다.
   ② 다양성보다 전문성을 강조할 경우 낮은 내점빈도와 낮은 다양성으로 인하여 판매기회를 상실할 수 있다.
   ③ 전문성보다 다양성을 강조할 경우 폭넓은 고객을 획득할 수 있고, 고객들에게 일괄구매 가능성을 제공할 수 있다.
   ④ 전문성보다 다양성을 강조할 경우 상대적으로 고객들의 높은 점포 충성도를 기대할 수 있지만 저회전 상품군 관리의 어려움이 발생할 수 있다.

해설) 상품 취급 시 전문성보다 다양성을 강조하면 백화점이나 잡화점처럼 구매자의 선택의 폭이 넓어져 아무데서나 가서 구매할 수 있다는 의미이다. 그러나 전문품의 매장의 경우에다양성보다는 전문성을 높이면 구매자들은 제품과 매장에 대한 전문성을 인정하고 신뢰를 높일 수 있어 충성도를 기대할 수 있게 된다. 편의점과 같이 다양성이 높은 매장은 오히려 상품의 저회전 발생이 낮고 상품의 깊이가 낮아 상품군 관리가 용이하다.

정답 ④

36. 소비자 반응단계모델 중의 하나인 AIDA 모델에 대하여 올바로 나타낸 것은? (2008년 제1회)
   ① 노출→수용→태도→행동
   ② 인지→숙지→호의→구매
   ③ 인지→호의→선호→확신
   ④ 주의→관심→욕망→행동

해설) AIDCA 원칙: 주의 환기시키기(Attention), 흥미유발(Interest), 소유하고 싶은 욕망을 느끼게 함(Desire), 오래 기억하고 확신하게 만들기(Conviction), 구매행동 또는 결정(Action)

정답 ④

37. 다음 중 POP의 목적으로 가장 거리가 먼 것은?
    ① 다른 마케팅 수단보다 높은 연상을 유도한다.
    ② 자기선택에 의한 자유스러운 상품의 선택을 촉진한다.
    ③ 일정기간 내의 예정판매율을 실현시킨다.
    ④ 성력적인 판매효율을 제고시킨다.

해설) 구매시점 광고(POP)란 상품을 판매하는 장소에서 행해지는 모든 광고를 통해 소비자가 점내로 들어와서 제품구입에 이르게 하는 직접광고라 할 수 있다. POP광고는 매장을 번잡하게 하는 것이 아니라 POP광고를 붙이는 것으로서, 고객이 손쉽게 제품을 찾고 부담 없는 구매에 이르도록 하는 것이 그 목적이다. 다른 마케팅 수단보다 높은 연상이 유도되지는 않는다.

정답 ①

38. 신규종업원에 대한 훈련방법과 관련된 다음의 주장 중 설득력이 가장 적은 것은? (2007년 제1회)
    ① 조직화된 프로그램을 통해 기본적인 기술과 지식을 습득하도록 한다.
    ② 현장연수를 통해 배운 것을 실습해 보도록 한다.
    ③ 가능하면 실패사례는 제시하지 않도록 한다.
    ④ 성공사례를 제시하여 성공요인을 이해하도록 한다.

해설) 오히려 성공사례보다 실패사례가 기업에게는 더욱 중요한 정보가 된다.

정답 ③

39. 서비스 기업이 경쟁이 심화되는 경우 경쟁에서 이기고 새로운 고객을 확보하기 위한 목적으로 과대약속을 하는 경향이 있다. 이러한 과대약속은 다음의 서비스 품질 차이 중 무엇에 직접적인 영향을 미치는가? (2006년 제1회)
    ① 커뮤니케이션의 차이: 소매업체에 의해 약속된 서비스(고객의 기대감)와 실제 커뮤니케이션을 통해 제공된 서비스 사이의 차이
    ② 인식차이: 고객의 기대와 경영자의 인식 간 차이
    ③ 인도차이: 서비스품질명세서와 실제 제공서비스 간 차이
    ④ 표준차이: 경영자의 인식과 서비스품질명세서 간 차이 경영

해설) 갭이론은 서비스의 품질관리에 이용되는 분석모델인데, 서비스의 기대와 서비스의 인식차이를 줄임으로써 서비스의 품질을 관리해 나가는 기법이다.

정답 ①

〈보충정리〉 Gap이론

Gap 모형은 고객의 기대수준과 실제 제공받은 서비스에 대해 인지한 수준의 차이를 이용하여 서비스품질을 측정하는 방법으로, 고객이 서비스를 제공 받는 과정을 세분화하고 각 과정에서 발생할 수 있는 차이를 이용하여 서비스 수준을 평가한다.

① Gap 1(인식의 차이): 고객의 기대와 경영자가 인식하는 고객의 요구와의 차이

② Gap 2(표준의 차이): 경영자가 인식한 고객의 요구와 기업에서 제공되는 서비스품질 요소와의 차이

③ Gap 3(인도의 차이): 기업의 서비스품질요소와 실제 제공되는 서비스와의 차이

④ Gap 4(커뮤니케이션의 차이): 실제고객이 제공 받는 서비스와 기업에서 제공해 주기로 한 서비스와의 차이

⑤ Gap 5: 고객이 기대했던 서비스와 실제 제공받은 서비스에 대한 차이

40. 다음 중 고객본위로서 적합한 판매원의 접객태도라고 생각되는 것은?
   ① 판매원의 의견을 소신 있게 고집한다.
   ② 흉허물 없이 대화함으로써 친근감을 나타낸다.
   ③ 접객 중에는 다른 잡무를 하지 않는다.
   ④ 전문적인 용어를 사용하여 상품에 대한 지식을 전달한다.
정답 ③

41. 소매점포에서 고객을 대할 때는 고객유형에 따라 달리 대응하여야 한다. 고객의 유형을 급한 타입, 느긋한 타입, 자기중심 타입, 의존 타입 등의 4가지로 분류하였을 때, 의존 타입 고객에 대한 접객방법으로 가장 적합한 것은? (2008년 제2회)
   ① 상품을 결정하기까지 시간이 걸리는 타입이므로 결정하지 못하고 있는 원인을 하나씩 제거해 나가며, 고객을 급하게 몰아서는 안 된다.
   ② 대우받고 싶어 하는 고객이며, 이름, 직위, 가족관계 등 개인적인 사항을 기억하려는 노력이 필요하다.
   ③ 자세한 것에 마음 쓰는 것을 귀찮아하는 고객이지만, 마음속에 원하는 것은 확실히 있는 취향이나 희망을 캐어 알아내는 노력을 해야 한다.
   ④ 점원이 자기주장을 하면 고객이 마음 상해 한다. 본래 제멋대로 하는 고객이 많으므로 필요한 것 이외에는 질문하지 말고 기다릴 수 있는 시간과 예산을 물어보고 이를 고려하여 접객한다.

정답 ③

42. 미래의 성공전략으로 블루오션 전략을 사용하려고 한다. 다음 중 블루오션 전략의 내용으로 옳지 않은 것은?
   ① 현재 존재하지 않는 모든 산업을 대표한다.
   ② 일종의 포지티브게임이다.
   ③ 구매자의 관찰을 통하여 새로운 가치를 창출한다.
   ④ 잠재고객보다 기존고객이 중요하다는 것을 말한다.
해설) 블루오션 전략에서는 고객에 대한 가치평가를 미래의 고객을 대상으로 하기 때문에 기존고객보다 잠재고객을 중요하게 생각한다.
정답 ④

43. 다음 중 판매사원을 통하여 직접 방문판매하는 소매업의 표적 고객에 대한 설명으로 가장 적합한 사람은?
   ① 여러 가지 비교 쇼핑을 원하는 사람
   ② 충동구매 욕구가 강한 사람
   ③ 직접 점포에 나가기를 싫어하는 사람
   ④ 상품에 대한 정보가 상당히 궁금한 사람
해설) 판매원을 통한 직접 판매의 이점은 최종 소비자에게 직접적인 대면을 통하여 소비자의 궁금한 점에 대한 상세한 설명이 가능하므로 소비자는 그러한 이유로 그 상품에 대하여 높은 신뢰도를 유지하고 계속 그 상품을 구매하게 된다.
정답 ④

44. 소비자 판매촉진 중 고객이 구매했다는 증서나 서류를 제조업자에게 보내면 제조업자가 우편이나 다른 수단을 통하여 상품가격의 일부를 반환하여 주는 것은?
   ① 리베이트   ② 마일리지   ③ 견본   ④ 단골 사은품
정답 ①

45. 다음 중 소스마킹(Source marketing)의 장점이 아닌 것은?
   ① 마킹코스트의 절감   ② 마킹 작업의 생력화
   ③ 정확한 상품코드의 표시   ④ 자동적인 상품 분류 작업
해설) 소스마킹은 상품 분류를 위한 코드가 아니고, 상품을 식별하기 위한 코드이다.
정답 ④

46. 다음 중 ECR의 효과로 보기 어려운 것은?

① 생산 효율성 증대

② 무재고 달성

③ 공급 효율성 증대

④ 효과적인 판매촉진

해설) ECR이란 디스카운트 스토어를 비롯한 가격파괴 현상의 물결에 직면한 제조업체와 도·소매상이 하나가 되어 효율적인 경영합리화를 모색하여 살아남고자 하는 전략으로 효율적인 소비자 대응(efficient consumer response)을 의미하는 말의 약칭이다

정답 ②

47. 다음 중 소매업체가 특정 브랜드에 대한 커뮤니케이션 목표를 설정하기에 앞서서 가장 우선적으로 수행해야 할 과업은? (2009년 제1회)

① 커뮤니케이션 정책에 대한 예산수립

② 브랜드 포지셔닝에 대한 결정

③ 커뮤니케이션 예산에 대한 배분

④ 커뮤니케이션 믹스의 실행

정답 ②

48. 다음 중 소매업자가 수행하는 고객 커뮤니케이션의 목적으로 보기 어려운 것은?

① 정보제공   ② 억압

③ 설득   ④ 상기

해설) 고객커뮤니케이션의 목적은 제품 및 회사의 정보제공, 구매 설득, 상기 등이다.

정답 ②

49. 다음 사례의 경우, A업체가 결정한 고객 커뮤니케이션 예산계획의 유형은 어디에 속하는가? (2007년 제1회)

<A업체는 장난감을 판매하는 점포로서 예상매출액의 15%를 고객커뮤니케이션 예산으로 결정하였다.>

① 판매비율 방법

② 손대중 방법

③ 가능예산 방법

④ 경쟁동가 방법

정답 ①

해설) 판매비율방법은 과거의 매출액 또는 예상하는 매출을 토대로 커뮤니케이션 예

산으로 얼마나 투입할 것인가를 결정하는 가장 보편적인 결정방법이다. 즉 투입예산은 과거의 매출액 또는 예상매출액에 평균비용을 곱하여 산출한다.

50. 고객 포트폴리오(customer portfolio)와 관련된 다음의 내용 중 옳지 않은 것은?
    ① 고객포트폴리오는 기업이 거래하고 있는 모든 고객들을 대상으로 한 구성을 말한다.
    ② 고객포트폴리오에 따라 기업의 이미지가 결정되기도 한다.
    ③ 고객포트폴리오분석은 기존 고객에 대한 정보분석보다 신규고객창출을 위한 수단으로 주로 사용한다.
    ④ 고객포트폴리오 관리에서는 고객과 기업지원과의 부합성과 수익성을 동시에 고려해야 한다.
해설) 고객포트폴리오분석은 신규고객창출에 대한 정보분석보다 기존 고객관계관리(CRM)를 중요시한다.
정답 ③

〈보충설명〉 기업의 브랜드 포트폴리오

브랜드 포트폴리오란 그 안에 그 기업이 소유하고 있건 아니건 소비자들의 구매의사결정에 영향을 미치는 모든 브랜드들을 포함하는 것을 의미한다. 관례적으로 브랜드들은 단순한 하이어라키에 의해 배열되었다. 이는 기업이 보유하고 있는 브랜드를 한 눈에 보여줄 수 있다는 장점이 있지만 조직 내 브랜드 매니저들의 상하관계를 강조하는 내부적인 시각만을 반영한다는 단점도 있다. 따라서 이런 겉모양을 유지하며 구매자의 관점을 더 우선시 하려면 3차원적으로 작성되어야만 한다.

51. 다음 설명 중 관계마케팅의 이점과 거리가 먼 것은?
    ① 장기 고객들이 무료로 제공하는 구전광고효과가 있다.
    ② 종업원들의 이직률이 감소하는 효과를 가져 온다.
    ③ 장기적 관계의 구축을 통하여 고객 스트레스가 축소된다.
    ④ 고객의 사용량이 증가함에 따라 운영비가 증가할 수 있다.
해설) 관계마케팅을 효율적으로 수행하였을 경우에는 고객의 사용량이 증가함에 따라 운영비가 하락한다.

정답 ④

52. 다음은 마케팅 전략의 수립과정에서 마케팅 전략의 개발을 설명한 내용이다. ( ) 안에 알맞은 단어를 바르게 설명한 것은?

> 마케팅 전략의 수립과정에서 ( )은(는) 전체 시장을 기업이 제공하는 마케팅믹스에 대하여 유사한 반응을 할 것으로 추정되는 동질적 고객집단으로 나누는 것이다.

① Market segmentation   ② Product positioning
③ Selection of target market   ④ Strategic management

해설) 마케팅 전략의 수립과정에서 시장분리(market segmentation)는 유사한 고객집단의 반응에 따라 동질적인 고객집단으로 나누는 것을 말한다.

정답 ①

53. 전사적 마케팅은 다음 중 어느 마케팅과 같은 성격을 갖는가? (2008년 제2회)
① 통합적 마케팅   ② 저압적 마케팅
③ 변환적 마케팅   ④ 선형적 마케팅

해설) 전사적 마케팅이란 마케팅 부서 단독으로 마케팅을 하는 전통적 마케팅이 아니라 기업전체가 마케팅을 하는 체제로의 전환이며, 고객입장에서의 경영을 말한다.

정답 ①

54. 다음 내용은 서비스마케팅이 제품마케팅과 다른 점에 대한 설명들이다. 가장 올바르지 않은 내용은? (2009년 제1회)
① 제품에 대한 특허권과 달리 서비스는 특허를 낼 수 없다.
② 서비스를 계획하고 촉진하는 데 있어 컨트롤이 용이하다.
③ 고객이 거래과정에 직접적으로 참여할 뿐만 아니라 상당한 영향을 미친다.
④ 종업원이 서비스의 결과에 크게 영향을 미치기 때문에 분권화 경향이 높다.

해설) 서비스를 통한 매상을 올리려는 서비스마케팅은 서비스를 계획하고 촉진하는 데에 있어서 통제보다는 매장 등에서 판매원이 고객의 욕구와 상황을 상급층보다 더 잘 알기 때문에 하부의 자율을 통한 서비스 증진노력이 필요하다. 이는 ④의 분권화와 맥을 같이 한다.

정답 ②

55. 다음은 기업들이 자신들의 마케팅성과를 평가하기 위하여 사용할 수 있는 도구의 하나로서 기업이 시장에서 실제로 두드러지게 표출되는 연출자가 되기 위해 지향해야 할 바(최상의 실행내용)를 표현해 주고 있다. 개별 답항에 제시된 3개

의 내용은 저조—양호—탁월한 사업과 마케팅실행간의 차이를 나타내 줌으로서 마케팅의 탁월성을 검토할 수 있도록 도와준다. 다음의 답항 내용들 중 가) 저조 나) 양호 다) 탁월함의 내용을 가장 올바르게 표현하고 있지 못한 것은? (2009년 제1회)

① 가) 저조: 경쟁사에 대한 벤치마킹 나) 양호: 경쟁사를 앞지르기 다) 탁월함: 경쟁사에 대응하기

② 가) 저조: 기능 지향적 나) 양호: 과정 지향적 다)탁월함: 결과 지향적

③ 가) 저조: 주주이해 추구적 나) 양호: 이해관계자 추구적 다) 탁월함: 사회지향 추구적

④ 가) 저조: 판매상 탐색 나) 양호: 판매상 지원 다)탁월함: 판매업자와 동반자

해설) 경쟁사의 우수한 점은 벤치마킹하는 것은 장점이므로 저조하다고 볼 수 없다. ②의 기능지향적은 과정 지향적하고는 상반되는 내용이다.

정답 ①

56. 일반적으로 데이터베이스 마케팅 전략 중 기업이 여러 가지 상품을 취급하고 있는 경우 한 상품의 고객으로 하여 유사하거나 다른 상품을 구매하도록 하는 전략을 말하는 용어로 옳은 것은?

① 교차판매전략　　　　　　② 확장적 판매전략

③ 제품활성화 전략　　④ 제품유지전략

해설) 교차판매전략(Cross—selling)은 생산자가 여러 가지 다양한 상품을 생산하고 있는 경우 신제품 판매를 위한 유용한 전략의 일환으로, 기존제품의 데이터베이스를 이용하여 판매하는 것이 효율적이다. 또한 제품 간에 연관성이 높으면 높을수록 더욱더 효과적인 교차 판매가 가능하다.

정답 ①

57. 데이터베이스 마케팅의 유용성과 거리가 먼 것은? (2007년 제1회)

① 개별 고객의 확인이 가능하여 개인별 접근이 용이

② 개인별 구매형태를 측정하여 파악

③ 불특정 다수의 대중을 중심으로 한 마케팅에 유용

④ 특정고객의 매출액에 대한 기여도 확인

해설) 데이터베이스 마케팅은 불특정 다수의 대중을 대상으로 하지 않고 개별 고객, 특정고객, 기존 고객, 관계유지 등을 중요시한다.

정답 ③

〈보충정리〉 데이터베이스 마케팅의 전략 또는 유용성

1. 고객유지 전략: 고객 한 사람 한 사람과 친밀한 관계를 유지함으로써 기업에 대한 고객의 가치를 극대화시키는 전략이다.
2. 고객 활성화 전략: 현재고객의 제품사용을 증대시키고 자사제품의 재구매를 유도하는 전략이다.
3. 교차판매 전략: 특정제품의 기존 고객DB를 다른 제품이나 신제품의 판매에 활용하여 범위의 경제를 노리는 전략이다.
4. 과거고객 재활성화 신규고객 확보 전략: 고객의 가치를 극대화하기 위한 전략으로 기존 고객관리 전략과 신규고객 확보 전략이 있다.
5. 전환 유도 전략: 보다 마진이 높거나 보다 비용이 적게 드는 채널이나 제품, 혹은 사용방식으로 전환을 유도하는 전략

58. 데이터베이스 마케팅에 관한 설명이다. 가장 올바르지 않은 내용은? (2007년 제2회)
   ① 기존고객에 대한 정보자료를 활용하지만 기존고객의 충성도 향상뿐만 아니라 잠재고객을 개발하는 용도에도 활용한다.
   ② 기존고객의 평생 혹은 생애가치에 대한 평가가 데이터베이스 마케팅의 중요한 부분을 차지하고 있다.
   ③ 데이터베이스 마케팅을 실행하기 위해서는 시장세분화, 목표시장선정, 포지셔닝 작업이 선행되어야 한다.
   ④ 정보통신기술을 활용하여 고객에 관한 과학적인 정보를 수집, 정리, 평가에 활용하고자 하는 마케팅으로 특히 개별 고객의 구매형태를 파악하는 것이 중요하다.
해설) DBM은 고객에 대한 정보를 컴퓨터를 이용하여 데이터베이스화하고 구축된 데이터베이스를 전략적으로 활용하는 것이다. 이는 개별 고객과의 접촉을 통해 직접적인 반응판매를 유도하거나 장기적인 일대일 관계를 구축하고자 하는 모든 활동이다.
정답 ③

59. 다음 중 통합적 마케팅에 대하여 가장 올바르게 설명하고 있는 내용은? (2009년 제1회)
   ① 마케팅을 기획하고 통제하는 조직과 마케팅 기능을 실행하는 조직을 통합함으로써 마케팅의 효과성을 높이는 것을 말한다.

② 다양한 산업분야별로 고유한 특성에 따라 차별적으로 실행되는 개별마케팅을 통합하는 것을 말한다.

③ 점차 다양하고 복잡해지는 마케팅의 다양한 도구와 기능들을 일관성 있게 통합하여 실행해 나가는 것을 말한다.

④ 생산, 인사, 재무, 회계, 연구개발 등 기업활동의 다양한 영역들을 마케팅 기능을 중심으로 통합하는 것을 말한다.

정답 ②

60. 유통경로구조의 설계단계에서 경로설계자는 다음의 몇 가지 사항들에 대하여 고려해야 한다. 이들 고려사항에 대한 설명 내용 중 올바르지 않은 것은? (2007년 제2회)

① 충분한 제품정보와 다양한 제품구색을 동시에 기대하는 고객의 경우 직접경로와 간접경로의 절충형 경로가 최적의 경로가 될 수 있다.

② 직접유통경로와 간접유통경로의 선택에 있어서 가장 중요한 결정요인은 세분시장의 고객이 기대하는 서비스산출이며 하나의 예로서 제품정보에 대한 서비스기대가 높으면 높을수록 간접경로선택이 유리하다.

③ 제품규격이나 용도 등 제품명세서에 대한 고객욕구가 다양하고 하나의 제품과 연관된 여러 제품(보완재)들이 공급되어야 할 경우 직접유통경로보다 간접유통경로가 선택될 확률이 높다.

④ 구매량(규모)이 큰 경우 중간상이 배제되는 직접경로가 선택될 가능성이 높다.

해설) 제품정보에 대한 서비스의 기대가 클수록 직접유통경로가 더 유리하다.

1. 직접유통: 제조업자가 직접 모든 유통기능을 수행함 →생산자가 소비자와 직접 접촉하기 때문에 정보전달이 확실하고 상품이 신속하게 이전, 총거래수 최소화의 법칙에 따라 유통비용이 증대

2. 간접유통: 유통기능을 유통업자에게 위임함→ 중간상을 개입시켜 소비자에게 상품을 유통, 전문적인 유통기능이 효율적 수행(유통의 기능이 분화되고, 전문화됨)

정답 ②

<보충설명> 유통경로기능모형

1. 제품정보제공 측면: 정보양이 많은 제품일수록 직접유통경로를 추구한다.
2. 제품의 고객화 측면: 제품의 고객화 정도가 클수록 직접경로가 유리하다.

3. 품질보증 측면: 품질보증에 대한 고객의 욕구가 클수록 직접경로를 선택하게 된다.

4. 구매량 측면: 구매량이 클수록 중간상이 배제되고 생산자와 구매자가 직거래할 가능성이 높다.

5. 제품의 구색 측면: 다양한 제품구색이 필요하면 한 제조업체가 모두 해결하기 어려우므로 구색을 맞추기 위한 중간상이 요구되어 간접경로를 필요로 한다.

61. 국내 유통시장의 개방 및 기술적 가능성의 확대 등과 더불어 다양한 유통경로 간의 경쟁은 더욱 촉진되고 있으며, 유통경로는 정체되어 있지 않고 다이내믹하게 변화하고 있다. 이러한 최근의 유통경로발전에서 중요하게 등장하는 용어의 하나는 수직적 마케팅시스템(VMS, Vertical Marketing System)이다. 다음 중 수직적 마케팅시스템의 3가지 형태분류에 속하지 않는 것은? (2009년 제1회)
   ① 기업형 VMS   ② 전통형 VMS   ③ 관리형 VMS   ④ 계약형 VMS
해설) 수직적 마케팅시스템(vertical marketing system)은 마케팅경로상에서 지도자격인 구성원이 형성하는 전문적으로 관리되고 집중적으로 계획된 유통망으로서 경로통합의 근거에 따라 법인형, 관리형, 계약형으로 구분된다. 수평적 마케팅시스템(horizontal marketing system)은 새로운 마케팅 기회를 효율적으로 활용하기 위하여 둘 이상의 경로참가자들이 연합하여 공동으로 마케팅 전략을 설계하고 추진하는 형태로서 공생적 마케팅시스템이라고도 한다.
정답 ②

62. 가치사슬은 체계적으로 연계된 가치창출활동을 의미한다. 이러한 가치사슬은 본원적 활동요소와 지원적 활동요인으로 구분된다. 다음 중 한 가지 답항 내용이 다른 답항 내용과 동일한 그룹에 속하지 않는 것은?
   ① 물류투입 및 산출 활동   ② 서비스 활동
   ③ 조달 활동   ④ 운영 활동
해설) 가치사슬이란 고객에게 가치를 제공함에 있어서 가치창출에 직·간접적으로 관련된 일련의 활동 기능 프로세스의 연계를 의미한다. 하버드대 마이클포터 교수에 의해 전략에 있어서 일반화된 가치사슬은 기업의 전략적 단위활동을 구분하여 自社의 강점과 약점을 파악하고 원가발생의 원천 및 경쟁기업과의 현존 및 잠재적 차별화 원천(가치창출 원천)을 분석하기 위해 개발된 개념이다. 가치활동은 경쟁우위(competitive advantage)를 창출하는 구성요소이며, 이들 구성요소들은 독립된 활동들의 단순한 집합이 아닌 서로 관련성/연계성(linkages)을 가진 활동들(activities)이 체계적으로 이루어진 것이다. 즉 가치사슬은 회사가 행하는 모든 활동들과 그 활동들이 어떻게 서로 반응하는가를 살펴보는 시스템적

방법이며, 원가행태(behavior of costs)와 기존/잠재적 차별화 원천을 이해하기 위하여 하나의 회사를 전략적으로 관련된 활동들로 분해(disaggregate a firm into its strategically relevant activities)한다.

정답 ③

〈보충설명〉 가치창출 활동

1. 본원적 활동(primary activities)—주활동 또는 라인기능
   고객 가치 창출을 위한 핵심적인 프로세스로 제품 및 서비스의 물리적 가치 창출과 관련되는 활동들이며 직접적으로 고객에게 전달되는 부가가치 창출에 기여하는 활동들이다.
   ① 물류투입활동(조달 및 유통물류): 투입요소를 구입 저장 운반 등 유통관리 활동(접수, 자재 관리, 저장, 재고관리, 배송, 반품계획 등).
   ② 운영활동—투입요소를 최종 제품으로 변환시키는 가공, 포장, 조립, 장비유지, 검사 및 다른 모든 가치창출활동
   ③ 마케팅과 판매: 소비자가 구매하는 데 필요한 활동(가격설정, 광고, 판매, 프로모션, 소매관리 등)
   ④ 서비스: 제품의 가치를 유지하고 강화하는 활동(고객지원, 수리업무, 설치 및 종업원 훈련, 예비품 관리, 업그레이드 등)

2. 지원활동—스텝기능 또는 일반관리
   ① 조달: 원료, 서비스, 예비부품, 건물, 기계 등의 조달
   ② 기술개발: 가치사슬 활동을 지원하는 기술개발 포함(연구개발, 프로세스 자동화, 설계 및 재설계)
   ③ 인적 자원관리: 직원 및 관리자 보충, 교육, 보유 및 보상 등
   ④ 기업의 인프라스트럭처: 일반관리, 기획관리, 법, 재무, 회계, 공무, 품질관리 등

1. 규모의 경제

2. 학습

3. 생산능력 이용

4. 활동의 연결

5. 사업단위 간 상호연계

6. 수직적 통합의 정도

7. 시장진입 타이밍

8. 비용 또는 차별화에 대한 기업의 방침

9. 지리적 위치

10. 제도적 요인(규제, 노조활동, 세제 등)

63. 다음 중 고객별 수익기여도 분석에 관한 설명으로 가장 올바르지 않은 내용은?
    (2009년 제1회)
    ① RFM(Recency Frequence Monetary)분석은 최근성, 구매빈도 및 구매량을 이용
      하여 고객의 로열티를 측정하는 방법이다.
    ② HPM(고객실적 평가법)은 고객이 지금까지 기업의 수익성에 어느 정도 기여
      해 왔는지를 측정하는 방법이다.
    ③ LTV(고객생애가치)는 고객이 향후 예측되는 수익이 어느 정도인지를 측정하
      는 방법이다.
    ④ HPM(고객실적 평가법)방법은 우량고객이 될 가능성이 있는 고객이 누구인지
      를 명확하게 측정할 수 있는 반면, RFM분석 기법은 이익기여도에 대한 산정
      기준이 불분명한 단점이 있다.

정답 ④

〈보충설명〉 로열티 유형

1. 비로열티: 차선책을 찾을 수 없는 경우에 할 수 없이 선택하는 경우

2. 타성적 로열티: 예전부터 하던 대로 하는 경우

3. 잠재적 로열티: 반복구매의 정도는 낮지만 호감의 정도는 높은 경우

4. 초우량 로열티: 애착과 호감의 수준이 높고 반복구매가 빈번히 발생하는 경우

〈보충설명〉 고객 수익성 분석

1. 고객실적 평가법(HPM):고객이 지금까지 기업의 수익성에 어느 정도 기여해 왔는가
   의 평가기법

2. 고객생애가치 평가법: 미래 일정기간 동안 고객이 제공할 것으로 예측되는 수익기여
   도(값)를 평가하는 방법

3. RFM 분석: 얼마나 최근에, 얼마나 빈번하게 상품을 구입했는가, 총구입금액은 얼마
   인 가를 분석하는 기법

64. 다음은 유통기업의 경쟁환경과 관련된 설명내용들이다. 올바르지 않은 설명은?
    (2008년 제1회)
    ① 세분시장 내에 유사한 유통서비스를 제공하는 다수의 강력하고 공격적인 경
       쟁자들이 있는 경우 가격경쟁, 촉진경쟁 등의 결과를 초래할 것이다.
    ② 신규 진입기업에 대해 진입장벽이 낮고 보복능력이 적을수록 기존 유통기업
       의 입장에서 세분시장의 매력은 작아진다.
    ③ 잠재적인 대체 유통서비스와 관련된 기술이 발전할 경우 해당 세분시장의 수
       요와 이익은 증대되기 어려울 것이다.
    ④ 구매자의 협상력은 그들이 조직화되고 체계화되었을 때, 제품이 차별적일 때,
       전방통합이 가능할 때에 가능해진다.
해설) 반대로 설명되어 있다. 즉 구매자의 협상력이 강화되는 경우는 다수의 구매자
      가 독립적으로 움직일 때 가능해진다.
정답 ④

65. 유통기업의 매킨지(Mckinsey) 사업포트폴리오분석에 관한 설명으로 잘못 기술된
    것은? (2008년 제1회)
    ① 자신의 경쟁능력과 시장매력도를 기준으로 성장을 위한 투자, 선택적 투자,
       현금회수 및 처분 등의 자원할당 방향을 결정하는 데 유용하다.

② 자사의 경쟁능력을 평가하는 요인으로 성장률, 세분시장별 점유율, 고객충성도, 마진, 유통, 기술력, 특허권, 마케팅 및 유연성 등이 포함된다.

③ 시장매력도를 평가하는 요인으로는 시장규모, 성장률, 고객만족수준, 경쟁정도, 가격 수 준, 수익성, 기술, 정부규제 및 경제적 트렌드에 대한 민감도 등이 포함된다.

④ 하나의 사업단위가 현재의 전략을 답습한다면 사업포지션과 시장의 매력도가 어떻게 변화할 것인지에 대해 예측을 하지 못하는 점이 이 모델의 단점으로 지적되고 있다.

해설) 지나치게 단순화되었던 BCG매트릭스의 한계를 극복하고자 제안된 것으로 GE/매킨지 매트릭스이다. GE/매킨지 매트릭스는 시장에 대한 평가를 단순히 성장률로 하기보다는 시장의 크기, 시장의 수익성, 진입 장벽, 기술 개발 등과 같이 다양한 요소를 고려한다. 상대적 시장점유율만을 고려했던 BCG매트릭스와는 달리 시장점유율의 성장, 상대적 브랜드 파워, 내부적 혁신 능력, 품질과 같이 기업 역량의 다양한 측면을 고려함으로써 지나치게 단순화된 측면이 있는 BCG 매트릭스의 한계를 일부 극복하고 있다. 다시 말해 '시장이나 자사에 대해 좀 더 넓게 본 후 개별 사업을 평가하자'라는 게 GE/매킨지 매트릭스의 핵심적 내용이라고 할 수 있다.

정답 ④

66. 다음 중 기업의 글로벌시장의 참여방법의 하나로 제조협약(contract manufacturing)에 대해 올바르게 설명한 것은? (2008년 제1회)

① 한 기업이 다른 기업에게 로열티를 지불하고 자사가 소유한 제조공법, 상표, 특허권, 거래비밀, 노하우 등을 사용하도록 허용하는 계약적 활동

② 국내기업이 외국기업으로부터 외국기업의 지분을 구입하거나 외국기업과의 합작으로 새로운 사업단위를 형성하는 경영활동

③ 해외시장에서 외국기업이나 제조/마케팅시설을 소유하는 경영활동

④ 외국의 제조업자가 국내제조업자의 브랜드로 제품을 생산하는 경영형태

해설) 실례를 들면, Hitachi Global Storage Technologies사는 Great Wall Technology사와 다년간의 하드 디스크 드라이브 제작 계약을 체결했다. 이 계약 조항으로 인해 Great Wall사의 ExcelStor 자회사는 Hitachi사가 최근에 소개한 3.5inch Deskstar 7K250 데스크톱 하드 드라이브의 40—80 GB 버전을 제작할 것이다. ExcelStor사는 Hitachi사에게 받은 라이선스를 이용하여 자체 브랜드로 드라이브를 제작 및 판매할 것이다. Hitachi사 또한 ExcelStor사가 제작한 자사의 DeskStar 7K250 드라이브를 Hitachi 브랜드로 전 세계에 판매할 것이다. 새로운 드라이브는 중국 남부의 센젠에 있는 ExcelStor 사업장에서 제작될 것

이며 곧 출시될 예정이다. 이 계약은 기존의 Great Wall사와 IBM사의 관계를 확장한 것이다. Hitachi사는 2002년 12월 IBM사의 스토리지 기술 사업을 인수했을 때부터 이 계약의 주체가 되었다.

정답 ④

67. 수직적 마케팅시스템(vertical marketing system)에 대한 아래의 설명 중에서 옳지 않은 것은? (2008년 제1회)
   ① 경로구성원들은 거래처의 선택, 거래관계의 유지에 있어서 거래처보다는 자신의 이익을 추구하는 방향으로 행동하므로 경로구성원 상호 간의 연계성을 중요하게 인식한 전문적인 경로선도자에 의해 형성된 유통경로시스템을 수직적 마케팅시스템이라고 한다.
   ② 마케팅활동에 있어서 단기간에 규모의 경제를 달성할 수 있으며, 개별 경로기관보다는 경로시스템 전체의 효율성을 중시한다.
   ③ 시스템본부의 마케팅프로그램에 의해 움직이는 네트워크형의 경로유형으로 경로리더의 경로시스템에 대한 몰입형과 정도가 가장 약한 기업형과 가장 강한 관리형이 있다.
   ④ 계약형VMS의 가장 대표적인 사례로 프랜차이즈 시스템을 들 수 있다.
해설) 수직적 마케팅시스템(vertical marketing system)은 마케팅경로상에서 지도자격인 구성원이 형성하는 전문적으로 관리되고 집중적으로 계획된 유통망으로서 경로통합의 근거에 따라 법인형, 관리형, 계약형으로 구분된다. 수평적 마케팅 시스템(horizontal marketing system)은 새로운 마케팅 기회를 효율적으로 활용하기 위하여 둘 이상의 경로참가자들이 연합하여 공동으로 마케팅 전략을 설계하고 추진하는 형태로서 공생적 마케팅시스템이라고도 한다.

정답 ③

68. 거래(혹은 소유권이전)비용이론이 설명하고 있는 내용에 따라 유통경로가 수직적으로 통합되는 방향으로 경로구조가 형성되는 경우가 아닌 것은? (2008년 제1회)
   ① 거래를 위한 투자가 특정 거래만을 위한 투자에 국한된 경우
   ② 거래 상대방의 기회주의적인 행동가능성이 높아 이를 줄이고자 할 경우
   ③ 무임승차의 가능성을 줄여줄 수 있을 때
   ④ 환경변화의 불확실성에 효과적으로 대처하기 위하여 유연성을 높이고자 할 경우
해설) 수직적 유통 경로란 체인점—생산에서 소비에 이르기까지의 유통 과정을 체계적으로 통합하고 조정하여 하나의 통합된 체제를 유지하는 것이다. 따라서 유연성은 떨어진다.

정답 ④

1. 수직적 유통 경로의 도입 이유
① 대량 생산에 의한 대량 판매의 요청
② 가격안정
③ 유통 비용의 절감
④ 경쟁자에 대한 효과적인 대응
⑤ 기업의 상품이미지 재고
⑥ 유통조직의 목표 이익의 확보
⑦ 유통경로 내에서의 지배력 획득

2. 수직적 유통 경로의 장·단점
(1) 장점
① 총유통비용을 절감시킬 수 있다.
② 자원이나 원재료를 안정적으로 확보할 수 있다. 미리 주문을 하게 된다.
③ 혁신적인 기술을 보유할 수 있다.
④ 새로이 진입하려는 기업에게는 높은 진입 장벽으로 작용한다.

(2) 단점
① 막대한 자금이 소요된다.
② 시장이나 기술의 변화에 대해서 기민한 대응이 곤란하다.
③ 각 유통 단계에서 전문화가 상실된다.
④ 환경변화의 불확실성에 효과적으로 대처하기 위한 유연성이 부족하다.

69. 전통형 유통경로시스템과 수직적 마케팅시스템(VMS)에 관한 설명으로 옳지 않은 것은?
　① 수직적 마케팅시스템의 유형은 기업형 VMS 및 관리형 VMS로 나누어진다.
　② 수직적 마케팅시스템은 전통형 유통경로시스템과는 달리 경로구성원 상호 간의 연계성을 인식하고 있는 경로선도자에 의해 형성된다. 따라서 시스템내의 힘이 경로구성원 중 어느 누군가에게 집중되는 특성을 가지며, 집중된 힘은 경로구성원 간의 기능분업과 갈등의 조정, 관리와 통제를 가능하게 해 준다.

③ 계약형 VMS의 대표적인 형태로 도매상후원의 자발적인 연쇄점 형태와 소매
상협동조합을 들 수 있다.

④ 관리형 VMS의 한 형태로 프랜차이즈시스템을 들 수 있다.

해설) 프랜차이즈는 계약형 VMS의 한 형태이다.

정답 ④

70. 마케팅관리를 위한 프로세스는 일반적으로 1단계 마케팅목표 설정, 2단계 중·
장기적인 마케팅 전략설정, 3단계 마케팅정책 혹은 전술에 대한 의사결정으로
이루어진다. 여기서 마케팅 정책/전술에 대한 의사결정의 핵심내용에 해당하지
않는 것은? (2007년 제1회)

① Product policy   ② Prosumer policy

③ Promotion policy   ④ Price policy

해설) 마케팅 목표 달성을 위한 마케팅 믹스의 구성요소는 제품, 가격, 유통, 촉진이다.

정답 ②

71. 상품 유통마케팅의 계획 및 관리프로세스는 1단계로 마케팅목표설정, 2단계로
중·장기적인 마케팅 전략설정, 3단계로 마케팅정책 혹은 전술에 대한 의사결정
으로 이루어진다. 여기서 상대적으로 3단계 정책적 마케팅 의사결정의 핵심내용
과 가장 가까운 의사결정내용은? (2007년 제1회)

① 신규시장 진출, 개척 및 구축작업에 대한 의사결정

② 전체 시장을 특성이 유사한 그룹별로 분류하고 이들 중 가장 적합한 목표시
장을 선정하는 작업

③ 기존시장에서의 시장점유율 유지 및 확대와 관련된 의사결정내용

④ 신규시장 및 기존시장에서의 판매를 위한 매장의 입지선정에 관한 의사결정

해설) 마케팅 의사결정 단계는 크게 네 단계로 표적 시장 선정, 포지셔닝(positioning),
마케팅 믹스, 마케팅 결과이다. 신제품이 나오게 되면 그것을 판매할 적절한
시장을 찾아야 한다. 제품이 처음 나올 때 시장에서 대부분의 고객들은 차갑
게 반응한다. 획기적인 기술을 처음 선보이는 것이기 때문에 경쟁 업체가 거
의 없다. 그래서 당분간 독점적으로 시장을 독차지할 수 있다. 이러한 상황에
서 제품을 구매 할 고객들의 집합체, 즉 표적 시장을 선정하고 그 곳을 집중
적으로 공략해야 한다. 이를 위해서는 먼저 시장을 세분화하여야 한다. 또한
경쟁사와 관계없이 자사 제품에 대해 성별에 따라 혹은 연령에 따라 제품에
대한 반응이 각기 상이한 경우라면 시장세분화는 마케팅전략 수립에 있어 필
수적인 사항이 될 것이다.

정답 ④

72. 데이터베이스 마케팅 전략 중 기업이 여러 가지 산품을 취급하고 있는 경우 특정 상품의 고객으로 하여금 특정상품 구매에 이외의 다른 상품을 구매하도록 유도하는 전략과 가장 가까운 것은? (2008년 제2회)

    ① 고객활성화 전략(customer activation)

    ② 고객충성도 향상 전략(loyalty enhancement)

    ③ 고객유지 전략(customer maintenance)

    ④ 교차판매 전략(cross—selling)

해설) 교차판매전략(Cross—selling)은 생산자가 여러 가지 다양한 상품을 생산하고 있는 경우 신제품 판매를 위한 유용한 전략의 일환으로, 기존제품의 데이터베이스를 이용하여 판매하는 것이 효율적이다. 또한 제품 간에 연관성이 높으면 높을수록 더욱 더 효과적인 교차 판매가 가능하다.

정답 ④

73. 다음의 조사내용과 가장 밀접한 관련이 있는 것은?

> 〈특정 브랜드의 상품을 구매하고자 하는 소비자들이 1차적으로 방문한 유통매장의 진열대에서 원하는 특정 브랜드의 상품이 존재하지 않을 경우 소비자가 대체제품을 구매하지 않고 그 점포를 나가는 것을 조사한다.〉

    ① brand awareness   ② brand acceptability

    ③ brand loyalty   ④ brand valuation

해설) 브랜드 충성도란 특정 브랜드에 대해 구매해 본 결과 좋은 이미지를 갖게 되어 다시 그 브랜드만 구매하려는 성향을 말한다. 브랜드 인지도는 소비자가 한 제품 카테고리(범주)에 속한 측정 브랜드를 재인(재인식)하거나 회상(기억)할 수 있는 정도이다. 이를 높이기 위한 방안으로는 원론적인 인지도 상승 방안인 브랜드 요소를 고려하여 브랜드 인지도를 높이고, 마케팅적 방법으로 강구되는 전략들을 현실적인 사안에 맞추어 인지도를 높이는 방안이 있다. 브랜드 재인은 브랜드를 인지하는 첫 구별점의 단계를 말한다. 브랜드의 인지가 갖추어져 있다는 것은 경험적 요소, 정보의 노출 등으로 그 해당 제품 카테고리 중에서 특정 브랜드에 대한 기본적인 식별력 수준을 갖추었다고 볼 수 있다.

정답 ③

74. 다음 중 올바르게 설명되지 않은 것은? (2006년 제2회)

    ① 교차판매(cross—selling)란 기존 고객에게 기업이 제공하는 다른 상품도 구매하도록 유도하는 전략을 의미한다.

    ② 고객관리(CRM)의 근간은 데이터베이스를 이용하여 기존의 모든 고객을 동일하게 대우함으로써 장기적인 충성도를 향상시키고자 하는 마케팅 기법을 말한다.

③ 고객충성도 향상전략(loyalty enhancement)이란 고객관리 관계형성을 경제성에만 국한시키지 않고 고객이 원하는 제품서비스의 품질, 고객의 기호, 고객의 일정 등을 파악해 고객이 최대의 만족을 느낄 수 있도록 배려함으로써 한 번의 고객을 평생 고객화하려는 전략을 의미한다.

④ 고객활성화(customer activation)란 기존 고객에게 경제적인 이익을 줄 수 있는 다양한 인센티브 즉 가격할인, 보너스상품 및 추가서비스 제공 등을 통해 고객의 구매빈도를 향상시켜 충성도가 높은 고객으로 발전시키는 전략을 의미한다.

해설) 고객관리는 개별 고객의 점수를 활용하여 동일한 고객군으로 그룹화하여, 고객별, 그룹별로 효과적인 마케팅 프로그램과 전략을 개발, 검증, 구현, 측정 및 수정케 하는 일련의 장이다.

정답 ②

75. 다음 중 매스마케팅(mass marketing)과 CRM을 비교한 것 중 바른 것은? (2006년 제2회)

① 매스마케팅의 주된 관심영역은 고객과의 일대일 관계에 있고, CRM은 집단고객에 있다.

② 마케팅의 성과지표에 대하여 매스마케팅은 고객점유율로 나타나고, CRM은 시장점유율로 나타낸다.

③ 판매 측면에서 매스마케팅은 거래 기반이지만, CRM은 가지를 기반으로 한다.

④ 고객과의 관계 측면에서 매스마케팅은 고객과의 관계형성에 목표를 두고 있지만, CRM은 신규고객 개발에 더 많은 의미를 둔다.

해설) 판매 측면에서 매스마케팅은 거래를 기반으로 하지만, CRM은 가치를 기반으로 한다. 수익의 기반 측면에서 매스마케팅은 수익의 원천을 제품에 두지만, CRM은 수익의 원천을 고객에 두고 있다. 매스마케팅은 집단고객에 관심이 있고 성과지표도 시장점유율로 나타내고 신규고객새발에 중심을 두고 있지만 CRM은 고객과의 일대일 관계, 고객점유율, 고객과의 관계형성에 목표를 두고 있다.

정답 ③

76. 다음은 CRM에 대한 설명이다. 옳지 않은 내용은? (2006년 제2회)

① 다양해지는 고객의 욕구에 유연하게 대처함으로써 수익의 극대화를 추구하는 것이다.

② 지속적인 피드백을 통한 고객니즈 및 개별특성의 파악과 이에 맞는 상품 및 서비스의 개발 및 판촉활동을 의미한다.

③ 신규고객의 확보를 위한 전략은 CRM의 대상이 아니다.

④ 기존 고객을 유지하기 위한 대표적인 전략으로 고객활성화 전략, 애호도 재
고전략, 그리 고 교차판매 전략을 들 수 있다.

해설) 기존의 충성고객이나 기업의 기여도가 높은 고객을 분석하여 유사한 신규고객
을 확보하는 전략을 구사한다.

정답 ③

77. CRM에서 잠재고객 발굴 기법 중 하우스—홀딩 분석법에 해당하는 것은?

① 신규고객 프로필에 대한 다각적 분석을 통한 잠재고객층 발굴

② 현 고객의 가족 혹은 단체 구성원 중 향후 잠재성이 높은 고객 발굴

③ 신규고객 중 향후 잠재성이 높은 고객 발굴

④ 제휴업체의 고객데이터 등을 활용하여 향후 잠재성이 높은 고객 발굴

정답 ②

78. 고객관계관리(CRM)에서 직접적인 성과평가기준으로 사용하기 위한 것과 가장
관계가 먼 것은? (2009년 제1회)

① 교차판매(cross selling)를 통한 고객획득비율

② 직접마케팅(direct marketing)을 통한 고객접촉 및 관리비율

③ 고객평생가치의 증가 혹은 감소

④ 신규고객 획득 및 기존고객 유지비율

해설) CRM의 정의는 고객접촉 및 관리비율이 아니라 다양해지는 고객의 욕구에 유
연하게 대처함으로써 수익의 극대화를 추구하기 위해 지속적인 피드백을 통하
여 고객니즈 및 개별특성의 파악과 이에 맞는 상품 및 서비스의 개발 및 판촉
활동을 의미한다. 또한 기존의 충성고객이나 기업의 기여도가 높은 고객을 분
석하여 유사한 신규고객을 확보하는 전략을 구사한다. 그리고 기존 고객을 유
지하기 위한 대표적인 전략으로 고객활성화 전략, 애호도 재고전략, 교차판매
전략을 들 수 있다.

정답 ②

79 다음 중 CRM에 대한 설명으로 가장 거리가 먼 것은?

① CRM을 통하여 고객과는 판매자와 사용자의 관계에서 벗어나 동반자적인 관
계를 구축하게 된다.

② CRM을 통하여 지속적인 피드백을 통한 고객 특성을 파악하고 그에 부합하는
상품 및 서비스의 개발과정이 순환된다.

③ CRM은 전문인력 양성에 의하여 구체화되고, 효율적으로 변화하였다.

④ CRM은 고객의 고유한 특성을 파악하고, 그것을 기초로 하여 고객의 욕구와 니즈에 부합하는 상품 및 서비스를 개발하여 제공하는 마케팅활동을 의미한다.

정답 ③

80. 아래의 내용 중에서 고객관계 관리에서의 직접적인 성과척도로 보기 어려운 것은? (2007년 제1회)
① 고객획득 및 기존고객 유지비율
② 교차판매비율
③ 고객생애가치의 증감
④ 직접 마케팅 비율

해설) CRM에서의 성과척도는 신규고객 확보, 우수고객 유지, 고객생애가치 증진, 잠재고객 활성화, 평생고객화, 교차판매 등이다.

정답 ④

81. 인터넷(웹)과 전국적인 유명브랜드의 이미지 및 충성도와의 관계를 가장 올바르게 설명한 것은? (2009년 제1회)
① 인터넷사용의 급증과 브랜드충성도는 직접적인 상관관계가 별로 없다.
② 소비자가 손쉽게 웹상에서 최저가를 찾을 수 있고 비교구매가 가능해짐으로써 브랜드명보다는 최저가격이 훨씬 더 중요하게 되었으며, 이는 웹으로 인한 브랜드 충성도의 감소의 한 요인이 되었다.
③ 인터넷사용의 급증은 브랜드충성도의 본질을 크게 변화시키지 않으며, 오히려 경우에 따라서는 웹사이트 광고를 통해 형성된 브랜드의 이미지 및 충성도를 강화시킨다.
④ 인터넷사용의 급증은 브랜드 이미지 형성과는 별 관계가 없으나 브랜드 충성도를 약화시키는 역할을 한다.

정답) ③

82. 브랜드 충성도 및 제품관여도에 관한 설명이다. 올바르지 않은 설명내용은? (2009년 제1회)
① 소비자가 개인적으로 브랜드에 관여되어 있는 정도가 높을수록 그 브랜드에 대한 충성도가 높다.
② 습관적 구매는 고관여 수준하에서 몰입 없이 한 브랜드를 반복적으로 구매하는 것을 의미한다.
③ 브랜드 충성도에 대한 인지적 정의는 몰입과 구매에 대한 관여도를 나타내는

것을 의미한다.

④ 소비자들이 개인적으로 브랜드에 관여되어 있고, 그 구매를 위험한 것으로 인지했을 때 브랜드의 충성도가 가장 높다.

해설) 고객충성도는 기업수익에 큰 기여를 하는 것으로 기업의 성공여부를 결정한다. ②와 ③은 대조적인 설명으로 힌트를 얻을 수 있다. 즉 브랜드에 대한 충성도는 고객충성도와 비례하므로 브랜드에 대한 인지에 따라 몰입과 구매와 상관관계가 있다.

정답) ②

83. CRM은 컴퓨터 및 정보기술의 발달로 보다 구체화되고, 효율적으로 변화하였다. 다음 중 잘못 짝지어진 것은?
① 정보의 정확성: 정보에 오류가 없는 것
② 정보의 완전성: 중요한 정보가 충분히 내포되어 있는 것
③ 정보의 관련성: 의사결정자에게 관련성 있는 정보를 제공해야 한다.
④ 정보의 단순성: 정보를 신뢰할 수 있는 것

해설) 정보의 단순성: 정보는 지나치게 복합하지 않고, 단순해야 한다.

정답 ④

84. 고객 컴플레인 대응에서 MTP법이 사용되는데, 다음 중 MTP법에 해당되지 않는 것은?
① 사람(Man)   ② 시간(Time)   ③ 기계(Machin)   ④ 장소(Place)

해설) MTP법은 고객불평이나 불만의 처리방법으로 자주 사용되고 있다. 이 방법은 사람(Man), 시간(Time), 장소(Place)를 바꾸어 컴플레인을 대응하는 방법이다.

정답 ③

85. 개별 고객이 최초로 기업과의 거래를 시작한 시점부터 거래에 대한 모든 기록을 이용하는 기법을 무엇이라 하는가?
① 고객생애가치(Life Time Value: LTV) 분석
② 거래고객 분석
③ 하우스—홀딩(house—holding) 분석
④ 우수 고객 분석

정답 ①

86. 다음 중 고객생애가치(customer lifetime value)와 관련된 다음의 내용 중 잘못된 것은?
① 특정 고객이 평균적으로 기업에 기여하는 미래수익의 현재가치를 말한다.

② 관계마케팅의 여러 가지 효익을 계량적으로 정리한 개념이다.

③ 특정한 고객이 특정 기업과 거래를 통하여 얻고자 하는 삶의 질이라 할 수 있다.

④ 고객들의 이탈률이 증가할수록 고객생애가치는 감소한다.

해설) 고객생애가치(customer lifetime value)는 한 고객이 어떠한 특정 기업과 고객으로 존재하는 전체 기간 동안에 기업에게 제공하는 이익의 합계이다. 이는 한 시점으로 보는 단기적인 가치가 아니라 고객과 기업 간에 존재하는 포괄적인 전체로써 보는 것이다. 다시 말해서 고객생애가치란 고객 한 사람이 어떤 회사에 최초 가입한 날로부터 현재까지(정확하게 말하면 어느 지정기간까지) 그 회사에 누적적으로 기여한 순이익 가치로서, 이것을 금전적으로 표시, 평가한 것이다.

정답 ③

87. 다음 중 소매상이 고객과의 관계를 맺는 일종의 고객 커뮤니케이션의 궁극적인 목적으로 보기 어려운 내용은?

① 설득   ② 정보제공   ③ 효용창조   ④ 억 압

해설) 소매상이 고객과의 관계에서 가장 중요한 것은 신뢰를 바탕으로 하는 고객 커뮤니케이션이다. 이러한 고객 커뮤니케이션은 고객에게 여러 정보와 효용을 제공하고 그 제품에 대한 설득을 하는 데 주로 이용되고 있다. 고객을 억압한다는 것은 당연히 이치에 맞지 않는다.

정답 ④

88. 고객에 대한 커뮤니케이션을 효과적으로 수행하기 위해서는 커뮤니케이션 구성요소들에 대한 이해가 필요하다. 커뮤니케이션과정에서 발생하는 예기치 못한 정보 왜곡현상이나 정체현상을 무엇이라고 하는가? (2007년 제1회)

① 해독   ② 장애물   ③ 부호화   ④ 피드백

정답 ②

89. 갭(Gap)이란 기대가치와 실제경험가치의 차이를 말하는 것으로 이러한 갭(Gap)을 서비스 측면에서 측정했을 시 정확한 내용은?

① 직원들의 서비스를 제공하는 것이 구체적인 절차와 다르게 제공하는 것을 촉진차이라 한다.

② 고객의 기대에 대한 경영자의 인식이 부정확한 것을 이해차이라 한다.

③ 실제 제공된 서비스 수준과 고객이 인식한 서비스 수준이 다른 것을 행동차이라 한다.

④ 실제 제공되는 서비스 표준과 다르게 말하는 것을 과정차이라 한다.

해설) 서비스 갭(Gap)모델 : 상품이나 서비스에 대한 고객 니즈(needs)를 잘못 이해하고 있는 것으로써 시장조사가 잘못되어 있거나, 시장 세분화에 문제가 있어 기업의 관리자나 경영자가 고객과 현장에 대해서 무지한 경우이다.

정답 ②

〈보충정리〉 Gap이론

Gap 모형은 고객의 기대수준과 실제 제공받은 서비스에 대해 인지한 수준의 차이를 이용하여 서비스품질을 측정하는 방법으로, 고객이 서비스를 제공 받는 과정을 세분화하고 각 과정에서 발생할 수 있는 차이를 이용하여 서비스 수준을 평가한다.

① Gap 1(인식의 차이): 고객의 기대와 경영자가 인식하는 고객의 요구와의 차이
② Gap 2(표준의 차이): 경영자가 인식한 고객의 요구와 기업에서 제공되는 서비스품질 요소와의 차이
③ Gap 3(인도의 차이): 기업의 서비스품질요소와 실제 제공되는 서비스와의 차이
④ Gap 4(커뮤니케이션의 차이): 실제고객이 제공 받는 서비스와 기업에서 제공해 주기로 한 서비스와의 차이
⑤ Gap 5: 고객이 기대했던 서비스와 실제 제공받은 서비스에 대한 차이

90. 다음 중 고객의 기대에 대한 설명으로 가장 잘 기술된 것은? (2008년 제2회)
① 고객기대는 상품의 구매 전에도 구매의사결정에 영향을 주게 된다.
② 상품에 대한 고객기대는 구매당시 선택 가능한 대체 안들에 따라 달라진다.
③ 고객기대는 상품을 사용하는 도중에 바뀔 수 있다.
④ 고객기대는 상품을 사용한 후 만족하면 그 다음에도 이전의 기대수준을 유지한다.

해설) 고객의 기대, 고객만족수준은 계속 상승하므로 이전의 기대수준을 유지하지 못한다. 즉 만족하지 못하게 된다. 고객기대에 부응하는 전략적 시스템 개발 및 운영상의 이점은 고객 유지, 브랜드 이미지, 효율적 기업 운영, 커뮤니케이션 개선 등이다.

정답 ④

91. 다음 중 '20/80'과 'CRM'의 내용에서 볼 때 관계가 깊다고 생각되는 것은?

① 전사적 자원관리　　② 고객에 대한 우호관계

③ 공급망의 체인관리　　④ 제품에 대한 품질향상

해설) 20/80은 고객 20%가 매출의 80%를 담당하는 것을 말하고, CRM은 고객관계
　　　관리(Customer Relation Management)를 말하기 때문에 고객과의 특정관계를
　　　나타낸다고 할 수 있다.

정답 ②

92. 점포의 영업시간은 기본적이고 중요한 고객서비스의 구성요소이다. 영업시간의
　　연장이 고객이나 소매점에 미치는 궁극적인 영향이라고 보기 가장 어려운 것은?
　　(2008년 제2회)

① 내점 객수가 늘어나고 매출액이 증가한다.

② 점포효율(평당 매출액, 종업원 1인당 매출액)을 높일 수 있을 뿐만 아니라 매
　　장의 수익률 또한 증대한다.

③ 고객에게 더 좋은 인상을 주고 고객서비스를 증대시킬 수 있다.

④ 고객의 편의성을 높이고 지역 상권에서의 경쟁력 향상 및 고객중시경영에 도
　　움이 된다.

해설) 고객이 필요로 할 때 점포가 닫혀 있으면 신뢰성의 문제가 발생하며, 지역 상
　　　권에서의 경쟁력에도 문제가 발생한다. 그러므로 영업시간의 연장은 고객편의
　　　를 가져오며 매출액이 증가할 수 있지만 점포효율성을 반드시 높일 수 있지는
　　　않다.

정답 ②

93. 다음 중 SERVQUAL과 관련된 내용 중 바르지 않은 것은? (2006년 제1회)

① 고객의 만족도를 측정하기 위한 도구이다.

② 기대와 성과 간의 차감식으로 측정한다.

③ 고객의 기대가 성과보다 크다면 고객은 불만족하게 된다.

④ SERVQUAL은 갭 분석 모델이기 때문에 기대와 성과를 객관적으로 측정할
　　수 있다.

해설) 이 모형에 의한 서비스품질을 반복적으로 측정함으로써 고객의 기대수준이나
　　　기업의 서비스수행에 대한 평가의 추이와 고객만족도 수준 그리고 향후 5가지
　　　서비스차원 중에 개선해야 할 과제나 유지해 나가야 할 강점 등을 파악할 수
　　　있다. 하지만 기대개념의 모호성으로 인해 기대와 성과를 객관적으로 측정하
　　　는 데는 한계가 있다.

정답 ③

94. 고객의 기대에 대한 설명으로 잘 못 기술된 것은? (2007년 제2회)

　① 고객의 기대는 상품의 구매 전에도 구매의사결정에 영향을 주게 된다.

　② 상품에 대한 고객의 기대는 구매당시 선택 가능한 대체 대안들에 따라 달라진다.

　③ 고객의 기대는 상품을 사용하는 도중에 바뀔 수도 있다.

　④ 고객의 기대는 상품을 사용한 후 만족하면 그 다음에도 이전의 기대수준을 유지한다.

해설) 고객의 기대, 고객만족수준은 계속 상승하므로 이전의 기대수준을 유지하지 못한다. 즉 만족하지 못하게 된다. 고객의 기대에 부응하는 전략적 시스템 개발 및 운영상의 이점은 고객 유지, 브랜드 이미지, 효율적 기업 운영, 커뮤니케이션 개선 등이다.

정답 ④

95. 소비자들은 제한된 소득으로 자신이 취미와 가격에 따라서 최대 효용을 얻을 수 있도록 구매결정을 한다고 하는 구매동기에 대한 모델은? (2007년 제2회)

　① Pavlov Model　② Marshall Model　③ Freud Model　④ Veblen Model

해설) 소비자 행동모델

　(1) 개념

　　소비자 행동 모델이란 소비자 행동에 관계되는 변수들을 확인하고 그들 사이의 관계를 본질적으로 상술하여 행동이 형성되고 영향 받는 양상을 묘사하기 위한 것으로 정의된다. 많은 소비자 행동의 연구자들은 각자 동기부여와 행위의 근거가 되는 변수들에 관해 자신만의 아이디어를 갖고 있을 것인데, 이러한 아이디어를 묘사하는 흐름도가 바로 소비자 행동 모델인 것이다.

　(2) 유형

　　① Marshall 모델: 가격과 소득이라는 경제적 동기부여를 강조한다. 실제구입상황에서 경 제적 요인의 임팩트에 관해서는 실험계획이나 통계분석을 통해서 연구되고 있다. 그러나 경제적 요인만으로는 구매량의 모든 변동을 설명할 수 없다.

　　② Pavlov 모델: 습관적 행동을 중시한다. 동기, 실마리, 반응, 강화라는 네 가지의 중심개념을 기초에 두고 있으며 몇 가지의 행동 측면에서 수많은 통찰을 제공하고 있으나 지각, 잠재의식, 대인관계의 영향 등의 취급은 불충분하다.

　　③ Freud 모델: 정신분석학적 동기부여를 강조한다. 이 모델의 가장 중요한 의의는 상품에 대한 구입자의 '상징적' 관심에 의해서 동기가 부여된다는 점이다. 그러나 이 파의 방법론으로는 개인의 심중에 깊이 매몰되어 있

는 정신상태의 조사결과를 모집단으로 일반화할 수 없다.

④ Veblen 모델: 사회심리학적 요인을 중시한다. 인간의 필요와 행동이 주로 사회의 집단이나 세력에 의해서 형성되는 것이라고 가정하고 있다.

(3) 모델의 유용성

① 소비자행동에 관하여 통합적인 관점을 제공한다.

② 마케팅 의사결정에 필요한 조사분야를 확인시켜 주며, 변수 간 관계의 계량화를 격려한 다.

③ 조사발견점을 평가하고 그것을 의미하는 방법으로 해석하도록 도와준다.

④ 마케팅 전략을 개발하고 소비자 행동을 예측하기 위한 근거를 제공해 준다.

⑤ 소비자 행동에 관한 이론구성과 학습을 지원한다.

정답 ②

96. 서비스품질에 대한 고객의 평가에서 보장성에 대한 설명으로 맞는 것은?

① 회사 종업원의 지식, 정중함, 믿음직하게 느끼게 하는 능력 등을 말한다.

② 회사가 고객 개개인에게 제공하는 주의와 보살핌을 말한다.

③ 물리적 시설, 장비, 인력, 각종 커뮤니케이션용품 등의 외양을 말한다.

④ 신속한 서비스의 제공을 말한다.

해설) 신뢰성/보장성(reliabililty)은 약속된 서비스를 고객이 믿을 수 있고, 그들의 약속을 정확하게 이행할 수 있는 능력이다.

정답 ①

97. 기업들은 효과적인 포지션을 개발하기 위해 일반적으로 5가지 서비스품질 차원을 고려할 수 있다고 본다. 다음 중 이 5가지 차원의 내용들로 올바르게 구성되지 않은 것은? (2008년 제2회)

① 유형성, 공감성(감정배려)　　② 응답성(요구대응성), 유연성

③ 확신성, 응답성　　④ 신뢰성, 확신성

해설) 서비스품질 차원의 5가지 핵심영역

㉠ 유형성: 물리적 시설의 외형, 장비, 직원, 커뮤니케이션의 자료 및 수단들

㉡ 신뢰도: 고객에게 약속한 서비스를 독립적이고 정확하게 실행할 수 있는 능력

㉢ 응답성: 고객을 돕고 신속한 서비스를 제공하려는 의지

㉣ 보장성: 직원들의 예의, 지식, 신뢰와 확신을 줄 수 있는 능력

㉤ 공감성(감정이입): 기업은 고객 각자에 대한 개별적인 관심을 가져야 한다.

정답 ②

98. POP광고는 브랜드(상표)를 인식시키고, 경우에 따라 다른 제조업체 신호심리로부터 전환을 유도하는 기능을 가지며, 상품에 주목하게 만들고, 구매의 결단을 내리게 하는 설득력을 가지며, 충격적 동기를 이용해 상품을 판매하는 직접적인 역할을 한다.

일반적으로 서비스품질을 측정하는 SERVQUAL의 차원이 아닌 것은?

① 안전성   ② 신빙성   ③ 유연성   ④ 유형성

해설) 서비스품질의 차원이란 소비자들이 서비스품질의 평가를 위해 사용하는 10개의 일반원칙들이 있는데 이에는 유형성, 신뢰성, 대응성, 예절, 능력, 신빙성, 안전성, 가변성, 커뮤니케이션, 고객에 대한 이해 등이 있다.

정답 ③

99. 기업들은 효과적인 포지션을 개발하기 위해 일반적으로 5가지 서비스품질 차원을 고려할 수 있다고 한다. 다음 중 이 다섯 가지 차원에 해당하지 않는 것은? (2007년 제2회)

① 신뢰성   ② 유형성   ③ 공감성(감정배려)   ④ 유연성

해설) 서브퀼의 5가지 핵심영역

ㄱ 유형성: 물리적 시설의 외형, 장비, 직원, 커뮤니케이션의 자료 및 수단들

ㄴ 신뢰도: 고객에게 약속한 서비스를 독립적이고 정확하게 실행할 수 있는 능력

ㄷ 응답성: 고객을 돕고 신속한 서비스를 제공하려는 의지

ㄹ 보장성: 직원들의 예의, 지식, 신뢰와 확신을 줄 수 있는 능력

ㅁ 공감성(감정이입): 기업은 고객 각자에 대한 개별적인 관심을 가져야 한다.

정답 ④

100. 서비스 프로세스는 고객과의 상호작용/개별화의 정도와 노동집중도에 의해 네 가지 유형으로 구분이 가능하다. 고객과의 상호작용/개별화의 정도는 낮은 반면 노동집중도는 높은 서비스 프로세스를 무엇이라 하는가? (2008년 제2회)

① 서비스 팩토리   ② 서비스 샵   ③ 대중서비스   ④ 전문서비스

해설) 1. 서비스 프로세스의 개념

서비스가 전달되는 절차나 메커니즘 또는 활동들의 흐름을 의미한다. 대부분의 서비스는 일련의 과정(process)이며 흐름(flow)의 형태로 전달된다. 따라서 프로세스는 서비스 상품 그 자체이기도 하면서 동시에 서비스 전달과정인 유통의 성격을 가지고 있다. 서비스는 동시성과 비분리성이라는 고유의 특성 때문에 고객과 떨어져서 생각할 수 없다. 서비스의 고객은 서비스 프로세스 안에서 일정한 역할을 수행한다. 그렇게 때문에 서비스 생산의 흐름

과 과정은 제품마케팅에서보다 훨씬 더 중요할 것이다. 이러한 프로세스의 단계와 서비스 제공자의 처리 능력은 고객의 눈에 가시적으로 보인다. 그러므로 이것들은 서비스의 품질을 결정하는 데 매우 중요한 역할을 하고, 구매 후 고객의 만족과 재구매의사에 결정적인 영향을 끼칠 수 있다.

서비스 프로세스의 표준화 많은 서비스는 구체적인 규칙과 기준으로 표준화되어질 수 있다. 프로세스는 그 성격에 따라 표준화(standardization)·개별화(customization)된 프로세스로 나누어 생각할 수 있다.

2. 서비스 프로세스의 분류

제조기업이 그 형태에 따라 다른 종류의 생산 프로세스를 가지고 있는 것처럼 서비스 프로세스도 고객과의 상호작용, 개별화와 노동집중도를 두 개의 축으로 하는 매트릭스로 분류할 수 있다. 여기서 노동집중도(degree of labor intensity)란 서비스 전달에 필요한 장치나 설비 등 자본에 대한 의존도와 사람에 의존하는 정도인 노동에 대한 의존도의 상대적인 비율을 말한다.

정답 ③

101. 물리적 설비, 종업원의 외모, 서비스 기업의 명성 등 서비스구매 이전에 질문이나 원하는 정보를 찾아봄으로써 평가되는 서비스 속성을 무엇이라고 하는가? (2007년 제1회)

① 탐색속성　　② 경험속성　　③ 신용속성　　④ 부가속성

해설) 경험속성이란 실질적으로 경험 후 평가하는 것, 신용속성은 서비스를 받은 후 일정기간 지난 후 경험하게 되는 속성.

정답 ①

〈보충정리〉 그 밖의 서비스품질의 특성

1. 무형성: 구매하기 전에 보거나 만지거나 냄새를 맡을 수 있는 유형적 대상이 아니므로 실체를 객관적으로 느낄 수 무형의 특성을 가지고 있다.

2. 소멸성(비축적성): 유형의 제품과는 달리 향후 수요에 대비해서 저장할 수 없다.

3. 비분리성: 서비스의 생산과 소비가 동시에 이루어는 생산과 소비의 동시성이 존재한다. 즉 제품은 먼저 생산되고 그 다음에 판매될 수 있지만 서비스는 저장해 놓았다가 제공을 할 수 없는 재화이다.

4. 가변성: 고객이 어떤 서비스를 선호해서 그 서비스를 구매할 때 제공되는 서비스의

품질수준이 항상 일정할 수 없음을 말한다.

5. 이질성: 서비스는 무형적인 요소로 인간의 노력과 성의 등이 포함되어 있어 제품과 같이 표준화하기 어려운 요소이다.

102. 서비스의 갭이란 기대가치와 실제 경험가치의 차이를 의미한다. 다음 중 갭의 발생 원인에 대하여 바르게 설명한 것은? (2007년, 2004년 제2회)
① 촉진차이─서비스의 구체적 절차와 다르게 직원들이 서비스를 제공하는 것
② 이해차이─고객의 기대에 대한 경영자의 인식이 부정확한 것
③ 과정차이─실제 제공하는 서비스 표준과 다르게 말하는 것
④ 행동차이─고객이 인식한 서비스 수준이 실제 제공된 서비스 수준과 다른 것
해설) 이해차이란 고객욕구에 대한 오해로서 고객의 기대치에 대한 경영자의 인식과 소비자 기대치 간의 차이를 말한다. 촉진의 차이는 고객에게 좋은 인상을 주기 위해 실천 불가능한 판촉으로 인해 실제로 전달되는 서비스와 서비스품질 간의 차이를 말한다. 과정차이는 부적절한 업무과정인데, 서비스의 구체적인 절차에 맞지 않게 직원들이 서비스를 제공함으로서 발생하는 차이이다. 행동차이는 직원이 서비스 제공 절차에 맞게 행동하도록 충분한 훈련이 되지 않았을 때의 차이이다. 인식의 차이는 고객과 기업의 인식차이로 고객은 한 번 경험했던 나쁜 기억이 있다면 기업의 서비스가 개선되더라도 신뢰하지 않는 경우이다.
정답 ②

〈보충설명〉Gap이론: Gap 모형은 고객의 기대수준과 실제 제공받은 서비스에 대해 인지한 수준의 차이를 이용하여 서비스품질을 측정하는 방법으로, 고객이 서비스를 제공받는 과정을 세분화하고 각 과정에서 발생할 수 있는 차이를 이용하여 서비스 수준을 평가한다.
① Gap 1(인식의 차이): 고객의 기대와 경영자가 인식하는 고객의 요구와의 차이
② Gap 2(표준의 차이): 경영자가 인식한 고객의 요구와 기업에서 제공되는 서비스품질 요소와의 차이
③ Gap 3(인도의 차이): 기업의 서비스품질요소와 실제 제공되는 서비스와의 차이
④ Gap 4(커뮤니케이션의 차이): 실제고객이 제공 받는 서비스와 기업에서 제공해 주기로 한 서비스와의 차이
⑤ Gap 5: 고객이 기대했던 서비스와 실제 제공받은 서비스에 대한 차이

103. 점포에 고객의 관심을 끌기 위하여 설치하는 특선품 구역(Feature areas)에 해당되지 않는 곳은?

① 쇼윈도   ② 실내 중심   ③ 앤드 캡   ④ 계산대 옆의 POP 지역

해설) 점주(店主)는 고객들의 관심을 끌기 위해서 여러 가지 시설을 설치하거나 장식을 하게 된다. 고객의 관심을 끌기 위해서는 점두진열이나 윈도진열이 어울린다.

정답 ②

104. 다음 중 할인점의 점두(front)에 배치하기에 가장 적합한 상품은?

① 충동구매상품   ② 생활필수품
③ 고급상품   ④ 유행이 지난 상품

해설) 점두(Front)에 진열하는 목적은 유동소비자들에게 호감을 느끼게 하거나, 판매에 대한 열정을 보여 주어 예상하지 않은 구매를 유도하는 것을 주목적으로 한다.

정답 ①

105. 점포의 진열담당자가 진열이 고객을 흡인하는 데 어느 정도 효과적인가를 평가하기 위하여 사용하는 기준과 가장 거리가 먼 것은? (2008년 제2회)

① 내점객 비율   ② 구매객 비율   ③ 재고회전율   ④ 객단가

해설) 재고회전율과는 전혀 무관하다.

정답 ③

106. 진열방식에서 예를 들어 "동작(움직임)을 표현하고 있는 마네킹에 테니스복을 입혀 배경으로 진열하는 방식"을 가장 잘 나타내 주고 있는 것은? (2008년 제2회)

① 개방형 진열(open display)
② 생활스타일형 진열(lifestyle display)
③ 주제형 진열(theme display)
④ 조정형 진열(coordinate display)

정답 ②

107. 소비자가 점포 내를 걸어 다니는 길 또는 쾌적을 동선이라고 하는데, 이러한 동선은 점포의 판매전략 수립에 매우 중요한 고려요소의 하나이다. 동선에 대한 아래의 설명 중에서 옳다고 보기 어려운 것은? (2007년 제1회)

① 소비자의 동선은 점포의 레이아웃에 크게 영향을 받는다.
② 동선은 상품탐색을 용이하게 해 주어야 할 뿐만 아니라 각 통로에 단절이 없

는 동선이어야 한다.
③ 백화점에서는 대형할인점에서와 마찬가지로 곡선적 동선보다 직선적 동선을 선호한다.
④ 평균동선은 가능한 길게 유지하는 것이 좋다.

해설) 백화점에서는 직선적 동선보다 곡선적 동선을 선호한다. 직선적 동선은 지루하거나 상품을 탐색하기 불편하기 때문이며, 아이쇼핑의 기회를 갖지 못하게 된다.

정답 ③

108. 다음 중 매장관리와 관련된 설명 중 가장 거리가 먼 것은? (2008년 제2회)
① 진열이 잘된 매장이라면 방문고객의 내적인 충동구매의 확률을 높여줄 수 있어야 한다.
② 매장의 간판은 눈에 잘 띄어야 하므로 선명하고 호감이 갈 수 있도록 해야 한다.
③ 매장전체의 효율성은 매장 내의 개별점포들의 특성을 살린 개별화(차별화)가 전체적인 조화를 살린 표준화의 경우보다 더욱 높다.
④ 소매상이 점포에서 강조하고자 하는 부분을 고객의 눈에 잘 보이는 곳에 배치하는 것이 좋다.

해설) 매장 전체의 효율성은 매출증대를 목적으로 주어진 공간을 잘 활용하는 것이므로 매장 내의 개별 점포의 차별화시도보다 전체적인 조화가 제일 중요하다.

정답 ③

109. 다음 중 점포시설과 디스플레이에 대한 설명으로 옳은 것은? (2007년 제1회)
① 조명은 고객의 구매의욕 증가에 도움을 못준다.
② 출입구는 넓어야 하며 문턱은 높은 것이 좋다.
③ 취급상품의 종류와 관계없이 쇼윈도의 크기는 크면 클수록 좋다.
④ 점포전면과 외부장식은 점포를 대표하는 상징성을 띄어야 한다.

정답 ④

110. 다음은 포장재료의 관리에 관한 설명이다. 옳지 않은 것은?
① 포장재료는 적정재고의 보유가 필요하다.
② 포장지는 콘크리트로 된 바닥에 쌓아 두어도 좋다.
③ 점포에는 매일 사용되는 포장재료의 2배, 즉 2일분을 준비해 둘 필요가 있다.
④ 재고가 없어지면 리드타임을 계산에 넣고 발주해야 한다.

해설) 포장지를 콘크리트 바닥에 쌓아두면 곰팡이가 생기기 쉬우므로 공기가 잘 통하도록 각목을 밑에 괴고, 그 위에 놓지 않으면 안 된다.

정답 ②

111. 다음 중 좋은 패키지가 갖추어야 할 특성(VIEW)에 해당하지 않는 것은? (2006년 제1회)
   ① 좋은 패키지는 시각성이 있어 구매시점에 주의를 유발할 수 있어야 한다.
   ② 좋은 패키지는 정보제공 능력이 있어야 한다.
   ③ 좋은 패키지는 감정적 소구능력이 있어야 한다.
   ④ 좋은 패키지는 높은 가격을 유지할 수 있는 기능을 하여야 한다.
해설) 좋은 패키지의 일반적 조건으로 시각적 주의 유발, 제품 및 기업정보제공, 감정적 소구력, 기능 수행력 등이며, 높은 가격이 아니라 가치의 증진기능이다.
정답 ④

112. 다음은 소매업에서 포장목적이다. 틀리는 것은?
   ① 선물가치   ② 판매의 촉진   ③ 상품의 저장   ④ 취급상의 편리
해설) ③은 상품의 관리이다.
정답 ③

113. 다음은 포장과 관련된 내용들이다. 가장 올바르게 설명한 것이 아닌 것은? (2006년 제2회)
   ① 포장은 시장에서의 전반적인 소매환경에 적합하여야 한다.
   ② 포장은 고객의 관심을 끌고 제품의 편익과 사용을 증대시킬 수 있다.
   ③ 한 회사에서 나오는 제품의 일관된 포장은 고객들에게 부정적 인식을 준다.
   ④ 기업들은 포장할 때에는 정부의 환경정책과 소비자의 안전을 고려해야 한다.
해설) 한 회사에서 생산되는 제품에 대한 일관된 포장은 광고의 유지와 같은 시너지 효과를 가져올 수 있다.
정답 ③

114. 상품포장의 기능은 크게 상품기능, 의사전달기능, 가격기능 등으로 분류된다. 다음 중 포장의 상품기능과 가장 거리가 먼 것은?
   ① 특정 상품을 다른 상품과 식별할 수 있게 하는 기능
   ② 상품의 내용물 즉 일정한 수량을 정해진 단위에 알맞도록 적재하는 기능
   ③ 상품의 내용물을 다양한 위험으로부터 보호하는 기능
   ④ 소비자가 상품을 편리하게 운반하고 사용하게 하는 기능
정답 ①

115. 정보화 사회로의 진전에 따른 기업 환경의 변화와 거리가 먼 것은?
   ① 글로벌시장체제 가속   ② 소비패턴의 다양화

③ 소비패턴의 고급화   ④ 제품 생명주기가 늘어남

정답 ④정보화 사회로 진전됨에 따라 제품 생명주기는 단축된다.

116. 구매자의 행동에 영향을 미치는 주요 요인은 문화적 요인, 사회적 요인, 개인적 요인 및 심리적 요인 등이 있고 이들 요인들은 세부적으로 몇 가지의 요소들로 부터 영향을 받는다. 다음 중 성격이 구별되는 하나는? (2007년 제2회)

① 신념   ② 태도   ③ 지각과 인식   ④ 개성

해설) 신념, 태도, 지각과 인식은 심리적 요인이고 개성은 개인적 요인에 해당한다. 개인적 요인은 그밖에 학습, 개성과 라이프스타일, 관여도, 기존 태도, 개인소 득 및 자산, 인구통계적 변수 등이다.

정답 ④

117. (유통)기업이 사회적으로 책임 있는 기업으로 인정받고 존경받게 되는 기업이 되기 위해서는 Shareholder의 이해를 충족시키는 것 못지않게 이해관계자 (stakeholder)에 대한 의무를 충족시키는 것이 중요하다. 다음 중 유통기업의 Shareholder를 올바로 지칭한 것은? (2007년 제1회)

① 종업원   ② 소비자/고객   ③ 자금투자자   ④ 원/반자재공급(협력)업체

해설) 공유유지자는 주주를 말한다.

정답 ③

118. 기업의 글로벌시장 참여방법의 하나로 제조협약(contract manufacturing)을 들 수 있다. 다음 중 제조협약에 대한 설명으로 가장 올바른 것은? (2009년 제1회)

① 한 기업이 다른 기업에게 로열티를 지불하고 자사가 소유한 제조공법, 상표, 특허권, 거래비밀, 노하우 등을 사용하도록 허용하는 계약적 활동

② 국내기업이 외국기업으로부터 외국기업의 지분을 구입하거나 외국기업과의 합작으로 새로운 사업단위를 형성하는 경영활동

③ 해외시장에서 외국기업이나 제조/마케팅시설을 소유하는 경영활동

④ 국외의 제조업자가 국내제조업자의 브랜드로 제품을 생산하는 경영형태

정답 ④

부록

유통마케팅 용어 모음

○ 가격(price): 자신에게 필요한 것을 제공받은 사람이 그에 대한 반대급부로서 상대방에게 주는 유형적 및 무형적 가치의 총합. 대체로 화폐액으로 표시되며 수강료, 임대료, 인지, 우표, 월급, 통행료, 수수료, 사례금 등의 명칭이 사용되기도 한다.

○ 이중가격(double price): 이중가격이란 동일 상품의 가격이 차이가 나는 것으로 수출상품과 국내가격, 농산물의 경우 생산자 가격과 소비자 가격 등이 예이다. MD 구성에서 실패한 일부 지역 및 지방 백화점에서는 층별로 동일한 상품을 취급하면서 이중가격 형성으로 고객의 컴플레인이 발생하는 경우도 있다.

○ 가격단계정책(price lining policy): 대체로 소매점에서 품목별로 정확한 가격을 구사하지 않고 모든 취급품목들을 몇 개의 가격단계로만 구분하여 판매하는 정책. 특히 단 하나의 가격단계만을 가짐으로써 모든 품목을 동일한 가격에 판매하는 정책을 균일가격정책이라고 한다.

○ 가격차별화(price discrimination): 제품 또는 서비스의 원가가 동일함에도 불구하고 두 개 이상의(세분)시장에 대하여 다른 가격을 적용하는 일.

○ 가격혜택(price deals): 마케터가 고객들에게 제공하는 가격상의 이득으로서 할인이나 공제, 하나의 가격으로 두 개 제공(2 for 1 price deals) 등이 있다.

○ 가계구매(family purchase): 가계구성원들의 공통적인 욕구를 충족시키기 위해 공통적인 재원으로부터 행하여지는 제품구매로서 의사결정단위의 역할분담이 이루어진다.

○ 가능고객: 가능고객이란 곧 자사상품을 구매할 것으로 판단되는 사람을 말하며, 세일즈에서 통상 쓰이는 용어로서 상품에 대한 문의 또는 상담을 원하는 사람 모두가 가능고객이다. 그러나 비싼 상품의 경우에는 구매능력의 유무가 가능고객으로서의 중요한 자격요건이 된다. 이처럼 상품을 구매한다는 것은 심리적 조건(의욕, 욕망)만으로는 불가능하며, 경제적 조건(지불조건, 구입능력)도 동시에 갖추어졌을 때 비로소 가능한 것이다.

○ 가변가격정책(variable pricing policy): 고객과의 개별적인 협상(흥정)을 통하여 가격을 결정하는 정책. 가격차별화로 오인되어 제재를 받을 위험이 있다. ⇔ 단일가격정책(정찰제)

○ 가설적 구성개념(construct): 태도, 동기, 인지적 디서넌스 등과 같이 객관적 실체를 관찰할 수 없는 개념들에 대하여 그들에 관한 사고를 돕기 위하여 가설적으로 창안된 개념들.

○ 가정생활주기(family life cycle): 가정의 형성과 발전 과정을 가정의 독특한 욕구와 자금사정을 근거로 하여 단계별로 구분한 것으로서 각 단계별로 욕구, 제품의 구매와 소비패턴, 자금여건 등의 특성을 묘사한다. 또한 비가정형태의 가계를 고려하여 가정생활주기를 수정한 가계생활주기도 있다.

○ 가치(value): 제품이나 서비스가 소비자의 기본적인 욕구 및 필요를 충족시키거나 문제를 해결해 줄 수 있는 능력에 대한 추정치. 소비자는 그가 지불해야 하는 가격과 이러한 가치를 대비하여 교환여부를 결정하게 된다. ☞ 효용

○ 가치분석(value analysis): 일단 제품을 개발한 후, 제품의 품질에 기여하지 않는 불필요한 원가요소들을 확인해 내고 원가절감을 이룩하면서 제품이 개선될 수 있는지를 결정하기 위한 조직적인 검토.

○ 간격척도(interval scale): 대상들이 갖고 있는 속성내용의 차이에 숫자를 조응시키는 방법으로서 이때 사용된 숫자는 속성내용의 상대적 크기를 나타낼 뿐 아니라 숫자 간의 차이는 속성내용의 차이를 반영하므로 가감산이 가능하다.

○ 간이세금계산서: 세금 계산서의 필요적 기재 사항을 기재하지 않은 약식 세금 계산서.
간이세금계산서란 세금 계산서의 필요적 기재 사항 중 공급받는 자와 부가 가치세를 따로 기재하지 아니한 약식 세금 계산서를 말한다. 통상적으로 공급자는 공급자와 공급받는 자의 사업자등록번호, 성명, 공급 가액 등을 기재한 계산서를 교부하는 데 간이계산서에는 발행의 편의를 위해 공급받은 자를 별도로 기재하지 않는다. 이는 주로 사업자가 아닌 다수의 소비자를 상대로 하는 비교적 소액 거래에 사용된다. 금전 등록기 영수증, 승차권, 항공권, 입장권, 신용 카드 가맹 사업자가 교부하는 신용 카드 매출 전표 등도 넓은 의미의 간이 세금 계산서이다. 계산서와 간이계산서는 면세 사업자(부가가치세가 과세되지 않음)가 교부하는

영수증이고 세금계산서와 간이 세금계산서는 과세 사업자(부가가치세 과세)가 교부하는 영수증이다.

○ 감각전이(sensation transference): 제품의 성격을 색채, 디자인, 재질 등과 같은 커뮤니케이션 단서로부터 유추하려는 인지적 성향으로서 제품뿐 아니라 점포나 기업, 사람 등 모든 지각대상에 대하여 나타나는 현상이다.

○ 감성적 동기(emotional motive): 남과 다르게 보이려는 욕망, 준거집단과 동일시되려는 욕망, 다른 사람의 관심을 끌려는 욕망, 남들의 선망을 받으려는 욕망 등 주로 심리적 및 사회적 만족과 관련되는 행동이유. ⇔ 이성적 동기

○ 감정적 소구(Emotional Appeal): 소비자들의 마음을 움직이기 위한 광고메시지의 한 유형으로서 소비자들의 특별한 감정에 호소하는 방법이다. 합리적 소구가 계산과 논리를 통하여 가능한 객관적 근거를 제시함으로써 소비자들의 합리적 판단을 유도하는 것이라면 감정적 소구는 언어자극이나 시청각적 자극을 통해서 소비자들의 심리적이거나 사회적인 욕구를 자극함으로써 광고대상에 대하여 좋거나 싫은 감정을 느끼게 하려는 것이다. 예를 들면 자존심이나 경쟁심을 자극하여 이기적 행동을 하게 하거나 사랑, 우정, 아름다움을 통하여 이타적 행동을 유도하며, 공포심, 죄의식, 수치심 등의 감정을 자극하여 바람직하지 않은 행동을 피하게 하는 방법을 말한다.

○ 강약기회위협(강점, 약점, 기회, 위협, SWOT, Strenths, Weaknesses, Opportunities, Threats): 어떤 기업이 경영전략 수립을 위해 분석하는 내부 환경과 외부 환경으로부터 찾아내야 하는 기본적인 사항이다. 내부 환경을 분석하여 기업의 강점과 약점을 발견하고 외부 환경을 분석하여 기회와 위협을 찾아내어 이를 바탕으로 전략을 수립하게 된다. 기본적인 전략과정은 바로 기업 내부의 강점과 약점을 기업 외부의 기회와 위협을 찾아내어 이를 바탕으로 전략을 수립하게 된다. 기본적인 전략과정은 바로 기업 내부의 강점과 약점을 기업 외부의 기회와 위협에 대응시킴으로써 기업의 목표를 달성하려는 것이다. 이때 사용되는 4요소를 강점, 약점, 기회, 위협(SWOT)이라 한다.

○ 감퇴적 수요(faltering demand): 잠재고객의 기호변화, 경쟁, 마케팅 환경요인의 변화 등으로 제품에 대한 실제수요가 이전보다 낮아지고 있는 수요상태이다.

○ 개념시험(concept testing): 신제품개념을 묘사하고 그것에 대한 잠재고객들의 선

호나 태도 등의 반응을 평가하는 일로서 신제품개념의 변경 또는 표적시장의 선정에 도움이 된다. 대체로 컨조인트 분석이 널리 적용된다.

○ 개발적 마케팅(developmental marketing): 잠재적 수요상태에서 잠재고객들이 공통적으로 원하는 바를 충족시키기 위한 수단을 개발하는 마케팅 관리의 과업이다.

○ 개수가격정책(even pricing policy): 고급품질의 가격이미지를 형성하여 구매를 자극하기 위하여 우수리가 없는 개수의 가격을 구사하는 정책. ⇔ 단수가격정책

○ 개재변수(intervening variable): 자극과 반응 사이에 개재되어 있는 변수들로서 자극변수는 일단 개재변수에 영향을 미치고 그 다음 개재변수가 반응변수에 영향을 미치게 된다. 예를 들어, 광고물은 일단 소비자 태도에 영향을 미치고 그러한 태도를 바탕으로 제품구매에 영향을 미친다면 태도는 개재변수이다.

○ 객단가(customer transaction) : 상거래에서 고객 1인당 평균 매입액.
일정기간의 매출액을 그 기간의 고객수로 나누어 산출하는 것으로 매출액을 분석하는 중요한 자료로 활용된다. 즉 매출액은 '입점객수×구매비율×객단가'로 산출되므로, 향후 매출을 증대시키기 위하여 객단가를 향상시킬 필요가 있다. 이를 위해서는 매장면적을 확대하거나 상품구성을 다양화하고, 우수고객 확보, 고객의 욕구를 파악하기 위한 조사를 실시하는 등의 노력이 필요하다. 그러나 객단가가 올라가면 고객수가 줄어들 위험성이 있고 낮추면 매출액이 늘지 않을 가능성이 있다.

○ 거래점 광고(trade advertising): 재판매업자로 하여금 특정한 생산자의 제품을 취급하고 판매하도록 권유하는 광고로서, 대체로 재판매업자들이 자신의 매출액과 이익을 어떻게 증대시킬 수 있는지를 설명하거나 생산자의 마케팅활동을 소개한다.

○ 거래점 할인(trade discounts): 중간상인들이 수행하는 기능에 대한 보상으로서 생산자가 제공하는 할인.

○ 거시마케팅(macro(—level) marketing): 마케팅에 관한 연구는 두 가지의 방법에 의하여 접근될 수 있다. 하나는 미시 마케팅적 접근이고 다른 하나는 거시 마케팅적 접근이다. 마케팅을 사회적 과정으로 파악하는 거시적 관점의 마케팅으로서 '사회 전체의 이질적인 공급능력을 이질적인 수요와 효과적으로 대응시키고, 사회의 장·단기목표를 효과적으로 달성할 수 있도록 전체 경제시스템의 제품들

이 생산자들로부터 소비자들에게 원활하게 흐르도록 하는 사회경제적인 활동'으로 정의된다. 거시 마케팅은 어떻게 마케팅활동이 사회에 영향을 미치는가. 어떻게 사회가 미시 마케팅활동에 영향을 미치는가, 그리고 어떻게 마케팅활동이 전체로서 가능한가에 대해 관심을 두고 있다. 거시 마케팅 연구는 경쟁 구조나 정부 규제가 어떻게 기업이나 소비자 대중의 행동 그리고 고객의 요구에 부응하기 위한 마케팅활동의 효율성에 영향을 미치는가에 주요초점을 두고 있다. 즉 미시 마케팅은 개별기업 수준에서의 활동에 관련되는 반면 거시 마케팅은 기업들의 총체적인 행동에서 나타나는 인과관계의 동태적인 면에 관련된다.

○ 거시세분화(macro segmentation): 산업고객의 규모, 제품 사용율, 제품의 용도, 산업분류의 범주, 기업의 구조, 지리적 입지, 최종시장의 성격, 구매상황 등 전반적인 특성을 근거로 하여 산업고객들을 세분시장으로 분할하는 일.

○ 거시적 환경요인(macroenvironments): 기업의 마케팅활동에 대하여 외부적 제약으로서 작용하는 시장의 인구통계적 특성, 경제적 특성, 자연적 특성, 기술적 특성, 정치적·법적 특성, 사회적·문화적 특성, 경쟁적 특성.

○ 검증통계량(test statistics): 표본조사의 결과로부터 계산된 통계량으로서 계산된 통계량이라고도 한다. ⇔ 임계통계량

○ 견인전략(pull strategy): 경로전략 또는 촉진전략의 한 형태로서 최종고객에 대한 집중적인 설득(광고)을 통하여 그들로 하여금 마케팅경로를 통하여 제품을 끌어당기도록 하는 전략대안. ⇔ 후원전략

○ 결합수요(joint demand): 산업고객은 다양한 산업 마케터들로부터 산업용품들을 구매하여 자신의 최종제품을 만들기 때문에 한 산업용품의 수요가 다른 산업용품들의 수요와 공동으로 발생하는 현상.

○ 경로갈등(channel conflict): 경로구성원들 사이에서 나타나는 갈등으로서 마케팅경로의 동일한 단계에서 활동하는 경로구성원들 사이의 수평적 갈등과 동일한 고객에게 접근하고 있는 상이한 형태의 중간기관들 사이의 형태 간 갈등, 마케팅경로의 상이한 단계에서 활동하는 경로구성원들 사이의 수직적 갈등 등의 형태가 있다.

○ 경로구조(channel structure): 제품을 최종고객에게 전달하기 위하여 필요한 유통단

계의 수와 각 단계를 구성하는 중간상인들의 독특한 형태로서 생산자와 최종고
객을 모두 포함한다.

○ 경로의 길이(length of channel): 경로구조에서 생산자와 최종고객 사이에 개재하
는 유통단계의 수. ≒ 경로의 수준

○ 경로역학(channel dynamics): 마케팅 환경요인들의 변화에 따라 새로운 형태의 마
케팅 중간기관이 출현하여 기존의 중간기관들과 협동 및 경쟁의 관계를 가지면
서 마케팅경로의 기능을 수행해 나가는 현상.

○ 경로조성금(push money): 중간상인에게 자신의 제품을 특별히 진열해 주거나 촉
진해 줄 것을 요구하면서 대금의 일부를 감면해 주는 공제로서 촉진공제와 유사
하다.

○ 경험곡선(experience curve): 누적생산량이 증가함에 따라 작업효율이 증대될 뿐
아니라 생산시간이 단축되고 원료의 낭비가 감소하여 단위당 생산원가가 하락하
는 현상을 도식화한 것. ≒ 학습곡선, 학습효과

○ 경험영역(field): 개인이 그의 생애 동안 겪어온 모든 경험의 총합으로서 다양한
상징에 대하여 개인이 부여하는 독특한 의미를 포함하고 있다.

○ 계속 재고조사(繼續在庫調査): 계속 재고조사란 처음의 재고 수량을 확인해 두고
그 후에는 상품의 인출이나 납품을 장부상에서 계산하고 계속적으로 그때그때
재고 수량을 산출하는 방법을 말한다. 이 방법은 오차가 발생할 가능성이 많으므
로 이를 보완하기 위하여 정기적인 재고조사를 실시하는 것이 필요하다.

○ 계약제조와 OEM 수출: 해외생산에서의 가장 단순한 형태가 계약제조인데, 그
뜻은 적절한 제조능력을 가진 현지 외국기업에서 본사의 요구에 합당한 제품을
만들도록 제품 생산계약을 맺고, 생산된 제품에 대한 마케팅책임을 본사 조직
자체가 맡는 경우를 말한다. 이는 해당 시장 사정에 신속히 적응하기 위함인데,
일반적으로 본사의 생산여력이 너무 작거나, 본사에서 판매하려는 목적도 있을
수 있다. 이 경우에는 물론 국제마케팅 행위와는 연관성이 없는 것이다. 계약
제조 활동의 경우에서 볼 수 있는 단점으로는 제조 과정에의 통제력이 약해서
잠재적 이윤의 손실이 있을 수가 있다. 이와는 반대의 경우로 OEM (Original
Equipment Manufacturing, 주문자 상표에 의한 생산) 주문 형태에 따라서 이에

응하는 것도 해외시장 진출방식이라는 면에서 이 범주에 넣을 수 있다. 그러나 OEM 방식으로 수출할 경우 비록 제품은 우리 업체가 생산했지만 그 제품에는 그 제품을 주문한 외국 회사의 상표가 붙여져 해외시장에서는 마치 주문 국가의 회사 상품처럼 팔리게 된다. 이 방식은 하청생산과 다름없이 수출가격을 제대로 받아내지 못하는 흠이 있다.

○ 계절할인(seasonal discounts): 에어컨이라든가 수영복과 같이 계절성이 뚜렷한 제품의 마케터가 비수기에 구매하는 고객에게 제공하는 할인.

○ 계층적 세분화(nested approach): 매우 일반적인 것들로부터 조직에 구체적인 특성에 관련되는 것들의 방향으로 세분화 근거들의 계층적 구조를 가정하여 단계적으로 실시하는 시장세분화.

○ 고객(customer): 교환에 있어서 마케터의 상대방을 말하며, 자신에게 제공되는 것을 수용하고 마케터가 원하는 것을 반대급부로서 기꺼이 제공하는 측이다. 쉽게 말하여 우리에게 돈을 지불하는 모든 사람은 고객인 것이다. 그러나 특별히 소비자와 구분할 때 고객은 특정한 기업 또는 상표의 구매자이며 소비자는 제품범주의 구매자를 지칭한다.

○ 고객기반(customer base): 제품의 효익을 근거로 하여 원하는 바를 충족시킬 것으로 판단되는 고객들을 집합적으로 지칭하는 개념.

○ 고객만족 경영(CSM customer satisfaction Management): 고객의 심적 사고를 바탕으로 모든 경영활동을 전개해 나가는 새로운 경영조류이다. 고객만족(CS)이란, '고객이 제품 또는 서비스에 대해 원하는 것을 기대 이상으로 충족시켜 감동시킴으로써 고객의 재구매율을 높이고, 그 제품 또는 서비스에 대한 선호도가 지속되도록 하는 상태'를 일컫는다.

○ 고객유인 가격정책(leader pricing policy): 중간상인이 고객의 내점을 유도하기 위하여 일부 품목의 가격을 한시적으로 인하하는 정책으로서 이때 가격이 인하되는 제품을 전략제품 또는 고객유인용 손실품이라고 한다.

○ 고객유인용 손실품(loss leader): 한시적으로 인하된 가격으로 판매됨으로써 고객들의 점포 내방을 유인하여 전반적인 매출액을 증대시키기 위해 선택된 제품.

○ 고객제일주의: 마케팅의 모든 활동들을 고객이 원하는 바에 맞추어 조정하고 그들의 문제를 해결하여 고객만족을 충족시키는 일을 마케팅의 1차적 목표로 삼는 정신.

○ 고객지향성 customer orientation: 총체적 마케팅, 목표지향성과 더불어 마케팅개념의 삼대정신을 구성하는데 고객을 모든 마케팅활동의 초점으로 삼는 정신이다. 대체로 고객은 왕이다. 또는 고객은 항상 옳다는 등의 격언들이 이러한 정신을 반영한다.

○ 고관여제품(High─involvement Product): 소비자들이 값이 비싸거나 자신에게 중요한 영향을 미치는 제품(TV, 자동차 등) 또는 잘못 구매했을 때 많은 위험이 뒤따르는 제품은 구매할 때 여러 사람에게 물어보기도 하고 오랜 시간과 노력을 소비하면서 구매과정에 깊이 관여하는 제품, 고관여 제품을 구매할 때는 의사결정 과정, 정보처리 과정이 매우 복잡하게 된다.

○ 공생적 마케팅시스템(symbiotic marketing system): 같은 유통경로 수준에 있는 기업들이 자본, 생산, 마케팅기능 등을 결합하여 각 기업의 경쟁우위를 공유하려는 추세가 있는데, 이를 수평적 마케팅시스템(horizontal marketing system)이라고 하며 수평적 마케팅시스템에 의한 마케팅을 공생적 마케팅(symbiotic marketing)이라고 한다. 즉 기업은 자사의 장점과 타사 장점을 결합하여 시너지 효과를 얻음으로써 불필요한 과당경쟁과 비효율적인 자원의 사용을 피하려는 것이다.

○ 공제(allowances): 제품가격 자체를 낮추는 할인과는 달리, 시장가격은 그대로 유지하면서 단지 일정한 조건하에서만 대금의 일부를 감면해 주는 가격정책. ☞중고품 교환공제, 촉진공제(진열공제를 포함), 할려금, 경로조성금

○ 공헌이익: 제품의 판매가격에서 변동원가를 차감한 금액으로서 고정원가를 상쇄시키고 순이익에 기여할 수 있는 부분이다. 공헌이익을 가격으로 나눈 값은 공헌이익률이라고 한다.

○ 관계마케팅(Relationship Marketing): 종래의 거래마케팅(transaction marketing)은 고객과의 지속적인 관계를 형성하려는 노력이 없이 그저 한 거래를 이루는 것을 강조하는 마케팅이다. 이에 대하여 관계마케팅은 고객과의 관계를 형성, 유지, 발전시키는 것을 상조하는 마케팅이다.

○ 관습가격(customary price): 껌이나 우유, 자장면 등 일부 편의품에 대하여 오랫동

안 마케터와 고객들 사이에 공정하다고 인정되어 온 가격으로서 이러한 가격의 변화는 매우 탄력적인 수요변화를 초래하기 때문에 대체로 안정적인 경향이 있다. ≒ 전통가격

○ 관여(involvement): 구매 또는 소비행위가 의사결정자에게 갖는 개인적 중요성 또는 관여성으로 고가품, 복잡한 제품, 많은 위험을 수반하는 제품, 상표 간의 품질차이가 큰 제품, 자아 이미지에 관련되는 제품 등에서 관여도가 높은 경향이 있다.

○ 광고(advertising): 특정한 후원자에 의해 비용이 지불되는 모든 형태의 비인적 판매제시를 지칭한다. 판매제시란 제품 또는 서비스, 아이디어 등에 관한 것이며 마케터는 TV, 라디오, 신문, 잡지 등의 매체를 통하여 그의 메시지를 고객들에게 제시한다.

○ 광고물(advertisement): 메시지의 창출 →평가와 선정 →제작 등의 과정을 거쳐 최종적으로 수신자들에게 노출되는 상징적 표현물.

○ 광고성(advertisability): 광고비 지출에 대한 매출액의 민감도 또는 광고의 판매유발 효과로서 제품에 따라 다르며, 광고성이 낮은 제품에게서 광고효과는 저조할 것이다.

○ 광고롤링(Rolling): 동일한 광고 영역에 여러 광고주의 광고가 집행되는 것을 의미한다.

○ 구매단계(buystage): 산업고객의 구매과정을 묘사하는 문제의 인식 또는 예견, 필요한 품목의 특성과 수량의 결정, 필요한 품목의 특성과 수량의 기술, 공급자 탐색과 자격심사, 제안서의 수취와 분석, 제안서의 평가와 공급자 선정, 주문절차의 확립, 성과의 피드백과 평가 등의 여덟 단계.

○ 구매시나리오(buying scenarios): 제품과 구매조직이 당면하는 구매문제의 특성에 따라 분류한 구매상황으로서 단순재구매, 수정재구매, 신규구매의 세 가지가 있다.

○ 구매시점 촉진(point—of—purchase promotion): 일단 점포를 방문하고 있는 고객에게 정보를 제공하거나 구매를 설득하기 위해 설계된 모든 판매촉진 자극으로서 만국기, 가격표, 진열시렁, 포스터 등을 포함한다. ☞판매시점 정보관리

○ 구색탐색활동(assortment—search activities): 교환이 원활하게 일어나도록 양과 질의 측면에서 고객들이 원하는 구색을 탐색하여 공급을 조정하는 마케팅 중간기관의 활동으로서 분류, 축적, 할당, 구색을 포함한다.

○ 구매행렬(buygrid): 산업고객의 구매단계와 구매상황을 결합하여 행렬의 형태로 나타낸 것으로서 산업 마케팅 전략의 틀로 이용된다. ☞구매단계, 구매시나리오

○ 구매 후 인지부조화: 구매 전의 인지 요소와 구매 후의 인지 요소가 상치될 때 발생한다. 예를 든다면 좋은 텔레비전이라고 생각하여 비싼 값을 지불하고 구입하였는데 기대 밖으로 좋지 않다면 부조화가 발생하는 것이다. 이런 인지 부조화 때문에 사람들은 구매 전에 이런 부조화를 방지하기 위하여 노력하며, 또한 구매 후에도 구매한 상품의 좋은 점을 강조하거나 선택하지 않은 상품의 좋은 점을 일부러 간과하거나, 어느 상품을 선택하거나 그 결과는 비슷하리라고 생각함으로써 이러한 인지 부조화를 감소시키려고 노력한다.

○ 국제글로벌마케팅(international/global marketing): 이익 등 기업목적을 달성하기 위하여, 개별 기업체가 그 제품 서비스들의 흐름을 2개국 이상의 소비자 사용자들에게 돌리고 향하게 하는 등 기업활동을 수행하는 것이다. 물론 기업들은 시장이 존재하는, 즉 판매 가능한(salable marketable) 제품과 서비스들을 개발하여 그들에 대한 가격을 책정하고, 촉진활동과 유통활동을 수행함으로써 이익 등을 실현하는 것을 목표로 삼고 있다.

○ 국제프랜차이즈(International Franchise): 프랜차이즈는 특정 지역 내에서 일정기간 동안 모기업이 비교적 규모가 작은 개인기업에게 자신들의 제품, 서비스, 상표, 상호, 노하우(Know—how) 및 기타 기업 운영방식을 사용하여 영업할 수 있는 권한이나 특권을 허가해 주는 제도이다. 여기서 모기업을 프랜차이저(franchisor: 본부)라 하고, 특권을 받는 기업을 프랜차이지(franchisee:가맹점)라고 한다. 즉 프랜차이저를 본부로 하고 자산과 노력을 제공하는 프랜차이지를 단위점으로 하여 양자가 조직에 의하여 일체감 있는 계약으로 거래하게 된다. 해외시장으로의 프랜차이즈의 확장은 다음과 같은 형태로 이루어진다.

○ 권태효과(Wear Out Effect): 아무리 좋은 자극이라도 그것이 계속적으로 오랫동안 반복시에는 그 자극을 보지 않으려는 경향을 말한다. 즉 자극이 지속적으로 계속 주어지는 조건하에서는 그에 대한 민감도가 떨어진다. 그것은 그러한 자극에 익숙해지기 때문이다. 따라서 아무리 잘된 광고라 하더라도 주기적으로 내용

을 바꿔주어야 하는데, 만일 그렇지 않은 경우에는 소비자들이 기존의 광고에 식상함으로써 더 이상 그 광고를 보지 않으려 하는 현상을 말한다.

○ 귀무가설(null hypothesis): 모집단 내에서 변수들 사이에 관계가 존재하지 않는다 거나 또는 모집단들 사이에 특성차이가 없다는 명제로서 통계적 절차를 통하여 진실여부가 검증된다. 표본조사에서 발견된 변수 간의 관계나 집단 간의 차이가 단순히 표본오차에 기인한 것이라고 진술하는 명제. ⇔ 대립가설

○ 규범(norms): 구체적인 상황에서 허용될 수 있는 행동의 방향(범위)으로서 그 사회의 가치를 근거로 하여 결정된다.

○ 규범적 마케팅(normative marketing): 마케팅활동이 어떻게 수행되어야 하는지를 규명하려는 접근방법이다.

○ 균일가격 인도정책(uniform delivered pricing policy): 각 고객들이 부담할 수송비를 평균하여 거리에 관계없이 제품가격에 포함시키고 마케터가 직접 수송업무를 관장하는 지역적 가격정책. ☞지역별 균일가격 인도정책

○ 균일가격정책(single—price policy): DC 1,000이나 8천량 하우스와 같이 점포가 취급하는 모든 품목에 대하여 동일한 가격을 취하는 정책. ☞가격단계정책

○ 그린 마케팅(green marketing): 환경 컨슈머리즘이 제기하는 기회와 위협들에 적응하기 위하여 마케팅활동을 조정함으로써 환경친화적 조직으로 변신하려는 노력. 기업들로 하여금 환경보호상 협조적인 제품을 개발하여 시장에 판매하도록 하는 것인데 이것은 1980년 초 유럽에서 새로운 형태의 1회용 기저귀, 세제, 건전지 및 기타 제품으로 환경을 덜 손상시키는 녹색제품을 판매함으로써 시작되었다. 이렇게 시작된 그린 마케팅은 생태학적으로 보다 안전한 제품, 재활용, 가능하고 썩어 없어지는 포장재, 보다 양호한 오염 통제장치, 그리고 에너지를 보다 효율적으로 활용하는 방안의 개발 등의 마케팅활동을 의미한다.

○ 기각역(rejection area): 표본분포에 있어서 임계통계량보다 극단적인 통계량들의 집합으로서 만일 표본통계량이 기각역에 속한다면 귀무가설을 기각한다. ⇔ 채택역

○ 기관광고(institutional advertising): 제품이나 서비스 그 자체를 구매하도록 잠재고

객을 직접적으로 설득하기 위한 것이 아니라, 제품 또는 서비스를 제공하고 있는 기업에 대하여 호의적인 이미지를 형성시키기 위한 광고.

○ 기능할인(functional discounts): 마케팅을 위하여 생산자가 수행해야 하는 기능 중 일부를 중간기관(또는 고객)이 대신 수행하는 데 대하여 제공하는 할인. ≒ 거래점 할인

○ 기술수명주기(technological life cycle): 과학적 성과로서 새로운 기술이 개발된 이래 다양한 제품을 생산하는 데 활용되다가 급기야는 새로운 기술에 의해 대체되어 가는 모습으로서 제품의 수명주기와 유사한 개념이다.

○ 기술적 조사(descriptive research): 마케팅 현상을 묘사하거나 어떤 사상의 빈도를 측정하고 변수들 사이의 연관성을 결정하거나 미래의 마케팅 현상을 예측하려는 조사. 변수들 사이의 연관성을 결정해 주지만 결코 인과관계를 밝혀주지 못한다는 데 유의해야 한다. ☞ 조사설계

○ 기억(memory): 이전의 학습결과들의 총체로서 간혹 장기기억이라고도 부른다. 이에 비하여 단기기억이란 전체 기억 중에서 특정한 시점에서 당면한 문제를 해결하기 위하여 활동화되어 사용 중인 부분이며 활동적 기억이라고도 한다.

○ 기업광고(corporate advertising): ☞ 기관광고

○ 기업기회(company opportunities): ☞ SWOT 분석 ⇔ 환경기회

○ 기업사명(company mission): 기업이 궁극적으로 추구하려는 존재가치로서 개별 구성원이나 하부조직들이 독립적으로 활동하면서도 그들의 노력이 한 방향으로 모여질 수 있도록 보이지 않는 손으로 작용하며, 간혹 기업사명문의 형태로 명문화되기도 한다.

○ 기업 이미지 통일화 작업(corporate identity program): 소비자는 기업에 관한 여러 가지 외부적 자극과 제품경험을 근거로 기업 이미지를 형성하는데, 훌륭한 기업 이미지가 소비자의 구매의도를 증대시켜 준다는 점에서 시도되는 기업명이나 심벌마크, 로고 등의 변경 작업. 기업의 정체성 프로그램의 약자로서 기업이미지의 통합화를 위한 전략적 기획을 구성하는 여러 시각적 요소를 정비, 보완, 강화함으로써 기업의 실상이 사회 및 소비자 집단에서 정확히 투영되게 하여 기업의

좋은 이미지를 형성시키고, 내부적으로는 사원의 의식개혁과 단결을 도모하는 경영전략이다.

○ 기업충성(corporate loyalty): 특정한 기업에 대하여 보이는 충성. ☞ 상표충성

○ 기점가격정책(basing—point pricing policy): 균일가격 인도정책을 적용하기 위하여 평균수송비를 계산하는 데 있어서 실제 마케터로부터의 수송비가 아니라 제품이 가장 많이 생산되는 지역(基點)으로부터의 수송비를 고려하는 지역적 가격정책. 대체로 자연생산물의 가격결정에 널리 이용된다. ☞ 균일가격 인도정책

○ 기준가격(base price): 여러 가지 가격구조의 근거로 이용하기 위하여 마케터가 제품의 생산원가와 수요수준, 경쟁자의 가격을 분석하여 관리회계의 측면에서 내부적으로 결정한 가격. 기준가격을 결정하기 위한 방법은 원가지향적 방법, 수요지향적 방법, 경쟁지향적 방법으로 구분된다.

○ 기호화(coding): 마케팅 조사자료의 처리와 분석이 용이하도록 각 응답에 기호(대체로 수치)를 할당하는 일.
기호화 encoding: 커뮤니케이션의 송신자가 자신이 갖고 있는 추상적인 아이디어를 언어적 및 비언어적 상징을 이용하여 메시지로 전환시키는 작업. ⇔ 해독
상표가 없는 상품

○ group buying: 미니멈 오더를 맞추기 위해 혹은 많은 구매량에 대한 퀀티티 디스카운트의 이점을 얻기 위해 많은 소매업자가 공동계산 오더를 하는 것.

○ 내부마케팅(Internal Marketing): 고객들에게 서비스를 제공함에 있어 최선의 인원을 고용·유지하여 그들로 하여금 보다 양질의 서비스를 제고할 수 있도록 마케팅 철학과 실천을 기업 경영에 적응시키는 활동인데, 여기서는 종업원을 고객으로 생각하고 그들의 직무를 제품으로 파악하게 된다. 나아가 조직의 목적을 실현함과 동시에 그들 내부 고객의 욕구와 필요를 충족시키는 내부 제품을 제공하고자 노력하는 것이다. 이런 내부 마케팅의 궁극적인 목적은 서비스의 질적 수준을 유지하며, 높은 생산성으로 비용을 절감하고 동기부여가 높은 종업원을 통해 고객에게 강한 이미지를 부여하며, 또 유능한 종업원을 모집하기 위해서이다.

○ 노 브랜드 상품(no brand goods): 'GENERIC BRAND'라고도 한다. 실용성을 추구하는 소비자들의 저가격화 요구와 그들의 점포에 대한 강한 신뢰도를 바탕으

로 상품명이 들어간 라벨 등의 장식을 없앰으로서 각종 광고비와 포장비를 삭감시켜 기존의 브랜드 상품보다 훨씬 가격이 싼 상품을 만드는 한편 이를 점포가 품질을 보증하는 식으로 판매를 하는 방식이다.

○ 노출(exposure): 광고물이 시야에 들어오는 것과 같이 개인이 감각기관을 통하여 내부적이든 외부적이든 어떤 자극에 당면하는 현상.

○ 뉴스버타이징(newsvertising): 광고효과를 증대시키기 위해 뉴스거리가 갖는 분위기에 편승하여 실시하는 광고(news와 advertising의 복합어). 예를 들어, 항공기 충돌사고를 표제기사를 싣는 신문의 항공보험의 광고는 효과적일 것이다.

○ 니치시장(Niche Market): 니치(틈새)시장은 전략사업 단위에서 취급하고 있는 제품라인 또는 제품들을 어떻게 운영하여 경쟁에서 우위를 점하고, 시장에서의 위치를 확고히 할 것인가에 대한 의사결정인데, 사업전략에서 전략사업 단위가 보유하고 있는 기술, 생산, 재무, 마케팅 등 기능적 강점을 어떻게 활용할 것인가, 즉 사업전략 수립을 위해 사용할 수 있는 분석의 틀로서, 1980년 포터(Michael E. Porter)가 제시한 경쟁전략이다. 이 전략의 유형인 차별화, 원가우위, 집중 중 세분시장에 초점을 맞춘 집중에서 생성된 용어이다. 집중전략은 주로 자원의 가능성이 높지 않거나, 사각 측면에 위치한 중소기업들의 시장틈새(market niche)를 대상으로 파고드는 사업단위, 또는 기업의 자원을 집중적으로 투입하여, 틈새시장에서 경쟁적 우위를 갖는 새로운 전략으로 급부상하고 있는 경영전략의 한가지이다.

○ 다속성 태도모델(multi—attribute attitude model): 어떤 대상에 대한 전반적인 태도가 여러 가지 속성에 대한 신념들과 소비자의 욕구기준을 반영하는 가중치의 결합에 의하여 결정된다는 견해의 태도모델.

○ 다수의 우(fallacy of majority): 다수의 기업들 전체시장 접근방법(대량 마케팅)을 구사함에 따라 전체시장 또는 큰 규모의 세분시장 내에서 경쟁이 치열하고 오히려 수익성이 낮아지는 현상. ☞ 틈새시장

○ 다이렉트 마케팅(DM, Direct Marketing): 미국 다이렉트 마케팅 협회(Direct Marketing)는 "DM이란 측정할 수 있는 반응이나 어떤 지역에서의 거래에 영향을 미치기 위해 한 개 또는 복수의 광고매체를 사용하는 상호적인 마케팅 방법이다."라고 정의한 바 있다. 그리고 일반적으로 "다이렉트 마케팅은 소비자에게 광고메

시지를 전달하여 즉각적인 반응을 얻어내는 것이다."라는 정의가 보편화되어 있는데, 이 정의는 DM이 소비자와 직접 접촉하여 그들의 행동을 유발시키고자 하는 것이다. 이와 같은 다이렉트 마케팅 개념 속에는 종래의 다이렉트 메일(direct mail: 우편을 이용하여 메시지를 전달하는 광고매체), 우편주문(mail order: 우편이나 전화 등에 의하여 소비자의 주문을 받고 우송이나 직접 전달하는 방법으로 제품을 배달해 주는 유통방법), 그리고 다이렉트 리스펀스(direct response: 소비자의 즉각적인 행동이나 반응을 불러일으키기 위한 광고의 한 기법)를 포괄한다. 오늘날 다이렉트 마케팅은 흔히 우편(mail), 비우편(non—mail) 그리고 텔레마케팅(telemarketing)으로 이루어진다.

○ 데이터베이스 마케팅(Database Marketing): 고객정보, 경쟁사정보, 산업정도 등 시장의 각종 1차 데이터를 직접 수집, 분석하고 그것을 기초로 하여 마케팅 전략을 수립하는 하나의 전략 기법이다. 어느 고객이 무엇을 얼마나 자주 구매하였는지, 어느 고객이 어느 매장에서 어떤 유형의 제품을 구매하였는지, 또는 어느 고객층이 언제 재구매, 대체구매를 할 것인지 등과 같은 데이터를 가지고 고객의 성향을 분석하고 향후 필요한 마케팅 전략을 수립하는 것이다.

○ 델파이 방법(Delphi Method): 미래환경에 대한 예측 또는 시나리오를 주고 설문 형태로 작성하여 전문가들로부터 개별적인 의견은 수집하고, 이 결과를 요약하여 다시 전문가들에게 피드백함으로써 의견을 수정할 기회를 주고 마지막으로 다시 종합하여 최종적인 예측을 하는 환경예측기법이다. 환경 사건과 추세에 관한 정보를 얻는 효율적이고 효과적인 방법은 관련된 각 분야의 전문가가 가지고 있는 지식을 종합하는 것이다. 이 방법은 미래의 기술적 발전이나 경제적 상태를 예측하는 것과 같은 광범위하고 장기적인 문제에 가장 적절하다.

○ 단수가격정책(odd pricing policy): 경제성의 가격이미지를 형성하여 구매를 자극하기 위하여 단수의 가격을 구사하는 정책. ⇔ 개수가격정책

○ 단순가설(simple hypothesis): 모집단의 특정치를 단일 값으로 진술하는 명제. ⇔ 복합가설

○ 단위가격표시정책(unit pricing policy): 고객들이 상이한 포장규격에 대하여 내용품 표준단위당 가격을 비교할 수 있도록 포장규격의 가격과 함께 그램, 리터, 미터 등 표준단위당 가격을 표시하는 정책.

○ 단일가격정책(one—price policy): 동일한 양의 제품을 같은 조건으로 구매하는 모든 고객들에게 동일한 가격을 부과하는 정책. ⇔ 가변가격정책

○ 단품관리(unit control): 상품을 단품(더 이상 분류할 수 없는 최소단위)별로 관리하는 방식. 구체적으로 첫째, 우선 단위 품목을 정하고, 둘째, 단품별 판매실적을 계산한 후, 셋째, 판매계획을 세워, 넷째, 판매에 따라 실적을 잡고, 다섯째, 계획과 실적차를 파악한다. 이와 같이 하여 계획과 실적이 거의 일치하도록 조절하는 것이다.

○ 단측검증(one—tailed test): 의사결정자의 정보욕구가 모수에 대한 한 방향에 집중되어 있기 때문에 통계량 분포곡선의 한 끝부분만 사용하는 통계적 가설검증. 특히 대립가설이 특정한 값보다 크다는 내용을 포함하면 우측검증, 작다는 내용을 포함하면 좌측검증을 사용한다. ⇔ 양측검증

○ 달러보트(dollar vote): 소비자의 제품선택행동은 결국 유권자가 여러 후보 중에서 적절한 후보를 선택하여 투표하는 것과 매우 유사하므로 소비자는 돈을 갖고 투표행위를 한다고 간주할 수 있다. 따라서 달러보트는 결국 소비자의 선택행동이다.

○ 대량마케팅 mass marketing: 전체 시장 구성원들이 '원하는 바'가 집군화패턴을 보이지 않거나 시장세분화의 접근방법이 바람직하지 않을 때 전체 시장에 대하여 한 가지 마케팅믹스를 제공하는 전략이다. 비차별화 마케팅과 제품차별화 마케팅으로 구분될 수 있다. ≒ 전체시장 접근방법 ⇔ 표적마케팅

○ 대리중간상 agent middlemen: 위탁상, 경매회사, 브로커(조선시대의 거간) 등 ☞ 중간상인

○ 대립가설 alternative hypothesis: 표본조사의 결과를 근거로 하여 귀무가설을 기각할 때 대신 채택하게 되는 가설. ⇔ 귀무가설

○ 대면판매(Person—to—person Sales): 판매원이 직접적(直接的)으로 고객을 상대하여 고객과 서비스 등을 행하면서 그 자리에서 상품을 판매하거나 구매욕구(購買欲求)를 환기(喚起)시켜주는 판매방식이다. 이는 고객의 입장에서 볼 때 셀프서비스(self—service)의 경우와는 달리 충분한 설명(說明)과 서비스를 받을 수 있다는 장점이 있는가 하면, 일부 경우에 따라서는 오히려 고객으로 하여금 구매에 부담(負擔)을 가중시킨다는 지적도 받고 있다. 주로 백화점이나 전문점 등에 있

어 일용품이나 전문품 판매 등에 그 주류를 이루고 있지만, 식품 등 저가품(低價品)의 경우에라도 수량을 필요로 할 때도 이루어진다.

○ 도달 reach: 일정한 기간 동안 광고물에 노출되는 상이한 수신자의 수 또는 %. ☞ 빈도, 지알피

○ 도매 wholesaling: 재판매나 사업을 영위하기 위하여 제품을 구매하는 산업고객에게 제품을 판매하는 활동이며, 매출액의 50% 이상을 도매활동으로부터 실현하는 상인중간상. ⇔ 소매

○ 동기 motive: 생체 에너지를 활성화시키고 소비자의 목표를 향하여 그러한 생체에너지의 방향을 결정짓는 내적 동인. 특정한 여건에서 소비자 행동을 야기하고 그 방향을 결정지을 수 있도록 활성화된 상태의 욕구. 목표지향적 행동의 이유. 자극에 의해 일시적으로 활성화된 욕구 또는 환기된 욕구이며, 그러한 욕구를 충족시키려는 목표지향적 행동을 유발한다. ☞ 본원적 구매동기, 선택적 구매동기, 이성적 동기, 감성적 동기, 애고동기

○ 동기갈등 motive conflict: 소비자가 갖고 있는 다수의 동기들이 동시에 활성화될 때 나타나는 갈등으로서 접근─접근 갈등, 회피─회피 갈등, 접근─회피 갈등으로 구분할 수 있다.

○ 동기계층 motive hierarchy: A. H. Maslow가 동기들이 소비자에게 작용하는 구조를 설명하기 위해 제안한 이론으로서 타고나거나 사회적 교호작용을 통하여 형성된 다섯 가지 범주의 동기들이 작용하는 양상을 보여준다.

○ 동기다발 motive bundling: 한 제품이 동시에 충족시킬 수 있는 다수의 동기들.

○ 동기의 연쇄관계: 하나의 세분된 동기를 성취하는 일은 그 자체가 포괄적인 동기를 성취하기 위한 수단이 된다는 연쇄관계.

○ 동시화마케팅(synchromarketing): 불규칙적 수요상태에서 바람직한 수요의 시간패턴에 실제수요의 시간패턴을 맞추기 위한 마케팅 관리 과업이다.

○ 동영상광고: Window Media Player나 Real Media 등을 통해 TV CF와 유사한 형태의 광고를 온라인상에서 보여 주는 광고. 요즘은 단순히 보여주는 것 이상으로 PPL

이나 Interactive한 효과를 낼 수 있는 솔루션을 도입하려는 움직임이 일고 있다.

○ 동질적 선호패턴 homogeneous preference pattern: 잠재고객들이 원하는 바를 반영하는 속성결합이 거의 유사한 모습으로 나타나는 패턴이다. ☞ 시장선호패턴

○ 두려움 소구 fear appeals: 위협적인 상황에 관하여 수신자의 두려움을 환기시켜 메시지의 영향력을 증대하는 방법으로서 너무 강하거나 약한 두려움 환기수준은 오히려 효과를 거두기 어렵다.

○ 디마케팅 demarketing: 초과수요의 상태에서 제품을 획득하려는 잠재고객들의 경쟁을 수수방관하기보다는 고객만족을 보장하고 장기적인 고객관계를 유지/개선하기 위하여 수요를 적정수준으로 감축하고 가용한 제품을 합리적으로 할당하려는 마케팅 관리 과업이다. 디마케팅에는 일반적 디마케팅, 선택적 디마케팅, 외견상 디마케팅, 비고의적 디마케팅의 네 가지 기본형태가 있다.

○ 디서넌스 cognitive dissonance: 디서넌스란 두 가지 상반되는 신념 사이에서 느끼는 갈등이지만, 구체적으로 구매 후 디서넌스란 제품을 일단 구매한 후 그러한 선택의 현명함에 대하여 느끼는 회의심을 의미한다.

○ designer brand Christian Dior, Tommy Hilfiger와 같이 브랜드의 이름으로써 디자이너의 이름을 사용한 브랜드, 시그너처 브랜드라고도 불린다.

○ designer line Donna Karan, Calvin Klein 등과 같은 명성 있는 어패럴 디자이너의 독점적인 작품 라인

○ diverter 제3의 단체에 의한 홀세일러로 생산업자는 그들의 상품이 의도되지 않는 채널을 통해 유통되지 않도록 함으로서 브랜드 이미지를 보호하는데 여기서 의도되지 않은 제3의 홀세일 채널을 의미한다.

○ direct sales force 소매업자에게 제품을 다이렉트로 파는 생산자의 세일즈 스태프. 이들은 오더과정이나 조직화된 생산과정의 특성을 설명하며 가능성 있는 소매업자와 미팅을 하는 등의 책임을 진다.
생산자와 소매 어카운트 간의 연락원으로서 그들은 제품의 손상, 배달 그리고 제품 리턴의 크레디트에 관한 문제들을 해결한다. 그들의 세일 책임은 지정학적 범위를 지정한다.

그들은 그들이 세일즈한 것에 따라 커미션을 받는다.

○ 라이프스타일 life style: 소비자가 돈과 시간을 어떻게 소비, 활동하는가. 자신의 환경 내에서 무엇을 중시하는가(관심), 자신과 주변환경에 관하여 어떠한 생각을 갖고 있는가(의견)의 측면에서 묘사되는 생활양식.

○ 로스리더(Loss Leader) 상품: 특매상품 또는 미끼상품. 원가보다 싸게 팔거나 기존 판매가에서 대폭 할인해 판매하는 상품을 말한다. 이 상품으로 손해를 볼 수도 있지만 소비자로 하여금 다른 관련 상품까지 함께 사도록 유도하는 데 목적이 있다. 일반적으로 소비자의 신뢰를 얻고 있는 공식브랜드이고, 비교적 저가품이며, 수요탄력성이 높고 경쟁이 심한 상품일수록 효과가 있다

○ 로열티(royalty): 브랜드에 있어서 로열티란 특허 사용료 또는 저작권 사용료를 말하고 스토어 로열티는 점포에 대한 충성도를 말한다. 브랜드 로열티는 일반적으로 특허나 저작권에 대한 포괄적인 경우에 로열티라 하지만 후자의 로열티는 특정 점포에 대한 소비자의 계속적인 이용도를 말한다. 고객충성도란 이같이 한 기업의 상품을 지속적으로 사용함으로써 기업에 대한 고객의 기여도를 말한다.

○ 로지스틱(Logistic): 마케팅에서 로지스틱이란 시장 동향에 민감한 정보시스템과 물류시스템의 결합을 뜻하며 원래 전략과 전술을 병행하여 적당한 양을 적당한 때와 장소에 보급한다는 것이다. 그리고 병참이라는 의미에서 마케팅에서는 이것을 마케팅활동 전체를 완성시키는 주된 활동으로 치게 되었다. 물적 유통 즉 생산에서 소비로 향한 제품의 이동을 경제적, 기술적으로 합리화하기 위한 계획적이고 조직적인 관리체계의 한 제도를 가리킨다.

○ 리베이트(Rebate): 상품이나 서비스를 제공한 대가(代價)로 받은 돈의 일부를 환불하거나, 받아야 할 채권(債權)의 일부를 할인 또는 감액하는 것을 말한다. 대금(代金)의 일부를 환불, 할인 또는 감액해 주는 이유로는 당사 제품의 구매량과 판매량을 증가시켜 주도록 자극하기 위하여, 판매대금의 조기회수를 위하여 등이 있다. 슈퍼체인이나 백화점에서 자주 구사되는 판매촉진책의 전형으로 점포(구매업자)에 대하여 일정기간의 구매액을 산출하여 대고객 판매가격을 변경함이 없이 일정기간 경과 후에 지불금액의 일부를 일정비율로 환불해 주는 것을 말한다. 몇 개 유형이 있는데, 판매촉진을 위한 리베이트, 가격촉진 리베이트, 조기매입 리베이트 등이 있다. 지급 방법에는 수량 리베이트와 누진 리베이트가 있으며, 최근 경향으로는 리베이트가 판매촉진 수단으로서 직접적인 효과를 올리기 때문

에 많이 사용된다.

○ 리사이클링(Recycling): 재생 또는 재순환이라고 번역된다. 이는 특히 자연계로부터 획득한 자원을 그저 탕진해버리는 것이 아니라, 이미 사용한 것을 다시 한 번 재생하여 자연계에 피드백함으로써 환경조건을 일정수준에 보존하려는 노력이다. 지금까지 폐기물의 문제는 마케팅 분야에서 오랫동안 무시되어 왔으나, 오늘날 공해·환경문제의 대두와 더불어 긴급하고도 중요한 과제로 등장하고 있다. 앞으로의 마케팅은 환경지향적인 관점에서 재순환 내지 역(逆)유통경로의 설정을 전략과정에 편입시켜야 마땅하다.

○ 리마케팅(remarketing): 감퇴적 수요상태에서 표적시장을 변경하든가 마케팅 믹스의 요소들을 변경함으로써 수요를 부활시키는 마케팅 관리 과업이다.

○ 리포지셔닝 전략(repositioning strategy): 소비자들이 원하는 바나 경쟁자들의 포지션이 변함에 따라 기존제품의 포지션을 바람직한 방향으로 새롭게 전환시키는 전략. ☞ 포지셔닝

○ licensing: 제품이나 제품라인의 디자인에 있어 제품계획 자산의 사용을 포함하여 맺어진 협정계약.
라이선스 계약에 있어서 Licensor(상품자산의 오너)는 Licensee(생산자)에게 Fee와 Royalty에 대가로 그 자산의 사용을 허가한다. Licensee(생산자)는 그 제품의 디자인, 생산, 그리고 유통에 대한 권한과 책임을 진다. 라이선스는 새로운 상품을 마케팅하거나 개발해야 할 필요 없이 브랜드를 확장할 기회를 갖게 해 준다. 여기서의 자산이라 함은 마켓에서 형성된 브랜드에 대한 인기나 스타일, 품질, 특성에 대한 명성을 획득한 후에 License를 전개 할 수 있게 된다. 그 제품 자산의 명성을 지켜나가기 위해 Licensor는 생산될 제품을 디자인, 품질, 칼라 소재 등을 승인 할 권리를 갖는다. 또한 License는 대개 라이선스 제품의 디자인, 생산, 유통에 있어 상당히 전문화되어 있는 것이 일반적이다.
예) Hanes는 Donna karan과 Liz Claiborne의 내의류 라인을 라이선스로 생산한다.

○ Rich Media: 리치 미디어는 표현기법이 풍부한 광고를 일컫는 말로 리치 미디어를 표현하는 도구는 배너를 비롯하여 인터액티브 멀티미디어 채용되는 콘텐츠면 어디든지 구현이 가능하다. 리치 미디어는 기본적으로 Java, Javascript, Shockwave, 스트리밍 등을 이용, 상호 작용과 미디어 콘텐츠의 결합에서 출발했기 때문에 지금은 웹의 배너광고로 출발했지만 앞으로는 Interactive TV 광고의 기본 모델로

발전해 나갈 것으로 전망된다.

온라인 리치 미디어 광고 기법은 클릭률(CTR: Click Through Rate)의 향상에 초점이 맞춰져 있다. 기존의 정적인 GIF 배너는 푸시 기법으로 더 이상 네티즌들의 주목을 끄는데 한계가 있기 때문에 풀 기법을 가미한 광고로 보다 많은 클릭을 유도해 내고자 하는 목적이 있는 것이다. 최근 리치 미디어 배너는 크게 두 가지 방향으로 전개되고 있다. 첫 번째 방향은 기존 배너에 다양한 인터액티브 멀티미디어 기술을 채용하는 것과, 두 번째 방향은 기존 배너 포맷을 탈피, 다양한 형태의 리치 미디어광고를 구현하는 방향이다.

○ resident buying office: 클라이언트 스토어나 회원단체에게 시장 정보. 현지 바잉 오피스.
  상품 안내와 기타 서비스를 제공하는 마케팅과 리서치 컨설턴트 회사.
  주요 마켓 센터의 위치하고 있으며 가장 많은 숫자의 바잉 오피스는 뉴욕에 위치하고 있다.
  많은 바잉 오피스는 특정분야에 전문화되어 있거나 특정타입의 스토아를 한정해서 운영하고 있다. 원래 바잉 오피스는 주요마켓이 있는 뉴욕으로 빈번한 출장을 가기 어려운 어패럴 스토아의 오너를 위한 서비스 차원이었다. 지금 현재의 바잉 오피스에 가장 기본적인 역할은 멤버십 스토아에 대한 수입업자, 제품개발자, 조언자로써의 역할 등이다.
  바잉오피스는 이제 새로이 등장하는 트렌드나 소비자 행동 패턴 등의 연구를 통한 미래 마켓의 상황을 예측하기도 한다. 또한 멤버십 스토아 바이어의 출장을 돕기 위해 숙박 시설을 어레인지 하고 방문할 소싱처의 리스트 제공, 업무를 볼 스페이스의 제공 등 다양한 업무를 제공한다. 그리고 바잉 오피스의 중요한 기능 중에 하나가 private label 머천다이저의 홀세일이다. 이 오피스들은 많은 멤버 스토아의 집약적인 니즈를 큰 수량의 상품으로 소싱해 내어 private label 프로그램에 참가하는 비록 작은 독립적인 업체에도 그들의 클라이언트에게 상품을 되파는 것이다. 바잉 오피스의 또 다른 업무 중의 하나는 Group buying이다.

○ 마케터(marketer): 교환의 당사자 중에서 교환을 실현시키기 위하여 주도권을 행사하는 측이며 그 상대방은 (잠재)고객이다. 즉 자신이 필요한 것을 얻어내기 위하여 상대방에게 무엇인가를 제공하려는 편은 판매자이든 구매자이든 마케터이다.

○ 마케팅(marketing): 마케팅에 관한 정의는 경제여건과 정의자의 견해에 따라 매우 다양하다. 즉 미국마케팅학회의 1960년도 정의에 따르면 제품과 서비스를 생산자로부터 소비자 또는 사용자에게 흐르도록 하는 기업활동의 수행이며 그들은

1985년 3월 개인과 조직의 목표를 충족시킬 교환을 야기하기 위하여 아이디어 및 제품, 서비스의 개념화와 가격결정, 촉진, 유통을 계획하고 수행하는 과정으로 재정의 내렸다. 또한 대표적인 마케팅 학자로서 Philip Kotler는 교환과정을 통하여 욕구와 필요를 충족시키려는 인간활동으로 정의하였고 유동근 교수는 상대방과의 교환이 바람직하게 일어나도록 하기 위한 모든 활동, 상대방과의 장기적이며 호혜적인 교환관계를 개발하고 유지하기 위한 활동, 가치의 자발적인 교환활동, 교환의 잠재력을 증대시키고 실제적 교환으로 구체화시키는 활동 등으로도 정의할 수 있음을 지적한다.

○ 마케팅 감사(marketing audit): 기업의 마케팅 지위에 관한 체계적이고 철저한 자기점검으로서 산업, 기업, 시장, 제품, 가격, 경로, 촉진 등의 분야를 포괄한다.

○ 마케팅 개념(marketing concept): 잠재고객들이 자신의 문제해결에 관심을 갖고 있으며 보다 효과적으로 그러한 문제를 해결해 줄 수 있는 수단을 선호한다고 가정하여 마케팅 노력의 초점을 첫째, 잠재고객들의 충족되지 않은 욕구(해결되지 않은 문제)를 발견해 내고 둘째, 그것을 효과적으로 충족시키기기(해결해 주기) 위한 수단을 개발하여 셋째, 고객을 경쟁자보다 효과적 및 효율적으로 만족시키려는 마케팅 관리이념이다. ≒ 순매접근방법

○ 마케팅 관리(marketing management): 조직의 목표(이윤, 매출성장, 시장점유율 등)를 효과적으로 달성하기 위하여 상대방(주 고객시장의 잠재고객들)과의 유익한 교환관계를 개발하고 유지하기 위한 프로그램을 계획/실행/통제하는 경영관리 활동이다.

○ 마케팅경로(marketing channel): 마케팅 흐름이 원활하도록 상호연관성을 갖고 협동하는 기관들의 복합체로서 유통경로라고도 하며, 통상 거래경로를 지칭한다. ☞ 마케팅 흐름, 거래경로

○ 마케팅경로의 분리: 거래가 이루어지기 위해서는 여러 가지 마케팅 흐름이 원활해야 하지만, 특히 제품 자체를 물리적으로 이전시키고 그러한 제품의 소유권을 넘겨주어야 하는데 이러한 흐름들이 독자적인 경로를 통하여 이루어지는 현상. 이때 제품 자체의 물리적 이전에 관련되는 경로를 물류경로(물적 유통경로)라고 하며 소유권의 이전에 관련되는 경로를 거래경로라고 한다. ☞ 마케팅 흐름, 마케팅경로

○ 마케팅 관리 이념(marketing management philosophies): 어떻게 해야 교환이 바람직한 수준으로 원활하게 일어날 것인지에 관한 견해로서 마케팅 노력의 방향성을 지침하며 대체로 마케팅 이론의 발전과 경제사회의 변화에 따라 다섯 가지 유형으로 대두되었다. ☞ 생산개념, 제품개념, 판매개념, 마케팅 개념, 사회적 마케팅 개념

○ 마케팅 관리의 목표(goals of marketing management): 마케팅 관리의 목표는 세 수준에서 정의할 수 있는데, 첫째는 일방적인 매출극대화이며, 둘째는 소비자 만족을 통한 장기적인 이윤극대화, 셋째는 생활수준의 향상을 통한 장기적인 이윤극대화이다.

○ 마케팅 근시안(marketing myopia): 자신의 고객과 사업영역을 정의할 때 고객의 기본적인 욕구가 아니라 제품이나 기술 자체를 근거로 하는 관점이다. 이러한 관점은 마케터의 시야를 제품에만 집착시켜(product illusion) 간접적인 경쟁을 제대로 인식하지 못하거나 새로운 마케팅기회와 위협을 신속하게 포착하는 일을 방해하며 진취적인 미래지향적 사고를 저해한다. ☞ 보다 나은 쥐덫의 가설

○ 마케팅의 기능(functions of marketing): 마케팅 조직 내에서 마케팅이 수행하는 기능은 실제의 수요를 바람직한 수요에 맞도록 조절하는 기능과 그러한 수요를 충족시키는 기능의 두 가지로 대별할 수 있다.

○ 마케팅 도구(marketing tools): 마케팅 문제를 해결하거나 마케팅 목표를 달성하기 위하여 마케터가 자유롭게 구사할 수 있는 도구로서 대체로 제품에 관한 의사결정(들), 가격에 관한 의사결정(들), 경로에 관한 의사결정(들), 촉진에 관한 의사결정(들)의 독특한 조합을 의미한다. ≒ 마케팅 의사결정 변수, 4P

○ 마케팅 믹스(marketing mix): 마케팅 목표를 가장 효과적으로 달성하기 위한 마케팅 도구들에 관한 의사결정의 조합이다. 대체로 마케팅 환경요인에 적응하면서 잠재고객이 원하는 바를 충족시키기 위한 총체적인 수단으로 간주된다.

○ 마케팅시스템(marketing system): 마케팅 기능을 수행하는 과정에서 유기적인 관계를 가지면서 작용하는 구성요소들의 조직화된 통일체이다. 이때 구성요소는 본래 시스템에 대하여 하위 시스템이므로 마케팅시스템은 다양한 수준에서 정의될 수 있으나, 대체로 다음과 같은 하위 시스템들로 구성되는 수준에서 정의되며 하위 시스템들은 지속적인 교호작용을 통하여 유기적인 관계를 유지하면서 마케

팅활동과 성과에 영향을 미친다.

. 마케팅활동을 수행하는 마케팅 조직(기업, 정부기관, 사회단체 등)
. 마케팅되고 있는 제품 등의 욕구충족 수단
. 잠재고객(표적시장)
. 마케팅 조직에 납품하는 공급자
. 마케팅 조직과 잠재고객 사이의 교환을 도와주는 마케팅 중간기관
. 마케팅 조직과 이해관계를 갖고 있는 공중
. 이상의 하위 시스템들에 거시적인 영향을 미치는 환경요인들

○ 마케팅 실험(marketing experiment): 한 변수와 다른 변수 사이의 인과관계를 검증하기 위한 조사를 설계하고 이에 따른 실제조사를 실시한 후, 결과를 분석하는 일. 변수들 사이의 인과적 관계를 밝히기 위하여 분산분석을 적용할 자료를 산출해 준다.

○ 마케팅 의사결정 변수(marketing decision variables): 마케터가 임의로 결정할 수 있는 의사결정의 측면들 ≒ 마케팅도구, 4P

○ 마케팅 전략(marketing strategy): 마케팅 목표를 달성하기 위한 행동방안으로서 중요한 구성요소는 시장세분화를 통한 표적시장의 선정과 목표포지션의 선정, 마케팅 믹스의 개발이다. ☞ 에스티피

○ 마케팅 조사(marketing research): 제품과 서비스를 마케팅하는 데에 관련된 문제에 대하여 객관적이며 정확한 체계적인 방법으로 자료를 수집/기록/분석하는 일. 의사결정자의 정보욕구를 진단하고 그러한 정보에 관련되는 변수들을 선정한 후, 유효하고 신뢰성 있는 자료를 수집/기록/분석하는 일. 마케팅 분야에 있어서 문제확인과 해결에 관련된 정보를 획득/분석/종합하기 위한 체계적이며 객관적인 과정. 고객과 환경요인의 변화를 고려한다는 점에서 시장조사보다 포괄적이며 동적인 개념이다. ☞ 시장조사

○ 마케팅 조직(marketing organization): 마케팅활동의 주체로서 기업, 비영리 조직, 국가 등은 물론이고 개인까지도 포함한다.

○ 마케팅 중간기관(marketing intermediaries): 마케팅경로에 참여하는 경로 참가자들로서 중간상인과 조성기관으로 구분된다. ☞ 경로의 수준

○ 마케팅 커뮤니케이션(marketing communications): 표적시장으로부터 바람직한 반응을 유도하기 위하여 그들에게 통합된 자극을 제시하며, 현재의 메시지를 수정하고 새로운 커뮤니케이션 기회를 확인하기 위한 경로를 설계하는 과정.

마케팅 콘셉트(Marketing Concept)

경영학자 및 마케팅 학자에 의해 주장된 마케팅의 기본적인 이념을 기업경영에 적용시키려는 시도의 결과로서 성립된 것이다. 따라서 정의를 내린다면 "마케팅이념 또는 철학, 기업이 마케팅활동을 하기 위한 기본자세"라고 해야 할 것이다. 일반적인 마케팅 콘셉트는 조직의 목표를 위하여 통합적인 마케팅을 바탕으로 하는 소비자 지향적인 것이며, 소비자의 욕구를 충족시킴으로써 기업목적을 달성하는 데 있다.

○ 마켓 세그멘테이션(Market Segmentation): 기업이 한정된 기업자원을 이용해 효율적으로 경쟁 및 환경변화에 대처키 위한 목표시장을 선택하기 위한 시장구분 과정으로 소비자의 필요와 욕구의 이질성에 근거해 수요층을 몇 개 시장으로 구분하는 작업이다. 이에 근거하여 기업은 목표시장 소비자집단의 필요와 욕구를 보다 정밀하게 파악하여, 집중적 마케팅 전략을 취하는 것이다.

○ 마케팅 흐름(marketing flows): 마케팅의 기본적인 기능은 수요의 조절과 충족인데, 그러한 기능이 원활하게 수용되기 위해서는 마케터와 잠재고객 사이에 제품의 물리적 흐름, 소유권의 흐름, 대금의 흐름, 정보의 흐름, 촉진의 흐름 등이 필요하다.

○ 마켓셰어(market share): 한 회사의 특정상품 매출액이 국가 전체의 동일상품 매출액 가운데 차지하는 매출액의 비율로 시장점유율이다. 회사의 독과점 여부를 판정하는 기준이 되며, 높은 점유율을 확보하면 그 상품의 시장가격이나 공급량을 어느 정도 조절할 수 있게 된다. 우리나라의 독점규제 및 공정거래에 관한 법률에서는 동종 또는 유사 상품의 공급에서 1개 사업자의 시장점유율이 50% 이상이거나 3개 이하 사업자의 점유율 합계가 75% 이상에 해당할 경우 시장지배적 사업자로 규정하고, 경제기획원의 공정거래위원회가 매년 이를 지정·고시하고 있다. 모든 기업은 시장에서 점하는 지위를 유지·증대시키려고 애쓰는 한편 시장점유율이 마케팅 성과의 척도일 뿐만 아니라 상품판매를 좌우한다고 보아 판매전략을 결정하는 기준으로 사용하기도 한다. 따라서 시장점유율은 판매경쟁이나 광고효과 등과도 밀접한 관계를 나타낸다.

○ 마크다운(mark down): 가격을 내리는 것을 말한다. 상품의 매매결정은 원가, 경

비, 이익 외에 수요의 균형, 시장의 동행 등에 의해서 결정되지만 상품 공급시의 수요예측의 실패, 시기의 늦음, 변질, 파손 특히 경쟁의 격렬 등에 의해 당초 설정 매매를 유지하지 않고 가격인하를 행한다. 뿐만 아니라 불황시의 수요환기책으로서 전략적으로 시가에 비하여 가격인하가 행해지는 경우가 있다.

○ 마크언(mark on): 마크언 코스트(mark—on cost)의 줄임말

○ 마크업(mark up): 마크업이란 상품의 매매를 결정하는 것으로 매입원가와의 관계, 시가와의 관련 등을 고려하여 결정된다. 다시 말해서 판매가격을 결정하기 위하여 제품의 획득가격에 부가되는 금액으로서 마크업 비율은 판매가격 또는 원가를 분모로 하여 계산한다. 그러나 특별한 지적이 없는 한 마크업 비율은 판매가격을 분모로 한 비율을 나타내며 원가를 분모로 한 비율은 마크언이라고 한다.

○ 마크업 정책: 매가인상정책의 한 형태이며 경쟁상품이 많은 경우 구매자에게 품질이 좋은 것 같은 인상을 주기 위하여 판매가격을 특별히 인상시켜 판매함으로써 매출을 증대시키려는 판매전략이다.

○ 만족(satisfaction): 하나의 구매에 있어서 희생(제품을 획득하기 위한 지출된 자원)이 충분히 보상되고 있는 상태로서 구매 전의 기대 이상으로 구매 후의 지각이 클 때 나타난다.

○ 매장구성(selling for space allocation): 고객의 주의를 환기시키고 구매에 연결되게 하기 위하여 상품이나 진열장 등을 유효하고 적절하게 배치하는 것을 말한다.

○ 매체(media): 메시지를 송신자로부터 수신자에게 전달하기 위한 그릇으로 전달메커니즘을 구성한다. 대표적인 매체로는 TV, 라디오의 전파매체와 신문, 잡지의 인쇄매체가 있다.

○ 매체노출패턴(media exposure pattern): 소비자들이 노출되는 매체의 종류와 정도 등 매체이용 특성으로서 그들에게 도달하기 위한 매체선정의 근거가 된다. 늑 매체습관

○ 매체수단(media vehicle): 매체가 메시지 전달수단의 일반적인 계층을 지칭하는 데 반하여 매체수단이란 구체적인 상표를 의미한다. 따라서 신문은 매체이지만 동아일보는 매체수단이다.

○ 매체습관(media habit): ☞ 매체노출패턴

○ 매체지원(media support): 매체가 자신의 고유한 기능적 특성으로 인하여 그에 포함되어 있는 메시지가 고객들에게 효과적으로 노출될 수 있도록 해 주는 지원. ☞ 편집자 지원, 뉴스버타이징

○ 맥락의 원리(principle of context): 소비자가 감각결과를 자극이 제시되는 맥락에 연관시켜 조직하는 현상으로서 예를 들어, 제품은 그것이 제시되는 배경에 따라 매우 다르게 해석될 수 있다.

○ 머천다이징(MD, merchandising): 적절한 시간과 적절한 장소에 적절한 양의 제품을 공급하는 일로서 간혹 마케팅과 혼용되기도 하지만, 오히려 중간상인의 제품관리를 의미한다. 즉 협의의 머천다이징이란 고객수요에 부응하도록 제품의 구색을 갖추는 상품선정활동을 지칭한다.

○ 명목척도(nominal scale): 단순히 특정한 속성의 내용을 갖고 있는 대상(들)을 확인하고 나머지 대상들과 구분하기 위하여 각 대상에 숫자를 조응시키는 방법. ☞ 측정척도

○ 명성가격정책(prestige pricing policy): 잠재고객들이 제품가격을 품질의 지표로 해석한다는 전제하에서 수익을 증대시키기 위하여 높은 가격을 구사하는 정책. 이러한 가격정책이 적용될 수 있는 제품을 위풍재라고 하며 이때의 수요곡선은 전통적인 것과 달리, 뒤로 굽는 모습(backward—bending demand curve)을 보인다.

○ moderate line: 백화점 셀렉션의 가장 마지막으로 낮은 위치의 가격대를 형성하는 어패럴 라인.
JC Penny나 Sears와 같이 베터 라인보다 더 폭넓게 유통되는 라인.

○ 모델 티(model T): 금세기 초 저가격이라는 소비자들의 공통적인 욕구에 소구하기 위해 포드자동차회사가 생산하였던 승용차. 그들은 단일차종의 비차별화 마케팅과 저가격 소구를 통해 초기에는 크게 성공을 거두었지만, 경쟁사인 제너럴 모터스의 시장세분화 및 차별화 마케팅 전략에 의해 결국 실패하였다.

○ 모니터제도(monitor system): 일반대중으로부터 의견을 얻어서 개선을 위한 자료로 활용하는 방법이다. 백화점에서의 모니터제도는 판매장이나 서비스 면에서의

개선과 영업장의 관리 등에 중점을 두어 고객이 불편함을 사전에 예방하는 데 목적을 두고 주로 주부층에서 모니터요원을 선발하여 운영하고 자문을 구한다.

○ 목표 포지션(target position): 마케팅 목표를 달성하기 위한 최적의 이상적인 포지션. ☞ 포지셔닝

○ 목표고객(Target Consumer): 소비자의 욕구는 매우 다양화되고 세련되어 가는 반면, 이러한 소비자의 욕구를 모두 충족시켜 줄 수 있을 만큼 인적·물적 자원을 충분히 가지고 있는 기업은 없다. 그래서 자사에서 가장 효과적으로 접근해서 목표를 달성할 수 있는 자사만의 세분시장, 즉 목표시장(target market)을 선정하여 집중적으로 기업활동을 전개할 필요가 있게 된다. 그렇게 함으로써 서로 개성과 취미 그리고 각종 생활조건이 다른 소비자들에게 차별화된 기업활동과 서비스로 각각 만족을 극대화시킬 수 있는데, 이때 목표시장 내에 포함되어 있는 소비자로서 잠재고객을 목표고객이라고 한다.

○ 묘사변수: 세분시장들의 특성을 묘사하기 위한 차원들. ☞ 세분시장 프로파일

○ 무상표(no brand): 제품의 상표화가 일반적인 경향임에도 불구하고 상표촉진과 품질유지의 비용을 감당할 수 없거나 절감하기 위해서 또는 제품의 차별화가 불가능한 경우 마케터는 상표설정을 하지 않고 단순히 제품계층 명칭을 사용할 수 있다.

○ 무수요(no demand): 잠재고객들이 무관심하여 제품에 대해 어떠한 부정적 또는 긍정적 느낌도 갖고 있지 않은 수요상태이다.

○ 무작위 보강(random reinforcement): 바람직한 반응에 대하여 보상을 제공하는 방법이 아니라 반응의 요망성에 관계없이 제공되는 보강으로서, 소비자는 우연히 자극에 대한 어떠한 반응이 보강되었다는 이유에서 그러한 반응을 학습할 수 있다.

○ 문화(culture): 사회의 구성원으로서 개인이 획득하는 지식, 신념, 예술, 도덕, 법률, 관습 등의 총체. 한 집단을 이루는 사람들의 독특한 생활방식과 생활을 위한 모든 설계.

○ 문화적 가치(cultural values): 공동체 집단의 정체성 또는 복지에 중요하다고 인정되는 활동, 관계, 느낌 또는 목표들에 관한 보편적인 신념. 개인적으로나 사회적

으로 추구될 가치가 있다고 여겨지는 존재의 일반적인 상태. 바람직한 것으로 널리 신봉되는 신념들이며 규범을 통하여 소비자 행동에 영향을 미친다.

○ 문화교실: 문화, 교양, 레저 등 다양한 분야의 강좌로서 고객에게 생활의 지혜를 전달하는 창구의 역할을 하는 교육장이다. 일부 백화점에서도 문화센터 형태로 운영하는데, 이익 추구보다는 대고객 서비스 차원에서 운영된다.

○ 물가연동 가격결정(escalator pricing): 주문시점과 배달시점 사이의 원가상승분을 물가상승률을 근거로 하여 최종가격결정에 반영하는 정책.

○ 물류경로(physical distribution channel): 물적 유통경로의 줄임말. ☞ 마케팅경로의 분리

○ 물류공동화: 물류에 관한 기업활동 중에서 다음과 같은 측면을 타 기업과 공동으로 실시하는 것을 말한다. 원료조달, 상품 구입처 혹은 수입 측이 동일지역에 분산되어 있는 경우의 공동집하, 공동집하센터의 설치 등이 실시된다. 또 동시에 양자 간에 상당한 거리가 있는 경우는 수입입지 근처에 공동배송센터를 갖는 경우도 있다. 백화점, 양판점에의 공동납품 등이 그 두드러진 예다. 제품·판매품의 배송, 동업종의 공동보관·물류시스템화에 가장 강한 영향을 준다. 예를 들면 석유공동기지, 시멘트 공동서비스 센터, 종이·건축자재·섬유(메이커·대리점·도매상도 포함된다)의 물류센터 등이 있다.

○ 물류센터(physical distribution center): 대체로 고객들에게 가까이 위치하며 지속적인 수요에 대응하기 위하여 제품을 일시적으로 보관하면서 제품조달을 신속하게 하고 전체 수송비를 절감하려는 목적의 창고. ≒ 유통창고 ⇔ 보관창고

○ 물적 유통경로(physical distribution channel): 제품의 물리적 이전에 관련되는 마케팅 중간기관들의 복합체로서 원재료의 공급자, 생산자, 고객 이외에도 생산과 소비 사이의 시간적 괴리를 해소하기 위한 창고업자, 공간적 괴리를 해소하기 위한 수송업자들이 포함된다. ≒ 물류경로 ☞ 마케팅경로의 분리

○ 물적 유통관리(physical distribution management): 제2차 세계대전 중 적시에 원하는 장소로 필요한 군수물자를 공급하기 위한 병참관리에서 개발된 초기의 개념들로부터 유래되었으며, 한 마디로 효율적인 물자흐름체계의 개발과 운용이라고 정의할 수 있다. 따라서 완제품을 생산라인으로부터 고객에게 이전시키는 일과

원재료를 공급자로부터 생산라인에 이르게 하는 흐름을 모두 포괄한다. 또한 물적 유통관리의 기본적인 목표는 특정한 고객서비스의 수준을 달성하면서 공간적 및 시간적 괴리를 해소하기 위해 제품을 물리적으로 이전하는 일에 수반되는 비용을 극소화시키는 것이다.

○ 물류정보처리 시스템: 물류에 있어서 정보의 기능은 고객주문 등에 대한 내부 정보전달(주문전달 기능), 주문에 의해 영향 받은 기업의 각 단위들의 정보를 조정(내부 조정 기능), 변형기능, 바람직한 물류시스템의 성과를 확립하기 위하여 피드백을 실행 감독하는 통제기능으로 구성된다. 그리고 물적 유통 기능의 신속화, 효율화, 경제화를 도모하기 위해서는 컴퓨터의 광범위한 활용 및 자동화와 물류정보 시스템 확립이 필요하다. 자동화와 물적 유통시스템이 주는 이점으로는 총 주문처리시간이 실제적으로 감축되므로 총물류비는 감소되고 고객서비스는 증가된다. 정보처리와 관리의 정확성이 아주 높아진다.

○ 미끼가격정책(bait pricing policy): 일단 허위 또는 오도하는 광고를 통하여 고객을 점포 내로 유인한 후 보다 비싼 다른 제품을 구매하도록 고압적으로 강요하는 가격정책.

○ 미시마케팅(micro(—level) marketing): 마케팅을 개별조직의 활동으로 파악하는 미시적 수준의 마케팅으로서 충족되지 않은 고객의 욕구를 발견하고 그러한 욕구를 충족시켜 줄 제품을 생산하여 제공함으로써 고객만족을 창출하고 조직의 목표를 효과적으로 달성하려는 활동으로 정의된다.

○ 미시세분화(micro segmentation): 구매센터의 지위, 주요 부서들의 영향력, 구매센터 구성원들의 개인적 특성, 구매의 중요성 지각, 구체적인 속성들의 상대적 중요성, 공급자들에 대한 태도, 공급자를 선정하기 위한 의사결정 규칙 등을 근거로 하여 산업고객들을 세분시장으로 분할하는 일. ☞ 거시세분화, 계층적 세분화

○ 미시적 환경요인(microenvironments): 기업의 마케팅 능력에 영향을 미치는 외부적 행위자로서 원재료공급자, 중간기관, 고객 등. ☞ 환경요인

○ 미탐색품(unsought goods): 소비자들이 제품에 관하여 알고 있는지의 여부에 관계없이 평소 제품탐색 의도를 전혀 보이지 않는 제품으로서 신규 미탐색품과 정규 미탐색품으로 구분된다.

○ major showroom: 하나의 주된 특정 상품 범주나 그것과 관련된 범주의 상품을 보여 주기 위해 생산자, 도매업자, 국내외 수입업자 등이 마련한 장소.

○ manufacturer: 원료나 재료를 완제품으로 전환하기 위하여 노동력과 기계를 이용하는 자. 프로듀서라고도 불린다. 제조의 전통적인 의미는 완제품 생산과정과 원자재 조달, 제품 디자인과 같은 기능의 포괄적인 분야를 아우르는 말이다. 오늘날에는 생산업자의 역할이 다소 비포괄적이다. 많은 생산조직은 다른 생산자가 생산한 부품을 조립해 완제품을 만들어 낸다. 또한 어떤 생산업자는 분명하게 명시된 지시서에 의해 다른 업자와 생산 계약을 체결한다. 제품의 콘셉트를 설정하는 디자인 컴퍼니에 가까우며 근래에는 낮은 노동임금 때문에 외국에 있는 생산자와 계약을 체결하기도 한다.

○ manufacturer's rep: 한정된 지역적인 범위 없이 생산자의 제품을 파는 독립적인 판매 에이전트.
어떤 생산자들은 direct sales force를 고용하는 것에 대체 방안으로 이러한 서비스업체와 계약을 맺는다. 이러한 업체는 한정된 영역 없이 생산자의 제품을 판매하는 것에 의해 커미션을 벌어들이는 것을 주수입원으로 한다. 이들은 그들이 파는 상품의 오너십이나 소유를 주장하지 않고 바이어와 셀러를 함께 불러오는 브로커의 기능을 수행하는 것이다. 생산자는 이들에게 제품에 대한 교육 샘플, 마케팅 커뮤니케이션 툴, 선전 문구, 카탈로그 등을 제공한다. 이들은 대부분 자신의 오피스와 쇼룸을 보유하고 직원에 대한 경비나 여행 경비 등을 부담한다.

○ market: 판매자와 구매자가 함께 모여 있는 곳, 구매할 능력과 욕구를 지닌 사람들의 그룹.
마켓은 도시단위 혹은 도시의 한 지역 단위를 규정하며, 관련 영역의 제품이 배치된 많은 쇼룸들이 모여 있다.

○ market center: 머천다이저 마트가 움집 해 있는 집단 군.

○ merchandise mart: 소매 바이어에게 원스톱 쇼핑을 촉진하기 위해 하나의 지붕 아래 전체 마켓을 수용하고 있는 빌딩

○ merchant wholesale—distributor: 생산자로부터 제품을 구매하여 소비자에게 그것을 되파는 중간자적인 마케팅 채널. 그들이 파는 상품의 타이틀이 자신의 것처럼 하지 않고 manufacturer's rep와는 다르게 생산자의 상품을 사서 소매업자에게

되판다. 이러한 홀세일러는 생산자로부터 소매업자에게 제품의 유통을 촉진시킨다. 생산자는 직접 많은 리테일러들에게 제품을 파는 대신에 제한된 숫자의 홀세일러에게 판매함으로서 세일즈 업무를 최소화하고 소매업자는 많은 생산업자로부터 직접 구매하는 대신에 몇몇의 홀세일러로부터 제품 구매 업무를 최소화할 수 있다. 홀세일러의 판매가격은 당연히 생산자의 가격보다 높다. 그것은 홀세일러의 운영경비와 이윤을 커버해 주고 생산자로부터 퀀티티 볼륨 디스카운트가 운영경비에 한 포션을 커버해 준다. 다소 높은 가격임에도 소매업자는 보다 짧은 lead time 때문에 이러한 홀세일러를 선택하게 된다.

○ Media Rep(representative): 국내의 mezzo korea나 KTInternet처럼 어떤 웹사이트들을 자신들의 회원사로 가입시켜 그들의 웹페이지에 대한 광고영업을 (non)exclusive로 대행해 주는 동시에 자신들이 소유한 애드서버를 이용해 집행되는 광고통계까지 reporting해 주는 회사를 말한다.

○ 바코드 시스템(bar code system): 유통과정에서 제품취급과 재고관리를 자동화하기 위하여 각 품목의 표찰로서 일정한 코드를 표시한 후 필요에 따라 전자탐지장치로 읽혀 판매 및 재고관리의 효율성을 제고하기 위한 방법. ☞ 판매시점 정보관리

○ 반응전략(response strategy): 잠재고객들이 원하는 바에 따라 마케팅 조직이 반응하는 접근방법으로서 대체로 고객들이 원하는 바를 마케터의 의지대로 변화시키기보다 용이하며 마케팅개념 자체도 이러한 전략적 관점을 반영한다. ⇔ 변경전략

○ 반응탄력성(response elasticity): 자극의 % 변화를 구매량의 % 변화에 연관시킴으로써 특정한 마케팅 자극에 대한 소비자의 민감도를 나타내기 위한 지수.

○ 발주: 매장에서 필요한 상품을 사전에 정해진 방법으로 주문하는 것. 발주 방식은 지속적인 리피트(repeat) 발주와 비계속적인 스폿(spot) 발주로 나뉜다. 가공식품이나 일용잡화 등을 대상으로 하는 리피트 발주는 보충발주시스템이라고도 불리며, 정량보충제나 정기보충제등 과학적인 기법이 확립되어 있다. 이에 반해 스폿 발주는 패션 의류 등 판매기간이 짧은 상품을 대상으로 하고, 필요할 때 필요한 양을 발주하는 것이다. 특별한 방법은 없고 판매예측이 중요하다. 발주는 단순히 팔린 만큼 보충하는 것이 아니라, 이 정도는 팔릴 것이라는 예측과 판매의지를 반영하는 것이 중요하다.

○ 변경전략(change strategy): 신제품이나 새로운 유통방식을 구사하여 잠재고객들의 기호와 구매 및 소비패턴을 변화시키려는 접근방법이다. 예를 들어, 승용차나 노동절약형 가전제품의 보급 확대는 소비자들의 라이프스타일에 커다란 변화를 야기하고 그 결과 그들이 원하는 바도 달라지고 있다.

○ 병행수입제: 같은 상표의 상품을 여러 수입업자가 수입, 국내에서 판매할 수 있는 제도. 우리나라에서는 1995년 9월부터 수입공산품 가격인하를 위해 시행됐다. 따라서 국내 독점판매권자나 수입상표의 전용사용권자는 단지 위조품에 대해서만 그 권리를 보호받게 된다. 기획재정부가 마련한 병행수입 허용기준을 보면 원칙적으로 상표의 고유기능인 출처표시 및 품질보증 기능을 해치지 않는 범위 내에서 모든 수입품에 대한 병행수입을 허용한다는 것인데, 국내외 상표권자가 동일인이거나 같은 계열사 또는 본·지사 관계, 독점 수입대리점 등 자본거래가 있는 특수관계의 경우에는 상표권이 소진된 것으로 간주, 다른 수입업자가 이 상품을 수입해 판매할 수 있다. 그러나 외국상품의 국내 상표권자가 국내에서 독자적인 제조 및 영업망을 갖고 있는 경우에는 기존의 영업권을 보호한다는 차원에서 병행수입이 허용되지 않는다. 이는 수입상품에 대해서도 가격파괴 경쟁이 본격화될 수 있는 풍토를 만들어 과도한 유통마진을 축소하고 가격인하를 유도하겠다는 방침에서 시행되는 것이다.

○ 발주시점 시스템(Point of Ordering System): 소매점이 적절한 수준의 재고유지, 즉 재고유지 비용을 최소화하면서 소비자에 대한 서비스 수준을 최대화하는 데 필요한 상품의 재고량을 유지하기 위해서, 상품의 판매시점에서 변화되는 소매 정보를 효과적으로 수집하고 처리할 필요가 있는데 이것이 소매경영 정보 시스템(retail management information system)이다. 소매경영 정보시스템에는 여러 하위 시스템이 존재하는데 그중의 하나가 발주시스템이다. 발주시스템은 바코드화되어 있는 각 상품의 부호를 해독하는데 사용하는 자료수집 장치를 이용하여, 현재 매장의 진열대에 쌓여 있는 상품 및 창고에 저장되어 있는 재고량을 각 상품별로 정확히 조사하고, 즉시 필요한 만큼의 상품 수량을 종류별 보충하기 위하여 설계된 정보수집 시스템이다.

○ 배송시스템(Delivery System): 도시 내의 교통상황의 악화는 배송기업에 있어서 커다란 문제가 되고 있다. 트럭회전율 악화, 교통체증에 의한 체계화작업의 저해 등이다. 따라서 배송의 효율화는 시급한 과제인데 그것에는 배송루트의 조정, 적재율의 향상 등이 필요하다. 때문에 배송시스템상의 체계화배송이 행해지고 있는데 그 방법은 다이어그램루트의 설정, 미니멈 오더제(최저주문생산제도), 리드

타임의 표준화 등이 행해져야 한다. 배송체계화에 대해서는 그것을 컴퓨터로 컨트롤 하는 소프트웨어도 개발되고 있다.

○ 보강(reinforcement): 그것에 선행된 반응의 강도를 높이고 반응의 재발확률을 증대시키기 위하여 환경적 사상을 조작하는 일로서 긍정적 보강과 부정적 보강의 형태가 있다. 긍정적 보강이란 바람직하고 열망되는 결과(긍정적 보강인자)를 제공하는 일이며 부정적 보강이란 바람직하지 않고 회피되는 결과(부정적 보강인자)를 철회하는 일이다. ⇔ 처벌, 소멸

○ 보강스케줄(reinforcement schedule): 보강을 제공하는 전략적 대안으로서 계속적보강 스케줄이란 바람직한 반응을 보일 때마다 보강하는 방식이며 간헐적 보강스케줄이란 바람직한 반응을 보일 경우 중에서 일부에만 보강하는 방식이다.

○ 보관창고(storage warehouse): 생산과 소비 사이의 시간적 괴리를 해소하기 위하여 비교적 장기간 동안 제품을 보관하는 시설로서 주로 계절적 수요에 당면하는 마케터들이 이용한다. ⇔ 유통창고, 물류센터

○ 보다 나은 쥐덫의 가설(the better mousetrap hypothesis): 제품개념을 반영하는 Ralph Waldo Emerson의 충고를 의미하는 데 그는 경쟁자보다 나은 쥐덫을 생산하기만 하면 전 세계의 소비자들이 스스로 몰려와 구매할 것이라고 주장한 바 있다. ☞ 마케팅 근시안

○ 복수경로 마케팅(Multimarketing): 한 기업이 하나 또는 그 이상의 고객 세분시장에 도달하기 위해 둘 또는 그 이상의 마케팅경로를 이용하는 복수경로 유통구조를 말한다. 과거에는 많은 기업들이 하나의 시장이나 세분시장에 대해 하나의 경로를 이용하였지만, 오늘날에는 고객 세분시장이 보다 다양해지고 여러 유형의 유통경로가 나타났기 때문에, 보다 많은 기업들이 복수경로(Multichanel)를 이용하고 있다.

○ 복수상표전략: 동일한 제품군 내에서 개별상표를 사용하는 전략. 소매상의 진열공간을 확보하는 수단도 되며, 충성도가 낮은 고객이 다른 상표로 옮겨갈 경우 자사의 다른 상표로 이동하도록 유도할 수 있다.

○ 복수유통경로(multi—channel system): 한 기업이 생산하는 제품들이 전혀 상이한 형태와 용도를 갖거나 고객집중도가 매우 다른 지역시장들을 대상으로 하거나

또는 동일한 지역시장 내에서도 거래금액이 크게 다른 고객들을 대상으로 할 때 채택되는 두 가지 이상의 상이한 경로구조.

○ 부가가치세(value added tax: VAT): 사업자가 영업활동을 하는 과정에서 부가된 가치(Added Value)에 대하여 내는 세금. 제품이나 그 부품이 팔릴 때마다 과세되는 소비세로 '생산자·도매업자·소매업자·소비자'의 각 유통단계마다 증가된 가치(부가가치)의 부분이 과세대상이 된다. 즉 영업세나 물품세처럼 기업이 판매한 금액 전액에 대해 과세하는 것이 아니라 판매금액에서 매입금액을 공제한 나머지 금액 '부가가치'에다 부가가치 세율을 곱한 것이 부가가치세액이 된다. 부가가치세 제도는 법 개정에 따라 2000년 7월 1일부터 일반 과세와 간이과세로 단순화됐다. 기존의 과세특례자(연 매출 4800만 원 미만)는 간이과세자로 기존의 간이과세자(연 매출 4800만 원 이상)는 일반 과세자로 바뀐다. 간이과세 시의 업종별 부가가치율도 기존의 11단계에서 20%, 30%, 40%의 3단계로 단순화됐다. 간이과세 시 과세기관별 매출액이 1200만 원 미만인 영세사업자는 부가가치세를 면제받는다. 또한 과세 특례자가 간이과세자로 전환될 때의 세부담을 완화시키기 위해업종별 부가가치율을 2004년까지 3년 6개월에 걸쳐 점진적으로 상향조정했다. 간이과세자가 농수축임산물을 구입한 후 세금계산서나 신용카드영수증을 세무서에 제출하면 매입세액공제(구입액의 5/105)를 받을 수 있다.
이밖에도 신용카드매출액에 대한 세액공제율이 2%(종전 1%)로, 연간 공제한도를 500만 원(종전 300만 원)으로 상향 조정했으며 매입세금계산서를 발부 받아 세무서에 제출하면 매입세액의 연차별 부가가치율(업종별로 구별)을 적용한 금액을 공제받을 수 있게 됐다.

○ 부정적 수요(negative demand): 대부분의 잠재고객들이 제품을 싫어하며 오히려 그 제품을 회피하기 위하여 기꺼이 돈을 지불하려는 수요상태이다.

○ 복수상표전략(multi—brand strategy): 본질적으로 동일한 제품에 대하여 두 개 이상의 상이한 상표를 설정하여 별도의 품목으로 차별화하는 전략.

○ 본원적 구매동기(primary buying motive): 제품범주에 대한 구매이유. 예를 들어, TV나 인스턴트식품을 왜 구매하는지에 대한 해답이다. ⇔ 선택적 구매동기

○ 본원적 수요(primary demand): 제품범주에 대한 수요. ⇔ 선택적 수요

○ 부적세트(inept set): 인지세트를 구성하는 상표들 중에서 불유쾌한 경험이나 부정

적인 구전 커뮤니케이션으로 인하여 더 이상의 고려에서 제외되는 상표들의 집합.

○ 분권화시장(decentralized market): 각 생산자(가계)가 자신의 다양한 욕구를 충족시키기 위하여 다른 생산자(가계)들을 직접 방문하여 거래해야 하는 교환구조. ⇔ 집중화시장

○ 불건전한 수요(unwholesome demand): 수요크기의 문제가 아니라 수요 자체가 장기적인 소비자 및 사회복지의 관점에서 불건전하거나 마케터에게 오히려 불리한 수요상태이다.

○ 불규칙적 수요(irregular demand): 일정한 기간 동안의 평균적인 실제수요는 적절하지만, 특정한 시점에서 볼 때 실제수요의 크기가 바람직한 수요의 크기를 초과하거나 못 미쳐서 실제수요의 시간적 패턴과 바람직한 수요의 시간적 패턴이 다른 수요상태이다.

○ 불활성세트(inert set): 인지세트를 구성하는 상표들 중에서 소비자가 긍정적으로도 부정적으로도 평가하지 않은 상표들의 집합. ☞ 인지세트

○ 비교 광고(Comparative Advertising): 특정 상표를 다른 상표들과 직접 또는 간접적으로 비교하여 우월함을 입증시키려는 광고이다. 외국에서는 비교 광고가 컴퓨터, 방취제, 치약, 자동차, 포도주, 진통제 등의 제품 광고에 많이 이용되고 있고, 우리나라에서는 직접 비교 광고에 많이 이용되고 있지만 우리나라에서는 직접 비교 광고가 불공정 행위로 간주되어 금지되어 있다. 제품의 포지셔닝을 위하여 자사상표를 타사상표와 속성별로 비교하는 광고. 주로 시장추종자들에 의해 사용되며 소송의 대상이 되기도 한다.

○ 비영리 마케팅(nonprofit marketing): 오늘날에는 기업활동을 중심으로 발전되어 오던 마케팅 개념과 원리들을 기업 이외의 조직들까지 도입하기에 이르렀는데, 비영리 기관이 자신의 목표를 효율적으로 달성하기 위해 마케팅 원리를 적용하는 일을 비영리 마케팅이라고 한다.

○ 비주얼 머천다이징(VMD): 비주얼 머천다이징이란 인스토어 머천다이징의 한 기법이라 할 수 있다. 단순한 구색 갖춤이 아니라 하나의 콘셉트에 근거한 상품구성과 그에 의한 스토리 전개를 목표로 하는 인스토어 머천다이징은 진열만 강조해서는 안 되고 매장 그 자체에 스토리를 부여하여 매력 있는 매장으로 만드는

것이 중요하다. 스토리에 근거한 효과적 연출이 필요하며, 매장 그 자체에 커뮤니케이션 파워를 부여시키지 않으면 안 된다. 현대사회가 경제문화적인 측면에서 다양해지고 새로운 정보, 취미, 취향 등 소비패턴이 급속히 변화함에 따라 고객의 구매편익을 도모하기 위한 시각적 효과에 의한 판매방법이 구사되고 있다. 고객의 시각에 비치는 언어를 심리적으로 수용하고 상품기획을 통일된 이미지로 수립하여 점포의 주장과 개성을 표현, 최종구매로 연결시키는 방법이다.

○ 비차별화 마케팅(undifferentiated marketing): 전체 시장 구성원들이 원하는 바의 차이를 인식하지 않고 한 가지 마케팅 믹스로서 전체 시장에 접근하는 전략이다.
  ☞ 대량 마케팅

○ 빈도(frequency): 도달된 수신자들이 동일한 기간 동안 광고물에 노출된 평균횟수.
  ☞ 도달, 지알피

○ better line: 백화점 셀렉션의 어퍼 앤드에 가격이 형성되는 어패럴 라인, Macy's 나 Dillard's와 같은 덜 명성 있는 백화점 형태를 통해 보다 넓게 유통되는 라인.

○ brand—driven purchase: 브랜드에 기본적으로 근거한 고객은 선호하는 브랜드를 기초로 선택을 한다. 분명한 구분이 브랜드를 통해 구별되지 않을 때 브랜드에 대한 최소한의 고려로 가격이나 색상과 같은 요소에 기초를 둔 고객은 한 브랜드가 "다음의 것으로 좋다."라는 태도를 수용한다.
  예) 지속적으로 리바이스 501 블루진을 구매하는 남자 고객을 생각해보자. 그에게 있어 세 가지의 상품 특성이 중요하다. 편안하고 일관된 피트 케어의 용이성, 견뢰성. 보다 낮은 가격의 경쟁 브랜드가 편안함이나 신뢰성이 없기 때문에 그는 그 브랜드에 현혹되지 않는다. 그는 리바이스 501에 대한 브랜드를 충성도를 가지고 있어 청바지하면 리바이스를 떠올려 구매에 연결한다.

○ brand extension: 브랜드의 유명성의 수혜를 얻기 위해 새로운 제품라인이나 상품에 기존의 브랜드 네임을 사용하는 것. 같은 브랜드 네임 인지도로 새로운 라인을 개발하거나 관련된 제품을 추가하는 것. 이것으로 생산자는 브랜드 네임을 자산화할 수 있다. 그 회사의 생산 노하우나 기존에 형성되어져 있는 생산, 유통채널도 이용할 수 있다.
  예) Jockey는 남성 내의 분야의 최고의 퀄리티로 명성이 높다. 여기에 여성 내의 라인을 개 발해 이제는 남성 내의 매출과 거의 동등한 수준을 형성하고 있다.

○ branded merchandise= brand name: 가격이나 품질, 핏, 스타일링 그리고 유명도 같은 어떤 특정 상품과 연계된 이름이나 심벌에 의해 규정되어진다. 이러한 성격은 그것의 경쟁 브랜드들과 그 브랜드 아이템을 구분함으로써 마켓에서의 상품으로 자리한다. 패키지와 라벨링도 브랜드 인지의 중요한 요소가 되곤 한다. 예) Lee Jeans, Giogio Fragrances, Fruit of Loom Underwear

○ bridge line: 디자이너 브랜드와 같은 탑 라인의 창작물보다 덜 비싼 원단과 보다 적은 디테일로 만들어지는 어패럴 라인 Sacks Fifth Avenue나 Bloomingdales와 같은 이름 있는 스토아를 통해 제한된 유통망으로 판매되는 다소 낮은 가격대의 디자이너 크리에이션 라인이다. Diffusion Line이라고도 한다.
예) Donna Karan—DKNY, Dolce & Gabbana—D&G

○ budget line: 풀라인의 디스카운터. 대부분의 버짓 라인은 풀라인 디스카운터에 의해 독점적으로 판매되어지는 private label이다.

○ Burn Out: 배너광고의 경우 매체에 게재가 시작된 후 일정 노출 수 이상 노출이 될 경우 CTR이 현저히 떨어지는 현상을 보인다. 이처럼 배너가 일정 횟수 이상 노출되어 CTR이 급격히 감소하는 현상을 burn out이라고 한다.

○ B2B(Business to Business): 기업과 기업 간의 전자상거래를 의미한다. 개방된 통신망을 이용해서 불특정 다수 기업 간의 거래나 기업 간의 전자적인 거래를 의미한다. 시장정보를 수집하고 이를 기반으로 고객을 세분화하여 목표고객을 정하고 고객을 공략하기 위해 어떤 가치를 제공할 것인가 하는 전략을 수립하는 것이다. 그러나 다수의 소비자를 대상으로 하는 B2B 기업에서는 소수의 고객을 대상으로 하기 때문에 상대적으로 고객이 명확하고, 고객별 접근방법은 해당 고객을 담당하는 영업부서에서 수립하다 보니 영업과 마케팅 기능 측면에서 혼란이 생기기 쉽다.

○ B2C(Business to Consumer): 기업과 소비자 간의 전자상거래를 의미하며, 인터넷을 통한 기업과 소비자 간의 직거래를 말한다. B2C의 장점은 기업입장에서는 고객의 요구를 신속히 파악, 적은 자본으로 판매거점을 확보, 인터넷을 통한 원거리 교육 가능이다.

산업재의 복잡성, 산업수요의 다양성, 현저히 적은 고객수, 고객당 대규모의 구매량, 그

리고 공급자와 고객 간의 밀접하고 지속적인 관계형성

1. 기업과 기업 간의 거래이므로 B2C 대비 의사결정구조가 복잡하고 전문조직에 의해 수행되므로 고객의 의사결정 프로세스 및 주요 의사결정권자의 파악이 중요하다.

2. 제품의 복잡성이 상대적으로 높아 전문성이 요구되는 경우가 많으며, 고객 제품의 기능이나 디자인을 향상시키기 위한 부품이나 소재로 사용되는 경우 또한 고객을 선도할 수 있는 기술마케팅이 중요하다.

3. B2B사업은 B2C 대비 고객수가 적고 고객별 구매규모가 크기 때문에 고객별 전략수립과 실행이 중요하다. 또한 고객입장에서 공급사 교체에 따른 비용이 크기 때문에 상대적으로 오랜 기간 고객사와 공급사간의 관계가 지속된다. 따라서 고객과 밀접한 관계를 형성하고 유지하기 위한 관계마케팅이 중요하다.

1. 사업 포트폴리오 분석의 바이블

사업 포트폴리오 분석에는 '바이블'로 취급되는 방법론이 있다. 이른바 BCG 매트릭스(Boston Consulting Group Matrix), GE/매킨지 매트릭스(GE Business Screen, McKinsey Matrix), ADL 매트릭스(Arthur D. Little Matrix)이다.

(1) BCG 매트릭스

사업 포트폴리오 분석에 있어 가장 흔히 접하는 것은 BCG 매트릭스이다. BCG 매트릭스 분석의 핵심은 시장 성장률과 상대적 시장점유율을 척도로 사업을 평가한 후 내부 자원의 배치를 결정하는 것으로 이른바 '잘 크거나 시장 지배력이 높은 사업이 있다면 여기에 보다 많은 자원을 투입하는 것이 바람직하다.'라는 것이다.

(2) GE/매킨지 매트릭스

다음으로 많이 활용되는 평가 기법은 지나치게 단순화되었던 BCG 매트릭스의 한계를 극복하고자 제안된 것으로 GE/매킨지 매트릭스이다. GE/매킨지 매트릭스는 시장에 대한 평가를 단순히 성장률로 하기보다는 시장의 크기, 시장의 수익성, 진입 장벽, 기술개발 등과 같이 다양한 요소를 고려한다. 상대적 시장점유율만을 고려했던 BCG 매트릭스와는 달리 시장점유율의 성장, 상대적 브랜드 파워, 내부적 혁신 능력, 품질과 같이 기업 역량의 다양한 측면을 고려함으로써 지나치게 단순화된 측면이 있는 BCG 매트릭스의 한계를 일부 극복하고 있다. 다시 말해 '시장이나 자사에 대해 좀 더 넓게 본 후 개별 사업을 평가하자.'라는 게 GE/매킨지 매트릭스의 핵심적 내용이라고 할 수 있다.

(3) ADL 매트릭스

사업 포트폴리오 분석에 있어 빠뜨릴 수 없는 또 하나의 평가 기법이 있는데 이는 산업 수명주기에 기반한 ADL 매트릭스를 들 수 있다. ADL 매트릭스는 시장 자체에 대한 평가를 Zoom Out해서 산업의 수명이라는 관점에서 평가하고 자사에 대한 평가는 시장에 대한 지배력, 추구할 수 있는 전략의 패턴 등을 감안해 지배적 사업자인지, 아니면 취약한 사업자인지를 구분한다. GE/매킨지 매트릭스가 다양한 평가에도 불구하고 최종적으로는 숫자나 등급을 통해 해당 사업의 포지션을 평가함으로써 직관적인 평가가 어려움에 비해 ADL 매트릭스는 개별 사업의 포지션을 '도입기 사업인데 잘하는 사업', '잘하는 사업인데 쇠퇴기 사업'과 같이 평가함으로써 보다 직관적인 평가에 도달할 수 있는 장점이 있다.

많은 기업들은 이상의 정교화된 분석을 통해 사업포트폴리오 분석을 수행하지만 그 결과는 기대에 미치지 못하는 경우가 많다. 오히려 해당 사업에 오랜 경험을 지닌 사업가들이 체계적 분석 없이 직관적으로 분류한 사업 포트폴리오가 보다 현실적이고 뚜렷한 논리를 지닌 경우가 많다. 왜 이런 일들이 자주 발생할까? 그 원인에 대해 살펴보도록 하자.

2. 포트폴리오 분석의 4대 핵심 이슈

사업 포트폴리오 분석에 흔히 쓰이는 3가지 기법들은 평가 방법에 있어 차이를 보이지만 추구하는 기본 철학과 가정은 동일하다. 이른바 외부시장과 내부 역량 간의 적합성을 추구하는 것이 바람직하며 이에 따라 전략은 결정된다는 것이다 하지만 분석의 기본전제인 시장의 정의, 그리고 내부 역량의 확보, 나아가 적합성의 추구가 과연 가능한지, 그리고 맞는 것인가라는 문제인식의 '프리즘'을 갖다 대는 순간 포트폴리오 분석은 수십 가지의 문제점을 노출하고 만다.

(1) 많은 가치는 시장의 경계나 융합에서 창출된다.

(2) 평가항목을 다양화하는 것으로 시장의 본질을 평가할 수는 없다.

(3) 핵심역량은 단기간에 보강될 수 없다.

(4) 성과는 내부역량, 그리고 전략과 실행에 따라 결정된다.

○ 사서편찬식 모델(lexicographic model): 가장 중요한 속성상에서 가장 높은 신념점수를 차지한 대안을 선택하되, 동점의 대안이 있을 때 그들만을 그 다음으로 중요한 속성상에서 비교하여 대안을 선택하는 소비자 판단규칙.

○ 사업 포트폴리오(business portfolio): 포트폴리오란 본래 증권이나 채권에 대하여 투자한 자산의 목록을 의미하지만, 사업포트폴리오란 기업을 구성하고 있는 전략적 사업 단위들의 조합을 의미한다. 이때 전략적 사업단위는 분석의 수준에 따라 사업부나 제품범주, 제품계열, 상표가 될 수 있다.

○ 사입(仕入): 판매를 위한 상품이나 생산을 하기 위한 원료 등을 구매하는 것을 말한다. 즉 물건을 사들여 부가가치를 부여하는 재판매를 하기 위한 일련의 매입활동이다.

○ 상인중간상(merchant middlemen): 자신이 취급하는 제품에 대하여 법적 소유권을 갖는 중간상인으로서 도매상과 소매상을 지칭한다.

○ 사적 상표(private brand): 중간상인이 스스로 생산하던 다른 기업으로부터 납품받아 자신의 확인수단을 부여하는 상표로서 오리지널(orginal) 상표로도 불린다.

○ 사회 마케팅(social marketing): 특정한 사회문제로부터 도출된 사회적 목표를 달성하기 위하여 사회적 아이디어를 개발하고 그것을 공중에게 수용시키기 위한 프로그램을 설계/실행/통제하는 일로서 일반적인 마케팅에서와 유사한 의사결정을 필요로 한다. ☞ 아이디어 마케팅

○ 사회적 마케팅 개념(societal marketing concept): 현재 잠재고객들이 '원하는 바'가 항상 그들의 장기적인 복지나 사회복지와 항상 일치하지는 않으며 그들은 현재 욕구충족과 장기적인 소비자 및 사회복지를 동시에 고려한다고 가정하여 마케팅 노력의 초점을 현재 소비자의 욕구충족뿐 아니라 장기적인 소비자 및 사회복지를 제공하도록 사회적으로 책임 있는 양식으로 행동하는 데 두는 마케팅 관리이념이다. ☞ 그린마케팅, 비영리마케팅

○ 사회적 지위 차원: 한 개인의 사회적 지위를 결정짓는 차원으로서 생득적 차원과 성취적 차원으로 구분되며 각 차원의 가중치는 그 사회의 가치에 의해 결정된다.

○ 사회지향적 마케팅(societal marketing): 사회적 마케팅 개념하에서 사회적 책임을

마케팅 목표의 일부로 인식하고 실시되는 제반 마케팅활동. 사회이념의 수용성에 영향을 미치고자 이를 마케팅 지식, 개념 및 기법을 활용함은 물론 마케팅 정책, 의사결정 및 활동의 사회적 귀결과도 관련을 가지는 마케팅 분야로 넓은 전체 사회시스템 속에서의 시장 및 마케팅 관리사적인 특색은 바로 사회지향적 마케팅에 있으며, 사회생태학적 마케팅, 양자택일적 마케팅은 60년대에서 70년대에 이르는 사이에, 이윤지향이라는 마케팅 목적의 달성에 앞서, 무엇보다도 먼저 기업의 사회적 책임을 다할 것을 가용하기 시작한 기업환경의 변화 때문이다. 따라서 어쩔 수 없이 90년대인 오늘날에 이르기까지도 사회지향적 마케팅으로 전개할 수밖에 없었다.

○ 산업고객(industrial customer): 산업시장을 구성하고 있는 고객들로서 다른 제품을 생산하거나 서비스를 산출하기 위하여 산업용품을 구매한다. 대체로 산업체(자기 제품 생산자/산업사용자/산업유통업자), 정부조직, 기관으로 대별할 수 있다. ≒ 조직구매자 ☞ 산업마케팅, 산업용품

○ 산업마케터(industrial marketer): 산업체, 정부조직, 기관 등 산업고객들과 교환관계를 개발하고 유지하려는 산업용품의 공급자.

○ 산업마케팅(industrial marketing): 가계나 최종소비자를 상대역으로 하지 않는 모든 마케팅활동. 산업용품의 제공자(산업마케터)가 산업고객과의 교환이 바람직하고 원활하게 일어나도록 하기 위해 수행하는 제반활동. 교환과정을 통하여 산업체, 정부조직, 기관 내의 구매결정자와 구매영향자의 욕구와 필요를 충족시키려는 활동. ≒ 조직마케팅, 對 기업마케팅 ☞ 산업용품

○ 산업용품(industrial goods): 私用을 위하여 최종소비자가 구매하는 소비용품과는 달리, 다른 제품을 생산하거나 서비스를 산출하기 위하여 산업고객들이 구매하는 제품으로서 자본투자품목, 생산자재 및 부품, 소모품과 서비스로 크게 구분할 수 있다. 산업용품과 소비용품을 구분하는 기준은 구매목적이므로 하나의 제품이 구매목적에 따라 다르게 분류될 수 있다. ⇔ 소비용품

○ 산탄식 접근방법(shotgun approach): 고객들이 원하는 바의 차이를 고려하지 않고 전체 시장에서 극대의 매출액을 추구하는 전략. ☞ 대량마케팅 ⇔ 소총식 접근방법

○ 상층흡수 가격정책(skimming pricing policy): 신제품에 대하여 대규모 촉진활동을

수행하면서 기준가격보다 비교적 높은 초기가격을 구사하는 정책(초기 고가정책)으로서 시장에 경쟁자가 나타나기 전에 신제품 개발비를 빨리 회수하기 위해 채택된다. ⇔ 시장침투 가격정책

○ 상표(brand): 자신의 제품을 확인하고 다른 경쟁자의 제품과 구별하기 위하여 판매자가 사용하는 단어, 상징, 디자인 또는 이들의 결합. 상표의 구성요소 중에서 소리로 표현될 수 있는 부분을 상표명이라고 하며 그 외의 도식적 요소를 상표표지라고 한다.

○ 상표인지도(Brand recognition Level): 소비자가 기업이 판매 혹은 제공하는 상표명에 관하여 기억 혹은 구별하는 정도를 말한다. 즉 소비자가 구매하고자 하는 상품에 대해 약간의 지식은 있지만, 어느 특정 상표를 고집하거나 선택하려는 의도가 없는 경우를 말한다.

○ 상표충성도(brand loyalty): 특정한 상표를 지속적으로 선호하여 반복구매로 나타나는 현상으로서 단순한 외견상의 반복구매 행동뿐 아니라 특정한 상표에 대한 심리적 개입을 포함한다. 특정의 상표를 애용하고 선호하는 소비자의 심리를 말한다. 즉 고객이 사용 목적에 따라 특정의 상표를 선호하고 이를 반복하여 구매하게 되는 소비자 선호(consumer preference)를 말한다. 이러한 성향은 담배나 맥주와 같은 기호품에서 강하게 나타난다.
≒ 점포충성, 기업충성

○ 상표확장전략(brand extension strategy): 이미 시장에서 성공을 거둔 기존제품의 상표를 신제품이나 개선된 제품에 활동함으로써 성공적인 상표에 대하여 소비자들이 갖고 있는 호의와 상표충성을 그대로 이연시키고 소비자들의 인지도를 높여 신제품 도입을 용이하게 하려는 전략. 대체로 첨가어+기존상표 또는 기존상표+첨가어의 형태를 가지는데 복합+미원이나 남양분유+S 등의 예가 있다.

○ 상호마케팅(mutual marketing): 교환의 당사자 모두가 마케터인 상황

○ 상황적 징후(situational symptoms): 기업이 마케팅활동을 통하여 성취하고 있는 결과를 나타내 주거나 마케팅 환경의 변화를 암시해 주는 여러 가지 징후.

○ 생산개념(production concept): 잠재고객들이 제품의 특성을 면밀하게 평가하기보다는 단순히 가용하며 자신이 감당할 수 있는 가격의 제품이라면 어느 것이든

선호할 것이라고 가정하며 마케팅 노력의 초점을 대량생산을 통한 가격인하와 유통효율성의 개선에 두는 마케팅 관리이념이다.

○ 생산지점 가격정책(free—on—board pricing policy): 마케터는 고객이 선택한 수송수단에 선적하는 비용만을 부담하고 일단 선적 후에는 제품의 법적 소유권과 모든 책임을 고객이 부담하도록 하는 공장인도 가격정책.

○ 생태적 마케팅(Ecological Markeing): 생태적 마케팅이란 에콜로지라는 학문영역에 있어서의 연구방법과 성과를 원용함으로써 마케팅 현상을 고찰·파악하고 그것의 총체적인 문제해결을 기도하려는 접근 방법이다. 기업의 마케팅활동은 한마디로 '동태적으로 변화하는 시장이나 환경에 대하여 기업이 창조적으로 적응해가는 대시장활동'이라 할 수 있으며, 이러한 기업마케팅의 역할이나 유용성에 대하여는 아무도 부인할 수 없다. 그러나 종래 '플러스'가 되었던 이러한 마케팅이 그에 반해 환경파괴의 원인의 하나라는 사실도 부정할 수가 없다. 이러한 전통적인 기업중심적 마케팅에 대한 반성과 재검토를 터전으로 하여 나타난 것이 바로 생태학적 마케팅이다

○ 서열척도(ordinal scale): 대상들이 속성의 내용을 상대적으로 많이 또는 적게 갖고 있는지의 여부에 숫자를 조응시키는 방법으로서 가감승제산이 모두 불가능하다. ≒ 순서척도 ☞ 측정척도

○ 선도구매자(Lead User): 산업재 시장에서 일반적으로 구매량이 많고 신제품의 초기 구매자가 되며 따라서 어떤 제품의 구매시장에서 선도적 역할을 하는 조직 구매자를 말한다. 이러한 선도 구매자들은 판매기업의 입장에서 볼 때 매우 중요한 고객이므로 판매 기업들은 선도 구매자들의 동향과 그들이 필요로 하는 제품 등에 관해 많은 관심을 갖게 된다.

○ 선매품(shopping goods): 소비자들이 여러 점포를 방문하거나 다양한 제품들의 가격수준, 품질, 스타일, 욕구에 대한 적합성을 비교하여 최선의 선택을 결정하는 제품. 다시 동질적 선매품과 이질적 선매품으로 구분된다. ≒ 편의품, 전문품

○ 선일자 현금할인(forward dating cash discounts): 계절성이 있는 제품의 마케터가 비수기에 구매하는 고객에게 대하여 제공하는 할인(계절할인)의 특별한 형태로서 대금청구일을 성수기까지 연기하여 현금할인조항을 함께 적용하는 형태이다. 계절할인과 현금할인의 결합형태.

○ 선택적 구매동기(selective buying motive): 구체적인 상표에 대한 구매이유. 마케팅에 있어서 본원적이라는 수식어가 대체로 제품범주를 지칭하는데 반하여 선택적이라는 수식어는 특정한 상표를 지칭한다. ⇔ 본원적 구매동기

○ 선택적 수요(selective demand): 특정한 상표에 대한 수요 ⇔ 본원적 수요

○ 성장―점유율 행렬(growth―share matrix): 보스턴 컨설팅 그룹(BCG)이 전략적 사업 단위들의 매력도를 평가하여 범주화하기 위해 제안한 모델로서 성장전망과 상대적 시장점유율을 양축으로 사용한다. ☞ 포트폴리오 분석

○ 세분시장(market segment): 전체 시장을 내부적으로 유사하고 외부적으로 상이한 하위집단으로 분리하였을 때 도출되는 하위시장. 소비자들은 각각 다른 욕구, 특징, 행동을 나타내며, 이러한 소비자들의 특성에 따라 분류하는 과정을 시장세분화라 한다. 즉 모든 시장은 여러 세분시장으로 구성되어 있는 것이다. 결국 세분시장(market segment)이란 주어진 마케팅 자극에 대해서 유사한 반응을 보이는 소비자들로 구성되어 있는 시장을 의미하는 것이다.

○ 세분시장 프로파일(segment profile): 전체 시장 구성원들의 특성에 관련되는 변수들 중에서 시장세분화의 근거로 선택된 변수들을 세분시장 정의변수라고 하며, 일단 세분화가 이루어진 후 각 세분시장의 특성을 묘사하고 비교하기 위하여 사용되는 나머지 변수들을 세분시장 묘사변수라고 한다. 이때 각 세분시장이 묘사변수들에 걸쳐 보여 주는 특징비교를 세분시장 프로파일이라고 하는데, 표적시장을 선정하거나 그들에게 적합한 마케팅믹스를 개발하는 데 활용된다.

○ 센트럴바잉(central buying): 복수의 점포에서 판매하는 상품의 전부 또는 일부를 본부에서 일괄 매입하여 판매하도록 하는 방식으로 다점포화한 백화점, 슈퍼마켓 등에서 채택하고 있다. 각 점포가 개별로 구입하는데 비해 매입비용의 절감, 매입담당 등 인재의 효율적인 활용, 상품기획 및 개발의 강화, 취급품의 표준화 등이 가능해지고 생산성이 크게 증가한다.

○ 소매(retailing): 개인적 소비(私用)를 위하여 제품을 구매하는 최종 고객에게 제품을 판매하는 활동이며 매출액의 50% 이상을 소매활동으로부터 실현하는 상인중간상. ⇔ 도매

○ 소매의 수레바퀴(wheel of retailing): 새로운 형태의 소매상이 처음에는 낮은 수준

의 서비스와 저마진으로 저가격을 실현함으로써 시장에 등장하지만, 높은 수준의 서비스를 제공하는 기존 형태의 소매상과 경쟁하고 고객에게 추가적인 만족을 제공하기 위해 어쩔 수 없이 설비를 개선하고 서비스를 확대해야 하므로 그에 따라 가격경쟁력을 잃게 된다. 그러면 다시 적은 서비스와 낮은 가격을 전략적 초점으로 하는 새로운 형태의 소매상이 출현하게 되는데, 이러한 현상을 소매의 수레바퀴라고 한다.

○ 소비용품(consumer goods): 개인적인 용도(私用)를 위하여 최종 고객에 의해 구매 되는 제품. ⇔ 산업용품

○ 소비자 사회화(consumer socialization): 시장에서 소비자의 기능을 수행하는 데 관 련되는 기술, 지식, 태도를 소비자가 획득하는 과정으로서 특히 청소년 시절의 사회화 학습이 중요하며, 도구적 훈련과 모방학습을 통하여 수행된다.

○ 소비자 신용(Consumer Credit): 금융기관, 제조업자 및 판매업자가 최종 소비자에 대하여 소비자가 지불해야 할 상품이나 용역의 대금지급을 유예하거나 소비생활 에 필요한 자금을 대부하고 이를 수수료나 이자와 함께 회수하는 신용 제공방법 을 의미한다. 또 자연인에 대하여 개인이나 가계 용도의 금전, 물품 또는 용역을 제공하는 것을 목적으로 하는 신용의 공여를 총칭하는 말이다.

○ 소비자 신용(Consumer Credit): 금융기관, 제조업자 및 판매업자가 최종 소비자에 대하여 소비자가 지불해야 할 상품이나 용역의 대금지급을 유예하거나 소비생활 에 필요한 자금을 대부하고 이를 수수료나 이자와 함께 회수하는 신용 제공방법 을 의미한다. 또 자연인에 대하여 개인이나 가계 용도의 금전, 물품 또는 용역을 제공하는 것을 목적으로 하는 신용의 공여를 총칭하는 말이다.

○ 소비자 판단규칙(consumer judgment rule): 신념점수들을 종합하여 태도점수를 결 정하는 과정에서 소비자들이 채택한다고 가정되는 모델들로서 신념/평가모델, 확 장된 신념/평가모델, 이상점모델, 속성결합모델, 속성분리모델, 사서편찬식모델, 속성제거모델 등이 있다.

○ 소비자 행동(consumer behavior): 제품을 탐색, 평가, 획득, 사용 또는 처분할 때 개인이 참여하는 의사결정 과정과 신체적 활동. ☞ 소비자 행동모델

○ 소비자 행동모델(consumer behavior model): 소비자 행동에 관계되는 변수들을 확

인하고 그들 사이의 관계를 본질적으로 상술하여 행동이 형성되고 영향 받는 양상을 묘사하기 위한 단순화된 표상.

○ 소비재(Consumer's Goods): 최종 소비자에 의하여 소비됨으로써 제품의 본래의 기능이 소멸되는 제품을 말한다. 이러한 소비재에는 편의품(convenience goods), 선매품(shopping goods) 그리고 전문품(speciality goods) 의 세 종류가 있다.

○ 소스마킹(source marking): KAN과 같은 상품코드나 심벌을 바코드화하여 메이커나 판매원 단계에서 상품에 미리 인쇄 표시하는 것을 말한다. 이는 인스토어 마킹의 불편한 점, 즉 상품코드를 점내에서 별도로 부착하지 않아도 된다.

○ 소총식 접근방법(rifle approach): 고객들이 원하는 바의 공통점은 물론이고 차이점까지도 고려하여 각 세분시장별로 최적의 마케팅 믹스를 제공하려는 전략.

○ 속성(attribute): 소비자가 여러 가지 대상의 특성을 지각하는 측면들로서 기능적 속성과 상징적 속성으로 대별되며 각 속성상의 구체적인 수준의 결합은 바로 그 대상의 특성으로 지각된다. 물론 물리적 및 화학적 측면들도 경우에 따라서는 상징적 속성으로 작용할 수도 있다.

○ 속성결합모델(conjunctive model): 제품의 결정적 속성들에 대하여 수용 가능한 최소수준을 결정한 후 어느 한 속성에서나마 그러한 수준에 미달하는 대안을 제거하는 소비자 판단규칙. ☞ 속성분리모델

○ 속성분리모델(disjunctive model): 제품의 결정적 속성들에 대하여 수용 가능한 최소수준을 결정한 다음 어느 한 속성에서라도 그러한 수준 이상인 대안을 선택하는 소비자 판단규칙.

○ 속성제거모델(elimination—by—aspects model): 가장 중요한 속성상에서 수용 가능한 최소수준에 미달하는 대안을 제거한 후 다음으로 중요한 속성상에서 수용 가능한 최소수준에 미달하는 대안을 제거하는 과정을 반복하는 소비자 판단규칙.

○ 손익분기점(break—even point): 제품판매로 얻어진 총수익이 고정원가와 변동원가를 포함한 총원가와 일치하는 매출액 또는 매출단위. 손익분기점을 초과하는 매출에서는 순이익이 발생하고 그것에 미달하는 매출에서는 순손실이 발생한다.

○ 송금계좌실명제: 송금계좌실명제란 판매회원과 판매대금을 수령하는 예금주가 동일인일 때만 송금이 가능한 제도이다. 옥션에서는 공정하고 안전한 옥션을 만들기 위해 '송금계좌 실명제'를 도입하였으며, 비실명 계좌의 경우 출금 및 송금이 불가능하다.

○ 수동적 학습(passive learning): 학습자가 학습목표를 갖지 않으며 학습제재에 관한 관여도마저 낮아 단순히 반복노출을 통한 정보의 수용으로 이루어지는 학습. ⇔ 능동적 학습

○ 수량할인(quantity discounts): 한 번에 대량으로 구매하는 고객이나(비누적적 수량할인) 일정한 기간 동안 거래량이 많았던 고객에게(누적적 수량할인) 제공하는 할인. 이중 누적적 수량할인은 고객으로 하여금 반복적으로 거래하도록 촉구하므로 애고할인이라고도 한다.

○ 수명주기비용(life cycle cost): 제품을 획득하여 사용하고 유지하는 데 소요되는 전체비용으로서 내구재나 산업용품의 고객에게 중요하다.

○ 수수료 대체: 수수료대체란 옥션에서 판매대금에서 마이너스 e—money로 결제되었던 등록수수료와 부가서비스 수수료가 대체로 결제처리 되었다는 것을 말한다.

○ 수송비흡수 가격정책(freight absorption pricing policy): 마케터가 고객이 부담해야 할 수송비의 전부 또는 일부를 부담하는 지역적 가격정책으로서 대체로 고객에게 가장 가까운 경쟁자로부터의 수송비만을 가격에 반영한다.

○ 수시조사(ad hoc research): 자신의 기업이나 경쟁사의 마케팅 프로그램을 일괄적으로 평가하기 위한 조사형태로서 대체로 횡단면적 설계를 이용한다. ⇔ 계속조사

○ 수요관리(demand management): 마케팅관리란 결국 마케팅목표를 효과적으로 달성할 수 있도록 실제수요의 크기, 타이밍, 성격을 바람직한 수요에 맞도록 조정하는 것이라는 관점에서 마케터의 과업을 달리 지칭하는 용어이다.

○ 수요스케줄(demand schedule): 일정한 기간 동안 여러 가지 대체적인 가격에서 잠재고객들이 구매하려는 제품의 양으로서 도식하면 수요곡선이 된다.

○ 수요저지광고(demarketing advertising): 수요가 공급능력을 초과하는 여건에서 고

객의 호의를 유지하기 위한 광고로서 이때의 광고목표는 대체로 효율적인 제품 활용 방법을 교육시켜 수요를 줄이거나 기업의 여건을 설득하여 고객의 압력을 완화시키는 것이다.

○ 수용과정(adoption process): 개인이 혁신에 관하여 처음으로 알게 된 후 그것을 수용하기까지 거치는 일련의 정신적 단계. 신제품이 시장에 도입된 후 소비자가 보여 주는 반응의 계층으로서 인지, 관심, 평가, 시용, 수용 등의 다섯 단계로 구성된다. ⇔ 확산과정

○ 수용자 범주: 혁신을 처음으로 인지한 후 그것을 수용하는 데까지 소요되는 상대적인 시간(혁신성향)을 개인별로 측정하여 도출한 범주들로서 혁신성향이 강한 순서는 혁신층(2.5%), 조기수용층(13.5%), 조기다수층(34%) 후기다수층(34%) 후발수용층(16%)이다.

○ 수직적 마케팅시스템(vertical marketing system): 마케팅경로상에서 지도자격인 구성원이 형성하는 전문적으로 관리되고 집중적으로 계획된 유통망으로서 경로통합의 근거에 따라 법인형, 관리형, 계약형으로 구분된다.

○ 수평적 마케팅시스템(horizontal marketing system): 새로운 마케팅 기회를 효율적으로 활용하기 위하여 둘 이상의 경로참가자들이 연합하여 공동으로 마케팅 전략을 설계하고 추진하는 형태로서 공생적 마케팅시스템이라고도 한다.

○ 스워트 분석(SWOT analysis): 환경변화가 제공하는 기회와 위협을 인식하고, 특정한 환경기회를 활용하는 데 있어서 자신이 경쟁자보다 차별적 우위를 갖는지의 여부를 결정하기 위해서는 우선 환경탐사를 통해 기회(O—pportunities)와 위협(T—threats)을 찾아내고 각각의 성공요건과 자기의 장점(S—trengths) 및 약점(W—eaknesses)을 비교해야 한다. 이때 차별적 우위를 확신할 수 있는 환경기회를 기업기회라고 한다. ☞ 환경기회

○ 스키마(schema): 소비자가 어떤 태도대상에 대하여 기억 속에 저장해 갖고 있는 일반화된 지식체계. 다양한 정보단위의 연상과 조합으로 구성되어 이미지나 포지션의 근거가 되는데, 예를 들어 갈증이라는 일반화된 지식체계는 코카콜라, 여름, 심한 운동 등을 포함한다.

○ 스토어브랜드(store brand): 소매업자가 단독으로 사용하는 브랜드를 말한다. 스토

어브랜드에는 소매업자가 직접 기획해서 생산한 오리지널 브랜드와 하청을 주어서 납품받은 PB가 있다. 협의의 스토어브랜드는 점포명과 같은 브랜드를 칭한다.

○ 스테이플 머천다이징(Staple merchandising): 상품화계획에 있어 소비재의 경우 유행성이 많은 유행상품과 유행성이 없거나 유행을 타지 않는 항상상품으로 분류한다. 이때 항상상품에 대한 상품화계획을 가리킨다. 상품화계획을 할 때의 요점은 사전 정보수집, 적정 구매량 책정, 재고관리 방법 강구, 판매에 관한 자료정비를 해 나가는 것이다. 급격한 유행은 없지만 항상 상품도 변화에 뒤지지 않도록 계획화 해나가야 한다.

○ 스테이플 머천다이징(Staple merchandising): 상품화계획에 있어 소비재의 경우 유행성이 많은 유행상품과 유행성이 없거나 유행을 타지 않는 항상상품으로 분류한다. 이때 항상상품에 대한 상품화계획을 가리킨다. 상품화계획을 할 때의 요점은 사전 정보수집, 적정 구매량 책정, 재고관리 방법 강구, 판매에 관한 자료정비를 해 나가는 것이다. 급격한 유행은 없지만 항상 상품도 변화에 뒤지지 않도록 계획해 나가야 한다.

○ 슬리퍼 효과(sleeper effect): 시간이 경과함에 따라 신뢰성이 높은 송신자로부터의 커뮤니케이션 효과는 감소하는 반면에 신뢰성이 낮은 송신자로부터의 커뮤니케이션 효과가 증가하는 현상.

○ 습관적 구매행동(habitual buying behavior): 과거경험을 근거로 하여 만족을 보증하고 정보탐색과 상표평가의 필요성을 감소시켜 나타나는 단순화된 의사결정 과정.

○ 습관적 의사결정(Habitual Decision Marking): 습관적 의사결정 과정에서는 엄격한 의미의 의사결정이라 할 것이 없다. 왜냐하면, 문제가 인식되면 곧 내부탐색(장기기억)을 통해 단일의 해결안(상표)을 얻게 되고 당연히 그 상표를 구매하기 때문이다. 다만 사용한 결과 기대에 미치지 못할 경우에 한해서 구매 후 평가를 할 뿐이다. 그리하여 습관적 의사결정은 흔히 그 구매에 대한 관여수준이 극히 낮고 반복적 구매행동을 가져올 때 일어나게 된다.

○ 시간사용형 제품(time—using goods): 시간을 효율적으로 활용하기 위한 제품으로서 예를 들어, TV, 스키, 낚시, 골프, 테니스 등 대체로 여가활동에 관련된 제품들.

○ 시간절약형 제품(time—saving goods): 여가시간을 증대시키기 위하여 비자유재량

의 시간을 감소시켜주는 제품으로서 식당, 즉석식품, 세탁기, 전기밥솥 등 대체로 노동절약형 제품(labor—saving goods)이다.

○ 시계열적 설계(logitudinal design): 조사대상들을 한 변수에 대하여 여러 시점에 걸쳐 반복적으로 측정하는 조사설계. ⇔ 횡단면적 설계

○ 시너지즘(synergism): system+energy의 복합어로서 독립적인 각 구성단위가 갖는 효과의 합보다도 전체효과를 크게 하는 구성단위들의 협동적 행동을 의미한다. ≒ 시너지 효과

○ 시장구조 분석(market structure analysis): 제품형태를 근거로 한 포지셔닝 분석. 소비자가 원하는 바에 따른 제품형태 대안들(냉동건조 커피, 인스턴트커피, 탈카페인 커피, 그라운드 로스터 커피)의 포지션을 평가하거나 특정한 제품형태의 시장잠재력을 평가하기 위해 실시된다.

○ 시험마케팅(test marketing): 신제품의 대량생산과 시장도입에 앞서서 실제의 시장환경 내에서 잠재고객들의 반응을 평가하기 위하여 표본적으로 실시하는 소규모의 마케팅. 대체로 소비용품의 경우에는 신제품 시용률, 최초구매량, 신제품수용률, 구매빈도 등이 검토되며 산업용품의 경우에는 제품의 성능, 구매센터의 구성, 가격변화에 대한 반응, 잠재시장의 규모, 세분시장별 유망성 등이 검토된다.

○ 시험시장(test market): 연령이나 소득 또는 교육수준 등의 특성에서 전체시장과 유사한 분포특성을 갖는 지역(도시)으로서 마케터는 이곳에서 시험마케팅을 실시하고 그 결과로부터 전체시장의 반응을 추정한다.

○ 신제품개발 의사결정의 딜레마(Dilemma)
신제품을 개발하고, 그리고 개발한 신제품을 시장에 도입하는 것은 실패할 위험성이 매우 높지만 이러한 과업은 현대 기업에 있어서 없어서는 안 될 중요한 노력이다. 모든 기업은 급변하는 기술과 시장의 영향하에 존재하고 있다. 따라서 기존의 성공적이었던 제품들도 결국엔 진부하게 되어 새롭게 개선된 제품들에 의해 대체되고 만다. 그러므로 제품의 혁신 노력은 많은 기업의 생존과 성장에 있어서 매우 중요한 역할을 담당하게 된다. 그러나 현실적으로 신제품 개발과 도입에 대한 의사결정은 매우 어렵고도 위험한 것이다. 오늘날의 경영자들에 있어서 신제품 개발 의사결정은 하나의 '딜레마'라고 판단된다.

○ 신제품 수용자 범주화(Adopter categorization of New Products): 소비자를 상대적인 수용 속도인 혁신성(innovativeness)에 따라 분류하면 평균수용 시간을 중심으로 정규분포를 이루고 각각의 범주에 속하는 집단의 특징과 비율은 아래와 같다고 하는 이론이다.

① 혁신층: 2.5%. 모험지향적, 비교적 젊고 부유하여 혁신에 대한 이해력이 높고, 수용의 실패에 대처하는 능력도 강함.

② 조기 수용층: 13.5%. 존경 지향적, 의견 선도성이 강하고 혁신층에 비하여 사회 체제에 잘 유합되어 있으므로 나머지 강하고 혁신층에 비하여 사회체제에 잘 유합되어 있으므로 나머지 사회구성원의 역할 모델이 됨

③ 조기 다수 수용층: 34%. 신중지향, 동료들의 행동을 보아가며 수용하며, 실패를 방지하기 위해 비공식적이고 인적인 정보원천에 의존하는 정도가 높음.

④ 후기 다수 수용층: 34%. 새로운 것에 매우 회의적임 주위의 수용압력과 신제품의 명백한 이점을 확인한 후에 수용

⑤ 후기 수용층: 16%. 전통지향. 변화에 대해 의심이 많고 거의 모든 사람이 수용한 것을 보고 수용하며, 이들이 신제품을 수용할 때는 이미 그 제품은 신제품이 아닌 경우가 많음

○ 실적점검 조사(performance monitoring research): 마케팅활동을 통제하기 위하여 필요한 마케팅 성과에 관한 정보를 수집하기 위한 조사.

○ 실증적 마케팅(positive marketing): 현재 실시되고 있는 마케팅활동을 설명하고 예측하려는 접근방법이다.

○ 시장(market): 특정한 제품으로서 충족될 수 있는 욕구를 갖고 있으며, 그것을 선택하려는 의도와 구매능력을 갖춘 개인이나 조직의 집합이다. 간혹 수요와 혼용되기도 한다.

○ 시장선호패턴(market preference pattern): 개별 소비자들의 원하는 바를 반영하는 속성결합들의 패턴으로서 동질적 선호패턴, 확산된 선호패턴, 집군화 선호패턴의 세 가지 유형이 있다.

○ 시장세분화(market segmentation): 전체 시장을 구성하고 있는 잠재고객들을 어떠한 기준에 의하여 유사한 하위집단으로 분리하는 과정이다. 이때 사용되는 기준을 시장세분화 변수 또는 시장세분화 근거라고 하며 시장세분화의 결과로서 도출된 하위집단을 세분시장 또는 하위시장이라고 한다.

○ 시장 수명주기(market life cycle): 제품수명주기가 시간경과에 따른 제품의 수요변화 패턴을 나타내는데 반하여 시장수명주기 또는 제품—시장 수명주기란 잠재고객들이 희구하는 효익의 수명주기를 말한다. 예를 들어, 의류구매에 있어서 세탁편의성은 1960년대부터 서서히 강조되어 오다 1980년대 이후에는 유행성이나 자연성에게 그 자리를 내주었다. ☞ 제품수명주기

○ 시장조사(market research): 특정한 시점에 있어서 시장의 구성과 고객들의 행위특성에 관한 조사로서 여러 가지 요인들의 가변성은 고려하지 않는 정적인 개념이다.

○ 시장침투 가격정책(market penetration pricing policy): 도입기에 제품수용도를 높이고 대량생산과 경험효과에 의한 생산원가의 인하를 통하여 경쟁우위를 차지하려는 초기저가정책. ⇔ 상층흡수 가격정책

○ 신념점수(belief score): 소비자들이 판단근거로 사용하는 각 결정적 속성에 대한 신념들을 계량적으로 측정한 점수. 각 결정적 속성별로 측정된다. ≒ 태도점수

○ 신념/평가모델(belief/eval!uation model): 특정한 대상에 대한 전반적인 태도가 그것이 속성 i에 관련된다는 신념의 정도와 속성 i에 대하여 부여하는 가치의 가중합계로 이루어진다는 견해의 다속성 태도모델. ☞ 확장된 신념/평가모델

○ 신뢰성(reliability): 측정이 무작위 오차로부터 영향을 받지 않는 정도로서 대체로 측정의 변이 중에서 비일관성에 기인하는 부분을 검토하여 평가한다. ☞ 타당성

○ 신제품(new product): 표적시장의 잠재고객들이 물리적/화학적 및 상징적 속성상에서 심지어는 부수서비스 상에서라도 기존제품과 다르거나 새롭다고 지각하는 모든 욕구충족수단. ≒ 혁신

○ 실버산업: 오늘날 생활여건과 환경의 발달에 따라 65세 이상 오래 사는 장수 인구가 늘게 되어 그들 고령자에 대한 여러 가지 일을 개발하고 발전시켜가는 사업을 실버산업이라고 한다. 노인이 되면 으레 머리털의 색깔이 변하여 희거나 회백색이 되는 것이 보통이고 그 생각이 마치 은색과 같다하여 노인을 가리켜 실버맨이라 하고 식료품, 의약품, 의료기기 및 의료업, 주택, 교통 용구, 금융, 보험, 여가나 관광용품과 관광업 등 여러 가지가 새롭게 개발되고 발전하고 있다.

○ 실제제품(actual product): 고객들이 원하는 바에 대응하여 제품이 그들에게 제공

하려는 효익을 여러 가지 속성의 결합으로 전환시킨 실체. ☞ 핵심제품

○ 심리세트(psychological set): 특정한 시점에서 소비자가 갖고 있는 마음상태로서 여러 가지 제품범주에 관련된 욕구기준과 다양한 대안들에 대한 태도로 구성되어 있다.

○ 심리적 가격정책(psychological pricing policy): 특정한 가격이나 가격범위가 다른 가격(범위)에 비하여 고객들에게 심리적 소구력을 많이 갖는다는 관념을 근거로 하여 구사하는 가격정책. ☞ 명성가격정책, 개수가격정책, 단수가격정책

○ 심리적 일관성(psychological consistency): 생리적으로 일정한 상태를 유지하려는 항상성에 대응되는 개념으로서 인간은 태도의 인지적/감정적/행동적 구성요소들이 일관성을 가짐으로써 균형을 유지하려고 노력한다.

○ 심층면접법(Depth Interview): 1차 자료를 수집하기 위한 정성조사 방법 중 하나이다. 심층면접법은 일반적으로 장시간(약 30분) 동안 응답자와 잘 훈련된 면접원 간에 연구하고자 하는 주제에 대하여 비구조화된(사전에 면접원과 응답자 사이에 질문의 형식을 정하지 않고 면접을 행하는 방법이다)) 인터뷰를 행하는 것이다. 이 방법을 이용하게 되면 연구하고자 하는 제품이나 상표 이외에도 다양한 내용에 대하여 자유롭게 자신들의 태도나 행동, 관심에 대하여 이야기할 수 있다.

○ 시아이(CI): 기업의 경영이념과 활동방향을 정립하고 이를 시각적으로 표현한 기업의 존재가치(corporate identity). 따라서 CI 프로그램(CIP)이란 기업이 자신의 존재가치와 의미를 명확하게 하기 위하여 통일성 있는 이미지를 대내외적으로 형성하려는 일종의 커뮤니케이션 전략이다.

○ Conversion Rate: Conversion rate는 클릭 후에 연결된 페이지에서 이상의 복권, 경마, 도박 등의 Sweepstakes, 뉴스레터에의 Sign—up,Survey 응모, 전자상거래상의 구매 등으로 '재연결/전환'된 비율을 의미한다. 종래에는 광고배너에 대한 반응 추적(tracking)을 CTR로 한정해 왔지만, 최근에는 광고서버의 발달로 반응율을 Conversion rate로 확대 해석하는 경향이다. 물론 Conversion rate를 확인하려면 배너 링크 페이지를 운영하는 광고주 측의 협조를 받아야 한다.

○ 시피엠(CPM): 수신자 1,000명에게 광고물을 노출시키는 데 소요되는 비용을 나타내는 지수(cost—per—thousand audience method). 예를 들어, 300만 원짜리 TV 광고물에 1,000만 명이 노출되었다면 CPM은 300원이다.

○ 시오디(COD) 미수금: 일반적으로 백화점에서 일부 계약금을 받고 잔액을 받는데 매출발생 시에 생기는 미수금.

○ CPO(Cost per Order): 어느 매체에 게재된 배너광고를 click하여 광고주의 페이지로 이동한 뒤, 광고주의 페이지에서 물품을 구입한 경우 그 물품의 판매액의 일부분을 광고비로 받는 형식의 단가 제안. 국내에서는 아직 활성화되지 않은 광고 단가 형태이며, 유사한 개념으로는 상위 개념인 CPA(Cost per Action: 한 매체에 게재된 광고를 click하여 광고주의 페이지로 이동한 뒤, 광고주의 페이지에서 회원가입이나 물품 구입, 설문 등에 응한 비율을 바탕으로 광고 집행비를 결정하는 것)가 있다.

○ CPC(Cost per Click): 어떤 매체에 배너광고 등을 집행할 때, 광고주가 지불하는 단가에 대해 guarantee할 요소를 click수로 하는 것. 즉 1천만 원에 2백만 imps.식의 imps. guarantee가 아닌, 1천만 원에 50만 click수의 형식으로 guarantee하는 것을 말한다.

○ CTR(Click Through Rate): 온라인 광고에 대한 유저들의 반응 비율, 즉 클릭 빈도를 나타낸 것으로 주로 백분율로 나타낸다. 계산 방법은 한 배너에 대한 총 click수를 배너의 총노출수로 나누어 기 수치에 100을 곱하여 산출한다(예: 어떤 배너가 100번 노출된 중 10번의 click이 있었다면 이 배너에 대한 CTR은 10%이다).

○ CPM(Cost per Mill—Cost per Thousand Impression): CPT(Cost per Thousand)라고도 하며 Impression 1,000회 당 비용을 말한다. 즉 어떤 사이트에 광고를 게재할 경우 guarantee된 imps.가 2,000,000번이고 집행단가가 1천만 원일 경우 CPM은 5천원이 된다.

○ salaried buying office: 그것의 회원 스토어와는 독립적으로 소유되고 운영되어지는 바잉 오피스, fee office라고도 불린다. 바잉 오피스의 가장 일반적인 형태 개인적으로 소유되어진 전문점의 대부분은 서비스에 연간 Fee를 바잉 오피스에 지불한다. 다른 타입의 바잉 오피스보다는 많은 수의 멤버 스토아를 보유한다.

○ syndicated buying office: 소매업 집단에 의해 운영되는 구매 오피스.
  예) May merchandising사는 May 백화점사의 8개의 디비전으로 운영되는 제품의 개발, 수입, 국내 마켓을 커버하는 책임을 지고 있다.

○ showroom: 장래의 소매 바이어 에게 그들의 상품 라인을 보여 주기 위해 생산자, 도매업자, 국내외 수입업자 등이 세팅한 장소

○ 아이다 모델 AIDA model: 마케팅 커뮤니케이션에 대하여 소비자들이 보여 주는 반응을 주의(attention), 관심(interest), 열망(desire), 행동(action)으로 범주화한 모델. 또한 기억(memory)을 포함하여 AIDMA 모델도 제안되고 있다.

○ 아이드마의 법칙(AIDMA Formula): 소비자가 상품을 구입하기까지의 과정을 5개의 과정으로 분류한 것. 즉 소비자는 먼저 주의(Attention)를 하고, 흥미(interesting)를 갖고, 욕구(Desire)를 일으키고 기억(Memory)하고 최후에 행동(Action)으로 옮기는 과정을 거쳐 상품을 구매한다. 이것들의 머리글자를 따서 AIDMA라 부른다. 주의를 환기하는 단계란 예를 들면, 판매원이 손님을 소리 내어 부르는 단계이며, 흥미를 일으키는 단계란 그 상품의 특성을 강조하는 단계 등, 각 단계에 따라서 판매하는 포인트가 달라진다. 아이드마의 법칙을 때로는 아이더스의 법칙이라 부른다. 아이더스의 경우는 욕구 뒤에 바로 행동이 뒤따른다고 생각하며, 그 뒤에 만족을 갖게 한다고 해서 AIDMA와 다르다고 생각할 수도 있지만 결국은 같은 말이다.

○ 아웃쇼핑(Outshopping): 소비자는 그들의 욕구가 특정 지역 내에서는 충족되지 않기 때문에 종종 다른 지역에서 쇼핑을 하는 경우가 있는데, 이를 아웃쇼핑이라 한다. 아웃쇼핑의 예로는 소규모 지역의 거주자가 동지역에서의 가격이 너무 높을 때 쇼핑을 하기 위해 보다 큰 지역으로 여행하는 관행 등을 들 수 있다.

○ ISO(International Organization for Standard): 1947년에 창설된 국제기구로서 상품과 용역의 국제교류를 촉진하고 기술적, 경제적, 지적, 학문적 분야의 협력을 증진하며 세계 표준화와 관련 활동의 발전을 촉진함을 목적으로 한다. 회원제이며 회원기관은 각국의 대표적인 표준기관에 회원자격을 부여한다. 우리나라는 1963년에 공업진흥청이 회원으로 가입하였고 현재 회원국은 105개국이다.

○ associated buying office: 회원 스토아들에 의해 공동으로 운영되어지고 소유된 비영리의 조인트 된 조직형태의 바잉 오피스. 스토아는 오피스의 공동소유 오너로서 이사 회의를 통해 관리에 참여한다.

○ 암흑상자모델 blackbox model: 소비자가 자극을 받아들이고 그것을 처리하여 반응을 보이는 과정에서 마음속의 자극처리공정을 규명하지 못한 채 단순히 자극

과 반응 사이의 관계를 가정하는 모델로서 소비자 행동에 대한 초기모델이다.
≒ 자극―반응모델

○ 애고동기 patronage motive: 특정한 점포나 기업과 거래하는 이유로서 대체로 가격, 구색, 입지, 명성, 정책, 친분관계, 마케팅 정책 등에 관련된다.

○ 에스크로 서비스(ESCROW service): 전자상거래에서 거래대금 입출금을 제3자가 관리하는 제도. 상대방을 눈으로 확인하기 어려운 전자상거래가 널리 이용되면서 대금을 보냈는데도 제품이 도착하지 않을 때, 보내온 제품이 설명된 제품과 다를 때, 물품을 보냈는데도 대금이 입금되지 않았을 때 등에서 판매자나 구매자의 불만이 발생한다.
이 서비스는 이런 사고를 미리 막고, 거래를 안전하게 하여 판매자와 구매자 사이에서 일어나는 대금과 제품을 제3자인 전문업자가 중개하는 제도이다. 거래가 결정되면, 전문업자는 구매자로부터 대금을 입금 받아 이를 보관하고, 그 사실을 판매자에게 알려 제품을 구매자에게 보내도록 한다. 그리고 물품을 받은 구매자가 그 제품에 하자가 없이 수령한다는 것을 확인한 뒤에야 보관하고 있던 대금을 판매자에게 보낸다. 이렇게 되면 거래의 안전성이 확보된다.

○ 애고할인(patronge discounts): ☞ 수량할인

○ 애시현상(Asch phenomenon): 준거집단의 묵시적인 압력에 의하여 개인의 판단이나 행동이 왜곡되는 현상.

○ 양측검증(two―tailed test): 의사결정자의 정보욕구가 모수에 대한 양 방향에 집중되어 있기 때문에 통계량 분포곡선의 양 끝부분을 모두 사용하는 통계적 가설검증. ⇔ 단측검증

○ 에스티피(STP): 마케팅 전략의 기본적인 구성요소를 함축적으로 나타낸 기호로서 시장세분화(Segmentation), 표적시장의 선정(Targeting), 목표포지션의 결정(Positioning)을 의미하며 이다음에 이어지는 단계는 마케팅 믹스의 개발이다.

○ 에이아이오(AIO): 라이프스타일을 묘사하기 위한 활동(activities), 관심(interests), 의견(opinions)의 측면들. ☞ 라이프스타일

○ 에이이(AE): 광고주를 위하여 마케팅 조사, 매체선정, 광고물의 제작 등 여러 분

야의 기능을 종합적으로 통합하여 광고계획을 수립하고 관리하는 광고대행사의 담당자. 광고주의 유치나 광고주와의 단순한 연락업무를 넘어서 특정한 광고주의 스태프 역할까지도 수행한다.

○ 역할구조(role structure): 특정한 가계구매 결정에 있어서 누가 상대적으로 많은 영향력을 행사하는지를 묘사하는 개념으로서 자치적 역할구조, 남편지배적 역할구조, 부인지배적 역할구조, 공통적 역할구조의 형태가 있다.

○ Open Rate(개봉률): 발신된 이메일에 대해 몇 명의 수신자들이 이메일을 개봉하였는지를 백분율로 나타낸 것으로, 잘 구성된 이메일의 경우 개봉율은 10%정도 입니다. 인콰이어리(inquiry: DM)를 보고 문의를 해오는 것)비율 등과 함께 DM의 효과를 측정하는 주요한 지표이다.

○ 원스톱 구매(One—stop Shopping): 물건을 사려고 여기저기 돌아다니지 않고 한 상점에서 원하는 상품을 다 살 수 있는 구매방식. 예컨대 백화점에 한번 가면 여러 가지 필요한 상품을 다 살 수 있다는 것이다. 판매점으로서는 각종 상품을 구비해 놓고 고객의 편의를 제공함으로써 많은 손님을 끌어 매출성과를 높일 수 있는 새로운 판매경영방식이다.

○ 완결의 원리(priciple of closure): 자극에 대한 감각결과가 불완전할 때 소비자가 감각결과를 해석하기 위하여 스스로 불완전한 부분을 보완하는 현상으로서 자극에 대한 관여도를 높이고 주의와 학습 및 회상을 증대시킨다.

○ 완전수요(full demand): 실제수요와 바람직한 수요의 평균적 크기뿐 아니라 시간적 패턴까지도 일치하는 수요상태이다.

○ 욕구(need): 인간이 생리적 및 심리적으로 행복하기 위하여 충족되어야 하는 기본적인 조건들이다. 그러한 조건들이 충족되지 않은 상태는 긴장을 야기하고 그러한 긴장을 해소하려는 행동을 촉발하는 동기를 형성한다. 늑 기본적인 욕구, 1차적 욕구

○ 욕구기준(need criteria): 기본적인 욕구를 충족시키기 위하여 특정한 제품범주로부터 희구하는 효익의 다발 또는 특정한 제품범주 내에서 한 대안을 다른 대안들보다 우월하다고 판단하는 데 이용하는 기준들.

○ 욕구의 동기화(motivation): 기본적인 욕구가 자극에 의해 활성화되어 동기로 전환되는 과정.

○ 욕구구조(need structure): 특정한 제품구매에 있어서 개인별로 강조하는 효익의 상대적 크기로서 각 제품의 가치를 결정짓는다. ☞ 포지셔닝 전략

○ 욕구충족수단(need―satisfie)r: ≒ 필요충족수단, 자원, 마케팅 믹스 ☞ 제품

○ 원가가산 가격결정(cost―plus pricing): 제품의 생산원가에 일정율 또는 일정금액을 가산하여 기준가격을 결정하는 방법으로서 생산원가의 성격에 다라 총원가 방법과 증분원가 방법으로 구분된다.

○ 원천효과(source effect): 메시지가 동일할지라도 송신자의 특성에 따라 커뮤니케이션의 효과가 다르게 나타나는 현상. ☞ 송신자 신뢰성

○ 웨버의 법칙(Weber's law): 차이식역에 도달하기 위하여 필요한 자극차이는 초기 자극치에 비례한다.

○ 위풍재(prestige goods): 소비자들이 제품가격을 품질의 지표로 해석하는 제품들로서 대체로 고급품이나 고가품 또는 신체적 위험을 많이 수반하거나 사회적 지위의 상징성을 내포하는 제품이다. ☞ 명성가격정책

○ 유니트 컨트롤(unit control): 수량관리라고도 하는데, 재고량이나 주문량, 일정기간 동안 판매량을 상품의 수량별로 관리하는 방법이다. 따라서 판매량, 매입량, 재거량 등을 지속적으로 기록해야 하는데, 품목수가 너무 많아 컨트롤해야 하는 단위가 지나치게 작으면 실무에 반영키가 곤란하다는 문제점을 가지고 있다. 판매 수량 파악 방법으로는 이중가격표시방법, 현품 재고정리법, 매출전표법 등이 있으며 최근에는 pos에 의한 관리가 널리 보급되고 있습니다. 특히 pos에 의한 관리는 정밀도가 높은 데이터 수집을 통한 품목별 계획판매나 데이터의 추가발주 재고 컨트롤 등을 목적으로 합니다.

○ 유에스피(USP): 메시지에서 전달하려는 내용에 대한 구상으로서 제품의 속성, 효익, 가치를 근거로 하여 개발된다(unique selling point). 즉 소비자에 대한 설득의 초점으로서 예를 들면, 신사화의 경우 상쾌한 발걸음과 품위의 조화가 될 수 있다.

○ 유인가격(Loss Leader): 슈퍼마켓이나 백화점이 소비자들의 점포 통행량을 늘려서 자기 상점으로 유인할 목적으로 잘 알려진 제품의 가격을 저렴한 가격으로 판매함으로써 소비자들에게 자기 상점의 가격수준이 다른 상점보다 매우 낮은 인상을 주기 위한 방법이다. 주로 생필품을 취급하는 점포에서 시행되며, 이때 가격을 인하시킨 제품은 손해를 볼 수고 있지만 소비자들을 자기 점포로 적극 유치함으로써 다른 제품의 매출이 신장되는 효과를 볼 수 있으므로 결과적으로 상점의 이미지는 좋아지고 전체적인 매출액은 늘어나므로 유인가격이라고 한다.

○ 유의수준(significance level): 의사결정자(정보이용자)가 받아들이는 1종 과오의 최대 허용범위로서 통상 α로 표시한다.

○ 유지적 마케팅(maintenance marketing): 완전수요의 상태에서 마케팅활동의 효율성과 마케팅 환경요인들의 변화추세에 대하여 끊임없이 점검하고 대처함으로써 완전수요의 상태를 유지하는 마케팅 관리 과업이다.

○ 유통(Distribution): 제조와 서비스의 최초 원천에서 최종 고객가치의 범위에 포함된 다양한 관계자들 사이에 있는 기관들과 그들의 관계를 연결시키는 활동 사용권(권리의 실제적 이전), 지불, 정보, 그리고 촉진 등을 포함하는 재화와 용역의 흐름을 용이하게 하는 활동

○ 유통채널(Distribution Channel): 자사상품의 판매를 증대시키기 위한 유통기구의 관리방법으로 관리방법의 분류를 보면 다음과 같다. 이용 가능한 모든 유통업자로 하여금 자사제품을 취급하게 하고 결과적으로 소매점두의 스토어 커버리지를 최대로 하려고 하는 방법이 있는데, 이를 '집약적 유통 채널'이라고도 부른다. 소비자가 그다지 구매하러 돌아다니지 않고, 구입빈도가 높고, 비교적 값이 싼 일상용품에 이 타입이 많다. 다수의 소매점에 상품을 유통시키기 때문에 필연적으로 긴 채널이 된다. 반대로 특정지역에서 단일의 유통업자와만 거래를 하고 다른 메이커의 상품을 취급하지 못하게 하며 소매업자도 한정하는 것과 같은 경우를 '배타적 유통 채널' 혹은 '전매적·전속적 유통채널'이라 부른다. 고도의 상품지식을 필요로 하는 전문품에 많으며, 채널은 가장 짧고 과점상태에 있어서 경쟁수단으로서의 성격이 강하다. 양자의 중간적인 것으로 '선택적 유통채널(selective channel)'이 있다. 일정한 기준으로 효율적인 유통이 가능한 업자를 선택하려고 하는 것이며, 구매빈도도 작고 비교적 비싼 가격의 제품으로 브랜드 선호도도 높은 선매품에 많은 타입인데 보다 효과적·효율적인 유통이 가능하고 시장관리도 비교적 용의주도하며 정보의 피드백도 기대할 수 있다는 점에서 차

츰 채용하는 메이커가 늘어나고 있다. 아무튼 이들 채널정책은 토탈 마케팅 정책의 관점에서 검토되고 결정되지 않으면 안 된다.

○ 유행주기(fashion cycle): 유행이란 여러 집단의 사람들에 의해 인기 있게 수용되고 구매되는 스타일을 말하는데, 그것은 특이화 단계, 모방단계, 경제적 모방단계를 거치며 일반적인 제품수명주기의 쇠퇴기에 해당하는 단계가 없다.

○ 의견 선도자(opinion leader): 집단의 다른 구성원들이 특정한 주제에 관하여 전문성과 영향력을 갖고 있다고 간주해 주는 사람으로 의견 선도력의 가장 중요한 원천은 정보이다. 준거집단들은 그 구성원의 행동을 규제하고 상호정보를 교환하는 네트워크로서의 역할을 수행한다. 그래서 흔히 준거집단의 내부에는 규제적 및 정보 역할을 수행함에 있어서 특별히 지도적인 역할을 수행하고 있는 사람이 있는데, 그를 일컬어 의견 선도자라고 한다.

○ 의미차별화 척도(semantic differential scale): 양극적 형용어구들을 극값으로 하는 척도. 응답자로 하여금 대상에 대한 자신의 태도를 가장 정확하게 나타내는 위치를 각 형용어구상에 표시하도록 요구함으로써 기업이나 상표 이미지를 연구(프로파일 분석)하는 데 널리 이용된다.

○ 의사결정단위(decision making unit): 집단적인 구매결정에 있어서 제안자, 정보수집자, 영향자, 결정자, 구매자, 사용자, 평가자의 역할을 분담하는 구성원들. ☞ 가계구매

○ 20: 80 법칙: 소매기업이 매장에 진열해 놓고 소비자에게 구매하도록 제사하는 모든 품목이 동일하게 판매되는 것은 아니다. 즉 잘 팔려서 점포 전체의 매출액에서 차지하는 구성 비율이 높은 품목이 있고, 그렇지 못한 품목이 있는 것도 사실이다. 20: 80 법칙은 이러한 현상을 나타내는 것으로 매장에 진열되어 있는 20%의 품목이 점포 전체 매출액의 80%를 차지한다는 것을 의미한다. 따라서 소매기업은 품목별로 중점을 두어야 할 품목을 사전에 계획적으로 정하여 관리할 필요가 있으며, 이러한 생각은 구매활동에서부터 적용되어야 한다. 그래서 나머지 80%에 해당되는 품목들도 점포의 이미지 및 점포 촉진활동의 제고를 위하여 기능할 수 있도록 하여야 한다.

○ ECR(efficient consumer response): 효율적 고객대응
   ① 디스카운트 스토어를 비롯한 가격파괴 현상의 물결에 직면한 제조업체와

도·소매상이 하나가 되어 효율적인 경영합리화를 모색하여 살아남고자 하는 전략으로 효율적인 소비자 대응을 의미하는 말의 약칭이다. 소비자의 만족을 극대화시키기 위한 유통전략으로서 미국의 식품업계에서 처음 시도했다. 소매 및 도매에 의한 판매 데이터를 제조업체의 계획생산에 반영시키는 정보의 공유화를 기초로, 유통 시스템을 효율화하여 생산에서 판매까지의 시간을 단축시키고 잉여재고를 없애는 것을 주요 목표로 삼고 있다. 즉 생산에서 최종판매에 이르기까지 상품의 흐름에 관련된 각 기업들이 공동으로 상품의 유통과정을 일체화, 표준화한다. 이로써 소비자의 만족 및 기업의 이윤을 극대화하기 위한 물류와 정보의 전략적 제휴에 의해 최종소비자 반응에 신속히 대응한다는 경영혁신전략으로 BPR(business process re—engineering) 기법 중의 하나이다.

② 소비자를 중심으로 원료구매 생산에서 판매까지의 총유통공급망을 효율화하여 가치를 향상하려는 SCM전략의 하나로 유통업체와 제조업체가 WIN/WIN 정신을 기반으로 한 파트너십을 구축하여 새로운 비즈니스를 모델을 시스템하여 개발해 나가는 것을 말한다.

③ 장점: 창고 및 점포주문의 자동화 무재고 감소, 분산창고에 의한 물류, 재고 감소, 상품회전율증대, 재조/재고/수송의 최적화, 상품보충, 점포구색, 상품판매촉진, 신상품 소개

○ SCM(공급관리망)

제품생산을 위한 프로세서를 부품조달에서 생산계획, 납품, 제고관리 등을 효율적으로 처리할 수 있는 관리 솔루션이다. 그 목표는 제품을 항상 조달할 수 있다는 전제하에 재고를 줄이는 것이다.

○ 다른 ECR 용어

전자식 연산 제어장치에 의한 금전등록기로 상거래의 결제, 기록, 판매정보의 수집, 금전의 보관 등을 담당하는 기계. 1960년대 말엽 일본에서 만들어진 것이 최초로 그 후 급속히 보급됐다. 기계식인 것에 비해 다수, 복잡한 데이터의 집계가 가능하다. 키 터치가 가볍고 장시간 사용해도 피로하지 않다는 등의 특징이 있다.

○ 이메일 마케팅: 이메일 마케팅이란 이메일 콘텐츠 내의 광고 삽입/발송뿐만 아니라 각 웹사이트 및 업체가 회원이나 고객들을 대상으로 CRM수단으로 이용하고 있는 마케팅 방법으로 근래에는 이메일 관련 규정이 수립되고 제한이 점차 엄격해짐에 따라 유저들로부터 수신여부를 허가 받은 후 메일을 발송하는 '퍼미션 마케팅'이 주요한 쟁점이 되고 있다.

○ 이미지(image): 제품 또는 서비스, 기업, 점포에 관하여 고객들이 갖고 있는 정신적 그림으로서 고객이 지각대상과 함께 연상하는 감정적 및 미학적 느낌을 모두 포함한다.

○ 이미지 프로파일(image profile): 한 대상에 대한 이미지를 다수의 이미지 차원에서 평가하여 도식한 것으로서 의미차별화 척도가 널리 사용된다. 다차원척도화의 기법들을 이용하여 작성한 지각지도도 이미지 프로파일의 일종이라고 할 수 있다.

○ 이상점 모델(ideal point model): 소비자들로 하여금 여러 가지 속성상에서 그들의 이상적 수준을 확인하고 동일한 속성들상에서 상표대안들을 평가시킴으로써 여러 가지 속성에 걸쳐 각 상표가 소비자의 이상적 제품과 상이한 정도를 평가하여 태도에 대한 역지수로 활용하는 다속성 태도모델.

○ 이성적 동기(rational motive): 좋은 품질, 저렴한 가격, 제품수명, 성능, 조작의 편리함 등 주로 기능적 만족에 관련되는 행동이유 ⟺ 감성적 동기

○ 이월효과(carryover effect): 광고가 실시된 후에도 소비자들에게 계속하여 영향을 미치는 현상.

○ 2차 자료(secondary data): 현재의 조사목적이 아니라 다른 조사목적을 위하여 이미 수집되어 있는 자료로 경제성과 신속성의 측면에서 유용하다. ⟺ 1차 자료

○ 2차적 욕구(secondary need): ≒학습된 욕구 ☞ 필요

○ 2차조건화(secondary conditioning): 고전적 조건화에 의해 학습된 조건자극—반응의 연관에 대하여 새로운 자극을 연상시켜 다시 동일한 반응을 학습시키는 일.

○ 인과적 조사(causal research): 마케팅 실험자료에 대한 분산분석을 통하여 예측하고자 하는 효과의 원인이 되는 변수를 확인하거나 두 개 이상 변수 간의 인과적 관계를 결정하기 위한 조사. ☞ 조사설계

○ 인적 판매(personal selling): 판매원이 잠재고객을 직접 대면하여 수행하는 제품 또는 서비스, 아이디어의 제시로서 전화판매뿐 아니라 모든 유형의 판매원 활동을 지칭하며 산업고객, 중간상인, 최종소비자에 대한 판매를 모두 포함한다.

○ 인지세트(awareness set): 제품범주 내에 존재하는 많은 상표들 중에서 소비자가 구체적인 의사결정에 당면할 때 알고 있는 상표들. 특정한 욕구와 관련하여 소비자가 이미 학습한 일반화된 지식(스키마) 속에 포함되어 있는 상표들. 인지세트는 다시 환기세트, 불활성 세트, 부적 세트로 구분될 수 있다.

○ 자극―반응모델(stimulus―respose model): ☞ 암흑상자모델

○ 자극일반화(stimulus generalization): 한 자극에 대하여 학습된 반응을 유사한 다른 자극에 대하여도 나타내는 현상으로서 일반화 학습을 통하여 야기된다. ⇔ 자극차별화

○ 자극적 마케팅: 무수요 상태에서 제품이 제공해 주는 효익과 잠재고객들의 기본적인 욕구 사이의 연관성을 인식시켜 관심을 자극하는 마케팅 관리 과업이다.

○ 자극차별화(stimulus differentiation): 유사하지만 결코 동일하지 않은 자극들에 대하여 상이한 반응을 보이는 현상으로서 차별화 학습을 통하여 야기된다. 이때 자극들을 구별하기 위하여 사용되는 근거를 차별화 단서라고 한다. ⇔ 자극일반화

○ 자아 이미지(self image): 사회적으로 결정된 준거체계 내에서 개인이 지각하는 대로의 자신. 자신에 관한 개인의 사고와 느낌의 총체. 자신에 관한 개인의 지각과 태도. 자아 이미지는 실제적/이상적 및 개인적/사회적인 차원을 갖는다.

○ 잠재적 동기(潛在的 動機, Latent Motives): 소비자 행동을 유발시키는 동기에는 명시적 동기(manifest motives)와 반대 개념으로 소비자가 잘 알지 못하거나 받아들이기를 매우 꺼려하는 잠재적 동기가 있다. 예컨대, 마케팅 조사자가 어떤 소비자에게 왜 유명 디자이너가 만든 청바지를 입느냐고 묻는다면 '스타일이 좋아서'와 같은 명시적 동기 이외에 그가 받아들이기를 꺼려하거나, 또는 인식하지 못하는 또 다른 이유들이 존재할 수 있다. 즉 '그 옷을 통해서 내가 돈이 많다는 것이 과시되므로', '육감적으로 보이므로', '젊어 보이기 때문에', 등이 그것이다. 잠재적 동기를 알아내기 위해서는 직접 질문법보다는 다차원 척도법이나 투사(영)법(projective technique)과 같은 복잡한 분석 기법을 사용하게 된다. 또한 잠재적 동기에는 직접적 소구보다는 간접적 소구방법이 효과적인 것으로 평가되고 있다. 예컨대, 캐딜락 승용차의 광고 문안 대부분이 주로 품질에 관한 것인데(직접소구), 도안은 고급클럽 앞에서 부유해 보이는 사람이 운전하는 장면을 담고 있어 지위를 은연중에 강조하는 간접소구 방법을 동시에 사용하고 있다. 이와

같이 두 가지 소구방법을 병행하는 경우를 이중적 소구(dual appeal)라고 한다.

○ 잠재적 수요(latent demand): 많은 잠재고객들이 제품에 대한 열망은 공유하고 있으나 실제로 그러한 제품이 가용하지 않은 수요상태이다.

○ 장끼: 도매 용어로 쓰이는 장끼는 세금계산서가 아닌 그날 사입한 영수증을 말한다.

○ 장·단점 논의(two—sided argument): 메시지에서 장점과 단점 또는 송신자의 입장과 반대 입장을 모두 포함시키는 대안. ⇔ 장점 논의

○ 장점 논의(one—sided argument): 메시지에서 장점이나 송신자의 입장만이 주장되고 약점이나 반대 입장을 포함시키지 않는 대안. ⇔ 장·단점 논의

○ 재고고갈(stock—out): 한 점포가 특정한 상표를 재고로 보유하지 않는 일시적인 상태로서 판매기회 및 고객을 상실함으로써 기회비용을 야기한다.

○ 재고비용(inventory cost): 재고투자에 대한 기회비용, 창고료/보험료/감실 등 재고보유 자체에 기인하는 비용 등을 포함한다.

○ 재순환경로(recycling channel): ☞ 후방적 경로

○ 재판매가격 유지정책(resale price maintenance policy): 제품의 유통단계별로 중간상인들이 자신의 고객에게 구사할 가격을 생산자가 지정하는 정책으로서 중간상인들 사이의 가격경쟁을 제한하므로 법적으로 규제하고 있다.

○ 재판매업자(reseller): 산업고객 중에서 제품을 구입하여 단순히 다른 사람들에게 판매하는 중간고객으로서 주로 도매상과 소매상을 지칭한다.

○ 재포지셔닝(Repositioning): 소비자 욕구의 변화, 상권 내 역학구조의 변화, 소매기업 내 각종 상황의 변화 등 요인에 의하여 그동안 유지해왔던 소매믹스 및 영업방법상의 특징을 본질적으로 변화시킴으로써 상권의 범위와 내용 그리고 목표소비자를 새롭게 조정하는 활동이다. 재포지셔닝은 일종의 점포 혁신이라고 할 수 있는데 다음과 같은 요인들을 토대로 하여 추진할 수 있다. 첫째, 물리적인 요인에 변화를 가한다. 예를 들자면, 점포 외관의 개선, 계단이나 에스컬레이터 등 시설의 개장, 벽면이나 기둥 둘레의 개장, 설비, 집기, 비품 등을 교체하고 점

포의 디자인 및 색상 등에 변화를 준다. 둘째, 상품 구색에 변화를 가한다. 상품 구색의 폭과 깊이의 조정, 취급 상품의 등급에 변화를 가한다. 셋째, 인적 자원의 활용에 변화를 가한다. 소비자의 구매 심리 또는 욕구를 충분히 이해하고 있다는 점을 바탕으로 해서, 판매원의 증감, 서비스 제공의 정도 등에 변화를 가한다.

○ 저관여 제품(低關與製品, Low—involvement Product): 제품의 중요도에 따라 분류, 제품에 대한 중요도가 낮고, 값이 싸며, 상표 간의 차이가 별로 없고, 잘못 구매해도 위험이 별로 없는 제품을 구매할 때 소비자의 의사결정 과정이나 정보처리 과정이 간단하고 신속하게 이루어지는 제품. 소비자들은 저관여 제품 즉 새로운 껌, 초콜릿, 비누 등을 접했을 때 그 제품에 관한 구체적인 정보에 의한 평가를 하지 않고 즉석에서 충동적 구매를 하는 경향이 있다.

○ 점포콘셉트(Store Concept): 점포 계획 시에 점포 차별화의 일환으로 표적고객을 확인하고 그 표적고객의 욕구가 무엇인지를 파악하여 매장을 연출하는 점포개발 계획을 말한다. 일반적으로 성숙사회에 있어서 생활자의 욕구를 건강함, 쾌적함, 아름다움, 즐거움, 안전함, 자아실현 등으로 정의할 때, 표적 고객층의 이러한 요구를 어떻게 매장 연출을 통해서 충족시켜줄 수 있는가가 점포 계획의 콘셉트가 된다.

○ 전경(figure): 감각결과들을 통합하는 가장 단순한 원리는 감각결과를 전경과 배경으로 구분하는 일인데, 전경이란 소비자가 특히 많은 주의를 할애하는 부분이며 그 나머지 부분들을 배경이라고 한다. ⇔ 배경

○ 전국상표(national brand): 모든 유통업체가 판매할 수 있는 제조업체 상표 ⇔ PB PB는 "모든 유통업체가 판매할 수 있는 제조업체 상표인 NB(National Brand: 이하 NB)와 상반되는 개념으로서, 유통업체가 권한을 소유하고 있으며 스스로 시장을 개척하여 판매하는 제품이나 서비스"이다.

○ 전략적 마케팅 계획수립(strategic marketing planning): 마케팅 목표와 능력을 변화하는 환경요인에 전략적으로 적합하게 개발하고 대응시켜 나가기 위한 계획.

○ 전략적 사업단위(strategic business unit): ☞ 사업 포트폴리오

○ 전문품(specialty goods): 소비자가 특정한 상표를 완전히 이해하고 있으며 그것을 구매하기 위하여 상당한 노력을 기꺼이 지출하려는 제품으로서 대체로 소비자들

사이에는 특정한 상표만을 수용하려는 상표집착이 이루어져 있다. ≒ 편의품, 선매품

○ 전방적 경로(forward channel): 제품 자체나 그 소유권이 생산자로부터 소비자에게 흘러가는 경로. ⇔ 후방적 경로

○ 전체시장 접근방법(total market approach): ☞ 대량 마케팅

○ 전수조사: 모집단의 모든 구성원에 대하여 측정을 실시하는 조사. ⇔ 표본조사

○ 전통가격(traditional price): ☞ 관습가격

○ 전환적 마케팅(conversional marketing): 부정적 수요상태에서 실제수요를(─)로부터 (+)로 전환시켜 바람직한 수요의 크기와 일치시키기 위한 마케팅 관리 과업이다.

○ 점강소구(anticlimax order): 메시지 내에서 가장 강한 소구를 맨 처음에 두는 대안으로서 수신자가 사전에 메시지 주제에 관하여 관심을 갖고 있지 않을 때 그들의 흥미와 관심을 끌기에 적합하다. ☞ 점증소구, 중앙소구

○ 점증소구(climax order): 메시지 내에서 가장 강한 소구를 마지막에 두는 대안으로서 수신자가 사전에 메시지 주제에 관하여 관심을 충분히 갖고 있는 경우에 유용하다. ☞ 점강소구, 중앙소구

○ 점포충성(store loyalty): 특정한 점포에 대하여 보이는 충성. ☞ 상표충성

○ 정보탐색(information search): 정보란 어떠한 사실이나 여건에 관하여 획득된 지식을 말하며, 탐색이란 의사결정을 위하여 소비자가 참여하는 정신적 및 신체적인 정보획득과 처리활동을 의미한다. 능동적 정보탐색과 수동적 수용 또는 내부적 정보참색과 외부적 정보탐색으로 구분할 수 있다.

○ 정의변수(defining variables): 전체 시장을 세분하기 위하여 채택된 세분화 근거(기준). ☞ 세분시장 프로파일

○ 정책(policy): 구체적인 전략을 선정하고 그것을 수행하는 방법을 지침 하는 규칙

들로서 전략적 의사결정이 일관성 있고 신속하게 이루어지도록 도와준다.

○ 제 살 깎아 먹기(cannivalism): 자신의 한 제품이 다른 제품들의 수요를 잠식하는 현상. ☞ 제품계열 보충전략, 차이식역

○ 제조업자 상표(manufacture's brand): 제품의 확인수단으로서 생산자를 밝히는 것으로 전국상표라고도 한다. ⇔ 중간상인 상표

○ 제품(product): 마케팅에서 제품이란 인간의 욕구를 충족시키는 데 이용될 수 있는 모든 수단(욕구충족수단)을 지칭하며 단순한 유형재뿐 아니라 무형의 서비스, 사람, 장소, 조직, 아이디어, 활동 등을 포함한다. 또한 모든 제품은 기능적 속성과 상징적 속성 및 부수서비스의 세 가지 측면으로 구성된다.

○ 제품개념(product concept): 잠재고객들이 제품범주 내의 상표들을 비교하여 자신이 지불하는 가격에 대하여 가장 훌륭한 품질의 제품을 선호한다고 가정하여 마케팅 노력의 초점을 제품 자체의 품질개선에 두는 마케팅 관리 이념이다. ☞ 보다 나은 쥐덫의 가설

○ 제품계열(product line): 유사한 기능, 동일한 고객, 동일한 유통경로, 일정한 가격범위 등의 유사성을 근거로 하여 일련의 관련된 제품들을 집합적으로 나타내는 개념. 대체로 마케팅 계획이나 전략은 제품계열별로 작성되는 경향이 있으므로 그것을 참조함으로써 각 제품계열이 포괄하는 품목들을 알 수 있다. ☞ 전략적 사업단위

○ 제품계열 가격정책(product line pricing policy): 하나의 제품계열에 속하는 품목들 사이의 독특한 관계(보완적 관계/중립적 관계/대체적 관계)를 고려하여 전체 제품계열의 수익을 증대시키기 위하여 품목별 가격을 결정하는 정책.

○ 제품계열 보충전략(line—filling strategy): 기존의 제품계열이 포괄하고 있는 범위 내에서 누락된 가격수준이나 품질수준의 품목을 보충하는 전략으로서 새롭게 보충되는 품목은 기존품목들과 인식 가능한 최소한의 차이(JND, just noticeable difference)를 가짐으로써 독자적인 포지션을 구축하고 자체의 수요를 창출하여 제 살 깎아 먹기를 방지해야 한다. ☞제품계열 연장전략

○ 제품계열 연장전략(line—stretching strategy): 기존의 제품계열이 포괄하고 있는

범위를 벗어나 새로운 품목을 추가하는 전략으로서 새롭게 추가되는 품목의 특성에 따라서 상향적 연장, 하향적 연장, 쌍방적 연장으로 구분한다. 특히 제품계열 전체의 이미지를 제고하여 기존품목들의 매출액을 증대시키려는 상향적 연장은 트레이드 업이라고 부르며, 고가품/고급품을 구매할 수 없는 사람들이 기존제품의 지위와 명성을 누리면서도 저가품/저급품을 구매하도록 유도하려는 하향적 연장은 트레이드 다운이라고 부른다. ☞ 제품계열 보충전략

○ 제품공간(product space): ☞ 지각지도

○ 제품관리(product management): 환경요인의 변화와 기업의 내부적 필요에 의해 마케터는 끊임없이 자신이 제공하고 있는 제품의 구성을 조정해야 하는데, 이를 제품관리라고 하며 대체로 새로운 품목의 추가, 기존품목의 폐기, 기존품목의 수정으로 구성된다.

○ 제품믹스(product mix): 생산자든 중간상인이든 마케터가 자신의 고객들을 위하여 시장에 제공하고 있는 모든 품목들의 목록. 제품믹스는 폭, 깊이, 길이, 일관성의 측면을 갖는다.

○ 제품수명주기(product life cycle): 신제품이 개발되어 처음 시장에 도입된 후, 시간 경과에 따라 나타내는 매출액 수준(시장수요)의 변화패턴으로서 시장특성의 유사성에 따라 대체로 도입기, 성장기, 성숙기, 쇠퇴기로 구분되며 각 단계마다 일반적인 전략방향이 제시된다. ☞ 시장수명주기

○ 제품수정(product modification): 제품의 특징 중에서 하나 이상을 변경시키는 전략으로서 대체로 성숙기에 널리 채택된다. 즉 완전히 새로운 제품을 개발하는 전략의 대안으로서 마케터는 기존품목을 수정하여 개선할 수 있는데 제품의 기능적 속성의 유무에 관련되는 기능수정, 그러한 속성의 수준에 관련되는 품질수정, 상징적 속성에 관련되는 스타일수정이 있다.

○ 제품/시장 확장행렬(product/market expansion matrix): 새로운 마케팅 성장기회를 체계적으로 검토하기 위하여 H. Igor Ansoff가 제안한 모델로서 시장침투, 시장개척, 제품개발, 다양화라는 네 가지 영역에서 성장기회를 예시하고 있다.

○ 제품─시장 수명주기(product─market life cycle): ≒ 시장 수명주기
○ 제조물 책임법(PPL, Product Liability Law): 제품 결함과 사용법에 대한 설명 미

비 등으로 소비자가 생명이나 신체, 재산에 손해를 입은 경우 제조업자나 판매업자에게 책임을 지게 하는 법 제도. 미국에서는 1963년 이후 정비되었고 일본의 경우 1993년에 입법되어 1995년 7월부터 시행되고 있다. 이는 제조업자의 고의나 과실이 없어도 제품 자체에 결함이 있으면 제조업자는 손해 배상을 하도록 규정하며, 소비자에게 제품 공급 측의 과실 입증을 요구하지 않으므로 미국의 경우 산업경쟁력과 기술개발 의욕을 약화시킨다는 지적도 나오고 있다.

○ 제판동맹(製販同盟): 제조업자와 소매업자가 상품 공동개발과 정보 공유를 중심으로 전략적 제휴관계를 맺는 것. 때로는 배송 업자까지 포함하여 제배판동맹이라 부르기도 한다. 히트상품 개발을 비롯해 제조로부터 판매까지 합리적 체계가 구축되므로 유통재고 삭감, 배송시스템 개선도 이루어지며, 제품가격 인하에도 도움이 되고 있다. 이는 1987년 미국의 대형 화학 제조가격 인하에도 도움이 되고 있다.

○ 제품 배상책임(Product Liability): 제품 설계상의 결함이나 잘못된 조립 및 디자인은 소비자는 물론 기업에게 엄청난 손실을 끼칠 수 있다. 예를 들면 ①전자 현미경의 전깃줄에 감전되는 사고가 발생하였다. ②동물용 먹이를 먹은 동물들이 자주 설사를 일으켰다. ③자동차 연료통의 위치 설계 잘못으로 충돌시 화재가 자주 발생하였다. ④음식물이 제시된 유효기간 내에 변질되었다. 이러한 문제점들을 법적으로 인정하고 폐해 당사자에 대한 배상을 의무화하는 것을 제품 배상책임이라 한다. 제품 배상책임을 피하기 위해서는 무엇보다도 고객이 실제로 제품을 사용하는 것과 같은 상황에서 철저한 테스트를 하여야 한다. 그러나 아무리 철저한 테스트를 해도 모든 발생 가능한 배상책임을 미연에 방지할 수는 없다. 따라서 배상책임보험에 가입하는 것도 필요하다.

○ 제품차별화(Product Differentiation): 기업 간 또는 제품 간의 경쟁이 심화되어 가격 경쟁보다는 비가격 경쟁에 의존하게 된 경우에 그러한 방법으로서 소비자의 욕구를 유발하기 위하여 자사의 제품이 경쟁 기업의 제품과 다른 상표를 붙이거나, 특정 판매자의 상품을 광고하거나 제품 판매와의 관련하에 부가적 서비스를 제공하거나 또는 소매점에서 특성적 진열장 장식이나 정중한 접대 방법으로 고객을 대한다. 제품 차별화를 통하여 모델이나 옵션, 기타 특징이 다양화되기는 하나 이는 상이한 고객의 욕구에 근거한 것이 아니라 수많은 판매자의 제품 간에 분산되어 있던 시장 수요를 특정판매자의 제품에 결합시켜 구매자의 선호를 유도함으로써 대량 생산의 전제로서의 대량 판매를 가능하게 하기 위하여 기도된다.

○ 제품차별화 마케팅(product differentiation marketing): 전체 시장 구성원들이 원하는 바의 차이는 인식하지 않지만 마케터가 임의로 그들이 선택할 수 있는 몇 가지의 대안을 제공하는 전략이다. 잠재고객들이 원하는 바의 차이를 인식하여 시장세분화를 하지 않으므로 역시 대량마케팅에 속한다. ☞ 대량 마케팅

○ 조건화 학습: 단순히 어떤 자극에 대한 노출과 그에 따른 반응을 통하여 그들 사이에 연관이 개발되거나 보상을 얻기 위한 시행착오를 반복하는 학습으로서 고전적 조건화의 도구적 조건화의 형태가 있다. ⇔ 인지적 학습

○ 조사설계(research design): 조사목표를 달성하기 위한 자료의 수집과 분석을 지침하는 계획으로서 조사형태의 선택, 자료수집 방법 및 표본설계, 자료처리 방법의 예비적 선정을 포함한다.

○ 조성기관(facilitator): 제품에 대한 소유권을 갖지 않을 뿐 아니라 거래협상에도 적극적으로 개인하지 않고 단지 마케팅 흐름이 원활하게 이루어지도록 측면에서 지원해 주는 2차적 경로참가자로서 여러 가지 금융기관이나 보험회사, 수송회사, 창고회사, 광고대행사, 마케팅 조사기관 등이다. ☞ 중간상인

○ 조작적 정의(operational definition): 특정한 연구에 있어서 하나의 개념을 연구목적에 부합되도록 규정한 것으로서 관찰할 수 없는 개념을 하나 이상의 관찰할 수 있는 사상으로 변환시킨다.

○ 조정변수(moderating variable): 두 변수 사이의 관계에 영향을 조정하는 역할을 수행하는 변수로서 예를 들어, 광고물에 대한 소비자의 반응은 그들의 연령이나 소득수준에 의해 조정될 수 있다.

○ 주변신념(peripheral beliefs): 중심신념 외부의 것들로서 예를 들어, 국제연합은 세계평화에 기여한다는 신념은 대부분 사람들에게 있어서 인지구조의 근간을 이루지 않는다. 주변신념은 중심신념보다 변경시키기가 용이하다. ⇔ 중심신념

○ 준거가격(準據價格, Reference Price): 소비자가 제품의 실제가격을 평가하기 위하여 이용하는 표준가격(Standard price)을 통칭하는 가격을 말한다. 준거가격은 크게 외적 준거가격(External reference price)과 내적 준거가격(Internal reference price)으로 나눌 수 있다. 외적 준거가격은 광고, 카탈로그, 소비자 가격 지침 들을 통해서 제공될 수 있으며, ①광고된 가격과 판매자의 과거 가격을 비교하는

방법, ②광고된 가격과 권장 소매가격을 비교하는 방법, ③광고된 가격과 경쟁 소매 점포의 가격을 비교하는 방법이 있다. 준거가격의 역할을 하는 표준가격으로는 ①공정가격, ②가장 빈번하게 지불된 가격, ③최근에 지불한 가격, ④예정가격, ⑤낮은 가격 문턱, ⑥자주 구매하는 상표의 가격, ⑦유사한 상품의 가격, ⑧미래 기대가격, ⑨지각된 가격, ⑩열망가격, ⑪시장가격, ⑫역사적 가격 등이 있다.

○ 준거집단(reference group): 규범, 가치, 신념을 공유하며 묵시적 또는 명시적 관계를 가짐으로써 구성원들의 행동이 상호의존적인 두 명 이상의 모임. 관계의식으로 인하여 개인이 자신의 태도와 행동의 근거로 삼으려는 관점과 가치를 제공하는 집단.

○ 중간상인(middlemen): 마케팅 중간기관 중에서 제품의 소유권을 최종고객이나 산업사용자와 같은 고객에게 이전시키기 위한 활동을 적극적으로 수행하는 독립기관들. 중간상인 중에서 제품의 법적 소유권을 가지면 상인 중간상이라고 하며 소유권을 갖지 않으면 대리 중간상이라고 한다. 그들은 모두 마케팅경로의 1차적 참가자로서 제품의 구매나 판매에 포함되는 거래협상에서 적극적인 역할을 수행한다는 점에서 조성기관과 다르다. ☞ 조성기관

○ 중간상인 상표(middlemen's brand): 제품의 확인수단으로서 중간상인을 밝히는 것으로 사적 상표 또는 지역상표라고도 한다. ⇔ 제조업자 상표

○ 중고품 교환공제(trade—in allowances): 내구재의 교환판매에 있어서 고객이 사용 중이던 중고품의 평가액을 제품대금에서 감면해 주는 공제.

○ 중심신념(central beliefs): 소비자들이 갖고 있는 여러 가지 신념 중에서 인지구조의 핵심을 이루고 있는 신념들로서 예를 들어, 신은 생명의 창조자라는 신념은 종교인에게 있어서 중심신념이며, 변화시키기가 매우 어렵다. ⇔ 주변신념

○ 중앙소구(pyramidal order): 메시지 내에서 가장 강한 소구를 중앙에 두는 대안. ☞ 점증소구, 점강소구

○ 지각과정: 소비자의 정보처리 과정은 크게 자극에 노출, 주의, 해석, 활용 및 저장으로 이루어지는데 이중 앞의 세 단계를 지각과정이라고 한다. 정보처리의 각 단계는 자신의 기존 신념과 태도를 지지하거나 문제해결에 도움이 되는 정보만

을 자발적으로 선택함으로써 선택적인 성격을 갖는다.

○ 지각된 위험(perceived risk): 상표선택의 결과가 내포하는 불확실성에 기인하여 주
  관적으로 지각하는 위험으로서 예상되는 결과에 따라 경제적 위험(재무적 위험),
  성능위험(기능위험), 신체적 위험, 심리적 위험, 사회적 위험, 시간손실, 미래 기
  회의 상실 등이 있다.

○ 지각영역(perceptual field): ☞ 경험영역

○ 지각적 경계(perceptual vigilance): 소비자가 자신의 기존 신념 및 태도를 지지하
  거나 문제해결에 도움이 되는 정보에 대하여 민감하게 주의하는 현상. ⇔ 지각
  적 방어

○ 지각적 방어(perceptual defense): 소비자가 자신의 자아를 위협하거나 기존의 신념
  및 태도에 상반되는 정보에 대하여 주의하기를 기피하며, 더욱이 그 의미도 왜곡
  하여 받아들이는 현상. 이러한 현상을 야기하는 심리적 작용을 방어기제라고 한
  다. ⇔ 지각적 경계

○ 지각적 범주화(perceptual categorization): 소비자가 감각결과들을 이미 기억 속에
  저장되어 있는 정보항목들과 관련시켜 일반화하거나(보해 라이트는 소주의 일종
  이다) 차별화하는 일(보해 라이트는 기존 소주에 비하여 마시기 순하다).

○ 지각적 조직(perceptual organization): 소비자가 감각결과를 적절하게 해석하기 위
  해서 지각적 범주화와 지각적 통합이라는 기본 원칙에 따라 어떠한 의미를 갖도
  록 조직하는 일. ☞ 지각적 범주화, 지각적 통합

○ 지각적 통합: 유입되는 감각결과들을 하나의 통합된 의미를 갖도록 전체로서 조
  직하는 과정으로서 전경과 배경, 완결, 집단화 맥락의 원리를 적용한다.

○ 지각지도(perceptual map): 마케팅대상들이 소비자의 지각 속에서 차지하고 있는
  포지션을 도식화한 것이다. ≒ 제품공간

○ 지알피(GRP): 도달과 빈도를 곱하여 얻어지는 지수로서 전체 시장에 있어서 소
  비자가 광고물에 노출된 총회수를 나타낸다(gross rating point). ☞ 도달, 빈도

○ 지역별 균일가격 인도정책(zone delivered pricing policy): 균일가격 인도정책을 적용하기 위하여 각 고객들에 대한 수송비의 평균하는 데 있어서 거리단계별로 고객들을 집단화하는 지역적 가격정책. ☞ 균일가격 인도정책

○ 지역상표(local brand): 일정한 지역 내에서만 마케팅되는 상표의 의미가 아님.
cf. 결합상표란 외국 유명상표를 들여와 국내에서 만든 제품과 순수 외제상품과를 구분할 수 있도록 하기 위해 제품이 생산된 지역이나 메이커를 함께 표시해주는 상표를 말한다. 정부는 외자도입법 시행령의 외국상표 사용기준을 고쳐서 이 같은 결합상표의 사용을 의무화시키게 되고 외국상표를 부착한 제품을 외제인 것처럼 고가로 판매하는 것을 제도적으로 방지키 위한 것이다.

○ 지역적 가격정책(geographic pricing policies): 수송비의 부담이 점차로 가중됨에 따라 시장의 지역적 위치, 생산시설의 입지, 지역별 경쟁상황 등을 고려하여 수송비를 효과적으로 다루기 위한 가격정책. ☞ 생산지점 가격정책, 균일가격 인도정책, 지역별 균일가격 인도정책, 기점가격정책, 수송비흡수 가격정책

○ 진부화(obsolescence): 신제품의 시장을 확대시키기 위하여 마케터가 기존제품의 수명을 계획적으로 조정하려는 전략으로서 흔히 계획적 진부화라고 한다. 기술적(기능적) 진부화, 연기된 진부화, 물리적 진부화, 스타일 진부화 등의 형태가 있다.

○ 집군화 선호패턴(clustered preference pattern): 잠재고객들이 원하는 바를 반영하는 속성결합이 수 개의 하위집단으로 범주화될 수 있는 패턴이다. ☞ 시장선호패턴

○ 집단화의 원리(principle of grouping): 소비자가 자극들의 공통적인 특징을 근거로 하여 그들에 대한 감각결과를 집단으로 조직하고 해석하는 현상으로서 집단화의 공통적인 특징은 근접성, 유사성, 계속성이다.

○ 집중저장의 원칙(principle of massed reserves): 중간상인이 없이 생산자만이 재고를 갖고 있다면 모든 고객들은 구매의 불편함과 재고고갈의 위험, 주문비용 등을 감소시키기 위해 스스로 재고를 확보해야 하는데 최종고객의 수는 중간상인의 수보다 훨씬 많으므로 교환구조 내의 총재고는 커진다. 그러나 다단계 유통구조에서는 중간상인들만이 재고를 갖는 것으로 충분하므로 전체 경제시스템은 최소한의 총재고로서 모든 수요를 효과적으로 충족시키게 된다.

○ 집중화 마케팅(concentrated marketing): 전체 시장 구성원이 원하는 바의 차이를 인식하여 시장을 세분하고 그 결과로 도출된 세분시장들 중에서 하나의 표적시장을 선정하여 마케팅노력을 집중시키는 전략이다. ☞ 표적마케팅

○ 집중화시장(concentrated market): 각 생산자(가계)들이 일정한 장소에서 만나 스스로 교환활동을 수행하든지 제품구색을 갖춘 중간상인과 교환하는 구조. ⇔ 분권화시장

○ 차별화 마케팅(differentiated marketing): 전체 시장 구성원이 원하는 바의 차이를 인식하여 시장을 세분하고 그 결과로 도출된 세분시장들 중에서 두 개 이상을 표적시장으로 선정하여 별도의 마케팅믹스를 제공하는 전략이다. ☞ 표적 마케팅

○ 차이식역(differential thresholds): 소비자는 상이한 두 개 이상의 자극들 사이의 차이를 모두 감지할 정도로 민감하지 않은데, 두 자극 사이에서 감지될 수 있는 최소한의 자극차이. ≒ 최소한의 감지 가능한 차이(jnd) ☞ 웨버의 법칙

○ 착란효과(clutterance effect): 수신자가 거의 동시에 다수의 광고물에 노출됨으로써 혼동을 야기하며 어느 광고물도 현저하게 주의를 끌 수 없는 현상.

○ 창조적 적응(creative adaptation): 환경탐사에서 도출된 마케팅 시사점들을 근거로 하여 마케팅활동의 최적화를 위한 마케팅 목표의 조정, 표적시장의 변경, 마케팅믹스 각 요소의 변경, 실행계획의 조정.

○ 채택역: 표본분포에 있어서 임계통계량보다 극단적이지 않은 통계량들의 집합으로서 만일 표본통계량이 채택역에 속한다면 귀무가설을 기각하지 않는다. ⇔ 기각역

○ 처벌(punishment): 정신적 또는 신체적 불편을 제공하여 그것에 선행된 반응의 강도를 낮추거나 재발확률을 감소시키기 위하여 환경적 사상을 조작하는 일. ⇔ 보강, 소멸

○ 초과수요(overful demand): 실제수요의 크기가 바람직한 수요의 크기를 초과하는 수요상태이다.

○ 초기고가정책: ☞ 상층흡수 가격정책

○ 초기저가정책: ☞ 시장침투 가격정책

○ 촉진(promotion): 앞으로 나아가다의 의미를 갖는 라틴어(promovere)로부터 유래되었으나 오늘날에는 다른 사람에게 사고나 의미를 전달하고 그것을 수용하도록 설득하기 위한 활동을 지칭한다. ☞ 마케팅 믹스, 촉진전략

○ 촉진가격정책(promotional pricing policy): 점포의 내방객을 증대시키거나 잠재고객들의 구매를 자극하기 위하여 한시적으로 실시하는 가격정책으로서 대체로 판매촉진의 성격이 강하다. ☞ 고객유인가격정책, 특별염가정책, 미끼가격정책

○ 촉진공제(promotional allowances): 중간상인들이 생산자의 촉진활동을 지원해 준 일에 대하여 제품대금의 일부를 감면해 주는 공제로서 대체로 중간상인이 실시한 제품광고비용의 일부를 공제하거나 진열용 제품의 대금 중에서 일부를 공제해 준다(진열공제).

○ 촉진도구(promotional tools): 촉진목표를 달성하기 위하여 마케터가 구사할 수 있는 도구 또는 촉진분야에서 마케터가 당면하는 의사결정 변수들의 복합어로서 promotools라고도 하여 이들의 독특한 결합을 촉진믹스라고 한다. 대표적인 촉진도구는 광고, 인적 판매, 홍보, 판매촉진이다.

○ 촉진전략(promotional strategy): 고객에 대한 정보전달 및 설득활동을 계획하고 실천하기 위한 방안

○ 총거래수 최소화의 원칙(principle of minimum total transactions): 교환의 경제적 효율을 개선하기 위하여 중간상인을 개입시킴으로써 교환구조 내의 여행 및 거래의 횟수를 감소시켜야 한다는 명제. ☞ 집중화시장

○ 최소한의 감지 가능한 차이(just noticeable difference): ☞ 차이식역

○ 최종시점변경(last—minute changes): 일단 매체에게 넘겨준 광고물을 방송(또는 게재)되기 직전에 내용이나 방송(게재)시간 등을 변경시키는 일로서 매체의 융통성을 평가하기 위한 근거가 된다.

○ 충동구매(impulse buying): 사전에 구체적으로 계획되지 않은 무계획구매를 포괄적으로 나타내는 개념으로서 순수충동구매, 회상적 충동구매, 제안적 충동구매,

계획적 충동구매의 형태가 있다.

○ 측정(measurement): 대상을 일정한 속성상에서 평가하는 과정. 실제의 현상에서 관찰되는 속성의 내용과 추상적인 수 체계 사이에 조응을 형성하는 과정. 일정한 조응의 규칙에 따라 대상이 갖고 있는 속성의 내용에 수치를 부여하는 일.
☞ 측정척도

○ 측정척도(measurement scale): 대상이 갖고 있는 속성의 내용에 대하여 숫자를 조응시키는 방법으로서 측정의 네 가지 수준을 반영하여 명목척도, 서열척도, 간격척도, 비율척도가 있다.

○ 카운터 마케팅(counter marketing): 불건전한 수요의 상태에서 수요의 존재 자체를 없애버리려는 마케팅 관리과업이다.

○ 캠페인(campaign): 단일주제를 중심으로 하여 특정한 커뮤니케이션 목표를 달성하기 위하여 설계된 일련의 계획적이며 조정된 촉진노력.

○ 커뮤니케이션(communications): 공통이라는 의미의 라틴어(communis)로부터 유래되었으며, 2명 이상의 사람들 사이에서 아이디어의 공통성을 형성하는 과정이다.

○ commissionaire: 해외시장에서 제품을 구매하기를 기대하는 소매업자를 대표하는 에이전트.
해외에 바잉 오피스를 개설하지 않은 리테일러는 해외 마켓에 정통해 있는 커미셔너리와 서비스 계약을 체결한다. 커미셔너리는 소스를 찾고 오더 배치를 촉진시키며 명확히 하고 지불과 쇼핑 약정을 만드는 업무들을 마켓 내에서 소매업과의 에이전트 역할을 수행하고 커미션을 받는다.

○ commission buying office: 소매 의뢰인 그룹에 제품을 판매함으로써 수수료를 벌어들이는 생산자 그룹의 독립적인 대표자. merchandise broker라고도 불린다. 이 오피스는 제품을 그 회원 스토아에 판 제품에 대해 생산업자에 의해 지불된 커미션으로부터 수입을 창출한다.

○ customs broker: 고객 문제에 있어 의뢰인을 대표하는 자격증을 가진 독립적인 대행사 수입업체들이 종종 U. S. Treasury에 의해 에이전트 라이선스를 취득한 커스텀 브로커의 서비스를 이용한다.

통관 문제에 있어 수입업자를 대표하는 브로커는 내륙 운송을 어레인지하고 tariff에 의한 지불조항을 진행하고 통관서류를 준비하는 등 통관을 통한 상품을 진행시킨다.

○ 타게팅: 일종의 목표화라 할 수 있다. 온라인상에서 타깃팅이라 함은 광고주가 일정 제품이나 서비스를 제공함에 있어 그것들을 주로 사용할 것이라 생각하는 집단의 프로파일을 로그분석이나 DB분석을 통하여 세분화시킨 후, 그들을 대상으로 집중적인 온라인 마케팅을 진행하여 배너광고의 노출이나 이메일 발송을 하는 등 일종의 customization된 마케팅활동을 진행시키는 것을 말한다.

○ 타우스 분석(TOWS analysis): ≒ 스워트 분석

○ 타당성(validity): 측정치가 체계적 오차나 무작위 오차 모두로부터 영향을 받지 않고 진정한 값을 반영해 주는 정도. 정확성과 유사한 개념으로서 측정이 타당하기 위해서는 측정된 값이 진정한 값을 나타내야 한다. 타당성은 실용적 타당성, 범위적 타당성, 이론구성적 타당성 등으로 나눌 수 있다. ☞ 신뢰성

○ 탐색적 조사(exploratory research): 아이디어나 통찰을 얻기 위해 소규모 표본에 대하여 실시하는 융통성 있는 조사로서 통상 개방형의 질문을 사용한다. ☞ 조사설계

○ 태도(attitude): 개인이 어떤 대상에 대하여 얼마나 긍정적 또는 부정적으로, 우호적 또는 비우호적으로, 찬부(贊否)로 느끼는가. 어떤 대상에 대하여 일관성 있게 우호적으로 또는 비우호적으로 반응하려는 학습된 선유경향. 개인 세계의 어떤 측면들에 관한 동기부여적, 감정적, 지각적 및 인지적 과정들의 안정적인 조직.

○ 태도점수(attitude score): 각 결정적 속성에 대한 신념점수들을 소비자 판단규칙에 의해 종합한 점수. 신념점수가 속성별로 다차원의 성격을 갖는데 반하여 태도점수는 종합된 단일차원의 성격을 갖는다. ≒ 신념점수

○ 통제가능요인(controllable factor): ☞ 마케팅도구, 마케팅 의사결정 변수

○ 통제불가능요인(uncontrollable factor): ☞ 환경요인 ⇔ 통제가능요인

○ 통합상표(blanket brand): 두 개 이상의 품목을 취급하는 마케터가 각 품목에 동

일한 상표를 설정한 경우이며 가족상표라고도 한다. 이에 반하여 품목별로 다른 상표를 설정할 때 개별상표라고 한다.

○ 트레이드 다운(trade down): ☞ 제품계열 연장전략

○ 트레이드 업(trade up): ☞ 제품계열 연장전략

○ 트러스트셀러(Trust seller): Trust Seller(트러스트셀러) 란 활발한 판매활동과 더불어 구매자에게 매우 높은 신뢰를 주는 옥션 최고의 판매자를 말한다. 트러스트셀러가 되면 반품/교환/환불 택배비 지원, 프리미엄 노출 혜택, 그리고 전용상담 서비스까지 다양한 혜택을 받을 수 있다. 구매자 또한 트러스트셀러 물품을 구매하면 트러스트 전용 고객센터로 문의할 수 있고 신속한 문제해결을 할 수 있다.

○ 특별염가정책(cents—off pricing policy): 특정한 상표의 매출액을 증대시키기 위하여 대체로 생산자가 한시적으로 제품가격을 인하하는 정책인데, 간혹 제품포장에 할인쿠폰을 부착하여 재구매 시 일정금액을 할인해 주는 형태를 취하기도 한다.

○ 특정량 효과(quantum effect): 일정한 가격수준의 범위 내에서는 수요가 매우 비탄력적이지만 그러한 범위를 벗어나면 바로 탄력적으로 바뀌는 현상 또는 그 반대의 현상.

○ 틈새시장(Market Niche): 제품범주 내 상표 기초 성장은 상표의 변형을 통하여 새로운 시장을 형성하는 것이다. 이러한 발전된 시장은 고객 특성, 편익 그리고 사용상황 등의 다양성을 가지고 있다. 다른 제품범주로의 상표 기초성 전략의 추구를 계획하고 있는 기업에게는 이러한 발전된 고객 특성, 편익 그리고 사용상황이 새로운 시장을 발전시키고 성장할 수 있는 폭넓은 기회들을 제공해 준다. 기업이 제품범주 내 상표 기초 성장을 통해 발전된 시장 기회를 많이 탐색하면 할수록 그 기업은 발전된 새로운 제품범주로의 다각화 가능성이 그만큼 더 커지는 것이다. 전체 시장을 세분한 결과 규모가 아주 작은 세분시장에서는 기업들의 관심이 적을 것인데, 오히려 이러한 소규모 세분시장에서 전문화한다면 수익성이 높을 수 있다. 이러한 세분시장을 표적으로 하는 마케팅을 틈새마케팅이라고 한다.

○ 티피오(TPO): 소비자 행동에 영향을 미치는 상황요인으로서 시간(Time), 장소(Place), 계기(Occasion)이다.

○ 탕: 색상을 말하는 것이다. 청바지 워싱이나 원단의 색상 등을 말할 때 탕이라고 한다.
청바지 같은 경우엔 사이즈마다 워싱이 조금씩 다를 때 사이즈마다 탕이 좀 다르다고 말한다.

○ 파생수요(derived demand): 산업고객의 수요가 그들이 생산한 제품에 대한 최종소비자의 수요로부터 파생되는 현상.

○ 파워셀러(옥션): 파워셀러란 판매활동이 활발하면서 판매만족도가 높은 회원 중 옥션에서 정한 일정 기준에 해당되는 회원을 말한다.

○ 판매개념(sales concept): 잠재고객들을 그들의 관심을 자극하고 강력한 판매노력을 보이지 않는 한 자발적으로 충분한 양의 제품을 구매하지 않는다고 가정하고 마케팅 노력의 초점을 일방적일지라도 강력한 인적 판매와 광고를 동원하여 구매를 자극하는 데 두는 마케팅 관리이념이다. ≒ 강매개념, 강매접근방법

○ 판매시점 정보관리(Point Of Sale: POS): 판매시점 정보관리 시스템을 지칭할 때 협의와 광의의 두 가지 개념이 사용되고 있다. 협의의 POS 시스템은 판매시점 정보관리 시스템으로 무슨 상품이 언제, 어디에서, 얼마나 팔렸는지를 파악할 수 있도록 상품이 판매되는 시점에서 판매정보를 수집하여 관리하는 시스템이다. 제품의 판매시점에서 판매된 제품에 관한 정보를 바코드 시스템으로 관리함으로써 판매전략과 재고관리, 계산업무의 효율을 증대시키기 위한 방안. ☞ 바코드 시스템, 구매시점 촉진

○ 판매촉진(SP, Sales Promotion): AMA(American Marketing Association)의 정의에 의하면, 판매촉진이란 인적판매(personal selling), 광고(advertising), 퍼블리시티(publicity)를 제외한 마케팅 촉진 활동으로서, 소비자의 구매와 취급상의 효율성을 자극하는 것으로 이에는 일상 업무로 볼 수 없는 상품전시, 진열 및 전람회 등을 포함하는 것이다. 판매촉진 수단은 주로 소비자, 거래처(중간상) 및 판매원 등에게 이용된다.

○ 패밀리 브랜드(Family Brand): 기업이 상품을 제공하는 전략에 있어 자사기업명 또는 상품의 여러 가지를 하나의 상표로 통일하여 제공함으로써 기업이미지와 상품이미지를 통합하여 행하는 마케팅전략이다.

○ 패션 마케팅(Fashion Marketing): 유행(Fashion)의 흐름을 고객 욕구의 일부로 파악하여 제품이나 서비스에 유행의 흐름을 반영하는 마케팅을 말한다. 그러므로 패션 마케팅이란 고객이 수용하는 중요한 유행 요인이 무엇인지를 파악하여 이를 반영하거나 예측하여 선도하는 활동까지를 포함한다. 여기서 유행이란 넓은 의미로는 관습과 동작, 언어의 표출방식이라고 할 수가 있고 관습과는 달리 기존의 사회현상에 대하여 변화하려는 속성이 강하다. 따라서 유행의 특성은 특정 스타일의 대중적 수용 과정에서 볼 수가 있는 점진적인 상승, 절정, 하강과 같은 주기성을 가지게 된다. 그러므로 유행(Fashion)은 특정한 시기와 상황에서 소비자에 의해 채택되어지는 잠정적이며 주기적인 현상이라고 할 수가 있다.

○ 판매촉진(sales promotion): 광고, 인적 판매, 홍보의 범주 속에 포함되지 않은 모든 촉진활동으로서 대체로 다른 촉진도구의 기능을 보완하기 위하여 설계된다. 견본제공, 프리미엄, 트레이딩 스탬프, 전시회 등은 판매촉진으로 분류될 수 있는 대표적인 예들이다.

○ POP 광고: 구매시점 진열물(point—of—purchase materials), POP 광고진열(pop advertising displays), 혹은 판매시점 진열(point of sales displays) 등으로 불린다. 그 기능은 상품설명, 보조 기구, 매장 안내, 판매 능률 촉진, 점내(店內) 분위기 형성, 광고 및 PR의 보조 역할 등이다. 제조업자 및 소매업자가 POP 광고물을 이용하려고 한다면, POP 광고는 기업의 전 광고 프로그램의 일부로서 실시하고 있다는 사실을 인식하여야 한다. 특히 POP 광고는 TV 광고와 결부시킬 때 효과적인 것으로 알려져 있다.

○ 패널(panel): 일정한 공급자, 거래점, 소비자 등의 구성원을 포함하는 고정된 표본으로서 어떤 특성에 관하여 시간경과에 따라 여러 차례 반복적으로 측정된다면 시계열 자료를 산출해 준다. ☞ 시계열적 설계

○ 퍼스낼리티(personality): 다양한 상황에 걸쳐 일관성 있게 행동하는 성향으로서 어떤 상황에서 소비자가 취할 구체적인 행위보다는 개인적 기질의 전체성을 묘사한다.

○ 편의품(convenience goods): 장보기에 앞서서 소비자가 제품범주에 관하여 완전한 지식을 갖추고 있으며 적합한 제품을 구매하기 위해 최소한의 노력만을 투여하려는 제품으로서 대체로 저렴하고 빈번히 구매되는 경향이 있다. 다시 필수상품, 긴급상품, 충동상품으로 구분된다. ≒ 선매품, 전문품

○ 편집자 지원(editorial support): 매체가 자신에게 주의를 끌기 위하여(즉 독자를 확보하기 위하여) 제공하는 뉴스, 화제, 특집, 사진 등과 같은 비광고적 고객정보를 통하여 광고물에 노출될 표적수신자를 확보해 주는 일.

○ 포지션(position): 기업이나 제품, 상표 등의 마케팅대상들이 잠재고객들의 마음속에서 그려지는 모습이다. 잠재고객들은 결정적인 속성들의 차원에 따라 마케팅대상을 지각하며 그러한 신념들의 총체가 포지션이 된다.

○ 포지셔닝(positioning): 마케팅 목표를 효과적으로 달성하기 위하여 바람직한 목표 포지션을 결정하는 일로서 결국 잠재고객들의 지각 속에서 자리매김을 결정하는 것이다.

○ 포지셔닝의 근거(bases for positioning): 소비자들이 마케팅대상의 포지션을 형성하는 데 흔히 이용하는 기준으로서 자신의 욕구, 제품범주, 사용자 계층, 용도, 사용계기 등을 포함한다.

○ 포지셔닝 분석(positioning analysis): 잠재고객들은 시장에서 경쟁하는 다수의 대상들을 독특한 모습으로 지각하는데, 그러한 모습들을 확인해 내는 일이다. ≒ 경쟁구조 분석

○ 포지셔닝 전략(positioning strategy): 경쟁구조 분석과 잠재고객의 욕구구조 분석을 근거로 하여 바람직한 목표포지션을 정의한 후, 적절한 마케팅믹스를 개발하여 커뮤니케이션하는 일이다.

○ 4P: 마케팅 믹스를 구성하기 위한 의사결정들을 네 범주로 나누었을 때 제품분야(product), 가격분야(price), 경로분야(place), 촉진분야(promotion)를 의미하며 마케팅 도구나 마케팅 의사결정 변수를 의미한다.

○ 포트폴리오 분석(portfolio analysis): 사업 포트폴리오를 구성하고 있는 전략적 사업 단위들에게 적용할 기본적인 마케팅 전략방향을 검토하기 위하여 일정한 기준에 따라 범주화하는 과정이다. 이러한 목적으로 제안된 대표적인 모델은 보스턴 컨설팅 그룹(BCG)의 성장—점유율 행렬, 제너럴 일렉트릭社의 사업여과행렬이 대표적이며 필요에 맞도록 창안할 수도 있다. ☞ 사업 포트폴리오

○ 표본(sample): 모집단의 전체 구성원을 대표할 수 있는 일부 구성원들의 집합이

며, 실제로 모집단으로부터 표본을 추출하기 위한 방법은 확률표본 추출과 비확률표본 추출이 있다.

○ 표본분포(sampling distribution): 표본들로부터 구해지는 표본통계량의 확률분포.

○ 표본설계(sample design): 표본조사를 실시하기 위한 계획으로서 모집단의 정의, 표본추출 목록의 작성, 표본의 크기 결정, 표본추출 방법의 결정을 포함한다.

○ 표본추출단위(sampling unit): 표본추출 과정의 특정한 단계에서 실제로 표본으로 선정될 수 있는 요소(들).

○ 표본추출 목록(sampling frame): 모든 표본추출단위들의 목록을 말하며 표본조사를 위한 실제의 표본은 이것으로부터 추출된다. ≒ 조사모집단

○ 표본추출 오차(sampling error): 표본이 모집단을 완전히 대표하지 않는다는 사실로부터 기인하는 표본자료의 오차로서 표본의 크기가 커짐에 따라 감소하는 경향을 보인다. ≒ 표본추출 오차, 무작위 오차, 우연 오차

○ 표본통계량(statistics): 표본조사의 결과로 얻어진 표본 특성치로서 표본평균이나 표본비율 등. 추론통계학의 기법을 이용하여 모집단 모수를 추정하는 데 이용된다. ☞ 모수, 표본분포

○ 표적 마케팅(target marketing): 전체 시장 구성원들이 원하는 바의 차이를 인식하여 시장을 세분하고 각 세분시장별로 최적의 마케팅 믹스를 개발하여 별도로 제공하는 전략이다. 차별화 마케팅과 집중화 마케팅으로 구분될 수 있다. ≒ 소총식 접근방법 ⇔ 대량 마케팅

○ 표적수신자(target audience): 촉진활동이 지향하는 표적시장. ☞ 표적시장

○ 표적시장(target market): 시장세분화의 결과로 도출된 여러 세분시장 중에서 마케팅노력을 특별히 집중시키려는 주 고객시장 또는 시장세분화를 거치지 않은 상태에서 전체시장이다. 표적시장은 선정기준은 규모, 미래의 성장전망, 경쟁상황 등을 포함하며 표적시장은 선정하기 위한 기본적인 전략에는 제품/시장전문화, 제품전문화, 시장전문화, 선택적 전문화, 완전포괄 등 다섯 가지의 기본형태가 있다.

○ 프라이비트 브랜드(Private Brand, PB): 일반적으로 제조업자가 설정한 브랜드인 NB에 대응되는 개념으로 소매업자 및 도매업자 등 판매업자가 설정한 브랜드를 의미한다. PB의 기원은 1920년경 미국에서 체인 오퍼레이션(Chain operation)에 기초를 둔 소매업의 대규모화가 진행되어 판매력이 강화된 소매업자, 시장 지배력을 강화해 가려고 하는 과점적 대규모 제조업자에 대항하기 위해, 자신의 상표를 만들어 사용한 데서 비롯된 것이다. 현대는 제조업자와의 대항보다는 경쟁이 격화되고 있는 소매업자 사이에 상품 차별화와 자주적인 MD력 제고를 목적으로 PB의 개발 및 통합 관리를 강력히 추진하고 있다.

○ private label: 한 스토아의 네임 혹은 한 스토아에 의해 독점적으로 사용되어지는 네임을 라벨로 달고 있는 것, 그 스토아의 독점적 유통을 위해 생산되어진 라벨

○ 프로슈머 마케팅(Prosumer Marketing): 앨빈 토플러 등 미래학자들이 예견한 상품 개발 주체에 관한 개념으로 기업의 생산자와 소비자를 합성한 말. 기업들이 신제품을 개발할 때 일방적으로 기획, 생산하여 소비자 욕구를 파악하던 단계에서 최근에는 고객의 만족을 강조하고 있다. 프로슈퍼 마케팅 개념은 이 단계를 뛰어넘어 소비자가 직접 상품 개발을 요구하며 아이디어를 제안하고 기업이 이를 수용해 신제품을 개발하는 것으로 고객 만족을 최대화시키는 전략이다. 국내에서도 컴퓨터, 가구, 의류회사 등에서 공모 작품을 적극 수용하고 있다.

○ private buying office: 자체 제품기획 기능의 연장선으로써 하나의 소매 조직에 의해 소유되고 운영되어지는 바잉 오피스를 통해서 소매업자는 메이저 마켓에서 협력오피스와 그것의 머천다이징 기능이 크게 다른 상황으로 수행될 때라 해도 마켓에서의 안정을 유지할 수 있다.

○ pageview: 웹사이트의 특정 웹페이지에 이용자가 접속하여 페이지의 내용이 브라우저에 나타날 때, 그 1회의 접속을 1페이지 뷰라고 정의한다. 페이지 뷰는 동일인이 중복 접속하여도 그 숫자가 계속 증가하게 설정할 수 있다.

○ 하위문화(subculture): 집단의 규모가 커지고 구성원들의 활동범위가 다양해짐에 따라 구성원들은 전체와 상호관계를 유지하기보다는 일부 구성원들과 대면접촉을 유지하면서 자신들만의 정체성을 개발하기 위하여 형성된 가치, 규범과 집단의식, 여러 가지 자극에 대한 반응패턴.

○ 할려금(rebates): 과거 일정한 기간 동안의 거래량을 근거로 하여 대금의 일부를

특별사례금의 형태로 감면해 주는 공제.

○ 할인(discounts): 제품가격 자체를 낮추어 고객들에게 요구하는 가격정책. ☞ 현금
할인, 수량할인, 기능할인, 계절할인, 선일자 현금할인

○ 해독(decoding): 커뮤니케이션의 수신자가 자신이 노출된 메시지로부터 아이디어
를 추출하는 작업으로서 주관적인 선택적 지각으로 인하여 메시지를 송신자와
항상 동일하게 해석하지는 않는다. ⇔ 기호화

○ 핵심시장(core market): 제품이 제공하는 효익과 자신이 원하는 바가 거의 일치하
는 잠재고객들의 집합이다.

○ 핵심제품(core product): 제품의 세 가지 수준 중에서 잠재고객들의 기본적인 욕
구를 충족시키거나 문제해결에 직접적으로 관련되는 효익들의 조합을 지칭한다.
또한 그러한 효익들을 잠재고객들에게 효과적으로 제공하기 위한 물리적/화학적
및 상징적 속성들의 조합을 실제제품이라고 하며, 잠재고객들이 제품구매로부터
충분한 만족을 얻을 수 있도록 실제의 구매와 소비활동에 관련하여 제공되는 부
수서비스까지 포함할 때 확장제품이라고 한다.

○ 혁신(innovation): 신제품뿐 아니라 신시장, 신기술, 신원료, 신조직 등을 포괄하는
보다 넓은 의미의 용어이지만 대체로 신제품을 지칭한다. ☞ 신제품

○ 혁신성향(innovativeness): 한 사회 시스템의 다른 구성원들보다 혁신을 상대적으
로 빨리 수용하려는 경향으로서 혁신수용성향이라고도 한다. ☞ 수용자 범주

○ 혁신수용모델(innovation adoption model): ☞ 수용과정, 효과계층

○ 혁신층(innovators): 혁신의 수용자 범주 중에서 가장 혁신성향이 강한 집단. 신제
품의 도입기에서 제품을 직접 구매해 줄 뿐 아니라 제품수정을 제안해 주고 자
신이 속한 집단 내에서 의견 선도자의 역할을 수행하므로 신제품 도입기의 표적
시장으로서 적합하다. ☞ 수용자 범주

○ 현금할인(cash discounts): 구매한 제품의 대금을 즉시 또는 일정한 기간 이내에
지불할 때 판매자가 제공하는 할인형태로서 2/10, n/30이라는 현금할인 조항은
대금청구일로부터 10일 이내에 대금을 지불하면 2%를 할인해 주지만 30일까지

는 대금을 지불하도록 규정한다.

○ 협동광고(cooperative advertising): 재판매업자가 지역매체를 통하여 실시하는 제품 광고에 대하여 생산자가 광고비용의 일부를 부담해 주는 형태.

○ 홍보(publicity): 특정한 기업이나 제품을 위하여 발간되는 뉴스와 정보로서, 메시지를 제시하기 위하여 사용되는 지면이나 시간에 대하여 후원자가 지불하지 않는다는 점에서 무료이다. 대체로 홍보메시지는 신문, 잡지, 라디오와 같은 매체를 통하여 뉴스나 공지사항으로 제시된다.

○ 확산과정(diffusion process): 한 사회 시스템의 구성원들 사이에서 혁신이 확산되어 가는 과정. 혁신수용이 한 개인에 의한 의사결정임에 반하여 혁신의 확산은 사회적인 현상이다.

○ 확산된 선호패턴(diffused preference pattern): 잠재고객들이 원하는 바를 반영하는 속성결합이 제각기 상이한 모습으로 나타나는 패턴이다. ☞ 시장선호패턴

○ 확산률(diffusion rate): 사회 시스템의 전체 구성원 중에서 혁신을 수용한 사람들의 비율로서 혁신의 확산속도를 반영한다. 혁신의 확산율(확산속도)에 영향을 미치는 주요한 요인으로는 의사결정의 성격, 마케팅 노력의 정도, 욕구의 강도, 제품의 상대적 이점/적합성/단순성/시용가능성/전파가능성 등을 들 수 있다.

○ 확장된 신념/평가모델(extended belief/evaluation model): 제품의 구매의도를 특정한 제품의 구매결과에 대한 태도와 그러한 구매행동에 대한 주관적 규범의 상대적인 비율에 의해 결정된다는 견해의 다속성 태도모델. 이때 구매결과에 대한 태도가 구매결과에 대한 신념과 그러한 결과의 요망성의 가중합계이며, 구매행동에 대한 주관적 규범이 준거인 지각에 관한 신념과 준거인의 생각에 순응하려는 동기부여의 가중합계로 간주된다. 본래의 신념/평가모델의 행동예측력을 재선하기 위하여 수정된 것이므로 수정된 신념/평가모델이라고도 한다.

○ 확장제품(augmented product): 소비자가 가격을 지불하고 실제로 획득하는 제품의 광의적 해석. ☞ 핵심제품

○ 환경기회(environmental opportunities): 환경요인의 변화가 제공하는 새로운 마케팅 기회로서 어느 기업에게도 공평하게 적용될 수 있다. 그러나 환경기회가 특

정한 기업이 효과적으로 활용할 수 있는지의 여부는 별개의 문제인데, 경쟁자에 비하여 차별적 우위를 누릴 수 있는 환경기회를 기업기회라고 한다.

○ 환경요인(environmental factors): 마케팅활동의 성과에 영향을 미치는 외부적인 요인들로서 마케팅 조직으로서는 자유롭게 통제할 수 없기 때문에 통제불가능 요인이라고도 한다. 이중 인구통계적 요인, 경제적 요인, 자연적 요인, 기술적 요인, 정치적 및 법적 요인, 사회적 및 문화적 요인, 경쟁요인 등 통제가 거의 불가능한 요인들을 거시적 환경요인이라고 하며 공급자, 중간기관, 고객 등 어느 정도 영향을 미칠 수 있는 행위자들을 미시적 환경요인이라고 한다.

○ 환경탐사(environmental scanning): 환경요인들은 끊임없는 변화하면서 기업에게 새로운 기회와 위협을 제공하기 때문에 마케터는 자신의 마케팅활동과 관련된 환경요인의 현황과 변화추세를 파악하고 그들의 시사점을 면밀하게 분석해야 하는데, 그러한 과업을 환경탐사라 한다. ≒ 창조적 적응

○ 환기세트(evoked set): 인지세트를 구성하는 상표들 중에서 소비자가 구매와 소비를 위하여 긍정적으로 평가한 상표들을 집합.

○ 횡단면적 설계(cross—sectional design): 조사대상들을 여러 변수에 대하여 단 한 번 측정하는 조사설계. ⇔ 시계열적 설계

○ 효과계층(hierarchy of effects): 마케팅 커뮤니케이션에 대하여 수신자들이 보여 주는 반응의 순차적인 계층을 묘사한 모델들로서 AIDA 모델이나 혁신수용모델, 효과의 계층모델이 대표적이다.

○ 효과의 계층모델(hierarchy of effects model): 커뮤니케이션의 효과계층을 묘사하는 한 가지 모델로서 인지, 지식, 좋아함, 선호, 확신, 구매의 단계를 포함한다. ☞ 효과계층

○ 효용(utilities): 재화가 인간의 욕구를 충족시키는 데 기여하는 측면으로서 형태효용, 시간효용, 장소효용, 소유효용 등 네 가지 기본적인 유형이 있다. 이 중 형태효용이란 적당한 공정을 거쳐 원재료를 제품으로 변환시킬 때 창출되는 부가가치로서 주로 생산활동의 산물이다. 이에 반하여 나머지 세 가지 효용은 각각 보관, 수송, 소유권 이전을 통하여 창출되는 부가가치이다.

○ 효익(benefits): 제품이나 어떠한 행동이 소비자가 원하는 바를 충족시켜 줄 수 있는 측면으로서 대체로 소비자의 기본적인 욕구에 관련된다. 일반적으로 치약은 소비자에게 충치예방, 구취제거, 미백효과, 신경치료 등의 효익을 제공한다.

○ 효익가격결정(benefit pricing): 제품이 제공하는 각 효익의 가치들을 합산하여 전체제품의 가치를 추정하여 가격을 결정하는 방법. 예를 들어, 자동응답전화기의 가격은 자동응답기능의 가치와 전화기능의 가치를 합산하여 그러한 가치에 대응되도록 기준가격을 결정할 수 있다.

○ 효익세분화(benefit segmentation): 보편적으로 이용될 수 있는 시장세분화의 근거는 전체 시장 구성원의 인구통계적 특성, 지리적 특성, 심리적 특성, 행위적 특성 등인데 특히 그들이 구매로부터 희구하는 효익을 근거로 하여 실시하는 시장세분화이다.

○ 후방적 경로(backward channel): 생태학적 목표를 추구하기 위하여 제품을 소비한 후 고형폐기물이나 부산물, 용기 등을 소비자로부터 다시 생산자에게 돌려보내기 위한 재순환 경로. ≒ 재순환 경로 ⇔ 전방적 경로

○ 후원전략(push strategy): 경로전략 또는 촉진전략의 한 형태로서 강력한 인적 판매와 판매촉진(경로조성금)을 통하여 중간고객으로 하여금 다음 단계의 고객에게 제품을 밀어붙이도록 촉구하는 전략대안. ⇔ 견인전략

○ 후 효과(recency effect): 메시지의 내용구성과 관련하여 나중에 제시된 내용이 많은 영향력을 가질 때 나타나는 현상. 흥미 없는 주제, 친숙치 않은 주제, 논란의 여지가 없는 주제들은 대체로 후 효과를 가지므로 단점 →장점의 제시가 적합하다. ⇔ 선 효과

○ Hit: 한 명의 사용자가 웹서버의 한 파일에 접속하는 것을 말한다. 히트 수는 웹사이트의 인기를 측정하는 단위로 사용되고 있지만, 사실 잘못 알고 있는 것이다. 어떤 사이트의 히트 수가 '10'이라고 해서 10명의 이용자가 방문한 것은 아니기 때문이다. 요컨대 히트란 서버의 한 파일 접속수이기 때문에, 한 사이트에 이미지가 10개 포함되어 있다면, 히트 수는 이미지 10개와 웹페이지 1개를 합한 '11'이 되는 것이다.

○ Frequency Cap: 배너가 일정횟수 이상 한 사용자에게 노출되어 CTR이 저하되는

현상을 예방하기 위해, 그리고 매체사에서 광고주에게 guarantee한 imps.을 더욱 효과적으로 집행(guarantee된 imps.가 좀 더 많은 유저들에게 노출될 수 있도록 하기 위해서)하기 위해 사용자의 로그분석을 통하여 한 사용자에게 일정회수 이상 배너가 노출되지 않도록 하는 방법이다.

유통기업 취업 전략 특강

취업전략 Top Secret

知彼知己이면 百戰百勝한다

[SWOT 분석] 작성해 보도록 한다

: 취업 합격 혹은 마케팅 전략 수립시 개인이나 소속 부서, 소속 회사의 스왓 분석은 필수!

내부적인 측면

S : Strength<강점>

W : Weakness<약점>

외부적인 측면

O : Opportunity<기회>

T : Threat<위협>

1. 국내 유통기업 현황

1. 소매유통시장의 형태
-오프라인 : 백화점, 할인점, 슈퍼마켓, 편의점

-온라인 : TV 홈쇼핑, 인터넷 쇼핑몰

2. 백화점과 할인점 : 소매시장의 70%이상을 점유
-90년대까지 : 백화점이 국내 소매시장의 성장을 주도

-90년대 이후 : 할인점, 홈쇼핑, 인터넷 쇼핑몰 등의 신업태가 등장

-IMF 경제위기 : 소비침체 및 소비자 구매 패턴의 변화로 백화점의 성장
력은 둔화, 합리적 소비행태의 일반화로 할인점은 급성장

-96년 이후 : 유통시장의 개방, 외국 대형할인점의 국내진출, 2002년 통
계로 전국 230개 할인점이 출점, 약 17조원의 시장을 형성

-93년말 UR협상의 타결에 따른 서비스 시장의 전면적인 개방화와 96년
유통시장의 전면개방

-미국을 위시한 유통선진국에서 유통환경의 변화에 따라 자생적으로 각
종 신할인업태 발생

-할인점, 회원제 클럽, 아울렛, 캐터로그 쇼룸, OSP, 카테고리 킬러점, 홈
센터 등이 선진 유통기업과 함께 국내에 도입, 일대 경영혁신 야기

-재래시장도 유통시장의 변혁기에 살아남기 위해 복합건물 등 현대화에
박차

-대형마트 점포수는 증가세를 유지하고 있으며, 07년에도 40여 개 이상
의 신규점 증가

-대형마트 매출액은 지속적으로 증가하고 있으며, 전체 소매시장 매출에
서 차지하는 비중이 '00년 9.1%에서 06년 16.6%로 증가

-대형마트는 2000년대 초까지 점포수, 매출액이 급증하다가 2003년부터
안정적인 성숙기에 진입

국내유통시장의 현황 및 문제점

1. 유통산업은 몇몇 대기업과 초우량 유통기업을 제외하곤 경험이나 모방에만 의존할 뿐 경영의 부재상태에 놓여 있다.

2. 시스템 경영이 아쉽다. 자영업이나 재래시장 등 많은 저성장 내지는 저생산성의 유통기업은 이제 체인이나 프랜차이즈 비즈니스 등과 같이 시스템 경영으로 보다 업그레이드 되어야 한다.

3. 우리나라 유통기업은 e-비즈니스 경영으로 저비용-고효율의 경영성과를 거두어야 한다. e-비즈니스를 지속하면 한편으로는 극심한 자원부족의 한계를 극복하고 다른 한편으로는 획기적인 비용절감의 효과가 있기 때문이다.

4. 쇼핑센터의 나라, NEW KOREA를 만들어야 한다.

5. 시장경쟁력이 있는 쇼핑센터를 더 많이 만들어 중국과 일본 그리고 러시아 및 동남아시아 더 나아가 인디아 등지의 많은 고객에게 손짓을 해야 할 것이다.

6. 유능한 유통인들이 시장 안팎에서 발전을 위한 방안을 모색하고 노력해야 할 것이다.

2. 각 유통기업의 소개 및 채용절차

1. 신세계(이마트 및 백화점)
2. 롯데 마트
3. 이랜드 뉴코아 백화점
4. 홈플러스
5. GS마트
6. 하이마트

01. 신세계(이마트 및 백화점)

경영이념

신세계는 기업윤리에 바탕을 두고 기업의 사회적 책임을 다합니다.
신세계는 풍요롭고 합리적인 생활문화를 선도하겠습니다.
신세계는 모든 경영의 성과와 가치를 공유할 것입니다.

신세계는 1963년 창립이래 소매유통 전문회사로 성장발전해 왔으며, 근대화의 시대적 조류에 부응하고 국민의 합리적인 생활수준 향상에 기여해 왔다. 특히 유통업은 다른 업종과 달리 신용과 투명성이 더욱 요구되었기에 신세계가 윤리경영을 타기업보다 앞서 시작하게 된 계기가 되었다.

기업의 경영활동은 도덕성과 윤리성을 바탕으로 이루어져야 합니다. 그럴 때에만 사회로부터 인정받으며 성장할 수 있습니다. 신세계는 지금까지 타기업보다 투명한 경영을 해왔으며 윤리적 경영자세를 견지해 왔습니다.

우리의 오랜 역사와 더불어 훌륭한 장점으로 남아있는 이러한 공정하고 투명한 기업활동을 통해 사회적 책임을 다함으로써 고객의 신뢰를 받게 될 것입니다.

신세계건설, 신세계푸드, 신세계인터내셔널, 신세계아이엔씨, 조선호텔, 스타벅스커피코리아, 신세계익스프레스

신세계 윤리 행동 규범

1. 우리는 고객을 존중하고 고객을 위한 책임과 의무를 다한다.
2. 우리는 법규를 준수하고, 자유경쟁시장의 질서를 존중하며 정당한 정보를 입수·활용함으로써 공정한 경쟁을 추구한다.
3. 우리는 모든 협력회사에 평등한 기회를 보장하고 우월적 지위를 이용하는

어떠한 형태의 부당행위도 하지 않으며, 공정한 거래를 통한 공동의 발전을 지향한다.

4. 우리는 협력회사와 접촉시 회사를 대표한다는 마음가짐으로 정중하면서도 공손한 태도로 임하여 존경과 신뢰를 받을 수 있도록 행동한다.

5. 우리는 상거래를 통하여 인지한 해당회사의 영업비밀이나, 정보 등을 누설하거나, 부당하게 이용하지 않는다.

6. 우리는 협력회사로부터 금품수수, 선물수수, 향응접대 등 부당한 이득을 취하거나 부도덕한 행위를 하지 않는다.

7. 우리는 매장상품이나 협력회사 샘플 등을 부당하게 취득하지 않으며, 회사 자산을 사적으로 이용하는 일체의 행위를 삼가 한다.

8. 우리는 근무 시간 내 업무와 관련 없는 일체의 행위를 삼가 한다.

9. 우리는 조직을 와해시키는 파벌조성, 유언비어 유포 및 직원간의 차별대우 행위를 근절한다.

10. 우리는 불건전한 사생활을 삼가하며 철저한 자기관리능력을 강화한다.

신세계 경영정책

1. 견실경영

   견실한 재무구조는 집을 짓기 전에 땅을 다지는 일과 같습니다.

   튼튼한 재무구조를 비롯해 글로벌 스탠더드에 맞는 경영만이 격심한 환경 변화 속에서 생존할 수 있다. 신세계는 이윤을 극대화하는 내실 있는 경영을 할 것입니다.

2. 핵심경영

   무한경쟁의 시대에 유한한 경영자원으로 생존, 발전할 수 있는 방법은 가장 자신 있는 분야에 경영 자원을 집중하는 길뿐이다. 우리의 주력업종은 유통입니다.

3. 책임경영

신세계는 신뢰를 바탕으로 과감한 권한 위양과 고객접점의 영업 현장에서 최고의 의사결정에 이르기까지 각 경영활동의 주체가 스스로 판단하여 행동하는 기업문화를 지향합니다. 그래서 각자 맡은 일의 마지막까지 책임을 지는 신세계인이 되고자 합니다.

이마트 및 백화점 직무소개

구분	관리사무	매장관리
직무	인사, 총무, 교육, 기획, 재무, 회계, 홍보, 마케팅, 점포개발, 물류 등	식품, 의류, 잡화, 스포츠, 가정 및 문화용품
계열	상경, 법정, 어문, 인문사회, 교육계열 등	전 계열
근무지역	수도권	전국
근무형태	○ 본사(본부) 　–백화점부문 본부(중구 충무로 1가), 이마트부문 본부(은평구 응암동 소재) 근무 　–주 5일 근무 ○ 각 점포 　–주 5일 근무(월별 휴무계획에 따라 개인별주 휴일 지정 실시) 　–휴일근무 시 대체휴일(본인선택) 실시 또는 휴근수당 지급	
지원시 고려사항	○ 직군별(관리사무, 매장관리)로 지원이 가능하며, 1지망, 2지망으로 구분해서 지원 가능함 ○ 배치된 직군 내의 업무습득을 위해 최소 2년간 직군 내 근무를 원칙으로 함 ○ 본인 적성 및 회사 업무 형편을 고려하여 2년 후 부터는 Career-path를 결정함	

신세계 인턴사원 채용 과정

대상 : 국내외 4년제 대학 재학생(4학년, 전공 무관)

단, 남자는 군필자 또는 면제자에 한함

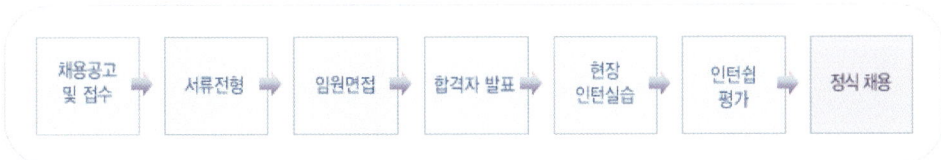

채용공고 및 접수 → 서류전형 → 임원면접 → 합격자 발표 → 현장 인턴실습 → 인턴쉽 평가 → 정식 채용

신세계는 인턴십 수료자를 위주로 한 신입사원 채용을 하고 있습니다.

인턴십 수료자는 소정의 절차를 거쳐 최종 입사여부를 결정하게 됩니다.

출퇴근(5주)＋월 단위 팀/개인별 과제 수행(3개월)

출퇴근 실습은 겨울방학기간 중 진행 예정

인턴사원 채용과정 및 절차

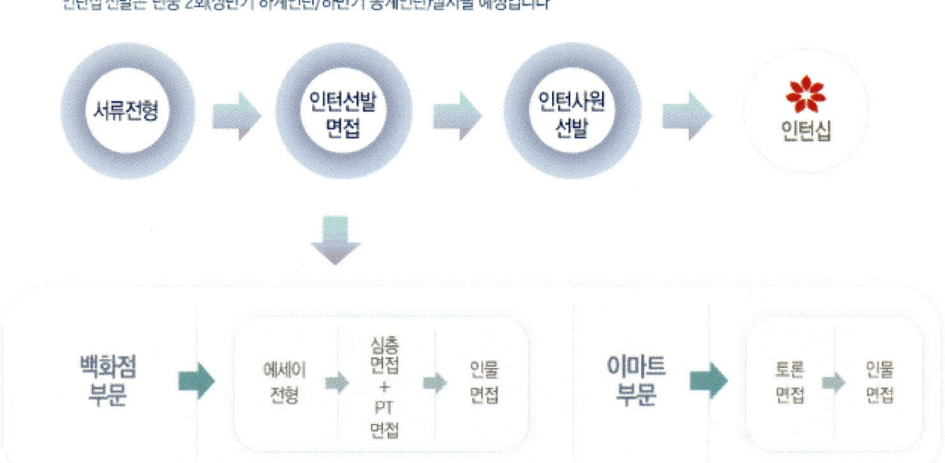

인턴십 채용 면접

1. 에세이 전형

   에세이 전형은 주어진 주제에 대하여 본인의 생각을 기술하는 방식으로써 당사에 대한 관심 및 이해를 바탕으로 논리적인 전개를 확인하는 전형입니다. 평소에 가졌던 본인의 생각을 정확히 표현하는 지원자의 판단력을 검증하는 도구입니다

2. 심층면접

   심층면접은 지원자의 당사에 대한 관심 및 논리적 사고를 판단하기 위한

면접입니다. 개인별 면접으로 진행되며 단계적인 질문을 통해 본인의 의견을 제시하며 그 이유에 대한 타당성을 정확히 표현하는 전형입니다.

3. PT 면접

PT면접은 전문성이 있는 주제에 대해 본인의 생각을 개진함으로써 지원자의 전문지식, 기획력, 논리성, 열정 등을 확인하는 전형입니다. 기존에 작성한 입사지원서를 기반으로 개인의 성품 및 경험을 판단하는 면접전형입니다.

4. 토론면접

토론면접은 지원자의 유통업에 대한 관심 및 논리적인 사고, 커뮤니케이션 능력을 판단하는 면접입니다. 조별 면접으로 진행되며 주어진 주제에 대하여 조원들과 토론하면서 주제에 대한 결론을 제시하는 전형입니다.

인턴십 프로그램

인턴십 수료 후 채용 절차

인턴십 수료결과를 바탕으로 최종면접 대상자를 선발합니다

최종면접 대상자선발 → 최종면접 → 건강검진 → 입사내정자 확정 → 최종입사

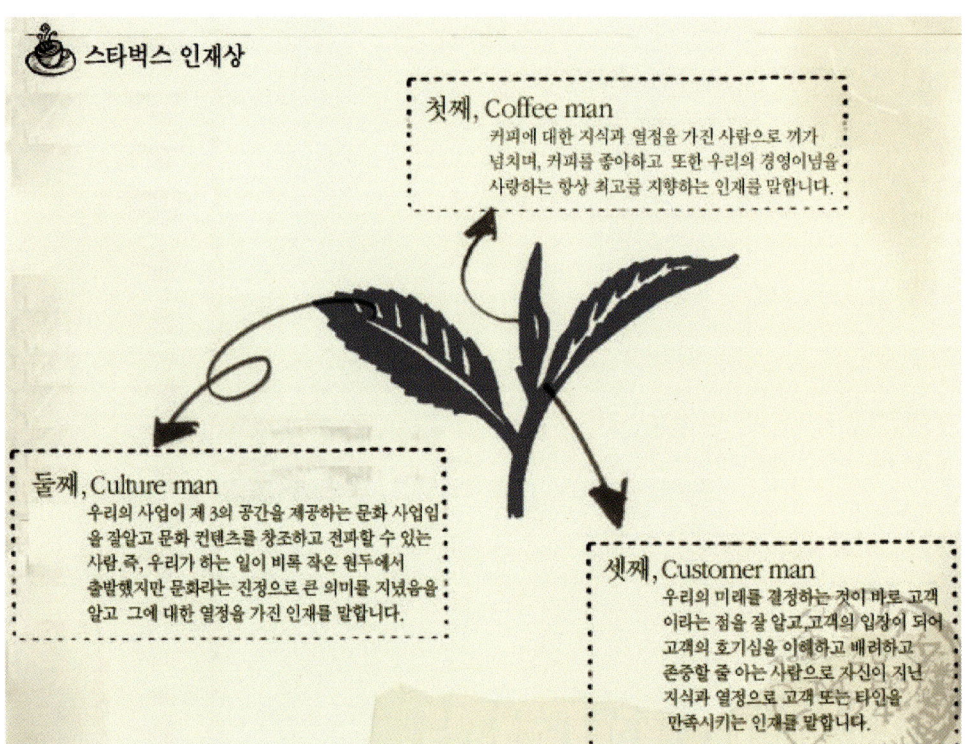

스타벅스 인재상

첫째, Coffee man
커피에 대한 지식과 열정을 가진 사람으로 끼가 넘치며, 커피를 좋아하고 또한 우리의 경영이념을 사랑하는 항상 최고를 지향하는 인재를 말합니다.

둘째, Culture man
우리의 사업이 제 3의 공간을 제공하는 문화 사업임을 잘알고 문화 컨텐츠를 창조하고 전파할 수 있는 사람. 즉, 우리가 하는 일이 비록 작은 원두에서 출발했지만 문화라는 진정으로 큰 의미를 지녔음을 알고 그에 대한 열정을 가진 인재를 말합니다.

셋째, Customer man
우리의 미래를 결정하는 것이 바로 고객이라는 점을 잘 알고, 고객의 입장이 되어 고객의 호기심을 이해하고 배려하고 존중할 줄 아는 사람으로 자신이 지닌 지식과 열정으로 고객 또는 타인을 만족시키는 인재를 말합니다.

신세계 스타벅스 인재상

첫째, Coffee man

커피에 대한 지식과 열정을 가진 사람으로 끼가 넘치며, 커피를 좋아하고 또한 우리의 경영이념을 사랑하는 항상 최고를 지향하는 인재를 말합니다.

둘째, Culture man

우리의 사업이 제3의 공간을 제공하는 문화 사업임을 잘 알고 문화 콘텐츠를 창조하고 전파할 수 있는 사람, 즉 우리가 하는 일이 비록 작은 원두에서 출발했지만 문화라는 진정으로 큰 의미를 지녔음을 알고 그에 대한 열정을 가진 인재를 말합니다.

셋째, Customer man

우리의 미래를 결정하는 것이 바로 고객이라는 점을 잘 알고 고객의 입장이 되어 고객의 호기심을 이해하고 배려하고 존중할 줄 아는 사람으로 자신이 지닌 지식과 열정으로 고객 또는 타인을 만족시키는 인재를 말합니다.

02. 롯데 마트

경영이념/비전

행복드림 '롯데마트'

우리 회사의 주인은 고객이십니다.

No.1 Retailer in Asia - 아시아 1등 유통기업
No.1 People / No.1 Culture / No.1 Lean

Slogan

행복드림 '롯데마트'

비전

아시아 1등 유통기업

No.1 People / No.1 Culture / No.1 Lean

사훈

우리 회사의 주인은 고객이십니다.

최신의 POS System

교통이 편리한 입지

고품질 상품, 국내 최저가격 판매

롯데 정신

Love

서로 사랑하며 따뜻하게 감싸주는 사회

롯데는 사랑이 넘치는 내일을 꿈꾸며 모든 일에 정성을 다하고 있습니다.

사랑과 믿음이 가득한 따뜻한 사회의 건설, 롯데가 이루고자 하는 소망입니다.

Liberty

개성과 창의를 존중하는 자유로운 사회

롯데는 자유가 발전의 바탕임을 알고 개성과 창의를 존중하고 있습니다.

자유롭게 일하며 서로가 서로를 돕는 밝은 사회, 롯데가 만드는 세상입니다.

Life

다같이 풍요로운 삶을 누리는 즐거운 사회

롯데는 밝은 내일을 가꾸기 위해 늘 창조하고 발전시켜 나갑니다.

좋은 제품, 감동 어린 서비스로 인류의 삶을 풍요롭게 만드는 것, 그것이 롯데가 꿈꾸는 미래입니다.

롯데가 꿈꾸는 미래는 사랑이 가득한 사회입니다.

개성과 창의가 존중되고, 다함께 풍요로운 삶을 누리는 자유롭고 즐거운 세상입니다.

롯데는 정직한 마음, 봉사하는 자세, 정열적으로 일하는 청년정신으로 세상을 바꾸고 미래를 앞당겨 왔습니다. 희망찬 변화의 21세기, 롯데의 힘찬 도약이 시작됩니다.

롯데가 만드는 새로운 세상이 열립니다.

롯데 기업 소개

LOTTE -인터넷 쇼핑
    -커뮤니티
    -문화, 정보, 금융

롯데쇼핑

롯데역사

롯데리아

코리아세븐

롯데닷컴

모비도미

롯데정보통신

롯데로지스틱스

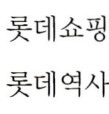

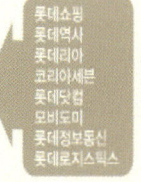

Global Networks

롯데상사 : 미국 뉴욕 / 러시아 모스크바, 블라디보스톡 / 중국 상해 / 인도네시아 자카르타

롯데제과 : 일본 동경 / 중국 북경 / 인도 첸나이

호텔롯데 : 일본 동경, 오사카, 후쿠오카 / 미국 뉴욕, LA

롯데건설 : 일본 동경 / 러시아 모스크바 / 말레이시아 조호바루

롯데리아 : 중국 북경, 하얼빈

03. 이랜드 뉴코아 백화점

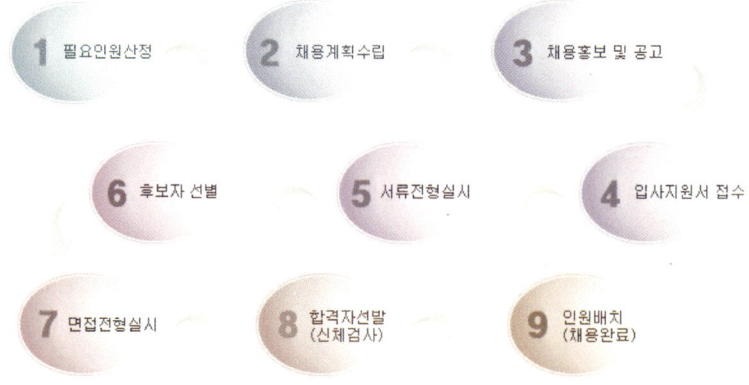

이랜드 (뉴코아 백화점)

원칙을 지키는 신뢰받는 기업
-법률, 규정, 사규 등에 반하는 모든 회의
-임직원의 부조리, 비리, 회사 이미지 손상, 금품수수, 성희롱 등
-사회적 지탄의 대상이 되는 행위
-청렴 성실 친절하여 회사 이미지 제고에 모범이 되는 직원 추천
-기타 윤리 규범 내용과 관련된 사항
-비효율적인 요소 제거와 투명성 제고를 위한 제도 개선 및 건의 사항

이랜드 인재상과 보상시스템

1. 인재상

   스스로 지식을 창조하여 문제를 해결하는 사람

   Solution 을 제공하는 사람

   지식의 성과가 재무성과로 연결되는 사람

   조직의 장기적 비전을 제시하며 전략의 초안을 수립할 수 있는 사람

   전문역량의 인재를 재생산 할 수 있는 사람

   Simple Life 를 통해 Noblesse Oblige를 실천할 수 있는 사람

   현장에서 변화를 주도하는 사람

2. 보상시스템

   이랜드는 직원 모두가 지식근로자로서 지속적 성과를 낼 수 있도록 장려
   하며, 이를 위해 개개인의 기여와 지식 차이에 따른 '성과연봉제'를 실시하
   고 있습니다. 또한 사회공헌 활동에 참여할 수 있는 프로그램과 다양한 보
   상 제도를 통해 개인의 성장과 가치 실현을 도모하고 있습니다.

이랜드 유통매니저 직무소개

업무영역 및 내용

1. 브랜드별 매출목표를 관리하고 월 및 시즌별 핵심상품 PLC(상품수명주기)를 카테고리별로 숙지하고 문제점을 상사하게 보고한다.

2. 매장주, 상품 판매사, 시설, 고객안전 등 매장과 관련된 전반적인 문제를 일단위로 파악하여 상사에게 보고/처리하며 주간핵심판매상품에 대한 판매방법(진열방법위치설정)을 숙지하고 VMD 연출의뢰를 실행한다.

3. 유통의 꽃이라 할 수 있는 고객과의 접점에서 고객니즈를 파악하며 담당하고 있는 카테고리의 마케팅 및 CRM을 전담한다.

4. 각 브랜드와의 의사소통을 통해 가장 좋은 상품을 가장 좋은 가격에 제시하며 고객에게 가치를 제공하는 역할을 하게 된다.

하루 일과

1. 전일 매출자료 업그레이드, 매출자료 점검통보(점포별 특이사항, 요청사항 전파), 전일 베스트 상품을 공유하는 것으로 일과가 시작된다.

2. 오전에는 복종별(캐주얼, 신사, 숙녀 등) 팀 회의 및 상품 MD 미팅을 실시하는데 상품 MD 미팅에서는 전일 현장근무 점포별 애로 및 건의사항을 공유하고 상품에 따라 리오더/뉴오더를 건의하며 전일 매출 저조브랜드를 확인하고 상품출고 및 회전을 관리한다.

3. 오후에는 현장경영을 하며 점포책임자, 중간관리자와의 미팅을 통해 애로 및 건의사항을 수렴하고, 매장 및 판매사원을 관리(매장청결상태, 후방창고 정리, VMD, 판매사원 교육 등)하며 매장에 전달사항 및 지시사항을 전파하고 현장의 병목 및 애로사항을 해결해 준다. 문제점은 각 브랜드 본사 담당자와 직접 의사소통하게 된다.

유통매니저 직무소개

1. 업무방식 및 특징

-회사의 수익, 상품의 인지도(브랜딩) UP, 매장주들의 매출을 최적의 조건으로 맞추기 위해 상품 MD, VMD, 마케팅, 지점, 판매사(매장주)들의 중간 채널로서 상품을 적시에 최고의 매출을 발생시킬 수 있도록 관리하는 역할을 한다.

-주, 월, 분기, 년 기획으로 특징 흐름에 맞추어 상품을 전략적으로 운영한다.

-상품이 업그레이드 될 수 있도록 항상 현장의 소리에 귀를 기울여야 하며 브랜드별로 여러 가지 마케팅 방법을 통해 브랜딩 시키는 목적이 있다.

2. 업무에 요구되는 역량

자료분석과 경영 수치에 대한 감각을 전략기획자에게 필수적인 역량이며, 이런 특성 때문에 업무수행에 있어 보다 객관적이고 중립적인 정보를 얻기 위해 때로는 현상적인 사업현황보다는 그 이면에 흐르는 맥을 잡기 위한 활동과 태도가 요구된다.

3. 자기계발의 기회와 장기적 비전

다양한 상황 속에서 일관되게 관찰되는 질서를 읽어내는 안목을 배울 수 있으며, 현장 영업, 상품 기획, 지식경영, 재무경험 등을 통해 기획 역량과 현장경험을 확보, 전략 기획실장을 거쳐 그룹 전략기획 최고 책임자로 성장할 수 있다.

04. 홈플러스

윤리경영

하나, 우리는 누구보다 더 고객을 중시한다.

둘, 우리는 협력회사와 공정한 거래질서를 유지한다.

셋, 우리는 예의 바르게 행동하고 품위있는 언어를 사용한다.

넷, 우리는 자연 환경의 보호에 적극 앞장선다.

다섯, 우리는 사회적 책임과 의무를 다한다.

직무소개

1. 홍보판촉(PR & Sales Promotion)

   주요 업무(Job Responsibilities)

   -점포 보고자료 작성, 연출물 제작(POP, 현수막 등), 고객 게시판 관리 등의 전반적인 홍보업무 수행-본사 행사 기획에 대한 실행, 지역 언론매체 대응 업무 수행

   -인력관리(부하직원의 근태, 교육, 담당업무 등의 전반적인 근무관리) 향후 진로(Career Path)-전반적인 홍보판촉업무를 통해 각종 행사 기획, 실행 전반을 관리하는 전사 행사 기획을 담당하는 업무를 할 수 있다.

2. 인사(HR)

   주요 업무(Job Responsibilities)

   -비정규직 인력 채용 및 교육(파트타이머, 아르바이트 등), 대관 업무, 회사규정(P&P) 등의 전반적인 인사업무 수행

   -점포의 작종 지표관리(매출액, KPI지수 등) 및 식품 및 비식품 영업파트

업무지원

-인력관리(점포 인력에 대한 고충처리, 교육, 입점업체 관리 등)

향후 진로(Career Path)

-전반적인 인사업무를 통해 인사 및 지원업무 전반을 관리하는 인사 관리자(점포 SM 및 DM), 또는 본사 인사 및 교육 업무를 할 수 있다.

3. 비식품 재고관리(Stock control)

주요 업무(Job Responsibilities)

-비식품관련 상품(가전, 가정주거, 의류, 잡화 등)의 비식품재고 운영 및 관리

-재고관리, 발주, 결품관리, Claim 처리

-인력관리(부하직원의 근태, 교육, 담당업무 등의 전반적인 근무 관리)

경력 개발(Career Path)

-식품재고의 전반적인 운영 및 관리를 통해 물류흐름의 전반을 관리하는 물류운영 및 기획(목천물류센터 SM 및 DM) 업무를 할 수 있다.

4. 의류잡화(Apparel)

주요 업무(Job Responsibilities)

-의류 및 복식잡화(패션잡화, 이너웨어, 피혁잡화 상품 등) 등의 의류잡화 영업관리(발주, 진열, 판매, 이익관리 및 고객서비스)

-매장, 상품 등에 대한 위생, 청결, 재고관리

-인력관리(부하직원의 근태, 교육, 담당업무 등의 전반적인 근무관리)

향후 진로(Career Path)

-의류잡화의 전반적인 영업관리와 매장관리를 통해 비식품 전반을 관리하

는 비식품 영업관리자(점포 SM 및 DM), 또는 본사 바이어(Buyer) 업무를 할 수 있다.

5. S/C(Service center)

주요 업무(Job Responsibilities)

-서비스센터 운영, 편의시설 관리, 계산대(POS) 관리 등의 전반적인 고객서비스 업무 수행 -고객 서비스제도 수립, 고객 불편사항 접수 및 처리, 상품권 판매관리 등

-인력관리(친절서비스 교육, 계산원직무 교육, 부하직원의 근태, 담당업무 등의 전반적인 근무관리)

향후 진로(Career Path)

-서비스센터 운영 및 계산대(POS) 등의 전반적인 고객서비스업무를 통해 대 고객 서비스 전반을 관리하는 고객서비스(점포 SM 및 DM) 또는 본사 고객서비스 업무를 하게 됩니다.

6. 물류관리(Receiving/Inventory)

주요 업무(Job Responsibilities)

-점포 상품 발주, 상품 가격 변경, 재고조정, 상품의 입고/출고 등의 전반적인 물류관리업무 수행

-매출 분석, 정기 상품 재고조사, 물류장비(전동 지게차 등), 후방 창고 관리 등

-인력관리(부하직원의 근태, 교육, 담당업무 등의 전반적인 근무관리)

향후 진로(Career Path)

-입고 및 재고관리의 전반적인 물류업무를 통해 물류관리 및 지원업무 전반을 관리하는 목천물류센터(SM 및 DM) 또는 본사 재고관리 업무를

할 수 있다.

05. GS마트

공정한 경쟁

1. 자유경쟁의 추구
   ○ 자유경쟁의 원칙에 따라 세계 어디에서나 시장경제질서를 존중하며, 상품과 서비스의 질을 통하여 고객의 신뢰를 확보한다.
   ○ 진정한 실력으로 정정당당하게 선의의 경쟁을 하며, 경쟁사의 이익을 침해하거나 약점을 부당하게 이용하지 않는다.

2. 법규의 준수
   ○ 국내 및 해외에서의 사업 활동은 해당국가의 제반 법규를 준수하고 거래의 관습을 존중하여 수행한다.

공정한 거래

1. 평등한 기회
   ○ GS는 자격을 구비한 모든 업체에게 거래선 등록 및 선정에 참여할 수 있는 기회를 평등하게 부여한다.
   ○ 거래선등록 및 선정은 객관적이고 공정한 심사기준에 따라 합리적인 방법으로 수행한다.

2. 공정한 거래절차

ㅇ 모든 거래는 상호 대등한 위치에서 공정하게 이루어지며 거래조건 및 절차에 대해 충분한 협의를 거친다.

ㅇ 우월적 지위를 이용한 어떠한 형태의 부당행위도 하지 않는다.

ㅇ 거래에 필요한 정보는 적절한 절차를 거쳐 적기에 상호제공하며, 거래결과는 공정한 기준에 따라 정기적으로 평가하여 상호 보완한다.

3. 상호발전의 추구

ㅇ 기술지원 및 경영지도 등을 통해 장기적으로 거래선이 경쟁력을 갖추어 성장할 수 있도록 적극지원하고, 혁신을 통해 창출되는 수익을 공유한다.

ㅇ 깨끗한 거래풍토를 조성하고 공정한 거래를 유지하기 위해 거래선과 상호노력 한다.

직급체계 및 역할

1. 직급체계

   사원 3급→사원 2급→사원 1급→대리→과장→차장→부장

2. 직급별 역할

구 분	역 할	채용 학력
사원 1급	사원2급 3년 이상의 실무경험 또는 대졸 이상의 소양이 있으며, 상사의 일반적 지시에 따라 창의와 판단이 필요한 비교적 복잡한 숙련업무, 응용 업무를 수행	대학교 (4년제) 졸업
사원 2급	사원3급 3년 이상의 실무경험 또는 전문대 졸업 이상의 소양이 있으며, 상사의 일반적 지시, 정해진 절차에 따라 창의와 판단이 필요한 정형업무, 숙련 업무를 수행	전문대 졸 이상
사원 3급	고졸 이상의 소양이 있으며, 상사의 구체적 지시, 정해진 절차에 따라 약간의 창의와 판단이 필요한 점포 운영 업무를 수행	고졸 이상

3. 수습기간 및 정년

   2개월 / 만 55세

진급체계

정기 진급

다각적인 인사관리 시스템을 운영하기 때문에 인사관리가 객관적이고 공정합니다. 신입사원 채용 때부터 학연, 지연을 탈피한 공정한 능력 중심 채용 제도를 도입하였고 1년간의 현장 근무와 개인별 면담을 거쳐 본인의 희망과 적성을 고려하여 부서배치를 실시하고 있습니다. 진급에 있어서도 근무 연수 등의 기준에 구애되지 않고 능력이 있는 만큼 승진 및 급여 보상이 가능하도록 하여 사원들이 탁월한 능력과 업적을 마음껏 발휘하도록 독려하고 있습니다.

발탁진급

진급에 있어 규정에 정해진 기준에 구애되지 않고 탁월한 능력이나 업적을 지니고 있는 사원을 조기 진급시키는 제도입니다. 따라서 능력과 업적이 탁월한 인재는 진급 대상이 되지 않아도 직속상사의 추천과 인재개발위원회의를 거쳐 1직급 이상 조기 진급이 이루어질 수 있습니다. 이러한 발탁진급은 조직의 생동감을 높이면서 능력 있는 인재에게는 성장과 발전의 기회를 제공하고 능력에 따른 처우를 가능하게 합니다.

영업담당 직무소개

매출 및 매출이익관리

주력상품의 적극적인 판매로 매출이 활성화되도록 관리하며, 손실의 최소화로 매출이익 신장 극대화를 이끌어 내도록 관리

영업관리

지역적 특수성을 고려하여 지역에 적합한 상품선정 및 그에 따른 영업전략을 수립.

발주관리

데이터에 의해 주력 상품과 비주력 상품의 정확한 상품 주문으로 판매기회 로스 및 결품을 최소화하는 아주 중요한 업무임.

상품화 작업

다양한 상품과 신선한 상품을 소량, 중량 및 고객이 다양하게 고를 수 있도록 상품화하여 진열하는 업무.

근무형태 및 핵심요구 역량

근무형태

근무시간 AM 09:00~PM 19:00
점포영업시간 AM 9:00~PM 11:00(점포별 차등적용~AM1:00)
단, 1차 식품은 오전 조(AM7~PM17) 오후 조(PM13~PM23)로 운영

요구역량
-원활한 영업수행을 위하여 상품의 진열, 재고 및 발주, 선도관리 등의 제반 상품 운영 업무를 개선하고 최적화하는 상품운영능력
-상품 및 시장의 트렌드를 예측하여 향후 전략수립에 활용하기 위하여 경쟁점 조사, 고객니즈 조사, 각종 매체 조사 등의 방법을 통하여 정확한 정보를 수집하고 분석하는 시장분석력
-체계적인 분석기법을 활용하여 영업에 미치는 대내외 환경변화와 영향 요인들 간의 인과관계를 규명하고, 다각적이고 종합적 판단을 하여 실적 개선을 위한 대응방안을 마련하는 실적분석력
-판매증진을 위한 목표를 수립하고 이의 실행을 위한 가용자원을 고려하여 비용에 대한 계획을 세우며 구체적인 판매실행방안을 정의하고 조직화하는

판매기획력 등

채용절차
입사지원서 작성→1차 서류전형→(적성검사)→2차 서류전형→면접전형(1,2차)
→(신체검사)→최종합격

* 적성검사 : 인재상 및 조직적합성 여부 검증
* 1차 면접전형 : 집단토론면접(유통 및 일반시사 토론 면접) / 개별역량면접
  (인재상 및 조직가치 적합성 등 개인역량 중심 면접)
* 2차 면접전형 : 임원급의 인성면접

06. 하이마트

경영이념

Hi-Future For You의 'You'는 고객과 직원, 협력업체, 주주를 포함하는 것으로 상생의(相生) 경영을 추구하는 하이마트의 기업 정신을 의미합니다. 고객께는 최고의 쇼핑만족과 행복을 드리고, 협력업체와는 서로 상생하고 함께 발전해 나갈 것입니다. 또한 주주와 전 종업원들이 보람을 느낄 수 있도록 삶을 윤택하게 가꿀 수 있는 이익을 창출하는 회사로 성장시킬 것입니다.

하이마트 인재상

1. 고객지향
   고객의 니즈를 정확하게 파악하고 고객에게 최고의 친절과 최상의 서비스

를 제공하여 고객 행복과 가치 창출에 앞장서는 사람.

2. 주인의식

   본인 스스로 회사의 주인이라는 생각으로 모든 업무를 자율적이고, 능동적
   으로 수행하는 사람.

3. 혁신

   급변하는 시장 환경에 적극적이고 능동적으로 대처하여 항상 변화를 주도
   하는 미래지향적인 사람.

4. 프로정신

   끊임없는 자기계발과 창조적인 사고로 항상 최고를 추구하는 사람.

직무소개

수퍼바이저

수퍼바이저는 훼미리마트에서 가장 큰 비중을 차지하는 대표적인 직무로서
본사의 가맹점의 접점 최일선에 위치하여 양자간의 공존 공명을 달성하기 위
해 공헌하는 매우 중요한 직무입니다. 1인당 10개 내외의 점포를 순회, 방문
하여 매출향상을 위한 영업지도, 컨설팅 등 전반적인 관리업무를 수행하게
되는데 직무의 성격상 활동적이고 적극적인 성격의 소유자여야 하며 고객의
이익창출 및 성과향상에 대한 책임감과 전문성이 요구되고 향후 유통전문가
로 발돋움하기 위해 필수적인 직무라 할 수 있습니다. 수퍼바이저가 되기 위
해서는 입사초 6개월~1년 가량의 점포실습을 통해 훼미리마트의 전반적인
운영체계를 먼저 습득하게 됩니다.

수퍼바이저의 주요직무

컨설팅 기능

컨드롤 기능

커뮤니케이션 기능

본부재산관리 기능

유통기업 직급 및 연봉체계

예) 그랜드백화점 직급체계

사원→계장→대리→과장→차장→부장

❖ 정기승진 : 연 1회 실시

❖ 승진시험 실시 : 유통상식과 일반상식 혹은 일정 범위의 교재를 지정하여
  교육 및 학습 후 시험, 성적에 대한 인사고과 반영.

❖ 능력과 자질을 갖추었다면 근무 연한에 관계없이 발탁승진 가능.

연봉체계(상여금 및 제수당 제외)

-대졸 신입 : 2,200만원

-대리 : 3,500만원

-과장 : 4,500만원

신세계 이마트 대졸 신입 : 3,100만원

삼성데스코(홈플러스) 대졸 신입 : 3,000여만 원

롯데마트 대졸 신입 : 2,900만원

한국 후지쯔 훼밀리마트 : 2,900만원

3. 유통기업이 원하는 인재상

❖ 21세기 기업인재상의 4대 요소

모험심, 도전정신, 창조적 끼, 국제적 감각

첫째, 창조적 인재는 비전을 창출하고 기존의 형식주의를 타파, 발상과 인식을 전환할 수 있는 능력을 가진 인재를 의미하고,

둘째, 도전적 인재는 용기와 소신, 배짱을 가지고 남들이 꺼리고 기피하는 분야에 과감히 도전, 변화와 개혁을 선도하는 사람을 의미한다.

셋째, 전문인재는 전문능력과 일반능력을 겸비한 인재로 전문적인 지식은 기본이고 관련 분야의 지식까지도 섭렵하여 유기적 조합, 창출이 가능한 인재를 의미한다.

넷째, 글로벌 인재는 영어는 모국어처럼, 제2외국어는 필수로 겸비하고, 다양한 글로벌 문화를 이해하고 적응하며 자신의 것으로 소화하는 능력을 가진 사람을 의미한다.

프로로서의 승부근성을 갖고 한 분야, 혹은 멀티하게 최고의 전문가가 되기 위해 노력해야 하며 영어의 절대적 필요성 증가 및 중국어 중요성 대두에 따른 글로벌화 대응노력을 배양해야 한다. 인터넷 및 전산능력도 준비해야 한다. 그리고 기업체 인턴십 참여, 단순 어학연수가 아닌 종합적 異문화 체험을 통한 조직생활의 경험과 직업관 확립도 필요하다.

창의성, 전문성, 도전정신, 도덕성, 팀워크, 글로벌 역량, 열정

창의성 : '창의성'을 중요시하는 것은 최근의 기업경영 환경을 반영 즉, 국내외 기업간 경쟁이 날로 치열해지고, 소비자들의 욕구가 다양해지고 있기 때

문에 기업 구성원들에게 창의적인 문제 해결력이 크게 요구

전문성 : 전문성은 고객을 상대하는 유통기업으로 유통구조와 소비자 심리 등을 이해하는 전문지식이 필요

도덕성 : 도덕성은 어느 기업이나 마찬가지로 조직 내에 도덕성이 무너지면 조직 전체가 흔들리게 된다.

팀워크 : 팀워크는 유통기업은 연구직이 아니므로 모든 직원이 협동하여 문제를 해결하는 자세가 필요하다.

글로벌 역량 : 글로벌 역량은 유통시장이 개방되면서 외국에의 진출시 직원이 글로벌화 되어 있지 않으면 조직 발전이 어렵기 때문이다.

열정 : 열정은 다른 기업과 마찬가지로 유통기업도 작업이 다양하고 고객의 다양한 요구에 성의와 열정이 없으면 하루도 견디기 어려운 직종이며, 자사 발전에 소극적인 직원은 문제요인이 되게 마련이다.

4. 유통기업 입사 면접 준비

서류전형 전략

< 서류전형 합격 비결 >
기업 특징과 지원 분야에 맞춘 자기소개서
인사담당자의 눈길을 끄는 개성 담긴 자기소개서
화려한 경력보다 자신의 주특기를 보여주는 이력
자신의 주특기를 구체적 경험으로 보여주는 에피소드
기업의 인재상에 맞춘 경력과 자기소개
학력, 학점보다 직무 간련한 인턴경험, 경력, 자격증이 중요

면접준비

취업에서의 마지막 관문은 면접이라 할 수 있다. 면접은 그 사람의 적성을 가늠할 수 있는 기업체와 지원자간의 만남의 시간이며 지원자의 능력과 이미지를 전달할 수 있는 첫 기회이기 때문이다.

기업 최고 경영자와 면접담당자들은 잘생긴 외모보다 단정한 옷차림에 관심을 갖게 된다.

남성 신입사원 지원자라면 몸에 잘 맞는 정장과 이에 어울리는 넥타이 색깔이 좋은 첫 인상을 주는 요인이다.

지원 업종 특성을 잘 살펴보고 그에 맞도록 조화를 이루는 것이 중요하다.

면접에서 호감을 받기 위해서 섹시함과 화려함보다 깨끗하고 신선한 느낌을 주어야 한다.

기업의 인사담당자는 첫인상이 당락의 50%를 결정한다고 말한다. 옷차림과 표정 등은 첫인상을 결정짓는 요소로 크게 작용하기 때문에 결코 간과해서는 안 될 부분이다. 6초 정도면 첫인상이 결정되는데 그 결정 요소는 외모, 표정, 제스처가 80%를 차지하고 목소리 톤, 말하는 방법이 13%, 나머지 7%는 성격이다.

면접 복장 준비 (남녀 공통)

1. 대기업 및 공사/공단 : 단정하게
-최대한 튀지 않고 단정한 스타일을 연출하는 것이 중요하다.
-너무 화려하거나 트렌디한 패션은 금물, 세련미를 살리되 깔끔하고 정돈된 기본 정장룩을 준비하자.
-대기업 면접은 그레이나 네이비, 블랙 등 모노톤의 스트라이프 재킷과 H라인 스커트의 깔끔한 정장을 추천한다.
-스트라이프 패턴은 날씬하고 산뜻한 느낌을 주기 때문에 가장 선호한다.

-여성은 여성스러움이 돋보이는 단순한 장식이 있는 화이트 블라우스나 톤다운 된 블루 또는 베이지 컬러의 셔츠로서 단정하고 신뢰감을 줄 수 있는 것을 선택한다.

-구두는 굽이 3~5cm 높이로 의상과 어울리는 어두운 컬러가 적당하다.

2. 금융계&컨설팅 회사 : 신뢰감 부여, 무채색 슈트

-상대방에게 신뢰감과 전문성을 강조하는 것이 최우선. 깔끔하고 간결하게 스타일링 하는 것이 좋으며, 색상은 부드럽고 안정돼 보이는 블루나 블랙, 그레이 등의 무채색 계통이면 직장에서나 고객에게 세련되고 지적인 이미지를 주어 신뢰감을 높일 수 있다.

-지나치게 얌전한 차림보다 세련되고 감각적이면서도 도시적 인상을 주는 것이 좋다.

-세트 정장만 고집하는 것보다 깔끔한 H라인의 스커트에 러플 장식이 가미된 블라우스와 같은 색의 재킷을 조화시키거나 블랙의 정장 팬츠 차분한 그레이 재킷을 입고 포인트로 화이트나 톤다운 된 그레이 계열의 새틴 소재 셔츠나 블라우스를 조화시키는 콤비 정장을 추천한다.

-가방과 구두는 컬러나 소재를 통일하여 전체적으로 안정된 느낌을 주는 것이 좋다.

3. 공무원 및 금융, 일반 사무직 : 블랙 감색톤의 슈트 스타일/절제

-금융이나 공무원 분야는 신뢰감을 주는 것이 가장 중요하다.

-심플한 정장 타입의 옷차림이 좋다. 가을과 겨울에 유행하는 검은색, 감색, 회색톤을 중심으로 젊은 감성을 보여줄 수 있는 절제된 슈트 스타일로 코디. 무채색 계열의 정장이 적합하다.

-흰색 계열의 셔츠는 깔끔한 느낌을 주고 도트 무늬 타이를 매치하면 안정감이 있어 보인다.

-금융권은 가치관과 윤리의식이 중요한 만큼 신뢰감과 정직함을 보여줄 의상

이 중요하다.

4. 패션 및 유통서비스 : 감각, 세련미

-감각적으로 보이는 것이 가장 중요하다.

-상하 한 벌 정장보다는 상하를 분리한 세퍼레이트 룩을 연출하는 것이 좋다.

-상하가 다르면 재킷은 검은색이나 밝은 회색을 선택하는 것이 무난하다. 바지는 재킷이 검은색이면 회색, 재킷이 회색이면 검은색으로 선택하면 잘 어울린다.

-푸른색 계열의 스트라이프 줄무늬 셔츠나 칼라 포인트가 들어간 흰색 셔츠 등 감각적인 옷도 눈길을 끈다. 빨간색이나 보라색 계열의 넥타이라면 강한 인상 줄 수 있다.

-지나친 연출은 산만하므로 주의한다. 옷차림이 튀면 헤어는 단정하게 해준다.

5. 전자, 정보통신 : 진취성

-진취적이면서 치밀한 이미지를 주는 것이 좋다.

-전문가적인 프로 근성을 보여주기 위해서는 단색이나 무채색 계열의 정장이 적합하다.

-광택이 있는 회색톤 정장도 좋다. 회색톤 정장이라면 연한 핑크 셔츠에 조금 진한 핑트 넥타이도 진취적인 느낌을 준다.

-푸른색 계열 셔츠라면 넥타이도 진한 푸른색 계열로 맞춘다. 몸에 딱맞는 듯한 정장은 꼼꼼한 이미지를 준다.

-변화하지 않으면 살아남을 수 없는 정보통신 업계에 맞게 자신감과 프로다움을 보여주는 것이 좋다.

6. 영업직 : 사교성

-친근감과 사교감이 있어야 하는 업무라 푸근한 마음이 들게 하는 밤색 정장이 좋다.

-회색 계열은 세련되고 사교성 있는 느낌을 주기에 흰색 셔츠에 청색이나 보라색 넥타이를 매치하면 제격이다.
-정장에 광택감이 많으면 넥타이는 연하고 잔잔한 무늬를, 광택감이 없으면 색감이 살아 있는 넥타이를 매는 것이 지나치게 화려하거나 밋밋해 보이는 것을 막을 수 있다.

◈ 여성 면접 복장
-정장은 차분한 회색, 브라운, 화사한 베이지, 검정색 등의 무릎 길이의 스커트가 좋다. 복잡한 장식보다 심플한 라인의 정장이 세련되어 보인다.
-옷 전체에 들어가는 색상을 세 가지 이내로 제한하고 전체적으로 안정감을 주되, 얼굴은 돋보이게 하는 것이 좋다. 최신 유행 경향을 따른 패션은 되도록 피한다.
-스커트 길이는 자리에 앉았을 때, 무릎을 살짝 덮을 정도의 길이가 좋다. 검정색이나 회색계열 바지 정장은 도시적이고 이지적인 성격이 강하게 느껴져 전문성이 짙은 분야의 경우 면접 복장으로 최상이다.
-브라운 계열 바지는 여성스러움과 세련미를 동시에 느낄 수 있어 일반 사무직 여성들에게 어울린다. 회색계열 스커트는 세련되고 깔끔한 느낌을 준다.
-베이지색 계열 스커트 정장은 여성스럽고 부드러운 이미지를 연출할 수 있다. 카키계열의 A라인 스커트 정장은 편안한 느낌을 줄 수 있다.
-구두는 발등을 약간 덮는 로퍼(막힌) 구두가 적절하며 굽이 지나치게 높이 않은 것이 좋다.
-스튜어디스, 비서직, 호텔 관련직은 여성스러운 스타일이 좋고, 방송이나 언론, 광고직은 활동적으로 보이는 로퍼를 신는다.

면접 헤어스타일
-남자들은 앞이마를 드러내는 시원한 인상이 좋다.
-과도한 젤이나 지나치게 짧은 머리는 상대방에게 거부감 줄 수 있다.

-자신의 머리색보다 조금 밝은 느낌으로 염색할 경우, 한층 부드러운 인상을 줄 수 있다.
-앞머리가 쏟아져 내리는 스타일로 면접하는 여성은 산만해 보이고 자신 없어 보인다.

머리가 너무 긴 경우 업무 능력이 떨어져 보인다고 한다.
-단발머리나 커트머리로 깔끔하게 연출하거나 단순한 장식의 세련된 것으로 하나로 묶어 고정하거나 위쪽 반만 잡아 묶는 것이 여성스럽고 깔끔한 인상 줄 수 있다.
-여성의 경우 검정머리가 아름다워 보일 때는 단발머리와 직모로 어깨너머로 길 때이며, 그 밖의 경우는 자신의 헤어컬러에서 2단계 정도 밝은 것이 세련되고 부드러운 인상을 줄 수 있다.

면접장에서의 준비

면접 시에는 자신의 의견을 시원시원하면서도 자신 있고 명확하게 소신 있는 표현을 해야 한다. 목소리가 작으면 소극적으로 보이므로 다소 큰 듯한 적당한 크기의 느낌으로 또박또박 이야기한다. 발음에 자신이 없으면 볼펜을 입에 물고 책을 읽으며 발음 연습을 한다. 따라서 전날 목소리 등 컨디션을 잘 조절해야 한다. 질문에 답할 때에 질문이 끝나자마자 바로 답하지 말고 2~3초 후 대답하면 면접관에게 신중한 인상을 줄 수 있다.

※해당 회사의 면접후기를 많이 검색해 읽어 보고 면접실의 분위기를 느껴 보도록 하며 보다 구체적으로 면접을 준비하도록 한다.

"여러분은 어려운 이 시기를 반드시 이겨낼 것이며,
바로 지금 유명 유통기업은 능력 있고 열정적이며 준비된 여러분을 기다리고 있습니다."

서상원

▌약력

고려대 행정학 박사
(전)국방개혁위원회 연구위원
(전)대구대학 전임연구원
(현)고려대 정부학연구소 선임연구원
(현)(사)남도발전연구원 연구위원
(현)한국물류산학연협회 전임강사
(현)한경대, 백석대, 강남대 등 강사

▌주요논문 및 저서

『조직관리론』,『오아시스행정학』,『인사행정』,『정책론』,『유통마케팅론』
「공공서비스 공급방식의 전략적 결정사례 분석」
「선진국 행정개혁의 성과평가와 함의」 등

유통
마케팅론

초판인쇄 | 2009년 8월 31일
초판발행 | 2009년 8월 31일

지은이 | 서상원
펴낸이 | 채종준
펴낸곳 | 한국학술정보㈜
주　소 | 경기도 파주시 교하읍 문발리 파주출판문화정보산업단지 513-5
전　화 | 031) 908-3181(대표)
팩　스 | 031) 908-3189
홈페이지 | http://www.kstudy.com
E-mail | 출판사업부 publish@kstudy.com

등　록 | 제일사 115호(2000. 6. 19)
가　격 | 45,000원

ISBN　978-89-268-0305-9 13320(Paper Book)
　　　　978-89-268-0306-6 18320(e-Book)

이담 books 는 한국학술정보(주)의 지식실용서 브랜드입니다.